普通高等教育"十一五"国家级规划教材

"十三五"国家重点出版物出版规划项目

高速铁路线路工程关键技术丛书

线路工程信息技术

（第二版）

易思蓉　编著

西南交通大学出版社

·成都·

图书在版编目（CIP）数据

线路工程信息技术 / 易思蓉编著. —2 版. —成都：
西南交通大学出版社，2021.9
（高速铁路线路工程关键技术丛书）
普通高等教育"十一五"国家级规划教材 "十三五"
国家重点出版物出版规划项目
ISBN 978-7-5643-8178-3

Ⅰ. ①线… Ⅱ. ①易… Ⅲ. ①信息技术 – 应用 – 铁路
线路 – 铁路工程 – 高等学校 – 教材 Ⅳ. ①U21-39

中国版本图书馆 CIP 数据核字（2021）第 156385 号

普通高等教育"十一五"国家级规划教材
"十三五"国家重点出版物出版规划项目
高速铁路线路工程关键技术丛书

Xianlu Gongcheng Xinxi Jishu

线路工程信息技术
（第二版）

易思蓉　编著

责任编辑	姜锡伟
封面设计	何东琳设计工作室

出版发行	西南交通大学出版社
	（四川省成都市金牛区二环路北一段 111 号
	西南交通大学创新大厦 21 楼）
邮政编码	610031
发行部电话	028-87600564　028-87600533
网址	http://www.xnjdcbs.com
印刷	成都蜀通印务有限责任公司

成品尺寸	185 mm×260 mm
印张	32.25
字数	804 千
版次	2007 年 11 月第 1 版
	2021 年 9 月第 2 版
印次	2021 年 9 月第 2 次
书号	ISBN 978-7-5643-8178-3
定价	78.00 元

课件咨询电话：028-81435775
图书如有印装质量问题　本社负责退换
版权所有　盗版必究　举报电话：028-87600562

第二版前言

在经济社会快速发展、创新能力不断增强的形势下，传统的选线模式已制约了选线工程师的生产效率和创造力；采用先进的空间信息技术、现代测绘技术、虚拟现实技术以及计算机仿真技术，创新铁路工程线路设计，提高建设和运营维护水平是时代发展的趋势。作者正是在此环境背景下，提出了线路工程信息技术（Information Technology of Railway Engineering，REIT）的理论与方法，并进行了系统实现，于 2007 年 11 月出版了《线路工程信息技术》。

《线路工程信息技术》自出版以来，其理论与方法对于推进 GIS 技术、遥感技术、虚拟现实技术、智能 CAD 技术和建筑信息建模（BIM）技术在铁路工程领域的应用，提高铁路选线设计、建设、设施维护质量和效率，节省建设投资等起到了非常重要的作用。特别是 2010 年以来，随着 BIM 技术在工程领域的推广，工程界逐渐认识到工程信息技术的意义和作用，对线路工程信息技术也有了新的理解，更加期望有一本好的结合工程实际的工程信息建模方面的著作，以指导工程界在勘测设计、施工和设施维护中应用工程信息技术提高工程质量与效率。

本书介绍的知识，是作者所带领的团队十几年的研究成果。这些成果不仅为铁路数字化选线设计系统研制提供了理论方法和应用技术，同时也为"数字铁路"工程施工、线路维护中的工程信息建模奠定了理论基础。本书介绍的铁路线路设计、地理环境建模、智能环境建模的方法和技术，以及铁路数字化选线设计系统开发的方法和技术，可用于指导铁路勘测设计、施工和运营维护企业目前正大力开展的建筑信息建模系统的开发。

本书介绍的理论和方法虽然基于铁路线路设计问题，但这些方法稍加修改便可直接应用于公路线路设计系统的研究。

编著者

2021 年 8 月 于成都

第一版前言

线路工程信息技术是铁路线路工程中规划、勘测设计、施工、工务管理技术和计算机信息技术及现代测绘技术相融合而形成的交叉科学技术。

利用现代计算机技术和测绘技术提高线路规划、勘测设计、施工和工务管理的质量和速度，是近30年来国内铁路与道路工程界的学者和工程师们追求的目标。经过近30年的努力，得益于计算机技术的迅速发展和应用，广泛采用现代化测绘技术和网络技术，应用优化理论、智能决策技术、计算机辅助设计技术进行线路规划、勘测设计和决策管理，铁路工程领域实现了铁路工程各阶段工作的一体化、信息化和智能化，从根本上变革了铁路勘测设计、建设管理和运营管理的方法和手段。线路工程信息技术作为一种高科技，正以其巨大的社会和经济效益在铁路工程实际中占据越来越重要的地位。"线路工程信息技术"这一课程也正是为了适应这种形势而设立的，它已成为本科土木工程专业、交通土建专业、工程测量专业及研究生道路与铁道工程专业等的必修或热门选修课程。它内容新颖，反映了使用计算机信息技术改革铁路规划、勘测设计、施工与管理传统做法的过程，在学术上是多种学科交叉的产物。

作者自20世纪80年代初以来，长期致力于计算机技术和现代测绘技术在铁路工程领域的应用研究，参与了铁道部重点项目——铁路勘测设计一体化、智能化研究的全部过程，主持或主研完成了包括自然科学基金项目——基于GIS的虚拟环境选线系统智能环境建模方法及应用，和铁路勘测设计一体化、智能化项目——铁路新线智能CAD系统研究在内的近10项线路工程信息技术领域的重要科研项目，取得了多项很有价值的成果，在线路工程信息技术的理论研究、系统开发和应用研究方面积累了丰富的知识和经验。

在从事线路勘测设计一体化技术科研工作的同时，作者还致力于用现代勘测设计技术变革传统的选线设计教学内容和教学手段。早在1986年和1993年，作者便为本科生开设了"铁路纵断面自动设计"和"铁路纵断面计算机辅助设计"课程，并编写了《铁路纵断面自动设计》《铁路纵断面计算机辅助设计》讲义。该两讲义已经使用了10多年。在此期间，作者结合新的科研成果，不断充实和完善教学内容，于2000年编写了《线路工程信息技术》讲义。该讲义在教学中使用多年，教学效果良好。

线路工程信息技术的关键技术包括信息采集、识别、再现、利用、传输和管理。本书以铁路线路工程的关键技术为主线，系统介绍线路工程信息技术的理论基础、技术基础、系统构成原理和系统开发方法，内容包括支撑环境、现代线路勘测技术、数字地形建模、工程数据库、优化技术、线路CAD技术、铁路既有线改建与增建第二线CAD、计算机辅助线路工程制图、铁路工程智能决策技术和工务管理信息系统。

本书是作者在铁路勘测设计一体化、数字化和智能化方面的开发研究和"铁路纵断面计算机辅助设计""铁路线路CAD""铁路勘测设计信息技术"等教学实践的基础上编写而成的。目前，国内尚无"线路工程信息技术"课程的教材出版，全面系统地介绍工程信息技术基本理论和系统设计方法的书也很少。本书正是从这点出发，结合作者数年来对线路工程信息技术科研、教学和实践以及线路工程信息技术软件开发的体会，把诸多具体操作上升为一般概念，提供给读者的是一本全面系统地介绍线路工程信息技术基本理论和系统设计方法的书。

本书必将对进一步提高我国铁路勘测设计一体化系统、铁路工程辅助决策系统和工务管理系统软件的开发水平，推动铁路规划、设计及管理中的高科技应用发挥较大作用，特别是在培养较高层次的复合型人才方面将起到独特的作用。

本书适用于本科教学，其中 2/3 可选用为课堂教学内容，1/3 可作为要求提高的学生的补充材料。本书可作为研究生的教材或参考书，也可作为相应专业工程技术人员的参考书。

考虑到近年来高等学校中已加强了计算机软件和编程的基础课程教学，本书在编写中着重于介绍线路工程信息系统软件的基本原理、开发战略和研究方法，而不再包括具体的语言编程和源程序举例等内容。教师在教学中如果发现学生尚缺乏计算机语言和编程方面的基础知识，可以在讲授相应章节时补充一些编程实例和布置一些作业。在书末附有参考文献，教师和学生都可从中获得参考知识。希望教师在本课程教学中着重于开拓思路、扩大视野、发挥创造性，让学生自己在科学研究和软件开发中根据其特长和爱好，在动手实践中学到更多的知识，增强计算机应用能力。

本书在编写过程中，参阅了大量国内外优秀教材和学术论著。在此，谨向书中提到的和参考文献中列出的诸位学者表示衷心的感谢。

感谢西南交通大学出版社对本书编辑出版过程的热心支持和提出的许多建设性的建议。

由于编写这方面的教材还是初次尝试，书中内容不尽完善，热忱希望同行专家及使用本书的读者提出宝贵意见，并将其函告西南交通大学土木工程学院道路与铁道工程系（邮政编码 610031），以便修订时参考。

编著者

2007 年 3 月　于成都

目 录

绪　论

工程信息技术（Engineering Information Technology，EIT），是把计算机信息技术应用于工程规划、勘测、设计、管理等中而发展起来的交叉科学技术，主要研究基于计算机及其辅助设备，对工程建设与运营中的各种信息进行采集、识别、再现、利用、设计计算与决策管理的方法，并探讨系统开发原理和方法。线路工程信息技术以其巨大的社会和经济效益在铁路工程实际中占据着越来越重要的地位。在我国，铁路工程 EIT 的研究和实践已有近 40 年的历史，取得了长足的进步，但系统开发及应用与国外相比还有很大差距，原因之一就是缺乏针对铁路建设 EIT 系统的设计理论、方法和实践的指导。为此，本书将以线路工程信息技术（REIT）软件的系统分析和铁路工程的各个阶段为主线，介绍铁路 REIT 软件的组成及其开发战略；详细论述铁道工程中的勘测数据采集、规划、方案研究、初步设计和施工图设计等各个阶段的数字化勘测、计算机优化和辅助设计的理论和方法；结合作者的多年研究和开发经验，较系统地介绍建立包括铁路勘测、铁路选线设计、铁路既有线改建设计、铁路工程辅助决策、铁路工务管理等在内的完整的铁路 REIT 系统的原理与开发方法。

第一节　线路工程信息技术概念的形成

一、信息技术

信息技术是一种渗透性极强的技术，凡是能扩展人的信息功能的技术，都是信息技术。现代信息技术主要是指利用电子计算机和现代通信手段实现获取信息、传递信息、存储信息、处理信息、显示信息、分配信息等的相关技术。

具体来讲，信息技术主要包括以下几方面的技术：

1. 感测与识别技术

它的作用是扩展人获取信息的感觉器官功能。它包括信息识别、信息提取、信息检测等技术。这类技术的总称是"传感技术"。它几乎可以扩展人类所有感觉器官的传感功能。传感技术、测量技术与通信技术相结合而产生的遥感技术，更使人感知信息的能力得到进一步的加强。

信息识别包括文字识别、语音识别和图形识别等，通常采用一种叫作"模式识别"的方法。

2. 信息传递技术

它的主要功能是实现信息快速、可靠、安全地转移。各种通信技术都属于这个范畴。广播技术也是一种传递信息的技术。由于存储、记录可以看成从"现在"向"未来"或从"过去"向"现在"传递信息的一种活动，因而也可将它看作信息传递技术的一种。

3. 信息处理与再生技术

信息处理包括对信息的编码、压缩、加密等。在对信息进行处理的基础上，还可形成一些新的、更深层次的决策信息，这称为信息的"再生"。信息的处理与再生都有赖于现代计算机的超凡功能。

4. 信息使用技术

这是信息工程的最后环节。它包括控制技术、显示技术等。

由上可见，传感技术、通信技术、计算机技术和控制技术是信息技术的四大基本技术，其中现代计算机技术和通信技术是信息技术的两大支柱。

二、现代线路工程信息技术

修建铁路需要大量的人力、物力和资金，并且线路一旦建成后将对国家的政治、经济和文化等各方面产生巨大的影响。为了保证铁路的投资效益，必须通过详细的勘测设计来提高铁路建设管理的质量。

从信息的角度考察，线路勘测设计和建设管理的过程可以看作对线路工程领域内信息处理的过程。在某个具体铁路工程建设中，首先要收集经济信息和勘察信息，然后根据一定的原理对信息进行处理，并提交设计部门进行设计。因此，线路勘测设计和建设管理本身就是一个信息采集、处理、利用和储存管理的过程。

由于线路在空间位置的确定依赖于设计人员对自然条件的分析，所以铁路线路设计比其他许多工程设计对环境具有更强的依赖性。以前由于计算和绘图手段落后，只能对有限的方案进行研究，从而影响了设计质量，设计周期也很长。作为能够进行严密、快速演绎的工具，电子计算机及其辅助设备推动了线路勘测设计理论和方法的发展。为了提高设计质量和设计速度，早在20世纪50年代，道路与铁路领域的专家和学者们就开始探索用计算机辅助线路设计的理论和方法。

在线路设计中，为了进行线路的纵、横断面设计与计算土石方工程数量，就需要有线路纵、横断面方向的地形资料。手工设计方法中所采用的等高线地形图、断面图等资料不能被计算机所识别，因而难以用计算机自动提供所需的地形资料。要进行线路自动设计，就必须实现地形信息数字化。20世纪50年代，美国麻省理工学院的米勒教授及其同事在为联邦公路局所做的公路项目中，为了寻求最优方案，将线路经行区域的地图数字化，并且依据这些数字地形信息建立数学模型来模拟地形表面；根据数字地形信息建立数字地形模型，把选线设计的要求，转化为数学模型，再将设计的出发数据，通过程序输入计算机，运算以后，即可输出所要求的资料。米勒教授的研究首先实现了将地形表面用密集点的 x、y、z 坐标的数字形式来表达，他将其定义为数字地形模型（Digital Terrain Model）。米勒教授的方法实质上是最早的计算机信息技术在线路工程中的应用。

线路工程中的信息除了具有信息的一般特性外，还具有线路工程的特性。首先，线路工程涉及的信息量很大，一条铁路线路长几百千米甚至上千千米，涉及自然、社会、政治、经济的方方面面，其信息交换可能有几十万个节点。其次，它的信息很复杂，在一个独立的工程中要处理各类信息，这些信息主要包括经济资料、地形资料、地质水文资料、建筑材料、线路空间位置、构造物结构形式、动力特性、理论与规范、环境和景观等。再次，它的信息还具有专业性，只有掌握了相关的专业知识才能对它进行识别，进而进行处理。最后，它的信息具有不确定性，可能包含经验等不确定因素，并受到施工等其他因素影响，还具有动态信息的特点。此外，有时在信息处理的时效性和信息的易用性上还有特殊的要求，所有这些都加大了线路工程中信息处理的难度。

尽管计算机辅助线路设计的研究开始于 20 世纪 50 年代，但直到 90 年代之前，其在实际工程中的应用一直很困难，其关键问题就在于信息获取、传输和利用技术尚未解决。直到 20 世纪 90 年代中期，随着计算机信息技术领域的感测与识别技术、信息传递技术的不断成熟，加之优化技术和智能决策技术在工程中的应用，才使得计算机在线路勘测设计中的应用水平有了飞跃。

在测绘技术方面，计算机和信息技术的应用使得测绘逐步向自动、实时与多用途全方位发展，解决了地形资料的获取、识别和再现的技术难题。地图制图也由传统的手工操作逐步向自动化成图方向发展，并改变了地图单纯表示地形的概念，而拓展为包括图形、影像、数值及其他属性的多种用途。这不仅充实了图的内涵，而且便于使用、管理和维护。

交互式图形技术的发展，实现了线路工程设计图形可视化。交互式计算机图形技术为铁路线路计算机辅助设计提供了一个图形界面；设计人员在图形终端上，采用图形交互方式对自动设计过程进行人工干预，可充分发挥人的智慧，使设计系统更加完善。

近 20 年来，随着计算机技术、勘测技术和测量仪器的发展，数字地形模型、最优化技术、虚拟现实技术、工程建模技术和计算机辅助设计（CAD）技术相结合，使铁路勘测设计已开始朝一体化、智能化方向发展，从而也使得线路工程信息技术逐渐完善和成熟起来。

第二节　线路工程信息技术的研究内容

线路工程信息技术，包括计算机辅助设计（Computer Aided Design，CAD），是近 60 年发展起来的一门新兴技术。随着计算机硬件和软件技术的巨大进步，REIT 技术已成为工程实施及科学研究不可缺少的组成部分。REIT 技术充分利用了计算机的高速运算、数据处理和绘图模拟等能力，不仅可以缩短工程规划、设计和施工的周期，减少工程技术人员的繁杂劳动，而且能够提高工程质量，降低成本。

广泛的应用和需求促使 REIT 技术不断发展和完善，概括起来，其内容主要包含如下一些技术。

一、计算机图形和几何造型技术

计算机图形技术是运用解析数据描述工程实体的点、线和面在空间的位置，然后运用几何造型技术构造工程实体的解析模型。由于计算机具备对大量数据进行快速处理并进行图形表达的能力，这种模拟的解析模型可以在计算机屏幕上方便而经济地代替工程实体进行设计和处理，因此，运用几何造型技术构造解析模型往往成为 REIT 系统的核心技术。近年来，计算机几何造型技术得到越来越广泛的应用，工程实体在屏幕上的可视化和彩色渲染图，可以表达工程师头脑中多种方案的想象，有利于优化方案、提高质量、增强工程投标的竞争能力。

在解决图形和几何造型及建立解析模型问题的过程中，往往涉及解析几何、微分几何、矢量代数、拓扑等多门学科。

二、工程数据库技术

描述工程实体的解析模型需要大量的数字、符号和各种其他信息，这些信息统称为数据。这些数据需要按一定的规则组织起来，形成有效的组合体，即所谓的数据库。设计数据库的关键是建立一个好的数据库结构，便于数据的存储、检索、增减和修改。在 REIT 系统中需要建立独立的工程数据库。工程数据库主要用来存放 REIT 系统中各应用子模块生成的模型、图形和其他有关数据，除此之外，也用来存放成套的典型设计和标准设计图。当需要检验、修改或设计一项新工程时，就可以把这些有关的设计图数据调出来使用。工程数据库技术，涉及数据结构、图论、矢量代数等学科。

三、数字勘测技术

在数据采集方法上，传统的测量方法采用经纬仪、平板仪、水准仪等进行导线、平面和纵横断面的测量，费时费力，与快速高效的 REIT 难于配套。配合 REIT 采用的现代化数据采集方法可以直接建立三维数字地形模型，然后将模型输入计算机作为规划和设计的底图数据，直接提供 REIT 系统使用。数据采集的方法有地形图的数字化、全站仪地面速测、地面摄影测量、航空摄影测量等。近年来，数据采集可由测绘部门建立大面积的地理信息系统（GIS），以软件的形式直接与 REIT 或 CAD 系统连接；还可运用全球卫星定位系统（GPS）和 GPS 全站仪采集数据为 GIS 服务。为此，必须对现代化的工程测量方法和 GIS、GPS 技术有所掌握。

四、设计方案优化技术

计算机的快速运算使我们有可能在短时间内形成多个甚至几十个设计方案，通过评价和优化可以选取最优方案，达到降低造价、提高工程质量的目的。运筹学中的最优化技术、数学规划、层次分析、多目标决策等内容，使我们可将用于方案优化的计算机子模块纳入 REIT 系统中。

五、集成化技术

集成化系统的发展是当今 REIT 技术的主要趋向之一。在土木、交通建设行业中，从工程规划、设计、施工到管理，可以统一享用地理信息系统和工程数据库，在评价、决策、分析、计算、管理等各方面构成一体化的计算机辅助系统，即 REIT 系统。为适应集成化、一体化的需要，REIT 向网络化、分布式 REIT 系统发展也是今后的一个趋向。利用网络技术，多个用户能共享网络中的软硬件资源。

六、智能决策技术

智能决策是新一代 REIT 系统发展的一个重要方向，也是目前正在研究中的热门课题。其基本目的是通过分析人类的智能活动，力图由计算机实现类似的功能。例如，在铁路规划、设计、工务管理过程中，有很多属于经验性和推理性的复杂问题，它的处理一般需由有经验的专家分析解决。在 REIT 系统中引入人工智能和专家系统，就能扩展计算机处理这些复杂问题的能力。智能化的铁路工程 REIT 系统更能在总结各方面专家的宝贵设计经验、继承已有优秀设计成果的基础上推陈出新，提高工程师的设计水平。另外，采用人工智能改进线路工程 REIT 系统，着手建立一种知识处理机构控制下的模块集成系统，可以增强系统的柔软性，便于其适应不断变化的新环境。

本书以下各章节将就以上各项技术的基础知识结合铁路工程 REIT 系统的开发研究分别给予叙述。

第三节 线路工程信息系统的体系结构

线路工程信息系统实际上是若干 CAD 系统、辅助决策系统、计算机信息系统的集合。根据铁路建设中规划、勘测设计、建设管理及工务管理的目的不同，其系统功能模块不同。下面以选线设计 CAD 系统为例，介绍线路工程信息系统的体系结构。

选线设计系统（RLCAD）是铁路勘测设计信息工程中的重要组成部分，是增强铁路产业实力的关键技术，也是国内近期着力开发的主要目标。

一个功能完整的选线设计 CAD 系统包括数据采集，优化、决策技术，设计和绘制图表以及工程数据库，共 3 个子系统及 1 个数据库。图 0.1 是铁路新线选线设计系统模块构成示意图。系统的各子系统及子系统内的各个程序都是单个独立的模块。在系统使用时，运用菜单和按钮技术，通过数据库，采用数据通信的方式，有机地将各模块联系起来。在此，数据库起到了桥梁的作用。这种模块化了的程序系统，不仅节省了有限的计算机内存空间，而且还增加了系统的灵活性，即可以不断地把新模块增添到系统内，加强系统的功能。

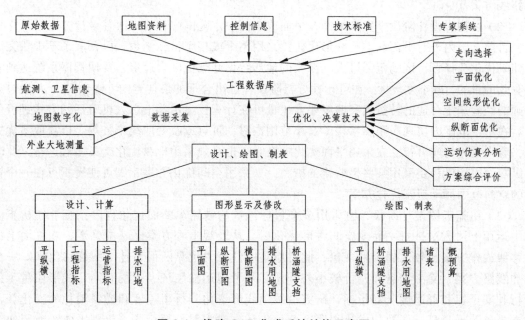

图 0.1 线路 CAD 集成系统结构示意图

一、地理环境建模

铁路选线设计必须依靠大量的地面信息和地形数据。数据采集必须采用快速和自动化的现代化手段，建立易于调用的数据库。

收集地面信息和地形数据可依据航测、卫星信息和外业大地测量资料。由于各个设计阶段所需数据的广度和精度要求不同，所采用的手段也不同。预可研阶段，主要在大范围内研究线路的可能通道，并估算工程数量，因此可采用大地卫星资料或 1：50 000 军用地图进行数字化。在进行可行性分析时，宜采用高空航测成果，或采用现成的 1：50 000～1：10 000 航测像片或地形图，提供宽约为 10 km 的地带建立数字地面模型；在初步设计时，宜于采用 5 000 m 高度带状航测成果，或现成的 1：2 000 或有足够精度的大于 1：10 000 可资加密放大的航测像片或地形图，建立 1 km 宽度范围内的数字地形模型；在施工图设计阶段，如采用航测则必须作 1 000 m 以下低空摄影，这在国内目前还难于大面积推广应用。

二、线路优化和决策技术

优化设计和最优决策技术是线路计算机辅助设计系统中获得技术经济效益最佳的方案的重要功能。在进行优化设计时，对各个不同设计阶段，应有不同的重点要求，建立从粗到细逐级优化的思路。此外，还应注意到多种复杂因素的干扰。在优化设计过程中，可不断发挥人机交互作用，以获得切合实际的最优方案。以下提出几项优化技术的子项目：

（1）在可行性研究阶段，适宜于采用在宽带范围内线路走向方案的优化。特别在平丘地区，工程师往往难于直接在地形图上评判出较佳线路走向。利用计算机程序系统，设计人员可对线路可行区域的各种因素作出定量评价。这些定量评价值可以按点、按线或按面列成费用值表，然后建立地面费用模型。计算机将可行区分成联结的网络结点，自动生成所有可能的线路走向方案，计算出通过各联结结点方案的费用总和，采用动态规划法优选出路线方案。

（2）在初步设计阶段，宜于采用在平面或空间一定范围内移线以改善设计方案的优化技术。目前，国内外对平面和空间线形优化，采用单个或多个目标函数，已开展了不少研究。但如果优化选择可行区的范围过大，涉及的地形数据和其他因素过多，要使程序系统达到实用有效的目的，则难度较大。在可行性分析阶段优选出合理的最佳走向（或走廊），并通过工程师的经验选定合适的转折点和曲线要素（也可在计算机显示器上以人机对话的方式进行），然后在窄带范围内实现小距离移线（在小范围内移动折点或改变曲线半径等）以获取最优方案，看来更为切实可行。在采用平面优化方案时，也必须采用平纵优化交叉多次进行，此时对纵断面线形设计要采用某些概略化的措施；如采用空间优化方案，则可使转折点在一个较小的空间范围挪动搜索优化方案。

（3）在施工图设计阶段，宜采用多个目标函数的铁路纵断面优化程序系统。在初步设计中运用上述方法进行平面或空间线形优化后，从宏观上看方案已基本确定，在平面上再次移线或作方案比较已属个别现象，此时应集中注意力把纵断面最佳方案优选出来。一个好的线路方案，除工程量和造价较小外，还必须考虑运输经济、行程时间、线形质量（包括行驶安全性和舒适度）等指标，研究沿线随线形变化，行车速度和燃料消耗的变化等，建立具备若干个目标函数的优化程序。此外，还可建立对局部路段、个别平曲线或竖曲线

（包括半径改变和缓和曲线段改变处）进行优化的程序，以便在技术设计与施工图编制时视需要随时采用。

在铁路选线设计的软件系统中，如能按各个不同设计阶段纳入如上的优化技术内容，可以有把握地使设计方案的土石方、桥涵、挡土墙、用地等工程费用降低 10% 左右，并可提高线形质量，明显降低运营费用，达到线路的行车安全、平顺和景观良好的要求。

三、计算机辅助设计、绘图和工程信息建模

现代计算机辅助设计一般具备在显示器上显示并采用人机对话对设计方案进行修改的功能，在设计完成后可以用绘图机输出各阶段所需的相应图纸，并用打印机输出工程量表和概预算等。

在可行性分析阶段，可根据小比例尺的数字地面模型绘制出包括各个可行方案的线路基本走向图，通过投资估算提供费用效益评价表等。

在初步设计阶段，根据按 1：2 000 航测成果建立的数字地面模型，可以绘制出平面图和纵断面图等，并编制土方量、工程量及概算文件。

在施工图设计阶段，如果没有精度很高的航测成果，则需要用地面实测方法或传统的技术测量方法建立沿线的鱼骨状数字地面模型，据此可以绘出带状等高线线路平面图、详细的纵断面图、大比例尺的横断面图以及桥梁、涵洞、隧道、挡土墙等的施工图纸。最后由打印机输出各种设计报表、工程量详表和施工预算文件。

第四节　线路工程信息技术的发展趋势

线路工程信息技术的发展已有 60 多年的历史。它与工业生产实际和社会需求密切相关，与信息技术和信息产业的发展密切联系，随着技术应用的需要，计算机的新技术、新算法、新成果在线路工程信息技术中不断得到应用和发展，计算机图形学、虚拟现实技术、建模技术与仿真技术，特别是多媒体技术和网络通信技术在近年来快速发展，为线路工程信息技术奠定了新的技术基础。

一、数字地球系统技术

从 1998 年 1 月美国提出"数字地球"构想后，我国科技人员在这方面已经结合国情进行了大量的工作。数字地球的核心是全球信息化，是一个庞大的系统工程，其在研究发展中，与线路工程领域具有广泛的密切关系，受到本领域专家的重视。

地理信息系统（GIS）是用于管理地理空间分布数据的计算机信息系统。它用直观的地图方式录入、管理、显示和分析与地理空间相应的各类数据，铁道工程中的工务管理、路网规划、勘察设计、防灾减灾等都与 GIS 有密切关系。

我国数字铁路的研究实际上已有多年积累，它是铁路领域科学和技术的一项重要的基础设施。在建设数字地球系统过程中，它将得到更大的发展，从某种意义上讲，数字铁路也是数字地球的一个部分。

地理空间数据库涉及的多维时空属性相关数据，其主要内容都与铁道工程领域多年积累或需要应用的信息分不开。铁路建设中的现代测绘技术，既为铁路线路工程提供了应用，也为数字地球建设提供了基础。特别是在数字地球建设提出后，这些系统的继续开发和改造，或者新系统的开发，在考虑综合集成和发挥更大效益的目标要求上，有了明确的技术方向。

二、智能决策技术

专家系统在铁路工程建设管理、勘测设计、工务管理中的应用是智能化的重要标志，应大力开展铁路工程领域专家系统的研究。比如，在线路方案选择，复杂桥梁方案拟订，隧道洞口、洞身设计方案确定，工程地质问题评价咨询，遥感图像不良地质判识等领域，专家系统是对设计方案、设计参数进行决策的有力咨询工具，它能使设计在某种程度上达到优秀领域专家水平。

智能化 CAD 系统（Intelligent CAD system，缩写为 ICAD system），是一种引进人工智能、知识工程，使计算机智能地辅助解决整个设计过程（决策、优化、分析、绘图）各方面的复杂问题，达到自动化程度更高的系统。也有人称之为基于知识的 CAD 系统。由于设计本身包含着创造性的思索和判断、决策的理解力，因此 CAD 通向智能化是必然的发展趋势。设计的处理过程涉及的不仅有概念知识，也有专家知识。智能化、基于知识的 CAD 系统正是考虑概念知识与专家知识的组合，以期增强 CAD 解决问题的能力。线路信息系统中的智能功能包括智能规划、智能优化、智能分析以及智能绘图等。

三、嵌入式系统

计算技术在各行各业的广泛渗透，使得嵌入式计算机在应用数量上将远远超过传统意义上的计算机。所谓嵌入式系统，是指以应用为中心，以计算机技术为基础，软件硬件可裁剪，适应应用系统对功能、可靠性、成本、体积、功耗要求严格的专用计算机系统。科技发展的动力在某种程度上总是使人类自身更为舒适，所以未来必定是一个"普及计算"的时代，在诸如家庭网络等普及计算的重要内容中，大量高效而廉价的嵌入式系统都将是核心的组成部分之一。嵌入式系统的基础是以应用为中心的"芯片"设计和面向应用的软件产品开发，线路工程信息技术要解决的就是面向线路工程应用的软件，即嵌入式软件的开发。嵌入式软件是线路工程专门知识的软件表现形式，是嵌入式系统的核心，也是线路工程信息技术的主要研究内容之一。嵌入式软件的具体应用主要表现为各类检测仪器（用于信息的采集）和控制系统（信息的施用）等的研究与开发。"摩尔定律"在这里意味着 10 年后"芯片"的功能是现在的 100 倍。因此，未来嵌入式软件的功能将十分强大，即使不考虑与网络的联合，也可能完成现在只在个人计算机（PC）上完成的工作，因此线路工程整个流程的工作分配将发生根本性的变革。利用全球定位系统（GPS）和遥感（RS）等各种手段，它可用于现场数据的自动采集，并以数字化的标准格式保存下来，利用嵌入式软件可以分析、加工或转化这些数据，得到有用的信息并表现出来，供决策或进行智能监控。目前，嵌入式系统在线路工程中已经开始得到应用，但无论是功能还是成本都与大面积的广泛使用有相当大的差距。而这一问题必然会随嵌入式系统技术的发展得到有效的解决。

四、分布式多媒体通信技术

由于现代铁路勘测设计、建设和管理的基本特征是群体的、协同的、国际化的，因而工程领域对多媒体协同环境，从需求到实现，具有极其大的热情。

计算机从支持个体工作（单个系统应用）发展到支持群体协同工作（地域分散的不同专业的系统协作），即群体中的人们利用计算机系统联网工具，协同完成某项共同承担的工作任务，适应了现代科学和市场经济的需要，适应了现代工程建设的需要。

五、多媒体仿真技术

多媒体仿真是在科学计算可视化和可视仿真技术基础上发展起来的。在计算机图形学和工程研究与设计领域中，科学计算可视化被定义为：对科学计算数据进行可视化加工和三维图形显示，并且通过系统的交互方式能够改变其参数，以观察计算结果的全貌及其变化。把传统的计算机仿真技术同科学计算可视化相结合，发展可视化仿真技术，运用多媒体系统的多维信息综合处理平台，实现人们对仿真对象的多种表现信息的更全面的感受仿真，即不仅是可视，还可听，有些系统甚至已经可接触，并能模拟力的动态变化响应，这就是多媒体仿真。

多媒体仿真采用不同媒体形态描述不同性质的模型信息，将系统行为和形态、数学模型和物理模型以及它们的时空表现模式，有机地统一地建模和求解。多媒体仿真技术在铁路线路规划、建设管理、勘测设计、工务管理中均有很好的应用前景。

六、工程信息建模（BIM）与管理技术

工程多媒体数据资源的获取和处理是线路工程信息技术领域关心的首要问题。一项铁路建设工程，从规划、设计、施工到建成后的使用、维修，存在大量的不同媒体形式的工程数据文档；在铁路规划、勘测设计、建设和运营养护过程中，还必须提供有关铁路沿线的地理、水文气象、人文景观、社会经济等信息，需要同基于 GIS 的空间信息管理平台结合，才能有效地实现铁路工程信息 BIM 管理和应用。支持多媒体数据结构的工程数据 BIM 技术近年来取得了实质性的进展，运用面向对象技术进行多媒体工程数据建模，是铁路工程系统中建立工程数据 BIM 的有效解决方案。

七、虚拟现实（VR）技术

虚拟现实技术（Virtual Reality，VR）是一种可以创造和模拟体验现实世界的计算机技术，它将真实世界的各种媒体信息有机地融合进虚拟世界，构造用户能与之进行各个层次的交互处理的虚拟信息空间。这种技术在工程中的应用目标，正在派生出一系列应用系统，例如：铁路规划方案的虚拟漫游及环境评价，铁路设计方案建成后的效果展示与评价，设计方案的演示与论证，铁路沿线构造物的虚拟模型和性能测试，铁路三维可视化动态建模与运动仿真，等。

在现实的铁路工程设计、管理和分析研究中，人们花了大量的物力、财力和精力，创造特定的工作方式和环境来解决所面临的问题，虚拟现实和多媒体技术为我们提供了建立铁路工程多维感知模型的基础，使铁路工程专家获得了一个先进的认识和改造世界的工具，并且在开发和使用这些系统过程中，表现出巨大的热情和创造能力。

（一）虚拟现实技术及其基本特征

虚拟现实技术又称临境技术，是 20 世纪 90 年代为科学界和工程界所关注的技术。虚拟现实技术的兴起，为人机交互界面的发展开创了新的研究领域，为智能工程的应用提供了新的界面工具，为各类工程的大规模数据可视化提供了新的描述方法。这种技术的特点在于，计算机产生一种人为虚拟的环境，这种虚拟的环境通过计算机图形构成的三度空间，或把其他现实环境编制到计算机中去产生逼真的"虚拟环境"，使用户在视觉上产生一种沉浸于虚拟环境的感觉。这种技术的应用，改进了人们利用计算机进行多工程数据处理的方式，尤其在需要对大量抽象数据进行处理时。它在其他许多不同领域的应用，同样可以带来巨大的经济效益。

"虚拟现实"是美国 VPL Research Inc. 的 J. Lanier 于 1989 年创造的一个词，它通常是指用立体眼镜的传感手套等一系列传感辅助设施来实现的一种三维现实，人们通过这些设施以自然的方式（如头的转动、身体的运动等）向计算机送入各种动作信息，并且通过视觉、听觉以及触觉设施使人们得到三维的视觉、听觉及触觉等感觉世界，随着人们采取不同的动作，这些感觉也随之改变。目前，与虚拟现实相关的内容已经扩大到许多方面，像"人工现实（Artificial Reality）""遥现（Telepresence）""虚拟环境（Virtual Environment）""赛博空间（Cyberspace）"等，都可以认为是虚拟现实的不同术语或形式。事实上，虚拟现实技术不仅仅是指那些戴着头盔和手套的技术，而且还应该包括一切与之有关的具有自然模拟、逼真体验的技术与方法。它要创建一个酷似客观环境又超越客观时空、既能沉浸其中又能驾驭的和谐人机环境，也就是由多维信息所构成的可操纵的空间。它的最重要的目标就是提供真实的体验和方便自然的人机交互。能够达到或者部分达到这样目标的系统就称为虚拟现实系统。

虚拟现实系统就是要利用各种先进的硬件技术及软件工具，设计出合理的硬件、软件及交互手段，使参与者能交互观察和操纵系统生成的虚拟世界。从概念上讲，任何一个虚拟现实系统都可以用三个"I"来描述其特性，这就是"沉浸（Immersion）""交互（Interaction）"和"想象（Imagination）"，如图 0.2 所示。

这三个"I"反映了虚拟现实系统的关键特性，也就是系统与人的充分交互，它强调人在虚拟现实环境中的主导作用。

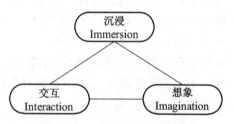

图 0.2　虚拟现实的基本特征

虚拟现实系统的设计要达到以下目标：

第一，要使参与者有"真实"的体验。这种体验就是"沉浸"或"投入"，即全心地进入，简单地说就是产生在虚拟世界中的幻觉。理想的虚拟环境应达到用户难以分辨真假的程度，甚至比真的还"真"。这种沉浸感的意义在于可以使用户集中注意力。为了达到这个目标，系统就必须具有多感知的能力。理想的虚拟现实系统应具备人类所具有的一切感知能力，包括视觉、听觉、触觉，甚至味觉和嗅觉。

第二，系统要能提供方便的、丰富的、主要是基于自然技能的人机交互手段。这些手段使得参与者能够对虚拟环境进行实时操纵，能从虚拟环境中得到反馈信息，也能使系统了解参与者的关键部位的位置、状态、变形等各种系统需要知道的数据。实时性是非常重要的，如果在交互时存在较大的延迟，与人的心理经验不一致，就谈不上以自然技能的交互，也很难获得沉浸感。为达到这个目标，高速计算和处理就必不可少。

参与者在虚拟环境中的活动或者经历有两种形式，即主观参与和客观参与。主观参与时，参与者是整个经历的中心，一切围绕参与者进行；客观参与时，参与者则可以在虚拟环境中看到他自己与其他物体的交互。

交互和沉浸是任何虚拟现实系统的两个实质性的特征。早期的虚拟现实系统可能只有部分虚拟现实的特性，例如环幕电影或立体电影。有的应用也不需要完全的沉浸和投入，例如增强现实系统。在实际应用中，不同虚拟现实系统设计的侧重点和所受约束各不相同。例如，受资金限制装备不上最先进的硬件设备，或是硬件本身的性能达不到要求，这样系统的计算速度、交互手段可能就要受到影响，此时只能从软件上着手弥补缺陷，故产生了许多基于软件的技术，例如基于静态图像的虚拟现实系统、虚拟仿真等。由于虚拟现实本身并不限制使用的技术范围，只要能达到目标，就可以把各种技术有效地集成起来，设计出一个成功的虚拟现实系统。

（二）虚拟现实系统类型的划分

VR 最本质的特征是用户对虚拟场景的沉浸。根据用户参与 VR 的不同形式以及沉浸程度的不同，可以把各种类型的虚拟现实技术划分为四类：

（1）桌面级虚拟现实。桌面虚拟现实利用个人计算机和低级工作站进行仿真，计算机的屏幕用作用户观察虚拟境界的一个窗口，各种外部设备一般用来驾驭虚拟境界，并且有助于用户操纵在虚拟情景中的各种物体。这些外部设备包括鼠标、追踪球、力矩球等。它要求参与者使用位置跟踪器和另一个手控输入设备（如鼠标、追踪球等），坐在监视器前，通过计算机屏幕观察 360° 范围内的虚拟境界，并操纵其中的物体，但这时参与者并没有完全投入，因为它仍然会受到周围现实环境的干扰。桌面级虚拟现实的最大特点是缺乏完全投入的功能，但是成本也相对低一些，因而应用面比较广。

（2）投入式虚拟现实。高级虚拟现实系统提供完全投入的功能，使用户有一种置身于虚拟境界中的感觉。它利用头盔式显示器、偏振光眼镜或其他设备，把参与者的视觉、听觉和其他感觉封闭起来，并提供一个新的、虚拟的感觉空间，利用位置跟踪器、数据手套及其他手控输入设备、声音等，使参与者产生一种身在虚拟环境中并能全心投入和沉浸其中的感觉。

（3）增强现实性虚拟现实。增强现实性的虚拟现实不仅利用虚拟现实技术来模拟现实世界、仿真现实世界，而且利用它来增强参与者对真实环境的感受，也就是增强现实中无法感知或不方便感知的感受。这种类型的虚拟现实的典型实例是战机飞行员的平视显示器，它可以将仪表读数和武器瞄准数据投射到安装在飞行员面前的穿透式屏幕上，它可以使飞行员不必低头就可读取座舱中仪表的数据，从而可集中精力盯着敌人的飞机和导航偏差。

（4）分布式虚拟现实。如果多个用户通过计算机网络连接在一起，同时参加一个虚拟空间，共同体验虚拟经历，则虚拟现实就提升到一个更高的境界，这就是分布式虚拟现实。目前，最典型的分布式虚拟现实系统是作战仿真互联网和 SIMNET（Simulator Networking，模拟网络）。作战仿真互联网（Defense Simulation Internet, DSI）是目前最大的 VR 项目之一。该项目是由美国国防部推动的一项标准，目的是使各种不同的仿真器可以在巨型网络上互联，它是美国国防高级研究计划局于 1980 年提出的 SIMNET 计划的产物。SIMNET 由坦克仿真器（Cab 类型的）通过网络连接而成，用于部队的联合训练。通过 SIMNET，位于德国的仿真器可以和位于美国的仿真器一样运行在同一个虚拟世界，参与同一场作战演习。

第一章　线路工程信息技术的支撑环境

线路工程信息技术是线路工程技术和计算机信息技术相融合而产生的交叉科学技术。它是在计算机硬件系统、软件系统和现代网络技术的基础上发展起来的，其功能是在一定的硬件和软件支撑环境下实现的，硬件和软件系统的配置水平，在一定程度上决定了线路工程信息系统的开发水平，并影响以后的推广应用。所以，开发线路工程信息技术领域的计算机应用系统应充分重视系统的硬件、软件和网络支撑环境的配置。

第一节　硬件支撑环境

各类计算机是线路工程信息系统硬件的核心。在微机领域中，信息工程系统所用的设备，主要有普及型的微型计算机系统和专用的工作站。目前，选择一台 PC 或更高级的微机，再选配必要的输入输出设备，如扫描仪、绘图机、打印机等，就可组成一个廉价的信息工程系统，适合于中小设计单位使用。为了解决设计中较复杂的问题，比如航测信息采集与建模、线路三维设计等，应选择较高档的图形和科学计算工作站。

一、工程信息系统硬件系统的组成

工程信息系统的硬件系统是一个能进行图形操作的具有高性能计算和交互设计能力的计算机系统，其基本配置由通用计算机部分和专用图形设备部分组成。

工程信息系统的硬件系统包括一台适用的 PC 主机，以及高分辨率显示器、外存储器、图形输入/输出设备等。一个典型的工程信息系统的硬件系统配置结构如图 1.1 所示。

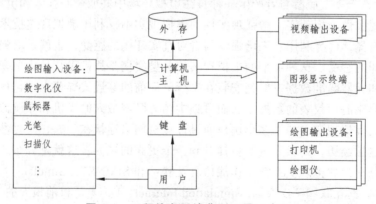

图 1.1　工程信息系统典型配置示意图

目前，在铁路勘测设计单位采用的高性能工程信息系统，在硬件系统方面采用高级的配置结构，并综合运用了网络通信和集成技术解决方案。系统所配置的硬件设备具有如下特点：

（1）CPU 采用 RISC（Reduced Instruction Set Computer，精简指令集）技术，速度在

50 MIPS 以上，高档工作站的运算速度在 300 MIPS 以上。

（2）带有图形加速和处理卡，或专业 CAD/CAM/CG 卡，或有 2D/3D（二维/三维）选配卡等。

（3）带有 19 in（1 in = 2.54 cm）以上的显示器。

（4）可直接连接网络。

系统设计思想是，一个工程师使用一台计算机，而且还能使用所有计算机。即系统支持网络系统应用，支持复杂的信息工程协同作业，支持分布式计算机和多任务进程。

二、图形输出和输入设备

1. 图形显示设备

交互计算机图形应用要求图形显示设备具有实时的图形编辑能力，即图形应能局部地修改、图形的某个子块可以移动、图形可以放大缩小等。目前，计算机图形系统中常用的显示设备主要有 CRT 显示器、液晶显示器、等离子体显示器、场致发光显示器等几种。

2. 图形输出设备

图形显示设备只能在屏幕上产生各种图形，但在工程信息系统中还必须把图形画在纸介质上，产生工程图纸。常用的图形输出设备也称为硬拷贝设备，有打印机和绘图仪两类。

3. 图像扫描设备

20 世纪 80 年代后期，扫描仪的出现为计算机图像输入和处理开辟了新的途径，也为工程信息系统提供了新的发展机遇。扫描仪是通过光电转换、矩阵采样的方式，将一幅图像变为数字图像的设备。扫描仪的作用如同相机拍摄照片一样，生成原始图文的未作修改的像素表示（图像）。

图片扫描仪（photo scanner）是一个简单的扫描设备，其示意图如图 1.2 所示。在图片扫描仪中，图片装在一个转筒上，一个校准的细光束直接射向图片，图片反射器的光量被光电管接收，而穿过图片的光量被装在转筒里面的光电管接收。当转筒旋转时，光源慢慢地从照片一端移到另一端，相当于对整幅图片做了一次光栅扫描。对于彩色图像，采用多通道扫描，在光电管的前方安装一个过滤器，将彩色分离成各种各样的颜色。

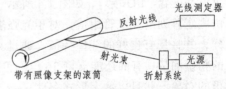

图 1.2　图片扫描仪示意图

扫描仪根据尺寸范围来分，可以分为大小两类：一种是 A 和 B 尺寸的小范围扫描仪，A 尺寸为 8.5 in × 11 in，B 尺寸为 11 in × 17 in，可以扫描肖像或风景类的文档；另一类是大范围扫描仪，可以扫描从 A 尺寸到 E 尺寸（33 in × 44 in）的图，可用于工程图、建筑图等的扫描输入。

扫描仪根据结构和机理分，可分为平板式、旋转鼓式、手持式和滚筒式 4 种。

平板式扫描仪通常是文档图像扫描的主要工具。在结构设计上，它有一个固定的扫描平台，一般为 B 尺寸（11 in × 17 in）大小的玻璃平板，用来放置被扫描的文档；内部有一个可控制的移动光源，用镜面反射扫描线到 CCD（Charge-Coupled Device，电荷耦合元件），带有 CCD 阵列的牵引臂也是可移动的，信息由 SCSI 接口（Small Computer System Interface，小型计算机系统接口）送入计算机。对于大任务量的操作，可以配备能够存放 200 页纸的供纸机构，扫描自动进行。一般扫描速度为 8～30 页/min。

旋转鼓式扫描仪在结构上是没有平台的，传送纸系统中含有一个旋转鼓，包括有供纸器和层叠槽，以及电子接口，另外还有 2 组皮带和 3 组滚筒用于纸定位。带有 CCD 阵列的数字相机安装在靠近鼓的固定位置上。这种扫描仪用于高速双面扫描更为出色，但是不能扫描书本的页面。

手持扫描仪提供了轻便性的扫描工具，可以用来临时获取一页书、一张图或报纸中的一部分内容。其扫描的宽度大约是 3～6 in，软件程序允许用两次扫描方式来扫描一页，然后由软件重组，从而能够提供全页扫描功能。接触式手持扫描仪使用灯泡作为光源，照亮正在扫描的扫描线。随着用户移动扫描仪，光从文档上被反射出来。手持灰度扫描仪可以检测光强的不同层次，产生每像素 8 位的数字信息。

滚筒式扫描仪由旋转滚筒、插头、控制系统组成，如图 1.3 所示。被扫描的图固定在滚筒上，一个光源被聚集成一个点照射在图面上，由图面反射回来的光强用光电探测装置探测，并转换成二进制形式，区别哪里有等高线，哪里没有。当滚筒转动时，光扫描一条线，得到 Y 方向上断面图形排列的二进制形式；然后采样头沿 X 方向前进一步，滚筒旋转一周，扫描第二列；如此循环直到整幅图扫描完毕。

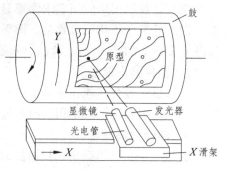

图 1.3　滚筒式扫描仪示意图

4. 数字相机

数字相机在 SIGGRAPH（计算机图形图像特别兴趣小组）1994 年年会上展出后，受到世人的瞩目。其用途广泛，对线路工程信息系统也是一个很方便的计算机图形获取工具。

数字相机的组成部件主要是：摄像机透镜、CCD 阵列、模拟/数字（A/D）转换、内存/可读写光盘、I/O 接口，如图 1.4 所示。数字相机使用 CCD 作为感光器，放在镜头之后。CCD 由固定阵列的光电管组成，对于光强度的变化很敏感，光强的不同使光电管所带电荷也不一样，并且具有良好的线性特征。通过 A/D 转换器得到的相应数值，可以产生 16 位的像素值的精确测量，有的还能支持 36 位的色彩深度，分辨率达到 1 524×1 012，能够有效地表示拍摄的对象，并且以数字形式存储。

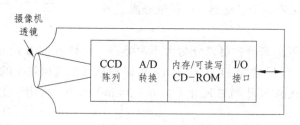

图 1.4　数字相机的组成部件示意图

数字相机可以直接与计算机相连，将拍摄的图像数据从相机存储器传送到计算机中处理，可以立刻看到数字图像，可以与视频摄像机结合起来提供监视过程的应用，也可以用于发热或辐射等不能使用胶卷相机的环境，特别是数字相机可拍下三维物体的图像并将它作为三维图像存储。

5. 三维图形数字化输入设备

目前，三维图形数字化输入设备主要有 3D 数字化仪和三维自动数字化仪。

三维数字化仪（3D Digitizer）是一个将 3D 物体手动转化为 3D 模型的设备，把物体的表面结构（线框）输入计算机，形成计算机的三维线框模型。其特点是小巧轻便，具有 6 个自由度的手臂式探头，用于接触物体可以接触的点，将这些被接触到的点数字化，从而快速、精确地构造复杂的 3D 模型。例如，FARO Technologies 的 Arm。

三维自动数字化仪是将 3D 物体自动转化为 3D 模型的设备，它把物体的表面形状和色彩输入计算机。例如 Cyberware 扫描仪，利用激光和视频技术，进行高分辨率的快速扫描，并且采用了双目视觉方法，即在垂直光照下，每次都从两个视点上扫描物体轮廓。沿物体周围进行若干次这样的扫描，获取的物体测量数据就能够通过计算机图形学算法，自动创建物体的三维模型。

三、立体投影平台

虚拟地理环境建模平台通过图形图像生成系统产生实时的地理环境或现实世界的真实环境，是虚拟视景仿真系统的一种。虚拟视景仿真系统是一个由计算机硬件、场景建模及仿真软件、三维立体投影平台等构成的集成系统。其中，场景建模及仿真软件、三维显示设备是虚拟视景仿真系统的关键。

三维立体投影平台是三维虚拟现实系统的输出部分和观察部分，为铁路数字化选线设计系统提供一个三维的立体可视化平台。基于微机平台的立体显示设备，可以为普通用户开展三维立体环境下的数字化设计提供硬件支撑。

（一）微机平台的立体显示配置方案

在微机平台上实现立体显示设备集成，有两种方案供选择：

第一，"3D Vision Pro"方案。NVIDIA 在 2010 年推出了一项新技术，专业版的 3D 立体技术"3D Vision Pro"。该技术面向 Quadro 专业显卡，号称"可提供最高级别的画面和最先进的立体 3D 环境，让设计师、工程师、数字艺术家、科学家在真正的 3D 中浏览、分享他们的工作成果"。在硬件方面，使用该技术需配置一个支持 3D 立体技术的 NVIDIA GPU 显卡、刷新频率达到 120Hz 的显示器、主动快闪式 3D Vision Pro 眼镜和发射器，如图 1.5 所示。

兼容的NVIDIA GPU　　　3D Vision Ready　　　3D Vision Pro
　　　　　　　　　　显示器或投影仪　　　无线电频率中心

图 1.5　3D Vision pro 硬件配置示意

第二，3D 立体显示器方案。目前，国内能提供 3D Vision Pro 发射器和眼镜的厂家比较少，但是 3D 立体显示器的销售厂家有很多，经测试发现，在微机平台上实现立体显示还可以采用支持帧序列模式的 3D 立体显示器，且立体显示效果非常明显。其硬件配置有支持 3D 立体技术的 NVIDIA GPU 显卡、支持帧序列模式的 3D 立体显示器和普通液晶快门眼镜。

（二）大屏幕三维投影平台配置方案

1. 三维投影平台分类及特点

从实现方式上看，三维立体投影平台可分为主动式立体显示和被动式立体显示。

主动式系统由普通液晶眼镜和高档高性能投影仪构成。主动式系统对投影仪的性能要求较高，其刷新率最低要求为 120 Hz，目前国际上有巴可和科视两种品牌产品能达到此要求，但价位较高。主动式系统安装调试方便，对屏幕无特殊要求，但对投影仪的性能要求较高，由于刷新率难以提高，导致图像有闪烁，投影亮度利用率低，通常低于 16%；眼镜笨重，信号接收不稳定，时好时坏；由于画面分时显示，眼睛极易疲劳。

被动式系统由金属软硬屏幕或特殊背投软硬屏幕、中高档专业投影仪、圆偏振光或线偏振光眼镜构成。被动式系统对屏幕有特殊要求，系统安装调试不太方便。但系统一旦安装调试好后，其工作效果远较主动式佳。被动式系统由于刷新率得以保证，图像无闪烁；投影亮度利用率高，接近 59%；由于观察眼镜轻巧，画面采用同时显示方式，因而眼睛无疲劳感。

被动式立体投影平台根据投影方式的不同又可分为正投式和背投式。

正投式系统的投影仪与屏幕的关系类似于普通投影系统，因而对场地面积要求不高，但要求观察室为暗室；投影仪多采用吊顶式安装，维护困难。

背投式系统的投影仪在屏幕背后，因此要求场地至少有两倍投影距离的长度。背投式对观察室的环境无特殊要求，可在明室内使用；画面色彩鲜艳，立体效果好。投影仪多采用地面摆放方式，日常操作、维护方便。背投硬幕经装饰后美观、大气。

立体信号多利用显卡的一个输出口输出（单口输出），即由显卡一个输出口产生前一场左画面，后一场右画面，依次交换。

也有一小部分立体信号利用显卡的两个输出口输出（双口输出），即由显卡的 1 口和 2 口分别产生左画面和右画面。

单口输出模式的立体信号源模式既支持大屏幕立体观测，同时也可支持显示器立体观察。由于左右眼画面实时同步显示，因而画面不易错乱，清晰度高。单口输出模式特别适用于海量数据显示，适用于需要实时交互的虚拟环境系统的视景建模平台。

双口输出模式仅支持大屏幕立体显示，左右画面容易错乱，操作烦琐，仅适合于小数据量系统的显示，通常用于纯立体浏览，不能用于 VR 实时交互式系统。

2. 三维投影平台的基本构成

三维投影平台由立体投影仪、立体转换器和屏幕构成。

（1）立体投影仪。

立体投影仪主要由 2 个投影仪、2 片极性不同的偏振片和调整机构组成。

① 投影仪。

投影距离一般在 4 m 到 5 m，因此要求投影仪的亮度在 4 000 lm 以上。正投结构室内有灯光，更需要投影仪的亮度来保证；而背投结构观看室的灯光一般不会影响观察效果。

从实际操作来看，投影仪还应具备变焦、镜头上下移动、遥控编码两个以上可设定、水平点数可调整并保存等功能。另外，当投影仪进行立体显示时一般不使用其自身的梯形校正功能，以免影响画面质量。

投影仪根据其板面可分为 LCD 投影仪和 DLP 投影仪。LCD 色彩比较好；DLP 对比度比较大，板面寿命长。目前市场上 LCD 为主导产品。普通的 DLP 多属于便携式投影机，亮度无法满足要求，调整功能相对少，高档的 DLP 现在价格昂贵。

② 偏振片。

偏振片根据其原理可分为线偏振片和圆偏振片。线偏振片由于观看者摆动会造成立体时有时无，观看者头部位置要相对固定。国外同类产品都采用圆偏振片，如 Barco、科视公司的投影平台，NuView 和 StereoGraphics 公司在 CRT 前加挂的偏振屏幕。

偏振片应该离开投影仪光学镜头一定的距离。将偏振片加套在光学镜头上是不合理的，因为投影仪长时间工作发热会造成偏振片的变形和失效。

③ 调整机构。

投影仪的调整机构主要是保证两个投影仪姿态相一致，调整要快捷、方便、稳定，能独立调整，相互间不能破坏。可用格网来检测调整机构的合理性和方便性。调整机构最好放在地上，便于日常维护，如定期给投影仪除尘。

（2）立体转换器。

立体转换器是实现主动立体转为被动立体的关键设备。为了达到好的显示效果，使人眼观察图像不会出现闪烁感，其分辨率应支持 1 024×768，对于左右输出的影像应能保证刷新率在 60 Hz 以上。

另外，为了方便操作者使用，一般有 VGA 副口外接显示器供操作者观察。立体转换器有 VGA 接口输出，方便操作员使用。立体转换器无须电源适配器，直接采用 220 V 供电；配备有 VGA 接口输出，方便连接显示器供操作者观看。3DPT 转换器配有立体同步信号，能够保证软件每次运行时画面始终正立体显示。

（3）屏幕。

被动式结构的屏幕具有偏振性能不改变特性，同时又可作为普通屏幕使用，而普通屏幕是看不到立体的。若要有好的立体场景，屏幕要求在 120 in（2.4 m×1.8 m）以上。

立体投影幕分为软幕和硬幕，包括金属软幕、金属硬幕和特殊背投硬幕，一般金属软幕的效果差一些。

3．3DPT 投影平台简介

3DPT 投影平台由北京四维远见信息技术有限公司研制开发。它采用背投结构，利用偏振光原理获得真三维立体，使观察者具有身临其境的感觉。

（1）三维投影平台的组成及其原理。

三维投影平台由立体投影仪、背投大屏幕、图像工作站、立体转换器、圆偏振光眼镜组成。图 1.6 所示为 3DPT 单通道立体投影系统原理，图 1.7 所示为 3DPT 三通道立体投影平台原理。

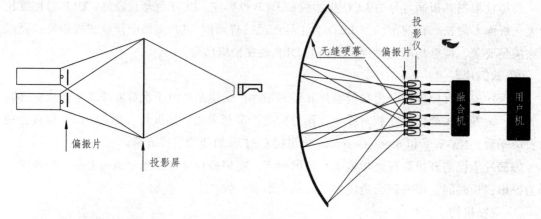

图 1.6　3DPT 单通道立体投影平台原理　　　　图 1.7　3DPT 三通道立体投影平台原理

（2）三维投影平台的安装和设置。

计算机按正常连接方法连接，立体显卡输出口 1 优先使用，立体显卡信号接立体转换器，立体转换器输出的左右图像连接两个投影仪的 INPUT1 模拟口，输入、输出的信号为模拟信号。其他计算机信号连接 B 投影仪的 INPUT2 口，如图 1.8 所示。应当注意，当输入源不同时，需用投影仪遥控器切换。

立体卡设置如下：

①　设置计算机分辨率及频率为 1 024 × 768@75 Hz、真彩色 24 位或 32 位。

②　显卡 1 口和 2 口的分辨率和颜色深度设为一致，1 口设为主口。

③　启用显卡的 OpenGL 立体显示属性，即在"高级"选项中选择"Quadro Fx"，在"性能和质量设置"下选择"驱动程序全局设置"，将"查看"设为"高级设置"，将"启用立体功能"设置为"开"，将"强制使用立体快门功能"设置为"开"，将"立体显示模式"设置为"使用板上 DIN"。

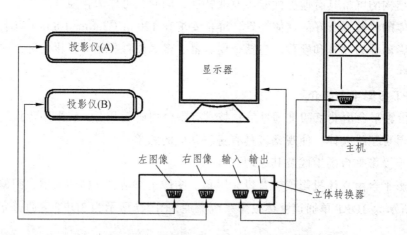

图 1.8　投影平台信号连接示意图

（3）圆偏振片。

圆偏振光片分左旋偏振光片和右旋偏振光片，左图像通过左眼看到，右图像通过右眼看到，这样才能看到真立体。平台约定 A 机前放置左偏振光片，B 机前放置右偏振光片。偏振光片的放置有正反面之分。

除了硬件环境的配置外，立体可视化环境构建的关键还在于建模软件立体显示技术的研究。

四、交互式触控系统

实现基于虚拟环境的触摸式交互线路工程信息技术系统的关键是选择合适的交互式触控设备，并实现与铁路数字化选线设计系统的集成。

20 世纪 90 年代末期出现的电子产品交互式电子白板是一种可以与计算机相连接的大型电子显示板。使用者可以通过投影仪器将计算机上的图像投影到电子白板显示屏上，然后用书写笔、手指或其他仪器在电子白板上进行点击、拖动等操作，从而完成与计算机的交互书写功能。自从第一款交互式触控电子白板产品由加拿大的 SMART 公司研发生产后，电子白板迅速在世界各地得到了广泛的推广使用。目前，交互式电子白板主要应用于课堂教学、商务会议以及广播工作室等领域并在教学方面显示出了很大的优势，但尚未见在其他专业领域有过深入应用报道。本节选择加拿大 SMART 公司生产研发的 SMART Board 600i 交互式电子白板系统，研究交互式触控设备与铁路数字化选线系统的集成原理。

（一）交互式电子白板系统原理

电子白板有复印式和交互式两大类。复印式电子白板是第一代产品，现在已经不能满足要求了，现在所说的电子白板基本都是第二类即交互式电子白板。交互式电子白板是通过白板、计算机、投影仪等组成交互式控制环境，运用相关软件在白板上操控计算机并同步显示，计算机上的操作也均可在白板上同步显示并可储存的人机交互系统。交互式电子白板根据定位技术的不同，主要分为：电阻压感式、电磁式、超声波式、红外激光式以及 CCD 式等。

（1）电阻压感式。

电阻压感式电子白板是由多层膜组成的，包括水平线电阻膜、绝缘网格、导电膜、垂直电阻膜等，组合膜与使用区域大小相同。其工作原理是在电阻膜上加一个固定的电压，在没有外力的作用下，导电膜不接触电阻膜，没有电压被测得，因而不会有定位的信息反应。当用硬物压在电阻膜的某一点上时，电流通过导电膜被测试电路读取，就像从一个电位器中点测试到一个变动的电压，这个电压与触摸点的位置有关，根据从水平和垂直方向读取的电压，可以换算出触摸点的 X、Y 方向位置。电阻式触摸屏采用的是一种网格扫描实现方式，特点是有物体压住膜的表面时，可以反映出物体压住的位置。

（2）电磁感应式。

电磁波是可以通过空气和绝缘物体进行传播的。电磁感应式交互式电子白板由一支可以发射电磁波的笔、水平和垂直两个方向排列的接收线圈膜组成，膜的大小与显示区域相同。其定位原理是，发射电磁波的笔按间歇方式发射电磁波，当笔靠近接收线圈的膜时，线圈上会感应到笔发射的电磁波。离笔越近的线圈组感应到的电动势越高，根据水平方向和垂直方向感应到的电动势，通过计算可以获得笔所在的 X、Y 坐标位置。

（3）超声波式。

利用超声波的传输速度较慢的特性，根据超声波发射到接收的时间可计算出发射点到接收点的距离。超声波平面定位的原理是在屏幕的一边放置两个按固定距离分布的超声接收装置，用于定位的笔是一个超声波发射器，当笔移动在屏幕的表面时，所发射的超声波沿屏幕表面被接收器检测到，由收到超声波的时间可以换算出笔与两个接收器的距离。采用三点定位的原理，即根据三角形已知三条边长可以确定笔所在顶点的原理，就可计算出笔所在的位置坐标。这是一种测距定位模式。

（4）红外激光式。

这种形式的交互式电子白板由密布在显示区四周的红外接收和发射对管形成水平和垂直方向的扫描网格，形成一个扫描平面网，当有可以阻挡红外光的物体阻挡住网格中的某对水平和垂直红外扫描线时，就可以通过被阻挡的水平和垂直方向的红外线位置确定 X、Y 坐标，实现坐标的定位。

（5）CCD 式。

CCD 式交互式电子白板是在显示区域的一边设置两个固定距离的 CCD 线阵探测器和红外发射器，对准显示区域；在显示区域的另外三边设置可以反射光线的反射膜。在没有物体阻挡时，线阵 CCD 检测到的是一条完整的光带；当有物体在显示区域中挡住光线传播路径时，在线阵 CCD 检测到的光带中会出现无反光区域，分布在两个角的 CCD 分别检测到的遮挡区域反映在线阵 CCD 的对应区域，根据对应的区域就可计算出的物体在显示区域的位置。这是一种交叉点测试定位方式。

（二）电阻压感式电子白板坐标定位原理

SMART Board 600i 交互式电子白板系统属于电阻压感式，该白板采用电阻触摸屏，电阻触摸屏最上层是一层外表面经过硬化处理、光滑防刮的塑料层，内表面涂有一层导电层［ITO（氧化铟锡）或镍金］，基层采用一层玻璃或薄膜，表面涂有 ITO 透明导电层；在两层导电层之间有许多小于千分之一英寸的透明隔离点把两层膜隔开绝缘。在每个工作平面的两条边线上各涂一条银胶，作为该工作平面的一对电极，一端加 5 V 电压，一端加 0 V 电压，在工作平面的一个方向上形成均匀连续的平行电压分布。当给 X 方向的电极对施加一确定的电压，而不给 Y 方向电极对施加电压时，在 X 向平行电压场中，触电处的电压值可以在 $Y+$ 或 $Y-$ 电极上反映出来，通过测量 $Y+$ 电极对地的电压大小，通过 A/D 转换，便可得知触电点的 X 坐标值。同理，当给 Y 电极对施加电压，而不给 X 电极对施加电压时，通过测量 $X+$ 电极的电压，经 A/D 转换，便可得知触电点的 Y 坐标值。如图 1.9 所示。

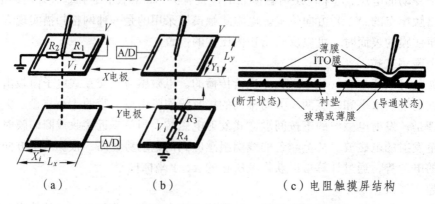

（a）　　　　　　（b）　　　　　（c）电阻触摸屏结构

图 1.9　电阻压感式电子白板坐标识别原理

当手指或者笔触摸屏幕时，两个互相绝缘的导电层在接触点接触，因其中一面导电层（顶层）接通 X 轴（或 Y 轴）方向的 5 V 均匀电压场，使得检测层（底层）的电压由零变为非零，控制器检测到这个接通后，进行 A/D 转换，并将得到的电压值与 5V 相比，根据分压原理得到触摸点的 X 轴、Y 轴坐标：

$$X_i = L_x \times V_{ix}/V \ , \quad Y_i = L_y \times V_{iy}/V \tag{1.1}$$

对电子白板屏幕定位后，还需要将计算机的显示与电子白板的显示进行关联，其中就涉及两者的坐标转换。电子白板通过 USB（通用串行总线）串行接口与计算机连接，白板上的投影仪通过 VGA（视频图形阵列）线与计算机连接，并将计算机上的内容投影显示在电子白板上。电子白板上的内容和计算机的内容为投影关系。在操作电子白板的过程中，两者坐标必须随时进行转换。电阻压感式电子白板一般采用等比例缩放法和仿射变换法进行坐标转换。等比例缩放算法的思想是将计算机屏幕上的每个坐标点等比例缩放到电子白板的某个区域，并建立一个对应的索引关系。由于电子白板屏幕一般远大于计算机屏幕，所以该算法精确度较低，投影后容易导致失真。所以在进行坐标定位转换时，通常采用仿射变换法。一般至少需要 3 个初始点才可以完成坐标转换。仿射变换转换公式见式（1.2）：

$$[x, y, 1]^{\mathrm{T}} = \begin{bmatrix} a_{11} & a_{12} & a_{13} \\ a_{21} & a_{22} & a_{23} \\ 0 & 0 & 1 \end{bmatrix} [X, Y, 1]^{\mathrm{T}} \tag{1.2}$$

式中：x、y 为计算机屏幕的坐标；

X、Y 为电子白板屏幕的坐标；

a_{11}、a_{12}、a_{13}、a_{21}、a_{22}、a_{23} 为由 3 个初始点确定的转换参数。

（三）SMART Board 600i 电子白板系统

SMART Board 600i 交互式电子白板系统主要由音响系统、短焦 Unifi 投影仪、电子白板及开关按钮、菜单按钮、工具槽等操作组件组成。其组成示意图如图 1.10：

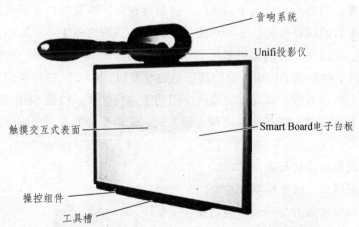

音响系统

Unifi投影仪

Smart Board电子白板

触摸交互式表面

操控组件

工具槽

图 1.10　SMART Board 600i 交互式电子白板系统组成

SMART Board 600i 交互式电子白板板面尺寸为 1 657 mm × 1 257 mm，底部工具槽里面摆放着黑、红、绿、蓝四种颜色的指示笔和一个板擦，工具槽里面安装着感应器，当用户将某一工具拿出工具槽时，感应器会捕捉到这一信息，并传递给电子白板启动相应功能；或者通过浮动工具条（图 1.11），选取笔或板擦等。同时用户也能改变所使用工具的属性，例如绘图颜色、线宽等参数。

图 1.11　浮动工具栏

操作组件主要由开关按钮、菜单按钮、键盘和鼠标右键功能启动按钮（用户可以在设置里面更改按键启动的功能）组成，而电子白板的大屏幕相当于一个输入设备和显示设备的集成，集成了鼠标、键盘和显示器的功能。

（四）与线路工程信息系统的连接实现

当用户拿起任意颜色的笔时，可以在白板上进行书写、画线、作图等绘制操作，此时如果操作是在白板支持的第三方软件或其自带的软件 NoteBook 的绘图区进行的，那么绘制的内容将直接写入软件绘图区，从而保存在软件内部；如果是在白板不支持的软件中或者不启动任何软件直接在白板屏幕上进行绘制时，会在白板整个屏幕上产生一个透明矩形绘图区，实际绘制操作是在这里进行的，最后的绘制信息也是以图片形式进行存储。显然，要想在选线系统的虚拟地理环境中应用电子白板屏幕画线、板擦等功能，首先需要对其进行硬件接口开发，使得电子白板能支持虚拟地理环境建模软件，从而将白板屏幕上画的线直接绘制在虚拟地理环境渲染窗口里面。根据电阻压感式电子白板的系统原理，获取电子白板的定位坐标是实现与数字化选线系统连接的关键。在这个过程中，首先需要获取电子白板硬件的物理构造参数，也即对电子白板进行硬件接口开发。对于硬件接口开发，即使我们不考虑复杂的硬件底层开发的难度，要在不知道电子白板硬件的物理接口、配置接口等的情况下，开发与虚拟地理环境建模平台的接口也是几乎不可能的。因此，获取白板生产厂家的支持，将会是最直接简便的方式。在这里，要感谢加拿大 SMART 公司总部的技术人员，在接到我们的诉求之后，为我们提供了封装电子白板底层物理信息的开发包（SDK），使得我们免去了烦琐的硬件底层开发工作，可以着重于对具体的软件应用功能进行扩展。白板 SDK 提供了 COM（组件对象模型）和 DLL（动态链接库）两种连接方式，无论哪种方式，都需要提供如下几个重要功能：

（1）与电子白板的连接与断开功能。

（2）电子白板屏幕二维坐标获取功能。

（3）电子白板屏幕点击与移动响应功能。

（4）电子白板工具条选择响应功能。

（5）电子白板屏幕绘图参数修改功能。

第二节　运行软件环境

要使计算机正确地运行并解决铁路线路工程信息系统的任务，必须具备完整的软件系统。一个完整的系统需配置系统软件、支承软件和应用软件。前二者又称为基础软件。各种基础软件等于使用的工具，大多随计算机购买时提供，或成为商品可以单独购买。

一、系统软件

系统软件是与计算机主机直接关联的，一般是由软件专业工作者研制。它起着扩充计算机的功能和合理调度与运用计算机的作用。系统软件主要包括各种操作系统、文件和设备管理系统、各种高级语言编译系统等。

操作系统是协调和组织计算机运行的软件。为了提高计算机的使用效率及响应速度，各种计算机都配备了日臻完善的操作系统。目前在微机上广泛应用的操作系统是 Windows 系列，可用它们来实现计算机硬件自身和软件资源的管理。

编译系统是把以高级语言编写的程序翻译成机器指令，并由计算机直接执行这些指令的系统。目前，适用于微机线路工程信息系统的编译系统有 C++、Visual C++、Visual BASIC、FORTRAN 等语言编译系统，可供不同的应用场合选用。

二、支承软件

开发 REIT 系统，可以考虑选用一些合适的支承软件，例如各种图形软件和数据管理软件。

开发计算机辅助制图系统，可以选用 Autodesk、MicroStation 等平台软件。Autodesk 是目前国内外微机系统中最为普遍使用的一种高性能作图软件，它具有通用性好、适用性广、功能较强的特点。它不但可以绘制直线、点、圆、圆弧、椭圆、矩形等基本图形，还能进行放大、缩小、移动、插入、复制等操作，而且可以将图形作为一个标准图块随意插入到所需的图形中；它还可作二维、三维图形，对图形进行着色、文字注释、尺寸标注等。在开发线路 CAD 应用软件中，为避免自己编制各种绘图指令和子程序，也可以选用 Autodesk 作为支承软件。专用的 CAD 工作站一般备有现成的图形软件，如 Calma 公司的 DIMENSION 和 DDM，Intergraph 的 IGDS 和 DMRS 等。

地理环境建模，可选用 GIS 平台。

在开发 REIT 过程中，为便于数据管理，有很多现成的支承软件可以利用，如 dBASE、FoxBase、FoxPro、Excel、Access、Oracle 等。

三、应用软件

为解决各个行业的实际问题，往往需要另行开发各自适用的应用软件。铁路 REIT 中的各种应用软件往往是一些较大的系统，要用软件工程的方法来开发。

开发铁路 REIT 应用软件可以采用其他图形软件作为支承软件进行二次开发，比如

Autodesk、MicroStation、GIS、GE 等，也可独立地作集成化的软件开发，一切决定于应用领域、用户需求、规模和功能等方面的具体条件。

基于高级语言的原创系统，通常直接采用 C++等高级程序研究，在 Windows 系统上开发。这种系统开发要求系统能管理和访问计算机的基本软硬件系统，开发难度大，但所开发的系统不受限于支撑平台软件。这类原创系统经过长期的积累，通过实现线路工程信息技术开发者的创新思维和创新性功能，同一版本的软件生命周期长。

基于支撑软件的开发模式，主要是在 Autodesk、MicroStation 等支撑软件的基础上，采用高级语言进行二次开发，实现线路工程信息技术的功能。这种开发模式，系统可直接调用支撑软件已经实现的计算机软硬件系统管理功能，开发者只需要在系统中添加线路工程信息技术的专用功能模块即可，系统开发难度不大。但该模式开发的系统受支撑软件的约束较大，一旦支撑软件版本更新，线路工程信息系统软件在新的系统中就无法运行。比如，在 Autodesk 平台上开发的软件，由于 Autodesk 软件一般 2~4 年更新一次版本，且每次新版本均对数据格式和一些重要函数进行了修改，导致应用软件也必须进行相应的版本研制。这无形中增大了线路工程信息技术系统的维护成本。

近几年快速发展的工程信息建模（BIM）技术，其建模软件大多采用专业公司开发的基于支撑软件开发的应用软件。相关软件可分为概念设计和可行性研究软件、BIM 核心建模软件、BIM 分析软件、施工管理软件、预算软件、文件共享与协同软件等。其中建模软件是实现 BIM 的基础，常用的建模软件见图 1.12。Autodesk 公司的 Revit 系列软件多用于民用建筑市场；Bentley 产品多用于工厂设计和基础设施；Nemetschek 具有一定的市场影响力，但在中国使用较少；Dassault 公司的 CATIA 主要用于航天、汽车等领域，对复杂形体和超大建筑有较强的建模能力；Digital Project 是在 CATIA 基础上进行二次开发的工程建设行业应用软件。

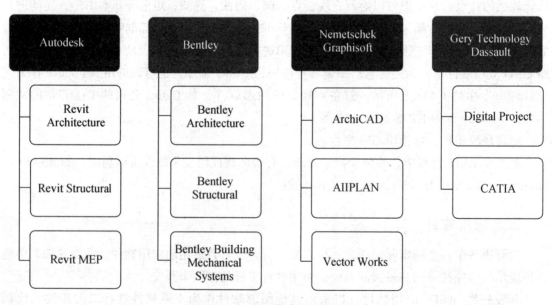

图 1.12　常用的 BIM 建模软件

第三节 计算机网络及 Internet 技术

所谓计算机网络，是指互联起来的独立自主的计算机的集合。简单地说，两台或更多的计算机相互连接起来形成的网络就称为计算机网络。形成网络的最重要的原因是通信及资源共享。计算机网络的主要功能包括：

（1）共享资源并提高其利用率。

（2）提高计算机系统的可靠性。

（3）进行分布式处理提高系统效率。

（4）提供各种通信服务。

一、计算机网络系统的组成

一个计算机网络系统的硬件包括：主机或服务器、通信介质（双绞线、同轴电缆、光纤电缆以及无线传播介质）、信号交换器、终端服务器、终端计算机。

互联意味着相互连接的两台计算机能够互相交换信息。连接是物理的，由硬件实现。连接介质（有时也叫作信息传输介质）可以是双绞线、同轴电缆或光纤等有线物质，也可以是激光、微波或卫星信道等无线物质。信息交换具有物理和逻辑的双重性质。在网络结构的最底层（物理层），信息交换体现为直接相连的两台机器之间无结构的比特流（bit stream）传输；在物理层以上各层，所交换的信息便有了一定的逻辑结构，越往上逻辑结构越复杂，越接近用户真正需要的形式。信息交换在网络的低层由硬件实现，而到了高层则由软件实现。

通常把计算机通过电缆直接相连所形成的计算机网络按其连接方式、影响范围的不同分为局域网、广域网和网间网。

局域网（Local Area Network，LAN）是 20 世纪 60 年代出现的一种计算机网络技术，它是通过在短距离内将多台计算机互联进行数据通信的技术。LAN 具有价廉、可靠性高以及安装和管理方便的优点。LAN 技术的最根本的特点是资源共享。由于在将数个 LAN 网络连接上存在着技术难题，LAN 只能在所限制的距离范围内使用。

广域网（Wide Area Network，WAN）是 20 世纪 70 年代发展起来的一种在长距离范围内，将计算机连接起来的计算机网络技术。WAN 并不是把两台计算机简单地用一根传输线路连接起来，而是利用计算机一组传输线路组成一个系统，在每一个节点上设一台专用的计算机与传输线路连接，这个专用计算机使得网络独立于网络上的计算机而运行。

网间网（Internet，又叫互联远程网）是目前世界上最大的计算机互联网络，它是一个由数千个计算机网络、数百万台计算机以及上千万的用户所组成的一个联合体。在 Internet 网上的用户采用一种统一的通信协议——传输控制/网际协议（Transmission Control Protocol/Internet Protocol，TCP/IP）将世界各个国家的大学、科研部门、军事机构、公司以及政府等组织的网络连接起来，使这些网络中的各种信息资源成为一个共享的数据资源网，以供网络上的用户共享。

从计算机网络的概念结构出发，无论哪一种网络，总可以将它划分为两部分：主机（host）和子网（subnet）。主机是组成网络的独立自主的计算机，用于运行用户程序（即应用程序）。子网，严格地说，应当叫作通信子网（communication subnet），是将入网主机连接起来的实体。子网的任务是在入网主机之间传送分组（packet），以提供通信服务，正如电话网络将话音从发送方传至接收方一样。把网络中纯通信部分的子网与应用部分的主机分离开，这是网络层次结构思想的重要体现，使得对整个网络的分析与设计大为简化。

计算机网络是计算机与通信技术相结合的产物，它最主要的目的在于提供不同计算机和用户之间的资源共享。换言之，在计算机网络中，通信只是一种手段。在这个意义上，可以把计算机网络划分为通信服务提供者和通信服务使用者两部分。对应于网络协议层次，通信服务提供者包括网络层及以下各层，通信服务使用者包括传输层及以上各层（尤其是应用层）。

二、计算机网络的连接与交换方式

（一）拓扑结构

用拓扑方法研究计算机网络，可以使复杂的问题简单化。

计算机网络的拓扑结构，其根本是信道分布的拓扑结构。常见的拓扑结构有 5 种：总线型、星型、环型、树型和网型（图 1.13），不同的拓扑结构其信道访问技术、性能（包括各种负载下的延迟、吞吐率、可靠性以及信道利用率等）、设备开销等各不相同，分别适用于不同的场合。

不同的信道其拓扑结构各不相同，差别很明显，但总体上可以分为点到点（point-to-pointing）信道和广播（broadcasting）信道这两类。所谓点到点信道指网络中每两台主机、两台交换设备（IMP）之间或主机与 IMP 之间都存在一条物理信道，机器（包括主机和 IMP）由某信道发送的数据确定无疑地只有信道另一端的唯一一台机器收到，在这种点到点的拓扑结构中，没有信道竞争，几乎不存在信道访问控制问题。绝大多数广域网都采用点到点拓扑结构，尤其是网状结构。网状结构是典型的点到点拓扑，除此之外，星型结构也是点到点的（每台主机跟交换中心之间的信道是点到点的）。某些环网，尤其是广域环网都采用点到点拓扑结构。

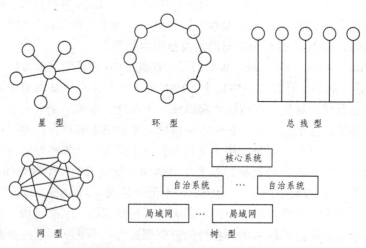

图 1.13 计算机网络的拓扑结构

在广播型拓扑结构中，所有主机共享一条信道，某主机发出的数据，所有其他主机都能收到。在广播信道中，由于信道共享而引起信道访问冲突，因此信道访问控制是首先必须解决的问题。广播型结构主要用于局域网,不同的局域网技术可以说是不同的信道访问控制技术。局域网的线路距离短,传输延迟小,信道访问控制相对容易,因此它宁愿以额外的控制开销换取信道利用率,从而降低整个网络的成本。

在所有 5 种拓扑结构中,树型结构以其独特的优点而与众不同:它具有层次结构。TCP/IP网间网、Internet 都采用树型结构,以对应于网间网的管理层次和寻址(routing)层次。位于树型结构不同层次的节点,其地位是不同的。比如在 Internet 中,树根对应于最高层的ARPANET 主干或 NSFNET 主干,这是一个贯穿全美的广域网,中间节点对应于自治系统(autonomous system,一组自治管理的网络),叶节点对应于最底层的局域网。不同层次的网络在管理、信息交换等问题上都是不平等的。

在树型结构中,假如每一节点是一台机器,则上下层节点之间的信道是点到点的,因此树型网也可以是点到点网络。

关于网络的拓扑结构,解决多路复用问题的典型做法是贯穿全国铺设一条高容量物理线路,将所有机器(或入网站点)连在一起,然后,给每一对拥有一条信道的机器分配一个独立的频带,总的效果构成点到点网状信道。这样做不仅节省了开销,而且使信道具有可配置性(configurability)。一旦某信道通信量太少,则可以取消之;一旦无直接信道的两点之间传输量增大,则可以在其间增加一条信道。

(二)数据交换方式

1. 线路交换(circuit switching)

交换(switch)的概念最早来自电话系统。电话系统的交换方式叫作线路交换。线路交换的外部表现是通信两端一旦接通,便拥有一条实际的物理线路,双方独占此线路;线路交换的实质是在交换设备内部,硬件开关将输入线与输出线直接连通。

线路交换技术有两大优点:第一是传输延迟小,唯一的延迟是电磁信号的传播时间;第二是一旦线路接通,便不会发生冲突。

线路交换的缺点一是建立线路所需的时间很长。在数据传输开始之前,呼叫信号必须经过若干中间交换机,得到各交换机认可,并传到最终被呼叫方。这个过程常常需要 10 s 甚至更长时间。线路交换的另一缺点是由于线路独享造成的信道浪费,因为信道一旦被建立起来,即便空闲,它也不能为其他用户所用。

2. 报文交换(message switching)

报文交换不预先建立线路,当发送方有数据块要发时,它把数据块作为一个整体(叫作报文,message)交给交换设备(即 IMP),交换设备选择一条合适的空闲输出线,将数据块通过该输出线传送出去。在这个过程中,交换设备的输入线和输出线之间不建立物理连接。同线路交换一样,报文在传输过程中,也可能经过若干交换设备。在每个交换设备处,报文首先被存储起来,在适当的时候被转发出去。所以报文交换技术是一种存储转发(Store-and-forward)技术。

3. 分组交换(packet switching)

上面谈到报文交换的特点是对传输数据块的大小不加限制,对大报文传输,IMP 必须利用磁盘进行缓存,单个报文可能占用一条 IMP—IMP 线路长达几分钟时间。这样显然不适合于交互式通信。为解决这个问题,分组交换技术严格限制数据块大小的上限,使分组可以在

IMP 的内存中存放，保证任何用户都不能独占线路超过几十毫秒，因此非常适合于交互式通信。分组交换比起报文交换的另一优点是吞吐率较高：在具有多个分组的报文中，第二个分组尚未接收完之前，已经收到的第一个分组就可以往前传送，这样减小了时间延迟，提高了吞吐率。

分组交换除吞吐率较高外，还提供一定程度的校验及代码转换能力，是绝大多数计算机网络所采用的技术。极少数计算机网络也采用报文交换技术，但绝不采用线路交换。当然，分组交换也有许多问题，比如拥塞、报文分片与重组、分组损失或失序等。

综上所述，交换方式其实质是在交换设备内部数据从输入线切换到输出线的方式。在计算机网络中，绝大多数通信子网采用分组交换技术，根据内部机制的不同可以把分组交换子网分为两类：一类采用连接（即面向连接，connect-oriented），一类采用无连接（connectless）。在有连接子网中，连接称为虚电路（virtual circuit），类似于电话系统中的物理线路；无连接子网中的独立分组称为数据报（datagram），类似于邮政系统中的电报。

思 考 题

1. 线路工程信息技术必须具备哪些必要的支撑环境？试分析硬件环境、软件环境和网络环境的技术参数对线路工程信息技术中的优化设计、CAD 技术、辅助决策技术和信息采集与管理技术的影响。

第二章 现代线路勘测技术

第一节 现代线路勘测技术概述

铁路选线设计是一个涉及多个专业的综合性规划设计工作。在铁路选线设计中，线路工程师必须充分利用他们的领域知识和信息，对地形、工程地质、水文地质等自然环境因素进行分析，以便设计出一条满足政治、经济、技术等各方面要求的铁路线路。由于线路空间位置的确定依赖于设计人员对自然条件的分析，所以选线设计比其他许多工程设计对环境具有更强的依赖性。

在铁路发展早期，由于测绘手段非常落后，线路工程师通常采用实地踏勘的方式进行实地选线，拿当今模型的概念来说，相当于工程师在 1∶1 的模型上选线。由于视野所限，工程师无法对多个可能方案进行研究与比选，所选线路只能是一个满足技术要求的可行方案，而无法对其优劣进行评价。19 世纪中叶后，随着测绘技术的发展，测绘部门开始用某种比例尺地形图表达地形地势变化，为工程部门提供设计所需要的纸介质的等高线地形图。供路网规划的方案研究的地形图的比例尺通常为 1∶50 000～1∶10 000，供详细设计所用的地形图的比例尺通常为 1∶2 000。在地形图上研究线路方案，工程师们的视野大大拓宽，可以在较大范围内研究线路所有的可行方案，从中选择出较好的方案。之所以称为较好的方案，是由于在地形图上所确定的平面方案需要用线路纵断面和工程投资估算结果加以评价。而对于给定的平面，其纵断面设计与工程数量计算，需要依据相应的地形信息及对地形的施工程度确定。在用人工读取地形资料，并采用落后的计算、绘图手段进行设计的年代，线路设计工作量很大，从而限制了工程师对所有可能的方案进行研究。工程师只能在有限的时间内对几个可能方案进行比选，从中选出较好的方案。为了提高设计效率和设计质量，自 20 世纪 50 年代美国麻省理工学院的 Millar 教授提出数字地形模型及基于数字地形模型进行线路自动化设计的概念后，世界范围内的许多专家、学者和工程技术人员围绕线路勘测设计信息技术的问题进行了广泛的研究。曾经一度，地形图信息数字化手段的落后，限制了线路自动化设计技术的发展。直到 20 世纪 80 年代，随着计算机技术、微波通信技术、交互式图形技术的发展，测绘仪器和测绘技术进入现代化的信息技术时代，获取线路设计所需要的数字化地形信息的问题已经基本解决，从而使线路勘测设计一体化技术进入实质性的发展与应用阶段。这些从根本上改变了线路工程勘测设计手段的现代测绘技术包括 GNSS 定位技术、全站仪测量系统、摄影测量与解析测图系统、遥感技术等。本章简要介绍这些现代测绘技术的基本原理。若要进一步了解这些技术，可参考相应的专门书籍。

第二节　全球导航卫星系统（GNSS）

全球导航卫星系统是"导航卫星授时测距/全球定位卫星系统"（Navigation System Timing and Ranging/Global Navigation Satellite System，NAVSTAR/GNSS）的简称，是随着现代科学技术的迅速发展而建立起来的新一代精密卫星定位系统。国际上有四大成熟的导航卫星系统，分别为由美国研制和建立的全球定位系统（GPS）、由俄罗斯建立的格洛纳斯系统（GLONASS）、由欧盟研制和建立的伽利略卫星导航系统（Galileo Satellite Navigation System，GSNS）和由中国建立并运行的北斗导航卫星系统（BeiDou Navigation Satellite System，BDS）。

一、全球导航卫星系统的组成

全球导航卫星系统主要有三大组成部分，即空间星座部分、地面监控部分和用户设备部分（图 2.1）。

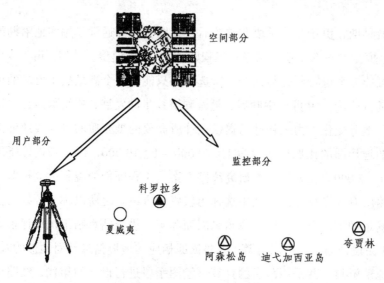

图 2.1　全球导航卫星系统构成示意图（以 GPS 为例）

1. 空间星座

GNSS 的空间卫星星座，由若干颗卫星组成。比如：GPS 系统由 24 颗卫星组成，其中包括 3 颗备用卫星；卫星分布在 6 个轨道面内，每个轨道面上分布有 4 颗卫星；卫星轨道面相对地球赤道面的倾角约为 55°，各轨道平面升交点的赤经相差 60°，在相邻轨道上，卫星的升交距角相差 30°；轨道平均高度约为 20 200 km，卫星运行周期为 11 h 58 min。因此，在同一观测站上，每天出现的卫星分布图形相同，只是每天提前约 4 min。每颗卫星每天约有 5 h 在地平线以上，同时位于地平线以上的卫星数目，随时间和地点而异，最少为 4 颗，最多可达 11 颗。GPS 卫星在空间的配置，保障了在地球上任何地点、任何时刻均至少可以同时观测到 4 颗卫星，且卫星信号的传播和接收不受天气的影响。因此，GNSS 是一种全球性、全天候的连续实时定位系统。

2. 地面监控部分

GNSS 的地面监控部分，目前主要由分布在全球的地面站所组成，其中包括卫星监测站、主控站和信息注入站。

监测站，是在主控站直接控制下的数据自动采集中心。站内设有双频 GNSS 接收机、高精度原子钟、计算机各一台和环境数据传感器若干台。接收机对 GNSS 卫星进行连续观测，以采集数据和监测卫星的工作状况。原子钟提供时间标准，而环境传感器收集有关当地的气象数据。所有观测资料由计算机进行初步处理，并存储和传送到主控站，用以确定卫星的轨道。

主控站除协调和管理所有地面监控系统的工作外，其主要任务是：

（1）根据本站和其他监测站的所有观测资料，推算编制各卫星的星历、卫星钟差和大气层的修正参数等，并把这些参数传送到注入站。

（2）提供全球导航卫星系统的时间基准。各监测站和 GNSS 卫星的原子钟，均应与主控站的原子钟同步，或测出其间的钟差，并把这些钟差信息编入导航电文，送到主控站。

（3）调整偏离轨道的卫星，使之沿预定的轨道运行。

（4）启用备用卫星以代替失效的卫星。

注入站的主要设备，包括一台直径为 3.6 m 的天线、一台 C 波段发射机和一台计算机（以 GPS 为例，以下涉及具体数据时均同）。其主要任务是在主控站的控制下，将主控站推算和编制的卫星星历、钟差、导航电文和其他控制指令等，注入到相应卫星的存储系统，并监测注入信息的正确性。

3. 用户设备

用户设备的主要任务是接收卫星信号，以获得必要的定位信息及观测量，经过数据处理后达到导航和定位的目的。用户设备由传感器、控制器和无线通信设备三部分组成。

目前，国际上适用于测量的 GNSS 接收机产品更新换代很快，我国引进较多的是 Trimble、Leica、Ashtech 和 JAVAD 等厂家的系列产品。

在用户接收设备中，接收机是用户利用 GNSS 进行测量和导航的关键设备。GNSS 接收机属于现代化的高科技产品，对它的深入介绍，将涉及无线电技术、微电子学、数字通信技术等方面的专门知识。下面主要介绍一下有关 GNSS 接收机的基本概念和基本工作原理，了解这些，对于广大用户选购适宜的接收机和正确地使用接收机，都将是有益的。

GNSS 用户设备主要包括 GNSS 接收机及其天线、微处理机及其终端设备以及电源等，如图 2.2 所示。而其中接收机和天线是用户设备的核心部分，一般习惯上统称为 GNSS 接收机。它的主要功能是接收 GNSS 卫星发射的信号，并进行处理和量测，以获取导航电文及必要的观测量。GNSS 接收机的结构，大体如图 2.3 所示，其主要组成部分包括：

- 天线（带前置放大器）；

图 2.2　GNSS 用户设备

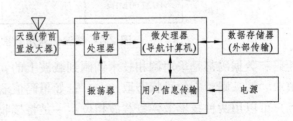

图 2.3　GNSS 接收机结构示意图

- 信号处理器，用于信号识别和处理；
- 微处理器，用于接收机的控制、数据采集和导航计算；
- 用户信息传输，包括操作板、显示板和数据存储器；
- 精密振荡器，用以产生标准频率；
- 电源。

如果把 GNSS 接收机作为一个用户测量系统，那么其按构成部分的性质和功能可分为硬件部分和软件部分。

硬件部分，主要系指上述接收机、天线和电源等硬件设备；而软件部分，是支持接收机硬件实现其功能，并完成各种导航与测量任务的重要条件。一般来说，软件包括内软件和外软件。所谓内软件，是指诸如控制接收机信号通道，按时序对各卫星信号进行量测的软件，以及内存或固化在中央处理器中的自动操作程序等。这类软件已和接收机融为一体。而外软件，则主要系指处理观测数据的软件系统，这种软件一般以磁盘（或磁卡）方式提供。如无特别说明，通常所说的接收设备的软件，均指这种软件系统。

二、GNSS 定位原理

（一）GNSS 信号

GNSS 定位的基本观测量，是观测站（用户接收天线）至 GNSS 卫星（信号发射天线）的距离（或称信号传播路径），它是通过测定卫星信号在该路径上的传播时间（时间延迟），或测定卫星载波信号相位在该路径上变化的周数（相位延迟）来导出的。GNSS 卫星所发播的信号，包括载波信号、P 码（或 Y 码）、C/A 码和数据码（或称 D 码）等多种信号分量，而其中的 P 码和 C/A 码，统称为测距码。载波、测距码和数据码都是在同一个基本频率 $f_0 = 10.23\ \mathrm{MHz}$ 的控制下产生的（图 2.4）。一般称 C/A 码为粗码，P 码为精码。数据码即导航电文，也称 D 码，卫星通过它向用户提供卫星星历、GNSS 时间、卫星钟差改正、大气折射改正、卫星工作状态和轨道摄动改正等参数，是利用 GNSS 进行导航和定位的数据基础。

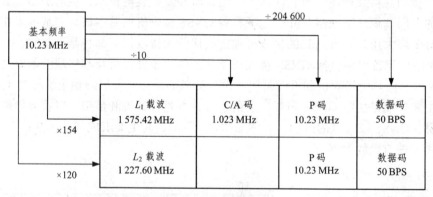

图 2.4 载波信号示意图

测距码和数据码都是采用调相技术调制到载波上的，且调制码的幅值只取"0"或"1"。如果码值取"0"，则对应的码状态取"+1"；如果码值取"1"，则对应的码状态为"−1"。因此，用户可以用两种技术来恢复载波相位：一是将接收的卫星码信号与用户接收机产生的复制码在两码同步的条件下相乘，既可恢复原来的载波又保留了导航电文；二是利用平方解调技术，即将接收到的卫星信号自乘就可达到解调的目的，但同时导航电文（数据码）也被去掉了。

（二）定位方法分类与观测量的概念

1. 定位方法的分类

利用 GNSS 进行定位的方法有多种，若按参考点的位置不同，则可分为：

（1）绝对定位（或单点定位），即在地球协议坐标系中，确定观测站相对地球质心的位置，这时，可以认为参考点与地球质心相重合。

（2）相对定位，即在地球协议坐标系中，确定观测站与某一地面参考点之间的相对位置。

而在绝对定位和相对定位中，又都包含静态与动态两种方式。

为了节省时间，提高作业效率，在上述基本定位方式的基础上，近年来又发展了一些快速定位的方法，如准动态相对定位法和快速静态相对定位法等。

2. 观测量的概念

利用 GNSS 定位，无论取何种方法，都是通过观测 GNSS 卫星而获得的某种观测量来实现的。目前普遍采用的基本观测量有两种，即根据码相位观测得出的伪距和根据载波相位观测得出的伪距。

所谓码相位观测，即测量 GNSS 卫星发射的测距码信号（C/A 码或 P 码）到达用户接收天线（观测站）的传播时间，因此这种观测方法，也称为时间延迟测量。

载波相位观测，是测量接收机接收到的、具有多普勒频移的载波信号，与接收机产生的参考载波信号之间的相位差。

由于载波的波长远小于码的波长，所以在分辨率相同的情况下，载波相位的观测精度远较码相位的观测精度为高。载波相位观测是目前最精确的观测方法，它对精密定位工作具有极为重要的意义。

由于 GNSS 采用了单程测距原理，所以，要准确地测定卫星至观测站的距离，就必须使卫星钟与用户接收机钟保持严格同步。但在实践中这是难以实现的。因此，实际上，通过上述码相位观测或载波相位观测，所确定的卫星至观测站的距离，都不可避免地会含有卫星钟和接收机钟非同步误差的影响。为了与上述的几何距离相区别，这种含有钟差影响的距离，通常均称为"伪距"，并把它视为 GNSS 定位的基本观测量。

通常将由码相位观测所确定的伪距，简称为测码伪距；而由载波相位观测确定的伪距，则简称为测相伪距。

（三）WGS-84 坐标系

WGS-84 坐标系的原点与地球质心 O 重合，z 轴指向平均地北极（国际协议原点 CIO），x 轴指向格林尼治平子午面与协议赤道面的交点 E，y 轴垂直于 xOz 平面并与 x、z 轴构成右手系。相应的地球椭球的球心与地球质心重合，椭球短轴与地球平自转轴重合，起始子午面为格林尼治平子午面。

地面点 P 可以用坐标系的 3 个直角坐标 $(x \quad y \quad z)^{\mathrm{T}}$ 来确定它的位置，也可以用相应大地

坐标 $(B \quad L \quad H)^{\mathrm{T}}$ 来确定它的位置，这种不同形式的坐标表示方法，可用下述关系式方便地相互换算

$$
\left.\begin{aligned}
x &= (N+H)\cos B \cos L \\
y &= (N+H)\cos B \sin L \\
z &= [N(1-e^2)+H]\sin B \\
B &= \arctan\left[\tan\varPhi\left(1+\frac{ae^2}{z}\cdot\frac{\sin B}{W}\right)\right] \\
L &= \arctan\frac{y}{x} \\
H &= \frac{R\cos\varPhi}{\cos B} - N
\end{aligned}\right\} \tag{2.1}
$$

$$
\left.\begin{aligned}
\varPhi &= \arctan\frac{z}{(x^2+y^2)^{1/2}} \\
R &= (x^2+y^2+z^2)^{1/2}
\end{aligned}\right\} \tag{2.2}
$$

式中 N —— 椭球卯酉圈曲率半径；

       e —— 椭球第一偏心率；

       a —— 椭球长半径。

     WGS-84 坐标系与我国常采用的 1954 北京坐标系或 1980 西安坐标系等地方坐标系、坐标原点不重合，3 个坐标轴也相互不平行，两直角坐标系的坐标转换关系为

$$
\begin{bmatrix} x \\ y \\ z \end{bmatrix}_{\mathrm{WGS}} = \begin{bmatrix} \Delta x_0 \\ \Delta y_0 \\ \Delta z_0 \end{bmatrix} + (1+dm)R(w)\begin{bmatrix} x \\ y \\ z \end{bmatrix}_{\text{地方}} \tag{2.3}
$$

$$
R(w) = \begin{bmatrix} 1 & w_z & -w_y \\ -w_z & 1 & w_x \\ w_y & -w_x & 1 \end{bmatrix}
$$

式中：$(\Delta x_0 \quad \Delta y_0 \quad \Delta z_0)$ 是平移参数；w_x、w_y、w_z 为旋转参数；dm 为尺度因子。

（四）GNSS 绝对定位方法

     绝对定位也叫单点定位，通常是指在协议地球坐标系中，直接确定观测站相对于坐标系原点（地球质心）绝对坐标的一种定位方法。利用 GNSS 进行绝对定位的基本原理，是以 GNSS 卫星和用户接收机天线之间的距离（或距离差）观测量为基础，并根据已知的卫星瞬时坐标，来确定用户接收机天线所对应的点位，即观测站的位置。

     应用 GNSS 进行绝对定位，根据用户接收天线所处的状态不同，又可分为动态绝对定位和静态绝对定位。

     当用户接收设备安置在运动的载体上，并处于动态的情况下，确定载体瞬时绝对位置的定位方法，称为动态绝对定位。动态绝对定位，一般只能得到没有（或很少）多余观测的实

时解，在运动导航、航空物探和卫星遥感等领域有着广泛的应用前景。

在接收机天线处于静止状态的情况下，用以确定观测站绝对坐标的方法，称为静态绝对定位。这时，由于可以连续地测定卫星至观测站的伪距，所以可获得充分的多余观测量，以便在测后通过数据处理提高定位的精度。静态绝对定位方法，主要用于大地测量，以精确测定观测站在协议地球坐标系中的绝对坐标。

目前，无论是动态绝对定位还是静态绝对定位，所依据的观测量都是所测卫星至观测站的伪距，所以，相应的定位方法，通常也称为伪距法。

因为，根据观测量的性质不同，伪距有测码伪距和测相伪距之分；所以，绝对定位又可分为测码伪距绝对定位和测相伪距绝对定位。

测相伪距绝对定位要求载体在运动过程中，要始终保持对所测卫星的连续跟踪，目前在技术上尚有一定困难,同时考虑到当前动态解算整周未知数的方法的应用尚有一定的局限性，所以，在实时动态绝对定位中，目前仍主要采用以测码伪距为观测量的定位法。

（五）GNSS相对定位方法

利用GNSS进行绝对定位（或单点定位）时，其定位精度，将受到卫星轨道误差、钟差及信号传播误差等诸多因素的影响，尽管其中一些系统性误差可以通过模型加以削弱，但其残差仍是不可忽略的。实践表明，目前静态绝对定位的精度，约可达米级，而动态绝对定位的精度仅为 $10 \sim 40$ m。这一精度远不能满足大地测量精密定位的要求。

GNSS相对定位，也叫差分GNSS定位，是目前GNSS定位中精度最高的一种定位方法，它广泛地应用于大地测量、精密工程测量、地球动力学的研究和精密导航。

相对定位的最基本情况，是用2台GNSS接收机，分别安置在基线的两端，并同步观测相同的GNSS卫星，以确定基线端点在协议地球坐标系中的相对位置或基线向量（图2.5）。这种方法，一般可推广到多台接收机安置在若干条基线的端点，通过同步观测GNSS卫星以确定多条基线向量的情况。

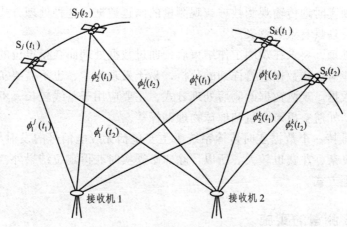

图 2.5　GNSS 相对定位示意图

根据用户接收机在定位过程中所处的状态不同，相对定位也有静态和动态之分。

1. 静态相对定位法

静态相对定位是指安置在待测基线两端的接收机，在观测期间是相对固定的。一般均采用载波相位观测量，由基线两端的接收机同步观测一组相同的卫星，将其所获得的一组测相伪距观测方程用求差法组成差分方程，然后组成法方程解算它们之间的 3 个坐标差分量（即基线向量）。

静态相对定位，在中等长度的基线（100 ~ 500 km）测量中，其相对定位精度可达 10^{-5} ~ 10^{-7}甚至更高更好一些，小于 50 km 的基线其相对定位精度一般能达到 10^{-5} ~ 10^{-6}，是目前卫星高精度大地测量的主要方法。

静态相对定位是目前 GNSS 测量中精度最高的一种方法，被广泛应用于地球动力学研究、高精度变形测量、大地测量、精密工程测量等。尤其是快速相对定位法，在一般的工程控制测量中应用最为普遍，在地面铁路测量中应用 GNSS 技术多数是用这种方法。

2. 动态相对定位法

动态相对定位，是用一台接收机安设在基准站上固定不动，另一台接收机安设在运动的载体上，2 台接收机同步观测相同的卫星，以确定运动点相对基准站的实时位置。

动态相对定位，根据其采用的观测量不同，通常可分为以测码伪距为观测量的动态相对定位，和以测相伪距为观测量的动态相对定位。

目前，测码伪距动态相对定位法的实时定位精度可达米级。以相对定位原理为基础的实时差分 GNSS，由于可以有效地减弱卫星轨道误差、钟差、大气折射误差的影响，其定位精度远较测码伪距动态绝对定位的精度为高，所以这一方法获得了迅速发展，并在运动目标的导航、监测和管理方面得到了普遍的应用。另外，该法在地球物理勘探、航空与海洋重力测量，以及海洋采矿等领域也有着广泛的应用。

测相伪距动态相对定位法，是以预先初始化或动态解算载波相位整周未知数为基础的一种高精度动态相对定位法，目前在较小的范围内（例如 < 20 km）获得了成功的应用，其定位精度可达 1 ~ 2 cm。

在动态相对定位中，其数据处理根据方式不同，通常可分为实时处理和测后处理。数据的实时处理，要求在观测过程中实时地获得定位的结果，无须存储观测数据，但在流动站与基准站之间，必须实时地传输观测数据或观测量的修正数据。这种处理方式，对于运动目标的导航、监测和管理具有重要意义。

数据的测后处理，要求在观测工作结束后，通过数据处理而获得定位的结果。这种处理数据的方法，可能对观测数据进行详细的分析，易于发现粗差，也不需要实时地传输数据，但需要存储观测数据。观测数据的测后处理方式，主要应用于基线较长，不需实时获得定位结果的测量工作，如航空摄影测量和地球物理勘探等。

因为建立和维持一个数据实时传输系统（主要包括无线电信号的发射与接收设备），不仅在技术上较为复杂，花费也较大。所以，除非必须实时获得定位结果外，一般均应采用观测数据的测后处理方式。

三、GNSS 测量的实施

GNSS 测量工作与经典测量工作相类似，按其性质可分为外业和内业两大部分。其中：外业工作主要包括选点（即观测站址的选择）、建立测站标志、野外观测作业以及成果质量检核等，内业工作主要包括 GNSS 测量的技术设计、测后数据处理以及技术总结等。如果按照

GNSS 测量实施的工作程序，则 GNSS 测量大体可分为这样几个阶段：网的优化设计、选点与建立标志、外业观测、成果检核与处理。

（一）GNSS 网的优化设计

GNSS 网的优化设计的主要内容包括精度指标的合理确定、网的图形设计和网的基准设计。

1. 精度标准的确定

对 GNSS 网的精度要求，主要取决于网的用途。精度指标，通常均以网中相邻点之间的距离误差来表示，其形式为

$$\sigma = [a_0^2 + (b_0 \times D)^2]^{1/2} \qquad （2.4）$$

式中 σ —— 网中相邻点间的距离误差（mm）；

a_0 —— 与接收设备有关的常量误差（mm）；

b_0 —— 比例误差（mm/km）；

D —— 相邻点间的距离（km）。

GNSS 相对定位的精度可根据相关规范确定，划分为如表 2.1 所列的标准。

表 2.1　GNSS 相对定位的精度指标

测量分级	常量误差 a_0/mm	比例误差 b_0/（mm/km）	相邻点距离/km
A	≤5	≤0.1	100～200
B	≤8	≤1	15～250
C	≤10	≤5	5～40
D	≤10	≤10	2～15
E	≤10	≤20	1～10

2. 网的图形设计

根据 GNSS 测量的不同用途，GNSS 网的独立观测边，应构成一定的几何图形。图形的基本形式主要有三角形网、环形网和星形网（图 2.6 ~ 图 2.8）。

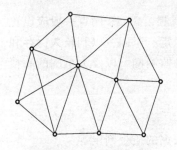

图 2.6　三角形网

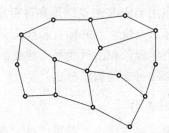

图 2.7　环形网

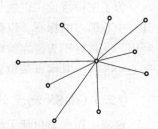

图 2.8　星形网

3. 网的基准设计

网的基准包括网的位置基准、方向基准和尺度基准，而确定网的基准，是通过网的整体

平差来实现的。在 GNSS 网的优化设计中，GNSS 网的基准设计，一般主要是指确定网的位置基准问题。确定网的位置基准，通常可根据情况，选取以下方法：

（1）选取网中一点的坐标值并加以固定，或给以适当的权。

（2）网中的点均不固定，通过自由网伪逆平差或拟稳平差，确定网的位置基准。

（3）在网中选若干点的坐标值并加以固定。

（4）选网中若干点（直至全部点）的坐标值并给以适当的权。

前两种方法，对 GNSS 网定位的约束条件最少，所以，通常称为最小约束法；而后两种方法，对平差计算则存在若干约束条件，其约束条件的多少，取决于在网中所选点的数量，这两种方法，通常称为约束法。

一般只有对于一个大范围的 GNSS 网，而且要求精确地位于 WGS-84 协议地球坐标系中时，或者在具有一组分布适宜的、高精度的已知点时，为改善 GNSS 网的定向和尺度，约束平差法才具有重要意义。在一般情况下，对于一些区域性的 GNSS 网，如城市、矿山和工程 GNSS 网，其是否精确位于地心坐标系统，并不特别重要，因此，这时多采用最小约束平差法。

（二）选点与建立标志

选点，即观测站址的选择。

选点工作通常应遵守的原则是：

（1）观测站（即接收天线安置点）应远离大功率的无线电发射台和高压输电线，以避免其周围磁场对 GNSS 卫星信号的干扰。接收机天线与其距离，一般不得小于 200 m。

（2）观测站附近不应有大面积的水域，或对电磁波反射（或吸收）强烈的物体，以减弱多路径效应的影响。

（3）观测站应设在易于安置接收设备的地方，且视场开阔，在视场内周围障碍物的高度角，根据情况一般应小于 $10° \sim 15°$。

（4）观测站应选在交通方便的地方，并且便于用其他测量手段联测和扩展。

（5）对于基线较长的 GNSS 网，还应考虑观测站附近应具有良好的通信设施（电话与电报、邮电）和电力供应，以供观测站之间的联络和设备用电。

（6）点位选定后（包括方位点），均应按规定绘制点标记，其主要内容应包括点位及点位略图、点位的交通情况以及选点情况等。

为了保持点位，以便长期利用 GNSS 测量结果和进行重复观测，GNSS 网点一般应设置具有中心标志的标石，以精确标志点位。点的标石和标志必须稳定、坚固，以利长久保存和利用。尤其对于为研究地球动力学现象和工程变形而建立的各种监测网，以及大范围的高精度 GNSS 网，其网点的位置，必须可靠地加以标志。

（三）GNSS 测量的观测工作

观测工作主要包括天线安置、观测作业、观测记录和观测数据的质量判定等。

1. 天线安置

天线的安置工作一般应满足以下要求：

（1）采用静态相对定位时，天线安置应尽可能利用三脚架，并安置在标志中心的上方直接对中观测。在特殊情况下，方可进行偏心观测，但归心元素应精密测定。

（2）当天线需安置在三角点觇标的基板上时，应先将觇标顶部拆除，以防止对信号的干扰。这时，可将标志中心投影到基板上，作为安置天线的依据。

（3）天线底板上的圆水准器气泡必须居中。

（4）天线的定向标志线应指向正北，并顾及当地磁偏角影响，以减弱相位中心偏差的影响。定向的误差依定位的精度不同而异，一般应不超过 ±(3°~5°)。

（5）在雷雨天气安置天线时，应注意将其底盘接地，以防止雷击。

天线安置后，应在各观测时段的前后，各量测天线高一次，测量的方法按仪器的操作说明执行。两次量测结果之差不应超过 3 mm，并取其平均值采用。

所谓天线高，系指天线的相位中心至观测点标志中心顶端的垂直距离。天线高一般分为上下两段：上段是从相位中心至天线底面的距离，这一段的数值由厂家给出，并作为常数；下段是从天线底面至观测点标志中心顶端的距离，这一般由用户临时测定。天线高的量测值应为上下两段距离之和。

2. 观测作业

在开机实施观测工作之前，接收机一般需按规定经过预热和静置。观测作业的主要任务是捕获 GNSS 卫星信号，并对其进行跟踪、处理和量测，以获取所需要的定位信息和观测数据。

利用 GNSS 接收机作业的具体操作步骤和方法，随接收机的类型和作业模式不同而异。而且，随着接收设备软件和硬件的不断发展，接收设备的操作方法也将有所变化，自动化的水平将不断提高。用户可按随机操作手册执行。

3. 观测记录

在外业观测过程中，所有的观测数据和资料均需妥善记录。记录的形式主要有以下两种：

（1）观测记录，由接收设备自动形成，均记录在存储介质（如磁带、磁卡或记忆卡等）上，其内容包括：① 载波相位观测值及相应的观测历元；② 同一历元的测码伪距观测值；③ GNSS 卫星星历及卫星钟差参数；④ 实时绝对定位结果；⑤ 测站控制信息及接收机工作状态信息；⑥ 测量手簿。

（2）测量手簿，是在接收机启动前及观测过程中，由用户随时填写的。其中，观测记事栏应记载观测过程中发生的重要问题、问题出现的时间及其处理方式。为了保证记录的准确性，测量手簿必须在作业过程中随时填写，不得事后补记。上述观测记录和测量手簿，都是 GNSS 精密定位的依据，必须妥善地保管。

（四）观测数据的测后处理过程

GNSS 测量数据的测后处理，一般均可借助相应的后处理软件自动地完成。对观测数据进行后处理的基本过程，大体分为：预处理、平差计算、坐标系统的转换或与已有地面网的联合平差。

四、实时动态测量系统

实时动态（Real Time Kinematic，RTK）测量系统，是 GNSS 测量技术与数据传输技术相结合而构成的组合系统。它是 GNSS 测量技术发展中的一个新的突破。

RTK 测量技术，是以载波相位观测量为根据的实时差分 GNSS（RTD GNSS）测量技术。

实时动态测量的基本思想是，在基准站上安置一台 GNSS 接收机，对所有可见的 GNSS 卫星进行连续的观测，并将其观测数据通过无线电传输设备实时地发送给用户观测站。在用户站上，GNSS 接收机在接收 GNSS 卫星信号的同时，通过无线电接收设备接收基准站传输的观测数据，然后根据相对定位的原理，实时地计算并显示用户站的三维坐标及其精度。因此，RTK 测量系统由 GNSS 接收设备、数据传输设备和软件系统三部分构成。

根据用户的要求，目前实时动态测量采用的作业模式主要有：

1. 快速静态测量

采用这种测量模式，要求 GNSS 接收机在每一用户站上静止地进行观测。在观测过程中，根据接收到的基准站的同步观测数据，实时地解算整周未知数和用户站的三维坐标，如果解算结果的变化趋于稳定，且其精度已满足设计的要求，便可适时地结束观测工作。

采用这种模式作业时，用户站的接收机在流动过程中，可以不必保持对 GNSS 卫星的连续跟踪，其定位精度可达 1~2 cm。这种方法可应用于城市、矿山等区域性的控制测量、工程测量和地籍测量等。

2. 准动态测量

同一般的准动态测量一样，这种测量模式通常要求流动的接收机在观测工作开始之前，首先在某一起始点上静止地进行观测，以便采用快速解算整周未知数的方法实时地进行初始化工作。初始化后，流动的接收机在每一观测站上，只需静止观测数历元，并根据基准站的同步观测数据，实时地解算流动站的三维坐标，目前，其定位的精度可达厘米级。

这种方法要求接收机在观测过程中，保持对所测卫星的连续跟踪。一旦发生失锁，便需重新进行初始化的工作。

准动态实时测量模式，通常主要应用于地籍测量、碎部测量、线路测量和工程放样等。

3. 动态测量

动态测量模式一般需首先在某一起始点上静止地观测数分钟，以便进行初始化工作。之后，运动的接收机按预定的采样时间间隔自动地进行观测，并根据基准站的同步观测数据，实时地确定采样点的空间位置。目前，其定位的精度可达厘米级。

这种测量模式仍要求在观测过程中，接收机保持对观测卫星的连续跟踪。一旦发生失锁，则需重新进行初始化。这时，对陆上的运动目标来说，可以在卫星失锁的观测点上静止地观测数分钟，以便重新初始化，或者利用动态初始化（AROF）技术，重新初始化；而对海上和空中的运动目标来说，则只有应用 AROF 技术，重新完成初始化的工作。

实时动态测量模式主要应用于航空摄影测量和航空物探中采样点的实时定位、航道测量、铁路中线测量以及运动目标的精密导航等。

五、基于北斗导航卫星系统的线路工程信息技术

（一）北斗导航卫星系统的构成

导航卫星系统是重要的空间信息基础设施，我国高度重视导航卫星系统的建设。我国北斗卫星系统从 1983 年提出设想，到 1994 年北斗一号建设正式启动，经过 37 年建设，于 2020

年 6 月 23 日 9 时 43 分，在西昌卫星发射中心用长征三号乙运载火箭，成功发射北斗系统第 55 颗导航卫星，即北斗三号最后一颗全球组网卫星，至此北斗三号全球导航卫星系统星座部署全面完成。北斗导航卫星系统由空间端、地面端和用户端组成，可在全球范围内全天候、全天时为各类用户提供高精度、高可靠定位、导航、授时服务，并具短报文通信能力，已经具备区域导航、定位和授时能力，定位精度优于 20 m，授时精度优于 100 ns。空间段由 35 颗卫星组成，包括 5 颗静止轨道卫星、27 颗中地球轨道卫星、3 颗倾斜同步轨道卫星。5 颗静止轨道卫星定点位置为东经 58.75°、80°、110.5°、140°、160°，中地球轨道卫星运行在 3 个轨道面上，轨道面之间为相隔 120° 均匀分布。

与其他导航卫星系统相比，北斗导航卫星系统具有 7 项技术优势：① 导航定位与通信集成，定位和授时精度高，且系统具备双向报文通信功能；② 覆盖的范围广，全面覆盖了我国国土及周边区域；③ 特别适合集团用户大范围、远程监控管理和远程数据采集、传输应用；④ 融合北斗导航定位系统和卫星增强系统两大核心资源；⑤ 采用混合星座定位模式；⑥ 兼容 GPS、GLONASS、GSNS，兼容性更强；⑦ 自行研制，自主控制，安全保密。

北斗导航卫星系统已成功应用于测绘、电信、水利、渔业、交通运输、森林防火、减灾救灾和公共安全等诸多领域，产生了显著的社会效益和经济效益。2020 年 7 月 31 日，我国宣布北斗导航卫星系统正式全面开通。

（二）北斗导航卫星系统在铁路线路工程测量中的应用

1. 在线路勘测方面的应用

铁路线路勘测工作线路长、作业强度大，虽然早已采用电子全站仪等先进测绘仪器，但受通视和作业环境影响，效率提高并不明显，这大大延长了设计勘察周期。相对于传统测量方法，北斗导航卫星系统有以下特点：① 定位精度高，不受环境和距离长短的限制，适合地形条件复杂、互不通视的地区；② 对于艰险地区铁路建设，通过北斗 RTK 技术可完成高精度的高程测量；③ 通过运用北斗 RTK 技术，可实时获得测量点的空间三维坐标，适合线路、桥梁、隧道等工程的勘测，并可直接进行实地实时放样、中桩测量和点位测量。

2. 在控制导线变形监测方面的应用

传统北斗 RTK 技术在实施过程中需要在测站区域架设基准站，初始化时间较长，并且测量误差受距离影响大，基线长度越大，误差越大。为克服传统 RTK 技术的不足，通过构建网络 RTK 来进行误差修正，使得测量不受基准站和移动站之间的距离限制，可通过在测量区域范围内建立多个均匀分布的连续观测基准站，对观测数据进行融合，用于铁路线路控制导线的变形监测。

3. 在铁路施工放样中的应用

施工放样要求通过一定方法采用仪器把人为设计好的点位在工程实地进行标定。常规放样方法，通常需要多次对目标位置进行移动，并且需要点位间通视情况良好，效率较低，工程成本较大。采用实时 RTK 测量时，只需将中桩点坐标输入 RTK 电子手簿中，系统软件就会自动定出放样点的点位。由于每个点测量都是独立完成的，不会产生累计误差，各点放样精度基本相等。高等级公路的路线主要由直线、缓和曲线、圆曲线构成。放样时，只要先输入各主控点桩号，然后输入起终点的方位角、直线段与缓和曲线的距离、圆曲线的半径，就可很轻松地进行放样，而且一切工作均由 RTK 电子手簿完成。目前，基于北斗 RTK 技术，已能够实现铁路线路施工过程的点、直线、曲线放样等操作，通过定位三维坐标直接完成施工放样；不仅精度高，同时提高了施工效率。

（三）BDS在铁路工务工程领域的应用展望

目前，我国铁路在列车定位、铁路沿线地质灾害及基础设施监测、工程施工等领域，涉及导航卫星应用技术的产品一般都采用价格低廉的GPS。

由于GPS系统的所有权、控制权、运营权都属于美国国防部，且一直存在人为干扰等问题，故铁路系统正探讨应用北斗卫星导航系统，从而全面提升铁路系统的安全性和可靠性。随着我国高速、重载铁路的快速发展，开展基于北斗导航卫星系统的相关技术研究，研发具有自主知识产权的北斗导航卫星系统应用，为铁路行业提供全面的技术支撑和配套解决方案已具备基本条件。北斗导航卫星系统在铁路工务工程领域的应用可分为两类。

1. 基于BDS的高精度变形监测技术

通过接收来自北斗卫星的信号和基准站的信息，并对接收到的数据进行实时差分处理，可计算出待监测点的三维坐标，从而实现实时厘米级甚至毫米级精度的动态测量和实时高精度连续静态测量。

（1）路基沉降自动化监测。

路基沉降监测的内容包括路基表面、本体及基底沉降监测，深厚层地基分层沉降监测，软土地基水平位移监测，复合地基加筋的应力应变监测，等。其中，路基表面沉降主要通过埋设沉降观测桩来监测。应用北斗导航卫星系统来分层监测含水系统各主要层位的沉降量和孔隙水压力的变化量时，沉降监测剖面的设置、观测内容以及元件的布设应根据地基条件、结构部位等具体情况，结合沉降预测方法和工期的要求综合确定。

（2）边坡滑坡自动化监测。

同路基沉降自动化监测类似，边坡滑坡自动化监测也是依托北斗导航卫星系统进行毫米级实时动态测量并快速作出山体崩塌、滑坡等灾害的预警。同时，边坡滑坡自动化监测可以与传统的通过阵列式位移传感器或光纤光栅传感器进行监测的方式相配合，对边坡岩土体内部的沉降、倾斜、错动、土壤湿度、孔隙水压力变化等进行连续监测，捕捉边坡性状变化的特征信息，通过有线或无线方式将监测数据发回数据中心。结合地表监测的雨量、位移等信息，经专业数据分析软件测算，就可对边坡的整体稳定性作出判断，从而准确地监测灾情，以保证线路安全并为整治工程设计提供参考数据。

（3）路基冻胀变形自动化监测。

在寒冷及严寒地区，季节性冻土在气温低于0 ℃时体积会发生膨胀，造成冬季路基面抬升，引起铁路轨道不平顺。这种现象对高速铁路影响尤为严重，因此严寒地区高速铁路路基防冻胀设计尤为重要。路基冻胀变形自动化监测系统是一种综合性的远程监测系统。其应用北斗导航卫星系统对严寒地区季节性冻土的温度、水分和路基面抬升进行连续分层监测，及时捕捉路基性状变化的特征信息，通过有线或无线方式将监测数据及时发送到监测中心，快速作出轨道不平顺的预警，且可为防冻胀工程设计提供参考数据。

（4）桥梁挠度监测。

桥梁几何线形监测主要指结构静态的变形、变位等，包括主梁线形（挠度和转角）、拱轴线形、索塔轴线、墩台变位（倾斜、沉降）等。混凝土徐变、温度变化等都会引起桥梁各部分轴线位置的变化，如果相对设计位置的偏离超过规定值，桥梁的内力分布甚至行车性能就会受到影响。因此，梁轴线、拱轴线或斜拉桥和悬索桥的主梁、索塔的轴线位置是衡量桥梁是否处于健康状态的重要指标。基于北斗导航卫星系统的桥梁扰度监测系统由基准站、监测站和监控中心三部分组成。各部分之间通过通信网实现数据交互。在需要进行监测的铁路沿线布设北斗卫星接收设备，并在不容易发生沉降或变形的区域建立基准站。在基准站安置一台高精度接收机，对测区内的卫星进行连续观测，并通过光纤网络实时将观测数据和站坐标信息广播给监测站。监测站通过接收机接收卫星定位信号，同时通过光纤网络通信链路接收基准站传送的观测数据，然后根据相对定位原理，实时地处理数据，并实时地以厘米级的精度给出测站的三维坐标。卫星数据通过无线网络传输到监测中心服务器，监测中心进行实时解算。网络中断时可利用北斗短报文作应急处理。

2. 基于 BDS 的高精度定位技术

通过北斗导航卫星系统可以采集工程测量、监测、检测等项目需要用到的位置坐标，替代传统的人工采集，从而大大提高测量精度及准确性。结合通信技术，可以将这些信息实时上传到网络管理平台，实现对铁路工程勘察、施工、运营关键环节的远程监控，推动我国铁路信息化进程。

3. 工务工程养护维修现场人机管理

铁路工务工程养护维修现场人机管理是指通过北斗定位系统获取现场作业车辆、人员的位置信息，并记录车辆、人员的移动轨迹来监控作业过程。由于列车速度高，行车密度大，维修施工现场无计划超范围施工、天窗点外违规上线作业、安全防护不到位等问题容易引发安全事故。施工安全问题一直困扰着铁路运输安全。如果能对现场作业进行有效控制，及时制止惯性违章，采取相应机控预警及控制手段，就可堵住事故源头。

通过应用北斗定位系统、手持终端、铁路 GIS 地图来实现对现场作业车辆和人员的全过程位置监控，辅以计划管理、安全监控等手段，可实现对施工安全的全流程监控与管理。目前研发工作的重点是基于 BDS 的现场作业人员随身携带的高精度定位装置，需具备亚米级精度，且能识别股道，并与机车的定位装置相对照，实现当机车接近时能及时向相关人员预警，以机控冗余的方式增强现场作业人员的安全。

我国铁路运营总里程不断增加，列车运行速度不断提高，养护维修作业任务繁重。在铁路工务工程领域引入北斗导航卫星系统，实时监测线路、桥梁、边坡等的变化情况，及时跟踪作业人员和车辆的运行轨迹，对保证铁路安全运营具有实际意义。

第三节　数字摄影测量技术

一、摄影测量学概述

摄影测量学是通过影像研究信息的获取、处理、提取和成果表达的一门信息科学。传统的摄影测量学是利用光学摄影机摄得的影像，研究和确定被摄物体的形状、大小、性质和相互关系的一门科学与技术。它包括的内容有：获取被研究物体的影像，单张和多张像片处理的理论、方法、设备和技术，以及将所测得的成果如何用图形、图像或数字表示出来。

摄影测量学的主要任务是测制各种比例尺的地形图，建立地形数据库，并为各种地理信息系统和土地信息系统提供基础数据。因此，摄影测量学在理论、方法和仪器设备等方面的发展，都受到地形测量、地图制图、数字测图、测量数据库和地理信息系统的影响。

摄影测量学可从不同角度进行分类：按摄影距离的远近分，可分为航天摄影测量、航空摄影测量、地面摄影测量、近景摄影测量和显微摄影测量。按用途分，有地形摄影测量与非地形摄影测量。地形摄影测量主要用于测绘国家基本地形图，工程勘察设计和城镇、农业、林业、土地等部门的规划与资源调查用图和相应的数据库；非地形摄影测量用于解决资源调查、变形观测、环境监测、军事侦察、弹道轨迹测量、爆破以及工业、建筑、考古、地质工程、生物医学等方面的科学技术问题。按处理的技术手段分，有模拟法摄影测量、解析法摄影测量和数字摄影测量。模拟法摄影测量的成果为各种图件（地形图、专题图等）；解析法和数字摄影测量除可提供各种图件外，还可直接为各种数据库和地理信息系统提供数字化产品。

1. 模拟摄影测量

模拟摄影测量是 20 世纪初开始发展起来的。模拟摄影测量的基本思想是利用摄影过程几何反转原理，在室内摄影测量仪器上建立与实际地面相似的光学（几何）立体模型，通过对光学立体模型的量测与测绘，把中心投影的像片转化为正射投影的地形图。根据这个基本思想，人们研制了各种各样的立体测图仪，由于这些仪器均采用光学投影仪或机械投影仪"模拟"摄影过程，用它们交会被摄物的空间位置，故称其为模拟型测图仪。经过半个多世纪的发展，到 20 世纪 60—70 年代，这种类型的仪器发展到了顶峰，这期间也是模拟摄影测量的黄金时代。直到现在，虽然模拟型测图仪已停止生产，但这些仪器及模拟测图的作业方法在国内仍然在广泛地采用着。

2. 解析摄影测量

20 世纪 40 年代中期电子计算机出现，随后很快被引入摄影测量中，并产生了解析空中三角测量与数控正射投影装置。随着模数转换技术、电子计算机与自动控制技术的发展，Helava 于 1957 年提出了"用数字投影代替物理投影"的摄影测量新概念。模拟型测图仪的光学投影、机械投影或光学＋机械投影方式均为"物理投影"，"数字投影"就是利用电子计算机实时地进行共线（像点、摄影中心、物点必在一条直线上）方程式的解算，从而交会出被摄物体的空间位置。依据 Helava 的新概念，意大利的 OMI 公司和美国的 Bendix 公司合作于 1961 年制造出了第一台解析测图仪 AP/I，后来不断改进、完善，推出了一系列解析测图仪。到 20 世纪 80 年代，大规模集成芯片的发展、接口技术的成熟，特别是微机的迅速发展推动了解析测图仪的快速发展。由于解析引入了半自动化的机助作业，因此，与模拟测图法相比它免去了定向的烦琐过程及作业过程中的许多手工作业方式。但它仍然需要作业员用手操作仪器，用眼进行观测，因此，它仍然不能实现摄影测量作业的自动化。

3. 数字摄影测量

解析摄影测量的进一步发展是数字摄影测量。从广义上讲，数字摄影测量是指从摄影测量与遥感所获取的数据中，采用数字摄影影像或数字化影像，在计算机中进行各种数值、图形和影像处理，以研究目标的几何和物理特性，从而获得各种形式的数字化产品和目视化产品。其数字化产品包括数字地图、数字高程模型（DEM）、数字正射影像图（DOM）、测量数据库、地理信息系统（GIS）和土地信息系统（LIS）等；其目视化产品包括地形图、专题图、剖面图、透视图、正射影像图、电子地图、动画地图等。

数字化图形是在计算机辅助和计算机控制的摄影测量工作站上，借助机助制图软件来实现的，也可在高级数据库系统下的工作站上进行。而数字摄影影像是用数字摄影机（如 CCD 阵列扫描仪）直接获得数字影像；数字化影像是用各种数字化扫描仪，对已得到的像片进行扫描获得数字化影像。在计算机中进行全自动化数字处理的方法，称为全数字化摄影测量。它包括自动影像匹配与定位、自动影像判读两大部分。前者是对数字影像进行分析、处理、特征提取和影像匹配，然后进行空间几何定位，建立数字高程模型和数字正射影像图，其目视化产品为等高线图和正射影像图。由于这种方法能代替人眼观察立体进行测绘的全过程，故是一种计算机视觉的方法，被称为全自动化测图系统。后者解决对数字影像的定性描述，被称为数字图像分类处理。低级分类的方法基于灰度、特征和纹理等，多采用统计分类的方法。高级的图像理解，则基于知识、结构和专家系统。它用于代替人眼自动识别和区分目标，是一种比定位难度更高的计算机视觉方法。

数字摄影测量的成果，彻底解决了铁路勘测设计中快速获取数字化勘测信息的难题，从而推动了铁路勘测设计一体化、智能化技术的发展。

二、立体摄影测量基本思想

根据摄影过程几何反转原理，在室内将 2 张相邻的航摄像片（这 2 张像片有 65% 以上的影像重叠——称为立体像）分别装入 2 个与航空摄影机相对应的投影器内进行投影。通过移动和转动投影器，恢复 2 张像片在摄影瞬间的相对位置（称为相对定向），即可使同名投影光线对对相交，建立与实地完全相似的几何模型。再利用少量的已知控制点，将模型纳入地面坐标系，确定模型的大小和方位（称为大地定向或绝对定向），通过对模型的量测，就可以测定相应地面点的平面位置和高程，或测绘出符合规定比例尺的地形图。

在立体摄影测量中，采用立体测标与模型表面相切（重合）的办法作为模型量测手段。立体测标可用双测标或单测标获得。双测标法是将两实测标分别放在左、右像片上或仪器左、右观察系统的光路中，如图 2.9 中的 M_1、M_2。在立体观察时，左、右两个测标会凝合成一个可在三维空间移动的立体虚测标 M。在立体模型量测过程中，作业员可利用仪器的相应动作，使立体虚测标与立体模型上任意点相切。如虚测标 M 与模型上 A 点相切，则虚测标 M 的平面位置就是 A 点的正射投影位置，虚测标 M 的高度确定了 A 点的空间位置——高程。若将高程读数安置在某等高线的相应读数上，保持虚测标高度不变，转动仪器的 x、y 手轮，使虚测标沿着模型表面（或使立体模型相对于虚测标）移动，描绘笔就自动绘出该高程的等高线。在模拟测图仪和解析测图仪上，虚测标的三维移动完全靠作业员手工操作，虚测标与模型点相切也完全靠人眼观察、判断，因此测绘精度受人为因素影响较大，且不能实现测图自动化。

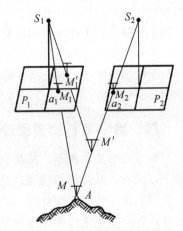

图 2.9 双测标立体量测

由图 2.9 可以看出，当虚测标 M 与模型 A 点相切时，左、右像片上（或观测系统光路中）的实测标 M_1、M_2 必位于同名像点（同一景物分别在左、右像片上的构像）上。否则，如 M_1

位于 M'_1 处，此时立体观察下虚测标位于 M' 处，高（或低）于模型点 A；将实测标在像片上自 M'_1 向像点 a_1 移动，就会看到虚测标在空间运动，当实测标准确地对准像点 a_1 时，虚测标 M 恰好切于模型上的 A 点。所以，在数字摄影测量中，利用影像相关技术寻找左、右像片上的同名像点，代替手工操作和人眼观察虚测标与模型相切，再根据同名像点在像片上的坐标值，解算出相应地面点的三维坐标，就可实现立体摄影测量自动化。

三、正射投影技术与影像地图

由立体摄影测量的基本原理可知，航摄像片上存在倾斜误差、投影误差，致使航摄像片比例尺处处不同。因此，尽管航摄像片真实、详尽、客观地反映了地面的景物，具有丰富的信息，但它不能作为地形（平面）图使用。虽然可利用中心投影的航摄像片制成线划地图，但却浪费了大量的影像信息。正射投影技术的任务是将中心投影的像片纠正成正射投影的像片，制成所要求比例尺的正射影像图。在正射影像图上套合上等高线即形成了既有丰富影像信息又有地形信息的影像地图。

正射投影技术的原理如图 2.10 所示。将立体像对的左、右像片，分别装入立体测图仪的左、右投影仪中，经定向后，建立起与实地完全相似的立体模型。在仪器的承影面上放上一张感光材料，上面用带有缝隙且其长、宽均可调整（如 16 mm × 1 mm、8 mm × 1 mm、4 mm × 1 mm、2 mm × 0.5 mm 和 1 mm × 0.25 mm）的黑布遮住。黑布的两端分别绕在 2 个转轴上，通过转轴的转动带动缝隙沿仪器的 y 方向移动。承影面上的感光材料和带有缝隙的黑布，可同时沿着位于仪器 y 方向上的两个支柱升降。缝隙中心与立体测图仪的测标相对应，并同步运动。因此，缝隙可由测绘器控制，使缝隙中心与测标沿着地面坡度同步升降并向前移动（称为扫描），并使缝隙范围的影像在感光材料上曝光。在 y 方向扫描完一个断面带，在感光

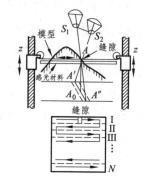

图 2.10　正射投影技术原理

材料上就得了这个断面带内所有模型点的正射影像的潜像。每扫完一带，缝隙就在 z 方向上移动一个缝隙长度（称为步进）。进入下一个断面，再沿 y 方向反向扫描，如此反复，直至最后一个断面扫描完毕。将扫描后的感光材料进行摄影处理，即可获得整个立体模型的正射投影像片图。

四、数字摄影测量原理

数字摄影测量是基于摄影测量基本原理，应用计算机技术，从影像中提取所摄对象并用数字方式表达其几何与物理信息的摄影测量的分支学科。

当影像是传统的像片时，采用解析测量图仪和与计算机相连的机助系统进行数据采集、处理，建立数字地面模型与数字地图，并将其输入相应的数据库。根据需要可在数控绘图仪上输出地形图或在数控正射投影仪上输出正射影像图。这种测图方式称为计算机辅助制图。这种方式仍然需要解析测图仪或模拟型立体测图仪，而且必须人工操作，靠人眼进行立体观测，计算机仅仅起数据记录与处理的辅助作用，不可能实现自动化测图。

当影像是数字影像或数字化影像时，则应用计算机技术进行数字影像处理、影像匹配、

模式识别等，代替人眼的立体量测与识别，完成影像几何与物理信息的提取，这种方式称为全数字摄影测量。显然，全数字摄影测量不需要传统的测图仪器和传统的人工操作方式，而是采用自动化作业方式。全数字摄影测量主要是生成数字地面模型和正射影像图。

全数字摄影测量包括数字影像获取与重采样、数字影像相关、解求空间坐标、生成数字地面模型、自动绘制等高线、生成正射影像图及影像地图等内容。

1. 数字影像获取与重采样

数字影像自动测图的原始资料是数字影像。数字影像可用传感器直接获取，也可以将传统的光学（模拟）影像数字化而获得。目前，信息获取主要是利用传统的光学（模拟）影像，因此，对光学影像进行采样与量化以获得所要的数字影像，是数字影像自动测图的最基础的工作。

将传统的光学影像数字化，就是测定像点的灰度值，形成数字化影像。实际工作中不可能将所有的像点逐一地进行数字化，测定每个像点的灰度值；而是每隔一定的间隔测定一个像点的灰度值，即将实际的灰度函数离散化。这种对实际连续函数模型离散化的量测过程称为采样。被量测的点称为像素或像元或像元素。像素之间的距离称为采样间隔。采样间隔大小应以根据采样数据可以完全恢复原函数为原则来确定。根据 Shannon 采样定理，采样间隔应满足

$$\Delta x \leqslant \frac{1}{2f_1}$$

式中　　f_1—— 截止频率或奈奎斯特频率。

被量测的点是一个小的正方形或圆形的微小像块，称为像素。一般采样孔径选用正方形或矩形，它的长与宽即为像素的大小（或尺寸），通常等于采样间隔。

影像数字化是在数字化仪上进行的，图 2.11 表示像素为正方形的采样示意图。扫描行数为 N，每一行采样的像素数为 N，则共有 N^2 个像素。N^2 称为采样数。

在影像数字化过程中测定各像元素的灰度值，即可将传统光学影像转化成数字影像。影像灰度又称为光学密度。在航摄底片上影像的灰度值反映了它的透明程度。设投射在底片上的光通量为 F_0，透过底片的光通量为 F，则透过率 T 为

$$T = \frac{F}{F_0} \qquad (2.5)$$

不透过率 O 为

$$O = \frac{F_0}{F} \qquad (2.6)$$

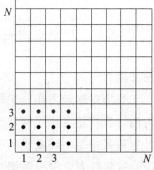

图 2.11　正方形采样格网

显然，不论透过率还是不透过率都能表达影像灰度。人眼对明暗程度的感觉是按对数关系变化的，为了适应人眼的视觉，采用不透过率的对数值表达影像的灰度

$$D = \lg O = \lg \frac{1}{T} \qquad (2.7)$$

式中　　D —— 影像的灰度。

当光线全部透过时，即透过率及不透过率均为 1 时，影像灰度等于零；当透过率为 1%，即不透过率为 100 时，影像的灰度等于 2。按航空摄影测量规范要求，航摄像片的影像灰度应在 0.3 ~ 1.8 之间。

在影像数字化过程中，实际测得的各像素的灰度值均为界于 0.3 ~ 0.8 之间的小数，对于计算很不方便。为将各像素的灰度值取为整数，可将影像灰度在 0 ~ 2 之间进行等分，划分成等间距的灰度级。灰度级的级数 i，一般选 2 的 K 次幂。

$$i = 2^K (K = 1, 2, \cdots, g) \tag{2.8}$$

当 $K = 8$ 时，则分成 256 个灰度级，其级数为 0 ~ 255 之间的一个整数。将实际测定的各像素的灰度值按所在的两个相邻灰度级按四舍五入的原则取整，这项将像元素灰度值转化成相应灰度级的作业称为影像灰度的量化。显然，量化误差最大值为 0.5 灰度级。

传统光学影像经采样、量化后的数字影像是一个二维矩阵 d

$$\begin{bmatrix} d_{0,0} & d_{0,1} & \cdots & d_{0,n-1} \\ d_{1,0} & d_{1,1} & \cdots & d_{1,n-1} \\ \vdots & \vdots & & \vdots \\ d_{m-1,0} & d_{m-1,1} & \cdots & d_{m-1,n-1} \end{bmatrix}$$

矩阵的每个元素 $d_{i,j}$ 是一灰度值，它对应着光学影像的一个微小区域，即为像元素或称像素或像元。各像元的灰度值 $d_{i,j}$ 代表相应影像经采样与量化后的灰度级。

若数字化采样间隔在 x、y 方向分别为 Δx、Δy，则灰度值 $d_{i,j}$ 随对应的像元素点位坐标（x，y）而变化。

$$\left. \begin{array}{l} x = x_0 + i \cdot \Delta x \quad (i = 0, 1, 2, \cdots, n-1) \\ y = y_0 + j \cdot \Delta x \quad (j = 0, 1, 2, \cdots, m-1) \end{array} \right\} \tag{2.9}$$

通常取 $\Delta x = \Delta y$。

当需要知道不在原采样点上的像素的灰度值时，必须利用原采样点上的已知灰度值进行内插，也就是在原采样基础上再采样，这个过程称为重采样。

重采样是一项重要的工作，在数字影像几何处理中时常都会遇到。如数字影像的几何纠正、按核线方向重排像素或影像的旋转变换，都要在原数字影像的基础上进行重采样。

重采样的方法很多，常用的有：

（1）最邻近像素法：重采样点 P 的灰度值取距 P 点最近的原采样像素的灰度值。

（2）双线性内插法：利用重采样点 P 周围的 4 个原始像素的灰度值，在 x、y 方向分别进行线性内插，求出 P 点的灰度值。

（3）双三次卷积法：利用重采样点 P 四周的 16 个原始像素的灰度值，内插出 P 点的灰度值，计算可沿 x、y 方向分别运算，也可以一次求出 16 个邻近点对采样点 P 的贡献的"权"值。

以上三种方法各有特点，双三次卷积法有边缘增强作用，精度好，但计算工作量大；双线性内插法有低通滤波作用，使边缘平滑，计算工作量不大；最邻近像素法对边缘平滑作用小，但它只需作简单的逻辑判断，不对灰度作任何计算，所以计算速度快，但精度低。一般认为双线性内插法最好，它的内插精度接近双三次卷积的结果，计算工作量却比双三次卷积法小得多。当精度要求较高时，可采用双线性内插法进行采样，一般情况下，可利用最邻近像素法进行采样。

2. 影像相关原理

在模拟法测图和解析测图仪测图中都必须依靠人工立体观察、人眼判断立体测标与模型表面相切，从而测定地面点的三维坐标或绘制地形图；在数字摄影测量中则采用影像相关技术代替人眼立体观测，达到测图自动化的目的。若立体测标与模型表面相切，则左、右像片上的实测标必然分别照准左、右像片上的同名像点。也就是说，如果左、右测标分别照准左、右像片上的同名像点，那么立体浮游测标必然与模型表面上相应点相切，因此可以利用判断、寻找同名像点的方法代替人眼进行立体观测，实现测图自动化。根据左像片上的像点，在右像片上寻找同名像点的作业过程，称为影像相关。在数字摄影测量中，原始像片灰度信息可转化成电子、光学或数字等不同的信息，因而有电子相关、光学相关和数字相关等不同的相关方式。这些不同的相关方式的理论基础都是相同的，即影像相关。其方法是首先取出左像片上以目标点（欲寻求同名像点的像点）为中心的小区域（称为目标区）的影像信息，再在右像片上取出以大致的同名像点位置为中心的另一相应区域（称为搜索区）的影像信息，计算两个区域间的相关函数，评价它们的相似性，相关函数最大值对应的相应区域中心点即为同名像点。也就是说，影像信息分布最相似的区域为同名区域，同名区域的中心即为同名像点。

五、Helava 数字摄影测量系统

Helava 数字摄影测量工作站是当今世界上最先进的数字摄影测量系统之一。该系统软件丰富、功能强大、精度高，利用它可以完成高精度影像扫描、像片纠正、空三加密、测图、DTM 生成、正射影像地图制作以及三维立体景观图制作等。Helava 全数字摄影测量工作站的透视景观图（Perspective Scenes）模块能创建一个视点由用户指定的、基于像片的真实三维景观图。下面结合 SOCET SET V4.40 软件介绍该全数字摄影测量工作站。

SOCET SET 软件系统由大小 60 余个模块组成，能根据输入的数字卫星或航测影像以及各种扫描图像，提供数字地形模型、报表、矢量数据库、正射影像、影像地图、镶嵌影像以及景观透视图等软拷贝或硬拷贝产品，可用于支持 GIS 的数据获取、影像制图、土木工程、项目规划、像片级地形模拟、传感器的研究开发等工作。其基本功能包括：影像、特征和地形的输入，数字高程模型自动生成，交互式数字地形模型编辑，正射影像生成，景观透视图生成，布点和三维量测，影像镶嵌，影像增强，影像、矢量特征、地形数据、影像地图的输出，等等。其基本工作流程如图 2.12 所示。

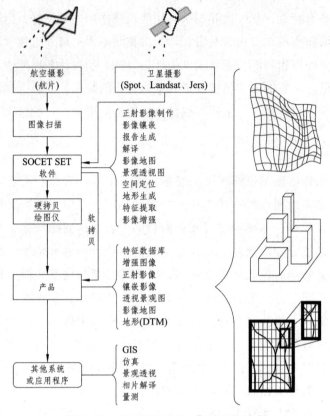

图 2.12　SOCET SET 典型工作流程

（一）系统构成

SOCET SET 数字摄影测量工作站由以下组件构成：① 通用计算机工作站，包括彩色显示装置、键盘和鼠标；② 计算机工作站操作系统和支持软件；③ 计算机辅助设备（磁带机、CD/DVD-ROM 驱动器、磁盘驱动器）；④ SOCET SET 应用软件；⑤ 技术文档；⑥ 立体监视器（可选）；⑦ 3D 鼠标或跟踪球（可选）。其硬件组成见图 2.13。

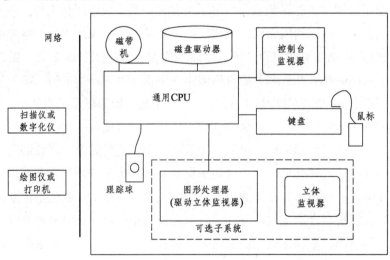

图 2.13　SOCET SET 硬件构成示意图

（二）硬　件

1. 主　机

为了完成数字摄影测量工作，计算机硬件应具备以下技术特性：

（1）CPU，速度越快越好，多处理器能改善部分性能，尤其是在同时处理多任务时。目前 SOCET SET 还不能直接支持多 CPU。

（2）内存，对内存的需求类似于 CPU，合理底线是 256M。

（3）硬盘，硬盘读取速度要快，这样每次硬盘访问不至于影响交互式操作，推荐使用高速 SCSI 硬盘，容量大小取决于需处理的影像大小，但不应小于 4~6 G。

（4）显卡，连续立体漫游需要能支持立体影像和 Open GL 的显卡，如 3Dlabs 的 OxygenGVX1＆GVX210 图形显示卡；如果希望实现快速漫游，则需要能支持 2 个监视器的显卡，比如迈拓的 Millennium G400/450 MAX 立体图形显卡。

2. 立体可视系统

在工作站上可以通过两种方式观看立体数字图像：一是使用偏振眼镜和配备液晶偏振屏的立体彩色显示器；二是利用同步眼镜和彩色监视器。在第一种方式中，跟显示屏同样大小的液晶调节器（偏振屏）为左眼和右眼提供了不同的偏振图像，而专用偏振眼镜则分别为左右眼解码偏振图像；液晶调节器与图像处理器同步，这样就为显示的两张图片提供了同频率的偏振。当使用同步眼镜时，用与显示器相连的发射器控制眼镜，从而使二者同步。

Z 视频就是由偏振屏和偏振眼镜组成的立体可视系统，偏振屏左右图像向相反的方向极化，偏振眼镜接受不相互干扰的图像后分别传入左眼或右眼，这样就看到了立体图像。当然，该系统需要专门的图形卡支持。使用偏振屏和偏振眼镜的立体可视系统的结构见图 2.14。

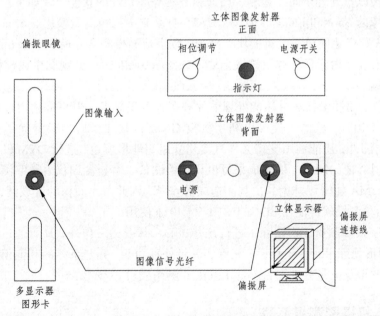

图 2.14　立体可视系统结构

3. 用户交互设备

工作站中用户用来跟系统进行交互的设备有键盘和鼠标，键盘使用常规键盘即可，但为了便于获取空间三维坐标，需要 2 个鼠标。一个是标准鼠标，用于常规系统交互，比如点选菜单、按钮等；一个是提取鼠标，用于空中三维环境中的点位拾取，鼠标移动控制 x、y 方向，而 z 方向通过跟踪球控制，如果使用 3D 鼠标则能控制 3 个方向。提取鼠标可以是加上跟踪球的常规鼠标、3D 鼠标或是拓扑鼠标。图 2.15 为徕卡的拓扑鼠标。拓扑鼠标有 8 个按钮和 4 个摇杆开关，一共 16 个键，通过使用 SHIFT 键可获得更多功能，竖向转轮可通过拇指或食指的转动控制三维环境中的 z 方向，因此又称为拇指轮。这种鼠标所有的按键都可以编程定义其具体功能。

图 2.15　徕卡拓扑鼠标

4. 其他辅助设备

为了辅助完成数字摄影测量工作站的图像、特征数据的输入以及各种成果的硬拷贝输出，系统有必要配备扫描仪、数字化仪、打印设备和绘图仪等辅助设备。同时，为了便于数据的交换和共享，整个系统需要处于一定的网络环境中。

（三）软　件

1. 操作系统

Helava 支持以下操作系统：Unix（Sun OS）、X-Windows、Motif。

2. 应用软件

SOCET SET V4.40 数字摄影测量软件中的 CORE 模块用于基本摄影测量操作，例如目标管理、影像管理以及处理定向、观测、叠加和量测等。系统的其他模块如下：用于读取和处理数字卫星影像的 Spot 和 Landsat 模块、HATS 自动空中三角测量模块、ATE 数字地面模型生成模块、ITE 数字地面模型编辑模块、Merge 数字地面模型合并模块、Feature 地物特征采集模块、Mosaic i-E 射影像生成及镶嵌模块、PerspectiveScenes 景观图生成模块、Animation 动画播放模块等。

HATS 空中三角测量模块虽然能处理航片和多种卫星影像，但不能利用机载 GNSS 成果自动量测。而 ORIMA 软件不仅可以利用机载 GNSS，其加密后的模型除了可以直接供给 PRO600 作线划图外，还能利用支持文件直接建立组织地形模型，进行 DTM 及三维特征的采集、编辑，正射影像的制作。加密成果可供模拟绘图仪、解析测图仪、数字测量工作站定向建模。而且 ORIMA 加密可避免二次观测造成的差异，因此对大面积的区域网，有较大优势。ORIMA 空中三角测量软件能在 SOCET SET V4.40 下使用。

Helava 数字摄影测量工作站除了进行这些核心和重要的工作外，还可通过动态链接库与 Microstation 图形处理平台相挂接，扩充更多矢量处理功能，并与系统的其他模块一起形成功能更为强大的图形及矢量处理平台，即 PRO600 测图模块。

六、无人机摄影测量系统

以无人机为飞行平台的航空摄影测量系统则是通过在无人机上搭载数码相机等影像传感器，配合 GNSS、IMU（惯性测量单元）等技术来获取地面影像数据，经过数据处理，进而获得被摄物体的地理空间信息及其相互关系。该系统被广泛应用于完成小范围大比例尺测图任务。

（一）无人机低空摄影测量

无人机低空摄影测量是以无人机为飞行平台，通过搭载传感器设备（数码相机、GNSS、IMU 等），对目标作业区域进行航飞，获取影像数据和相对应的 POS（定位姿态系统）数据，通过对数据进行空中三角测量等处理，进而获得常用的 DOM、DSM（数字表面模型）和 DLG（数字线划图）等数字产品及相关专题图等地理信息产品。无人机低空摄影测量系统是航天遥感和航空遥感的重要补充手段，与传统测量方法相比，具有很大优势。

1. 系统组成

无人机低空摄影测量系统主要由无人机飞行平台、飞行控制系统、影像传感器、数据通信系统和地面监控系统等组成。

无人机飞行平台指的是无人机机体，是其他任务载荷的载体，主要分为固定翼无人机、多旋翼无人机、直升机、无人飞艇等。

飞行控制系统是实现对无人机飞行平台的飞行控制和对任务载荷的管理的系统，包括机载自主控制系统和地面人工控制系统两大部分。首先，由地面人员通过地面控制系统来控制无人机的发射过程和回收过程，在飞机升空到达预先设定的高度后，通过机载控制系统进行自主驾驶。在飞行过程中，可以自由切换自主和人工操作两种模式。

机载控制系统包括飞控计算机、导航定位装置、姿态陀螺和电源控制器等，以此实现对无人机姿态、位置、速度、高度、航线的精准控制。POS 系统通过动态高频 RTK 和惯性测量装置 IMU 在航测飞行过程中实时测定无人机的位置和姿态，并由数据通信系统进行传输，通过地面控制平台显示飞行姿态、速度、高度、方位等相关参数。地面控制系统可以对无人机航测系统进行全方位的控制和调整，包括飞行状态显示、任务航线规划、航线回放、数据浏览等，实时掌握无人机和任务载荷的信息。

影像传感器主要指搭载在无人机飞行平台上的各种传感器设备，主要有相机（非量测型相机、量测型相机）、倾斜摄影相机、红外热像仪等。下面以非量测型相机为例进行介绍。

非量测型相机是相对于量测型相机而言的，主要包括单反相机、微单相机和普通数码相机等。它的特点是空间分辨率高、价格低、操作简便，随着无人机技术、成像技术和飞控技术的发展，非量测相机在数字摄影测量领域崭露头角。

单反相机作为重要的非量测型相机，是用单个镜头并通过该镜头进行反光来获取影像的。计算机技术的发展，CCD 和 CMOS（互补金属氧化物半导体）等感光元件的改进，使得单反相机的性能不断提高，广泛应用于无人机低空摄影测量中。

单反相机有以下优点：

① 分辨率高，成像质量好。

② 快门的时滞较短，按下快门后立即成像，并可进行连续拍摄。

③ 通过镜头反光进行拍照，场景真实，颜色自然。

④ 镜头可更换，可以根据不同的航摄任务进行镜头的选择。

2. 工作原理

无人机低空摄影测量系统通过将 POS 定位定姿技术和精密授时技术进行整合，来确定每一张像片在曝光瞬间的准确位置，如图 2.16 所示。这种精密定位技术可以直接获得每张像片的三维空间信息，即每张像片均可以作为控制点均匀地覆盖整个测区，然后将所有像片预处理后进行空中三角测量，计算出每张像片的 6 个外方位元素，完成空三加密，并在此基础上通过建立密集点云，生成格网和纹理，获得高分辨率的 DOM 和 DSM。

3. 工作流程

利用无人机低空摄影测量系统进行大比例尺测图主要包括技术准备、航线设计、航空摄影和数据处理等环节，基本流程如图 2.17 所示。

图 2.16　无人机低空摄影测量示意图　　图 2.17　无人机低空摄影测量流程

（1）技术准备。

飞行任务下达后，充分收集与目标作业区域相关的航空影像、地形图等数据资料，了解作业区域的气候条件、地形地貌、附近基础设施以及周边环境等，然后根据测量任务的性质和工作内容制订详细的项目方案。进入飞行场地前，远距离目视作业区域，保证在飞行场地有适合无人机起降的开阔视野和净空条件。然后进行实地踏勘，充分了解作业区域的地形地貌、规划布局以及人口分布等信息，为无人机起降场地的选取、航线规划和应急处理提供详细资料。最后根据无人机的类型和起降方式选择合适的起降场地，并开始航线设计工作。

（2）航线设计。

航线设计是根据相机参数、航摄比例尺、作业区域地形地貌等信息，对无人机的飞行方式和路线进行规划。航线设计需要首先确定重叠度、航摄基准高程、航摄比例尺等基础参数，以此计算航高、曝光时间间隔等。

① 航摄比例尺。

航摄比例尺是影像上一段线段与相应的地面线段之比，即

$$1/m = l/L = f/H$$

式中：m 为航摄比例尺分母；l 为影响上的线段长度；L 为地面上相应 l 的水平线段长度；f 为物镜中心到像面的垂距；H 为相对航高。

② 航高计算。

航高即航摄时无人机相对于测区基准面的飞行高度，航高差一般不大于 5%，同一条航线内航高差不大于 50 m。

$$H = f \cdot GSD / \alpha$$

式中：H 为航高；f 为物镜焦距；α 为像元尺寸；GSD 为地面采样距离。

③ 重叠度。

重叠度通常包括航向重叠度和旁向重叠度。航向重叠度指的是同一条航线内相邻两张像片之间的重叠度，通常以 q_x 表示；旁向重叠度指的是相邻的航线之间的重叠度，通常以 q_y 表示。根据重叠度的定义，有

$$q_x = P_x / L_x, \quad q_y = P_y / L_y$$

式中：P_x 为像幅沿航线方向在地面上的重叠距离；L_x 为像幅沿航线方向在地面上的投影长度；P_y 为像幅沿相邻航线方向在地面上的重叠距离；L_y 为像幅沿相邻航线方向在地面上的投影长度。

④ 摄影基线。

摄影基线指的是连续两次摄站之间的距离。摄影基线 B 与重叠度 q_x 的关系为

$$B = m - l_x - (l - q_x) \tag{2.10}$$

式中：m 为航摄比例尺分母；l_x 为像幅沿航线方向的边长。

（3）航空摄影。

航空摄影主要包括上传任务规划航线、无人机发射、作业飞行、无人机回收、数据检查等步骤。

① 根据测区概况，利用地面控制系统在目标作业区域制订飞行计划，覆盖目标区域，在实地踏勘后对飞行计划进行调整与优化，并将飞行计划上传到机载控制系统。

② 根据无人机的发射方式选择适宜的起降场地，在接收到飞行指令后，发射飞机。

③ 无人机飞行控制系统根据上传的飞行计划，按照规划航线进行飞行作业，传感器根据预先设置的拍摄方式进行数据采集，同时，地面监控人员实时监控无人机的飞行状态和数据情况。无人机由于集成了高精度的 POS 系统，在航摄过程中可以直接获取每张像片的外方位元素，所以无须布设像控点，仅需在已知点架设基准站即可。

④ 无人机按照飞行计划完成预定任务后，返航到降落点上空，在地面遥控人员能够掌控无人机的前提下，将无人机切换到人工控制模式，引导无人机安全着陆。

⑤ 从存储设备中导出影像数据和 POS 数据，并进行数据检查，看数据是否合格，是否需要进行二次补拍。

（4）飞行质量检查。

无人机在航飞结束后，需要对飞行质量和影像质量进行检查，主要包括以下要求：

飞行质量要求：

① 航向重叠度要在 60% ~ 80% 之间，最小为 53%。

② 旁向重叠度要在 15% ~ 60% 之间，最小为 8%。

③ 航带弯曲度不应大于 3%，如果航带弯曲度太大，容易产生拍摄漏洞。

④ 同一条航线内的相邻两张像片的航高差不能大于 30 m，同一条航线内航高差不能大于 50 m。

⑤ 像片旋偏角通常不大于 15°。

影像质量要求：

① 采集的影像要求清晰度高，层次丰富，反差适中。

② 影像当中不能出现云、雾等的遮挡。

③ 通过影像快拼检查是否有航飞漏洞，及时进行补拍。

（二）无人机倾斜摄影测量

倾斜摄影技术近年来已经成为国际测绘领域最热门的一项高新测绘技术，在 2008 年第二十一届 ISPRS（国际摄影测量和遥感学会）大会和 2011 年第五十三届德国摄影测量周上均成为主要的大会议题。它改变了传统的从垂直角度拍照的局限性，通过在无人机等飞行平台上搭载多台影像采集设备，从垂直和倾斜多个不同的角度采集高分辨率航拍影像，获取地面信息，然后通过多视影像联合平差、密集匹配、三维模型生产等数据处理实现对真实场景的三维重建，得到点云数据、DOM、DSM 以及真实三维模型等测绘产品。与传统的垂直摄影相比较，倾斜摄影更能获取三维模型的空间信息和立面特征，在数字城市建设、应急救灾处理、电力水利等行业发挥着重要作用。

1. 数据采集

倾斜摄影技术最突出的优点是不需要进行人工观测，完全依靠相机，利用足够数量和规定重叠度的倾斜影像，即可进行精细的三维建模和场景恢复，如图 2.18 所示。在整个过程中，数据采集是三维重建中重要的一步，重建效果的好坏直接取决于影像采集的质量，光照条件、重叠度大小、影像分辨率等均是至关重要的因素。

图 2.18 无人机倾斜摄影测量示意图

（1）单相机倾斜摄影系统。

单相机倾斜摄影系统是在无人机飞行平台上仅搭载一台相机，同时安装 POS 系统，它可以在曝光的瞬间同时准确获取相机的位置和姿态。在数据获取时，可通过 5 次调整相机在云台上的位置、每条航线飞行 5 个架次即可完成目标区域全部影像的数据采集；也可以通过 3 次调整相机位置、往返航线飞行 3 个架次即可完成任务。

（2）三相机倾斜摄影系统。

三相机倾斜摄影系统是在无人机飞行平台上搭载 1 台垂直方向摄影相机和 2 台倾斜摄影相机，倾斜角在 45° 左右，在数据获取时，通过 2 次调整相机位置、单航线飞行两个架次或者往返航线飞行一个架次即可完成目标数区域数据采集。

（3）五相机倾斜摄影系统。

五相机倾斜摄影系统是在无人机飞行平台上同时搭载 1 台垂直方向摄影相机和 4 台倾斜摄影相机，倾斜角在 45° 左右，在曝光瞬间同时从 5 个角度拍摄地面目标，一个架次即可完成目标区域全部影像的数据采集。

五相机倾斜摄影的航线一般采用"之"字形，由于在模型重建过程中，对象的每一部分应至少从三个不同角度进行拍摄，因此建议航向重叠度不小于 80%，旁向重叠度不小于 50%。同时，其航线设计范围应略大于测区范围，以保证可以完整获取测区外围地物的侧面纹理信息。

2. 数据处理

（1）多视影像联合平差。

无人机倾斜摄影获取的数据包括垂直摄影影像和倾斜摄影影像。目前针对倾斜摄影影像的区域平差主要包括以下三种：

① 无约束区域网平差。

通过倾斜摄影获取的影像数据分别有相对独立的外方位元素，同一台相机采集的影像具有统一的相机参数。传统的多相机共线方程模型在平差时没有将不同相机之间的安置参数作为约束条件，这种无约束的区域网平差没有下视影像与倾斜影像同时曝光的限制条件，可以处理随意拍摄的倾斜摄影数据，但由于相机数目较多，方程中的未知数个数快速增多，大大增加了工作量。

② 附加约束的区域网平差。

附加约束的区域网平差即把不同相机之间的安置参数作为约束条件加入平差模型，则网平差未知数是垂直影像的外方位元素和垂直相机与倾斜相机的安置参数。该平差方法要求同一曝光时刻下视相机和倾斜相机同时曝光，大大减少了区域网平差的未知数数量，平差结果更加稳定。

③ 倾斜影像的直接定向。

倾斜影像直接定向是通过常规的区域网平差方法对垂直影像单独解算，在获得所有垂直影像的外方位元素后，再根据下视相机和倾斜相机之间的安置参数解算出同一曝光时刻倾斜影像的外方位元素。该方法忽略了五相机组合的优势，精度不高。

（2）多影像密集匹配。

影像匹配是通过具有重叠度的区域，利用一定的匹配算法，在相邻两幅或者多幅影像之间识别同名点并进行匹配的过程，目的是建立重叠的影像之间的位置关系。针对倾斜摄影提出的多视影像密集匹配算法包括基于物方的多视立体匹配算法、多基元多影像匹配算法和带共线条件约束的多片最小二乘影像匹配算法等，以此得到高精度、高密度的点云数据来进行后续处理。

（3）数字表面模型生产。

数字表面模型（DSM）是指包含了地物、地貌信息的地面高程模型，可以真实地反映地面的起伏情况，是目前地理空间信息中重要的数字产品之一。数字地面模型可以通过倾斜摄影获取的多视角影像来生产：首先经过几何校正、多视影像联合平差和密集匹配等一系列复杂的运算，可以得到高精度、高密度的密集点云；然后通过滤波处理，将不相同的匹配单元进行融合，即可得到统一的 DSM。

（4）三维建模。

三维建模是基于多视角的航拍影像，利用真实影像的纹理，运算生成高分辨率的实景真三维模型，对真实场景进行全要素级别的还原。建模主要包括两种方式：单独利用倾斜像片作为纹理生产的三维模型和基于倾斜摄影所得数据并利用相关软件生产的三维模型。前者仅利用多视影像和其他方式得到的白模，通过纹理映射的方式，恢复三维模型；而后者是采用自动化的技术通过对倾斜影像进行几何处理、多视匹配、三角网构建等，利用软件进行三维模型的生产，这种模型精度较高。

（三）空中三角测量

空中三角测量（空三加密）是无人机航摄系统内业数据处理中的核心步骤；空中三角测量依据少量的野外控制点，利用连续拍摄的并且具有一定重叠度的航空影像，通过摄影测量的方法建立与实地相符的单航线模型或区域网模型，以此来确定每张影像的外方位元素。根据少量控制点坐标，求解未知点坐标和影像的外方位元素，用于模型定向以及后续测绘产品的生产。空三加密精度所具有的质量往往也会直接影响到整个数字测图过程和结果的质量。

1. 空中三角测量原理

空中三角测量是依据少量已知的野外控制点，在航摄影像上进行控制点加密，通过数学运算求得加密点的平面位置和高程，为缺少野外控制点的地区进行测图提供用于绝对定向的加密控制点。在传统的摄影测量当中，空中三角测量是通过对加密点进行点位测定来实现的，也就是根据少量的野外控制点的大地坐标和影像的像点量测坐标来求解加密点的大地坐标和影像外方位元素，所以该过程也叫作空三加密。通过空中三角测量获取加密点的大地坐标和影像外方位元素，以此进一步为数字高程采集和数字线划图制作等提供高精度的定向成果。

2. 像控点布设

在传统航测中，像控点的布设是航测的基础，主要包括飞后布控和飞前布控两种方式。

飞后布控即是在获取目标区域的影像之后，由内业数据处理人员在影像上选取具有明显特征的点作为控制点并进行刺点，然后外业人员根据刺点的位置进行实地踏勘并测量，获得控制点的实际坐标。所以，在进行飞后布控时，要求内外业工作人员具有较丰富的专业知识和实际生产经验，通过相互配合和交流，才可以避免出现刺点偏差；同时要求控制点具有清晰、易读、远离边缘和避免重复等特点。

飞前布控由于在测量之前就进行了控制点的布控，而且控制点都具有明显的标志性特征，所以在对影像进行判读时，控制点的位置易于识别；但是由于控制点在摄影测量作业进行之前进行布设，所以控制点的精度容易受到自然条件的影响，在外业人员对控制点进行测量时，有可能会出现精度损失。所以，飞前布控需要控制点具有稳定、明显和不易损坏的特点。

不论是飞前布控还是飞后布控，都占用着大量的人力物力，同时，控制点的布设方式和稳定性以及内业刺点都直接影响着测量结果的精度。无人机所搭载的非量测型相机，镜头畸变大，且所获取的影像像幅面较小，单幅影像地面覆盖范围有限，导致空三解算需要更多的控制点来保证精度。

3. 空三加密流程

通常情况下，空中三角测量包括相对定向、模型连接、平差解算和绝对定向等步骤。其主要是利用相关配套软件进行，具体流程如图2.19。

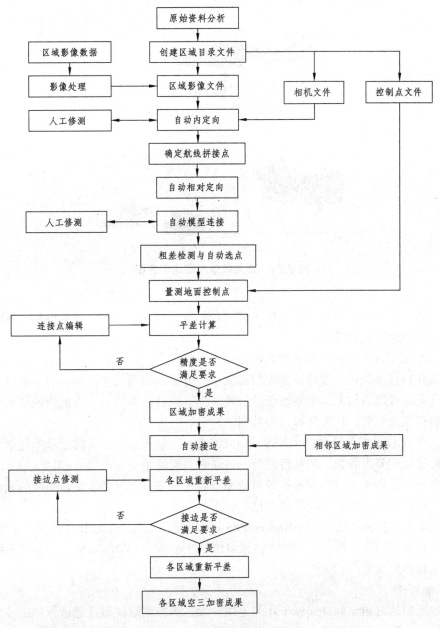

图 2.19 空三加密作业流程

（四）无人机激光雷达

无人机激光雷达是以飞机为载体，以激光为测量介质，基于计时测距机制的立体成像手段，可以直接地、主动式地对地面物体进行扫描，获取包含空间信息和属性信息的高精度、高密度点云数据；同时有效集成了影像传感器，以此获得地面物体的三维空间信息和影像数据，进而生产 DSM、DEM、DOM 以及各种专题图等测绘产品，如图 2.20 所示。机载激光雷达系统从传统的单一数据获取变为连续自动的数据获取，大大提高了空间数据的获取效率，在地形测绘、森林资源测绘、电力巡检、堆料体积测量等领域发挥着重大作用。

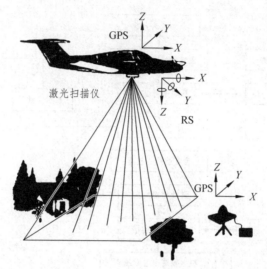

图 2.20　无人机激光雷达示意图

1. 系统组成

机载激光雷达系统主要包括无人机飞行平台、激光扫描系统、影像传感器、POS 定位定姿系统、同步存储控制系统等。

（1）无人机飞行平台作为机载激光雷达的飞行载体。

（2）激光扫描系统是通过高速激光扫描测量的方法，利用激光测距原理，通过发射信号和接收信号记录被测物体表面密集点云的三维坐标、反射率等信息，由此快速复建出被测目标的三维模型及线、面、体等各种图形数据。

（3）POS 定位定姿系统通过 GNSS 和 IMU 进行导航和定位，实时记录发射信号时摄影中心的瞬时位置和姿态参数，包括俯仰角、航向角和侧滚角等。

（4）影像传感器是通过单反相机等对地面物体进行摄影，以获取地面物体的光学影像，来弥补激光扫描系统无法获取的纹理和色彩信息。

（5）同步存储控制系统通过 GNSS 的 PPS（精密定位系统）信号授时，满足 POS 与遥感传感器的数据采集同步，用来实现激光扫描系统、POS 系统（GNSS/IMU）、相机系统的数据同步采集及存储等功能。

2. 系统原理

机载激光雷达对地定位方式属于几何定位，激光脉冲测距仪通过记录脉冲信号从发出到达地面物体再返回测距仪所需要的时间差，利用光速和时间差精确计算出从激光发射点到地面物体的斜距，与此同时，GNSS 记录信号发射瞬间激光发射中心的空间位置信息，IMU 则测定信号发射瞬间无人机的三个姿态参数，通过数据联合处理，求出每个激光点的精确三维坐标。

机载激光雷达系统集成的影像传感器同时获取对应地物的彩色数码影像，与激光点云数据结合提供更为丰富的空间信息和纹理信息。

三维激光点云反映的是物体表面的高精度三维坐标，通过点云直接可以获取地物坐标及特征信息，具有密度大、精度高、数据量大等特点；而影像数据具有形象的纹理和颜色信息。在进行目标信息的获取时，点云数据和影像数据可以互为补充。

3. 系统特点

机载激光雷达作为一种主动式成像技术，具有如下特点：

（1）采用主动式测距和姿态测量相结合的方式，使得空间坐标解算变得简单易行，处理效率较高。

（2）由于主动发射了可见光，所以在成像过程中受到雾和霾的影响大大减小，而且作业时间不受夜晚限制。因此，与被动成像方式相比，激光雷达具有更强的环境适应能力。

（3）高精度、高密度的点云数据通过数据处理，可以满足大比例尺测图精度的要求，特别是高程精度方面可以大大提高。

（4）激光雷达数据除了获取地物的空间信息外，还可以反映地物的属性信息，主要包括地物的辐射信息。根据地物的材质和种类的不同，激光脉冲会反射不同的信号强度，对地物分类非常有利。

（5）机载激光雷达可以接受多次回波，多回波具有植被穿透能力，可以精确获取地面高程，此外，其还能用于建筑物高度检测等。

集成了影像传感器的机载激光雷达系统则具有更好的性能，不仅可以获取高精度、高密度的点云数据，同时还能够获取高清晰度的数码影像，最终获取的数据产品也更为丰富。

七、摄影测量在铁路勘测设计中的应用

随着科学技术的发展，摄影方式、研究对象和使用目的日趋多样化，摄影测量已在许多学科领域和众多技术部门得到了广泛应用。几十年来，铁路航测已初步形成了一套适合我国国情的工作方法和程序，不仅可以绘制各种比例尺的地形图、正射影像图，应用的专业范围涉及线路、水文地质、工程地质、路基、施工预算等专业领域，而且扩大到长隧道、特大桥、枢纽、水源工点的勘测；不仅应用于新线勘测设计的各个阶段，还应用于既有线测图、工程病害普查和动态分析等方面。几十年的实践证明，在铁路建设中广泛地应用航测与遥感技术，提高了选线质量和勘测资料质量，提高了勘测设计效率，改善了勘测工作条件，节省了基建投资，具有明显的社会效益和经济效益，是一种先进的勘测技术手段。

1. 新线航空摄影测量

航空摄影测量在我国铁路新线勘测设计中已得到广泛应用。在可行性研究阶段可利用航测资料辅助进行线路方案研究。当有纸介质1∶1万地形图时，首先在纸介质地形图上研究出合理的线路走向位置，然后将1∶1万比例尺地形图纸上定线的位置，参照地物地貌特征，搬到航片上，并进行室内判释，结合各专业提出的意见修改纸上定线。

对于山区、高山区地段，如无1∶1万比例尺地形图，可根据线路方案研究的需要，提出利用既有航测资料测绘1∶1万比例尺地形图的范围，制订踏勘计划。

在踏探过程中，若发现地物、地貌有重大变化而对线路方案有影响的地段，应在航片上标绘其范围并注记，以便定线时考虑，研究解决。

在整个线路方案研究过程中，以线路专业为先导，会同各专业，以航、卫片为主要联系手段，反复修改线路平、剖面，提出合理的方案。

在初步设计与初测工作中，可用航测方法测绘线路沿线的大比例尺带状地形图，并利用航测获取的数字、影像信息完成线路勘测设计一体化工作。

线路专业的航测工作主要包括：

（1）航带设计。根据各专业需要拟定大比例尺航空摄影范围。航带设计内容包括划分与组合摄影测量段，确定航摄比例尺、飞行航线数目和飞行高度等。

（2）确定航摄范围。着重研究越岭地段、河谷线、桥渡、接轨点、水库地区、地质不良地段、经济控制点、湖泊两岸等地段，从而确定航摄范围。

（3）大比例尺像片概略选线。航飞结束后，在未进行摄影成图前，直接在大比例尺像片上概略选线并进一步研究方案和考虑局部比较方案，给各专业提供线路位置，以便在没有初测地形图（1：2 000～1：5 000 比例尺）时可收集初测资料，并确定控制测量和测图范围。

根据修订的线路方案，进行专业调查、布设线路点确定测图范围。调查工作包括：拆迁调查；平（立）交道，改移公路、改沟的调查；相邻铁路行政区划分、机械化养路情况及既有苗圃林场的资料收集；沿线文物保护区、地下文物资料调查；土源调查，特别是重点工程的土源位置及运距。上述调查工作可利用航片在现场进行。

为便于定线、收集资料和定测放线，可在线路附近和重点工程地段布设一些线路专业用点，简称线路点。线路点可在控测时联测，有些线路点不需要很高的精度，可选在明显地物处，进行像片刺点并在航测内业中获取其坐标。

（4）航测大比例尺地形图上定线和方案比选。图上定线和方案比选的基本原则与传统的地面勘测方法相同。航测地形图属于线划地形图，会损失大量影像信息，因此纸上定线时应充分利用像片资料，提高定线质量。

铁路勘测设计专业较多，线路专业需向各专业提供线路平剖面图以便进行初测。若采用航测方法，线路专业可以不等地形图出来，先提供像片概略选线成果，使各专业初测工作提前开始。

2. 既有铁路航空摄影测量

既有铁路航测是以飞机沿铁路线拍摄的航空像片为测绘基础，配以一定的野外工作获取大比例尺地形图。在生产过程中，经常将航测室内成果与现场里程丈量、调查资料相互核对，从而保证大比例尺地形图和复测资料的准确可靠。

使用航测技术测绘的大比例尺地形图具备铁路局传统的线路平面图特点，也具备国家标准大比例尺地形图特点。这样的图纸不仅满足工务部门使用要求，也可供其他部门使用。

通过线路航测，并配以一定的现场复测工作可以取得以下铁路测量成果：

（1）贯通全线的1：2 000 比例尺地形图（分幅和卷图）。

（2）1：1 000 比例尺站场平面图。

（3）1：2 000～1：10 000 比例尺桥址地形图。

（4）1：2 000 铁路枢纽或特大桥正射影像图。

（5）1：500 工点图。

（6）既有铁路影像综合图集（简称像片图集）。

（7）纵断面图。

（8）平面、纵断面缩图。

（9）各类设备表（含曲线表和坡度表）。

（10）全线航空像片。

（11）主导线及基、中平成果。

第四节 线路工程中的遥感技术

遥感技术是在 20 世纪 60 年代发展起来的一门探测技术。"遥感"一词是 1960 年由美国人伊夫林·L. 普利特（Evelyn L. Puritt）提出的；1962 年，在美国密歇根大学等单位发起的"环境科学遥感讨论会"上，遥感一词被正式引用，随后这一名词在世界上得到广泛应用。遥感技术实际上是在航空摄影的基础上发展起来的。航空摄影最初只能进行黑白全色航空摄影；第二次世界大战以后，逐步出现了天然彩色航空摄影、红外黑白航空摄影、红外扫描、多段摄影与扫描、微波成像等成像技术；到了 20 世纪 50 年代末，开始出现地球资源卫星像片（如双程座、雨云号、阿波罗等载人宇宙飞船上摄的地球像片）。在这种情况下，传统的航空摄影就很难概括这些成像技术了，无论成像的方式、方法，成像的波段范围，成像的距离，获取的信息量等，都超出了航空摄影的范畴。遥感一词的含义是遥远地感知，遥感可以概括全部摄影与非摄影方式，传统的航空摄影方法只是遥感技术的一部分。

目前，陆地卫星图像分辨率可达到 1 m 左右；计算机图像处理技术与 20 世纪 60 年代相比，无论图像处理的方法、处理能力和质量均较过去有较大的进展，这主要是由于计算机的功能和图像处理的软件更加完善；在传感器方面出现了成像光谱仪和成像雷达，这两者被认为是遥感的前沿技术。

据运载工具和传感器的不同，遥感可分为航天遥感、航空遥感和地面遥感三大类，铁路工程地质勘测主要是利用航天、航空遥感资料开展工作。

一、遥感资料

1. 航天遥感资料

利用人造卫星或航天飞机作为遥感平台，对目标物进行遥感，所获得的遥感资料统称为航天遥感资料。

1972 年 7 月 23 日美国成功发射第 1 颗地球资源技术卫星（ERTS-1），标志着航天遥感时代的开始。该卫星上载有多光谱扫描仪系统（MSS），它可同时获得地面 185 km × 185 km 范围的 4 个波段的图像数据，将其记录在磁带上并传送到地面接收站，再转换到 70 mm × 70 mm 的胶片上，形成 1∶336.9 万比例尺的黑白图像。经光学、数字图像处理后，可形成 1∶100 万、1∶50 万或 1∶25 万比例尺的黑白或彩色图像。从工程地质角度出发，由于这种图像覆盖地表面积广大，用于判释区域性地质构造、岩组分布概况和评价区域性工程地质条件是十分有利的。

美国在 1975 年发射第 2 颗卫星时，将地球资源技术卫星改名为陆地卫星（Landsat）。至今美国已发射了 5 颗陆地卫星，传感器也作了较大的改进。目前，除了美国以外，法国发射了 SPOT 系列陆地卫星，苏联发射了联盟号系列陆地卫星，我国也发射了国土卫星。

航天遥感资料收集，一般直接与中国科学院遥感卫星地面站联系，可收集到最新的美国陆地卫星 MSS、TM 图像及磁带，法国 SPOT 卫星的图像及磁带；在国家遥感中心资料服务部可以收集到不同时相的陆地卫星图像；我国的卫星资料在中国资源卫星应用中心收集。

2. 航空遥感资料

采用飞机（特殊情况下使用气球）作为遥感平台，对地面的目标物进行遥感，所获得的资料称为航空遥感资料。

航空遥感通常按使用的传感器不同，大体分为摄影式遥感和非摄影式遥感两类。目前，铁路工程地质勘测主要使用摄影式遥感。它的电磁波谱区波长为 $0.3 \sim 0.9 \ \mu m$，该区称为摄影遥感区。在该区内可获得全色黑白航空像片、天然彩色航空像片、彩色红外航空像片、黑白红外航空像片等。航空像片上的目标物影像是按中心投影关系被记录下来的，所以具有以下特性：

（1）地面分辨率高。地面分辨率是指在航空像片上分辨地面目标的能力。这对于图像判释人员来说是十分重要的，系统分辨率可按下式换算成地面分辨率

$$R_g = \frac{R_s \cdot f}{H'} \tag{2.11}$$

式中　　R_g——地面分辨率（线对/m）；

　　　　R_s——系统分辨率（线对/mm）；

　　　　f——航摄机焦距（mm）；

　　　　H'——航摄机距地面的高度（航高）（m）。

如图 2.21 所示，对于航摄机镜头的焦距为 152 mm、在 6 100 m 高空拍摄 40 线对/mm 系统分辨率像片的航摄机来说，其地面分辨率按上式计算为

$$R_g = \frac{40 \times 152}{6 \ 100} 线对/m = 1 \ 线对/m$$

这表明，像片上能够分辨出来的目标物在地面上为 1 线对/m。地面上 2 个目标物间的最短间距为 $R_g / 2$。由于飞行高度和航摄机的焦距不同，所得到的航空像片比例尺亦不同，其地面分辨率也不同。

（2）具有立体观察性。绝大多数航空像片在沿航线前进方向有 60% 左右的重叠度。用立体镜观察航空像片的重叠部分时，可产生三维图像——立体模型。另外，航空像片是采用中心投影的关系记录下来的，为此，除了像幅的中心部位之外，像幅其他部位的目标物影像都有不同程度的位移现象，或称之为几何畸变。离像幅中心部位越远，畸变越大。

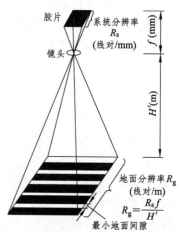

**图 2.21　地面分辨率与
系统分辨率关系**

（3）具有垂直夸大的特征。当对航空像片重叠部分进行立体观察时，所产生的光学立体模型，在垂直方向往往被不同程度地夸大了。这种垂直夸大现象主要是由航摄机系统和立体镜观察系统间的几何关系决定的。航摄基线对飞行高度之比，称为基线-高度比，它决定光学立体模型的垂直夸大程度。这种垂直夸大现象有利于立体判释，尤其对处在地形比较平坦而体积较小的目标物的判释，其效果十分显著。

3. 地面遥感资料

主要以汽车、船只作为遥感平台，或由人直接操持遥感仪器，对地表、地下或水下进行遥感，获得的资料称为地面遥感资料。

二、遥感图像应用于工程地质的作业步骤及判释

（一）作业步骤

遥感图像具有视野广阔、影像逼真、信息丰富的特点，在图像中可直接或间接地获得大量有关工程地质方面的资料。遥感技术是工程地质测绘的一种先进手段。采用遥感技术进行工程地质测绘的作业步骤可分为：室内的初步判释、编制系列预判图、外业重点验证、室内复判、编制正式图件和文字报告。其具体工作程序见图 2.22。

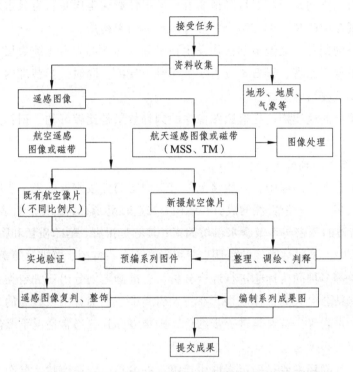

图 2.22　应用遥感技术进行工程地质测绘工作程序框图

（二）工程地质判释

利用遥感图像进行工程地质判释的判释内容主要为：地质构造、岩性（或岩组）和不良地质现象。

1．地质构造判释

与工程有直接关系而且影响较大的地质构造主要有褶皱构造、断裂构造和大型节理。

（1）判释标志。地质构造在遥感图像中的判释效果比较好，主要是根据影像中的某些直接或间接标志较准确地判别其属性。

• 直接判释标志主要是在图像中呈现各种形态的线性影像。一般情况下，呈直线形的线性影像，往往是断裂构造或大型节理的表示；而呈抛物线、似圆形或椭圆形的线性影像则表示褶皱构造——向斜或背斜。

• 间接判释标志主要有地貌形态、色调的差异性、水系的流向、植被的分布情况以及地下水出露特征等，都有助于确定地质构造的存在与否及其属性。

（2）褶皱构造的判释。褶皱构造的类型比较多，通常根据其轴面的产状及形态，大体上可分为直立型、倾斜型、倒转型、紧密型、宽展型和平缓型等。无论在卫星图像或在航空像片上，褶皱构造都可根据其特殊的影像进行判别，但是，要进一步确定其属于向斜或背斜还是其他形态，则需要通过某些间接标志，综合判释周围岩层的产状、水系等关系。

（3）断裂构造的判释。断裂构造的直接判释标志主要是线性影像，但是线性影像并不都是断裂构造。因此，还必须结合一定数量的间接标志，如在线性影像的两侧山坡是否有断层三角面、山脊垭口的排列是否与线性影像吻合、沿线性影像走向是否有泉水出露等等。只要线性影像与上述现象中的某一种相结合，都可以定为断裂构造。

（4）大型节理的判释。大型节理往往发生在坚硬、脆性的岩石（或岩层）中，其主要的判释标志：线性影像短而直、岩石（或岩层）无错位现象。同时，当节理内被第四系松散物质充填时，其色调有较大的差异性。

综上所述，主要的地质构造在遥感图像中的判释效果是比较好的，据初步统计，其判释准确率可达 70%。

2. 岩性（岩组）的判释

岩性（岩组）在遥感图像中，一般情况下没有固定的直接判释标志。影响岩性（岩组）判释标志的因素较多：其一是岩性的成分、结构、构造较复杂；其二是岩性表面的风化程度、覆盖层的厚度、植被的茂密与否及含水量等因素；其三是摄影、晒印质量和图像的比例尺等。因此，在遥感图像中主要通过影像的色调、地貌形态、水系特征、植被及覆盖层的分布情况，以及人类活动迹象等多种间接标志进行综合分析，较准确地划分出三大岩类：沉积岩、岩浆岩和变质岩。如能结合前人的工作成果，在三大岩类中还能细分出较具体的岩石名称，如沉积岩类中的砂岩、页岩等。若要再进一步细分，则难以办到，通常情况下，岩性（岩组）的判释效果不太理想，必须通过外业验证才能保证质量。

岩性（岩组）的判释主要是确定岩性（岩组）的名称、岩层产状、分布范围以及所属时代（确定所属年代必须结合前人的资料），同时还应分析其相变情况和接触关系。

3. 不良地质现象的判释

不良地质现象，顾名思义是受地球内、外营力的作用产生的，对工程建筑造成危害的地质现象，如滑坡、崩塌、岩溶、泥石流等。

（1）滑坡的判释。滑坡是山坡上的岩土体在自然或人为因素的影响下失去稳定，沿一定的软弱面整体下滑的现象。滑坡在一般的情况下呈簸箕状、舌状等明显的地貌特征，这也是遥感图像的主要判释标志之一。此外，还有一些重要的滑坡要素，如滑坡壁、滑坡周界、滑坡台阶、封闭洼地、滑坡舌等等，在遥感图像上均可明显地反映出来，这也是滑坡判释的直接标志。除上述的地貌特征外，还可以根据图像中的色调变化、植被的生长情况、岩土分布条件、河流或沟床凸出的弯曲度等，进一步确定滑坡的分类及其稳定性，提出工程整治意见。

（2）崩塌的判释。崩塌是岩土自陡坡或陡崖上突然向下崩落，堆积在坡脚的现象。根据崩塌的特征及其所处的地貌位置，再在遥感图像中根据其色调、影纹等，崩塌较易于识别。

（3）泥石流沟的判释。泥石流是由于暴雨或冰雪迅速融化形成的含有大量泥砂、块石、岩屑的洪流。泥石流是山区常见的自然地理现象，它具有暴发突然、破坏力强的特点，对铁路运输及各类建筑工程危害性最大。遥感图像虽记录了地表的瞬时信息，但是遥感图像的获取时间均是在晴朗时，因此，不可能记录下泥石流的暴发、流动过程。泥石流暴发后，遗留下来的痕迹，如沟口的泥石流扇、产生固体松散物的滑坡和崩塌以及与泥石流有关的各地物因素，在遥感图像中均有明显的标志。通过各种标志的判释，可确定某一沟谷是否属泥石流沟。

三、遥感在线路工程中的应用

常规的铁路选线程序，是由点到线到面。采用遥感方法后，则可反转过来，从面到线到点。目前，基本建设的前期工作已广泛采用遥感方法进行铁路与公路选线、水利工程规划设施布局、水库坝位与跨河电力线选址、流域自然地理分区、河道整治规划、河口演变分析、农田水利开发等方面的水文勘察。充分利用卫星图像进行可行性研究，可以加快选线进度和提高勘测质量。

1. 在铁路新线勘测中的应用

铁路新线勘测可分为草测（或踏勘）、初测和定测三个阶段。多年的实践表明：遥感技术应用于草测（现称可行性研究）和初测阶段中效果最好，其中又以工程地质、水文专业的应用效果最佳。其对稳定线路方案、提高选线质量、缩短勘测周期、减少外业工作量等方面可起到重要作用。

铁路新线勘测设计需要查明主要线路方案沿线的区域地质、水文地质、工程地质条件。对控制性的重大不良地质工点和工程，初步查明其工程地质条件，为方案比选和编制初步设计文件提供准确可靠的地质基础资料。

遥感图像可直接或间接地提供大量的有关地表各种地物属性的信息，为判释各种地质现象要素创造良好的条件。

2. 在既有铁路工程病害调查中的应用

在既有线沿线，各种不良地质现象的出现，尤其是崩塌、滑坡、泥石流等对铁路的安全运输危害极大，在某些线段中已造成严重的经济损失和人员的伤亡事故。采用先进的遥感技术开展崩塌、滑坡和泥石流沟调查研究，可查清铁路沿线两侧一定范围内崩塌和滑坡的数量、分布情况，并对重点线段病害工点进行动态变化的分析研究，指出崩塌和滑坡的发展趋势，所取得的成果资料可为有关部门在制订病害整治规划、投资预算等方面提供重要的依据。

泥石流沟同其他事物一样，都有发生、发展和衰亡阶段。直接影响泥石流沟的发展因素很多，但以植被、耕地和固体松散物质最为突出。由于遥感图像具有瞬时记录地物信息的特点，能真实反映各种地物的相关关系。为此，利用不同时相的遥感图像进行对比判释，从中获取泥石流沟流域范围内的各种主要因素的变化情况，可为确定泥石流沟的发展阶段提供依据。

总之，应用遥感技术进行泥石流沟的普查及动态变化的研究，可取得明显的社会效益和经济效益。

3. 在既有铁路洪水灾害防治中的作用

在水害防治中，常规的地面勘测方法不但耗时费力，而且受视野所限，难以通观水害区域全貌，很难兼顾铁路与公路、水利、河道、地方等多方面的关系作出合理的整治决策。采用先进的遥感手段，对多片种、多波段、多时相的信息进行影像增强、彩色合成等处理，可以得到铁路沿线与水害有关的各种水系形态、洪水泛滥线、泥石流扇、渠网、湖泊、沼泽或盐碱湿地、水工建筑物等地表特征。利用多时相遥感图像进行动态分析，可了解沿线自然环境的变化情况，预测对铁路的危害性，及时提出防范或处理措施；同时，可对危及桥梁、路基安全的违法人为活动提出有力佐证，为执法提供依据。

第五节　三维激光扫描测量技术

三维激光扫描测量即激光雷达（LIght/LAser Detect And Ranging，LIDAR/LADAR），是一种通过位置、距离、角度、反射强度等观测数据直接获取对象表面点三维坐标，形成点云数据，实现地表信息实时提取和准确重建三维场景的对地观测技术。与其他遥感技术相比，三维激光扫描测量具有自动化程度高、受天气影响小、数据生产周期短、精度高等技术特点，是目前最先进的能实时获取地形表面三维空间信息和影像的航空遥感系统，是国际上近年来在获取高效率空间数据方面的研究热点。依据系统运行平台不同，三维激光扫描测量有机载型激光扫描系统和地面型激光扫描仪系统。目前，基于中长距离的三维激光扫描技术在土木工程中的应用主要有带状地形测图数据采集；在公路建设领域，利用该技术可进行公路初建的地形测绘和公路改扩建，如京港澳高速公路改扩建工程中综合采用机载和车载三维激光扫描技术分别完成了京石段和石安段的高速公路改扩建三维激光扫描，形成了一整套以三维激光扫描技术为核心的、全新的公路改扩建勘测技术流程和方法。在铁路建设领域，马来西亚利用机载 LIDAR 技术对 680 km 倾斜电气化铁路进行改造和扩建成为复线，大大节省了时间和经费。在我国铁路建设领域，相关人员已初步尝试利用机载 LIDAR 技术获取的三维点云信息建立数字地形模型，利用数据接口结合专业软件进行了初测阶段带状等高线地形图的应用研究和定测阶段横纵断面测量的应用研究，填补了航测作业的不足，提高了工作效率；但在既有铁路勘测中，仅仅就地面激光扫描仪的数据采集展开初步研究，相关的数据处理方法还基本处于技术探索阶段。

1. 三维激光扫描系统的工作原理

三维激光扫描系统以仪器中心为原点建立三维极坐标，通过测量激光束的水平、竖直角度和目标到仪器中心的距离解算测量点的三维坐标，获得目标体的面阵列点云数据。每个点可以表示成极坐标或笛卡儿坐标，以及反射强度值信息，坐标系组成见图 2.23。极坐标系与笛卡儿坐标之间的转换公式为式（2.12）。

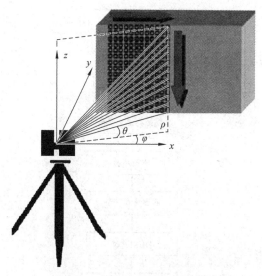

图 2.23　三维激光扫描测量原理

$$\begin{bmatrix} x \\ y \\ z \end{bmatrix} = \begin{bmatrix} \rho\cos\theta\cos\varphi \\ \rho\cos\theta\sin\varphi \\ \rho\sin\theta \end{bmatrix} \leftrightarrow \begin{bmatrix} \rho \\ \theta \\ \varphi \end{bmatrix} \begin{bmatrix} \sqrt{x^2+y^2+z^2} \\ \arctan\dfrac{z}{\sqrt{x^2+y^2}} \\ \arctan\dfrac{y}{x} \end{bmatrix} \qquad (2.12)$$

　　三维激光扫描技术使用方法简单、环境适应性强、测量成本低、使用方便，目前在国内外大量工程中得到了广泛应用，在地形测量、变形监测、文物保护、道路工程、路面检测、轨道测量等领域均有较大的发展空间。

　　2. 三维激光扫描系统的工作流程

　　在工程测绘领域，以三维激光扫描仪为外业数据采集手段，结合点云数据处理方法，完成 DTM 建模、线路等高线绘制、纵横断面模型建立与生成过程，对提高道路工程的测绘水平，提高作业效率具有十分重要的作用。三维激光扫描系统的数据采集流程如图 2.24 所示。

　　（1）数据获取。

　　数据获取即在选定的测站上架设扫描仪，利用软件平台控制三维激光扫描仪对被测对象进行扫描，获取实体相关信息。

　　（2）数据处理。

　　① 数据预处理。

　　数据预处理即在数据获取完毕后，首先剔除原始点云数据的粗差点，对扫描获取的影像数据进行几何纠正等。

　　② 数据拼接配准。

　　对于经过预处理的各测站点云数据还需经过拼接才能获取一个完整的点云数据文件，即将各测站间的控制标靶作为公共参照点，或叫作目标控制点，利用它们之间的高对比度特性实现扫描点云数据和影像数据的定位以及点云与影像之间的匹配，并将各测站的扫描数据转换到一个统一的坐标系中。

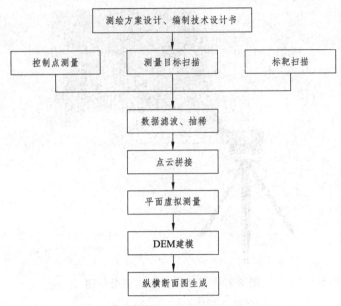

図 2.24　数据采集与数据处理流程图

（3）三维建模。

① 模型建立与纹理镶嵌。

点云数据保证了表面模型数据的质量，可利用相关软件进行细节处理和镶嵌。

② 数据输出与评价。

将数据以不同形式提供给空间数据库或工程应用，评估模型标准依据不同应用目的确定，最终完成数据输出、数据评价和成果提交。

3. 三维激光扫描系统在铁路工程领域中的应用

作为精度要求非常高的铁路线路工程，引入三维激光扫描技术获取构造物三维实体数据，可给铁路 BIM 应用中线路构造物与设备三维信息建模、三维地质环境建模等提供非常好的技术支撑。

Trimble 公司生产的 GEDO Scan 产品，如图 2.25 所示，综合了轨检小车、扫描仪及相关软件，能满足既有铁路轨道检查、建筑限界提取、隧道断面测量等方面的应用要求。

图 2.25　GEDO Scan 铁路测量系统

第六节　数字地形数据采集方法

数字地理环境建模是实现线路工程信息技术的基础，而数字地理环境建模的第一步，就是获取数字地形数据（Digital Terrain Data，DTD），其作用相当于外业测绘等高线时的碎部点。本节叙述线路工程信息技术中基础数据的采集方法。

采集地面上的地形、地物、地质等数据资料，建立数字地形模型是铁路线路采用计算机辅助设计的基础。采集数据的方法有：① 传统测量方法，即采用平板仪、经纬仪、水准仪等现场实测方法；② 利用光电测距仪、全站仪等现代测量仪器进行地面速测；③ 利用已有地形图数字化；④ 航空摄影与遥感方法。对每一工程项目，选用哪种方法，决定于设备、技术和经济实力。我国仍有很多设计单位沿用着传统的测量方法，采用计算机辅助设计后，一般可运用已有的等高线地形图建立数字地形模型，必要时进行补充测量。采用现代仪器进行地面速测以及使用航测和遥感也已经在部分单位推开，并取得了一定成绩。

由于地形、地物、地质等数据资料对各项工程建设有它的通用性，因而更为有效的方法是由国家测绘和信息部门运用现代化和快速的手段建立地理信息系统（GIS），以计算机软件的形式提供给设计单位使用。这样，GIS 便可以直接与 REIT 相连接。

近年来，利用卫星的全球定位系统（GPS）以及 GPS 全站仪，已在地形数据采集中获得试用，由于它速度快、精度高，在现代化数据采集中将是一种很有前途的手段。

一、数字地形数据的来源

常见的数字地形数据的来源主要有影像、地形图、地面本身及其他数据源。

1. 影　像

航空摄影测量一直是地形图测绘和更新最有效也是最主要的手段，其获取的影像是高精度大范围数字地形模型生产最有价值的数据源。利用该数据源，可以快速获取或更新大面积的数字地形模型的数据点数据，从而满足对数据现势性的要求。

航天遥感也是获取数字地形数据的一种有效方式。从一些卫星扫描系统，如 LandSat 系列卫星的 MSS 和 TM 传感器及 SPOT 卫星上的立体扫描仪上所获取的遥感影像，也能作为数字地形数据的来源。目前从精度为 10 ~ 15 m 的影像数据源所获取的高程数据的相对精度较低，可作为小比例尺地形图测图阶段的预可行性研究以前的线路勘测之用；精度为 1 m 的卫星影像可用于方案研究阶段的线路勘测设计目的。

基于网络地理信息服务的数字地形信息获取，是近年来铁路建设项目前期研究阶段应用较多的一种数字地形数据获取途径。随着数字地球技术的发展和相关政策法规的放宽，网络上部分中高分辨率卫星遥感影像和高程数据将免费开放给公众。与商业影像和高程数据相比，通过网络免费获取的影像和高程数据的分辨率及精度要相对低一些，但仍能够满足线路前期规划阶段要求。多年来，在线路勘测设计领域，针对网络地理信息的获取及利用积累了许多有价值的研究，并最终体现在现场设计工作中。

近年来出现的干涉雷达和激光扫描仪等新型传感器数据被认为是获取高精度、高分辨率数字地形模型数据最有希望的数据源。

2. 地形图

地形图是数字地形模型的另一种主要数据源。对大多数发达国家和某些发展中国家来说，其国土的大部分地区都有着包含等高线的高质量地形图，这些地形图为地形建模提供了丰富的、廉价的数据源。

从既有地形图上采集数字地形模型数据涉及两个问题：一是地图符号的数字化；二是这些数字化数据往往不满足现势性要求。因此，对于经济发达地区，由于土地开发利用使得地形地貌变化剧烈而且迅速，既有地图往往也不宜作为数字地形模型的数据源；但对于其他经济落后地区，如山区，因地形变化小，既有地图无疑是数字地形模型物美价廉的数据源。

3. 地形本身

用全球定位系统 GPS、全站仪或经纬仪配合袖珍计算机在野外进行观测获取地面点数据，经适当变换处理后建成数字地形模型，一般用于小范围详细比例尺（如比例尺大于 1：2 000）的数字地形测图和土石方计算。以地面测量的方法直接获取的数据能够达到很高的精度，常常用于有限范围内各种大比例尺高精度的地形建模，如土木工程中的道路、桥梁、隧道、房屋建筑等。然而，由于这种数据获取方法的工作量很大、效率不高，加之费用高昂，并不适合于大规模的数据采集任务。

4. 其他数据源

用气压测高、地质勘察和重力测量等方法，可得到地面稀疏分布的高程数据，以此建立的数字地形模型主要用于大范围且高程精度要求较低的科学研究。

二、地面测量法采集数据

地面测量方法是以地面本身作为数据来源，用全球定位系统 GPS、全站仪或经纬仪配合计算机在野外进行观测获取地面点数据。野外常规数据采集是工程测量工作中，尤其是工程中大比例尺测图（比如 1：2 000）的数字地形测图获取数据信息的主要方法。而采集数据的方法随着野外作业的方法和使用的仪器设备不同可以分为下面三种形式。

1. 普通地形测图方法

这种方法是使用普通的测量仪器，例如经纬仪、平板仪和水准仪等，将测距仪与经纬仪组合起来分别完成距离和角度测量。将外业观测成果人工记录于手簿中，再进行内业数据的处理，然后输入计算机内。

2. 使用测距经纬仪和电子手簿方法

这种方法是用测距经纬仪进行外业观测距离、水平方向和天顶距等，用电子手簿在野外进行观测数据的记录以及必要的计算并将成果储存。内业处理时再将电子手簿中的观测数据或经处理后的成果输入计算机。

3. 野外使用全站型电子速测仪方法

这种方法是用全站型电子经纬仪（也称电子速测仪）进行外业观测（也包括使用电子水准仪等），测量数据自动存入仪器的数据终端，然后将数据终端通过接口设备（通信电缆）输入计算机。采用这种方式则从外业观测到内业处理直至成果输出（包括地形图、各种专题图和数据表格等）整个流程均可实现自动化。

野外采集的各种数据一般应用一定格式的数字、英文字母（包括汉字化）记录，不同的大比例尺数字测图，其外业数据记录格式也不相同。因此，应用同一个系统的采集格式较为方便，否则需要进行格式的转换，以满足各种测图系统的要求。

三、摄影测量方法采集数据

以获取数字地形模型数据为目的而设计的具体摄影测量采集方法称为摄影测量采样方法。摄影测量采样方法包括等高线法、规则格网点法、选择采样法、渐进采样法、剖面法、混合采样法等。

1. 沿等高线采样

在地形复杂及陡峭地区，可采用沿等高线跟踪的方式进行数据采集；而在平坦地区，则不宜采用沿等高线采样的方法。沿等高线采样可按等距离间隔记录数据或按等时间间隔记录数据。当采用后者时，由于在等高线曲率大的地方跟踪速度较慢，因而采集的点较密集，而在曲线较平直的地方跟踪速度较快，采集的点较稀疏，故只要选择恰当的时间间隔，所记录的数据就能很好地描述地形，又不会有太多的数据冗余。

2. 规则格网采样

规则格网采样能确保所采集的数据具有规则的格网形式。通过固定某一方向（如 x 轴方向），而在另一方向（如 y 方向）以等间距移动测标，同时对每一点测量其高程值，便可获得规则格网数据。在这种方法中，量测点在 x 或 y 方向的移动由微处理器自动控制，不需要手工的操作。显然，这种方式适用于自动或半自动的数据采集。

3. 剖面法采样

剖面法与规则格网法类似，它们之间的唯一区别是格网法中量测点在格网的两个方向上都均匀采样，而在剖面法中，只是在一个方向，即剖面方向上均匀采样。在剖面法中，通常情况下点以动态方式量测，而不像在规则采样中以静态方式进行。因此这种方法从速度方面来说具有较高的效率。但其精度比以静态方式量测的规则格网点的精度低。另外，这种方法的固有缺点是如果要保持较小而且重要的地形特征，就必须保证采样数据有较高的冗余度。在大多数情况下，剖面法并非主要为了采集数字地形模型数据，而是与正射影像的生产联系在一起的。从这一方面来说，数字地形模型数据更像剖面法的副产品，而不是其主要产品。

4. 渐进法采样

为了使采样点分布合理，即平坦地区样点较少，地形复杂地区样点较多，可采用渐进采样方法。在这种方法中，小区域的格网间距逐渐改变，而采样也由粗到精逐渐进行。渐进采样能解决规则格网采样方法所固有的数据冗余问题，但这种方法仍然存在一些缺点：

（1）在地表变化邻近区域内的采样数据仍有较高冗余度。

（2）有些相关特性在第一轮粗略采样中有可能丢失，并且不能在其后的任一轮采样中恢复。

（3）跟踪路径太长，导致时间效率降低。

5. 选择性采样

为了准确反映地形，可根据地形特征进行选择性的采样，例如沿山脊线、山谷线、断裂线以及离散特征点（如山顶点）等进行采集。这种方法的突出优点在于只需要以少量的点便能使其所代表的地面具有足够的可信度。但另一方面，因为它需要受到专业训练的观测者对立体模型进行大量内插，所以并非一种高效的采样方法。实际上，没有一种自动采样程序是基于这种采样策略的。也正是由于这个原因，在一些需要快速获取数据的机构或组织中，这种方法并不常见。

6. 混合采样

混合采样是一种将选择采样与规则格网采样相结合或者是将选择采样与渐进采样相结合的采样方法。这种方法在地形突变处（如山脊线、断裂线等）以选择采样的方式进行，然后这些特征线和另外一些特征点如山顶点、谷底点等，被加入规则格网数据中。实践证明，使用混合采样能解决很多在规则格网采样和渐进采样中遇到的问题。混合采样可建立附加地形特征的规则矩形格网数字地形模型，也可建立沿特征附加三角网混合形式的数字地形模型。

7. 交互式采样

上述的 1、3、5 和 6 等方法适合于利用解析测图仪或机助测图仪进行半自动化的交互式数据采集。特别是在数字摄影测量工作站中，混合采样的方法既可以达到较高的作业效率，又可取得较好的数据质量。这种方法首先使用计算机自动相关生成粗格网数字地形模型，然后在立体模型上加测地形特征线，在此基础上内插细格网数字地形模型。

8. 自动采样

自动采样是数字摄影测量系统最主要的特征。自动采样方法按照像片上的规则格网利用数字影像匹配进行数据采集，若利用高程直接求解的影像匹配方法，也可按模型上的规则格网进行数据采集。全数字化摄影测量系统在市场上已有比较成熟的产品，比如 Leica/Helava 的 HL、中国的 JX-4 和 VirtuoZ 等。这种方法的优点是许多操作是自动化的，用户不需要做太多的干预。但是在自动相关生成数字地形模型时，仍需要采集地貌特征点线，才能保证数字地形模型的高保真度。特别是在平坦地区、森林覆盖地区和房屋密集的城区，仍需要相当多的人工干预和编辑工作，否则，数字地形模型精度难以保证。

四、全球定位系统技术采集数据

运用全球定位系统采集数据是 20 世纪 80 年代兴起的一门新技术，它在铁路勘测采集数据中有着广阔的应用前景。

GPS 定位技术减少了野外作业时间和劳动强度，它不受天气和作业时间的限制，不要求观测站之间通视，只要各个观测站都能通向卫星，观测站之间的距离即可精确测定。由于它的自动化程度高、观测速度快、定位精度高、接收机的体积小、使用方便，其经济效益甚为显著。

国内研究和生产实践表明，在大地测量中做控制网时，二维平面位置符合精度要求相当好，仅在高差方面较差一些。根据两站的相对坐标差推算而得两站的间距和方位角，精度也很好。目前这种方法在我国生产中已发挥了积极的作用。

为建立线路工程信息系统基础信息的数字地形模型，在当前条件下，可以采用 GPS 测定控制网与全站仪地面速测相结合的方法（图 2.26），或是采用地面 GPS 控制、航空摄影和机载 GPS 相结合的方法（图 2.27）。

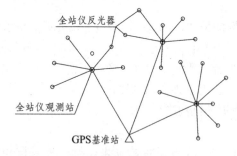

图 2.26　GPS 与全站仪相结合测地形

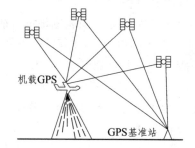

图 2.27　GPS 与航测相结合测地形

五、基于网络地理信息服务的数字地形信息获取方法

Google Earth（GE）是 Google 公司在 2005 年 6 月向全球推出的一款虚拟地球仪软件，它把卫星影像、航空照片和 GIS 信息等布置在一个地球的三维模型上。

Google Earth 拥有全球范围的免费地形数据和卫星影像，大中城市区域内还有高清晰影像，且在不断更新。通过 GE 采集的数据经过坐标转换和影像纠正、拼接等操作后可以用于出图、三维可视化仿真或者应用于专业设计软件中进行线路设计。

由于 GE 平台本身并不提供数据下载接口，目前主要使用两种方法进行数据采集：① 借助第三方工具进行地形和影像采集；② 通过 GE 提供的 COM API 函数，编制提取程序实现目标区域内的地形和影像采集。

（一）地形采集方法

1. 使用第三方工具采集地形数据

当对地形数据精度要求不是很高或者只需满足三维可视化要求时，可以采用 Autodesk Civil3D（以下简称 Civil3D）进行 GE 地形数据提取。Civil3D 是 Autodesk 公司推出的面向基础设施行业的一款功能全面的软件包，可广泛应用于多种类型的土木工程项目设计、制图及数据管理中。Civil3D 提供了直接导入 GE 影像和地形数据的功能，它提供了以下 4 种导入方式：① 导入 GE 图像；② 导入 GE 曲面；③ 导入 GE 图像和曲面；④ 导入 GE 网格。经过测试，第二种方式操作简单且便于后续操作，提取的地形数据误差较小，其步骤如下：

第一步：打开 GE，找到所要建立的场景区域。

第二步：调整好合适的视点高度获得地形场景区域。

第三步：启动 Civil3D，选择模板 AutoCADCivil3D（Metric）NCS Base，建立一个空的 dwt 文件，并且指定坐标系为 LL84（WGS84 datum，Latitiude-Longitude：Dgrees）。

第四步：在 Civil3D 中，选取 File→Import→ImportGoogleEarthSurface，导入 GE 的地形曲面，在弹出的对话框中，输入曲面的名称、曲面样式等信息，经过运算，Civil3D 自动将 GE 中当前窗口的高程数据读入，并转换为 Civil3D 的曲面，将其以 AutoCAD 格式导出，这样就获得了目标区域的等高线数据。通过等高线内插或者使用 ArcGIS、Envi 等软件可以将等高线数据转化为三角网模型或栅格模型。

2. 使用 GE COM API 函数编程采集地形数据

GE COM API 的程序入口类 IApplicationGE 提供了一个从二维屏幕坐标获取三维地理坐标的函数 GetPointOnTerrainFromScreenCoords。其函数原型为：

HRESULT IApplicationGE：：GetPointOnTerrainFromScreenCoords（[in]double sereen_x, [in]double screen_y，[out，retval]IpointOnTerrainGE pPoint）

在该函数中，in、out 表示输入输出方向，该函数只提供了单向的屏幕坐标向地理坐标的转换；（screenx，screeny）表示标准化的屏幕坐标，范围从（-1，-1）到（1，1），即左下角和右上角坐标，如图 2.28 所示；pPoint 为输出的点，包含经纬度和高程信息。

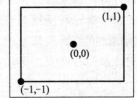

图 2.28　标准化的屏幕坐标

获取点坐标前，先要利用 IApplicationGE：：GetRenderHwnd
（ ）函数获得 GE 的视图窗口句柄，通过它可以得到 GE 界面的像素长宽，然后再计算出对应的标准化屏幕坐标。使用该函数通过循环遍历目标视图就可以实现地形数据的采集。通过该方法采集数据，精度不易丢失，且用户可以有目的地去采集线路可能经行区域的数据。铁路带状区域范围的地形采集可以对目标区域进行网格划分，只对铁路线路影响范围内的网格进行数据提取。网格划分的地形采集算法流程图如图 2.29 所示。

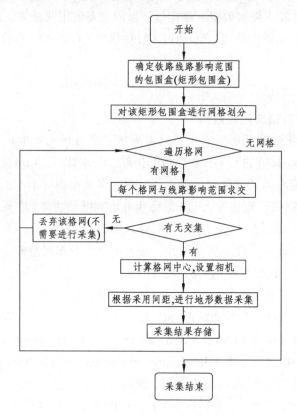

图 2.29　网格划分的地形采集算法流程

3. 地形坐标转换处理方法

GE 所使用的坐标系是 WGS-84 坐标系，它是一个以地球质心为坐标原点的地心直角坐标系，从 GE 中得到的数据都是以经纬度及高程表示的。而目前我国采用的两种坐标系是 1954 北京坐标系和 1980 西安坐标系，工程设计一般多采用 1954 北京坐标系（BJ-54），这是一种参心直角坐标系，数据以平面坐标加高程的形式表示。为了减少误差，采集的数据运用于工程设计时，需要进行坐标转换处理。

目前坐标转换模型有多种，严格意义上讲在同一个椭球里的转换都是严密的，而在不同的椭球之间的转换都是不严密的。WGS-84 坐标和 BJ-54 坐标就是属于两个不同的椭球基准。比较严密的转换方法是采用七参数法，即使用 X 平移、Y 平移、Z 平移、X 旋转、Y 旋转、Z 旋转和尺度变化 k 七个参数控制转换。从 WGS-84 坐标到 BJ-54 坐标的七参数转换布尔莎（Bursa）模型如式（2.13）所示：

$$
\begin{bmatrix} X \\ Y \\ Z \end{bmatrix}_{\text{WGS-84}} = (1+k) \begin{bmatrix} X \\ Y \\ Z \end{bmatrix}_{\text{BJ-54}} + \begin{bmatrix} 0 & \varepsilon_z & -\varepsilon_y \\ -\varepsilon_z & 0 & -\varepsilon_x \\ \varepsilon_y & -\varepsilon_x & 0 \end{bmatrix} \times \begin{bmatrix} d_x \\ d_y \\ d_z \end{bmatrix}_{\text{BJ-54}} \quad （2.13）
$$

式中：ε_x、ε_y、ε_z表示两坐标系之间的旋转角；d_x、d_y、d_z表示两坐标系的平移；k为尺度变化参数。7个转换参数有3个公共点就可以求得，也可以代入我国已有的参数值进行换算处理。

经过上述步骤处理，就完成了从WGS-84空间坐标系到BJ-54空间坐标系的坐标转换，最后还需要将空间坐标转换为大地坐标系。

（二）影像采集方法

GE影像的采集方法同地形数据采集类似，可以采用第三方工具或编制程序进行。无论采用哪种方法，都需要对影像进行纠正、拼接处理。

1. 使用第三方工具采集影像

从GE上截取影像的软件比较多，比较有代表性的是GetScreen。GetScreen截图界面如图2.30所示。其基本原理大多都是在GE平台中以适当的比例尺浏览目标区域，设置延迟时间，使数据流达到100%显示时，对屏幕进行截图。对于指定的截图区域，软件自动计算并分块，截图完成后，得到顺序编号的分块卫星影像，最后进行拼接操作。Google Earth公司不支持以此方式进行数据下载。

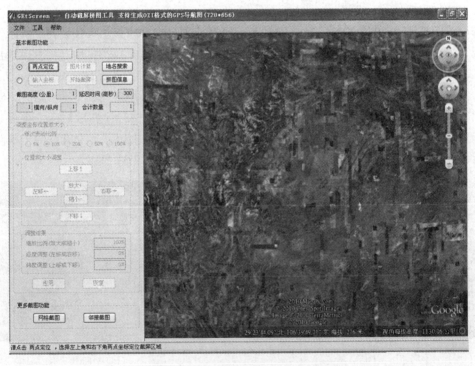

图2.30　GetScreen软件截图界面

2. 使用GE COM API函数编程采集影像

目前通过非GE客户端下载影像数据经常会遇到障碍，所以使用GE COM API函数通过编程实现在GE客户端的影像采集显得尤其重要。如果只需要黑白影像图片，可以使用GE COM API的程序入口类IApplicationGE提供的SaveScreenShot（）函数进行采集。如果要得到彩色影像，可以使用拷屏的方法。拷屏函数根据用户采用的编程语言不同而不同，用户也可以编制自定义的拷屏函数。当给定一个目标区域后，对该区域进行网格划分，使用IApplicationGE∷SetCamera定位到该网格中心，对每个需要拷屏的网格执行一次拷屏操作。整个过程如下：

（1）确定采集目标区域，采集区域以格网划分。

（2）设置初始控制参数，如相机的高度、预留数据流的传输时间等。

（3）设置相机至采集的格网中心，进行拷屏操作。

（4）遍历所有需要采集的格网，直到完成采集工作。

（5）根据采集顺序进行图像拼接。

3. 影像纠正

通过上述方法采集的 GE 影像是模拟相机对地表拍照而获得的透视图，这与测绘制图要求的高斯投影正射影像图有很大的区别。将 GE 影像应用于工程设计需要进行影像纠正处理。当对影像要求不高时，可以手工在 AutoCAD 等绘图软件中，按照截图区域绘制好图廓和公里格网，通过一定的旋转、平移和缩放后将影像定位到正确的位置。如果想获得更为精确的影像数据，用户需要对每个格网影像进行重采样，建立起 GE 影像到正射影像的对应关系，逐像点进行纠正。

4. 实验验证

选取纬度范围 21°04′09″ N ~ 21°04′49″ N、经度范围 101°37′50″ E ~ 101°38′58″ E 作为测试区域，进行影像瓦片下载。实验环境主要配置如下：CPU：i5 3470；内存：2G，DDR3；显卡：NVIDIA GeForce 605，显存 512M；网络类型：教育网；操作系统：Windows 7 系统。下载影像瓦片缩放等级为第 20 级，共包含瓦片数 1 364 块，采用多线程下载，耗时 38.65s。该区域的 DEM 数据由 SRTM3 DEM 重采样生成。将影像瓦片进行线性压缩后，拼接并重投影至 UTM（Universal Transverse Mercartor，通用横轴墨卡托）投影下，生成可用于铁路数字化选线设计系统虚拟地理环境建模的 DEM、DOM 数据，如图 2.31 所示。

（a）DOM   （b）DEM

图 2.31　获取的实验区域 DEM、DOM 数据

将生成的 DOM 数据与既有的该处 0.2 m 分辨率的高清航飞影像资料进行局部对比，如图 2.32 所示：图中底层范围大的为既有高清影像，叠加的为 Google Maps 下载并配准后的影像。从图上既有道路接边处可以看出，下载的影像配准效果良好，并与既有 0.2 m 分辨率的影像清晰度相当。

图 2.32 影像局部对比

第七节 数字地质信息获取方法

一、矢量化遥感地质信息获取

遥感影像是获取线路工程地质信息的主要信息源，通过对遥感影像的解译判释可获取线路工程地质信息。遥感技术的应用既包括对卫星遥感图像的宏观判释，又包括对航空遥感图像的中微观分析。考虑到实际应用效果和费用问题，目前卫星遥感图像主要为 LandSat TM、ETM 图像、法国 SPOT 卫星图像。航空遥感图像则以全色黑白航片和红外彩色航片为主，其他遥感片种仅在需要时少量采用。

（1）预可行和可行性研究阶段：该阶段主要进行大区域的线路选线，从宏观上调查了解工程地质条件，多以 TM/ETM（专题制图仪/增强型专题制图仪）为主要遥感信息源，总体把握线路的可行性。

（2）初步设计阶段：该阶段是在可行性研究调查基础上的进一步详细调查，确定线路的具体走向；详细调查地形地貌、地质构造、不良地质现象、交通等工程地质条件，不良地质现象对线路的影响。该阶段多以 ETM、SPOT 和航空影像为主要遥感信息源。

遥感图像处理系统的应用，使遥感工程地质解译方法由单一的目视解译扩展到计算机解译。由于采用计算机自动进行遥感地质解译，目前远未实现和达到实用，因此，人机交互解译成为目前遥感地质解译的主要方法。人机交互解译改变了以往凭解译人员经验，靠人脑对影像进行对比和综合分析的工作方法。通过计算机图像处理，大量的遥感信息进入自动识别和自动处理成图阶段，为铁路工程地质解译提供了准确可靠的数据来源。利用遥感图像解译判释可获取沿线地貌、地层（岩性）、地质构造、不良地质、水文地质等工程地质信息，滑坡、崩塌、泥石流等不良地质对象的范围、类别、产生原因、分布规律、发展趋势、危害程度等均可通过对遥感图像的解译判释去确定。

数字化地质信息即为地质信息的数字化表示，选线系统地理环境中的数字化地质信息主要来源于遥感地质解译，在获取遥感地质解译成果后，通过数据库接口存储到数据库中，实现解译成果的数字化表示和存储。

地质对象空间分布范围是实现选线系统的数字地质技术的基础，因为计算机只能识别矢量化的图像信息，只有得到其矢量的空间范围坐标数据，才能在三维选线环境中对地质对象进行表达、定位和集成，才能让计算机识别各不良地质对象，进而通过数据库获取地质对象的其他属性信息，实现地质对象的空间位置属性和其他属性集成。

目前应用的主要遥感软件 ERDAS IMAGE、ER MAPPER、ENVI、PCI 等都提供了相应模块来实现对解译对象空间位置属性的提取。图 2.33 显示了利用 ERDAS IMAGE 的 AOI（Area Of Interest）功能模块提取解译地质对象空间位置属性的流程，其过程如下：① 打开经过几何校正的正射影像；② 新建 AOI 区域；③ 以折线、多边形等图形工具圈定不良地质灾害的范围；④ 保存输出矢量分布范围、面积、周长，根据分布范围数据在对应的位置上绘出各种不良地质灾害的范围。

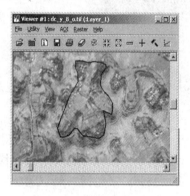 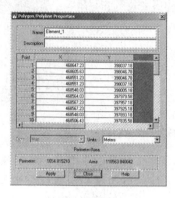 

（a）通过 AOI 圈定范围　　　　（b）数字化信息获取　　　　（c）绘制不良地质对象

图 2.33　通过 AOI 功能获取数字化地质对象区域边界信息

二、栅格遥感解译影像的获取

矢量化遥感地质信息主要是文本格式的信息，只以矢量化数据对地质对象在三维环境中进行表达还不够直观，如果能够将遥感解译影像也同时显示在三维环境中，实现地质对象在三维环境中的矢量化和栅格影像的联合表达模式，则可为选线工程师提供更为直观、有效的表达和识别模式，更有助于选线工程师在三维环境中进行选线设计。因此，必须解决地质对象遥感解译影像的获取问题。在这一问题上，遥感软件同样提供了解决方案，即利用遥感软件对遥感图像进行数字化处理（如空间卷积、比值增强、IHS 变换等）来获取遥感解译图像，然后利用遥感软件的 AOI 等功能模块实现对地质对象空间位置的定位，利用解译模块的影像剪裁（Image Crisp）实现 AOI 范围内的影像提取，即实现地质对象的栅格遥感解译影像的获取，并同时以二进制格式（BLOB）存储到数据库中。图 2.34 和图 2.35 为其示意图。

图 2.34　基于 AOI 确定的不良地质区域　　　　图 2.35　不良地质对象的遥感解译图像

通过遥感软件进行人机交互解译，能够获取所解译的地质对象的矢量化解译数据和栅格解译影像，这些信息共同构成了地质对象的数字化信息，其构成模式统一表示为由地质对象的空间位置属性、属性数据和解译影像组成，即数字化遥感地质信息的数据模型（图2.36），并通过数据库存储和调用。

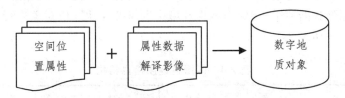

图 2.36　数字化遥感地质信息的数据模型

三、数字化非遥感地质信息获取

数字化非遥感地质信息主要指在选线研究区域内，通过传统方法已获取的以纸质、图形和文档等格式保存的地质信息。这些地质信息还不能在三维地理环境中直接使用，必须通过数据接口转换为数字化地质信息，与数字化遥感地质信息一同存储于数据库中，作为遥感地质信息的补充，共同构成虚拟地理环境的数字化地质信息。

（一）数字化岩层信息获取

工程钻探法是获取地下三维空间信息的重要方法，通过钻孔采样可以直接获取详细的岩层分布状况，如岩层岩性、断层特征、土质等。这些特征反映了岩层的原始状况（或者说天然状况），是进行岩层可视化、模拟分析、三维地质体建模的主要数据源。此外，地质剖面图、勘探剖面图等相关图形资料也都在一定程度上可解译成基本钻孔数据。因此，在选线研究区域内若存在这些纸质或图形资料，需先统一解译成基本钻孔数据，再存储到钻孔数据库中，实现数字化岩层信息的获取。钻孔和地层数据库结构如表2.2和表2.3所示。

表 2.2　钻孔结构

序　号	字段名称	数据类型	序　号	字段名称	数据类型
1	钻孔编号	字符型	5	钻孔类型	字符型
2	孔口坐标 x	数值型	6	钻孔角度	数值型
3	孔口坐标 y	数值型	7	岩土层数	数值型
4	孔口高程	数值型			

表 2.3　地层结构

序　号	字段名称	数据类型
1	钻孔编号	字符型
2	地层序号	数值型
3	地层厚度	数值型
4	地层代码	字符型

（二）区域性地质信息获取

区域性地质信息包括研究区域的气候、地震带等信息，在分布特征上属于无规则多边形分布。在大范围内的研究区域内，很可能会存在多个不同的气候区域、地震带区域等。与解译不良地质一样，通过遥感解译软件确定其空间区域范围，得到其区域边界数据，连同已有属性信息一起存储到数据库中，在虚拟地理环境中即可按面状地质对象进行表达和空间定位。区域性地质信息结构如表2.4所示。

表2.4　区域性地质信息结构

序　号	字段名称	数据类型
1	编　号	字符型
2	属性信息	字符型
3	空间坐标	数值型
4	解译影像	二进制型

思 考 题

1. 分析现代测绘技术在线路工程信息技术中的地位和作用。详细阐明GNSS技术、数字摄影测量技术和遥感技术使线路勘测设计、建设管理、运营管理技术发生了哪些变革。

2. 在查阅资料的基础上，分析现代测绘技术的发展动向，并据此展望铁路工程规划、勘测设计、建设管理中信息技术的发展前景。

3. 分析比较各种数字地形数据采集方法的特点和其适用条件。根据现代测绘技术的最新发展动向，展望线路工程中地理信息获取方法的发展趋势。

第三章　铁路数字地理环境建模

线路工程信息技术系统是一个基于逼真显示的三维地理环境的真正的三维系统，用户可与计算机生成的三维空间进行交互。

线路工程信息技术系统的虚拟地理环境平台，把用户与地学数据的三维视觉的实时交互作为系统的存在基础。线路工程信息技术系统由于把观察者（用户）加入到了三维地理环境中，从而使得其数据模型设计、数据图形符号表达呈现方式等相应地需要改变。例如，原先的森林，在二维地理信息系统中只用绿色表示，但在虚拟地理信息系统中，需要用许多真实的三维树表达；又例如，与三维地学数据的动态实时交互，则要求特殊的三维数据结构，以及考虑与用户距离远近、速度快慢等行为状态相关的动态处理算法等。

在线路工程信息技术系统的地理景观系统中，地理对象根据空间维上的分布特性，可分为两大类：一类是以场为基础的对象，如地形、植被等，这类对象在空间上连续分布；另一类是以离散实体为特性的对象，如树、人工建筑结构、道路、河流等，这类对象以独立的个体而存在。本章研究的关键，就是要解决这些地理对象的建模问题。

第一节　常用数字地形模型

一、数字地形模型概述

数字地形模型（Digital Terrain Model），简称"数模"（DTM），是指表达地形特征的空间分布的一个规则排列或不规则排列的数字阵列，也就是将地形表面用密集点的 x、y、z 坐标的数字形式来表达。如果根据这批数据点的数据，建立一个数学曲面，使该曲面逼近实际地形表面，就可以根据该曲面内插出地面上任意一点的高程或其他地形信息，从而完成各种复杂的设计和计算。显然，数字地形模型的特征性可以从下列两方面加以描述：

（1）地面的数字化：将显示不规则的地形表面以一系列数据点的形式存入计算机。

（2）重新构成地面：通过一定的数学方法可以内插出一个已知平面位置的新点高程，或者算出其他地面特征，如范围、坡度等，还可以使用专门软件自动生成等值线图或透视图。

地面的数字化包括地形、地貌（地物、地质、水文等）和土地价值等方面的数字化。地形数字化的问题已基本解决，可通过野外测量、航测、地图数字化方式完成。地貌和土地价值的数字化要比地形困难得多。为了降低数模的生产成本，目前对地物的处理是通过正射投影技术制作影像地图，对地质、水文是通过像片的专业判释和现场调查核对加以确定，对土地价值则是根据经济调查资料结合地形地貌图加以确定。

地形空间曲面的模拟实质上是根据数字化地形的数据点，建立一个数学曲面，使该曲面逼近实际地形表面，需要时就可以根据该曲面内插出地面上任意一点的地面信息。

内插是建立数字地形模型的重要方式，因为地面数据点毕竟是地面起伏的压缩形式表达，在把这些数据作为一种有用的输出之前，往往先要进行一些内插。同时，利用数模进行地形的重建，其核心问题也是内插问题。

内插方法是影响数字地形模型精度的重要因素之一，目前许多文献提出了各种不同的内插方法，这些方法大致可归纳为两类：局部函数内插法和逐点内插法。

局部函数内插法就是使用一个函数式拟合一处局部地形。采用局部函数内插要将地形分成若干个分块，对各分块使用不同的函数。这时应顾及相邻的局部函数在公共接边处的连续光滑，才能得到满意的拟合结果。典型的局部内插法有线性内插、局部多项式内插、双线性内插或样条函数内插等。

逐点内插法是对每一个待定点定义一个新的内插函数。在这种方法中，仅使用该待定点周围邻近的数据点建立函数去拟合地形。典型的逐点内插法有加权平均法、移动拟合法和最小二乘配置法等。

数字地形模型内插方法很多，具体选用何种方法，应根据所需要的精度、数据点的分布、计算速度和对计算机内存的要求等因素来决定。

对于呈带状的铁路来说，选线时往往只需要线路两侧一定宽度内的地形资料，它所对应的数字地形模型，则为带状数字地形模型。一旦建立起线路设计所需的带状数字地形模型，利用相关的程序就可以帮助线路设计人员在选择线路方案，优化设计及工程费计算，绘制地形图、线路平面图和纵断面图等工作中，从数模中自动内插出线路设计所需的地面信息。尤其在线路平、纵面联合优化设计中，当更改平面线形时，不需重新勘测就能获得新的纵、横断面方向的地形资料。所以，数字地形模型是实现铁路选线自动化的手段和前提条件。这项技术在线路设计中的应用带来了巨大经济效益，也促进了铁路勘测设计理论和方法的发展，从而使铁路线路工程信息技术的研究水平不断提高。

用于铁路线路工程信息系统的数字地形模型的主要形式包括：方格网式数字地形模型、三角网式数字地形模型、鱼骨式数字地形模型、离散型数字地形模型和分块离散型数字地形模型。下面简单介绍各种数字地形模型的有关知识。

二、方格网式数字地形模型

（一）数据点的布设形式

方格网式数模的数据点按正方形或矩形的规则形式分布，构成格网状（图3.1）。这种形式的数模，只要将铁路用地的一定范围划分成相等大小的方格或长方格，按一定次序读取网格点的地面信息即成。作为铁路设计用的带状方格网数字地形模型，常可根据地形类别的变化，在不同区段选用不同的格网步长，以提高内插精度。

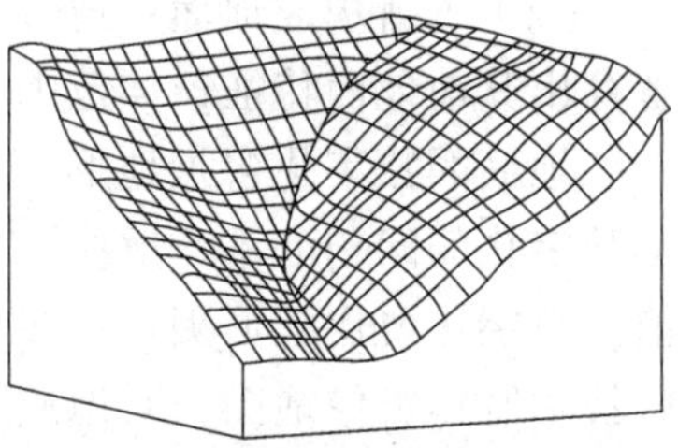

（二）内插点的探索

由于方格网数模的数据是按方形或矩形排列的，其方格网平面坐标增量 Δx、Δy 是常数，所以任何一点的平面坐标

图3.1　矩形格网

均可以根据数模的原点坐标（x_0，y_0）、Δx、Δy 和该点所在格网中的行与列推算出来；反之，若已知某点的平面坐标，也能很快求出它所在网格中的行与列，从而内插出该点的地面信息资料。

若已知任意一点 P 的平面坐标为（x_P，y_P），P 点所在网格及该网格左下角 A 点的平面坐标（x_A，y_A）可按下式计算

$$
\left.
\begin{aligned}
J &= (x_P - x_0)/L + 1 \\
I &= (y_P - y_0)/L + 1 \\
x_A &= x_0 + (J-1) \times L \\
y_A &= y_0 + (I-1) \times L
\end{aligned}
\right\}
\qquad（3.1）
$$

式中　I、J——P 点所在网眼左下角点所在行、列数；

　　（x_0，y_0）——数模原点平面坐标；

　　L——正方形格网步距；

其余符号意义如前所述。

（三）内插待定点地面信息

在方格网数模中中内插待定点，其内插方法的选择对高程精度影响很小，因此可以选择一种比较简单的、运算速度高的方法。常用的方法有分块多项式法和双线性内插法。

1. 分块多项式法

将内插区用规划的格网分成方形或矩形。格网与参考点位置无关。由于分块形式的不同，分块多项式的计算方法有多种。把数字地形模型分成无穷多的小块，对每一小块可以定义一个不同的多项式曲面。

在方格形数据点条件下，若用完整双三次多项式法内插，则以每个方格作为一个分块单元，每个分块 4 个角点所构成的曲面如下

$$
\begin{aligned}
z = f(x, y) = &\ a_{00} + a_{10}x + a_{01}y + a_{20}x^2 + a_{11}xy + a_{02}y^2 + a_{30}x^3 + a_{21}x^2y + \\
&\ a_{12}xy^2 + a_{03}y^3 + a_{31}x^3y + a_{22}x^2y^2 + a_{13}xy^3 + \\
&\ a_{32}x^3y^2 + a_{23}x^2y^3 + a_{33}x^3y^3
\end{aligned}
\qquad（3.2）
$$

式（3.2）中共有 16 个系数。因此，为了解这 16 个系数，除了格网角上 4 个点的高程 z 外，还必须考虑格网点上沿 x 方向的斜率 z_x、沿 y 方向的斜率 z_y 和曲面的扭曲 z_{xy}

$$
z_x = \frac{\partial z}{\partial x}, \quad z_y = \frac{\partial z}{\partial y}, \quad z_{xy} = \frac{\partial^2 z}{\partial x \partial y}
$$

这些斜率和扭曲可根据该数据点邻近的数据点的高程 z_L 求出。

如图 3.2 所示，数据点 9 的斜率和扭曲可用下式求得

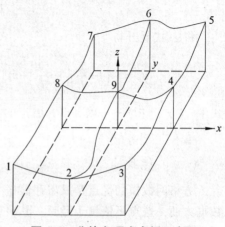

$$
z_{x9} = \frac{\partial z}{\partial x} = \frac{z_4 - z_8}{2}, \quad z_{y9} = \frac{\partial z}{\partial y} = \frac{z_6 - z_2}{2}
$$

$$
z_{xy9} = \frac{\partial^2 z}{\partial x \partial y} = \frac{(z_1 + z_5) - (z_3 + z_7)}{4}
$$

图 3.2　分块多项式内插示意图

利用上述 16 个条件即可得到 16 个方程式，解出 16 个参数。这样便确定了内插多项式曲面的具体形式。而后即可计算落在方格网眼内的特定点的高程。

至于 16 个参数的解法，可采用解 16 个线性联立方程组的方法或矩阵解法。

2. 双线性多项式内插法

使用靠近待求点的 4 个数据点组成一个四边形，则待定点的高程 z_P 可用下列公式求得

$$z_P = a_0 + a_1 x + a_2 y + a_3 xy \tag{3.3}$$

先利用 4 个数据点解求出 4 个系数 a_0、a_1、a_2、a_3，然后再根据待求点 P 的坐标（x，y）求出待定点的高程 z_P。

这个方法，实质上是假定在此方格网范围内的地面是一个双曲面，而内插点就是这个面上的一个点，如图 3.3 所示。

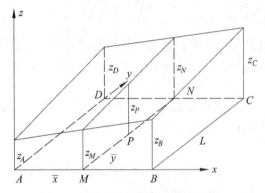

图 3.3　双线性多项式内插示意图

当 4 个数据点按正方形排列时，可先用 A、B 两点的高程线性内插出 M 点的高程 z_M，用 C、D 两点的高程线性内插出 N 点的高程 z_N，然后再用 z_M、z_N 沿 y 方向线性内插出 P 点的高程 z_P

$$z_M = z_A + (z_B - z_A)\frac{\bar{x}}{L} = z_A\left(1 - \frac{\bar{x}}{L}\right) + z_B\frac{\bar{x}}{L}$$

$$z_N = z_D\left(1 - \frac{\bar{x}}{L}\right) + z_C\frac{\bar{x}}{L}, \quad z_P = z_M\left(1 - \frac{\bar{y}}{L}\right) + z_N\frac{\bar{y}}{L}$$

将 z_P 式展开得

$$z_P = z_A\left(1 - \frac{\bar{x}}{L}\right)\left(1 - \frac{\bar{y}}{L}\right) + z_B\left(1 - \frac{\bar{y}}{L}\right)\left(\frac{\bar{x}}{L}\right) + z_C\left(\frac{\bar{x}}{L}\right)\left(\frac{\bar{y}}{L}\right) + z_D\left(1 - \frac{\bar{x}}{L}\right)\left(\frac{\bar{y}}{L}\right) \tag{3.4}$$

式中　（$\bar{x}$，$\bar{y}$）——以 A 点为原点的 P 点坐标；

　　　　L——正方形的边长。

（四）优缺点

方格网数模的优点是只需存储格网点的高程值，内插和检索简单，节省计算机时，采集数据方便，选点不依赖于经验。其缺点是地形变化大的地方精确度较低，因为这时常常漏掉了地形的真正变化点。改进的办法是在规则布点的基础上再增加一些地形特征点。

三、鲱鱼骨式数字地形模型

（一）数据点的布设形式

此种数模是利用线路横断面方向的地形信息构成的带状数字地形模型，其数据点的布设往往和地形特征有关。其数据点一般沿着线路中心线和垂直于中心线的横断面方向等间隔地布设，此时数据点在某一个方向上的布设是规则的，而在另一个方向上则是不规则的，属半规则布点形式。数据点分布也可以按一些断面，沿着等高线走向或按某些地性线进行，如随意鱼骨式数模。此布点方式适用于在地形图上采样。

在铁路线路横断面测量中，路堤坡脚和路堑顶是必测点；路堤坡脚点和路堑堑顶点的连线构成了路基边缘线，它也是地形在路基一侧的控制线。以在地形图上测横断面为例，此时的横断面系统如图 3.4（a）所示。

若以外业测量横断面上的点为三角网数字地形模型的数据点进行联网，可得鱼骨式地面曲面模型，如图 3.4（b）所示。

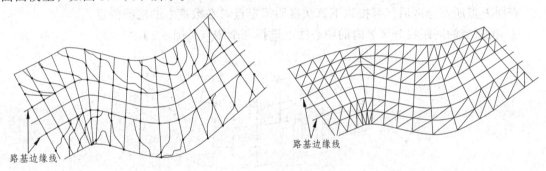

（a）地形图上测绘的横断面系统　　　　　　（b）基于外业测量数据的鱼骨式数模

图 3.4　鲱鱼骨式数字地形模型

（二）内插点的探索

1. 内插搜索区的探索

对于给定的点（x，y），欲求出其地面信息数据需探索该点属于数模的哪个网眼。为了加快探索速度，可将数模分为若干段，比如 5 km 一段，这些段称为内插分区。若按 20 m 取一个横断面，则在 5 km 范围内约有 250 个横断面构成带状网；先判断待定点所属数模分段，再求出待定点属所在分段的哪个网眼就行了。各分区由线路中线上的搜索分界点、分区中点和分界点处的线路横断面来表征。

设有待求地面信息点 P。探索 P 点所属内插区域的方法如下：

① 计算点 P 到各个分界点的距离 D_i（$i = 1, 2, \cdots, n$; n 为分区数）。求 D_i 的最小值 $D_{\min}$ 及其相应的分区序号 T。

② 分别计算点 P 与直线（$T-1$，T）和（T，$T+1$）的垂足 Z_T，Z_{T+1}。

③ 判断：如果垂足点 Z_T 在直线（$T-1$，T）上（即点 $T-1$ 与点 T 之间），则进一步查明。

④ 如果垂足点 Z_{T+1} 不在直线（T，$T+1$）上，而是在其延长线上，则可知 P 点位于分区 T 内，即 T 为 P 点的搜索分区。否则执行⑤。

⑤ 分别计算 P 点到区域 T 的中点 $T_{中}$ 和 $T+1$ 的中点 $(T+1)_{中}$ 的距离 $D_{PT中}$ 和 $D_{P(T+1)中}$。如果 $D_{PT中}$ 小于 $D_{P(T+1)中}$，则搜索分区为 T，否则为 $T+1$。

在一般情况下（图 3.5），到第 ④ 步便能得到搜索区域；只有在困难地区的展线地段（图 3.6），才需要进行第 ⑤ 步计算和判断。

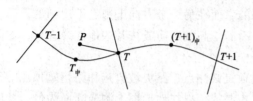

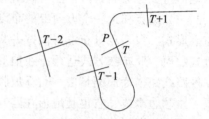

图 3.5　鲱鱼骨形带状数模分区图　　　　图 3.6　展线地段分区构成

2. 内插点的探索

查明 P 点所在分区后，可按以下算法探明待定点 P 在数模中的准确位置：

① 按适当的间距在分区 T 内的中心线上选择几个测点（图 3.7）。

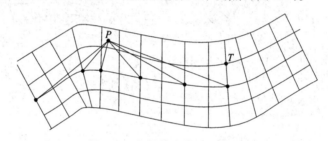

图 3.7　内插待定点地面信息

② 计算任意点 $P(x, y)$ 与上述测点之间的距离，选择与其距离最短的那个测点。

③ 寻找在这个测点附近点 P 两旁的横断面线。

④ 如果点 P 在某两个横断面线之间，则再精确查明它位于线路的左侧或右侧。

⑤ 判明了任意点 P 所在路基边侧后，再判明它属于横断面方向上的哪个网眼（三角形或四边形）。

（三）内插待定点地面信息

对于这种数字地形模型，一般不用作内插高程用，在必要内插高程时，可采用与方格网式类似的方法或三角网内插方法内插待定点信息。下面简述采用双线性内插方法求解地面信息的原理。

如图 3.8 所示为鲱鱼骨式数字地形模型中的一个网眼。假设这样一个坐标系，即设这个四边形的线路方向为 u，横断面方向为 v，并假定这个四边形的范围为

$$0 \leqslant u \leqslant 1, \quad 0 \leqslant v \leqslant 1$$

图 3.8　内插待定点地面信息

则曲面上任意点 P 的平面坐标为

$$x(u,\ v)=\frac{a_3u+a_4v+a_5}{a_1u+a_2v+1},\ \ y(u,v)=\frac{a_6u+a_7v+a_8}{a_1u+a_2v+1} \tag{3.5}$$

P 点的高程坐标的计算，与边界曲线的形式有关。若曲面的权函数采用三阶函数，则所构成的曲面为完全双三次曲面，曲面上任意点的高程可采用下式计算

$$\begin{aligned}z(u,\ v)=&b_1u^3v^3+b_2u^3v^2+b_3u^3v+b_4u^3+b_5u^2v^3+b_6u^2v^2+b_7u^2v+b_8u^2+\\&b_9uv^3+b_{10}uv^2+b_{11}uv+b_{12}u^3+b_{13}v^3+b_{14}v^2+b_{15}v+b_{16}\end{aligned} \tag{3.6}$$

四边形的每个顶点可列出 4 个条件方程式，则根据四边形的 4 个顶点，就可以求 z 的方程式中的 16 个系数，如下

$$z(u,\ v)=z,\ z_u(u,\ v)=\frac{\partial z}{\partial u},\ z_v(u,\ v)=\frac{\partial z}{\partial v},\ T(u,\ v)=\frac{\partial^2z}{\partial u\partial v} \tag{3.7}$$

当这些权函数是一次式时，式（3.6）就给出了一个双线性曲面；此时 P 点的高程值可用下式计算

$$z_p=b_0+b_1u+b_2v+b_3uv \tag{3.8}$$

由于 $0\leqslant u\leqslant1$，$0\leqslant v\leqslant1$，并且已知四边形 4 个角点上的高程分别为 z_{00}、z_{01}、z_{10}、z_{11}，根据双线性曲面的几何特性，沿 u、v 方向均是线性内插，则有

$$\left.\begin{aligned}z_M&=z_{00}+(z_{10}-z_{00})\times u=z_{00}(1-u)+z_{10}u\\z_N&=z_{01}(1-u)+z_{11}\times u\\z_P&=z_M(1-v)+z_N\times v\\&=z_{00}(1-u)(1-v)+z_{10}(1-v)u+z_{01}(1-u)v+z_{11}\times uv\end{aligned}\right\} \tag{3.9}$$

由上式可知，坐标系 (u,v) 与 (x,y) 之间是投影变换的关系。根据四边形 4 个顶点的坐标，可以决定 (x,y) 的系数，即从 a_1 到 a_8 八个未知数：

$$\left.\begin{aligned}a_1&=\frac{(x_{10}-x_{00})(y_{11}-y_{01})-(x_{11}-x_{01})(y_{10}-y_{00})}{(x_{11}-x_{10})(y_{11}-y_{01})-(x_{11}-x_{01})(y_{11}-y_{10})}\\a_2&=\frac{(x_{11}-x_{10})(y_{01}-y_{00})-(x_{01}-x_{00})(y_{11}-y_{10})}{(x_{11}-x_{10})(y_{11}-y_{01})-(x_{11}-x_{01})(y_{11}-y_{10})}\\a_3&=a_1x_{10}+(x_{10}-x_{00}),\ \ a_4=a_2x_{01}+(x_{01}-x_{00}),\ \ a_5=x_{00}\\a_6&=a_1y_{10}+(y_{10}-y_{00}),\ \ a_7=a_2y_{01}+(y_{01}-y_{00}),\ \ a_8=y_{00}\end{aligned}\right\} \tag{3.10}$$

反之，如果给定 $(x,\ y)$，则求 $(u,\ v)$ 的计算式如下

$$\left.\begin{aligned}u&=\frac{(a_7-a_2a_8x)+(a_2a_6-a_4)y+a_4a_8-a_5a_7}{(a_2a_6x-a_2a_8y+a_3a_7-a_4a_8)}\\v&=\frac{(a_1a_8-a_6)x+(a_3-a_1a_5)y+a_5a_6-a_3a_8}{(a_2a_6x-a_2a_8y+a_3a_7-a_4a_8)}\end{aligned}\right\} \tag{3.11}$$

所以，点 P 是否在四边形内，可以根据式（3.11）的 u、v 是否在 0 与 1 之间确定。

（四）优缺点

鲱鱼骨式数模具有下列一些特点：

（1）线路计划中不必要的地形可不予考虑。

（2）若在与线路成直角的方向上等间距地取地形点，则只要对线路中心线上的地形点测定它的坐标 (x, y, z)，而不在中心线上的地形点只要记录其高程值，即使间距不相等，也只需要记录离中心线的间距和高程，因而能大大节省计算机的内存。

（3）如果采样点只限于线路各中桩（包括中桩两侧一定宽度），则会出现离中线近的地面点内插精度高而其他点内插精度低的现象。

（4）这种数模需要先确定线路的大致位置，不宜用来进行路线方案比较。

四、离散型数字地形模型

（一）数据点的布设形式

直接用采自航片、人工地形测量的地形资料或地形图数据构成的离散型数字地形模型也是线路设计常用的形式之一。这种数模的数据平面坐标通常是无规律变化的，数据点的分布为非规则布点形式。就内插任意点的地面信息而言，沿地性线布点和沿等高线布点的数模均为非规则布点的离散型数模，如图 3.9 所示。

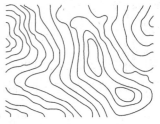

图 3.9　离散点数字地形模型

（二）内插待定点地面信息

对于离散型数模，用得比较多的内插方法有移动曲面拟合法和加权平均法。

1. 移动拟合法

这种方法是利用待求点周围的一些已知数据点来推求未知点高程的。其基本思想是，以内插点为圆心、R 为半径画圆，用落在圆内的数据点拟合一个曲面，使各数据点到该曲面的距离带权平方和为最小，而该内插点的高程就是曲面在该点瞬时位置上的高程，其原理可用图 3.10 来说明。图中的 h_i 就是已知数据点与拟合曲面之间的高程误差，每个数据点都可以列出一个误差方程。对于每个内插点来说，都要单独定义一个函数，所以两个相邻的内插点的曲面方位、形状都会改变。整个数字地形模型区域就是用这样一批曲面分别拟合的。

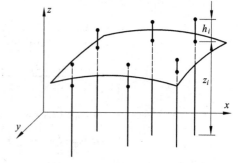

图 3.10　多项式曲面的逼近

移动拟合法可以采用平面、二次曲面和三次曲面。二次曲面的方程为

$$z = a_0 + a_1 x + a_2 y + a_3 x^2 + a_4 xy + a_5 y^2 \tag{3.12}$$

把待定点周围每个数据点的平面坐标和高程代入上式，对每个数据点的高程给以不同的

权，即可按最小二乘法解出方程中的系数。如果将坐标系的原点移到待定点上，则系数 a_0 就是待定点的高程。

设各数据点的平面坐标为（x_i，y_i），待定点 P 的坐标为（x_P，y_P），则坐标原点平移后各数据点的坐标为

$$\bar{x}_i = x_i - x_P, \quad \bar{y}_i = y_i - y_P$$

则得
$$z = a_0 + a_1 \bar{x} + a_2 \bar{y} + a_3 \bar{x}^2 + a_4 \overline{xy} + a_5 \bar{y}^2 \tag{3.13}$$

为了求解 a_0，必须选用距待定点最近的 6 个以上的数据点。即以待定点 P 为圆心，以 R 为半径作圆，如图 3.11 所示。落在圆内的数据点即为被选用的点。为了保证落在圆内的点多于 6 个，在具体运算中半径 R 可以是浮动的。当数据点数 $n > 6$ 时，要根据 $[PVV]$ = 最小的原则进行平差计算。利用 n 个数据点可以得到 n 个误差方程式。写成通式为

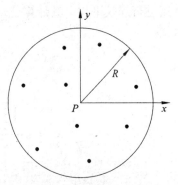

$$V = a_0 + a_1 \bar{x} + a_2 \bar{y} + a_3 \bar{x}^2 + a_4 \overline{xy} + a_5 \bar{y}^2 - z_i \tag{3.14}$$

误差方程式的权 p_i 反映该数据点可能偏离二次曲面的距离大小。数据点距待定点远近不同，对待定点的影响也不同。数据点距待定点越近，它对待定点的影响越大，则权应该越大；反之，则权越小。

图 3.11　作圆取点示意图

权是根据与待定点分别到各地形点的距离成反比来确定的，可采用下列 3 种形式之一：

$$p_i = \frac{1}{d_i^2}, \quad p_i = \frac{1}{r^2}, \quad p_i = \frac{(1-r^2)^3(1-r)^3}{r^2}$$

式中　d_i——待定点到数据点的距离，

$$r = \frac{d_i}{R}$$

R——选点范围半径。

2. 近点按距离加权法

这个方法的要点是，待求点的高程是由那些离它最近的已知点高程来确定的。先计算出所有数据点与内插点之间的距离，而离它越近的点对内插点的影响也就越大，根据这样的假定，从中选出最近的 N 个数据点，按距离加权平均的方法计算内插点的高程。

设数据点 (x_i, y_i) 与内插点之间的距离为 D_{ik}，则

$$D_{ik} = \sqrt{(x_i - x_P)^2 + (y_i - y_P)^2} \tag{3.15}$$

式中（x_P，y_P）——内插点的平面坐标。

选出 N 个最小的 D_{ik}（$i = 1, 2, \cdots, N$）后，则内插点（x_P，y_P）上的高程值为

$$z(x_P, \ y_P) = \frac{\sum\limits_{i=1}^{N_0}(z_i/D_{ik})}{\sum\limits_{i=1}^{N_0}(1/D_{ik})} \qquad\qquad (3.16)$$

式中　　z_i——数据点 i 上的观测值。

此法运算速度快，当数据点分布比较均匀时，内插精度也不低。但是，这种方法取点是只考虑距离而不顾及方向，当数据点分布不均匀时有可能产生所取点全都在内插点的一侧或两侧的现象，使内插精度降低。

改进的方法是以内插点为中心，将取点区域分为若干个象限，分别由每个象限内取出一点进行加权平均。其计算公式为

$$z(x_P, \ y_P) = \sum\limits_{i=1}^{N_0} C_i z_i \qquad\qquad (3.17)$$

$$C_i = \frac{\prod\limits_{i=1, \ j=i}^{N_0} D_i^{\ 2}}{\sum\limits_{k=1}^{N_0} \prod\limits_{i=1, \ i\neq k}^{N_0} D_i^{\ 2}} \qquad\qquad (3.18)$$

式中　　N_0——划分的方位数。

（三）优缺点

离散型数模的数据一般均分布在地形特征点上，如沿等高线分布和沿地性线排列，因而这种数模可以较逼真地表现地形，它的内插精度高。按这种形式布点，沿沟底、沟顶的内插精度可控制在 1 m 以内；摄影测量采点可直接得到地形图，省去了预先计算方格网或三角网的麻烦。其缺点是：由于数据点的坐标是无规律的，探索内插待定点的具体位置和寻找参加内插的数据点比较麻烦，使用不方便。

五、分块离散型数字地形模型

这种数模是综合规则布点和非规则布点两类数模的特点提出来的。

如前所述，规则布点数模的主要特点是便于提取数据点，使用方便。但是这种形式的布点会遗漏地形特征点，不能真实地反映地形特征，因而，使它的内插精度降低，尤其在地形变化较大处，内插误差更大。有人曾用正方形布点内插求冲沟的高程，其最大误差在 10 m 左右。

沿等高线走向和地性线布点的离散型数模的优缺点正好相反。

为了寻求一种既能比较真实地反映地形特征、内插精度高，又能做到使用方便、计算速度快的数模形式，我们将规则格网的思想用于非规则布点的数模，提出了一种分块离散型数字地形模型。这种数模把整个带状离散型数模用规则格网划分成许多小区域，使用时先找出待定点属于哪个小区，再用该小区内的数据按等高线布点数模获取地形资料。

（一）分块离散型数模的构成

分块离散型数模是通过在离散型数模上覆盖以规则格网而形成的，也就是对离散分布的数据点进行一次预处理——格网化处理。此步工作包括数据点的排序和格网划分。

1. 数据点排序

为了便于格网化处理和以后数模的使用，应把各条等高线上的数据点按一定规律重新排序。排序的方法很多，现举出一种逆时针排序加以说明。

闭合等高线：对于闭合等高线，首先找到该条等高线上 x 坐标最小的点（图 3.12 中的 a 点），以该点为等高线起点，然后按逆时针方向 $a \to c \to b \to d \to a$ 依次对所有的数据点进行排序。

开口等高线：对于开口等高线，先抓住等高线的一头 a，再对所有的数据点从 a 到 b 依次进行排序，如图 3.12（b）所示。

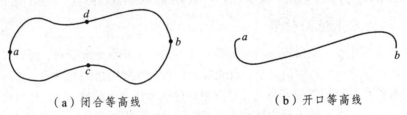

（a）闭合等高线　　　　　　　　（b）开口等高线

图 3.12　等高线点排序示意图

2. 格网化处理

格网化处理就是在等高线数模上覆盖一规则格网。规则格网的形式可以是任何规则的图式，如正方形、平行四边形等。格网的密度应根据具体地形、地形图的比例、计算条件等因素综合考虑确定。现以正方形格网为例说明格网化处理过程。如图 3.13 所示，矩形带状数模的数据点沿等高线走向布点，数模段左下角点坐标为 (x_0, y_0)，右上角点坐标为 (x_N, y_N)；按等间距长（DTL）把数模沿 x 方向分为 N 等份，沿 y 方向分成 M 等份，即

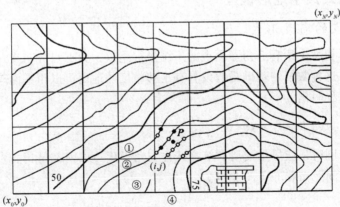

图 3.13　"数字地图"栅格化示意图

注：图中①、②、③、④分别为 r_i、r_{i+1}、r_{i+2}、r_{i+3}。

$$N = \frac{(x_N - x_0)}{DTL}, \quad M = \frac{(y_N - y_0)}{DTL} \tag{3.19}$$

然后搜索落在各分区内的数据点，并进行记录。在图 3.13 中，左下角坐标为 (i, j) 的小格内的等高线有 r_i、r_{i+1}、r_{i+2}、r_{i+3} 四条，相应的数据点分别用小黑点标在小方格的各条等高线上。这样就得到了规则格网覆盖的等高线布点数模。

（二）内插点的探索

内插点的探索可按下列算法进行：

（1）判断待定点所在网眼：如图 3.13 中的 P 点，其坐标为 (x_P, y_P)，P 点所在网眼左下角的行列分别为 i，j。

（2）以点 (x_P, y_P) 为中心，R 为半径，寻找第 (i, j) 格网内落在 R 以内的数据点。

（3）计算点 (x_P, y_P) 与上述数据点之间的距离，选择与其距离最短的那个数据点。

（4）寻找该数据点附近点 (x_P, y_P) 周围的等高线或地性线。

（5）如果点 (x_P, y_P) 在某两条等高线之间，则再精确判断包围住点 (x_P, y_P) 的 4 个数据点。

（三）内插待定点地面信息

依据分块离散型数模（主要考虑沿等高线布点的情况）获取地形资料，可以像规则格网一样便于提取。内插任意一点地面信息时，首先找到该点所在规则格网的网眼，然后利用待定点所在网眼内的数据点找出相邻的等高线便可方便地内插出待定点的高程 z_P。有时可能会出现待定点所在网眼内的数据点不能满足内插要求的情况，这时可根据需要扩大搜索范围，直到数据点完全满足内插要求为止。然后采用加权平均法或双线性内插法内插任意一点的地面信息。

（四）优缺点

这种数模把整个带状离散型数模用规则格网划分成许多小区域，使用时先找出待定点所属哪个小区，再用该小区内的数据按等高线布点数模获取地形资料。这种数模综合了规则布点和非规则布点两类数模的特点。

六、三角网式数字地形模型

（一）数据点的布设形式

这种数字地形模型由所有三角形顶点的三维坐标组成，数据点分布在三角形顶点处，连接成三角形网络。这种数模的基础是假设具有足够精度的地面可以用平面有限数来代表，每一个平面用线性方程写出

$$Ax + By + Cz + D = 0 \qquad (3.20)$$

因而划分三角网时，应尽量使所有等高线在三角形周边以内都是相当直的，并且是相互平行的，是按固定间距布置的（图 3.14）。

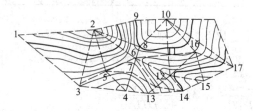

图 3.14　三角形网络

（二）三角形自动联网

三角网数字地形模型要能充分地反映地形，就得对所采集的原始数据加以处理。三角形联网主要是按照 Lawson 提出的最小内角最大的三角化原则来设计的。实际应用表明，已知的算法只对于凸多边形内的不规则分布的点才是适用的。对于比较复杂的非凸多边形，一般分解成多个凸多边形来分别处理。虽然这也是一种处理方法，但是由于这种分解会涉及区域内部不规则分布的点，因此这种分解就没有什么规律可以遵循，需要较多的人工介入，同时也会增加数据结构定义上的复杂性。

这里针对一般的非凸多边形内部的点来讨论一种新的三角化算法。这一算法在自动形成三角形时增加了几个控制条件。这些控制条件是通过多边形区域的边界环和所谓的特征线来定义的。这种边界环也可以拓广到区域内部的空白区域。因此这一算法对于较复杂的具有空白的平面区域也是适用的。

1. 图形子区边界提取

以 x 值或 y 值最小的点 A 作为边界上的第 1 点，然后找出距 A 点最近的点 K，在距 A 点一定距离的范围内，找出 AK 连线最右边的点 B 作为第 2 点（若右边没点，则以 K 点作为第 2 点）。如此进行下去，直到回到第 1 点为止，如图 3.15 所示。

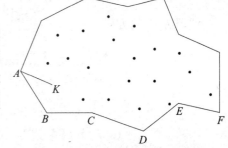

图 3.15　图形子区边界提取

2. 三角网联网原则

根据 Delaunay 三角网的性质，在三角形联网过程中应遵循如下准则：

（1）异侧找点原则。如图 3.16 所示，已知 △ABC 的待扩展边 AB，欲找第 3 点。若使联网不重复，则只能在 △ABC 的另一顶点 C 的异侧找第 3 点。

（2）距离最短条件，即扩展点到当前扩展边两端点的距离之和应为最小。如图 3.17 所示，对三角形 ABC 的当前扩展边 AB 来说，线段 AE 与 BE 的长度之和大于线段 AD 与 BD 之和，因此，AB 边的扩展点是 D 而非 E。

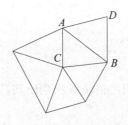

图 3.16　异侧找点原则

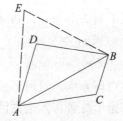

图 3.17　距离最短条件

（3）不跨越特征线原则，即所形成的扩展边不能跨越特征线。前两个条件虽然能保证联网不出现交叉重复现象，但是不能顾及地形特征线。这样形成的三角形不能真实地表现原地貌形态，因此还需不跨越特征线和不进入禁区原则。另外，从点的内插计算、等高线跟踪计算看，也要求三角形联网时就要考虑地形特征。

这里主要判断满足原则（1）、（2）的点与 A、B 连线形成的边是否与特征线相交，不相交则所找点有效；否则无效，需找特征线上的点。

满足不跨越特征线的算法是：

a. 如果 A、B 是特征线上的两点，则以 AB 为基边的扩展边不可能与该特征线相交；

b. 如果扩展点 i 是特征线上的点，则扩展边也不与特征线相交；

c. 如果 A、B 中只有一点在特征线上，则扩展点为特征线的另一点；

d. 如果 A、B 都不在特征线上，则需判断扩展点 i、j 与点 A、B 连线所形成的扩展边是否与特征线相交。

以线段 I_1I_2 和线段 K_1K_2 为例，如图 3.18 所示，判断两线段是否相交的算法如下：

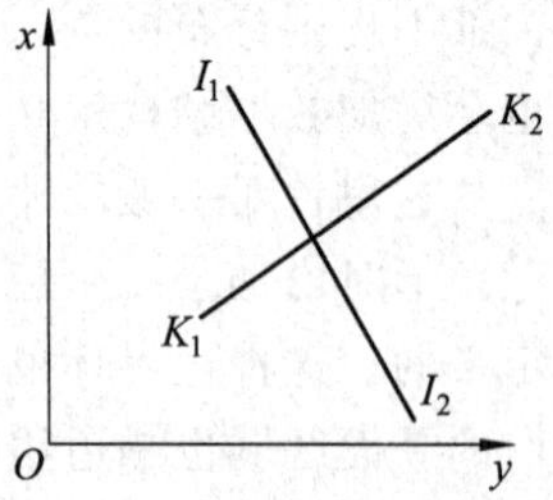

线段 I_1I_2 的方程

$$\frac{x - x_{I_1}}{x_{I_2} - x_{I_1}} = \frac{y - y_{I_1}}{y_{I_2} - y_{I_1}} \tag{3.21}$$

图 3.18　判断两线相交

线段 K_1K_2 的方程

$$\frac{x - x_{K_1}}{x_{K_2} - x_{K_1}} = \frac{y - y_{K_1}}{y_{K_2} - y_{K_1}} \tag{3.22}$$

令

$$\Delta = \begin{vmatrix} y_{I_2} - y_{I_1} & x_{I_2} - x_{I_1} \\ y_{K_2} - y_{K_1} & x_{K_2} - x_{K_1} \end{vmatrix}$$

若 $\Delta = 0$，则两线段平行；否则，就求出两线段的交点。

令

$$A_1 = x_{I_2} - x_{I_1}, \quad B_1 = y_{I_2} - y_{I_1}$$

$$C_1 = x_{K_2} - x_{K_1}, \quad D_1 = y_{K_2} - y_{K_1}$$

则交点的纵坐标为

$$y = \frac{(x_{K_1} - x_{I_1})B_1D_1 + y_{I_1}A_1D_1 + y_{K_1}C_1B_1}{A_1D_1 - B_1C_1} \tag{3.23}$$

若 y 同时满足下面 2 个条件，则两线段就相交。

a. $y_{K_1} \leqslant y \leqslant y_{K_2}$ 或 $y_{K_1} \geqslant y \geqslant y_{K_2}$；

b. $y_{I_1} \leqslant y \leqslant y_{I_2}$ 或 $y_{I_1} \geqslant y \geqslant y_{I_2}$。

（4）不进入空白区原则。对所形成的三角形，需利用铅垂线法判断其是否落入空白区。用铅垂线法判断三角形是否落入空白区的具体步骤是：

a. 计算三角形的重心坐标 (x_c, y_c)：

$$x_c = \frac{x_1 + x_2 + x_3}{3}, \quad y_c = \frac{y_1 + y_2 + y_3}{3} \tag{3.24}$$

b. 赋 k 初值零，判断重心坐标是否落入空白区边界线段朝右方投影的阴影中，如果三角形重心落在该阴影中，则 k 值增 1，如图 3.19 所示。

（5）判断任意点是否在某线右边的方法，如图 3.20 所示。三角形 123 的边是有方向的。就 12 边来说，可通过下面的布尔函数来确定任意点 C 与 AB 边的相对位置关系：

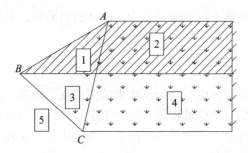

图 3.19　判断点是否进入空白区

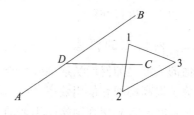

图 3.20　判断点是否在某线右侧

设 $de(C, A, B)$ 为 C 点距 AB 边的距离函数：

a. 如果 $de(C, A, B) < 0$，则 C 点在 AB 边的右侧；

b. 如果 $de(C, A, B) = 0$，则 C 点在 AB 边的边线或延长线上；

c. 如果 $de(C, A, B) > 0$，则 C 点在 AB 边的左侧。

3. 三角网自动联结方法

根据上述定义和原则，基于离散点分布数据点构造三角网的算法可描述如下：

（1）从边界环上找一条这样的初始边 AB，使其他的所有点都在 AB 边的右侧，如图 3.21 所示。

（2）由初始边 AB 和它右边的一点 P 构成初始三角形 ABP，点 P 是在所有的位于 AB 边右侧的点集 $\{Q_i\}$（$i = 1, 2, \cdots, M$）中，使距离 $D^2 = \overline{Q_i A}^2 + \overline{Q_i B}^2$ 为最小的点。将三角形 ABP 放到边角边（LTL）形式的结构表中。

图 3.21　任意点 P 相对三角形的边的位置关系

（3）取三角形 ABP 中的边 BP 作为新的基边，将 PA 压入一个暂存表中，对于基边 $AB = BP$，如果它是一个边界则转入下一步，否则求出它的右边点集 $\{Q_i\}$（$i = 1, 2, \cdots, M$），并将这些点按距离 $D^2 = \overline{Q_i A}^2 + \overline{Q_i B}^2$ 由大到小排序。如果点集 $\{Q_i\}$ 中有一点 Q_k 使得三角形 $AQ_k B$ 的边 AQ_k 和边 $Q_k B$ 满足下列条件：

a. 三角形 $AQ_k B$ 不与已生成的三角形重叠，

b. 边 AQ_k 和边 $Q_k B$ 不与已生成的三角形的边相交，

c. 边 AQ_k 和边 $Q_k B$ 不与边界边在非端点处相交，

则构成一个新的三角形 $AQ_k B$ 并按 $ABP = AQ_k B$ 的顺序存入表 LTL 中，返回到（3）。如果所有点 $\{Q_i\}$（$i = 1, 2, \cdots, M$）均不能同时满足以上条件，则转至下一步（4）。

（4）从暂存表中弹出一条边 AB，转到（3），直到暂存表为空。

（5）根据已知的 LTL 表形成三角形的边表，对每一条边界内部的边，取出以此边为邻接条件的两个相邻三角形，构成一个四边形。如果这个四边形是凸的，它就有两种可能的三角化方案。对每一种三角化方案，分析计算出三角形的 3 个内角，按 Lawson 提出的三角化标准，采用最小内角最大连接新的三角形，按新的三角形修改新的三角形 LTL 表。

（6）对于每一条特征线，如果它没有包含在三角形的边表中，则修改 LTL 中的有关三角形，使得特征线包含在三角形边表中。

对于有内部空白区的三角化问题，只需要将内部空白区域定义为顺时针的边界环，就可以用同样的算法进行处理。

（三）内插点的探索

插值的关键是如何能快速准确地查找到待插点所在的三角形，求出插值参数。如第二章所述，为了提高构网和使用效率，线路的大型带状地形区域被划分为若干子块。寻求待定点所在三角形时，首先用规则格网类似的方法确定待定点所在子块，然后对该子块中的所有三角形的拓扑关系进行判断，以确定待定点所在的三角形。

为了判断待求点是否在某一三角形内，需先求出三角形各边的方程和三角形重心坐标。三角形每条边的方程式，可比照通过三角形相应顶点的直线方程来推导

$$\frac{y - y_1}{y_1 - y_2} = \frac{x - x_1}{x_1 - x_2}$$

并由此整理得

$$M \cdot x + N \cdot y + L = 0$$

令
$$f(x, y) = M \cdot x + N \cdot y + L$$

三角形周边的重心坐标

$$x_{重心} = \frac{x_1 + x_2 + x_3}{3}, \quad y_{重心} = \frac{y_1 + y_2 + y_3}{3} \tag{3.25}$$

将重心坐标和待求点坐标代入三角形每条边的方程式中，若数值符号均相同，则表明待求点和三角形重心点处在该三角形三条边的同一侧，亦即处于同一三角形内。

（四）内插待定点地面信息

三角网的每个三角形被认为是一个平面，其平面方程为

$$\begin{vmatrix} x & y & z & 1 \\ x_1 & y_1 & z_1 & 1 \\ x_2 & y_2 & z_2 & 1 \\ x_3 & y_3 & z_3 & 1 \end{vmatrix} = 0 \tag{3.26}$$

解此方程，即可得待定点的内插信息。

上述方程也可表达为

$$T \cdot x + U \cdot y + V \cdot z - W = 0$$

所以待求点高程为

$$z = \frac{(W - T \cdot x - U \cdot y)}{V} \tag{3.27}$$

式中 (x_1, y_1, z_1)、(x_2, y_2, z_2)、(x_3, y_3, z_3) ——三角形顶点坐标；

   T、U、V、W ——三角形三顶点坐标的函数：

$$
\left.\begin{array}{l}
T = y_1 z_2 + y_2 z_3 + y_3 z_1 - y_3 z_2 - y_2 z_1 - y_1 z_3 \\
U = x_1 z_2 + x_2 z_3 + x_3 z_1 - x_3 z_2 - x_2 z_1 - x_1 z_3 \\
V = x_1 y_2 + x_2 y_3 + x_3 y_1 - x_3 y_2 - x_2 y_1 - x_1 y_3 \\
W = x_1 y_2 z_3 + x_2 y_3 z_1 + x_3 y_1 z_2 - x_3 y_2 z_1 - x_2 y_1 z_3 - x_1 y_3 z_2
\end{array}\right\}
$$

（五）优缺点

（1）三角网数模在存储器中可恢复地面轮廓的自然地形，因为地物轮廓的边缘总是以地形变坡点来确定的。

（2）地面模型构建的精度与地形测量（按测绘比例尺）精度一样，并不取决于任何主观的因素。

（3）为了达到同样的精度，就信息量来说，在同样的模型构建面积内三角网数模要比横断面系统和方格网形式节省 80% ~ 98%。

（4）如果采用数字化仪等自动坐标输入装置，获取原始数据也颇方便，但要求操作者应有一定的工作经验，以免取点不当，降低计算精度。

由于基于三角形的描述是刚体变换不变的，适合于各种数据分布密度，有利于更新和直接利用各种地形特征信息进行数据分析，因此不规则三角形格网（TIN）被广泛用于随机分布数据的 DTM 的建立。特别是 Delaunay 三角形格网，其由于具有唯一性和良好的三角形性质而被认为是最适宜于表面逼近的模型。

第二节　大型带状数字地形模型建模

铁路是建造在大地上的长大带状构造物，如何快速构建沿铁路线的大型带状数字地形模型，是实现线路工程信息化的关键技术。下面介绍一种基于三角网（TIN）的大型带状数字地形模型快速建模方法。

一、大型带状数字地形模型数据结构

（一）图幅带状拼装

铁路是一个带状结构物，进行线路设计仅需要铁路中线两侧一定宽度内的地形数据。航测或图形扫描法获取的数字地形信息，一般是按航片或图幅分块存储的。为了节省计算机内存，加快构模速度和提高模型使用效率，可将航片或图幅如图 3.22 所示拼接成台阶形带状图幅。

根据方案研究阶段拟定的线路初始走向，依照地形图平面坐标划分出一块块具有固定宽度的小区。它们可以有不同的长度、宽度，且可横可竖，相邻两块还可相互搭接，以保证所有要计算的点都包含在小区范围内。记录各小区的最大与最小 x、y 坐标和各小区的横向或竖向特征。

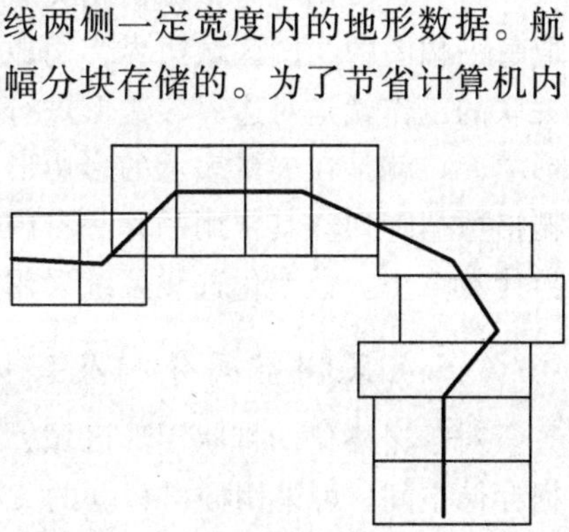

图 3.22　台阶形带状图幅示意图

若在图形交互设计中将一条设计线所用的整个带状地形图作为一个整体进行处理，则由于数据量很大，图形系统必须处理大量冗余数据，进行长时间的剪裁计算；因此，应将带状地形图按一定的规律分成不同的图幅。在交互设计中，仅将用户当前进行处理的一幅或几幅图的数据送入图形核心系统进行处理。图幅的划分应考虑数模数据的采集方式和定线的实际需要。如下两种图幅划分方法可供选择：

（1）对于直接从航片采集的数据，以每一航片为一幅图。

（2）分块台阶形带状数模，以构成台阶的各模块单独为一幅图。

（二）散点数据的栅格化矢量数据结构

铁路虚拟环境中的地理信息，是矢量存储的大量密集点的散乱点数据云，其数据量往往高达几兆、几十兆甚至上百兆。由于原始的测量点数据之间没有相应的、显式的几何拓扑关系，所以任何点的搜寻都必须在点群集合的全局范围内进行，在几十兆、上百兆无序数据集合中遍历查询和比较。为了寻求一种既能比较真实地反映地形特征、内插精度高，又能做到使用方便、计算速度快的数模形式，本书将地理信息系统中的栅格格网的思想用于处理非规则布点的数字地形数据（DTD），提出一种栅格化矢量数据结构。这种数据结构将整个带状离散型"数字地图"用规则格网划分成许多小区域（像元），将矢量结构"数字"地图与一个虚拟的栅格网络相关联（图 3.23），故可利用栅格搜索和对象仿真效率高的特点，大大提高矢量结构"数字"地图的使用效率。

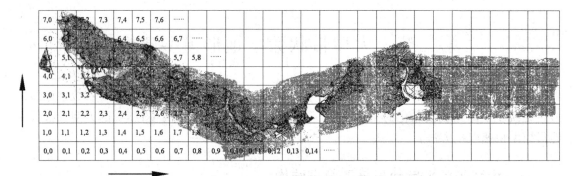

图 3.23　离散点分块处理示意

将矢量数据与虚拟栅格相关联，可借助于矢量结构与栅格结构的相互转换算法。首先提取每一幅图的绘图区域边界，构成边界多边形。将矢量结构的"数字"地形图与虚拟栅格相关联的工作就是对边界多边形进行矢量到栅格的映射。矢量格式向栅格格式转换又称为多边形填充，就是在矢量表示的多边形边界内部的所有栅格上赋予相应的多边形编号，从而形成栅格数据阵列。其常用的算法有内部点扩散算法、复数积分算法、射线算法、扫描算法和边界代数算法。数字化选线系统采用边界代数算法进行矢量格式与虚拟栅格的关联处理。

（三）叉树空间分割及叉树拓扑关系的建立

对于栅格化的带状图形区域，数据按照一定的规律与正方形格网建立联系。为了节省数据存储空间，可采用栅格数据的叉树分割（Ouadtree Encoding）方法对数据进行进一步压缩。它是栅格数据结构的一种有效压缩方法。

为了使所建立的数据结构既能适合三维地面分析，又能适合二维图形交互设计环境建模，本书首先建立八叉树空间分割模型，然后对该模型进行简单的退化处理，得到所需要的四叉树平面分割模型。

八叉树空间分割模型是用一个立方体序列包围一个曲面（数据云）占据的空间。其方法是：首先构造一个形体的最小外接正方体，并视它为曲面八叉树模型的根结点；然后把该最小外接正方体分割成大小相同的8个子立方体，且每个子立方体均被视为根结点的子结点。由此将模型空间递归细分为2的幂次方个子立方体，如图3.24（a）所示。八叉树空间分割测试规则是，如果子立方体内包含测量数据，则该子立方体记为"黑体"，否则记为"白体"。对黑体进行分割测试，重复进行，直到立方体的边长小于给定分割精度为止，如图3.24（b）所示。

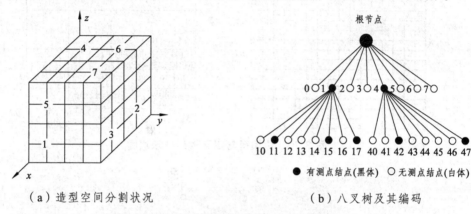

（a）造型空间分割状况　　　　　　　　（b）八叉树及其编码

图 3.24　八叉树空间分割模型与八叉树表示

一个立方体按上述原则被分割为 $A_0 \sim A_7$ 共 8 个子立方体，设立方体用 x、y、z 和 L（具有最小坐标值的顶点和边长）4 个参数表示，则

$$\begin{cases} A_0(x,y,z,L/2); A_1(x,y+L/2,z,L/2); A_2(x,y,z+L/2,L/2); \\ A_3(x,y+L/2,z+L/2,L/2); A_4(x+L/2,y,z,L/2); \\ A_5(x+L/2,y+L/2,z,L/2) \\ A_6(x+L/2,y+L/2,z,L/2); A_7(x+L/2,y+L/2,z+L/2,L/2) \end{cases} \tag{3.28}$$

对于一棵 $2^n \times 2^n \times 2^n$ 的八叉树空间进行八等份划分，利用 0 到 7 八进制编码序号的特点，八叉树造型空间任一个结点的位置可用一个八进制数唯一确定，即

$$Q = q_{n-1}8^{n-1} + q_{n-2}8^{n-2} + \cdots + q_k 8^k + \cdots + q_1 8^1 + q_0 8^0 \tag{3.29}$$

式中：q_i 为八进制数码，$q_i \in [0,7]$，$i \in \{1,2,\cdots,n-1\}$，q_i 表示该结点在其同胞兄弟间的序号；q_{i+1} 表示 q_i 结点的双亲结点在其同胞兄弟间的序号。这样从 q_0 到 q_{n-1} 就完整地表示出八叉树中的每个叶子结点到树根的路径。每个叶结点的编码可根据在八叉树中造型空间中的坐标值 x、y、z 的二进制数换算出来，即

$$\begin{cases} x = a_{n-1}2^{n-1} + a_{n-2}2^{n-2} + \cdots + a_k 2^k + \cdots + a_1 2^1 + a_0 2^0 \\ y = b_{n-1}2^{n-1} + b_{n-2}2^{n-2} + \cdots + b_k 2^k + \cdots + b_1 2^1 + b_0 2^0 \\ z = c_{n-1}2^{n-1} + c_{n-2}2^{n-2} + \cdots + c_k 2^k + \cdots + c_1 2^1 + c_0 2^0 \end{cases} \tag{3.30}$$

当三维模型空间的 z 坐标为 0 时，八叉树空间分割模型即退化为四叉树二维分割。它将 $2^n \times 2^n$ 像元阵列的区域逐步分解为包含单一类型的方形区域，最小的方形区域为一个栅格像元。本算法中的像元是一定单位长度 L 的正方形单元。图像区域划分的原则是将区域分为大小相同的象限，而每一个象限又可根据一定规则判断是否继续等分为次一层的 4 个象限。其终止判据是，不管是哪一层上的象限，只要划分到正方形格网内的数据点大于给定的数值且正方形单元格边长大于给定的值，则不再继续划分。这种分块过程示于图 3.25。块状结构则用四叉树来描述，习惯上称为四叉树编码，如图 3.26 所示。

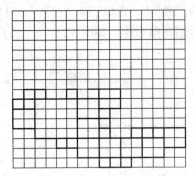

图 3.25　块编码与四叉树划分示意图

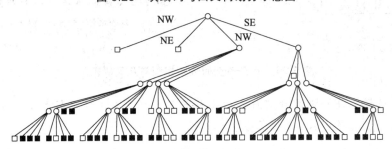

图 3.26　四叉树编码示意图

四叉树结构把整个 $2^n \times 2^n$ 像元组成的阵列当作树的根结点，n 为极限分割次数，$n+1$ 为四叉树的最大高度或最大层数。每个结点有分别代表西北、东北、西南、东南 4 个象限的 4 个分支。4 个分支中要么是树叶，要么是树叉。树叉、树叶用方框表示，它说明该 1/4 范围全属多边形范围（黑色）或全不属多边形范围（空心四方块），因此不再划分这些分枝；树用圆圈表示，它说明该 1/4 范围内，部分在多边形内，另一部分在多边形外，因而继续划分，直到变成树叶为止。

（四）绘图基元中的矢量数据编码

上述栅格化处理只是在原始的矢量数据与虚拟的栅格网络之间建立了某种拓扑关联，每一个单元格中的数据仍然按原始的矢量结构存储。原始数据可分为地形数据和既有结构物两大类。地形数据包括沿等值线布点和沿地形特征线（点）布点数据。既有结构物是以边界线表示的闭合区域，因此基元中的数据结构适合于采用面向对象的数据结构，即在一个绘图基元内，以对象（连续线条）为索引，一个对象建立一个记录，该记录包括对象的起始基元坐标、对象属性以及后续数据点的基元和个数。为了便于以后建立空间和可视化线路设计环境，将地形数据和既有结构数据分别按不同的方法进行编码，即地形数据（如地形散点、特征线/

点）描述采用 x、y 坐标编码法，既有结构物（公路、河流、湖泊等）用结构物的外边界构成多边形，采用树型索引编码法。

1．地形数据的 x、y 坐标编码法

沿等高线、特征线采样的数据，构成点、线、面实体，可用直角坐标点（x、y）来表示。这里，x、y 可以对应于地面坐标的经度和纬度，也可以对应于数字化时所建立的平面坐标系中的 x 和 y。对于点是一组（x，y），对于线则是多组（x_1，y_1；x_2，y_2；x_3，y_3；…；x_n，y_n），而对于多边形也是多组（x，y）坐标，但由于多边形封闭，故坐标首尾必须相同。

2．特征区域树状索引编码法

在铁路通道涉及的自然环境范围内，有许多需要专门研究的特殊区域，如居民区、工矿区、保护区以及地质不良区域等。本书将这些区域统称为特征区域。特征区域用边界线围成的多边形表示。树状索引编码方法是将所有边界点坐标对以顺序方式存储，用点索引与边界线号相联系，以线索引与各多边形相联系，形成树状结构。

3．数据分块编码

在数字地形模型建立时，为了加快构网时查找所需点的速度和以后在所建立的模型应用时提高对任意各网的局部检索效率，必须将数据分块。对于带状数模，可采用"基于框架的数据分块模式"，如图 3.27 所示，在分块前，提取研究区域的边界线坐标串，并依据给定的基本格网的大小，利用矢量向栅格转换的算法确定哪些基本格网内存在离散点并生成框架文件以存储具有离散点的格网信息，图中标示"1"的为有离散点的格网。分块时从框架文件出发判断离散点是否落入具有重叠度的计算单元内，并将同一计算单元的数据点连续地存放在一片存储区域中，同时建立一个索引文件，记录每一块（具有重叠度的分块格网）数据的总点数。这里特别强调：框架文件在以后数模的快速检索中显得尤为重要。

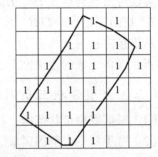

图 3.27　数据分块框架与计算单元

注：折线表示边界，大方框为具有重叠度的计算单元，1 表示存在离散点的格网。

二、大型带状三角网（TIN）快速建模方法

目前，用于线路设计的数字地形数据（DTD）主要采用离散型数据、方格网、横断面系统等布点形式。根据这些数据结构的特点，相应的数模形式有三角网数模和规则方格网数模。

方格网数字地形模型是铁路线路计算机辅助设计中用得较早，也是比较成功的一种模型。其特点是拓扑关系简单，算法实现容易，空间操作及存储方便。它的不足之处在于数据空间存在大量冗余，存在不规则的地面特征与规则数据表示之间的不协调，难以描述地形的结构特征，如地性线、特征点。三角形网模型具有保形、精度高、易于处理地形特征等特点，它的局限在于算法实现比较复杂和困难，空间操作及存储不便。本方法根据铁路数字化选线设计系统的功能特点，首先建立了一种大型带状 TIN 的快速建模方法，然后在已建立的 TIN 上实现由 TIN 向格网的转换。

（一）分块数字地形模型建模

三角网数字地形模型要能充分地反映地形，就得对所采集的原始数据加以处理。三角形

联网主要是按照 Lawson 提出的最小内角最大的三角化原则来设计的，可采用本章第一节第六点介绍的三角网式数字地形模型建模方法建模。

（二）块间三角网的归并

1）各子块凸壳的生成

子块凸壳生成过程中只需查询相关区域，先把子区域中具有极大坐标和极小坐标的点相连作为初始凸壳，然后找出位于相邻两点间的其余点即可。

2）寻找相邻子块两凸壳的底线和顶线

如图 3.28 所示，设 H_L、H_R 为左右两个凸壳，寻找连接 H_L、H_R 的底线和顶线过程可从连接 H_L 最右边的点 X 和 H_R 最左边的点 Y 的线段 XY 开始，如果 H_R 上 Y 的逆时针方向相邻点 Z 位于 XY 的右侧，则用 Z 替换 Y，直至 H_R 上的所有点都在线段 XY 之右。接着考察 H_L，如果 H_L 上 X 的顺时针方向相邻点 Z' 位于 XY 的右侧，则用 Z' 替换 X，直至 H_L 上的所有点都在线段 XY 之左。最终形成的线段 XY 就是连接 H_L、H_R 的底线。用相似的方法可以找到连接 H_L、H_R 为左右两个凸壳的顶线。

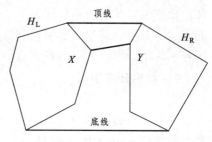

图 3.28　底线和顶线

3）块间三角形的归并

从连接左右两个凸壳 H_L、H_R 的底线开始，在两个三角网中寻找与底线组成的三角形的第三点，以新生成的连接左右子三角网的边作为新的底线，逐步上推至顶线结束。

（三）大型带状三角网构网算法

（1）根据线路带状范围，将全部数据分成不同的测图区域，并完成图形接边工作。

（2）对于每一个测图区域，确定处理单元的矩形范围，并从数据资源中提取属于该单元的所有信息。

（3）建立数据区域实际的多边形边界。

（4）提取测图区域内对地形有重要影响的若干种特征线信息，并进行预处理。

（5）用特征线将实际数据域进行再分割，得到彼此相邻的若干子区域多边形边界。

（6）分别从每个子区域多边形边界出发采用前述方法建立三角网。

（7）进行各子区域块间三角网的归并。

第三节　数字地物建模

铁路三维地理环境中的地物，主要指铁路沿线的其他人工构造物或自然景物，包括房屋建筑、既有道路、树木、花卉、江河湖泊等。通过高分辨率正射影像（DOM）作为地形纹理映射到数字地形模型上，只能较清晰地反映这些地物的边界或位置信息，并不能表达它们的三维信息和特有的属性与行为信息，并且构建的虚拟地理环境真实感和沉浸性较差，尤其在立体透视环境下显示时，不能很好地满足视觉需求。因此本节考虑将这些地物从地形中分离出来，作为独立对象进行三维建模。地物三维建模实际上是在考虑地形起伏的情况下，在地形环境上建立地物三维模型的过程，主要涉及地物的几何建模和地物与地形的匹配问题。由于地物要素具有多样性，根据地物的不同，其几何建模方法和与地形的匹配策略都会不同，所以需要先对铁路三维地理环境中的地物进行分类，再分别研究其三维建模方法。

一、地物分类方法

铁路三维地理环境中的地物分类方法如图 3.29。

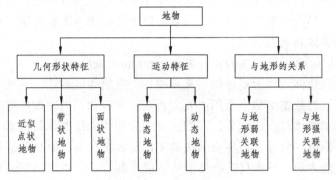

图 3.29　地物分类方法

（1）根据地物对象在二维投影图上的几何形状特征，可以将其分为近似点状地物、带状地物和面状地物。常见的近似点状地物如树木、房屋建筑等，带状地物如河面较窄的河流、既有道路、管线等，面状地物如湖泊等。

（2）根据地物对象与时间的关联关系，也即地物是否具有运动特征，可以将其分为静态地物和动态地物。静态地物如树木，动态地物如汽车等。

（3）根据地物对象在空间上与地形的关联关系，可以将其分为与地形弱关联的地物和与地形强关联的地物。与地形弱关联的地物与地形的关系为相对位置的关系，地物表层的属性信息不会随着地形表层的变化而变化，大部分的近似点状地物属于这一类，如树木、电线杆等。与地形强关联的地物与地形的关系为融合一体的关系，也可将其看作地形的一部分，只是将其单独划分便于控制，其表层的属性信息会随着地形表层的变化而变化，大部分的带状地物和面状地物属于这一类，如既有道路、湖泊等。

二、地物几何建模方法

1. 地物几何与计算机内存的映射准则

讨论地物的几何建模方法之前，首先要确定空间物体在计算机内的表示方法，即如何将一个三维实体映射到计算机中去管理、存储。三维几何表示方法可以看作从一个实际三维物体集合 O 到物体表示集合 S 的映射 M。一种表示方法 $m_i \in M$ 是一个有序对（o_i, s_i），其中 $o_i \in O$，$s_i \in S$。假定 $D \subseteq O$、$R \subseteq S$ 是 M 的定义域与值域，则 M 的表示方法可以根据以下准则来评价：

（1）定义域 D 的大小：反映相应表示方法的描述范围的大小。

（2）值域 R 的大小：反映相应表示方法的描述能力的大小。

（3）非二义性：一种表示方法 $m_i \in M$ 称为非二义性的，当且仅当（o_1, s）$\in M$ 且（o_2,

s）$\in M$，则 $o_1 = o_2$。如果一种表示方法具有二义性，则不同的物体可能具有相同的表示。

（4）唯一性：一种表示方法具有唯一性，当且仅当 $o \in D$，s_1、$s_2 \in R$，若（o，s_1）$\in M$ 且（o，s_2）$\in M$，则 $s_1 = s_2$。如果一种表示方法不具有唯一性，则一种物体可能具有多种表示。

2．地物几何模型

理想的几何表示方法具有最大的表示范围（$D = O$）和最强的描述能力（$R = S$），并且具有唯一性和非二义性。但是现有的表示方法是不完全满足上述准则的，这正是目前表示方法多样化的缘故。其中具有代表性的三维空间数据模型表示法主要是以下三种：边界表示法、线框表示法和结构实体几何表示法。

1）边界表示法（BRep 法，Boundary Representation Scheme）

边界表示法是以物体边界为基础的定义和描述三维物体的方法，它能给出完整和显式的界面描述。边界表示的数据结构一般用体表、面表、环表和顶点表四层描述。

边界表示法强调物体外表的细节，详细记录构成物体的所有几何元素的几何信息及其相互间的连接关系，即拓扑信息。边界表示法的缺点是数据量大，数据关系复杂，它对物体几何特征的整体描述能力弱，不能反映物体的构造过程和特点，也不能记录物体的组成元素的原始特征。目前，边界表示法是三维模型表示中使用最广泛的表示方法之一。

边界表示法的关键是如何表示一个 3D 表面。表面的表示方法大致分为代数表示和参数表示两种，其中代数表示又分为隐式表示和显式表示。

显式表示为：$S = \{(x, y, z): z = f(x, y)\}$

隐式表示为：$S = \{(x, y, z): f(x, y, z) = 0\}$

参数表示为：$S = \{(x, y, z): x = h(u, v), y = g(u, v), z = f(u, v)\}$

2）线框表示法（LR 法，Line Representation Scheme）

线框表示法是一种与边界表示法类似的表示法，它是通过一组定义界面的边界来表示对象形状。这种方法的优点是：它的表达能力取决于线框表示能允许的复杂程度，简化了模型的生成，提供了一个大的域，对象的表示不唯一。其不足之处是：不能生成高效的显示，不能计算整数特征以及不能唯一定义空间。

3）结构实体几何表示法（CSG 法，Constructive Solid Geometry）

CSG 表示的基本概念是由 Voelcker 和 Requicha 提出的，它是一种由简单的几何形体（通常称为体素，例如球、圆柱、圆锥等）通过正则布尔（Boolean）运算（并、交、差）构造复杂三维物体的表示方法。用 CSG 法表示一个复杂物体时可以将此物体描述为一棵树，树的叶结点为基本体素，中间结点为正则集合运算，这棵树称为 CSG 树。其具体定义如下：

① 树中的叶结点对应于一个体素并记录体素的基本定义参数。

② 树的根结点和中间结点对应于一个正则集合运算符。

③ 一棵树以根结点和中间结点作为查询和操作的基本单元，它对应于一个物体名。

④ 用 CSG 树表示一个复杂物体比较简洁，它所表示的物体的有效性是由基本体素的有效性和集合运算正则性而自动得到保证的。CSG 树提供了足够多的信息以判定空间任一点在它所定义的体内、体外或体表上，因此它可以唯一地定义一个物体并支持对这个物体的一切几何性质的计算。

⑤ 用 CSG 表示法构造几何形体时，先定义体素，然后通过正则集合运算将体素拼合成

所需要的三维物体。所以一个集合体可以被看成拼合过程的成品。其特点是信息简单、处理方便、无冗余的几何信息，并可详细记录构成几何物体的原始特征和全部定义参数，必要时还可以在物体和体素上附加各种属性。CSG 表示法的主要缺点是不具备物体面、环、边、点的拓扑关系，物体的 CSG 表示不具有唯一性。即用 CSG 表示的物体具有唯一性和明确性，但一个三维物体的 CSG 表示和描述方式却不是唯一的。

综上分析，CSG 方法通过预定义的模型单元来表示空间物体，这些单元具有规则的形状，如立方体、圆柱体、圆锥体等。单元间的关系主要是布尔操作。CSG 方法的优点是模型关系简单，便于显示和数据更新；其缺点是空间分析难以进行。而 BRep 表示法可精确描述构成物体边界的点、线、面和体四种类型元素，它通过结点几何位置以及元素间的拓扑关系完成物体的几何描述。BRep 方法适于空间操作和分析，但存储空间占用多，计算速度较慢。

由此可见，CSG 表示法较为方便，BRep 表示法最为实用，对于一个几何造型系统来说，可根据应用的需求和计算机条件采用上述几种表示的混合方式。

三、真实感地物建模方法

真实感地物建模是将现实地物对象进行抽象化、格式化、数字化后转化为三维信息模型的过程，描述的是地物对象的形状、属性（颜色、纹理等）信息。铁路选线设计系统不同于一般的虚拟现实视景仿真系统，在系统中考虑的是与地形弱关联的树木、房屋等静态地物，与地形强关联的河流、道路等带状地物和湖泊水系等面状地物的建模问题。

1. 树木、房屋静态地物建模

1）树木模型

现实自然环境中的树木具有数量众多、几何结构复杂等特点，针对树木的建模较常见的方法有三种，即采用透明纹理面向表达的方法、基于分形 L 系统的方法和采用三维几何结构的方法。后两种方法都能生成复杂逼真的树木模型，但在绘制效率上较第一种方法低，适合于应用在以树木为研究重点的仿真系统中；而第一种面向表达的方法是基于图像的绘制技术，具有绘制效率高、可视化效果不错等特点，适合于不需要对树木模型进行分析和计算的交互式仿真系统；因此铁路数字化选线设计系统宜采用第一种树木建模方法。

采用透明纹理面向表达的树木建模方法的原理是使用贴有树木透明纹理的一个或多个矩形面代替复杂的树木模型，并始终调整矩形面使其绕场景空间坐标中的 z 轴旋转。该方法的基本步骤如下：

（1）制作一张带 alpha 通道的树木透明纹理。

（2）绘制一个四边形或者相互垂直的两个四边形。

（3）进行透明纹理映射，生成单片树或者十字树。

需要注意的是：对于单片树而言，在场景中还需要保证其正面总是朝向观察者，通过计算，单片树四边形的法向量只要保持与视线方向平行即可实现；同时大量相同类型的树木在大小上应该具有一定的差异性，可以采用随机函数控制四边形的长宽值进行实现。取值在（min，max）范围内的随机函数宏定义如下：

```
#define RAND(min，max)\((min)+(double)rand()/(RAND_MAX+1)*((max)-(min)))
```

不同形状的树木模型的绘制效果如图 3.30 所示。

其他离散分布的花草、沿线附近的市政路灯等，都属于该类型，参照树木的建模方法建模即可。

2）房屋建筑模型

铁路沿线的房屋建筑采用两种建模方法：对于周边居民区大量结构类似的房屋，进行统一抽象，使用 CSG 和 BRep 混合模式表示方法，建立典型房屋三维模型；对于沿线的个别复杂建筑物，利用商业化建模软件 AutoCAD 和 3DSMAX 等来构建精细三维模型。所有模型输出后存储进模型库中。下面重点对典型房屋的三维建模进行描述。

（a）单片树　　　　（b）十字树

图 3.30　铁路虚拟地理环境中的树木模型

典型房屋根据房屋底部边界线的形状可以分为矩形和多边形房屋，根据顶面的形式可以分为平顶、单坡顶、双坡顶、四坡顶房屋，乡镇房屋一般以平顶和双坡顶房屋居多。多边形房屋按照 CSG 方法进行几何形体的初步分解，采用 BRep 方法进行细部划分和描述，一个多边形房屋可以由多个矩形体组成。典型的平顶矩形房屋（图 3.31）的几何建模方法如下：

假设图 3.31 中屋顶各角点 P_i 的三维坐标分别为 (X_i, Y_i, Z_i)（$i = 1, 2, 3, 4$），则房屋顶部的高程 Z 为

$$Z = \frac{1}{4}(Z_1 + Z_2 + Z_3 + Z_4) \tag{3.31}$$

最终有
$$Z_1 = Z_2 = Z_3 = Z_4 = Z \tag{3.32}$$

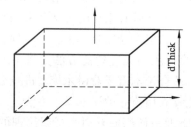

矩形房屋俯视图

图 3.31　典型平顶矩形房屋几何建模

多边形房屋通过矩形房屋体素组合而成，其建模算法描述如下：

（1）根据房屋提取建模信息，对房屋进行体素初步分解，将多边形房屋分解为矩形房屋块。有廊台的房屋，廊台也作为矩形房屋块处理。

（2）每个矩形房屋块由墙面和屋顶组成，根据提取的几何信息和屋顶类型，分别对墙面和屋顶进行三角剖分和纹理映射，形成几何体。其中屋顶的高程采用多边形角点平均高程加上该矩形房屋块的高度。

（3）通过对每个矩形房屋块形成的几何体进行交并处理，形成典型房屋模型。

其算法流程如图 3.32。

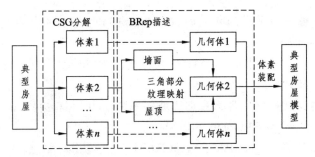

图 3.32 典型房屋建模算法流程

2．道路等带状地物建模

该类地物依附于地形表面，覆盖地形较广，其特点是在地形图上有明确的边界，且道路等带状地物一般具有规则边界。采用统一的数据结构表示带状地物。

1）带状地物的数据结构

```
typedef struct   //带状地物结构体（道路、河流、堤坝等）
{
    POINT3D *m_pLP3d; //带状地物左边坡外边界点（考虑道路、堤坝等有边坡）
    POINT3D *m_pRP3d;//带状地物右边坡外边界点
    POINT3D *m_pCenterP3d;//带状地物中心线点
    POINT3D *m_pCLP3d; //带状地物左侧边界点
    POINT3D *m_pCRP3d;//带状地物右侧边界点
    float fLength;     //带状地物长度
    float fWidth;      //带状地物宽度
    int   iInterval; //带状地物中心线采点间隔
    int   iNums;        //某段带状地物中心线点数
    CString csCenterTexture; //带状地物中间纹理名
    CString csLSTexture; //左侧纹理名
    CString csRSTexture; //右侧纹理名
    int   iType; //线状地物的类型，1 表示道路，2 表示堤坝，3 表示带状河流
}T_LINEOBJECT;
```

其中结构体 POINT3D 定义为：

```
POINT3D
{
    double x; double y; double z
}
```

使用 T_LINEOBJECT 结构可以描述完整的一条线状地物，也可以仅仅描述其中的一段，在建模过程中根据线状地物的长度进行合理分段选择。

2）真实感带状地物建模算法描述

（1）根据带状地物的总长和拟分段的长度进行分段，段数取为 n（$n \geqslant 1$），每段长为 fLength。

（2）针对每段，输入以采点间隔（如 iInterval=10 m）采样的线状地物中心线三维点坐标，存储至 m_pCenterP3d 中。

（3）根据 m_pCenterP3d 中的点坐标和地物宽度 fWidth，计算线状地物的左边界 m_pCLP3d 和右边界 m_pCRP3d。

（4）如果建模对象考虑边坡，那么根据边坡斜率和地物左、右边界 m_pCLP3d、m_pCRP3d 计算左、右边坡外边界 m_pLP3d 和 m_pRP3d。

（5）根据左、右边界 m_pCLP3d、m_pCRP3d 绘制地物对象三角形片，绘图方式选择 GL_TRAINGLE_STRIP。如果边坡存在，则根据步骤（4）计算的边坡外边界 m_pLP3d、m_pRP3d 和左、右边界 m_pCLP3d、m_pCRP3d，绘制左右边坡的三角形片。

（6）计算纹理坐标，读取纹理进行纹理映射，以采点间隔大小进行纹理贴图。

（7）循环处理步骤（2）~（6），直到处理完所有分段对象。

3. 湖泊等面状地物建模

在湖泊等面状地物三维地理环境建模中，一种简单易行的方法是采用粒子系统建立景观模型。粒子系统是一种模拟不规则模糊物体的方法，这种方法能够充分体现这些物体的动态性和随机性，很好地模拟火、云、水、森林和原野等许多自然景物。粒子系统的基本设计思想是采用许多形状简单的微小粒子作为基本元素来表示不规则模糊物体。

为了构造一条河流，可以在河流的上游生成水的粒子。如果一个粒子在流动中碰到一块石头，那么它会溅起并继续往下游流去。如果在粒子下面的地面突然消失，那么这些粒子会因惯性稍微冲过一些距离，然后垂直落下，形成一个瀑布。

粒子系统对粒子的数量、粒子的初始属性，如初始运动方向、初始大小、初始颜色、初始速度、初始形状及生存期等，进行随机确定，并在运动和生长过程中将随机地改变粒子的数量和属性。粒子系统的随机性使模拟不规则模糊物体变得较为简单。

采用粒子系统实现的河流、湖泊建模，效果如图 3.33 所示。

图 3.33　湖泊、水系建模效果

第四节　真实感地形环境建模

一、多分辨率大型带状数字地形模型构建

一条铁路线的地理环境通常是长达几百千米甚至上千千米的带状体，是一个巨量数据模型。为了在系统中实现实时动态的模型调度，需要采用多分辨率技术，在系统中事先构建不

同分辨率组成的多层次模型库，以便线路工程信息技术系统在线路设计、管理过程中，实时调度地形模型。

（一）金字塔模型分块分层

本节算法采用金字塔模型对海量地形数据进行分层分块预处理。以 2 倍倍率的方法构建金字塔，形成多分辨率层次，金字塔模型示意如图 3.34 所示。金字塔模型的分块分层方案直接决定着海量地形数据的索引方式和存储方式，从而影响地形实时调度效率。金字塔模型的分层分块方法主要有两种：等间隔空间划分和等面积空间划分。等间隔空间划分的典型代表是四叉树算法，其基本思想是用等间隔大小的格网对地形进行空间划分，同一层面片的格网大小相等，相邻层面片的格网间隔倍率为 2。等面积空间划分的典型代表是椭球四叉树算法，它的基本思想是用等面积的格网对地形进行空间划分，同一层格网的面积相等，相邻层格网的面积倍率为 2。等面积划分方法

图 3.34　金字塔模型

计算较复杂，消耗时间较多，本节选择等间隔划分方法对带状地形数据进行分层分块组织。根据海量带状地形的特点，更改传统划分方法，制定如下规则：

规则一：只对最底层离散点 DEM 进行分块，形成最底层子块 DEM，分块顺序从左到右，从下到上；

规则二：规定最底层为第 0 层，第 $k+1$ 层的父块（相对四叉树组织下的 4 个子块而言）DEM 数据通过抽稀算法，按照四叉树组织方式采样于第 k 层对应的四个子块 DEM 数据，组织顺序为从左到右、从下到上；

规则三：第 $k+1$ 层的父块 DEM 含有的离散点数是第 k 层 4 个子块 DEM 含有的离散点数的 1/2；

规则四：DOM 分块与 DEM 分块一一对应；

规则五：第 $k+1$ 层 DOM 的分辨率为第 k 层 DOM 分辨率的 1/2；

规则六：地形 LOD（Level of Detail，层次细节模型）级别同时取决于数据范围和纹理图像的分辨率。

上述算法规则的约定，是本节地形分块 LOD 算法实现的前提，将在后面具体的算法实现中对规则进行运用与解释。

（二）带状离散点 DEM 分层简化

1. 离散点 DEM 抽稀算法

由于我们使用的是离散点云 DEM，所以在进行 DEM 分层简化前，需要先设计一个离散点 DEM 抽稀算法。

目前针对离散点 DEM 的抽稀算法，主要有非选择性数据抽稀算法和选择性数据抽稀算法两种。非选择性数据抽稀算法是指以一定的抽稀规则，无区别均匀地去除掉一部分数据点的方法，比如抽稀原则可以为每隔 n 个点，去除一个点。这种算法的特点就是实现简单、处理速度快，但是无区别地对待每个数据点的做法，将导致无法很好地保持地形特征。选择性数据抽稀算法则与之相反，处理较复杂，但是地形特征信息保持良好，主要算法有基于 TIN 的和基于邻近距离、高差、坡度等的抽稀方法，前一种方法保持地形特征能力更好。EdgePoint

是按等间隔加密的公共边点（boundaryGrid 的 EdgePoint 有些来自实际的地形边界，在边界上按照同样的去点规则处理），InnerPoint 为原始离散点，鉴于本节分块地形的特点，拟采用两种方法混合的抽稀算法：在针对 EdgePoint 简化时使用隔点去点规则的非选择性抽稀，对于 InnerPoint 则选用基于 TIN 的数据抽稀算法。算法主要思想描述如下：首先对待抽稀地块的 EdgePoint 进行从左下角起点开始每隔一个点抽稀一个点，形成新的边界点；然后开始 InnerPoint 的抽稀，对待抽稀地块的所有点构 TIN，计算各个顶点（不包括特征点和边界点）到其邻接平面的距离 D，并按照从小到大的顺序排序；然后设定距离阈值，如果某个顶点的 D 值小于距离阈值，则去除该点，循环处理至结束。

该算法处理的关键在于顶点到其邻接平面距离的计算。顶点的邻接平面（图 3.35）是指，由顶点所有邻接三角形（图 3.36）的法向量 $\boldsymbol{n}_i$，三角形中心 $\boldsymbol{o}_i$ 和面积 s_i 形成的法向量 $\boldsymbol{N}_P$ 和中心 $\boldsymbol{O}_P$ 所构造的平面。

$$\boldsymbol{N}_P = \frac{\sum \boldsymbol{n}_i s_i}{\sum s_i}, \quad \boldsymbol{O}_P = \frac{\sum \boldsymbol{o}_i s_i}{\sum s_i} \tag{3.33}$$

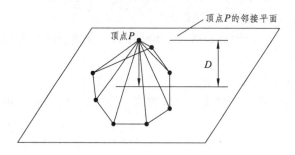

图 3.35　顶点 P 的邻接平面

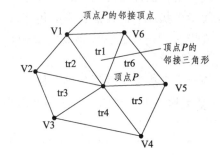

图 3.36　顶点 P 的邻接三角形

那么顶点 P 到其邻接平面的距离 D 按如下公式计算，假设 P 的单位法向量为 $\boldsymbol{p}$：

$$D = |\boldsymbol{n} \cdot (\boldsymbol{p} - \boldsymbol{o})| \tag{3.34}$$

式中　$\boldsymbol{p}$——点 P 的单位法向量；

　　　$\boldsymbol{n}$——点 P 邻接平面的单位法向量；

　　　$\boldsymbol{o}$——点 P 邻接平面的中心。

2. 离散点 DEM 分层简化策略

根据金字塔模型分层分块方案制定的基本规则二，在对离散点 DEM 分层简化时，第 $k+1$ 层的父块 DEM 数据通过抽稀算法，按照四叉树组织方式采样于第 k 层对应的 4 个子块 DEM 数据，组织顺序为从左到右、从下到上，如图 3.37 所示：第 $k+1$ 层的以（0，0）命名的 ChunkGrid 离散点数据简化自第 k 层的（0，0）、（0，1）、（1，0）、（1，1）4 个 ChunkGrid 子块数据。

根据制定的基本规则三，第 $k+1$ 层的父块 DEM 含有的离散点数是第 k 层 4 个子块 DEM 含有的离散点数的 1/2；这条规则给出了相邻层分层简化的终止条件，假设第 k 层的 4 个子块 DEM 离散总点数为 N，则取第 $[N/2]_+$ 个点的 D 值为距离阈值。

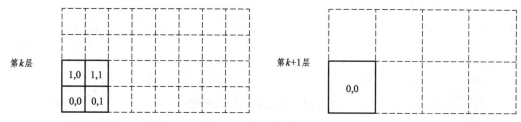

图 3.37　分层简化策略示意

有了上述两条规则约束，带状地形的分层简化就完成了。需要注意的是：按照抽稀算法，在处理分层的过程中，需要根据第 k 层的 4 个 ChunkGrid 子块边界点抽稀后形成第 k 层的新 ChunkGrid 父块的边界点。此实现过程比较容易，这里就不再赘述了。

（三）地形块四叉树索引生成

将分块多级纹理映射到地块 TIN 模型上，即形成了多级地块 chunk 模型，此时还需要对每个地块 chunk 建立索引，才能在实时绘制阶段，进行索引调度。

1. 地块 chunk 索引计算

每一个地形瓦片都可以通过 LOD 级数 i 和行列号 j、k 唯一确定。其索引 Key 为如下字符串，也即地块 chunk 的最后命名字符串。

$$\text{Key} = \text{L}i\_\text{X}j\_\text{Y}k \quad (i=0,1,2,\cdots,n;j,k \in \mathbf{N}) \tag{3.35}$$

式中　n——最大 LOD 级数，$n=\sqrt{\max(\text{nDemSizeX},\text{nDemSizeY})/\text{GridDist}}$，结果取整。

通过唯一索引 Key 对地块 chunk 进行读取。

2. 地形 chunk 地理坐标与索引的关系

已知最底层地形左下角平面坐标为 P_{dem}（$x_{\text{dem}}, y_{\text{dem}}$），分块大小为 GridDist；假设当前索引为 Li_Xj_Yk，计算该索引地形 chunk 左下角平面地理坐标 P_G（x_G, y_G）。

$$x_G = x_{\text{dem}} + k \times (\text{GridDist}/2i)$$

$$y_G = y_{\text{dem}} + j \times (\text{GridDist}/2i) \tag{3.36}$$

在选线应用时，选用最底层的地形块作为计算和分析的数据源，当已知某点地理坐标时可以快速求解出底层 chunk 的索引号。例如已知平面点（x, y），其所在地形块的索引行列号为

$$j = \text{ent}[(x - x_{\text{dem}})/\text{GridDist}]$$

$$k = \text{ent}[(y - y_{\text{dem}})/\text{GridDist}] \tag{3.37}$$

对上式计算结果取整，则底层地形 chunk 索引号为 L0_Xj_Yk。

如果求解的是第 i 层的地形 chunk 索引号，根据公式（3.37）反算结果取整即可。

3. 四叉树索引的建立

四叉树是一种每个非叶子节点最多只有 4 个分支（或称孩子）的树型结构，也是一种层次数据结构，其特性是能够实现空间递归分解。图 3.38 是四叉树结构示意图，其中矩形符号代表叶子节点，圆形符号代表非叶子节点。

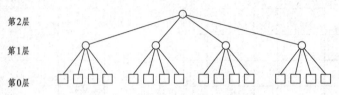

图 3.38 四叉树结构示意图

当地块的索引编码完成后，这里主要需要考虑如何对上下层的地形 chunk 进行四叉树组织，也即父子节点如何建立索引关系。

首先规定四叉树的层编码与地形分层分块编码保持一致，即四叉树的底层对应金字塔的底层。每个底层地形 chunk 都是一个单独的叶子节点，四叉树编码组织如图 3.39 所示。考虑到带状地形分块时，存在无效地形区域，此处父节点不允许为空。地块 chunk 自底向顶建立索引。

父节点与子节点的索引关系可以用如下公式表示：

$$F_j = \text{ent}(S_j/2), \quad F_k = \text{ent}(S_k/2) \qquad (3.38)$$

式中　F_j、F_k——父节点行、列号；

　　　　S_j、S_k——子节点行、列号。

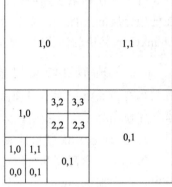

图 3.39　四叉树编码组织

一般为 4 个子节点对应一个父节点，为空或不足 4 个子节点时，索引建立方式依然不变。根据父节点求解其包含的子节点索引可采用如下公式：

左下角子节点 $S_j = F_j \times 2$，$S_k = F_k \times 2$；

右下角子节点 $S_j = F_j \times 2$，$S_k = F_k \times 2 + 1$；

右上角子节点 $S_j = F_j \times 2 + 1$，$S_k = F_k \times 2 + 1$；

左上角子节点 $S_j = F_j \times 2 + 1$，$S_k = F_k \times 2$。

从四叉树编码规则可知，相邻节点之间的索引计算只涉及一些简单的加法和减法运算，而父子节点之间的运算使用了简单的乘法和除法运算，复杂度低，而且由于刚好是 2 倍率运算，还可以采用位运算（bit operation）代替，位运算占用的 CPU 时钟周期与加法和减法运算基本相同。由此可见，采用四叉树技术实现地形块的索引是一种快捷有效的解决方案。最后通过四叉树索引组织调度的多分辨率 LOD 地形模型显示如图 3.40 所示。

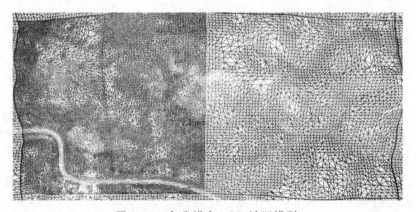

图 3.40　多分辨率 LOD 地形模型

（四）裂缝消除

若相邻分块选择不同精细程度的网格结构，共享边界的某些顶点仅存在于精细程度高的分块网格上，则会导致裂缝的产生。一类常用的缝隙消除技巧是基于局部拓扑操作的，如在精细程度低的分块网格上添加边界顶点，使共享边界的顶点分布和精细程度高的分块网格的边界顶点分布保持一致；或消除精细程度高的分块网格的部分边界顶点，使共享边界的顶点分布和精细程度低的分块网格的边界顶点分布保持一致。此类策略的共同缺陷是在绘制时需要对分块网格的边界区域进行动态更新，并破坏了原有的三角形条带化结构。类似于常用的分块 LOD 算法，本节算法利用垂直排列的裙带（skirt）边界来消除裂缝。裙带网格的上边缘和分块网格的边界相匹配，下边缘则需要包络下列两种情形下分块网格的边界：

（1）最细的边界：分块 LOD 层次比当前层次高 2 时的分块网格边界。

（2）最粗的边界：分块 LOD 层次比当前层次低 2 时的分块网格边界。

裙带网格策略是保守的，它会产生较多的网格单元。但它的优点是在预处理环节生成裙带网格后，绘制环节不再需要为裂缝消除进行复杂的更新操作，仅是在确定相邻分块的 LOD 层次时保证其差值不大于 2 即可。裙带边界裂缝消除如图 3.41 所示。

图 3.41　裙带边界裂缝消除

（五）模型实时调度渲染

1. 调度准则

地形 TIN 模型的调度一般采用分辨率评价函数进行判断，此函数也是度量地形在渲染过程中应该采取何种分辨率的标尺。对于基于规则格网（RSG）的动态多分辨率算法，除了需要考虑视点的位置外，还要兼顾地形本身的粗糙程度，才能决定当前地形模型应该使用的分辨率。这是因为 RSG 数据本身体现出来的地形特征不如 TIN 明显，实时渲染时，需要根据数据中每个节点记录的粗糙度信息，评价节点应该使用的分辨率。视点越近，地形越崎岖，需要的细节层次越高。相比基于 RSG 的动态多分辨率算法，本节基于 TIN 的分块 LOD 算法最大的特点就是渲染时不需要重新构网，而且 TIN 本身就能表现出丰富的地形特征信息，所以在评价地形模型应该使用的分辨率时，只需要考虑视点的位置即可。我们用下面的公式计算地形 TIN 模型应该使用的分辨率：

$$1/d < C \qquad (3.39)$$

其中：d 为视点到观察点的距离；C 为一个可调节的 LOD 因子，C 越大，地形细节越多，反之则越少。使用这种评价函数得到的地形分辨率，能实现不同细节层次模型间的连续过渡，而且评价方法简单，基本上不占用 CPU 时间。

2. 地形块 chunk 的存储与动态调度

由于选线三维地形场景规模大，分块地形文件多，本节对生成的 LOD 地形 chunk 模型，采用 Oracle 对象关系型数据库进行存储管理。每个地形模型文件都以二进制大对象（Binary Large Object，BLOB）类型存储至数据库表中。地形模型数据库表结构采用地形数据索引 Key 作为主键。从数据库存取数据的方式有几种，如 PRO*C、ODBC（Open Database Connectivity）和由 Oracle 接口调用 OCI（Oracle Call Interface）。由于 OCI 直接与通信接口联系，所以 OCI 效率最高。因此，在 OCI 基础上设计了地形数据库引擎，该引擎包括地形模型文件管理和地形模型文件动态调度两大部分功能。管理功能主要是实现对地形模型数据库的创建、删除、插入、查询等操作，而动态调度功能则负责地形模型的动态装载。采用数据动态调度机制也即数据分页技术，可在显示当前视域中的可见数据的同时，预判断下一步可能载入的数据，从而作出正确的数据加载和卸载处理，确保内存中始终维持有限的地形数据，并且不会因此造成场景浏览迟缓或信息丢失。由于在海量地形浏览时，数据预测调度和场景绘制需要同时进行，因此，我们利用操作系统的多线程能力，将数据预测调度和场景绘制分别采用两个独立的线程来完成。地形动态调度策略可以分解为以下几个功能进行描述，其主要由数据预测调度线程完成：

（1）删除闲置过期的地形块：过期的地形块指的是长时间没有出现在可见区域内，并且常规情况下不会立刻出现的地形块。通过搜索机制，将检索到的过期地形块加入过期对象链表中，通过数据预测调度现场进行删除。

（2）获取新的地形块加载请求。

（3）编译加载的地形块。此时预编译地形块交给数据预测调度线程进行预编译。

（4）编译地形块加入场景，加入合并工作交给调度线程完成，最后绘制渲染工作由场景绘制线程完成。

采用本节算法生成的带状地形多分辨率 TIN 模型调度显示情况如图 3.42 所示，可以看出边界也能保持带状特征。

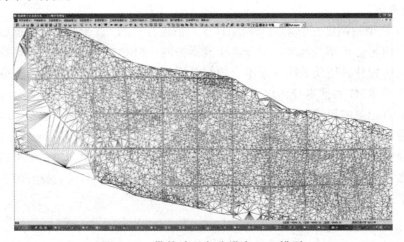

图 3.42　带状地形多分辨率 TIN 模型

二、基于航测信息的真实感地形环境建模

铁路数字化选线设计系统综合采用金字塔模型、四叉树分割、数据库分页、裙拼接和多分辨率细节层次模型等技术,将基于航测信息获取的地形数据(DEM)和影像纹理数据(DOM)处理成分块分区多层次多细节 LOD 三角网数据(数据块),建立二进制的最高效率的地形分页数据库。基于 Oracle OCI 技术和多线程技术,该系统解决了大规模地形数据(DEM 和 DOM)数据库存储和调度问题,采用四叉树方式组织不同细节层次的地形数据,根据视点位置动态调度数据块。

(一)三维地形信息管理

对 DOM、DEM 进行分层分块,采用数据库进行管理。三维地形环境数据管理流程如图 3.43 所示。

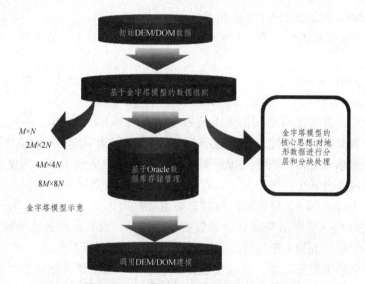

图 3.43　三维地形环境数据管理示意

(二)多分辨率虚拟地理环境的构建

采用数字正射影像图(DOM)作为纹理叠加到三角网模型上,建立逼真显示的虚拟地理环境模型,如图 3.44 所示。

图 3.44　逼真显示的虚拟地理环境

（三）融合数字地物模型后的虚拟地理环境

1. 与地形弱关联的静态地物与地形模型的融合

在针对该类地物建立了多种典型三维模型后，本节将针对其与地形的融合进行讨论。系统中该类地物与地形只是简单的置于其上的关系，设计用于点状地物融合的数据结构如下：

typedef struct //点状地物（树木、花卉、房屋建筑等）

{

float   fAngle;   //地物绕 z 轴旋转角度

float   fxSize;   //地物外包围盒长度

float   fySize;   //地物外包围盒宽度

float   fzSize;   //地物外包围盒高度

float   fH;   //房屋建筑沿 z 轴平移距离

CString   csModelname; //地物对应的模型名

int   iType; //地物的具体类型，1 表示树木，2 表示花卉，3 表示房屋，4 表示市政路灯（支持动态扩展）

POINT3D   p3dPostion[n]; //点状地物放置坐标点数组，n 为地形 LOD 层数

}T_POINTOBJECT;

对于树木模型，只考虑其空间位置上的融合。不同 LOD 层次等级的地形块，同一树木模型在其上的放置位置略有不同。假设地形 LOD 层次等级为 n，其点位融合算法描述如下：

（1）通过从遥感正射影像或者二维平面地图上获取模型待插入点平面坐标 P_i（x_i, y_i），对应 n 层地形，内插出 n 个三维坐标点，存储进 p3dPostion 数组中。

（2）记录第 l（$0 \leqslant l \leqslant n$）层地形的内插三维坐标对应为 P_{il}（x_i, y_i, z_{il}），也即模型在第 l 层地形中的点位为 P_{il}，将模型基准点 O_i 设置在模型底部，设置模型的当前放置位置为 P_{il}。

（3）当地形块层次等级 l 变化时，读取 p3dPostion[l]，更新点位 P_{il}，并更新模型显示。

对于沿线房屋建筑模型而言，在点位融合的基础上，还需要调整其空间姿态，主要通过平移、旋转和缩放操作完成。旋转方面，由于建筑物总是垂直向上的，实际上只需考虑绕 z 轴的旋转。缩放方面，建筑物长宽高比例一致，只需计算一个方向上的参数考虑全局缩放。平移方面，由于建筑物虽然归属于近似点状地物，但是其存在底座角点，在局部地形变化大的地方，可能导致底座悬空，所以根据上述点位融合算法进行点位计算之后，还需要沿 z 轴进行平移操作。底座悬空示意如图 3.45 所示，旋转和缩放姿态融合如图 3.46 所示。

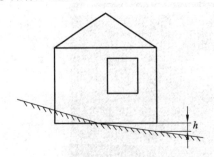

图 3.45 房屋底座悬空示意

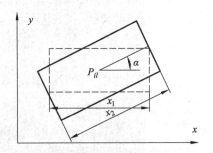

图 3.46 房屋旋转和缩放姿态融合示意

在图 3.46 中，虚线矩形框表示通过点位融合计算后，模型位于放置位置 P_{il} 处，实线矩形框表示实际方位和底座大小，那么房屋建筑姿态融合方法如下：

（1）读取建筑物模型，记录其底座长度值 x_1，并根据实际位置的长度值 x_2 计算全局缩放比例 scale $= x_2/x_1$。

（2）由实际底座矩形框的位置，计算模型的绕 z 轴旋转方位角 α。

（3）设置全局缩放操作和 z 轴旋转操作。

（4）计算建筑物底座各角点与地形的距离，地形在角点之上距离值为负，反之为正，找出该距离的最大值记为 h。

（5）建筑物沿 z 轴向下平移 h。

（6）当地形块层次等级 l 变化时，更新点位 P_{il} 和 h 的值，并更新模型显示。

在实际选线系统的虚拟地理环境大场景仿真中，该类地物数量最多，其融合算法一般结合 LOD 算法共同使用，在远视点下或者地形 LOD 等级较低时，选择粗糙模型显示或者关闭其显示。

与地形弱关联的静态地物与地形的融合效果如图 3.47 所示。

图 3.47　融合静态地物后的虚拟地理环境

2．与地形强关联的带状、面状静态地物与地形模型的融合

该类地物与地形本质上是融为一体的，所以其融合算法需要考虑对地形的修改。带状地物和面状地物在 DEM 分块格网上的边界投影示意如图 3.48 所示。从图上可知，带状地物可以考虑作为面状地物的一种特殊表现形式。

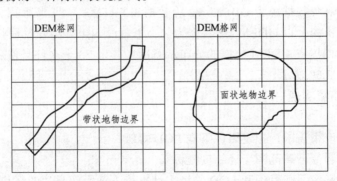

图 3.48　带状地物和面状地物在 DEM 分块格网上的边界投影示意

其融合方法如下：

（1）根据地物建模过程计算的边界点，按照逆时针组成多边形闭合边界。

（2）计算多边形闭合边界与地形网格的交集：遍历当前地形层的所有地形块，对存在交集的地形块进行构网修改或删除（地形块完全在地物多边形边界范围内）。

（3）针对每一层地形循环处理步骤（2）。

（4）重复步骤（1）~（3）循环处理所有该类对象。

通过该融合方法能实现地物与地形的无缝融合，但是由于设置了地形 LOD，融合地形的过程需要分层逐地块进行，计算时间较长。考虑到选线设计过程，并不需要对该类地物进行实时动态构建，只需要做到调用时能快速显示就行，所以本节采用与地形处理类似的办法，通过离线预处理策略，每次新地形创建时，执行一次该类地物建模和融合参数的计算，并进行存储，供场景快速显示时调用。因此通过该方法，既保证了地物建模的精度和逼真度，又满足了实时快速显示的需求。通过本节方法实现的道路建模在三维地形环境中的融合效果，如图 3.49 所示。

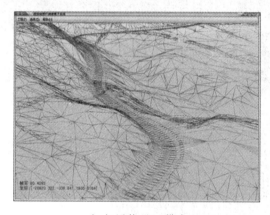

（a）网格显示模式　　　　　　　　　　　　　　（b）纹理显示模式

图 3.49　融合道路后的虚拟地理环境

三、基于网络地理信息的真实感地形环境建模

（一）高程、影像数据获取

1. 高程数据下载

系统中选用的高程数据源为 GDEM V2 版数据和 SRTM3 V4.1 版数据，基于网址进行下载，并存储在计算机内。以 GDEM V2 数据为例，下载的四川省高程数据共 76 个压缩文件，"四川.jpg"文件为四川省 GDEM 数据的分布示意图。其余 75 个文件是使用经纬度命名的高程数据文件。如图 3.50 所示。

2. 影像数据下载实现

下载步骤：

第一步：根据应用需求，拟定影像下载 LOD 等级；

第二步：输入影像下载范围（经纬度坐标）；

第三步：根据影像下载范围和 LOD 等级，计算待下载影像瓦片的瓦片坐标；

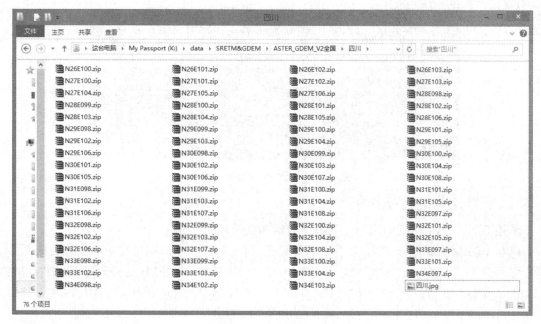

图 3.50　下载的高程数据示例

第四步：构造瓦片 URL 地址；

第五步：进行多线程数据下载；

第六步：基于 GDAL 进行影像瓦片拼接。

根据上述步骤，选取纬度范围 29°55′52″N ~ 30°52′52″N，经度范围 101°50′50″E ~ 104°13′08″E，下载了成都到康定段影像数据，影像瓦片 LOD 等级为第 17 级，影像分辨率约为 1.2 m/Pixel，共包含瓦片数 346 935 块。获取的影像瓦片如图 3.51 所示，拼接后的影像如图 3.52 所示。

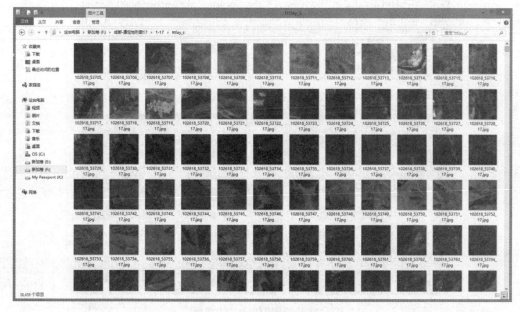

图 3.51　下载的影像瓦片

图 3.52　自动拼接后的影像

（二）影像与高程数据的匹配

采用 GDAL 对下载的影像与高程数据进行匹配处理。

以和 GDEM 数据匹配为例，根据下载影像数据的经纬度坐标，确定对应的高程数据文件。解压缩后分别为：ASTGTM2_N29E101_dem.tif、ASTGTM2_N29E102_dem.tif、ASTGTM2_N29E103_dem.tif、ASTGTM2_N29E104_dem.tif、ASTGTM2_N30E101_dem.tif、ASTGTM2_N30E102_dem.tif、ASTGTM2_N30E103_dem.tif、ASTGTM2_N30E104_dem.tif。

使用 GDALDataset::RasterIO 函数对 GDEM 数据文件和高程影像文件进行裁剪、投影变换处理，转换到 UTM 投影坐标下，获取了长约 230 km、宽约 110 km 范围的数字地形。DEM、DOM 数据示意如图 3.53、图 3.54 所示。

图 3.53　获取的 DEM 数据

图 3.54　获取的 DOM 数据

铁路数字化选线设计系统对 DEM 和 DOM 进行分块分层预处理，并生成地形三角网数据块，写入地形数据库，根据项目应用需求，调度相应数据进行显示。基于网络地理信息服务下载的 DEM、DOM 建立的虚拟地理环境模型如图 3.55 所示。

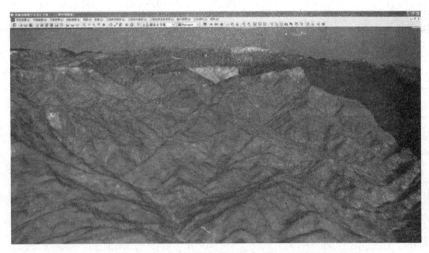

图 3.55　基于网络地理信息的选线系统虚拟地理环境模型

（三）地物建模

1. 地物数据的表示方法

在 GE 中各种信息是通过不同的图层（Layer）添加进去的。用户可以根据自己的需要制作不同的数据图层，通过图层的控制展现感兴趣的信息。

GE 图层制作的最基本工具就是 KML 语言。GE 里的地图数据都是以 KML 格式来保存与交换的。在 GE 中使用以下 6 种方式进行数据的表达：点、线/折线、多边形/立体多边形、地表贴图、屏幕贴图和三维模型。

1）点表示

点表示方式是 GE 中最常用的表示方式之一。点的样式支持比较完善，可以自定义点文字的大小、颜色、透明度，点的图标等。线路的里程标注、平面设计下的线路桥隧起始位置、车站中心等都可以采用点标签表示。最常用的点表示，仅包括一个<Point>标签。

2）线/折线表示

在 GE 中，"线/折线"表示通常用来描述既有道路、管道、航道、边界线等与线路有关的内容，如图 3.56 所示。

在这种表示方式中要注意的是："线/折线"默认是无法实现相应地理名称显示的，这需要通过点表示来做一些相应的配合处理。一方面是生成相应的点数据，名称上进行匹配。另一方面，名称出现的位置是否正确，也是需要处理的。不管是基础数据的转换获取还是自有数据的绘制添加发布，这两个处理都是必要的，否则"线/折线"表示就不能完整地表达正确的数据形式。用户可以通过自己编写 KML 文档来添加"线/折线"图层。

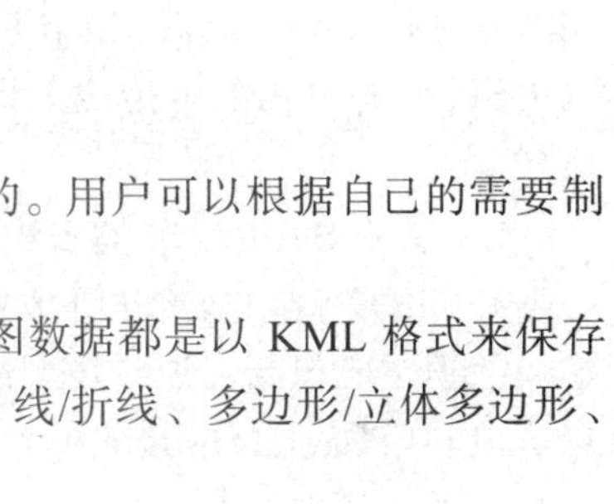

图 3.56　"线/折线"表示的路网

3）多边形表示

多边形也是最基础的表现形式之一，通过它可以表达出地物的轮廓。要注意的是，多边形表示和"线/折线"表示一样并不附带名称显示的特性，所以也需要通过点表示来显示名称。

4）地表贴图

地表贴图是 GE 里一种必不可少的数据表现形式。在缺少 ArcGIS 或者 MapInfo 处理好的数据的情况下，可以使用地表贴图的方式直接将一幅可以表示目标区域信息情况的图像贴到相应区域中去。例如在没有清晰影像的地区，可以叠加上等高线地形图或通过航拍获得的高清影像进行贴图。

5）屏幕贴图

屏幕贴图常用于配合地表贴图里的各数据图例说明，如地铁交通图里相应的图例对各条线路有一个明确的说明。这样对 GE 里地图数据或地表贴图的解读才是完整的。通过屏幕贴图，可以将图像分别贴入 Google Earth 主界面的左上角、左下角、右上角、右下角、左边、右边、正上方、正下方和中央共 9 处屏幕相对位置。同样在 Google Earth 软件中没有屏幕贴图的录入方法，需要用户手动编写 KML 文件来实现这一功能。

6）三维表示

Google Earth 为了表达更为丰富的视觉信息，在软件中加入了三维表示。三维模型的建立通常使用 Google SketchUp 来实现，当然使用传统的三维建模工具如 3DSMAX、MAYA 等也可以，只不过需要将传统工具产生的模型文件在 SketchUp 中转换成 GE 中可以表达的文件格式。

2. 基于 SketchUp 的三维地物建模

在 GE 平台中构建三维地物模型的关键问题是建模数据的获取和地物实体的几何建模。建模数据主要包括：地物模型的位置数据、高度数据和表面纹理数据。地物模型平面位置信息可以利用 SketchUp 从 GE 中获取，或者利用现有的地形图（dwg 文件）导入 SketchUp，进行一定的预处理获取。利用 SketchUp 从 GE 中获取的方法为：首先将 GE 打开，显示待建模区域的影像，再打开 SketchUp 软件，在 Plugins 的下拉菜单中点击 Google→GetCurrentView，将待建模区域的影像导入 SketchUp 中，在影像的基础上进行二维矢量绘图。高度数据采用估算值，如建筑物可以预先估计层高，通过 SketchUp 的拉伸工具将二维矢量绘制的多边形拉伸完成建模。表面纹理采用标准材质库的纹理或者使用 GE 的影像，如图 3.57。

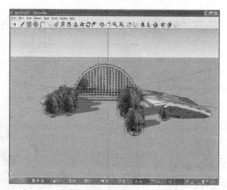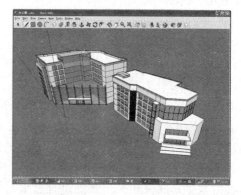

图 3.57　SketchUp 模型

3. 地物模型的导入方法

通过 SketchUp 建立的三维模型或者通过 3DSMAX、MAYA 等建模软件建立的模型转化为 SketchUp 模型后，导入到 GE 平台中主要有 3 种方法。

1）直接导入法

（1）在 GE 上找到要制作的相应区域。

（2）将该区导入 SketchUp 中。

（3）在 SketchUp 中制作相应地区的模型。

（4）完成模型制作后从 SketchUp 中直接导出 KML 文档到 GE 中。

完成上述 4 步后，就可以在 Google Earth 中看见用户自己加载的模型了。这种方法的优点是位置坐标准确无误，不会因为导入导出的问题而产生误差。

2）后期导入法

（1）在 SketchUp 中制作相应地区的模型，或打开转换的模型。

（2）打开 GE 找到要放置模型的区域。

（3）将该区域的图像导入 SketchUp 中。

（4）将模型按照导入的图像进行对齐，并将模型叠加到图像上。

（5）导出整个模型至 GE 中。

完成这些步骤后，用户可以在 Google Earth 中看到自己制作的模型。这种方法的优点是可以不受 GE 图像的限制制作自己的模型。

3）编写 KML 文档手动导入法

使用 KML 语言编写导入模型的文档，这种方法是用手动的方式生成可以实现导入功能的 KML 文档。

导入地物模后的 GE 环境如图 3.58 所示。

图 3.58　GE 中的 SketchUp 模型

第五节　复杂工程地质区域地理环境建模

在铁路数字化选线设计系统中，针对面状区域性分布的不良地质对象区域，可利用测绘矢量边界数据和遥感影像或其他特征纹理建模，作为独立对象建立并实现与地形的融合。由不同地层构建形成的三维地质体，则主要通过对地下各地层的叠加建模实现。数字地质信息获取方法已在第二章介绍，本节主要介绍基于数字地形信息构建数字工程地质环境的方法。

一、数字地质对象建模方法

数字地质（Digital Geology，DG）是地质信息的数字化表现形式。地质对象的信息能够以数字化表现和存储，此时的地质对象就称为数字地质对象。数字地质对象既可以根据地质属性进行组织，也可以根据研究区域的地理范围进行组织或两者结合进行组织。数字化地质对象构成选线系统数字化地质环境（Digital Geologic Environment，DGE），其定义如下：

$$DGE = \{O_i, A_{ij}\} \quad (i = 1, 2, \cdots, n; \ j = 1, 2, \cdots, m) \tag{3.40}$$

式中：O_i 为地质空间对象集合；A_{ij} 为地质空间对象 O_i 的描述数据集合。

在数字化地质环境中可以有 n 个地质空间对象，对于一个给定的地质空间对象可以有 1 个或 j 个描述数据，但都具有空间位置这一描述数据，这也是实现数字地质对象的空间定位和表达的基础。

为了更有效地管理，这里将数字地质对象按空间形态分为线状（如断层、断裂、小的河流水体等）和面状（如滑坡、泥石流、不良岩土、大的河流水体等）两种，如图 3.59 所示。点状（如很小的塌陷）作为面状的一种特殊形式。空间数据库为数字地质信息的存储提供了良好的解决方案，通过空间数据库可以对数字地质信息进行有效存储和传输利用，也能够保证信息的安全性。另外，选线区域通常为大范围的带状区域，数字地质对象的数量大、分布范围广，存储方案的优劣直接关系到数据地质对象的检索、查询和分析利用。因此，必须设计良好的存储方案，这也是数字地质对象数据建模的基本要求。本书采用分层、分块技术相结合的存储方案。

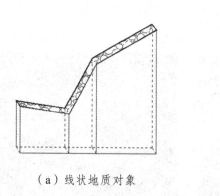 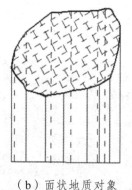

（a）线状地质对象　　　　　　（b）面状地质对象

图 3.59　不良地质对象分类示意图

（一）分层存储

分层存储即根据地质对象的类型，将不同类型的地质对象作为一个独立的图层，同时根据空间范围坐标建立矢量化图层（ERSI Shape、DXF 等矢量格式），在三维环境中任意显示或关闭各类型的地质对象，以更好地分析选线区域内不同类型地质对象的空间分布状态和特征。其结构图为树型结构图，如图 3.60 所示。

图 3.60　数字地质对象分层存储示意图

（二）分块存储

分块存储即首先对选线区域进行网格单元划分，网格单元间距根据实际情况而定，对划分的网格单元予以编号，根据编号确定每个网格单元的边界坐标，如图 3.61 所示。根据所获取的数字地质对象的范围坐标，计算所属的网格编号，即该地质对象位于哪个网格内或贯穿哪些网格，并在网格数据表内存储对应的地质对象的 ID 号。

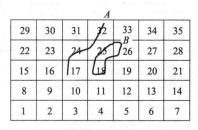

图 3.61　数字地质对象分块存储示意图

1. 确定规则

只要地质对象穿越网格单元即认为网格单元包含该地质对象，因此网格单元间距大小影响着所包含的地质对象数量。如果间距小，则所包含的地质对象数量少，查询检索的时间就短，即有较高的查询检索效率；而间距大，则包含的地质对象数量多，则查询检索的时间就会长一些。但网格单元间距如果过小，则会造成多个地质对象穿越，这样网格单元所包含的地质对象数量将增多，反而会降低查询检索效率。因此，网格单元间距不能过小，一般以不低于 1 km 为宜。

2. 计算方法

分别计算组成地质对象边界的控制点所处的网格单元，这些网格单元的集合即为该地质对象的分块网格单元。其计算方法如下：

设网格左下角的坐标为（x_0，y_0），网格单元间距为 L，网格划分为 $M \times N$（M 行 N 列），地质对象的边界由 n 个坐标点组成，则点 P_i（x_i，y_i）（$i = 1$，2，$\cdots$，n）所处的网格单元按下式计算：

$$Cols = \frac{x_i - x_0}{L} + 1，\text{所处的列}$$

$$Rows = \frac{y_i - y_0}{L} + 1，\text{所处的行}$$

$$CellID = Rows \times N + Cols \tag{3.41}$$

$CellID$ 即为该控制点所处的网格单元号。所有边界控制点的网格单元号集合即为该地质对象所分布的网格单元。图 3.61 为两个不良地质对象 A（线状）和 B（面状），其 ID 号分别为 P0001 和 P0002，则网格表中存储的数据如表 3.1。在检索时，根据鼠标转换后的实际地理坐标判断鼠标所处的网格，只对该网格内的地质对象进行检索判断，可有效地节省检索时间。

表 3.1　网格表中存储的对应数据

网格编号	地质对象 ID 号	左下角 x 坐标	左下角 y 坐标	右上角 x 坐标	右上角 y 坐标
…	…	…	…	…	…
17	P0001	…	…	…	…
18	P0002	…	…	…	…
…	…	…	…	…	…

网格编号	地质对象 ID 号	左下角 x 坐标	左下角 y 坐标	右上角 x 坐标	右上角 y 坐标
24	P0001	…	…	…	…
25	P0001、P0002	…	…	…	…
26	P0002	…	…	…	…
…	…	…	…	…	…
32	P0001	…	…	…	…
……	…	…	…	…	…

二、三维数字地质体建模

（一）三维地质体建模

地质体的三维建模，主要是通过地下各地层的建模实现。通过数据的预处理，对钻孔数据进行分层处理，将各个地层按照一定的层序在空间上叠加。其方法如下：

以钻孔孔口坐标点为离散点，按 Delaunay 法构建地下地质体的三角网 TIN，将 TIN 中的三角形逐个沿钻孔向下扩展生成广义三棱柱 GTP。由于地层出现一般都具有先后规律及分布走向，它反映了地质构造过程中异常地层尖灭的顺序关系，因此三角形向下扩展时应能体现出这种地质构造规律，在钻孔间完成地层上述关系的推理，并保证推理结果的正确性和唯一性。相邻层之间的三棱柱体的侧面四边形由 TIN 中三角形三顶点两两组合后沿钻孔按一定规则向下扩展而成，这样侧面四边形的侧棱边只能在同一条钻孔上，即使钻孔倾斜也能保证建立唯一的侧面四边形与广义三棱柱体。建模的主要过程如下：

（1）根据钻孔孔口坐标按 Delaunay 三角网的构建方法生成一个三角形，将该三角形设置为第一个 GTP 的上三角形。

（2）根据上三角形点的属性编码沿三个钻孔向下扩展新三角形（称为下三角形），如图 3.62 所示。扩展规则是：如果三角形三个顶点的属性编码相同，则新三角形顶点均为相应钻孔的下一个点，如图 3.62（a）；如果编码不相同，则以编码小［图 3.62（b）］的钻孔上新三角形顶点为相应钻孔的下一个点，而编码大［图 3.62（c）或（d）］的钻孔上新三角形顶点保持不变，即与上三角形顶点相同，如图 3.62。

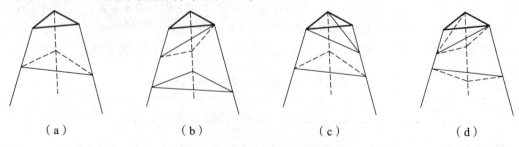

| （a） | （b） | （c） | （d） |

图 3.62　向下扩展广义三棱柱

（3）根据上、下三角形对应关系构建棱边、侧面四边形和广义三棱柱体，记录并修改广义三棱柱体的描述信息，并将下三角形置为上三角形。

（4）重复（2）、（3）步骤，直到上三角形顶点均为三个钻孔的底部点为止。

（5）根据钻孔孔口坐标按 Delaunay 三角网的构建方法扩展新三角形，并置为上三角形，重复步骤（2）～（4），构建新的 GTP。

（6）重复步骤（5），直到地表面钻孔孔口的 Delaunay 三角网构建完成为止。

这种建模方法的好处是便于模型修改。当插入新的钻孔时，只需像 TIN 一样进行局部修改，然后对进行了局部修改的三角形沿钻孔（向下）方向修改即可生成新的广义三棱柱体。图 3.63 为生成的 3D 地质体模型。

图 3.63　利用 GTP 构建 3D 地质模型

但断层等复杂地质构造的存在破坏了地层的连续性，改变了数据的原始分布格局，断层处理是三维地质建模及其可视化的难点和热点之一。由于断层构造几何形态空间展布的不连续性，而断层的深度、宽度和延伸方向等对长隧道、特大桥的位置选择都有着较大的影响，进而影响线路的局部走向，因此三维地质体建模必须要考虑断层的影响。断层信息表和断层地层信息表之间的关系如图 3.64 所示。

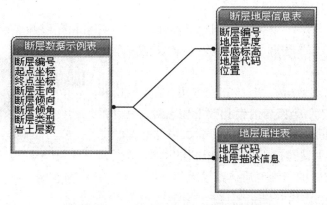

图 3.64　断层数据子库中表的关系

断层信息表和断层地层信息表通过"断层编号"字段关联起来，断层地层信息表与地层属性表通过"地层代码"字段关联起来。其中断层地层信息表中的"位置"字段，指断层左右侧。

通过对断层两侧地层分别存储，根据断层两侧地层数据，分别构建断层的左右两侧，然后将断层同一地层的分界点连接起来，即构成整体三维地层模型（图 3.65）。

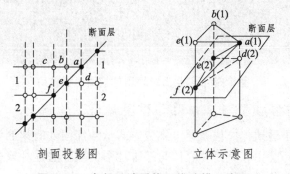

剖面投影图　　　　　　　立体示意图

图 3.65　含断层地质体三维建模示意图

在三角形的 3 个顶点中，如果存在顶点所属对象为断层（即构造的三角形有断层参与的，在参与数量最多的情况下，三角形 3 个顶点均为断层），那么断层左右侧的判断如下：

① 如果只有一个顶点属于断层：

判断该顶点的 x 坐标，如果小于其他两顶点的 x 坐标，则采用右侧地层数据，否则采用左侧地层数据。

② 如果多于一个顶点属于断层：

判断断层顶点的 x 坐标，只有顶点 x 坐标最小的断层采用右侧地层数据，其他断层顶点则采用左侧地层数据。

按照上述知识推理规则，在地表面形成孔口 Delaunay 三角网的基础上，构建含断层地质体三维模型的主要算法可描述如下：

（1）从地表面 Delaunay 三角网中提取一个三角形，将这个三角形设置为第 1 个 GTP 的上三角形。

（2）根据上三角形 3 个顶点的地层编号及属性（断层点属于钻孔或断层），按三维构造知识推理规则沿钻孔向下扩展新三角形（称为下三角形）。

（3）根据三角形双向链表中上下三角对应关系和钻孔点链构建 GTP，记录其描述信息，并将下三角形置为上三角形。

（4）重复（2）、（3）步骤，直到上三角形顶点均为各自钻孔底部点为止。

重复（1）~（4）步骤，直到地表面 TIN 的三角形遍历完为止。

上述关于含断层地质体的三维建模方法，适于断层和地质模型的动态修改。当有新的钻孔数据加入时，只需在地表面局部修改 Delaunay 三角网，然后将局部修改的三角形按照推理规则沿钻孔向下扩展生成新的 GTP 即可。图 3.66 为存在断层时的三维地质体建模效果。图 3.67 为带状三维地质体模型建模效果。

图 3.66　三维地质模型建模效果

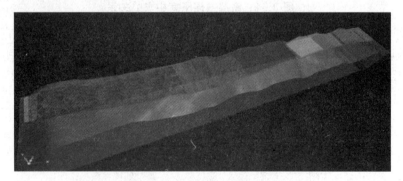

图 3.67　带状三维地质体模型建模效果

（二）三维地质体模型与三维地形模型融合

将建模生成的地下地质体，或者通过集成方式从外部读入的其他软件建模生成的地质体模型叠加到三维地形环境中，就是地质体与三维地形的融合过程。该过程实际上是对地表地形影响区域进行动态改造的过程。其融合过程如下：

步骤 1：融合区域的确定。

地质体与地形融合的影响区域实际上就是地质体的边界投影到地形网格上，形成的一个多边形区域。融合区域与地形网格存在多种对应关系：可能为一对多，即一个融合区对应多个地形网格；也可能为多对一，即多个融合区域对应一个地形网格。当一个三维地质体模型读入后，其边界范围可以由完整模型的一个包围盒或分解模型的多个包围盒进行确定，将该包围盒范围投影到地形网格上，计算其在场景世界坐标中的边界地理坐标范围，也就确定了融合区域。

步骤 2：地质体放置位置的确定。

将地质体包围盒的中心坐标，从场景局部坐标转换到世界坐标，记为 $P(x_o, y_o)$ 并将读入的地质体模型原点设置在其中心，通过位置偏移矩阵设置该模型的放置位置为 $P(x_o, y_o)$。

步骤 3：对融合区域与地形块网格进行求解，并采用约束三角网删除融合区域内部的三角形，以融合区域的边界为特征边对剩余的三角形顶点进行重新构网。通过循环处理，从而实现地质体与地形的融合。三维地质体模型与三维地形模型融合的效果如图 3.68 所示。

图 3.68　三维地质体模型与三维地形模型融合效果

三、三维地质环境建模

（一）建模基本思路

如何在已建立的三维地形环境中集成和描述地质信息是三维地质环境建模要解决的主要问题，也是实现遥感地质选线的关键。这里采用面向对象表示的方法，将三维地质环境中的地质信息通过不同的地质对象来表达和集成，每个地质对象均作为一个独立的空间实体。空间实体通常有栅格法和矢量法两种形式来实现在计算机内的描述。在栅格法中，对象是一系列 x、y 坐标定位的像元，每个像元独立编码，并载有属性值。在矢量法中，对于三种主要地理实体的点、线、面，点类似于像元，但点不占有面积，其余两种均由一系列内部相关联的坐标形成，一定的面或线则能与一定的属性连接。矢量结构具有"位置明显，属性隐含"的特点。如果能够将地质对象的空间分布范围矢量数据投影到三维地形上，实现 DEM 与矢量数据的三维叠加分析，将各种数字化地质信息以适当的形式表达出来，为在三维地形上进一步进行地质分析提供数据依据，则将有助于选线工程师更加直观地进行地质选线。因此，本书提出矢量栅格一体化方法，即以三维地形环境为背景，一方面叠加上数字地质对象的空间分布矢量数据及其文化特征信息，实现矢栅一体化的三维地形显示；另一方面将地质对象遥感解译影像也叠加在三维地形上，实现影像的叠加显示，这样对于地质对象建立起矢量、栅格影像同时存在的表达模式，使所建立的地质环境更为直观，同时将矢量和栅格数据有效地集成，进行数据组织、管理，并且保证两种不同类型的数据同步漫游显示、查询、检索、分析。在这样一个三维环境中，选线设计人员既能够对地形地貌进行全面的察看和认识，又能够对地质信息进行各种空间查询与分析决策，并能够以一种动态的交互式的三维影像形式表现出来。

（二）矢量化建模方法

矢量数据结构是通过记录坐标的方式，尽可能精确地表示点、线、多边形等地理实体，其特点是"位置明显，属性隐含"。因此，通过遥感解译获取的数字地质对象空间区域范围数据非常适合用矢量数据结构来表达和存储。通过计算机遥感解译获取的地质对象空间区域范围只有（x，y）二维信息，缺少第三维的高程信息，但可以根据地形在空间上的相关性和连续性，以 DEM 为基础，采用空间插值的方法分别获取与二维数据相对应的高程数据。下面介绍以点状、线状和面状地质对象对应的二维平面矢量数据生成三维点、多段线、多边形数据，并将这些矢量数据叠加在三维地形上的方法。

1. 三维空间点数据的生成与叠加

点数据是最重要的矢量数据之一，用它可以生成多段线和多边形数据。设 P 在平面栅格上的投影如图 3.69 所示，求解 P 点所对应高程信息的方法可以表述如下：

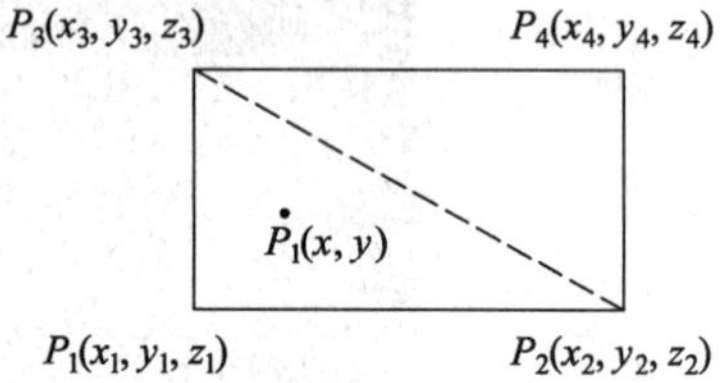

1）双线性插值法

（1）判断点在平面网格中的位置，根据 P 点的平面坐标确定其落于哪个网格之内。

（2）点 P 所在格网的 4 个角点组成一个四边形，确定一个双线性多项式来内插点的高程。其函数形式为

图 3.69　点在网格平面上的投影

$$z = a_0 + a_1 x + a_2 y + a_3 xy \tag{3.42}$$

a_0、a_1、a_2 和 a_3 是所求的参数，设 4 个已知点为 P_1（x_1，y_1，z_1）、P_2（x_2，y_2，z_2）、P_3（x_3，y_3，z_3）和 P_4（x_4，y_4，z_4），代入式（3.42）得

$$\begin{bmatrix} a_0 \\ a_1 \\ a_2 \\ a_3 \end{bmatrix} = \begin{bmatrix} 1 & x_1 & y_1 & x_1 y_1 \\ 1 & x_2 & y_2 & x_2 y_2 \\ 1 & x_3 & y_3 & x_3 y_3 \\ 1 & x_4 & y_4 & x_4 y_4 \end{bmatrix}^{-1} \begin{bmatrix} z_1 \\ z_2 \\ z_3 \\ z_4 \end{bmatrix} \tag{3.43}$$

则可以推算出 a_0、a_1、a_2 和 a_3，再将点 P 的 x、y 坐标代入式（3.42），从而内插出点 P 的高程 z。

2）加权平均法

加权平均法是移动拟合法的特例，它是在解算点 P 的高程时，使用加权平均值代替误差方程，即

$$z = \frac{\sum_{i=1}^{n} \lambda_i z_i}{\sum_{i=1}^{n} \lambda_i} \tag{3.44}$$

式中：z 是点 P 的高程；z_i 是第 i 个参考点的高程值；n 为参考点的个数；λ_i 是第 i 个参考点的权重。其中权函数最常用的选择为

$$\lambda = \frac{1}{d^2} \text{ 或 } \lambda = \frac{(R-d)^2}{d^2} \tag{3.45}$$

式中：λ 为参考点的权；R 为内插点选择的范围圆的半径，其值由所取最少参考点数决定；d 是点 P 到参考点的距离。

2. 线段数据的叠加

线段矢量数据通常是通过连接线段上的各个控制点获得的，它采用一组有序的（x, y）坐标对来表示这类对象的位置，即（x_1, y_1），（x_2, y_2），…，（x_n, y_n）。多段线在网格平面上的投影如图 3.70 所示。如果仅仅简单地连接控制点间线段两端的坐标，如果格网 4 个角点高程不相等，则在以下两种情况下将会出现线段低于或高于网格表面的现象：

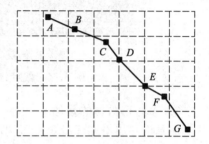

图 3.70　多段线在网格平面上的投影

（1）当某一个小线段的两个控制点位于网格对角线两侧时，由于渲染时最终是以三角形渲染，因此会造成小线段穿过［图 3.71（a）］或高于两个三角形面［图 3.71（b）］。解决方法如下：

如图 3.72 所示，求出小线段与对角线 P_1P_4 的交点 P，则点 P 的坐标为

$$\begin{cases} x_P = x_1 + \dfrac{l_2}{l_1 + l_2}(x_4 - x_1) \\ y_P = y_1 + \dfrac{l_2}{l_1 + l_2}(y_4 - y_1) \end{cases} \tag{3.46}$$

P 点的高程 z_P 可由双线性插值法或加权平均法求得。

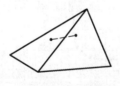
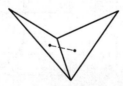
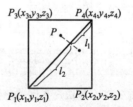

（a）穿过三角形面　　（b）跨过三角形面

图 3.71　小线段穿过段和跨过三角形面　　图 3.72　求小线段与对角线交点

图 3.73 即为增加控制点的投影结果图，图中圆点即为新增加的控制点。

（2）两控制点位于不同的网格内时，两控制点间的小线段就会跨越两个或多个网格，也会引起线段低于或高于网格表面的现象，不利于矢量数据的真实显示。可利用现有的网格数据，求出多段线矢量数据上各个小线段与网格的交点。若相邻两交点位于网格对角线两侧，则按照（1）求解网格

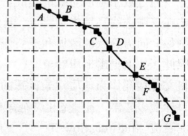

图 3.73　增加控制点后的结果

对角线交点坐标，将该交点也作为多段线的附加控制点。

因此，在三维地形上绘制线状地质对象时，只需把求出的交点作为多段线中内插的控制点连接起来，即可保证绘制的三维多段线紧贴在三维地形的表面。

图 3.74 为处理前后的效果对比。其中：图 3.74（a）为处理前的效果，有部分进入地下，不可见；图 3.74（b）为处理后的效果，线状地质对象紧贴在地形表面。

（a）处理前　　　　　　　　　　　（b）处理后

图 3.74　线状地质对象在三维地理环境中处理前后对比

3. 多边形数据的叠加

面是由一组有序线段包围所构成的区域。采用一组有序的线段来表示地理实体的边界位置，这组有序的线段首尾位置必须重合，表示为 (x_1, y_1)，(x_2, y_2)，…，(x_n, y_n)，最末一点的坐标与第一点的坐标相等，其空间区域边界表现为多边形。

多边形的顶点坐标可以根据式（3.43）和式（3.44）求出。在三维地形上绘制矢量多边形有两个步骤。首先，根据多边形的顶点顺序将其连接成多边形，如图 3.75 所示。其次，如果两控制点间的小线段穿过对角线或跨越多个网格时，同样也会遇到三角形低于或者高于三维地形的情况，其处理方法可按多线段数据处理。图 3.76 为增加控制点的投影结果，图中圆点即为新增加的多边形控制点。

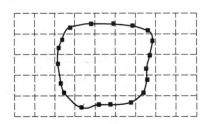 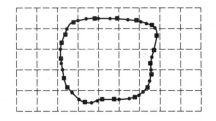

图 3.75　多边形在网格平面上的投影　　　图 3.76　增加控制点后的结果

4. 地质对象文化特征的显示

通过数字地质对象的空间区域范围数据在三维选线环境中的描述和显示，实现了地质对象在三维选线环境中的集成，但是有一个问题还没有解决，即类型相同的地质对象如何区别。例如，同为面状的滑坡和泥石流，在三维地形上均表现为多边形，并不能有效地加以区别。因此，这里提出地质对象文化特征概念，即用地质对象的名称和 ID 标示号作为其文化特征，将文化特征作为地质对象特殊的矢量数据，按照相应的地理位置叠加于地质对象的矢量三维目标上。这样，通过文化特征就能够有效地识别不同类型的地质对象，如滑坡 Coast/ID_***、泥石流 Mud-rockflow/ID_***、崩塌 Landslip/ID_***等等。标示位置确定方法如下：对于点状地质对象，直接在对应的三维点坐标处标示；对于线状地质对象，在多段线起终点或中心

134

点处标示；对于面状地质对象，在多边形中心点处标示。由于多段线的起终点是已知的，下面说明多段线和多边形中心点的确定方法。

1）线状地质对象中心点的确定

步骤 1：求解多段线总长度 L。

$$L = \sum_{i=1}^{n-1} l_i \quad （n \text{ 为多段线控制点总数}）$$

式中：$l_i = \sqrt{(x_{i+1} - x_i)^2 + (y_{i+1} - y_i)^2 + (z_{i+1} - z_i)^2}$，$(x_i, y_i, z_i)$ 为控制点 P_i 的坐标，$(x_{i+1}, y_{i+1}, z_{i+1})$ 为控制点 P_{i+1} 的坐标。

所有相邻两控制点距离之和即为线状地质对象（多段线）的总长度 L，并保存所有 l_i 值。

步骤 2：根据步骤 1 所求解的 l_i 值，寻找 $\sum_{i=1}^{n-1} l_i \geqslant L/2$，满足此条件的 i 所对应的控制点 $P_i(x_i, y_i, z_i)$ 即可作为多段线的近似中心点，如图 3.77 所示。求解过程可用以下代码表示：

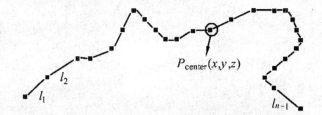

图 3.77　根据多段线长度求得近似中心点

```
int i=1;
float m_sumL=0;
while(m_sumL<=L/2)
{
    m_sumL= m_sumL+l_i;
    i++;
    loop;
}
```

2）面状地质对象中心点确定

步骤 1：设多边形矢量边界控制点集 $P_t = \sum_{i=1}^{n} p_i(x_i, y_i)$，令

$P_{min}(x, y) = \min(P_t)$，控制点集最小 (x, y) 坐标点。

$P_{max}(x, y) = \max(P_t)$，控制点集最大 (x, y) 坐标点。

点 $P_{min}(x, y)$ 和 $P_{max}(x, y)$ 为多边形外接矩形左下角和右上角坐标。

$P_{center}(x, y) = \frac{1}{2}[P_{min}(x, y) + P_{max}(x, y)]$，为多边形外接矩形的中心坐标。

步骤 2：判断点 $P_{center}(x, y)$ 是否位于多边形内。如果 $P_{center}(x, y)$ 位于多边形内，则不需要重新计算中心点，将点 $P_{center}(x, y)$ 近似作为多边形的中心点，如图 3.78；否则，依次计算 $P_{center}(x, y)$ 到多边形控制点的距离，取最小距离对应控制点为近似中心点，图 3.79 为处理过程。

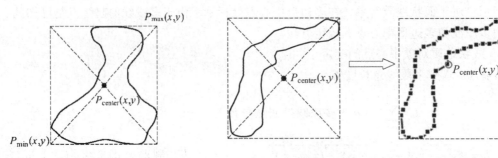

| 图 3.78　外接矩形中心在多边形内 | 图 3.79　外接矩形中心在多边形外的处理方法 |

计算点 $P_{\text{center}}(x,y)$ 的高程值 z，最终点 $P_{\text{center}}(x,y,z)$ 为多边形的近似中心点。图 3.80 即为在三维环境中集成数字对象的结果。

图 3.80　数字地质对象在三维地形环境中的矢量化表达

（三）栅格化建模方法

针对地质信息在铁路选线 CAD 中的应用，主要可通过超文本方式、热键链接来获取地质信息，但提供给选线设计人员的也只是文本方式的地质信息。文本方式地质信息所包含的信息量不丰富、不直观，需要选线设计人员去想象，要求选线设计人员有较丰富的选线经验，因此影响其应用效果。选线设计人员所需要的是直观地观察选线区域不良地质的分布情况和特征。图像的直观性远非一般文本所能比拟，所表达的信息也远远多于文本。因此，对于三维地质环境建模，书中同时提供两种模式，即栅格图像模式、矢量化和栅格影像的联合表达模式。栅格图像模式的图像为遥感地质解译影像，它将解译影像同时叠加在三维地形环境中；矢量化和栅格影像联合表达模式，可使所建立的三维地质环境对地质对象的表达和应用更为直观和高效，更有助于选线工程师在三维环境中进行选线。

矢量化建模方法采用不良地质对象区域边界和地质文化特征进行标示和定位，实现了地质对象在计算机内部的矢量化表达，为计算机自动识别各地质对象提供了解决方案，同时也为栅格化建模提供了解决方案。

栅格化建模涉及以下两个方面的问题：① 不良地质对象遥感解译图像的获取；② 不良地质对象遥感解译图像在三维选线环境中的定位。

图 3.81 和图 3.82 为解译示例。

图 3.81　基于 AOI 确定不良地质区域

图 3.82　不良地质对象的遥感解译图像

对于不良地质对象的遥感解译图像，在三维选线地理环境中进行精确定位非常重要，这也关系到整个建模的应用效果。由于解译图像通常具有不规则边界，下面根据不良地质对象的类型着重介绍不良地质对象遥感解译图像在三维选线环境中的定位方法。

1. 面状不良地质对象

（1）首先读取不良地质对象的数字化空间分布区域边界坐标数据。

（2）内插出区域范围内的 DEM 数据，连同边界数据点共同构成离散点数据，以 TIN 方式绘制对应的影像范围（图 3.83），以不良地质对象的遥感解译图像作为纹理（图 3.84），实现影像的精确定位和影像叠加显示。

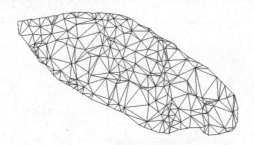

图 3.83　不良地质对象的 TIN 模型

图 3.84　遥感解译影像纹理

地质对象的遥感解译影像的显示是通过将其作为纹理叠加在 TIN 模型上实现的，因此，纹理坐标的确定是精确定位和显示的关键。下面介绍面状不良地质对象区域范围内任意一点的纹理坐标计算方法。

设面状地质对象遥感解译图像的左下角坐标为（x_L, y_L），右上角坐标为（x_R, y_R），区域内任意一点的坐标为（x_i, y_i）。

令
$$\begin{cases} W = x_R - x_L \\ H = y_R - y_L \end{cases}$$
（3.47）

则点（x_i, y_i）对应的纹理坐标（x_{i_T}, y_{i_T}）为

$$\begin{cases} x_{i\_T} = \dfrac{(x_i - x_L)}{W} \\ y_{i\_T} = \dfrac{(y_i - y_L)}{H} \end{cases}$$
（3.48）

2. 线状不良地质对象

与面状不良地质对象类似，线状不良地质对象的精确定位和影像叠加是在其周围确定一定边界范围 [图 3.85 （a）]，将线状不良地质对象作为 TIN 模型的特征线，构建约束 TIN 模型 [图 3.85 （b）]，然后按照面状不良地质对象处理 [图 3.85 （c）]，最后叠加在三维地貌影像模型上。

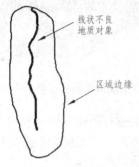 

（a）线状不良地质对象空间　　　　（b）约束 TIN 模型　　　　（c）遥感解译影像

图 3.85　线状不良地质对象表达模式

（四）数字地质对象与数字地形的融合

解译坐标动态加入地形后实现了地质对象在计算机内部的有效表达，使得计算机能够方便地识别各种地质对象，为解译图像的叠加和属性的显示提供了基础如图 3.86、图 3.87 所示。解译图像的叠加步骤为：

（1）从数据库中读入地质对象的解译图像。

（2）读取地质对象对应的 TIN 网格信息。

（3）计算 TIN 网格顶点的纹理坐标，进行纹理映射，完成解译图像叠加。

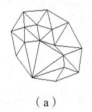   

（a）　　　　　　（b）　　　　　　（c）　　　　　　（d）　　　　　　（e）

图 3.86　解译坐标加入后三角网重构示意

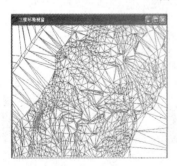  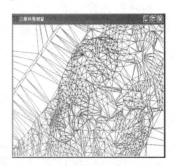

（a）地形 TIN　　　　　（b）删除影响区域的三角网　　　　　（c）更新影响区域的三角网

图 3.87　解译坐标动态加入过程

图 3.88 显示了解译图像在三维地形环境中的叠加。

（a）解译图像　　　　　　　（b）解译图像叠加到三维地形环境中

图 3.88　解译图像的叠加

解译属性的动态显示：

基于 OpenGL 的纹理贴图融合技术，可在选线设计时，当线路进入不良地质区域时，对该地质对象进行高亮显示，并通过唯一识别的地质对象 ID，调入数据库中的解译属性进行提示。图 3.89（a）和（b）分别为在正射环境下和透视环境下地质对象解译属性的动态显示。图 3.90 显示的是多个不良地质区域对象与三维数字地形融合后的效果。

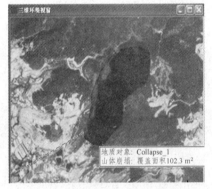 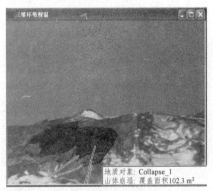

（a）正射环境下解译属性提示　　　　　　　（b）透视环境下解译属性提示

图 3.89　解译属性的动态显示

图 3.90　多个不良地质区域对象与三维数字地形融合后的效果

思 考 题

1. 简述线路工程信息技术系统常用的数字地形模型的形式及其特点，并分析各种模型在铁路工程规划、勘测设计及工务管理中的适用性。

2. 编写一个程序，根据离散点数字地形数据构建方格网数字地形模型，并用双线性内插法计算线路中线上给定点的地面高程。

3. 分析大型带状数字地形模型建模的核心技术问题。

4. 在查阅资料的基础上，分析各种数字地物建模方法的特点。

5. 分析真实感地形环境建模的核心技术问题。

6. 分析复杂地质区域地理环境建模的核心技术问题。

第四章 铁路线路工程信息建模

铁路线路构造物主要由路基结构、桥梁与高架架构、隧道结构等组成，在其上集成了丰富的空间信息、结构信息、材料信息和设备信息等。铁路线路工程信息模型实际上是以三维数字化技术为基础，将这些工程信息在计算机中进行有机组织，形成的一个工程数据模型。根据铁路工程项目建设的不同阶段、不同应用，创建和完善的信息不同，该模型所构建的模型对象粒度（精细程度）也不同。本章主要针对面向实体选线设计的铁路线路构造物信息建模方法进行研究，通过对铁路线路结构物与设备按照基本结构单元进行划分形成基元，分类建模，建立了铁路标准构造物与轨道部件基元模型库；本章还基于基元模型库研究铁路线路构造物实体建模，并实现铁路线路构造物模型与虚拟地理环境模型的实时融合。

第一节 铁路线路构造物基元模型建模

本节将构成铁路线路结构物及设备的基本结构单元定义为基元模型，将对基元模型进行信息化管理和应用的计算机系统定义为基元模型库。

一、基元模型数据结构组成

基元模型是铁路线路工程信息技术的核心，也是实现铁路三维实体选线的关键。基元模型作为铁路线路构造物与设备的基本结构单元，其数据构成主要包含以下四个部分：

1. 矢量文件

矢量文件是线路构造物及设备标准设计的数字化资料，是实现构造物及设备空间数据标准化和规范存储的前提，也是今后对三维模型进行维护修改的基础。它具有占用内在空间小、放大图像不会失真、可量测、表达构造物的空间关系容易等特点。

2. 模型文件

模型文件即存储线路构造物及设备模型几何实体数据的文件，它是模型库的核心部分。

3. 纹理文件

纹理文件是在铁路工程项目实景中利用高倍照相机或摄像机采集的线路构造物及设备外观特性的照片、图片，是用以进行模型纹理贴图和渲染的文件。

4. 属性文件

属性文件是表示线路构造物及设备相关性能、功用的文字资料，是描述基元模型属性的文件。

由此可知，基元模型是为基元模型库设计划分的最基本结构单元，实质上是一个包含线路构造物及设备矢量数据、模型数据、纹理数据和属性数据的静态数据集。基元模型的数字化建模需分别针对不同对象数据进行，其核心是解决模型对象的几何建模问题，也即如何在计算机中描述对象的形状（多边形、三角形、顶点和样条）和外观（表面纹理、表面光强度和颜色），并从铁路实体选线应用的角度考虑，要求所建的三维模型必须具有逼真性、准确性和实时性。

二、基元模型分类编码方法

在铁路虚拟环境建模过程中，为提高基元模型的利用效率，基于模型重用和分割—归并的思想，将基元模型库分为轨道工程、路基工程与排水工程、桥涵工程，隧道工程，站场工程、牵引供电工程、通信信号、机车车辆、沿线其他设施及设备共9个子库分别建模，每个子库又包含不同的结构物类型，每种结构物由多个不同构件模型组成，每个构件模型可以由多个基元部件模型组成。为了在虚拟环境场景中有效管理和检索基元模型，先对基元模型进行详细编码，形成基元模型的唯一标识。基元模型 ID 编码方法设计为：基元模型 ID：×× ×××× = ×（子库目录代码 A ~ Z）+ ××（结构物类型代码 01 ~ 99）+ ××（构件模型类别代码 01 ~ 99）+ ××（基元模型类别代码 01 ~ 99）。

铁路线路构造物及设备基元模型库分类如表 4.1 所示。

表 4.1　铁路线路构造物及设备基元模型库分类

根目录	子　库	结构物类型
基元模型库	A 轨道工程	A01 钢轨　A02 轨枕　A03 有砟道床　A04 无砟轨道　A05 道岔　A06 扣件　A07 接头连接零件　A08 防爬设备　A09 加固设备　A10 减震设备　A11 钢轨伸缩调节器
	B 路基工程与排水工程	B01 标准断面　B02 基床　B03 防护工程　B04 支挡工程　B05 排水工程
	C 桥涵工程	C01 上部结构　C02 下部结构　C03 桥面系　C04 桥梁附属设施 C05 涵洞
	D 隧道工程	D01 洞门　D02 洞身　D03 仰拱　D04 通风设备　D05 救援设备　D06 防排水工程　D07 其他附属建筑物
	E 站场工程	E01 客运设备　E02 货运设备　E03 线路设备　E04 通号工程　E05 路基工程　E06 安全设施　E07 防灾救援设施
	F 牵引供电工程	F01 接触网　F02 变压站
	G 通信信号	G01 通信信号设备
	H 机车车辆	H01 机车　H02 车辆　H03 动车组
	I 沿线其他设施及设备	I01 声屏障　I02 铁路护栏　I03 人行道

在表 4.1 中，牵引供电工程、通信信号、机车车辆并不属于铁路线路构造物的范畴，此处为了便于管理，将其模型存入构造物模型库中。

针对每种结构物类型，还需要进行详细的构件类型和基元类型划分，比如钢轨模型可以分为 75 kg/m 钢轨、60 kg/m 钢轨、50 kg/m 钢轨、43 kg/m 钢轨、UIC60 kg/m 钢轨等。轨枕模型可以划分为木枕、混凝土枕、钢枕、合成枕等，其中混凝土枕可以划分为Ⅰ型混凝土枕、Ⅱ型混凝土枕、Ⅲ型混凝土枕、混凝土宽枕、混凝土岔枕、混凝土桥枕等。由于铁路基元模型的种类较多，限于篇幅，本节仅以轨道工程为例，对基元模型类型划分进行列举。轨道工程基元模型类型分类如表4.2所示：

表4.2　轨道工程基元模型分类

结构物类型	构件类型	基元模型类型
A01 钢轨	A0101 75 轨	A010101 75 轨
	A0102 60 轨	A010201 60 轨
	A0103 50 轨	A010301 50 轨
	A0104 43 轨	A010401 43 轨
	A0105 UIC60 轨	A010501 UIC60 轨
A02 轨枕	A0201 普通木枕	A020101 普通Ⅰ类 A020102 普通Ⅱ类
	A0202 桥梁木枕	A020201 桥梁木枕
	A0203 Ⅰ型混凝土枕	A020301 S-1 型 A020302 J-1 型
	A0204 Ⅱ型混凝土枕	A020401 S-2 型 A020402 J-2 型 A020403 YⅡ-F 型 A020404 TKG-Ⅱ型
	A0205 Ⅲ型混凝土枕	A020501 有挡肩 2.6 m 长 A020502 无挡肩 2.6 m 长 A020503 有挡肩 2.5 m 长 A020504 无挡肩 2.5 m 长
	A0206 混凝土宽枕	A020601 弦 76 型 A020602 筋 76 型 A020603 弦 82 型 A020604 筋 82 型
	A0207 混凝土桥枕	A020701 混凝土桥枕
	A0208 钢枕	A020801 钢枕
	A0209 合成枕	A020901 合成枕
A03 有砟道床	A0301 单线路基道床	A030101 单线路基道床
	A0302 双线路基道床	A030201 双线路基道床
	A0303 单线桥梁道床	A030301 单线桥梁道床
	A0304 双线桥梁道床	A030401 双线桥梁道床
	A0305 单线隧道道床	A030501 单线隧道道床
	A0306 双线隧道道床	A030601 双线隧道道床

结构物类型	构件类型	基元模型类型
A04 无砟轨道	A0401 板式无砟轨道	A040101 CRTS Ⅰ 平板型板式无砟轨道 A040102 CRTS Ⅰ 框架型板式无砟轨道 A040103 CRTS Ⅱ 型板式无砟轨道 A040104 CRTS Ⅲ 型板式无砟轨道
	A0402 轨枕埋入式轨道	A040201 CRTS Ⅰ 型双块式无砟轨道 A040202 CRTS Ⅱ 型双块式无砟轨道 A040203 桥上长枕埋入式无砟轨道
	A0403 轨枕支承式轨道	A040301 LVT 弹性支承块式无砟轨道
A05 道岔	A0501 单开道岔	A050101 6#左开 A050102 6#右开 A050103 7#左开 A050104 7#右开 A050105 9#左开 A050106 9#右开 A050107 12#左开 A050108 12#右开 A050109 12#可动心轨左开 A050110 12#可动心轨右开 A050111 18#左开 A050112 18#右开 A050113 18#可动心轨左开 A050114 18#可动心轨右开 A050115 18#客专左开 A050116 18#客专右开 A050117 30#左开 A050118 30#右开 A050119 30#客专左开 A050120 30#客专右开 A050121 38#左开 A050122 38#右开 A050123 41#左开 A050124 41#右开 A050125 42#左开 A050126 42#右开 A050127 62#左开 A050128 62#右开
	A0502 对称道岔	A050201 6#对称道岔 A050202 6.5#对称道岔 A050203 7#对称道岔 A050204 9#对称道岔
	A0503 三开道岔	A050301 三开道岔

结构物类型	构件类型	基元模型类型
A05 道岔	A0504 交分道岔	A050401　7#复式交分道岔 A050402　9#复式交分道岔 A050403　12#复式交分道岔 A050404　单式交分道岔
	A0505 交叉渡线	A050501　9#5.0 m 间距交叉渡线 A050502　9#5.3 m 间距交叉渡线 A050503　9#5.5 m 间距交叉渡线 A050504　9#6.5 m 间距交叉渡线 A050505　12#5.0 m 间距交叉渡线 A050506　12#5.3 m 间距交叉渡线 A050507　12#5.5 m 间距交叉渡线 A050508　12#6.5 m 间距交叉渡线
A06 扣件	A0601 木枕扣件	A060101　分开式 A060102　混合式
	A0602 混凝土枕扣件	A060201　弹条Ⅰ型扣件 A060202　弹条Ⅰ型弹性分开式 A060203　弹条Ⅱ型扣件 A060204　弹条Ⅲ型扣件 A060205　Ⅲ型弹性分开式扣件 A060206　弹条Ⅳ型扣件 A060207　弹条Ⅴ型扣件
	A0603 无砟轨道扣件	A060301　WJ-2 型扣件 A060302　WJ-7 型扣件 A060303　WJ-8 型扣件 A060304　德国福斯罗扣件
A07 接头连接零件	A0701 接头连接零件	A070101　夹板 A070102　接头螺栓
A08 防爬设备	A0801 防爬设备	A080101　防爬器 A080102　防爬支撑
A09 加固设备	A0901 轨距杆	A090101　轨距杆
A10 减震设备	A1001 减震设备	A100101　减震设备
A11 钢轨伸缩调节器	A1101 钢轨伸缩调节器	A110101　双尖式钢轨伸缩调节器 A110102　斜线式钢轨伸缩调节器 A110103　折线式钢轨伸缩调节器 A110104　曲线式钢轨伸缩调节器

三、基元模型几何建模技术

（一）几何形体的表示

几何建模是计算机图形学中的传统方法。在计算机中建立起三维几何模型，在给定观察点和方向以后，使用计算机的硬件功能和相应的绘制算法，实现消隐、光照及投影成像过程，从而产生几何模型的图像。按照对几何信息和拓扑信息的描述及存储方式的不同，三维形体在计算机中有线框、表面和实体三种表示模型。

1. 线框模型

线框（Wirefram）模型是计算机图形学和 CAD/CAM 领域最早用于表示物体的模型，是对三维对象的轮廓性描述。线框模型用顶点和棱边来表示物体，由于没有面的信息，它不能表示表面含有曲面的物体。另外，它不能明确地定义给定点与物体之间的关系，所以线框模型不能处理刨切、消隐和纹理渲染等重要问题，应用范围受到较大限制。这里用一个长方体为例描述线框模型的数据结构原理，如图 4.1 所示。

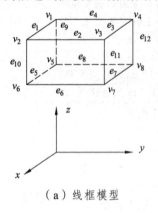

顶点	坐标值		
	x	y	z
1	0	0	1
2	1	0	1
3	1	1	1
4	0	1	1
5	0	0	0
6	1	0	0
7	1	1	0
8	0	1	0

棱线	顶点号	
1	1	2
2	2	3
3	3	4
4	4	5
5	5	6
6	6	7
7	7	8
8	8	5
9	1	5
10	2	6
11	3	7
12	4	8

（a）线框模型　　　　（b）顶点表　　　　（c）棱线表

图 4.1　线框模型的数据结构原理

2. 表面模型

表面（Surface）模型是用有向棱边围成的部分来定义形体表面，由面的集合来定义形体形成的模型。表面模型是在线框模型的基础上，增加有关面边（环边）信息以及表面特征、棱边的连接方向等内容形成的。表面模型扩大了线框模型的应用范围，能够满足面面求交、线面消隐、明暗色彩图等需要。但在该模型中，只有一张张面的信息，物体究竟存在于表面的哪一侧，并没有给出明确的定义，无法计算和分析物体的整体性质，因而在物性计算、有限元分析等应用中，表面模型在形体的表示上仍然缺乏完整性。其数据结构原理如图 4.2 所示。

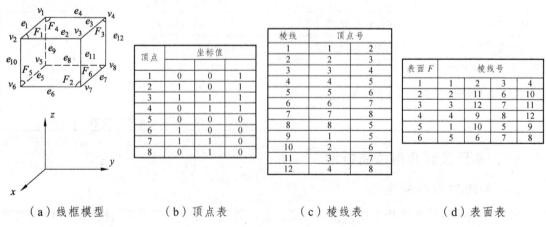

顶点	坐标值		
1	0	0	1
2	1	0	1
3	1	1	1
4	0	1	1
5	0	0	0
6	1	0	0
7	1	1	0
8	0	1	0

棱线	顶点号	
1	1	2
2	2	3
3	3	4
4	4	5
5	5	6
6	6	7
7	7	8
8	8	5
9	1	5
10	2	6
11	3	7
12	4	8

表面 F	棱线号			
1	1	2	3	4
2	2	11	6	10
3	3	12	7	11
4	4	9	8	12
5	1	10	5	9
6	5	6	7	8

（a）线框模型　　　（b）顶点表　　　　（c）棱线表　　　（d）表面表

图 4.2　表面模型的数据结构原理

3. 实体模型

实体（Solid）模型是最高级的模型，它能完整表示物体的所有形状信息，可以无歧义地确定一个点是在物体外部、内部或表面上，这种模型能够进一步满足物性计算、有限元分析等应用要求。图 4.3（a）（b）给出了表示表面的某侧面存在实体的定义方法，即将面的方向定义为实体内部指向实体外部，而面的方向则由包围该面的各边界线沿逆时针方向（以从外部朝该面看为标准）按右手定则来确定。因此，只需将图 4.2（d）的表面表改成图 4.3（c）的形式，就可确切地分清是体内还是体外，形成实体模型了。实体模型的数据结构十分复杂，可能有许多不同的结构。但无论是哪种结构，都是不仅记录全部几何信息，而且还记录全部点、线、面、体的拓扑信息，这是实体模型与前两种模型的根本区别。

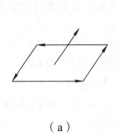 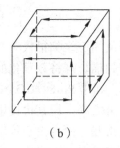

表面 F	棱线号			
1	1	2	3	4
2	-2	-11	-6	-10
3	-3	-12	-7	-11
4	-4	-9	-8	-12
5	1	10	5	9
6	5	6	7	8

（a）　　　　　　（b）　　　　　　（c）

图 4.3　实体模型的数据结构原理

在铁路视景仿真中，线框模型不能表示实体且图形有二义性；实体模型虽能完整无歧义地表达，但由于其携带的信息量太大，采用特殊的多 CPU 并行处理结构计算机，仍难满足实时绘制和动态交互的需要。因此目前主流算法多采用表面模型和实体模型混合绘制。

（二）三角网格的表示方法

在虚拟现实系统中，三维表面可以用多种方法加以描述，如边界表示法、扫描表示法、参数曲面表示法和分形几何方法，其中应用最为广泛的是边界表示法，而边界表示法中使用最多的是三角网格表示方法。采用三角网格来描述虚拟对象，具备诸多优点。比如三维空间中的三角形，经过投影后仍然保持着三角形的特征，易于对其实施各种线性操作，只需要对 3 个顶点进行操作就可以实现区域变换。此外，由于某些体系结构通过 MIMD（Multiple Instruction Multiple Data，多指令流多数据流）并行操作对三角网格进行了优化，使得它相对于一个个独立的多边形来说，绘制速度具有明显的优势。三角网格非常适合于细节层次 LOD 优化和几何变换。

三角网格的数据结构非常简单，主要包括：

（1）描述顶点位置的几何信息，$V = \{v_1, v_2, \cdots, v_n\}$。假设模型包含 n 个顶点，几何信息对应每个顶点在 $\mathbf{R}^3$ 空间中的位置。

（2）描述三角网格拓扑连接关系的信息包括一维的边和二维的面。每条边对应顶点的二元组，而每个面对应顶点的有序三元组，一般假设构成一个三角面片的三个顶点按逆时针顺序排列。由于面的信息蕴含了边的信息，如果三角网格只是用来储存和绘制，往往只需要提供面片列表 $F = \{f_1, f_2, \cdots, f_n\}$（假设模型包含 m 个面）即可。

除了这些必要信息之外，还可以包含诸如法向、纹理坐标等附加属性，这些信息通常与某个顶点、边或者面关联。因此，本节采用三角网格表示方法来构建铁路线路构造物及设备模型，并以此数据结构实现基元模型库系统中三维模型数据的管理和存储。三角网格模型如图 4.4 所示。

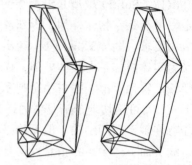

图 4.4　线路构造物三角网模型示意

（三）几何建模的方法和途径

要实现三维物体的几何建模，首先要获取完整、准确的三维物体表面形状信息。目前，获取物体表面形状生成三维网格的方式有很多种，包括使用三维扫描仪、工具包编辑、从现有商业数据库中购买模型和利用建模软件等。

1. 使用三维扫描仪

创建大型三维模型的快捷方法就是使用三维扫描仪（Three-Dimensional Scanner）。三维扫描仪对待建模物体进行多角度的三维扫描，并将数字化的实物数据输入到计算机中，通过三角网格计算，形成物体的三角网格片，利用 ProE、UG、Geomagic、Imageware 等软件能够自动生成物体的三维模型，并且精度非常之高。但其价格则较为昂贵，一套三维扫描仪价格动辄数十万元，并非普通用户可以承受得起。而且由于传感器易受到噪声干扰，所以还需要进行一些后期的专业处理，如删除散乱点、点云网格化、模型补洞、模型简化等。

2. 工具包编辑建模

工具包编辑器由于使用了图形编程语言，所以它允许我们从草图开始构建三维模型。在创建形状时，需要有关于顶点坐标和连续性的文本描述，如果要求实现光滑的明暗效果，则还需要指定法向量。要实现这一过程需要进行反复的试验和调整纠错，程序员的技能熟练程度也是决定这一过程所消耗的时间的关键。Starbase、PHIGS 和 OpenGL 就是这样的建模工具包。

3. 从现有商业数据库中购买模型

直接从各种商业数据库中购买已经创建好的三维模型，可以避免建模的烦琐过程，节省大量的时间。目前比较著名的商业几何图形库是美国 Viewpoint Datalabs 公司的 Viewpoint Catalog 图形库。库中包括解剖、人物、动物、地貌、世界著名建筑、一般建筑、小卧车、运输车、面包车、其他车辆、摩托车、军用装备、飞机、直升机、舰船、火车、运动器械和日用品共 18 大类。每个模型对象都有两个数据文件：一个包含顶点坐标的文件和另一个描述顶点连通性的文件。通过本地图形库检索后，把这两个文件所提供的数据转换成由多边形构成的立体框图，或直接转换成由多边形构成的立体实形图。购买商业数据库是一种比较快捷的方法，但价格也比较昂贵。此外，这种方式还受到数据库内容的限制，毕竟用户的需求是无限的。

4. 利用建模软件

要对对象进行三维建模通常都要利用一定的建模工具，关于建模的工具软件有很多，一般利用常用的建模软件来建模，如 AutoCAD、3DSMAX、MAYA、XSI、Pro/E 等，用户可交互式地创建某个对象的几何图形。另外，还可以通过使用专门的视景仿真建模工具，如 MultiGen、Vega、VRT3 等，得到高质量的三维可视化数据库。也可采用 BIM 专用软件构建线路工程信息技术系统的 BIM 模型，比如 Revit、Bentley、CATIA 等。

下面介绍综合利用 AutoCAD 和 3DSMAX 建立线路工程构造物及设备基元模型的方法。

（四）基于 AutoCAD 的几何造型技术

1. 基本体素造型

基本体素造型法的基本思想是：用系统所提供的简单形体（体素）通过布尔运算来构造复杂造型。使用这种造型方法时，需将待构造形体拆成若干相应的基本体素，它一般用于相对简单的形体，若形体复杂，则需用另外的方法或和其他方法结合使用。目前常用版本的 AutoCAD 都提供了丰富的基本几何形体，如圆柱、圆台、圆锥、棱柱、棱台、棱锥、球、楔块、立方体、圆环等，充分利用这些形体，通过布尔操作，可以使建模过程快速有效。基本体素法构造双柱式矩形桥墩示意如图 4.5 所示：

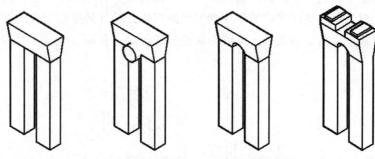

图 4.5　基本体素法（双柱式矩形桥墩）

2. 拉伸旋转扫描变换法造型

这种造型的基本思想是：实体造型是由一个点、一条线、一个面或一个形体沿某一路径运动而产生的。因此可采用二维操作技术形成一个有效面（横截面），通过拉伸或旋转生成物体的造型。通过拉伸得到的造型，必须给出拉伸路径的尺寸或坐标；对旋转来说，则须给出旋转轴和旋转角度，从而形成一个完全或仅是扇形的旋转体，再通过布尔操作，得到所需要的几何形体。拉伸法示例如图 4.6 所示，旋转法示例如图 4.7 所示：

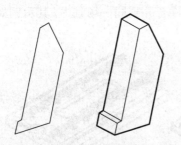

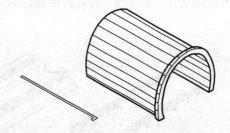

图 4.6　拉伸法（折背式重力挡土墙）　　图 4.7　旋转法（直切式隧道洞门）

3. 放样法造型

放样（Lofting）造型是 AutoCAD2008 及以后版本新增功能中极为强大的一种造型方法，能够对极为复杂的形体进行造型，如车、船、飞机等，对其他方法不可能造型的形体几乎都可以通过放样得到。它的思想是将三维空间中的多个二维截面通过一定的路径扫描，从而生成三维造型。放样之后的造型亦可以进行布尔运算得到复杂的形体。其示例如图 4.8 所示：

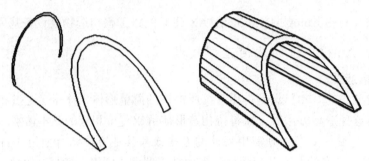

图 4.8　放样法（正切式隧道洞门）

4. 点线面结合造型

这种建模的基本思想是任何物体都由点、线、面构成，有限个面（平面或曲面）组合起来即构成形体。对于由一些面构成的不规则形状的形体，尤其是平面构成的体，可以先确定空间三维点的位置，绘出空间直线，然后形成平面或曲面，从而形成所需要的造型。其示例图 4.9 所示：

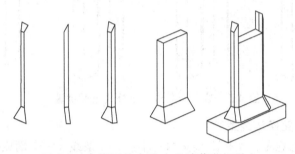

图 4.9　点线面结合法（单肢薄壁桥墩）

5. 混合使用法造型

对于非常复杂的造型，一般不仅仅使用上述的某一种方法，而需先使用上述某种方法各自构造形体，然后将所构造的各个形体合并得到所需造型。在构造一个复杂形体的几个部分时，可先建立独立的文件，最后将所建好的各个造型文件合并到同一场景中。其示例如图 4.10 所示：

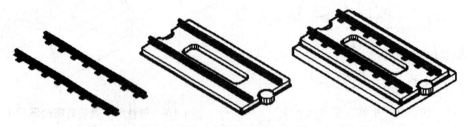

图 4.10　混合使用法（CRTS Ⅰ框架型板式无砟轨道）

在利用 AutoCAD 三维造型时，根据标准图资料或实物照片、尺寸，先构思出其在计算机中的造型形状，分析一下用何种造型方法最合适。考虑到后续生成模型的复杂度，能采用基本体素法或点线面结合法实现造型的，尽量采用其进行几何造型。因为采用扫描或放样法绘制的线框模型，面片数和顶点数相对较多，在导入 3DSMAX 中渲染时也就相对较复杂。利用几何造型技巧的目的是，以尽可能少和简单的操作，在尽可能少的 CPU 时间内满足设计要求。但这也是相对的，有时使用很少的步骤创建复杂或者难以创建的造型时，是不可能完成的，这时就应考虑是否需要增加步骤来完成这个实体的造型。

四、基于 3DSMAX 的模型渲染

1. 将线框模型导入 3DSMAX 场景中

在 AutoCAD 中制作完成的线框模型，需要导入 3DSMAX 中完成实时的纹理贴图和渲染输出。这就需要有一种机制能够保证将在 AutoCAD 中构建的模型尽可能无误差地导入 3DSMAX，并且能够正确显示。3DSMAX 的 File 菜单上有 Import 和 Export 选项。Import 是从外部输入其他格式文件的选项，Export 是将文件存为另外文件格式的选项。信息在二者之间的转换是不能做到毫无损失的。在 3DSMAX 中选择按"颜色"导入方式导入 AutoCAD 图形文件，如图 4.11 所示，导入后如图 4.12 所示。

图 4.11　3DSMAX 中导入 AutoCAD 图形文件

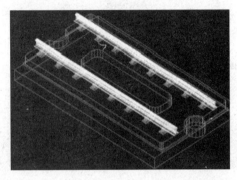

图 4.12　导入的 AutoCAD 图形文件文件

2. 创建材质球

根据模型特性，导入材质图片，创建材质球，如图 4.13 所示。材质图片通常来源于实物拍照或专业绘图软件制作而成。

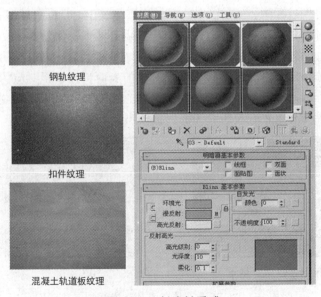

图 4.13　创建材质球

3. UVW 贴图修改器

将贴图坐标应用于对象后，"UVW 贴图"修改器控制在对象曲面上如何显示贴图材质和程序材质。贴图坐标指定如何将位图投影到对象上。*UVW* 坐标系与 *XYZ* 坐标系相似。位图的 *U* 和 *V* 轴对应于 *X* 和 *Y* 轴。对应于 *Z* 轴的 *W* 轴一般仅用于程序贴图。可在"材质编辑器"中将位图坐标切换到 *VW* 或 *WU*，在这些情况下，位图被旋转和投影，以使其与该曲面垂直。通过不同的修改器参数设置，可达到不同的贴图效果，如图 4.14 所示。

贴图对齐方式   贴图器选择

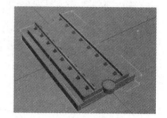

长方形贴图-*X* 对齐   长方形贴图-*Y* 对齐   球形贴图钢轨纹理

图 4.14　UVW 贴图修改示意

4. 模型渲染输出

渲染完成后选择输出模型文件，渲染模型选择以 3ds 格式输出。值得注意的是，在铁路线路结构物及设备建模过程中，存在较多的多材质实体模型，即一个模型有多种材质的情况，如无砟轨道模型同时具备钢轨材质、扣件材质及混凝土材质。对于多材质实体，在 3DSMAX 中将 AutoCAD 文件（即*.dwg 文件）导入到 3DSMAX 时，对不同材质的子对象应分别设置不同的颜色，然后选择按颜色导入，再根据子对象的表面特性选择对应的纹理贴图渲染，生成实体模型。这样可以避免后续采用模型基元构建三维场景时，模型的纹理不能正常显示的问题。图 4.15 所示为 CRTS II 型双块式无砟轨道模型渲染输出示例。

CAD 中不同颜色设置   3DSMAX 不同纹理渲染

图 4.15　CRTS II 双块式无砟轨道模型渲染示例

五、信息添加

BIM 技术的核心在于信息的添加及处理，BIM 建模技术为全生命周期信息添加与管理提供基础。在线路工程 BIM 上，除实体的三维图形信息、尺寸信息外，还需附加大量的工程信息，如材料、产品型号、生产厂商、价格等；为了减少建模过程中信息的重复附加，通过建立专业基元模型库实现海量工程信息的存储和快速读取信息的接口，针对不同工程阶段和不同专业的需求，系统支持用户调用基元模型的不同信息，从而实现 BIM 模型的轻量化。如对轨枕基元模型的使用，在线路专业规划阶段，无须加载精确的三维图形信息及轨枕属性信息等；而轨道专业在设计阶段需调用图形、型号、材质、热阻等信息，施工阶段需读取制造厂商、价格、生产日期等信息，维护运营阶段则需添加检测日期、更新日期等信息。系统通过基元信息模型的类型属性修改输入信息及读取信息。图 4.16 为信号机基元模型与类型属性界面。

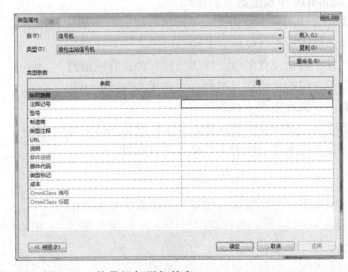

图 4.16 信号机与附加信息

各专业按照专业需求及各专业间配合需求完成基元信息模型的创建，按照中间站构造物基元模型的分类方式对基元进行编号，并将其分类存储至模型库中，通过对基元信息模型库的管理，实现信息模型的修改、查看与更新。

六、基元模型处理关键技术

（一）通用读写接口设计

除了 3ds 模型格式，存储三维模型数据的文件格式还有很多种，其中比较常见的还有 OpenFlight（.flt）、Alias Warefront（.obj）、Direct X（.x）、Quake Character Models（.md2）等。为了实现模型资源共享和减少模型创建工作量，可基于 OpenGL 图形库设计不同格式模型读写接口，并以动态库形式提供，系统根据文件扩展名调用相应动态库进行解析。设计的关键在于模型数据结构分析和 OpenGL 中模型数据的重构。

1. 模型数据结构分析
三维模型文件包含信息众多，有顶点坐标、法线、纹理坐标等顶点信息，有纹理图片、光源、材质等特效信息，甚至还包括运动路径、骨骼动画、LOD 等场景信息。不同的文件格式记录的信息不同，一般常用的模型文件都具有顶点信息、面信息、纹理贴图和材质对象信息。在 Visual C++编程平台下，针对上述几种基本属性分别定义数据结构体，不同格式的模型文件读取类除了包含这些基本结构体类型外，还需要根据具体的数据结构定义专属的数据结构体，从而实现模型文件的解析。以 3ds 格式文件为例进行分析，这是一种 3DSMAX 公开的模型数据格式，它由很多块组成，每个块实际是一个层次结构，不同类型的块有不同的层次结构。每个 3ds 文件的首块 ID 都是 0X4D4D，这是它的基本块，代表文件本身；此外还有两种主块，3D 编辑块 0X3D3D 和关键帧块 0XB000。3D 编辑块的解析是模型数据结构分析的重点，它包含材质块组、对象块组以及一些视口信息等，从中可以解析出顶点、面、材质、贴图坐标、光照信息、三角网格信息，有了这些基础信息就可以实现 3ds 模型文件在三维场景中的重构了。

2. OpenGL 中模型数据的重构

根据定义好的基本结构体和不同文件格式的专属结构体信息，定义不同格式模型的读取类，并编译形成动态链接库，由动态链接库负责读取三维模型信息，包括顶点坐标、纹理坐标、面、材质信息等，通过读入的数据构建显示列表实现模型在 OpenGL 中的绘制。其流程如图 4.17。

为了对模型进行输出和保护，可以将模型几何信息和纹理信息写出为自定义的文件格式进行存储。

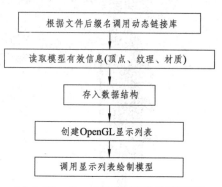

图 4.17　OpenGL 中模型绘制流程

（二）基元模型标准化处理

同一模型库中的模型基元的建立，都要遵循相同的标准，以便在铁路场景三维建模过程中不需要做太多的修改。这里的标准主要有：

（1）采用统一的命名编码：模型基元命名采用统一的编码格式，也是铁路工务工程组成单元的唯一标识。

（2）相同的坐标系：读入基元模型库中的模型都具有相同的局部坐标系，模型中心为其几何中心，x 轴指向垂直于线路前进方向，y 轴指向线路前进方向，z 轴指向高度方向并形成右手系。

（3）相同的 LOD 分级标准：通过不同参数化设置生成的模型或 LOD 简化处理生成的模型采用相同的 LOD 分级标准。

（4）存储相同格式文件：对不同来源的模型，通过通用读写接口预处理输出统一格式文件进行存储。

（三）基元模型 LOD 简化处理

通过 AutoCAD 和 3DSMAX 产生的铁路结构物模型为比较复杂的精细模型，直接用于铁路建模和实体选线中往往会大幅降低系统运行速度。本节研究的基元模型库需要针对精细模型进行 LOD 简化处理，通过参数设置输出不同级别的 LOD 模型。主要需要设置两个方面的参数，即简化抽样率和简化容许值。当抽样率小于 1 时，设置点的误差容许值；当抽样率大于 1 时，设置边的长度容许值。通过对点的误差或者边的长度的限制简化不必要的点和边，然后通过平滑处理和条带化渲染几何体，输出 LOD 模型。一般简化抽样率越大，简化越少；简化抽样率越小，简化越多。图 4.18 针对有挡肩 2.6 m 长 Ⅲ 型混凝土枕进行试验，简化前三角形为 84 个，简化后三角形为 54 个，目视视觉效果相差不大。

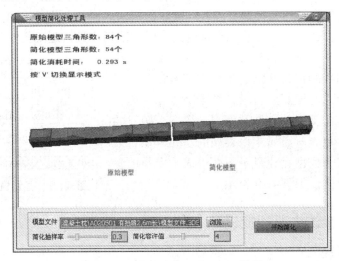

图 4.18　Ⅲ 型混凝土枕 LOD 简化

模型简化后，多个 LOD 模型分多个文件存储在基元模型库中。在实际应用中，根据每次不同的仿真级别或者不同视距，需要加载多个简化模型，并不方便，可借鉴多级纹理 MipMap 的思想，将多个 LOD 模型文件和 LOD 等级信息合并写入一个文件，形成多级 LOD 模型，仿真程序加载时只需读取一次。

（四）基元模型数据库存储设计

基元模型库中的模型文件为包含纹理信息的二进制格式文件，选用关系数据库 Oracle10g 作为基元模型库的后台，模型基元在数据库中的存储为 BLOB 类型。本节采用 OCI 接口连接数据库，它是由 Oracle 公司提供的由头文件和库函数等组成的一个访问 Oracle 数据库的应用程序编程接口，提供了丰富而高效的函数来操作 BLOB 类型数据。模型文件在 Oracle 数据库中存储的表结构如表 4.3 所示。对应的字段名分别代表模型编号、模型类型、模型名称、模型文件、备注。

表 4.3　模型文件存储表结构

序　号	字段名称	字段类型	长　度
1	M_ID	VARCHAR2	50
2	M_STYLE	VARCHAR2	50
3	M_NAME	VARCHAR2	200
4	M_MODELFILE	BLOB	—
5	M_MEMO	VARCHAR2	300

第二节　铁路线路构造物基元模型库管理系统

一、基元模型库层次结构

基元模型库的层次结构是模型资源及其配套的资源以何种方式组织的问题。它既要与三维模型的资源组成吻合，又要与基元模型分类编码方法相一致，还要便于基元模型的检索与使用。本节研究采用树型结构分类存储基元模型，这样既符合场景图的组织结构，又结合了分类编码设计的思想。树型结构根节点是模型库目录，枝干节点是子库目录，叶子节点是模型类型。每种类型都包含一个独立的列表存储目录，存放着所有属于该类型的基元模型，最后所有的类型包含于模型库根目录下，组成了完整的基元模型库层次结构树，如图 4.19 所示。

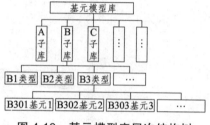

图 4.19　基元模型库层次结构树

二、模型库系统主要功能设计

1. 用户权限管理

针对不同的用户，如系统管理员、工务技术人员或普通用户，需要设置不同的操作权限。普通用户只能进行模型浏览、查询操作。最高级别的为管理员账户，可以对普通用户进行管理和执行模型添加、删除、修改、输出等操作。

2. 三维模型读写及入库管理

模型入库管理包括基元模型的查询、搜索、单模型添加、批量模型添加、模型删除及重命名等功能，用一个 3D 模型入库管理对话框统一管理。点击"入库管理"按钮，进入 3D 模型入库管理对话框，如图 4.20 所示。

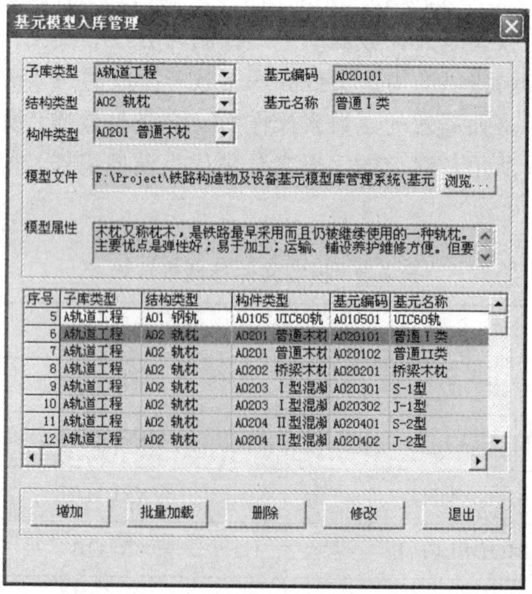

图 4.20　3D 模型入库对话框

该对话框主要分为三个部分：

（1）上面的组框用于填写和显示模型单元信息，包括模型子库、模型类型、模型名称、添加模型文件以及模型属性。

（2）中间的列表框用于集中显示所有模型单元的信息情况，单击列表框中的一行，该行模型的信息将显示在上面的组框中，方便修改。

（3）下面的组框是该对话框的核心部分，具有"增加""批量加载""删除""修改""退出"五个按钮，分别用于添加模型单元、批量加载模型单元、删除模型单元、修改模型单元以及退出入库管理。

3. 模型信息查询

模型信息查询是基元模型库最基本的操作之一，可以通过导航栏选择进行查询，或者点选场景中的模型进行属性查询。

基元模型库导航栏设置了一个树视图和一个列表视图，通过点击树型结构的每个分类节点，都可以展开下一级节点。当用户点击树视图中的根目录（库节点）、一级子目录（模型子库节点）和二级子目录（模型子类节点）时，列表视图都会动态更新，显示出符合该分类节点的所有模型单元，找到所需模型单击，以实现模型的三维预览和属性查询。这种设计清晰地显示了当前模型库的层次结构及各层级下存储的模型单元。当直接在场景中选取模型，尤其是组合模型时，可以针对模型的组成部件进行浏览，可选择线框模型或渲染模型显示，或关闭任意组成部件进行显示。如图 4.21 所示为查询模型 CRTS Ⅱ型双块式无砟轨道后的显示结果。

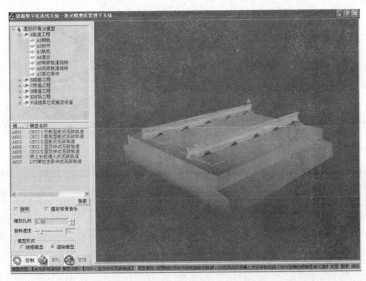

图 4.21　CRTS Ⅱ型双块式无砟轨道模型查询

4. 基元模型编辑

基元模型编辑主要用于控制预览区中模型的立体显示和交互操作。基元模型库管理系统提供了场景三维对象的选取与操控的方法，通过相机矩阵操作可以实现不同视角下的交互查看，射线求交可以实现对不同模型部件的选择。模型在场景中的立体显示可以通过对双眼眼距、眼睛距屏幕的距离、显示模式等参数进行控制。模型场景的编辑功能还能对构造物实体进行组合、拆分、平移、旋转、缩放、更换纹理、输出模型对象等操作。线路构造物的组合模型显示如图 4.22 所示。

图 4.22　线路构造物组合模型显示（桥梁）

5. 基元模型资源维护

由于仿真环境的变化，可能要对基元模型资源作适当修改更新，比如，更新纹理文件、修改属性信息等。高级用户可以使用"索引"标签功能，进入资源索引窗口，读取并显示当前基元模型资源文件的缩略图，单击缩略图，可启动相应的程序（比如 3DSMAX、PhotoShop 或 AutoCAD 等）打开模型元件、纹理或矢量图形，进行编辑，由此对基元模型进行更新和维护。

第三节　铁路线路构造物实体建模

铁路线路构造物对象以表面模型和实体模型的形式存在于铁路数字化选线系统中。

一、线路表面模型建模技术

在表面模型中，线路结构由拼装式曲面表面表示。基本上，表面模型有三种描述方法，即通过若干多边形描述、通过代数曲面描述和通过曲面片描述。计算机动画系统根据物体上各个表面的数据可以计算出该表面的法线，从而生成逼真感图形。因此，表面模型是动画系统中最主要的实体模型。

造型的主要技术问题是如何在计算机内部完整地、方便地表示任意一个物体，这里所说的表示是指如何把现实生活或人们头脑里的三维物体映射到一维的串行的计算机存储介质中去。常用的造型方法有扫描推移表示法、体素构造表示法和边界表示法。

（1）扫描推移（Sweep）表示法是一种根据二维或三维物体沿某一曲线扫描推移时外部轮廓的轨迹来定义物体的方法。扫描推移表示法在动画系统中作为基本的造型方法，一条曲线简单地旋转、一个图形简单地平移就可以生成新的物体。

（2）体素构造表示法（Constructive Solid Geometry）是用基本体素通过并、交、差运算来表示物体的方法。

（3）边界表示法是用顶点、棱边、表面等物体的边界信息表示一个物体的方法。

当物体以表面作为边界信息表示时，物体的造型即为曲面造型。最常用的基本元素是多边形，使用多边形可以制作大多数的任意表面。多边形是一个平面上的依次相连的各点形成的封闭区域。很多系统是以三角形或四边形作为基本单元，如前面所述的地表曲面模型。

利用样条曲面可以给复杂光滑的曲面造型。这种曲面上的一小片叫作曲面片（Patch）。这个曲面片的 4 个顶点通常不在一个平面内，所组成的空间四边形是扭曲的直纹曲面的边界。一个物体的表面由许多这样的曲面片组合起来，以构成各种形状与结构。本节提出一种铁路线路设计系统中表达线路实体的自由曲面模型，如图 4.23 所示。

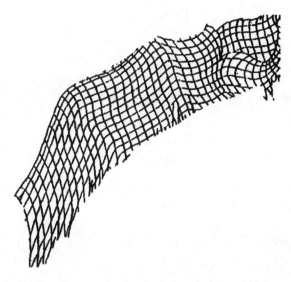

图 4.23　自由曲面片造型

在线路设计系统中，由于问题的复杂性，为使模型表达统一且有较大的适应性，必须采用三维模型表达设计对象，进而构成系统核心模型的重要组成部分。

在铁路数字化选线设计系统中，选用曲面模型［Coons（孔斯）曲面模型］来描述设计面。用 Coons 曲面描述设计面的关键技术是 Coons 曲面片的划分和模型上基本操作的定义。

1. Coons 曲面模型的基本原理

Coons 曲面模型的建立基于曲面分片、拼合造型的思想，这是一种通过连接若干"曲面片"（Surface Patches）去构造并组成任意复杂曲面的方法，每个曲面片由 4 条边界确定。为了实现这个构型思想，关键是如何具体地构造出各种类型的曲面片，使之既便于拼合，又能满足设计对曲面外形准确度的要求。Coons 继承了拉格朗日（Lagrange）和埃尔米特（Hermite）插值的思路，并发展了这些方法，形成了独树一帜的 Coons 曲面法。王国强博士在机场道路研究中，证明了 Coons 曲面适合于表达像线路表面这样的设计对象曲面；易思蓉在主持的铁道部"九五"重点项目"铁路既有线与增建二线三维 CAD 系统研究"中，也成功地将 Coons 曲面用于线路三维动态仿真。

2. Coons 曲面的构成

Coons 曲面是一种自由曲面。它提供了一种可控曲面，使得设计者可以在显示器前改变边界条件，从而改变整个设计曲面的形状。为了使曲面设计变得简单易行，使输入尽可能少的信息就可确定一张曲面，Coons 提出了一种曲面分片、拼合造型的思想。

首先用端点条件，比如用端点的坐标、一阶导数、二阶导数等，去确定一条曲线。这样就有可能通过端点条件的变化控制整条曲线的形状。

令 u 为参数，$u \in [0, 1]$，P_1、P_2 表示曲线端点向量，$P_{1u}{}'$ 和 $P_{2u}{}'$ 表示曲线参数方程在 P_1、P_2 点关于 u 的导数，则曲线的参数方程可表示为

$$P(u) = (P_1, P_2, P_{1u}', P_{2u}') \begin{bmatrix} f_1(u) \\ f_2(u) \\ f_3(u) \\ f_3(u) \end{bmatrix} = P_M U \tag{4.1}$$

其中 $P(u) = (P_1, P_2, P_{1u}', P_{2u}')$ 是一个矩阵。

此处 $f(u)$ 和 $g(u)$ 是满足下列条件的任意函数：

$$\begin{cases} f_1(0) = 1, f_1(1) = 0, f_{1u}'(0) = f_{1u}'(1) = 0 \\ f_2(0) = 1, f_2(1) = 0, f_{2u}'(u) = f_{1u}'(1) = 0 \\ g_1(0) = 1, g_1(1) = 0, g_{1u}'(u) = g_{1u}'(1) = 0 \\ g_2(0) = 1, g_2(1) = 0, g_{2u}'(u) = g_{1u}'(1) = 0 \end{cases} \tag{4.2}$$

为了完全确定式（4.1），最简单的办法是寻找满足式（4.1）的低阶多项式。从式（4.1）来看，如果寻找三阶多项式，就可以唯一确定出来：

$$\begin{cases} f_1(u) = 2u^3 - 3u^2 + 1 \\ f_2(u) = -2u^3 + 3u^2 \\ g_1(u) = u^3 - 2u^2 + u \\ g_2(u) = u^3 - u^2 \end{cases} \tag{4.3}$$

这样，式（4.3）就表示了一条曲线的参数方程：$u = 0$ 时通过点 P_1，$u = 1$ 时通过点 P_2，并具有给定的端点导数值。端点固定的整条曲线的形状可以由向量的模来控制。

在曲线的基础上，就能给出依赖于 4 条边界曲线的曲面表示，从而转化为依赖于 4 个顶点的曲面表示。这 4 条曲线在顶点的定义如图 4.24。

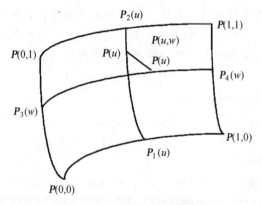

图 4.24　曲面片构造示意图

曲面片的 4 个顶点有如下关系：

$$\begin{cases} \boldsymbol{P}(0,0) = \boldsymbol{P}_1(0) = \boldsymbol{P}_3(0) \\ \boldsymbol{P}(1,0) = \boldsymbol{P}_1(1) = \boldsymbol{P}_4(0) \\ \boldsymbol{P}(0,1) = \boldsymbol{P}_2(0) = \boldsymbol{P}_3(1) \\ \boldsymbol{P}(1,1) = \boldsymbol{P}_2(1) = \boldsymbol{P}_4(1) \end{cases} \tag{4.4}$$

为了写出曲面片的参数方程，需要引入两个参数 u 和 w，将这 4 条曲线写成参数形式为 $\boldsymbol{P}_1(u)$、$\boldsymbol{P}_2(u)$、$\boldsymbol{P}_3(w)$、$\boldsymbol{P}_4(w)$。即采用式（4.1）的方法，使用顶点 $\boldsymbol{P}_1(0)$、$\boldsymbol{P}_1(1)$ 可以构造一条曲线称为 $\boldsymbol{P}_1(u)$，用顶点 $\boldsymbol{P}_2(0)$、$\boldsymbol{P}_2(1)$ 可以构造另一条曲线称为 $\boldsymbol{P}_2(u)$；同样用 $\boldsymbol{P}_1(0)$、$\boldsymbol{P}_1(1)$，或 $\boldsymbol{P}_3(0)$、$\boldsymbol{P}_3(1)$ 构造的曲线称为 $\boldsymbol{P}_3(w)$；用 $\boldsymbol{P}_1(1)$、$\boldsymbol{P}_2(1)$，或 $\boldsymbol{P}_4(0)$、$\boldsymbol{P}_4(1)$ 构造的曲线称为 $\boldsymbol{P}_4(w)$。那么具有同样 u 参数值的 $\boldsymbol{P}_1(u)$、$\boldsymbol{P}_2(u)$ 之间就能用完全相同的办法构造出一条以 w 为参数的曲线 $\boldsymbol{P}_w(w)$；具有同一 w 参数值的 $\boldsymbol{P}_3(w)$、$\boldsymbol{P}_4(w)$ 之间也可同样构造出一条以 u 为参数的曲线 $\boldsymbol{P}_u(u)$。当 u、w 变化时，这两条曲线各自确定了一个曲面片。所以，以 u、w 为参数的曲面片最简单的表达式就是将这两个曲面片作算术平均（图 4.24），即

$$\boldsymbol{P}(u,w) = \frac{1}{2}\Big[\boldsymbol{P}_u(u) + \boldsymbol{P}_w(w)\Big] = \frac{1}{2}\Big[\boldsymbol{P}_M(u)\boldsymbol{W} + \boldsymbol{P}_M(w)\boldsymbol{U}\Big] \tag{4.5}$$

此处
$$\boldsymbol{P}_M(u) = [\boldsymbol{P}_1(u), \ \boldsymbol{P}_2(u), \ \boldsymbol{P}_{1u}'(u), \ \boldsymbol{P}_{2u}'(u)]$$
$$\boldsymbol{P}_M(w) = [\boldsymbol{P}_3(w), \ \boldsymbol{P}_4(w), \ \boldsymbol{P}_{3u}'(w), \ \boldsymbol{P}_{4u}'(w)]$$

w 和 u 的构造是完全相同的，见式（4.1）。显然，式（4.5）也包含了组成曲面片边界的曲线方程：

$$\begin{cases} \boldsymbol{P}_1(u) = \boldsymbol{P}(u,0) \\ \boldsymbol{P}_2(u) = \boldsymbol{P}(u,1) \\ \boldsymbol{P}_3(w) = \boldsymbol{P}(0,w) \\ \boldsymbol{P}_4(w) = \boldsymbol{P}(1,w) \end{cases}$$

若要计算 $\boldsymbol{P}(u, w)$ 就必须知道相应边界上关于 u 的导数 $\boldsymbol{P}_{3u}'(w)$、$\boldsymbol{P}_{4u}'(w)$ 和关于 w 的导数 $\boldsymbol{P}_{1w}'(u)$、$\boldsymbol{P}_{2w}'(u)$。但是，应该注意到，从式（4.5）可以得到：

$$\boldsymbol{P}_u'(0, \ w) = \boldsymbol{P}_{3u}'(w)$$

$$= \frac{1}{2}\{\boldsymbol{P}_u'(0,w) + [\boldsymbol{P}_u'(0,0), \boldsymbol{P}_u'(0,1), \boldsymbol{P}_{wu}''(0,0), \boldsymbol{P}_{wu}''(0,1)]\boldsymbol{W}\}$$

从而

$$\boldsymbol{P}_u'(0,w) = [\boldsymbol{P}_u'(0,0), \boldsymbol{P}_u'(0,1), \boldsymbol{P}_{wu}''(0,0), \boldsymbol{P}_{wu}''(0,1)]\boldsymbol{W} \tag{4.6}$$

类似地可以推出

$$\begin{cases} \boldsymbol{P}_{1w}(u) = \boldsymbol{P}_{1w}'(u,0) \\ \boldsymbol{P}_{2w}(u) = \boldsymbol{P}_{1w}'(u,1) \\ \boldsymbol{P}_{4u}(u) = \boldsymbol{P}_{1u}'(1,w) \end{cases} \tag{4.7}$$

等相似的表达式，将这些表达式代入式（4.5）得到：

$$P(u,w) = U^{\mathrm{T}} \begin{bmatrix} P(0,0) & P(0,1) & P'_w(0,0) & P'_w(0,1) \\ P(1,0) & P(1,1) & P'_w(1,0) & P'_w(1,1) \\ P'_u(0,0) & P'_u(0,1) & T(0,0) & T(0,1) \\ P'_u(1,0) & P'_u(1,1) & T(1,0) & T(1,1) \end{bmatrix} W = U^{\mathrm{T}} A W \qquad (4.8)$$

此处 U^{T} 表示 U 的转置，$T(u,w) = P''_{uw}(u,w) = P'_{wu}(u,w)$。设函数相当光滑，因此 $P(u,w)$ 是曲面片 4 条曲线端点上的位置向量，矩阵的权函数是满足条件式（4.2）的任意函数，当这些权函数是三次多项式（4.3）时，式（4.8）就给出了一个双三次曲面，这就是 Coons 曲面。

3. 自由曲面片的装配

假设线路路基本体的表面是一个光滑曲面，则可以由一系列相邻的曲面片表示，如图 4.25 所示。因此，将一系列 Coons 曲面片组装起来就可能得到一个光滑的曲面。

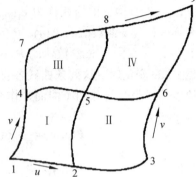

为此须解决一个问题，即决定曲线的导数和扭曲条件，以保证在跨越边界时一阶导数的连续性，即使得相邻接的曲面片在所有的公共边界上具有连续的切平面。比如说，在曲面片 I 和 II 之间的边界上，使切平面连续的条件可以写为

图 4.25　自由曲面片拼装

$$\{[P'_u(1,w)]_{\mathrm{I}} \times [P'_w(1,w)_{\mathrm{I}}]\} \times \{[P'_u(0,w)]_{\mathrm{II}} \times [P'_w(0,w)_{\mathrm{II}}]\} = 0 \qquad (4.9)$$

4. Coons 曲面模型上定义的运算

Coons 曲面模型实际上是双参数自由曲面模型，既可以以矢量形式表示，也可以写成参数方程的形式。它由 4 条边界曲线构成。从构造过程来看，首先沿 u 方向然后沿 v 方向构造自由曲线来形成自由曲面，或先沿 v 方向再沿 u 方向构造自由曲面，且两者所得的曲面完全相同。实际上，Coons 曲面是由 u 方向的单线性曲面和 v 方向的单线性曲面及基于 4 个角点的双线性曲面"叠加"而成。它具有下列特点：

（1）参数 u、v 在 u-v 参数平面上，在一单位下方形区域上连续变化。

（2）在 u 向线上，v 值是常数；在 v 向线上，u 值是常数。

（3）对下侧的自由曲面来说，u 向线和 v 向线只交于一点，这一点保证了 (u,v) 平面与 (x,y) 平面互相转换的唯一性。

（4）u 向线和 v 向线组成空间曲面网络，可以用来构造和表示整张自由曲面。

按上述条件构造 Coons 曲面，并在模型上定义基本运算，构成系统核心模型的组成部分，为系统提供核心支持。

构造 Coons 曲面并定义运算是复杂且关键的技术环节。本节简要介绍线路 Coons 曲面模型的形式以及所定义的基本运算。

铁路线路设计曲面中的 Coons 曲面的特点如下：

平面上——两条边为直线，另两条边为直线或圆弧。

立面上——四条边为下列形式之一：

① 直线；

② 圆弧；

③ 变坡点弧长（桩号）、高程、半径组成的一系列点；

④ 一串离散点的弧长（桩号）、高程序列，然后由三次插值样条函数拟合。

下面叙述在铁路线路 Coons 曲面模型上定义的计算。

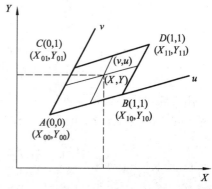

图 4.26　按模型坐标系构成带状数字模型

图 4.26 所示为连续曲面片中的一个网眼。假设这样一个坐标系，即设这个四边形的线路方向为 U，横断面方向为 v，并假定这个四边形的范围为

$$0 \leqslant u \leqslant 1, \ 0 \leqslant v \leqslant 1$$

则曲面上任意点 P 的平面坐标为

$$\begin{cases} X(u,v) = \dfrac{a_3 u + a_4 v + a_5}{a_1 u + a_2 v + 1} \\ Y(u,v) = \dfrac{a_6 u + a_7 v + a_8}{a_1 u + a_2 v + 1} \end{cases} \tag{4.10}$$

P 点高程坐标的计算，与边界曲线的形式有关。若曲面的权函数采用如式（4.3）中的三次函数，则所构成的曲面为完全双三次曲面，曲面上任意点的高程可采用下式计算：

$$Z(u,\ v) = b_1 u^3 v^3 + b_2 u^3 v^2 + b_3 u^3 v + b_4 u^3 + b_5 u^2 v^3 + b_6 u^2 v^2 + b_7 u^2 v + b_8 u^2 +$$

$$b_9 u v^3 + b_{10} u v^2 + b_{11} u v + b_{12} u^3 + b_{13} v^3 + b_{14} v^2 + b_{15} v + b_{16} \tag{4.11}$$

四边形的每个顶点可列出 4 个条件方程式，则根据四边形的 4 个顶点，就可以求式（4.11）所示的求 Z 的方程式的 16 个系数如下：

$$\begin{cases} Z(u,v) = Z \\ Z_u(u,v) = \dfrac{\partial Z}{\partial u} \\ Z_v(u,v) = \dfrac{\partial Z}{\partial v} \\ T(u,v) = \dfrac{\partial^2 Z}{\partial u \partial v} \end{cases} \tag{4.12}$$

当这些权函数是一次式时，式（4.11）就给出了一个双性曲面。此时 P 点的高程值可按下式计算：

$$Z_P = b_0 + b_1 u + b_2 v + b_3 u \times v \tag{4.13}$$

由于 $0 \leqslant u \leqslant 1$，$0 \leqslant v \leqslant 1$，并且已知四边形 4 个角点上的高程分别为 Z_{00}、Z_{01}、Z_{10}、Z_{11}，根据双线性曲面的几何特性，沿 u、v 方向均是线性内插，则有：

$$\begin{cases} Z_M = Z_{00} + (Z_{10} - Z_{00})u = Z_{00}(1-u) + Z_{10}u \\ Z_N = Z_{01}(1-u) + Z_{11}u \\ Z_P = Z_M(1-v) + Z_N v \\ \quad = Z_{00}(1-u)(1-v) + Z_{10}(1-v)u + Z_{01}(1-u)v + Z_{11}uv \end{cases} \quad (4.14)$$

由上式可知，坐标系（u,v）与（X,Y）之间是投影变换的关系。根据四边形 4 个顶点的坐标，可以决定（X,Y）的系数，即从 a_1 到 a_8 共 8 个未知数：

$$\begin{cases} a_1 = \dfrac{(X_{10}-X_{00})(Y_{11}-Y_{01}) - (X_{11}-X_{01})(Y_{10}-Y_{00})}{(X_{11}-X_{10})(Y_{11}-Y_{01}) - (X_{11}-X_{01})(Y_{11}-Y_{10})} \\ a_2 = \dfrac{(X_{11}-X_{10})(Y_{01}-Y_{00}) - (X_{01}-X_{00})(Y_{11}-Y_{10})}{(X_{11}-X_{10})(Y_{11}-Y_{01}) - (X_{11}-X_{01})(Y_{11}-Y_{10})} \\ a_3 = a_1 X_{10} + (X_{10}-X_{00}), a_4 = a_2 X_{01} + (X_{01}-X_{00}), a_5 = X_{00} \\ a_6 = a_1 Y_{10} + (Y_{10}-Y_{00}), a_7 = a_2 Y_{01} + (Y_{01}-Y_{00}), a_8 = Y_{00} \end{cases} \quad (4.15)$$

反之，如果给定（X,Y），求（u,v）如下：

$$\begin{cases} u = \dfrac{(a_7 - a_2 a_8 X) + (a_2 a_6 - a_4)Y + a_4 a_8 - a_5 a_7}{(a_2 a_6 X - a_2 a_8 Y + a_3 a_7 - a_4 a_8)} \\ v = \dfrac{(a_1 a_8 - a_6)X + (a_3 - a_1 a_5)Y + a_5 a_6 - a_3 a_8}{(a_2 a_6 X - a_2 a_8 Y + a_3 a_7 - a_4 a_8)} \end{cases} \quad (4.16)$$

所以，点 P 是否在四边形内，可以根据式（4.16）的 u、v 是否在 0 与 1 之间确定。

通过计算线路横断面各角点的坐标，使相邻横断面对应角点两两相连就形成了一个曲边四边形网格，整条线路设计表面就由这些网格组成，每一个网格由双三次混合 Coons 曲面片来构造，如图 4.27 所示。图 4.28 为图 4.27 中的一个网格单元。

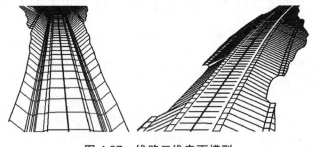

图 4.27　线路三维表面模型

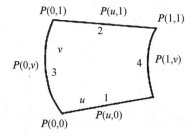

图 4.28　双三次混合 Coons 曲面片

二、面向对象的线路构造物实体–关系模型

构成铁路线路构造物的实体对象众多，要研究其实体建模，在构建基元模型库的基础上，还需要理清各基元模型之间的组成关系，使用面向对象的实体-关系模型可以有效地描述和刻画线路构造物静态信息与关联关系。

实体-关系（Entity Relationship，E-R）模型是由 Peter Chen 发明的一种直接从现实世界中抽象出实体类型和实体间关系，然后用实体联系图（E 图）表示数据模型、描述概念世界、建立概念模型的实用工具。传统的实体关系模型用实体、属性和关系 3 个元素描述整个模型。

在现实世界中具有相同属性、服从相同规律的一系列事物的抽象过程中，相应的具体事物称为实体的实例，对于线路构造物而言，路基、桥梁、隧道都是实体。实体某个特征的抽象称为属性，具体实例的每项属性都有实际对应值。各实体之间相互组合、相互约束形成关系，比如路基、桥梁、隧道沿中心线分段相连就是一种线性约束关系。通过 E-R 模型可以很好地描述线路构造物的静态信息；但是针对设计过程中实体之间的一些行为，比如删除某座桥梁、插入某座隧道、缩短某段路基长度等操作，实体关系模型就不能很好地进行描述了，并且 E-R 模型也缺乏不同实体对象之间的继承关系，难以进行程序设计。而面向对象的设计恰好具有上述优点，因此本节采用面向对象的实体-关系模型对线路构造物进行描述，理清场景关系，并对模型之间的关联性进行设计，使得模型某个实体对象发生变化，与之关联的所有对象都会随之更新，以保持模型之间的关联性。

将铁路线路构造物实体对象按照线性约束关系划分为路基实体、桥梁实体、隧道实体、区间站实体，每个实体对象既具有属性，比如名称、结构类型、土石方量等，又具有行为，比如插入、删除、更新对象、修改对象等。每段按线性约束划分的实体对象又可以按照空间约束关系（平移、旋转、缩放）分别由不同的实体对象组成，这些实体对象可以对应具体的基元模型，也可以对应由基元模型组合而成的组合模型。铁路线路构造物面向对象的实体-关系模型示意如图 4.29 所示。

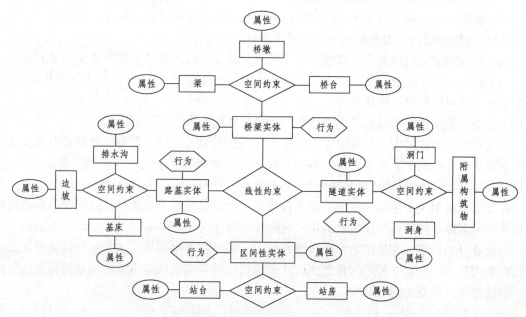

图 4.29 铁路线路构造物面向对象的实体-关系模型示意

三、基于基元模型的线路构造物实体建模

1. 数字构造物实体构建

基于基元模型库的线路构造物实体建模实际上是根据构造物的具体设计参数，调取基元模型库中对应构件的基元模型组装成桥、涵、隧、支挡等铁路构造物三维实体模型的过程。例如桥梁建模问题，首先根据工程地质、水文地质条件等影响因素确定基础、墩台、梁的类型，再根据确定的类型选择各构件基元模型，如选择扩大基础、重力式实体支墩、T 形梁，

则梁桥模型为（扩大基础—重力式实体支墩—T形梁），如图 4.30 所示。

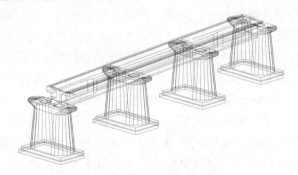

图 4.30　桥梁实体组合模型

基于基元模型库的线路构造物实体建模方法的关键在于基元模型的组合匹配建模，也即确定构造物的线性约束关系和基元模型的空间约束关系。基元模型空间约束关系的确定主要需要控制三个参数，即基元模型放置位置、缩放大小和旋转角度。实体模型的组合匹配，不管使用什么三维引擎，基元模型调用组合方法都基本相同，其步骤如下：

（1）根据唯一标识的模型基元编码 ID 读取所需的模型。

（2）解析模型，读取模型信息并记录其 x、y、z 尺寸和模型原点位置。

（3）根据记录的模型尺寸和对应的线路或桥隧设计资料规定的实际尺寸计算模型 x、y、z 三个方向的缩放比例，根据缩放比例对模型进行缩放操作。

（4）根据构造物设计参数计算模型的实际放置位置，将读取的模型放置在该位置处。

（5）根据线路方位角、坡度设计信息等设计资料计算模型 x、y、z 三个方向的旋转角度，根据旋转角度对模型进行旋转操作。

（6）最后将设置好的基元模型添加到构造物整体模型中。

上述步骤在计算模型 z 方向缩放比例和 x、y 方向旋转角度时，需要注意的是有部分模型需要垂直放置在地面上，比如桥墩、桥台，其 z 方向比例等于梁底到地面的距离除以模型 z 方向尺寸，且 x、y 轴的旋转角度都为 0。

路基实体模型主要由基床模型、排水沟模型和边坡模型组成。值得注意的是，路基边坡模型需要根据路基横断面的路堤坡脚点（或路堑堑顶点）、路堤（或路堑）变坡点和路肩点分左、右边坡分别构建。在铁路数字化选线系统中，路基实体模型主要基于标准路基断面参数进行组合构建。如图 4.31 所示为根据无砟轨道双线硬质岩路堑标准横断面构建的路堑实体模型，路堑堑顶点设置为同一高程。

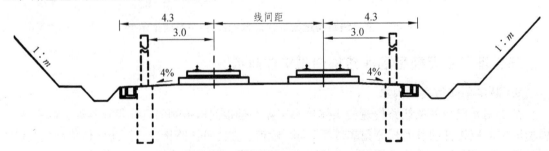

图 4.31　无砟轨道双线硬质岩路堑标准横断面示意（单位：m）
（《高速铁路设计规范》TB 10621—2014）

2. 基于 OpenGL 实现真实感构造物实体构建

作为图形硬件的软件接口，OpenGL 最主要的工作就是将二维及三维物体描绘至帧缓存。这些物体由一系列的描绘物体几何性质的顶点（Vertex）或描述图像的像素（Pixel）组成。OpenGL 执行一系列的操作，把这些数据最终转化成像素数据，并在帧缓存中形成最后的结果。OpenGL 的绘制原理如图 4.32 所示。

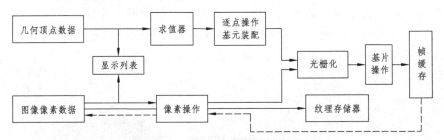

图 4.32　OpenGL 绘制原理示意图

工务工程基元模型库以 OpenGL 作为图形库编程接口，并采用基于 OpenGL 和 VC++的系统开发模式，这样可以增强系统的灵活性和可移植性，并为被不同系统的访问和调用提供条件。根据 OpenGL 的绘制原理，此处归纳出在 OpenGL 中进行真实感模型图形绘制的基本步骤如下：

（1）建模。根据基本几何图元（点、线、多边形等）建立景物模型，并根据具体位置及形态对所建立的模型进行数学描述。在这里，景物模型的建立主要通过第三方建模软件3DSMAX 与 AutoCAD 来完成。

（2）设置场景。把模型放置在三维空间中的适当位置，并设置视点以观察感兴趣的景观，即通过坐标变换对构造物及设备三维模型进行平移、缩放和旋转，并采用透视投影进行模型的观察和交互。

（3）效果处理。计算并设置模型的视觉特征，包括颜色、光照条件以及纹理映射方式等，并在场景中加入光照、雾化、融合以及反走样等处理，使场景更具有真实感。

（4）光栅化。把模型的数学描述及其色彩信息转换为可以在计算机屏幕上显示的像素信息，实现工务工程构造物及设备三维模型的渲染。

3. 3ds 模型的读取与重绘

要绘制模型，必须首先读入其内存。在读取 3ds 模型以前，有必要对 3ds 文件的结构进行分析。3ds 文件是由许多块组成的（大块嵌套子块），由于至今还没有一个官方的软件说明格式，所以还有很多未知的块。不过这并不影响读入 3ds 文件中的模型。因为在读入时，可以根据需要选择性地读入块，而忽略那些不感兴趣的块。这正是块结构的好处。3ds 文件块的基本结构见表 4.4。

表 4.4　3ds 文件块的基本结构

块内相对偏移量	长　度	名　　称
0	2	块的 ID
2	4	块的长度
6	n	数　据
$6+n$	m	子块信息

3ds 文件的读取规则如下：

（1）字节：直接读取。

（2）字：先读取低位字节，后读取高位字节，如 ed 3c 读出后的字为 3c ed。

（3）双字：先读低位字，后读高位字，如 ed 3c 25 42 读出后的双字为 42 25 3c ed。

（4）浮点数：直接读取 4 字节。

为了读取 3ds 文件中所需的对象网格顶点和材质信息数据，并且方便对三维模型显示和操作，可在系统中设计一个通用 3D 模型类，用来存储三维模型的通用信息。

采用上述方法，在 OpenGL 模式下，工务工程构造物及设备三维模型构建效果如图 4.33 ~ 图 4.35 所示。

图 4.33　OpenGL 环境中三维模型重绘效果图

图 4.34　三维路堑实体模型（带无砟轨道）

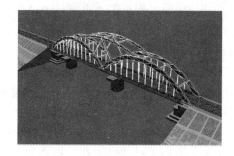

图 4.35　桥梁路段三维实体模型

第四节　铁路线路实体模型与地理环境模型的融合

一、融合方法

地形是铁路虚拟环境景观的承载体，在地球重力场的作用下，任何铁路构造物模型都与地形发生不同程度的联系，在铁路虚拟地理环境建模过程中如果不能协调好铁路构造物模型和地形模型的关系，就会形成铁路构造物模型全部在地下或飘在空中等尴尬情形。本节就铁路构造物模型与地形模型的融合问题进行研究。

这里将铁路构造物模型与地形模型的融合策略分为三种。

1. 简单空间位置配准

这种策略直接将构造物放在地形模型上，建模上不做任何处理，只实现视觉效果的套合。这种方法简单实用，但景观显示时构造物模型与地形模型间的空隙和空洞现象难以避免。

2. 完全二维半不规则三角网方法

建模时将构造物与地形模型一体化考虑，将每个地形与构造物模型用各自独立的不规则三角网合成，统一编号。以路基构造物为例，建模时仅要求考虑构造物与地面的"外表面"，将构造物看作由路基构造物顶面和各个边坡的"表面"组成，有顺序的路肩或坡角了水平为"凹形"或"凸形"的表面多边形。路基顶面以路肩或坡脚依次连成的路肩顶线为确定边界，构成路基顶面内部的"空中三角网"。由相邻的两个路肩或坡脚及其投影到地面的交点来形成路基表面左、右边界（坡脚线），落在地面的交点高程由地形模型从所在的三角面片通过内插得到，并用路肩或坡脚基底高度统一修正地形模型。从"顶面"在水平面的投影是否落在由两个"路肩或坡脚"形成的线段上找出参与构成路基面的部分路基顶点，并按其与某"路肩或坡脚"的距离排序，它们与两个"路肩或坡脚"形成表面的上边界及路基顶点，如此得到每个表面有序构成的所有边界节点。这样，在路基顶面和各个坡面处的构网都成了有确定边界条件的二维不规则三角网，需要消去落在确定边界以外与边界相交的"三角形"和铁路构造物表面构网所形成的公共边。这样，对顾及地形的铁路构造物不规则表面分别构网后形成各自独立、有确定边界的二维不规则三角网，每个三角网对其中的每个数据点都有自己的编号，必须将各种独立的三角网进行合成，即将每个二维不规则三角网对数据点的编号换算为三维构造物对整个三维场景所有数据点的统一编号。完全二维半不规则三角网方法解决了线路构造物模型与地形模型的套合问题，但当构造物模型较多时计算量庞大，且当地形复杂时需多次试验确定控制点精度，因此在铁路景观建模时并不实用。

3. 动态加入法

这种方法首先对地形进行三角剖分形成 TIN 网络，然后动态加入构造物模型，再对受影响地形区域块进行编辑和重新构网，并对构造物模型实施独立控制。以路基构造物模型为例，其主要步骤包括：

（1）对地形表面建立连续覆盖研究区域的 Delaunay 三角网络。

（2）确定构造物与地面的交点，即地基角点。

（3）将地基角点作为必须参与 Delaunay 构网的限制点，对受影响地形进行编辑，包括增删顶点、删除受影响三角片、搜索空洞、空洞重构等。

（4）确定路基模型包围盒，以坡脚点的最低高程"挖平"地形表面，并将路基模型套合在地形模型上。

动态加入法的优点是既解决了路基模型与地形模型的套合，又对地形和构造物实施独立控制，便于对路基进行交互式编辑和属性查询编辑，实现对整个景观模型的分层次管理。

铁路数字化选线设计系统的铁路环境景观是一个动态景观。在铁路线路方案未设计前，欲建铁路区域没有铁路，地理环境处于原生态状态。随着铁路线路方案的选定，在原生态的地理环境中，将出现一条拟建铁路，铁路结构物与原生态空间就将进行新的结合，铁路经行区域的环境景观也将发生相应变化。因此，铁路数字化选线设计系统的地形-构造物一体化景观环境建模方法只能采用第三种方法，即动态加入法。

二、铁路构造物过渡段几何建模方法

铁路基础设施实体是由路基、桥梁和隧道等不同结构类型的构造物组成的异质结构体，不同构造物之间的连接，不仅体现在基础刚度上的过渡，还需在几何外形上圆滑顺接。

桥梁和路基的连接分为桥头引线和桥头锥体两部分。桥头引线可按路基本体考虑，根据横断面设计提供的信息，找出每一段路基所夹的横断面，将这些横断面逐个相连，形成若干个三角形或四边形，就得到了桥路过渡段的三维模型。

桥头路基锥体的三维模型在平面上的投影为一椭圆，其一轴的长度为桥台的长度，另一轴的长度即为桥尾填方的宽度，锥体高为桥台高，依此即可构造出桥头锥体的三维模型。

隧道的三维模型主要由洞身和洞门两部分组成。在建立隧道洞身的三维模型时应首先确定洞身的断面及每座隧道的起止里程。洞身的三维模型可看成洞身断面沿线路中心线扫描所得。

对于隧道洞门，建模时，只需根据已建各种洞门的基元模型，按设计要求将基元进行组合即可。由于洞口模型是规则几何模型，还必须构造洞门仰坡的三维模型。洞口仰坡建模的具体做法是：顺线路纵向沿线路中线及路基边套合横断面，得到仰坡上缘的三点（如图 4.36 中的 B、C、D 三点），再沿隧道左右侧边坡面与仰坡面的交线 AF 和 EG 套合横断面，得到仰坡与边坡上缘的交点 A、E 两点，连接 A、B、C、D、E 五点即得隧道仰坡的边缘线。

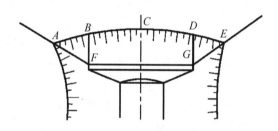

图 4.36　隧道仰坡三维模型

三、构造物模型与地形模型的套合

如前所述，在铁路构造物模型与地形模型的套合过程中，本节研究采用动态加入策略。下面以一段路基模型与本节研究建立的多分辨率 TIN 地形模型套合建模为例进行说明：

（1）计算该段路基模型与地面的交点，按一定的间距取横断面最外侧点，形成路基外边界线，按照逆时针顺序进行排列，记录为路基外边界多边形 loop。

（2）判断多边形 loop 与当前调度的地形块的矩形边界线 rect 是否有相交或者 loop 是否落在 rect 矩形范围内，如果是则记录该相交地形块 Geode；如果两边界线既没有相交，loop 也不在地形块矩形范围内，则继续判断 rect 是否落在多边形 loop 范围内，如果是，则在地形数据库中剔除掉该地形块。如果都否，说明 loop 与 rect 既不相交也不包含，该地形块不需要做融合处理，则执行调度下一地形块循环步骤（2）的操作。（该步骤中 loop 与 rect 的关系说明见图 4.37 所示。）

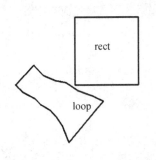
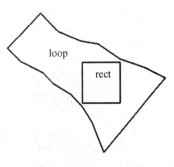

（a）rect 与 loop 不相交不包含　　　　　　（b）rect 落在 loop 内

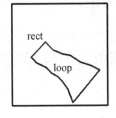
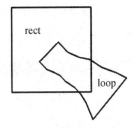

（c）loop 落在 rect 内　　　　　　（d）loop 与 rect 相交

图 4.37　地形块矩形范围 rect 与路基边界范围 loop 的关系示意图

（3）如果 loop 与 rect 是相交的，则计算相交边界线记录为多边形 subloop；如果 loop 落在 rect 内部，则将 loop 直接赋给 subloop。subloop 示意图 4.38 所示。

（4）将 subloop 作为其相交地形的约束边界线，参与地形块的 Delaunay 三角网重新构网。

① 重新构网后，判断三角形是否落在约束边界内；

② 剔除落在约束边界内的三角形；

③ 返回步骤（2），循环调度处理，直到处理完毕。

最后添加路基模型，即可完成与地形模型的套合建模过程，如图 4.39 所示。

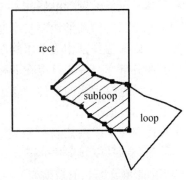

图 4.38　subloop 示意图

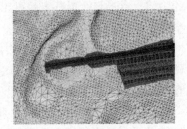

（a）单块地形重构显示　　　　（b）多块地形重构　　　　（c）叠加路基模型

图 4.39　路基模型与多分辨率 TIN 地形模型套合建模示意

铁路构造物与地形模型的套合建模效果如图 4.40 所示。

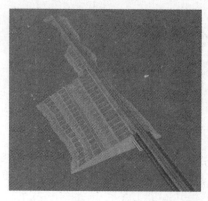

图 4.40　铁路构造物与地形模型的套合建模效果

第五节　铁路虚拟环境线路场景漫游技术

一、场景实时显示技术

1. 真实感图形实时绘制算法

目前，人们对加速复杂模型绘制技术的研究主要集中在可见性判断、多细节层次绘制技术和基于图像的图形绘制技术三方面。

基于图像的图形绘制技术基于一些预置的图像（或环境映照）来生成不同视点处的场景画面，以图像像素作为基本绘制元素。该方法的突出优点是绘制速度独立于场景复杂性，仅与图像分辨率有关，且能在低档平台上实现场景漫游，这是前两类技术所无法比拟的。它既可基于计算机生成的图像，亦可采用实拍图像，这为生成逼真的虚拟场景画面提供了途径。但由于这方面的研究刚刚起步，有很多问题需要解决，如重建图像的走样问题、图像数据存储管理问题、误差控制和分析问题等。

简化场景模型是减少模型复杂程度，提高图形生成速度的有效手段。随着场景画面真实感的不断增强，场景的造型变得越来越复杂，这使得生成每一帧场景画面所耗费的计算量越来越大。但根据人的视觉生理不难发现，仅对于近的物体，才能观察到场景表面的细节，而对于远的物体，由于其在屏幕上的投影区域甚小，其细节难以分辨，可以画得粗糙一些，这就是多层次细节绘制技术的基本出发点。LOD 方法的主要困难在于如何建立不同细致程度的物体表示。

在计算机模拟的景观环境中，有很大一部分面片对于当前视点不可见。如果用传统的硬件深度缓冲器图形系统进行消隐计算，尽管系统最终也可以正确地判断景物可见性，但由于直到绘制流程的最后才确定其可见性，大量前序计算不可避免，从而导致系统资源的极大浪费。可见性剔除算法并不简化场景几何模型，而是充分利用景物空间、图像空间和时间域的可见与不可见连贯性来快速剔除不可见景物面片，把不可见的场景从其他场景中区分出来，使进入硬件绘制的面片尽可能减少，以达到快速绘制的目的。

2. 基本思路和实验

对真实感图形的实时绘制，人们提出了各种算法，这些算法各有其适用范围。如快速消隐类算法中，层次 Z-buffer 算法和层次遮挡算法对高遮挡率场景非常有效，但对遮挡复杂性要求不高的场景却毫无优势；场景模型简化算法能够达到降低场景复杂性的目的，但对于高度复杂的场景，虽经简化仍无法达到实时；另外很多算法在静态场景下效率较高，它们一般在预处理阶段生成场景遮挡树，如 BSP（Binary Space Partitioning，二叉空间分割）树、八叉树、K-D（K 维）树等，但在动态场景下数据更新慢、实时性不高。针对大范围、海量数据集（地形数据、地物数据、遥感影像数据、地面照片数据等）的铁路景观模型的特点，加快其显示速度的主要策略是：

（1）分块组织原则。根据地形区域的大小、数据的精度将地形分块，然后根据场景中包含的地物所处的位置计算地物所属的地形块，建立地物索引；相应地对地形对应的纹理数据（航空影像）分块，建立纹理索引。

（2）分层控制原则。在景观建模时，就对不同要素设置不同的 ID 值，根据 ID 值的不同分为地形要素、建筑物要素、交通类要素、植被类要素、水系类要素等，对于不同要素，用户可以设置不同的可见状态、编辑状态。

（3）几何简化原则。分别对地形模型和复杂的地物模型进行简化处理，并建立不同细节层次模型，供景观漫游动态调用。

（4）动态调用原则。视点在三维空间可能的移动方向包括上、下、前、后、左、右、前左、前右、上左、上右等共 14 种。除了上、下方向，其他 12 种方向映射到二维平面共 8 个方向，即上、下、左、右、左上、左下、右上、右下。这样，以当前视域地形块为中心，整个场景数据块相对于当前视点可分为两类，即当前可见区和相邻预可见区。实时显示时，内存快速释放视域范围外的数据，保留视域范围内的数据，读入新的进入视区的数据。

（5）纹理代替原则。采用 Shade 的图像缓存（Image Cache）技术，结合几何简化和基于图像绘制技术的优点，对满足纹理简化要求的景物用图像缓存中的对应图像作纹理代替，将其映射到一空间四边形表面上来取代复杂的几何绘制画面。

基于以上思路，可设计一种合成算法。该算法的具体组织数据是：首先根据铁路景观区域大小对整个场景分块处理，然后根据建筑物所处的位置计算地物所属地形块，并建立链表索引。再根据地形上包含建筑物的个数以及建筑物分布疏密情况决定是否对地形块进一步细分。如果地形块上房屋数目超过预先设定的值，则对地形细分，直到每个地形块包含物体个数小于给定值或细分层次大于规定值为止。如果建筑物模型复杂，可以对建筑物进一步细分，并保存细分后物体的包围盒数据。这样，整个场景被组织成 n 叉树，形成场景结构树。场景组织过程是从上到下的构造过程，整个场景是根节点，地形块作为中间节点，建筑物为叶节点。这样，人们对场景动态漫游时，可以根据地形三角片查询表直接定位场景树的节点，视点移动后只需根据目标点所属地形块的不同，链接到新的地形块节点中即可。这样，就可直接定位可见的地形块集合并结合基于 BSP 树的可见性判断方法完成场景的可见性判断，从而提高景观显示速度。

二、场景空间查询与交互

1. 空间查询

由于作了消隐处理，计算机屏幕上三维模型的像点与三维模型的大地坐标已不是一一对应关系，因此必须确定鼠标点捕捉到 2D 屏幕坐标所对应的唯一可见的 3D 大地坐标后才能进行正确的空间分析和查询操作。其基本判别如下：

设 $\mathbf{I}^2$ 是欧氏平面上的整数集，$\mathbf{R}^3$ 是三维欧氏空间上的实数集，子集 P 和 T 分别为计算机屏幕空间和地面三维空间，则有 $P \subset \mathbf{I}^2$ 和 $T \subset \mathbf{R}^3$。若 P 和 T 间存在映射关系 $T \rightarrow P$，对于任意元素 $p \in P \subset \mathbf{I}^2$ 及 $t \in T \subset \mathbf{R}^3$，若满足 $t \rightarrow p$ 下有 t（t_1, t_2, $\cdots$, t_k），$k \geqslant 2$，则 p 与模型上多个点（X, Y, Z）对应。

若有元素 t_m，$t_m \in t$，$t_m = (X_m, Y_m, Z_m)$，使 $\| t_m - e \| = \min$，则 t_m 为多个点中唯一的可见点（e 为视点的位置）。在显示 3D 模型时，对每一个 3D 点用此种方法进行判别，可以确定屏幕 2D（x, y）点对应的 3D（X, Y, Z）信息。根据 3D 点的信息可得到其对应的属性信息，从而保存该 2D 点对应的属性信息（Z 坐标或建筑物 ID 号），同时该点对应的 3D 坐标为（X, Y, Z）$= (x, y, z) \boldsymbol{T}^{-1}$（$\boldsymbol{T}$ 为由 3D 向 2D 投影的变换矩阵）。

2. 动态交互

鼠标跟踪球算法是用鼠标来实现三维旋转变换的一种方法。用鼠标在窗口中转动一个形体，记窗口的宽度为 w、高度为 h，形体的转动中心坐标为（c_x, c_y），鼠标的起点坐标为 P_1（mx_1, my_1），终点坐标为 P_2（mx_2, my_2）。跟踪球算法的目的就是计算出旋转轴矢量 $\boldsymbol{u}$ 和旋转角度 θ。将 P_1、P_2 投影到以（c_x, c_y）为中心的一个半球面上得到 P_1' 与 P_2'，P_1' 与 P_2' 在半球面上的矢量表示记为 $\boldsymbol{v}_1$ 与 $\boldsymbol{v}_2$。可以近似地认为，旋转轴矢量 $\boldsymbol{u}$ 即为 $\boldsymbol{v}_1$ 与 $\boldsymbol{v}_2$ 的叉积，即 $\boldsymbol{u} = \boldsymbol{v}_1 \times \boldsymbol{v}_2$；旋转角度 θ 即为 $\boldsymbol{v}_1$ 与 $\boldsymbol{v}_2$ 的夹角，可用矢量点积求出 θ。

3. 步行或飞行通过

对于铁路景观模型，步行穿越（walk through）或飞行通过（fly through）是经常采用的两种交互方式。飞行（穿越）路线既可以人工从二维索引图上制定，也可以用鼠标、键盘或其他设备进行交互引导或控制，但都是通过沿指定路径实时改变视点和目标点的位置来实现的。其基本步骤可用图 4.41 来表示。

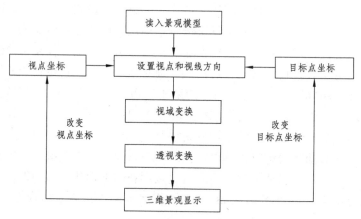

图 4.41　步行穿越或飞行通过流程

三、基于 OpenGL 实现动态三维漫游

三维场景仅仅静态显示是不够的，还需要能够交互式地实时动态显示。三维漫游就是对三维场景进行实时浏览，即实现在三维场景中的人机交互。OpenGL 所具有的平移、旋转、缩放等功能为实现三维场景的实时动态漫游提供了保证。

1. 三维空间中漫游路径的选取

为了能够更为直观地查看三维地形地貌，选线工程师需要沿着漫游路径从空中或地面动态地、多方位地观察感兴趣区域，即通常所说的飞行浏览或地表漫游等。漫游路径是由用户指定的一系列地表采样点按照地形的起伏依次连接构成的空间曲线，为一系列三维坐标点的集合，即 $P_{ath} = \sum_{i=1}^{N} p_i$。这里提供三种确定漫游路径的方法。

1）线路走廊带法

当线路走廊带确定以后，连接走廊带的主要控制点，组成链式折线对象，该折线对象即为三维漫游路径。

2）自定义方法

根据三维环境中三维地面坐标的获取方法，在正射投影模式或透视投影模式下直接通过鼠标在三维地形上选取一系列地面点，连接这些三维地面点即构成三维漫游路径。

3）线路方案路径法

当设计好一条线路方案后，建立线路方案的三维模型，线路方案的中心线即构成三维漫游路径，沿此漫游路径可直接观察设计好的线路方案三维效果和线路周围的地形、地貌和地理环境。

2. 实时动态三维漫游的两种方式

1）视点固定目标移动

此显示方式比较容易实现，只要实时改变三维线路场景在世界坐标系中的位置或在自身坐标系中的空间状态，即通过实时改变其基本模型变换矩阵的相应参数（如平移、旋转、缩放等）即可得到实时动态显示效果。

2）目标固定视点移动

该显示方式的视点沿预先设定的路径移动（如线路设计中线），并采取透视投影，这样观察固定目标即会产生飞行效果。其基本流程如图4.42所示。

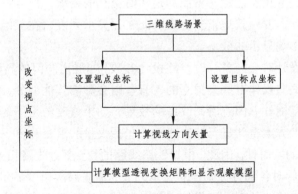

图 4.42　目标固定视点移动方式

这种浏览方式还可细分为固定高程浏览和固定高差浏览两种方式。下面分别介绍其实现方法。

（1）固定高程浏览。

视点，即观察者的眼坐标（eyex，eyey，eyez）的 y 坐标 eyey 在浏览过程中保持不变，始终为用户浏览之前所设置的高程值，这样可以保持恒定的高度对三维场景进行浏览，可在高空总体上查看线路三维设计方案效果，如图 4.43（a）所示。在该方式下，需要用户在浏览之前设置高程值。

（2）固定高差浏览。

这种方式视点的 y 坐标 eyey 在浏览过程中不断地改变，始终保持与地面点固定的高度差，如图 4.43（b）所示。这就需要对三维漫游路径进行插值处理。设某一时刻视点下方的地面高程值为 H，固定高差为 Δh，则 $eyey = H + \Delta h$。在该方式下，需要用户在浏览之前设置高差。如果高差为 0，则相当于驾驶模拟，即达到人或车在线路上行走的效果。

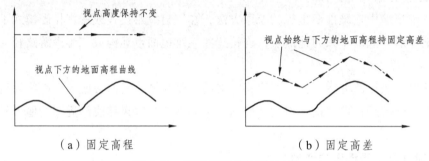

（a）固定高程 （b）固定高差

图 4.43 两种不同的浏览方式

为了有效进行实时动态浏览三维线路场景，可在软件系统中专门开发照相机类，用来方便地实现两种方式下的三维浏览。

3. 树型多级显示列表优化技术

OpenGL 提供的显示列表机制是提高显示速度的有效途径。显示列表被设计成高速缓存并被处理成适合于图形硬件的格式，下次程序调用显示列表时就可以直接在内存中进行，不用再进行大量烦琐的矩阵和法线计算，因而可以大大节省时间。但即使如此，仍旧难于实现三维线路场景海量数据的快速显示，不能满足实时交互的要求，而且三维线路场景的显示状态更新较为频繁，因此需要频繁地重新生成 OpenGL 显示列表，在三维场景中需要显示大量图元的时候，会严重影响显示的效率。

考虑到线路方案设计时会经常修改线路设计参数，如隧道洞门的高度、路基边缘的宽度、边坡的开挖角度等，这些操作有些是独立的，有些则会影响其他部分，都会需要大量的数学计算。在修改后，希望能够立即查看修改后的效果，如果修改的是局部，为了查看修改后的三维效果而对整个设计方案重新进行三维建模（包括大量的求交计算、法线计算、光照计算等），会严重影响交互的实时性。因此，根据铁路线路的特点，对线路相关部分进行虚拟分割，建立层次树型结构，然后对各部分分别建立显示列表，建立层次树型显示列表，只对修改部分重新构造显示列表，未修改的部分则保持不变。这种方法可以在修改线路方案各个参数时，最大限度地利用显示列表的优越性，以保证三维动态浏览的实时性。

1）三维线路场景模型树的结构

三维线路模型主要由三维地形模型和三维线路模型构成。其中线路模型又可细分为隧道模型、涵洞模型、桥梁模型、边坡模型等部分，而这些部分又可以进一步地细分，如隧道模型可分隧道洞口模型、隧道洞身模型等。

因此，三维选线场景模型可设计成一种多叉树结构，如图 4.44 所示。这是由三维线路模型的特点决定的。在三维线路模型树中，大量存在类似树型的关系，如一个父节点对象中包含一个或多个子节点对象，子节点对象的生成依赖于其父节点对象的生成。

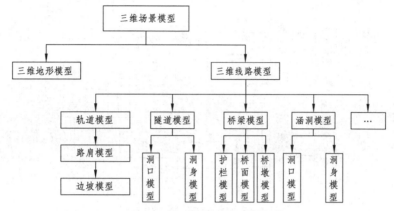

图 4.44　三维线路模型树型结构示意

2）树型显示列表的结构

根据三维线路场景模型树的组织特点，将各个元素的显示列表组织为树型结构。树型多级显示列表的组织形式可以不必重新生成列表中每一个图元的显示列表，而只需重新生成变化图元所在分支中从变化图元起到树的根节点的某一段显示列表即可，对于其他未变化的图元，只需重新调用已有的显示列表即可。此方法相比于简单地将各个图元的显示列表进行线性组织，节省了大量的编译时间。如隧道洞口高度改变、更新桥墩模型等，只需对隧道洞口和桥墩显示列表重新生成即可，其他部分则不需要重新生成。

OpenGL 使用 glGenList（GLsizeirange）、gl_NewList（GLuint，GLunum）、glEndList( )和 glCallList（GLuint）等函数来操作显示列表，如果要执行该显示列表，调用 glCallList（ListIndex）就可以了。

3）OpenGL 实现实时动态三维浏览

OpenGL 是一种基于状态的执行机制，即 OpenGL 命令的执行被置于各种状态中，而且一直有效地保持到有命令改变这种状态为止。OpenGL 通过双缓存技术来支持实时动画功能，其基本原理是提供一个前台缓存和一个后台缓存，前台缓存在显示图像时，后台缓存绘制下一幅图像，然后交换前后台缓存，这样后台显示图像，前台缓存就绘制下一幅图像，如此循环下去，以达到实时动态显示。

从几何造型的建模到动画生成的全部过程中，OpenGL 命令或函数对图形的基本操作是从图形顶点开始，通过流水线处理，最后把像素值写入帧缓存。图 4.45 是 OpenGL 工作流程的计算机图形学描述。

OpenGL 三维动态浏览基本流程如下：

（1）初始化 OpenGL，获取需要在上面绘图的设备环境（DC）并为该设备环境设置像素格式，然后创建基于该设备环境的 OpenGL 设备。

（2）初始化 OpenGL 绘制场景及状态设置。

glEnable(GL_LIGHTING); //启动光照

glEnable(GL_DEPTH_TEST);//允许深度比较

glDepthFunc(GL_LESS); //激活深度比较

......

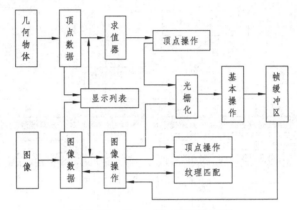

图 4.45　OpenGL 的工作流程

（3）设置投影模式，建立一个透视投影矩阵，透视投影使用 gluPerspective 函数，平行投影使用 glOrtho( )函数。

SetCamera（BOOL bSterio）//设置相机，参数 bSterio 为 TRUE 时为真三维立体显示模式，左右缓存分别绘制三维场景。

（4）绘制三维场景。

glCallList(Terrain_List); //调用三维地形显示列表

glCallList(Bridge_HL_List); //调用桥梁护栏显示列表

glCallList(Bridge_QM_List); //调用桥梁桥面显示列表

glCallList(Bridge_QD_List); //调用桥梁桥墩显示列表

......//其他显示列表

Swapbuffers（hDC）; //交换前后缓存，输出三维场景

图 4.46（a）为固定高程浏览方式下的效果，图 4.46（b）为固定高差浏览方式下的效果。

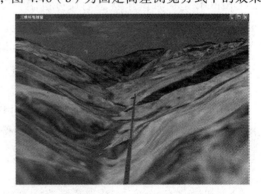

（a）固定高程浏览方式　　　　　　　　　　（b）固定高差浏览方式

图 4.46　实时动态浏览线路设计方案三维效果

思 考 题

1. 何为构造物基元模型？简述铁路线路构造物基元模型建模的技术要点。
2. 铁路线路构造物实体建模有哪些方法？理解各种方法的技术要点。
3. 分析基于基元模型的线路构造物实体建模方法。
4. 理解铁路线路实体模型与地理环境模型的融合方法。
5. 分析铁路虚拟环境线路场景漫游技术的核心问题。

第五章　铁路选线设计优化技术

铁路选线设计的基本任务包括选定主要技术标准、确定线路空间位置以及合理布置沿线结构物。在选线设计的每一项任务中，都存在着几种可供选择的设计思想。例如，牵引种类可以是电力牵引，也可以是内燃牵引；一旦牵引种类定了，还可以有几种不同的机车类型方案。而线路的空间位置的确定，是通过选择不同的平面参数和纵断面参数来完成的。在这些设计思想中，蕴含着代表线路平面几何、纵断面变坡点高程和坡段长度及其他细节的变量。因此，在一个确定的铁路建设项目中，可以有一系列的线路方案。我们最终要从这一系列方案中，推荐一个合理的方案。该方案不仅能满足运输和设计规范的要求，并且在经济上是最合理的。这就产生了最优设计的问题。

在铁路勘测设计中采用优化技术，是获得很好社会和经济效益的重要手段，是铁路线路计算机辅助设计系统的重要组成部分。这方面的开发研究在国内外虽然起步较早，但真正在生产实践中推广使用的尚不多。今后还需加强工作使之日趋完善。本章仅叙述其主要概念。

优化技术在铁路设计过程中应当由粗到细，逐步深入。在各个不同的设计阶段，宜采用不同的优化技术，大体上可以有：

（1）在预可行性研究阶段采用宽带范围内的选线优化技术。

（2）在可行性研究和初步设计阶段采用平面优化或空间线形优化技术。

（3）在初步设计和施工图设计阶段采用详细纵断面优化技术。

在以上3个设计阶段的优化技术中，初步设计和施工图设计阶段的优化目标易于数量化，影响因素较少，易于实现；而在预可行性和可行性研究阶段，往往有较多难于数量化的复杂的经济和社会因素，开发的难度较大。

第一节　工程优化技术的基础

一、工程优化的基本概念

工程设计是工程活动中的一个重要过程。在这个过程中，工程师总是在满足一些技术要求的前提下，力求得到最经济合理的设计成果。从这个意义上说，工程设计的过程就是一个工程优化的过程，工程设计问题本身也是一个工程优化问题。但在传统的工程设计过程中，工程师主要凭经验或已有的类似成果，对选定的几个设计方案进行评比，从中挑选出较好的方案作为推荐方案。由于其计算手段和工作量等原因，传统的设计方法很难得到最优的方案。

工程优化技术就是设法寻求工程设计优化问题的数学表达形式，并选定一种数学规划方法对拟定的优化问题进行求解的技术，即在一种选定的设计思想里，对于确定设计的那些量，研究选择其数值求解方法。并且，数值求解所得的结果，不仅能使设计满足所有提供给它的限制和约束条件，而且还能使设计在某种意义上是最好的。工程优化技术研究的是数值方法，因此，在大多数情况下，只有编写出计算机程序后，这些方法才有实际用处。工程优化技术不仅要用计算机确定设计中某些量的大小，而且要用计算机对设计进行分析。总之，工程优化技术是帮助工程师用计算机求解工程优化问题的一个有效工具，它的许多方法和思想取自数学规划，并利用数学规划的技巧解决工程设计问题。本节将结合线路优化设计的特点，阐明工程优化技术的一些基本概念和方法。

（一）设计变量

在设计过程中，某些量的数值有待选择。这样的量称为设计变量。

考虑下面的例子：进行线路平面设计时，直线方向已定，即曲线转角 α 已定，选择曲线半径和缓和曲线长度，则曲线半径 R 和缓和曲线长度 l_0 可以作为设计变量。

再看一看铁路线路纵断面设计。假设变坡点位置已经选定，那么剩下的问题就是设计各坡段的坡度。纵断面中几个坡段的坡度 i_i 可以作为一组合适的设计变量。全部 i_i 的一组值，在某种意义下就确定了纵断面的一个设计。

当然，在实际定线过程中，变坡点位置和坡段坡度的设计是同时进行的。如果把设计坡度线变坡点的位置和坡段的设计坡度（或设计高程）同时作为设计变量，当第 j 个变坡点的横坐标未知时，因为未知数的数目不定，就使得寻求设计线最优方案的问题大大复杂化。因此所有的纵断面优化程序都是固定设计坡度线变坡点的位置，而以设计高程或设计坡度作为设计变量进行计算。

在优化方法中经常要提到设计向量 I，它是一个列向量，包含了某一特定问题中的所有设计变量。例如有 n 个坡段的某一纵断面，其坡度所组成的向量为

$$I = [i_1,\ i_2,\ \cdots,\ i_n]^{\mathrm{T}}$$

一旦规定了这样一种向量的组成，则其中任意一个特定的向量都可以说是一个"设计"。

（二）约束条件

前面所提到的"一个设计"只不过是设计变量的一组值（即一个特定的设计向量 I）。即使这个设计明显的不合理（例如加算坡度大于限制坡度）或就结果而言是不合理的，它仍然可以称为一个设计。显然，对于设计问题来说，有些设计是有用的解答，而有些则不是。如果一个设计满足所给它的要求，就称为可行设计或可接受设计；反之则称为不可行设计或不可接受设计。

一个可行设计必须满足某些设计限制，这些限制总称为约束。

在进行线路纵断面设计时，《铁路线路设计规范》（TB 10098—2017）（简称《线规》）中的有关规定就是纵断设计时的约束条件。纵断面优化设计的约束条件包括变坡点位置约束（如竖曲线和缓和曲线不应重叠、直线段长度的限制）和设计高程约束（如坡段坡度、坡度代数差、控制高程）两大类。

在工程问题中，可以把约束区分为两类，即间接约束和性态约束。有些限制设计变量取值范围的约束，不是直接从功能方面的考虑提出来的，这种约束称为间接约束。根据显然要加以考虑的性能或性态要求而导出的约束称为性态约束。例如，在纵断面设计中，某里程桩处的高程，由于铁路上跨公路的空间限制，必须大于 50 m，则限制 $h \geq 50$ m 可以称为间接约

束。间接约束也可以反映其他类型的限制，比如根据经验法则或由于缺乏适当计算公式而由其他途径提出的约束等。在线路设计中，最大坡度的限制、坡段长度的限制等属于性态约束。

（三）目标函数

铁路定线时，所有的可行方案中，有一些方案比另一些"要好些"。如果确实是这样，则较好的方案比较差的方案必定具备更多的某些性质。如果这种性质可以表示成设计变量的一个可计算的函数，则我们就可以考虑优化这个函数，以得到"最好"的设计。这个用来使设计得到优化的函数称为目标函数。记目标函数为 F，或记为 $F(X)$。优化的目的就是使得目标函数值最小化。我们总是假定使目标函数值最小化，这并不丧失一般性，因为 $F(X)$ 达到最小值时，$-F(X)$ 就达到最大值了。

选择目标函数是整个优化设计过程中最重要的决策之一。

在纵断面优化设计中，由于不同设计阶段的要求不同，原始资料的精细程度不同，则纵断面优化设计中所使用的目标函数形式也有所不同。

具体构成目标函数表达式时，有换算工程运营费最小或工程费最小两种最优标准。平面优化时，线路平面有了改变，地面起伏也有变化，特别是在上、下行都需制动的地段，以换算工程运营费最小为最优标准较合适。在研究纵断面设计线最优方案时，在线路平面位置已定的情况下，最优标准的表达式可以简化，因为有些费用虽然很高，但当改动纵断面设计线位置时，对该费用影响不大，因而可不予考虑，例如可以不考虑与线路长度成比例的费用。

运营费有固定设备维修费和与行车量有关的运营支出。在线路位置已定的情况下，研究纵断面设计线位置变化时该费用不变。但与行车量有关的运营支出直接和纵断面设计线形状有关，则在优化纵断面时，应考虑这项费用。根据研究，在上、下行都不需要制动的地段，与行车量有关的运营支出与纵断面设计线位置的关系较小。

以工程费最小为最优标准的目标函数可以表示为

$$f = f_1 + f_2 + f_3 + f_4 + f_5 \tag{5.1}$$

式中　　f_1、f_2、f_3、f_4——修建路基（包括支挡结构）、桥梁、涵洞、隧道的工程费。

　　　　f_5——铁路土地征用费。

（四）设计空间

对于设计变量可以连续变化的问题，上述一些概念可以在设计空间中予以形象化地表达。考虑一个笛卡儿空间，它的每一个坐标轴代表设计向量 X 的一个分量。显然在一般情况下，这个空间是 n 维的。下面在二维和三维空间中来说明一些基本概念。

1. 约束曲面

在图 5.1 中，我们把空间的每一点看成一个设计，或者认为它是从设计空间原点出发的设计向量 X，一切不等式约束均可写成不等式的形式，即

$$g_j(X) \leqslant 0, \quad X = (x_1, x_2)$$

满足方程 $g_j(X) = 0$ 的 X 值的集合或轨迹在设计空间内形成一个曲面。这个曲面的意义是，把设计空间分成两部分，一部分 $g_j > 0$，另一部分 $g_j < 0$。于是一个点或者在曲面的这一

侧，或者在曲面的另一侧。由约束曲面中称为可行域边界的那些部分所拼合成的曲面称为复合约束曲面。在复合约束曲面内部的点（即满足 $g_j(X) < 0$ 的点，$j = 1, 2, \cdots, s$）称为自由点或无约束设计，曲面上的点（即至少满足一个 $g_j(X) = 0$ 的可行设计）称为边界点或约束设计。

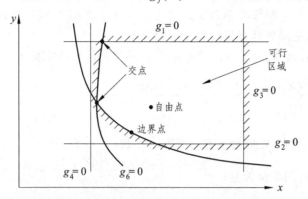

图 5.1　二变量问题的约束曲面示意

在设计空间中，满足 2 个或更多个 $g_j(X) = 0$ 的点的集合称为交集。在三维空间中，3 个约束交集决定 1 个点；在二维空间中，2 个约束交于 1 点。在 r 个不同的约束相交处，交集的维数是 $n-r$。

2. 目标函数等值线面（线）

除了约束曲面外，目标函数可以描述为设计空间中的另一组等值曲面族。如图 5.2 所示的牵引特性曲线，其每一条特性曲线均可设想为一定功率条件下的空间等值线（面）。在一特定等值线上的每一个设计（一组 V、F 值），其功率都相同。这些曲面（线）叫作目标函数等值面（线）。

3. 数学规划问题

在定义了工程问题的所有函数和限制条件后，可以把优化问题表达成下述形式：求设计 X_m，使其满足

$$F(X_m) \to \min$$

$$g_j(X_m) \leqslant 0, \quad j = 1, 2, \cdots, s$$

因为仅有的一些变量是 X 的分量，所以这样的问题是一个设计空间中的问题。我们称这种形式的问题为一个数学规划问题或一个数学规划。

（五）梯度及其性质

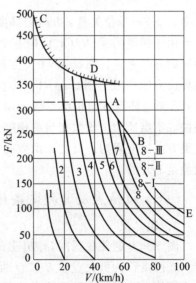

图 5.2　韶山 3 型电力机车牵引特性曲线

以 $X = [x_1, x_2, \cdots, x_n]^{\mathrm{T}}$ 代表有 n 个变元的列向量，则 n 个变元的多元函数可以表示为 $f(X)$，同时 X 也代表 n 维空间中的一个点。以 $f(X)$ 的 n 个偏导数为分量的列向量称为 $f(X)$ 在点 X 处的梯度，记为

$$\nabla f(X) = \left[\frac{\partial f}{\partial x_1}, \frac{\partial f}{\partial x_2}, \cdots, \frac{\partial f}{\partial x_n}\right]^{\mathrm{T}} \tag{5.2}$$

现代的大多数优化方法是建立在"函数在它所考虑的区域内有连续的梯度 $\nabla f(X)$"这一前提下的。

梯度是一个矢量，它有 2 条最基本的性质：

（1）若函数在某一点的梯度不为零，则其方向与过该点的函数等值面垂直。

（2）梯度的方向是函数具有最大变化率的方向。

一般函数 $f(X)$ 在点 X_0 沿 p 方向的变化率，可定义为下列极限：

$$\frac{\partial f(X_0)}{\partial p} = \lim_{t \to 0} \frac{f(X_0 + t \cdot e) - f(X_0)}{t} \tag{5.3}$$

式中 $\dfrac{\partial f(X_0)}{\partial p}$ ——函数在 X_0 处沿 p 方向的方向导数；

$\quad\quad e$ ——沿 S 方向的单位矢量；

$\quad\quad p = t \cdot e$ 。

如果 $f(X)$ 在 X_0 处可微，那么根据多元函数的泰勒级数展开式，可得

$$f(X_0 + p) = f(X_0) + t \cdot \nabla f^{\mathrm{T}}(X_0) \cdot p + o(\| p \|)$$

由此可得

$$\frac{\partial f(X_0)}{\partial p} = \nabla f^{\mathrm{T}}(X_0) \cdot e = \| \nabla f(X_0) \| \cdot \cos \phi \tag{5.4}$$

式中 $\quad \phi$ ——单位矢量 e 方向与梯度方向的夹角。

由于梯度的模 $\| \nabla f(X_0) \|$ 是不变的，故方向导数决定于矢量 e 与梯度的夹角。如果矢量 e 与梯度的方向垂直，则 $\cos \phi = 0$，方向导数为 0，即函数沿此方向变化率为 0；如果矢量 e 方向与梯度方向一致，则 $\cos \phi = 1$，方向导数取最大值，即沿梯度方向函数值上升得最快；如矢量 e 方向与梯度方向相反，则 $\cos \phi = -1$，方向导数取最小值，即沿负梯度方向函数值下降得最快。不难证明，函数在与负梯度方向成锐角的任一方向上，其方向导数为负，即函数值沿这类方向是下降的；反之，函数在与梯度方向成锐角的任一方向上，其方向导数为正，其函数值是上升的。

（六）极值点及其判定条件

1. 定 义

图 5.3 为定义在区间 $[a, b]$ 上的函数 $f(x)$ 的图像，图中 A、C 两点称为极大点，B、D 两点称为极小点，它们又统称为极值点。其特点是这些点的函数值 $f(x)$ 较其附近的函数值为大（或为小）。在工程优化问题中，往往是寻求在满足给定条件下的工程投资最小的方案，即寻求目标函数取极小值的点。下面重点讨论极小点问题。

极小点又分为全局极小点和局部极小点，分别给出定义如下：

① 对于任意给定的实数 $\delta > 0$，满足不等式 $\| X - X_0 \| < \delta$

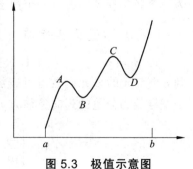

图 5.3 极值示意图

的 X 的集合称为 X_0 的 δ 邻域，记为

$$N(X_0, \delta) = \{X \mid \|X - X_0\| < \delta, \quad \delta > 0\} \qquad (5.5)$$

② $f(X)$ 是定义在 n 维欧氏空间 $\mathbf{R}^n$ 中定义域 D 上的 n 元实值函数，若存在一个数 $\delta > 0$，$\forall X \in N(X_0^*, \delta) \bigcap D$，且 $X \neq X^*$，都有 $f(X^*) \leqslant f(X)$，则称 X^* 为 $f(X)$ 的（非严格）局部极小点。如果 $f(X^*) < f(X)$，则称 X^* 为 $f(X)$ 的严格局部极小点。

③ 若 $\forall X \in D$，且 $X \neq X^*$，都有 $f(X^*) \leqslant f(X)$，则称 X^* 为 $f(X)$ 的（非严格）全局极小点。如果 $f(X^*) < f(X)$，则称 X^* 为 $f(X)$ 的严格全局极小点。

由上述定义可见，局部极小点 X^* 是指在以 X^* 为中心的一个 δ 邻域内，$f(X^*)$ 是最小的函数值。全局极小点 X^* 是指在整个定义域 D 内 $f(X^*)$ 是最小值。

尽管实际问题要求寻求全局极小点，但目前各种优化方法在大多数情况下都只能求得局部极小点，因此，在采用各种优化方法时，要结合实际工程问题进行判断处理。

2. 判断条件

在优化算法中，极值点的判断条件如下：

考虑函数内一点 X_k，取 X_k 的一个 δ 邻域，若对任意小的正数 $t < \delta$，从 X_k 出发的矢量 $t \cdot h$，位于函数定义域内部，便称单位矢量 h 为 X_k 点的一个可行方向。若 X_k 点为 $f(X)$ 的一个局部极小点，则函数 $f(X)$ 在 X_k 处沿任何可行方向其值均不减小，或者说在点 X_k 处沿任何可行方向的方向导数均为非负，即恒有

$$h^{\mathrm{T}} \cdot \nabla f(X_k) \geqslant 0 \qquad (5.6)$$

若 X_k 点位于函数定义域的内部，则任何方向 h 均为可行方向，即 h 和 $-h$ 均为可行方向，故

$$\begin{aligned} h^{\mathrm{T}} \nabla f(X_k) &\geqslant 0 \\ -h^{\mathrm{T}} \nabla f(X_k) &\geqslant 0 \end{aligned} \qquad (5.7)$$

由此可得

$$\nabla f(X_k) = 0$$

上述条件是函数极小点应满足的必要条件，但不是充分条件。数学中将满足上述条件的点称为驻点。

设 X^* 为定义域内 $f(X)$ 的一个驻点，即 $\nabla f(X^*) = 0$，如 $f(X)$ 在 X^* 点是二阶连续可微的，则在 X^* 点附近按泰勒级数展开，可得

$$f(X) - f(X^*) = \nabla f^{\mathrm{T}}(X^*) \cdot \Delta X + \frac{1}{2}(\Delta X)^{\mathrm{T}} \cdot A \cdot \Delta X + o(\|X\|^2) \qquad (5.8)$$

即

$$f(X) - f(X^*) = \frac{1}{2}(\Delta X)^{\mathrm{T}} \cdot A \cdot \Delta X + o(\|X\|^2) \qquad (5.9)$$

式中　$\Delta X = X - X^*$；

　　A——$f(X)$ 在 X^* 点的二阶导数矩阵。

如果对任意的 $\Delta X \neq 0$，都有 $\Delta X^{\mathrm{T}} \cdot A \cdot \Delta X > 0$，即 X^* 点的二阶导数矩阵为正定，则 $f(X) - f(X^*) > 0$，X^* 即为局部极小点，为此得出函数定义域内部的点 X^* 为极小点的充分条件是

a. $\nabla f(X^*) = 0$。

b. 二阶导数矩阵 A 为正定。

若 X^* 位于定义域边界上，则充分条件取为

a. $\nabla f^{\mathrm{T}}(X^*) \cdot h \geqslant 0$。

b. 二阶导数矩阵为正定。

式中　h——X^* 点处的任一可行方向。

函数 $f(X)$ 的二阶导数矩阵 A，又叫海森矩阵，其表达式为

$$A = \nabla^2 f(X) = \begin{bmatrix} \dfrac{\partial^2 f}{\partial x_1^2} & \dfrac{\partial^2 f}{\partial x_2 \partial x_1} & \cdots & \dfrac{\partial^2 f}{\partial x_n \partial x_1} \\[2mm] \dfrac{\partial^2 f}{\partial x_1 \partial x_2} & \dfrac{\partial^2 f}{\partial x_2^2} & \cdots & \dfrac{\partial^2 f}{\partial x_n \partial x_2} \\ \vdots & \vdots & & \vdots \\ \dfrac{\partial^2 f}{\partial x_1 \partial x_n} & \dfrac{\partial^2 f}{\partial x_2 \partial x_n} & \cdots & \dfrac{\partial^2 f}{\partial x_n^2} \end{bmatrix} \qquad (5.10)$$

（七）Kuhn-Tucker 条件

在优化方法中，对于在 n 维空间中具有 m 个不等式约束的问题，可以十分有效地采用函数的负梯度与约束条件的某种线性组合构成的方程组，即 Kuhn-Tucker 条件，来检验相对极小点

$$\frac{\partial F}{\partial x_i} + \sum_{j \in J} \lambda_j \frac{\partial g_j}{\partial x_i} = 0, \quad i = 1, 2, \cdots, n ; \quad \lambda_j \geqslant 0; \quad j \in J \qquad (5.11)$$

对于一般问题，Kuhn-Tucker 条件是判定相对极小点的必要条件，但不是充分条件；但对于凸规划问题，Kuhn-Tucker 条件成为全局极小点的充分必要条件。

在实际应用中，用 Kuhn-Tucker 条件来检验是否为极小点时，通常需要解一组关于 λ_j 的线性方程组。为了便于表达，引入以下符号

$$\left. \begin{aligned} b_i &\equiv -\frac{\partial F}{\partial x_i}, \text{ 或者 } B \equiv -\nabla F \\ n_{ij} &\equiv \frac{\partial g_j}{\partial x_i}, \text{ 也可以表示为 } \nabla g_j \equiv A_j \equiv (n_{1j}, \cdots, n_{nj}) \end{aligned} \right\} \qquad (5.12)$$

用 N 表示 $n \times r$ 矩阵

$$N \equiv [n_{ij}] = [A_1, A_2, \cdots, A_r]$$

这里，所有的约束已经重新编号，以使 r 个起作用约束的相应下标为 $j=1, 2, \cdots, r$。

于是，线性方程组（5.11）可表达为

$$\sum_{j=1}^{r} n_{ij}\lambda_j = b_i, \quad i = 1, 2, \cdots, n \tag{5.13}$$

或者用矩阵的形式写成

$$N\lambda = B \tag{5.14}$$

一般在工程问题的优化解处，起作用约束的个数少于 n，即 $r < n$；方程组（5.14）是超静定的。在这种情况下，求解该方程组时将有 3 种可能：① 方程组有唯一解；② 该方程组无解；③ 方程组的解是不定的。第③种情况只有 A_j 不完全独立才会发生。下面仅讨论 A_j 完全相互独立的情况。

为了寻求 λ，引入残差向量 R，考察下列恒等式

$$R \equiv N\lambda - B$$

其长度的平方可表示为

$$L(\lambda) \equiv |R|^2 = (N\lambda - B)^{\mathrm{T}}(N\lambda - B)$$

$$= \lambda^{\mathrm{T}}N^{\mathrm{T}}N\lambda - 2\lambda^{\mathrm{T}}N^{\mathrm{T}}B + B^{\mathrm{T}}B \tag{5.15}$$

显然，L 作为 λ 的一个函数，其稳定条件为 $\partial L / \partial \lambda_j = 0$（$j=1, \cdots, r$），或者写为

$$\nabla L = 2N^{\mathrm{T}}N\lambda - 2N^{\mathrm{T}}B = N^{\mathrm{T}}N\lambda - N^{\mathrm{T}}B = 0 \tag{5.16}$$

其中，$N^{\mathrm{T}}N$ 是 $r \times r$ 阶矩阵，它的各个元素都是 N 中那些向量的点集 $A_j^{\mathrm{T}}A_j$，而当 A_j 是一组彼此线性独立的向量时，$N^{\mathrm{T}}N$ 恰恰就是非奇异矩阵。只要 $N^{\mathrm{T}}N$ 是非奇异的，λ 的解就可能是

$$\lambda = (N^{\mathrm{T}}N)^{-1}N^{\mathrm{T}}B \tag{5.17}$$

如果 λ 的所有分量都是负的，而且 λ 满足方程（5.14），则 Kuhn-Tucker 条件就已经满足了。

将（5.17）式代入（5.14）式则有

$$N(N^{\mathrm{T}}N)^{-1}N^{\mathrm{T}}B = B \tag{5.18}$$

或者

$$[\mathbf{I} - N(N^{\mathrm{T}}N)^{-1}N^{\mathrm{T}}]B = 0 \tag{5.19}$$

式中　$\mathbf{I}$——单位矩阵。

在此引入投影矩阵的概念，则有

$$P = \{\mathbf{I} - N(N^\mathrm{T}N)^{-1}N^\mathrm{T}\}$$

可见，表示 Kuhn-Tucker 条件的方程（5.19）实际上就是要求在起作用的约束曲面的交集上，B 的投影为零向量。

二、几种求解约束极值问题的优化方法

（一）可行方向法

在求解一般不等式约束最优化问题的直接方法中，最大的一类方法称为可行方向法，它是一种在一系列的可用方向上逐次移动，从而得到一串逐步改进的可行点 X_q 的方法。这类算法一般由两个部分组成。首先，在每一次迭代时必须选定一个可用方向，其次还必须确定步长。

1. 可行方向的寻求

假定已经到达一点 X_q，在该点处有一个或多个 $g_j = 0, j \in J$，而所有其他约束函数都取负值，则一个可行的方向应当满足

$$\nabla g_j^\mathrm{T} S < 0, \quad j \in J \tag{5.20a}$$

$$\nabla F^\mathrm{T} S < 0 \tag{5.20b}$$

如果在该点没有起作用的约束（即 J 为空集），那么 S 与 $-\nabla F$ 就可以是同一个方向，从而这一步可以沿着最速下降方向前进，否则需要寻求新的下降方向。

对于具有线性约束条件的凸规划问题，采用将 $-\nabla F$ 投影到约束曲面的交集上的投影方法可方便地得到一个可行方向。根据前述 Kuhn-Tucker 条件，在起作用约束的交集上，$B = -\nabla F$ 的投影为零向量的点，为极值点，因此，用投影方法寻求下降方向，就是从目标函数在该点的负梯度向量中减去与所有起作用约束曲面的法线相平行的分量后所得的结果

$$S = -\nabla F \sum_{j \in J} u_j \nabla g_j \tag{5.21}$$

u_j 可以根据条件

$$\nabla g_j^\mathrm{T} S = 0, \quad j \in J \tag{5.22}$$

确定。这也就是要求不等式（5.20a）改以等号成立。换言之，S 要位于每个起作用约束曲面的切平面内，因此，所寻求的可行方向为

$$S = -P\nabla F \tag{5.23}$$

其中：P 为本节前面所述的投影矩阵。

对于所有约束条件均为线性函数的情况，该投影方向是与最速下降方向之间夹角最小的那个方向。

2. 迭代步长的确定

在优化方法中，步长的确定原则应遵从以下几点：

① 尽可能地减少函数 F 的值；

② 总是使 X 保持在可行域内；

③ 不必计算很多 g_j 就能达到目标。

在许多方法中都采用试凑的技巧。其基本思想是：取一个试验性步长 α_t，并检验试验点的约束函数值；如果违反了约束条件，则用内插法或其他办法退回，得到一个可行点；如果没有违反约束，也不在边界上，则再走一步；如果已在边界上，就另外再确定一个新的方向。

（二）梯度投影法

梯度投影法也是一种求解具有线性约束条件的非线性规划问题的有效方法。梯度投影法的基本原理是：利用目标函数的负梯度 $-\nabla F(X_q)$ 在 X_q 点所属的那些约束曲面的交集上的投影来解约束最小化问题。其算法可简述如下：

（1）给定初始可行点 $X(k)$。

（2）将约束条件分为控制约束与非控制约束两类，对 $X(k)$ 分别求出它们的下标集：

$$I_1 = \{i \mid A_i, \, X(k) - b_i < 0, \; i = 1, \, 2, \, \cdots, \, m_1\}$$

$$I_2 = \{i \mid A_i, \, X(k) - b_i < 0, \; i = 1, \, 2, \, \cdots, \, m_2\}$$

式中　　A_i——第 i 个约束条件的系数列向量；

$m_1 + m_2 = m$。

（3）计算线性独立的控制约束函数的一阶偏导数构成的 $n \times m_1$ 阶矩阵

$$A_q = \{\cdots, \, \nabla g_j, \, \cdots\}$$

$$\nabla g = \left\{\frac{\partial g_j(X(k))}{\partial x_1}, \frac{\partial g_j(X(k))}{\partial x_2}, \cdots, \frac{\partial g_j(X(k))}{\partial x_n}\right\}^{\mathrm{T}}$$

式中　　∇g_j——第 j 个约束条件的梯度矢量。

因为约束条件是线性的，所以 A_g 中的元素均为常量。

（4）若目标函数在点 $X(k)$ 处的负梯度矢量 $-\nabla f(X(k))$ 指向可行域 C 的外方，则 $-\nabla f(X(k))$ 不是可行方向。此时将它分解为两个正交的分矢量，即

$$-\nabla f(X(k)) = H + S(k)$$

其中，$S(k)$ 为 $-\nabla f(X(k))$ 在 $X(k)$ 所有 m_1 个控制约束平面交集上的投影，H 则是与 $S(k)$ 正交的一个分矢量。H 可以写成 m_1 个线性无关的控制约束平面外法线矢量的线性组合，即

$$H = A_q \cdot \{\lambda\}$$

式中　　$\{\lambda\}$——m_1 维列向量。

可以证明

$$\{\lambda\} = (A_q^{\mathrm{T}} \cdot A_q)^{-1} A_q^{\mathrm{T}} \{-\nabla f(X(k))\}$$

$\{\lambda\}$ 中的任一分量 λ_j 应不小于零，否则将第 j 个控制约束从 A_q 阵中除去，重新组成 A_q 阵，计算 $\{\lambda\}$，直到 $\{\lambda\}$ 中任一分量均非负为止。

（5）按下式确定一个可行的设计变量修改方向 $S(k)$

$$S(k) = -\nabla f(X(k)) - A_q \cdot \{\lambda\}$$

若 $S(k) = \{0\}$，则 $X(k)$ 即为最优解（当目标函数为凸函数时），否则计算试验性步长 α_k

$$\alpha_k = \max\{\alpha: X + \alpha \cdot S \text{ 是可行的}\}$$

得到 X' 点。判断 $S^T \cdot F(X)'$ 是否大于零。若大于零则在 $X(k)$ 与 $X'(k)$ 之间有一极小点，用一维搜索的方法求出这个 α^*，得到新点 $X(k+1)$。

$$X(k+1) = X(k) + \alpha^* \cdot S(k)$$

求 α^* 可采用线性内插的方法。

（6）得到 $X(k+1)$ 后，置 $k \leftarrow k+1$，转（2）重复上述过程，直至得到最优解为止。

其算法流程如图 5.4 所示。

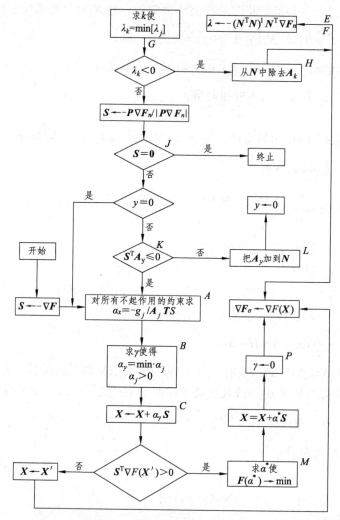

图 5.4　梯度投影法算法流程图

（三）简约梯度法

简约梯度法是一类适用于解目标函数为非线性、约束条件为线性的优化问题的优化方法，其特点是收敛速度快，计算稳定，无须计算目标函数的二阶导数，只要计算目标函数对基变量的简约梯度，并用其构造下降方向即可。下面简要地介绍简约梯度法的基本原理和优化方法。

考虑非线性最优化问题

$$
\left.
\begin{aligned}
\min \quad & F(X) \\
\text{s.t.} \quad & A \cdot X = b \\
& X \geqslant 0
\end{aligned}
\right\}
\tag{5.24}
$$

式中　A——$m \times n$ 阶矩阵；

　　　b——m 维列向量，且 $m \leqslant n$。

简约梯度法的基本思路是，将上式中的变量分为两部分，一部分作为自变量，其余的作为因变量（又称为基本变量）。因为上式中共有 m 个等式约束，故可取 m 个因变量，取 $n-m$ 个自变量。根据 m 个约束等式，将 m 个因变量用 $n-m$ 个自变量来表示，再代入式（5.24），这样就变成了只有 $X \geqslant 0$ 这样非负约束的简单问题了。把 X 分成

$$X = (X^B, \, X^N)^{\mathrm{T}}$$

其中

$$X^B = \left[x_1^B, \, x_2^B, \, \cdots, \, x_m^B \right]^{\mathrm{T}}$$

$$X^N = \left[x_{m+1}^N, \, x_{m+2}^N, \, \cdots, \, x_n^N \right]^{\mathrm{T}}$$

相应地，系数矩阵 A 也分成

$$A = (B, \, C)$$

其中，B 为 A 中对应于 X^B 的 $m \times m$ 阶方阵，C 为对应于 X^N 的 $m \times (n-m)$ 阶矩阵，我们总假定 B 的秩为 m，即要求约束条件的系数所组成的列向量线性无关。在此条件下，矩阵 B 非奇异，则约束条件可以写成

$$B^* X^B + C^* X^N = b$$

即

$$X^B = B^{-1} \cdot b - B^{-1} \cdot C \cdot X^N$$

根据约束条件，要求 $x \geqslant 0$，即要求

$$X^N \geqslant 0, \qquad X^B = B^{-1} \cdot b - B^{-1} \cdot C \cdot X^N \geqslant 0$$

$X^B \geqslant 0$ 表示 X^B 的所有分量都大于 0（称为非退化的），当给定一个初始可行点 X_K 后，取 m 个最大的分量为基本变量 X^B，并将约束条件代入目标函数式，得

$$F(X) = F(X^B(X^N), \, X^N) = f(X^N)$$

即将目标函数变为只以 X^N 为变量的函数，这就将原问题变为只有非负约束，且变量降低了 m 维的简单问题。当我们暂不考虑非负约束时，它就成了无约束最优化问题，此时目标函数 $F(X)$ 的梯度简化为只具有 $n-m$ 个变量的函数 $F(X^N)$ 关于 X^N 的梯度，因此称为简约梯度，记为

$$G(X^N) = \nabla f(X^N)$$

下面计算 $G(X^N)$，首先，将 $F(X)$ 的梯度相应地分为两种：

$$\nabla F(X) = \begin{bmatrix} \nabla_B F(X) \\ \nabla_N F(X) \end{bmatrix}$$

这里 $\nabla_N F(X)$ 的意义是：$F(X)$ 作为 X 的函数时，其梯度对应于 X^N 的那些分量，$G(X^N)$ 则表示 $F(X)$ 作为 X^N 的复合函数时关于 X^N 的梯度。根据复合函数求导法则，可求得

$$G(X^N) = \nabla_N F(X^B, X^N) - (B^{-1} \cdot C)^T \cdot \nabla_B F(X^B, X^N)$$

有了简约梯度 $G(X^N)$，如果不考虑非负约束 $X \geqslant 0$，则可按无约束极小化方法，沿负梯度方向 $-G(X^N)$ 进行寻优。

设当前点为 $X_K = (X_K^B, X_K^N)$，寻优后得到的新点为

$$X_{K+1} = (X_{K+1}^B, X_{K+1}^N)$$

而

$$X_{K+1} = X_K^N - t_K \cdot G(X_K^N)$$

式中　t_K——最优步长因子，$t_K > 0$。

考虑原问题中的非负约束 $X \geqslant 0$，当 X 的某一分量 j 中，$X_{j,K}^N = 0$，且 $g_i(X_K^N) > 0$ 时，对任何步长因子 $t > 0$，均有 $X_{j,K+1}^N < 0$，不满足 $X \geqslant 0$ 的约束条件，因此不能以 $-g_i(X_K^N)$ 作为搜索方向，而代之以下列方向作为搜索方向：

$$P_K^N = \begin{cases} 0 & \text{当} X_{j,K}^N = 0, \text{且} g_i(X_K^N) > 0 \text{时} \\ -g_i(X_K^N) & \text{其余情况} \end{cases}$$

所以　　　　　　$$X_{K+1}^N = X_K^N + tP_K^N$$

选取最优步长因子 $t = t_K$，使 $F(X)$ 为极小，并为了保证 $X_{K+1} \geqslant 0$ 这一约束得到满足，还应要求

$$X_{K+1}^B = B^{-1} \cdot b - B^{-1} \cdot C \cdot X_{K+1}^N$$

由上式可得

$$X_{K+1}^B = X_K^B - tB^{-1} \cdot C \cdot P_K^N$$

即 X_{K+1}^B 是以 X_K^B 出发，沿方向 $-B^{-1} \cdot C \cdot P_K^N$ 进行搜索而得到的。同时可得 X_K 点的搜索方向，即

$$P_K = \begin{bmatrix} -B^{-1} \cdot C \cdot P_K^N \\ P_K^N \end{bmatrix} = \begin{bmatrix} -B^{-1} \cdot C \\ I \end{bmatrix} \cdot P_K^N$$

式中　I——$(n-m)$ 阶单位矩阵。

则 $\qquad X_{K+1} = X_K + tP_k$

为了保证 $X_{K+1} \geqslant 0$，需要确定步长因子的搜索范围，当 $P_{j,K} \geqslant 0$ 时，恒能保证 $X_{j,K} \geqslant 0$；当 $P_{j,K} < 0$ 时，应有 $t \leqslant \dfrac{X_{j,K}}{-P_{j,K}}$，故令

$$t_{\max} = \min\left\{ -\frac{X_{j,K}}{P_{j,K}} \quad (P_{j,K} < 0) \right\}$$

这样可在区间 $0 \leqslant t \leqslant t_{\max}$ 上进行一维搜索，得出最优步长因子 t_K，从而得到一个较优的迭代点 $X_{K+1} = X_K + t_K P_K$。如此反复迭代，直到收敛到满意为止。

综上所述，简约梯度法的迭代步骤为：

① 给出初始容许解 X_0，分解 $X^0 = (X_0^B, X_0^N)^{\mathrm{T}}$，其中 $X_0^B > 0$ 为奇向量，给定 $\varepsilon > 0$，置 $K = 0$。

② 对应于 $X_K = (X_K^B, X_K^N)$，将 A 分解为 $A = (B, C)$，求 $G(X_K^N)$，计算 P_K。

③ 若 $\| P_K \| < \varepsilon$，则以 X_K 作为近似最优解，停止迭代；否则，求 $t_{\max}$，并在 $0 \leqslant t \leqslant t_{\max}$ 内求 t_K，使

$$F(X_K + t_K \cdot P_K) = \min F(X_K + tP_K), \ 0 \leqslant t \leqslant t_{\max}$$

④ 求出新的迭代点 $X_{K+1} = X_K + t_K \cdot P_K$。

⑤ $\| X_{K+1} - X_K \| < \varepsilon$，则以 X_{K+1} 作为近似最优解停止迭代，否则转⑥。

⑥ 若 $X_{K+1}^B > 0$，则基向量不变，置 $K = K+1$，转②；否则，将等于 0 的 $X_{j,K+1}^B$ 换出基向量，而以 $X_{j,K+1}^N$ 中最大的分量换入 t 基内并置 $K = K+1$，转②。

第二节　线路优化设计的数学模型

数学模型是用数学方法反映设计中诸变量之间变化关系的数学式子，用来描述设计参数、约束条件与目标函数之间的变化规律。在计算机上可利用数学模型进行最优设计，计算设计方案的性能。

解线路最优设计的数学描述可归纳为：

有一组设计变量 $x_1, x_2, \cdots, x_n$，求解下列问题：

目标　$F(X) \to \min$

约束条件　$G_i(X) \geqslant 0$，$i = 1, 2, \cdots, p$

$\qquad\qquad H_j(X) = 0$，$j = 1, 2, \cdots, q$

其中：$F(X)$ 为目标函数；$X = (x_1, x_2, \cdots, x_n)^{\mathrm{T}}$ 为设计变量；$G_i(X)$ 为不等式约束方程；$H_j(X)$ 为等式约束方程。

在铁路线路最优化设计中，需要建立的数学模型主要包括线路平面模式、纵断面模式、横断面模式、目标函数及约束条件的数学表达式。这些数学模型由于考虑的因素及处理方式的不同而有不同的模式。

一、线路设计的对象模型

对象模型指的是表示对象的数据组合及数据间的关系、反映设计中诸变量之间变化关系的数学式子，用于描述设计参数、约束条件与目标函数之间的变化规律。

这里的对象是用户在线路设计过程中需要加以处理和观察的变元的子集合。

（一）线路平面模式

线路平面由曲线和与之相切的直线组成，如图 5.5 所示。平面曲线包括圆曲线与缓和曲线。线路优化时平面设计变量可以是平面曲线半径和平面转点坐标，也可以是平面曲线半径和平面各计算段长度（直线段为该段直线全长，曲线段为该曲线全长）。

在计算机辅助设计中，对缓和曲线的处理可根据设计阶段的不同考虑设置缓和曲线和预留缓和曲线两种情况。线路平面必须满足《铁路线路设计规范》的基本要求。

根据设计目的和设计阶段的不同，设计平面可采用直—曲—直模式，也可采用链式折线模式。

用于绘制线路平面的数据结构包括线路起讫点平面坐标、站坪长度、桥隧起讫点里程、车站类型标志（如中间站、区段站等）、线路平面转点坐标、圆曲线半径、缓和曲线长度、左右转曲线标志、曲线转向角、主点坐标及里程等。其中平面转点坐标、圆曲线半径等数据的获取可采用以下三种方法：人工输入值、以前计算结果的输出、交互式构造过程的结果。

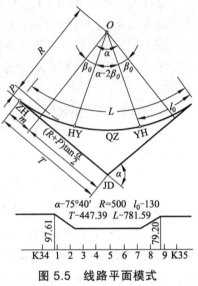

$\alpha = 75°40'$ $R = 500$ $l_0 = 130$
$T - 447.39$ $L - 781.59$

图 5.5　线路平面模式

（二）线路纵断面模式

线路纵断面包括地面线和设计坡度线。

地面线采用折线形模式，其数据结构由地面高程和地面坡段长度构成；其模型构造方法主要采用数字地形模型，根据已知的线路平面百米标和加标点的平面坐标内插得到。

纵断面设计坡度线模式有折线形及函数类曲线形两种。

1. 曲线模式

函数类曲线模式是一种曲率连续变化的曲线，所以不仅线路连续，一阶导数也连续。函数类曲线若采用不等距结点的二次 B 样条曲线时，构成的纵断面线具有较好的适应性和灵活性，有易于调整及直观的优点。

在整个线路设计范围 $[X_0, X_k]$ 上预先选取一系列点 X_0，X_1，$\cdots$，X_n，且记 x_K（$K = 0$，1，2，$\cdots$，K_0）为测点横坐标，X_i（$i = 0, 1, 2, \cdots, n$）为样条基结点，同时有 $x_0 = X_0$、$x_{K_0} = X_n$。

以 X_i 为结点的二次 B 样条可由下式表示

$$y(x) = \sum_{i=-2}^{n-1} C_i B_i(x)$$

基 $B_i(x)$ 只跟 X_i 有关，一旦结点分划确定，基便完全事先构成，只需设法确定公式中的待定系数 C_i 即可。

待定系数中的 C_{-2}、C_{-1}、C_{n-2}、C_{n-1} 实际上能根据边界条件事先确定，因而 B 样条的函数可表达为

$$y(x) = \sum_{i=0}^{n-3} C_i B_i(x)$$

2. 折线形模式

折线形模式是由一系列直线段组成的，设计变量可以是变坡点的位置和设计高程，也可以是坡段的坡度和长度。线路纵断面折线模式有不等长链式纵断面和满足最小坡段长要求的设计纵断面两种形式。线路纵断面模型的数据结构包括变坡点设计高程和坡段长度、设计坡度，线路起讫点里程和设计高程，桥隧起讫点里程，平面曲线起讫点里程、曲线半径、转向角、缓和曲线长、圆曲线长。

折线形模式除了为设计人员所熟悉及数学组成上较曲线模式简单外，还有下列优点：

① 很多约束条件（《铁路线路设计规范》有关规定）是按折线形模式规定的，所以在最优化设计中不需要进行换算；函数类曲线模式则需要换算。

② 折线形模式调整时影响范围小。例如，某坡段不满足坡度运输要求需要减缓坡度时，则可以在局部地段上调整来完成；函数类曲线模式对这种改变可能会涉及较多地段。

对于折线形纵断面，如果将变坡点位置与设计高程同时作为设计变量，由于未知数的数目不定，就使寻求设计线最优方案的问题大大复杂化。克服这一困难的办法通常有两种：

第一种办法是手工给出纵断面变坡点的横坐标，然后变动变坡点高程。第二种办法是寻求被称为链式直线段的由短直线段组成的折线，这时链式坡段的长度彼此相等而且小于最小坡段长。在找到链式坡段的最优解后，再将其修饰成《线规》所容许的形式，这一步称为"整饰"。

第二种办法比第一种办法好，因为它可以避免拟定变坡点横坐标中的差错，链式纵断面的整饰可以在计算机上采用图形交互设计的方式进行。

如果舍去各链式坡段长度相等的条件，以长度不等的折线形状来表示设计纵断面，则称为不等长链式纵断面。通常取纵断面地面线自然起伏变化点和一些有特定要求的点为变坡点，得到坡长不等、坡长较短的链式坡纵断面。这种纵断面可以减少平易地形地段或最大坡度地段的未知数数目，从而大量减少题目的维数。目前铁路部门大多采用不等长链式纵断面作为铁路纵断面优化设计的模式。

对于折线模式，线路优化时，纵断面上以设计坡度为设计变量，纵断面优化先按不等长链式坡纵断面进行，然后按最佳逼近原理，考虑坡段长度约束，整饰为设计纵断面形式。设 i_i 表示第 i 坡段的坡度，则线路优化的纵断面坡度设计变量写成矢量形式为

$$\boldsymbol{I} = [i_1,\ i_2,\ \cdots,\ i_n]^{\mathrm{T}}$$

（三）设计线空间模型

把设计线（预留缓和曲线）在空间的位置写成下列递推关系式

$$\left.\begin{aligned} x_{j+1} &= x_j + L_j \cos\varphi_j \\ y_{j+1} &= y_j + L_j \sin\varphi_j \\ \varphi_{j+1} &= \varphi_j \end{aligned}\right\} 在同一直线上 \tag{5.25}$$

$$\left.\begin{aligned} x_{j+1} &= x_j + R_j[\sin(L_j/R_j)\cos\varphi_j - (1-\cos(L_j/R_j)\sin\varphi_j] \\ y_{j+1} &= y_j + R_j[\sin(L_j/R_j)\sin\varphi_j - (1-\cos(L_j/R_j)\cos\varphi_j] \\ \varphi_{j+1} &= \varphi_j + V_j/R_j \\ R_{j+1} &= R_j \end{aligned}\right\} 在同一曲线上 \tag{5.26}$$

$$z_{j+1} = z_j + L_j \cdot i_j \tag{5.27}$$

$$\Delta i_{j+1} = i_j - i_{j-1} \tag{5.28}$$

式中　x_j、y_j、z_j、φ_j——设计线上第 j 点的平面坐标高程与该点切线与正向 x 轴的夹角；

　　　　L_j、R_j、i_j、Δi_j——设计线上第 j 段的长度、平面曲线半径、纵坡和与其相邻坡度代数差。

（四）横断面模式

1. 地面横断面模式

在线路优化计算时，地面横断面模式除采用横断面采样点构成的折线模式外，在许多优化程序中，常预先将地面横断面处理成直线。具有代表性的是德国 EPOS-I 程序和英国的 HOPS 程序的两种方法。国内提出的铁路线路优化方法也采用了把地面横断面处理成左、右双向横坡线的模式。

1）折线横断面模式

用外业采样点或数模内插的横断面采样点构成折线表达地面横断面，称为横断面模式（图 5.6）；根据折线地面横断面，可直接采用坐标法进行断面积等几何参数的计算。

2）德国 EPOS-I 程序中的处理方法

如图 5.7 所示，连接所取横断面两端点坐标，并作该连线的平行线 UV，使切割折线断面线所形成的上、下两部分面积相等，所得斜线 UV 便被定义为等价于原地面线的横坡线。这样换算面积将由横坡线 UV、换算填挖高 H、路基宽 B 和相应的填挖边坡线所构成。

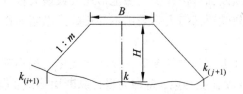

图 5.6　折线式地面横断面

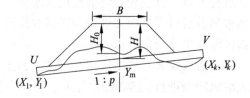

图 5.7　EPOS-I 处理模式

如图 5.7 所示，此时横坡线 UV 的坡率为

$$\frac{1}{p} = \frac{Y_k - Y_1}{X_k - X_1} \tag{5.29}$$

中心高度

$$Y_m = \frac{\sum\limits_{i=1}^{k} Y_i - \frac{1}{2}(Y_1 + Y_k)}{k-1}$$

换算断面填挖高

$$H = H_0 + Y_{\left(\frac{k+1}{2}\right)} - Y_m$$

由此便可求得各种填挖形式的横断面积。

3）英国 HOPS 程序中的处理方法

在 HOPS 程序中，地面横断面是采用最小二乘原理将地面拟合成单向横坡的（图 5.8）。

横坡坡率

$$\frac{1}{p} = \frac{C_1 \cdot B_2 - K \cdot C_2}{B_2^2 - K \cdot B_1} \tag{5.30}$$

中心高程

$$Y_m = A + \frac{x_{\left(\frac{k+1}{2}\right)} - x_2}{p}$$

换算断面填挖高

$$H = H_0 + Y_{\left(\frac{k+1}{2}\right)} - Y_m$$

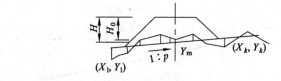

图 5.8　HOPS 式处理模式

其中

$$C_1 = \sum_{i=1}^{k} Y_i, \quad C_2 = \sum_{i=1}^{k}(x_i - x_1) \cdot Y_i$$

$$B_1 = (x_i - x_1)^2, \quad B_2 = \sum_{i=1}^{k}(x_i - x_1)$$

$$A = \frac{C_2 \cdot B_2 - C_1 \cdot B_1}{B_2^2 - K \cdot B_1}$$

4）双向横坡线方法

在我们研究的铁路纵断面优化设计程序中，把地面简化为如图 5.9 所示的两个坡段，其中 I—I 线为路基横断面中心线。则横向地面坡 p_1、p_2 分别按下式计算

$$p_1 = \frac{\sum\limits_{K=2}^{n/2} \frac{Z_K - Z_{K-1}}{ZX_{K-1}}}{n/2} \tag{5.31}$$

$$p_2 = \frac{\sum\limits_{K=n/2}^{n} \frac{Z_K - Z_{K-1}}{ZX_{K-1}}}{n/2} \tag{5.32}$$

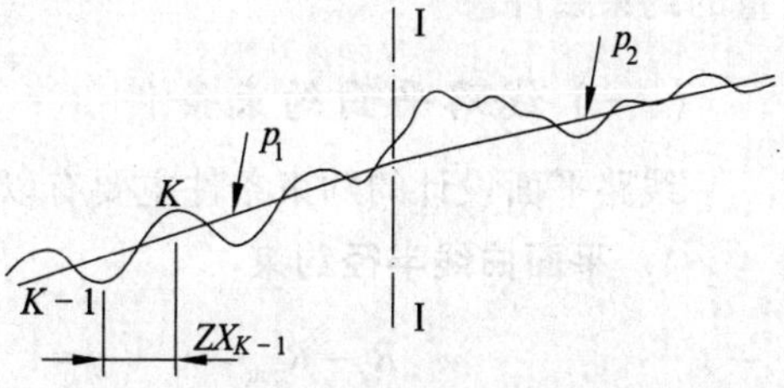

图 5.9　双向坡地面横断面处理模式

式中　n——横断面所内插的地面点总数；

Z_K、Z_{K-1}——横断面上第 K、$K-1$点的地面高程，可由人工输入，也可利用数字地形模型内插生成；

p_1、p_2——地面简化坡度，以线路中线为界，坡度符号沿线路前进方向左低右高为正，左高右低为负；

ZX_{K-1}——第 K 与 $K-1$ 点之间的水平距离。

2. 线路横断面模式

线路横断面模式可以归纳为如图 5.10 所示的 4 种图式，设计中只需将它们做一些上、下、左、右方向的变换即可。

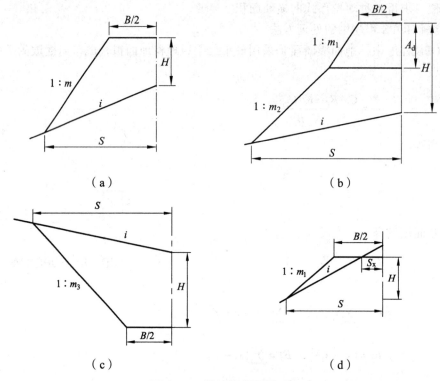

图 5.10　线路横断面模式

二、约束条件及其数学形式

线路平面、纵断面设计应满足《线规》的要求，需将《线规》及其他技术要求写成对变量的约束条件。

（一）线路平面约束条件

线路平面设计的约束条件主要有以下 7 类。

1. 平面曲线半径约束

$$R_j - R_{\min} \geqslant 0 \quad (j = 1, 2, \cdots, m) \tag{5.33}$$

式中　R_j——第 j 转点处的平曲线半径（m）；

　　　$R_{\min}$——允许的最小平面曲线半径（m）；

2. 夹直线长度约束

最小夹直线长允许值加上两端各半个缓和曲线长之和为圆直点至直圆点的最小距离。

$$L_J \geqslant \frac{l_{01}}{2} + L_{J\min} + \frac{l_{02}}{2} \quad (\text{m}) \tag{5.34}$$

式中　$L_{J\min}$——允许最小夹直线长度（m）；

　　　l_{01}、l_{02}——相邻两圆曲线所选配的缓和曲线长度（m）。

3. 最小圆曲线长度约束

直圆点至圆直点的线路曲线长不小于允许的最小值圆曲线长度加缓和曲线长，即

$$R_i \cdot \alpha_i - l_{0i} - L_{yy} \geqslant 0 \tag{5.35}$$

式中　α_i——第 i 个交点的转角；

　　　L_{yy}——允许的最小圆曲线长度（m）。

4. 站坪长度约束

在车站范围内的线路应满足

$$L_J \geqslant \frac{l_{01}}{2} + L_{Z\min} + \frac{l_{02}}{2} \tag{5.36}$$

式中　$L_{Z\min}$——允许最小站坪长度（m）。

5. 平面禁区约束

用禁区边缘上的一系列平面坐标（x，y）表示禁区范围；可在禁区范围的高程数字地形模型上叠加一特定的大数，当线路进入禁区时，工程量急剧增大，从而使优化过程中的线路自动离开禁区。

6. 线路起终点边界约束

当线路起点（x_0，y_0）与第 1 交点 JD$_1$ 间的方向角已定时，JD$_1$ 的坐标（x_1，y_1）只有一个是独立变量，应满足

$$(x_1 - x_0) \cdot \tan\varphi_0 - (y_1 - y_0) = 0$$

或　　　　　　$$(x_1 - x_0) - (y_1 - y_0) \cdot \cot\varphi_0 = 0 \tag{5.37}$$

式中　φ_0——始直线方向与 x 轴正向的夹角。

同理，若线路终点（x_{m+1}，y_{m+1}）与前一交点 JD$_m$ 间的方向角已定时，JD$_m$ 的坐标（x_m，y_m）应满足

$$(x_{m+1} - x_m) \cdot \tan\varphi_m - (y_{m+1} - y_m) = 0$$

或　　　　　　$$(x_{m+1} - x_m) - (y_{m+1} - y_m) \cdot \cot\varphi_m = 0 \tag{5.38}$$

7. 交叉条件约束

当线路与河流、公路或其他铁路等相交，要求交角在一定的范围内时，有交叉约束，即

$$\varphi_{i,\max y} \geqslant \varphi_i \geqslant \varphi_{i,\min y} \tag{5.39}$$

式中　$\varphi_{i,\max y}$，$\varphi_{i,\min y}$——第 i 直线允许的最大与最小的方向角；

　　　φ_i——第 i 直线与 x 轴正向的夹角。

（二）线路纵断面约束条件

纵断面优化设计是属于带约束的最优化问题，必须将《线规》及其他技术要求写成对变量的约束条件。按《线规》要求写成的约束方程是设计变量的线性函数。

纵断面优化设计时的约束条件包括：变坡点位置约束、坡段坡度约束、相邻坡段坡度差约束和高程约束条件等。

1. 变坡点位置约束

变坡点应设在勘测里程整百米标上或 50 米标上，并且变坡点位置应离开缓和曲线起终点至少有一个竖曲线切线长的距离。

2. 坡段长度的约束

相邻两变坡点的距离一般不短于规定的最小坡段长度 $L_{\min}$，但是对于因最大坡度折减而形成的坡段，在两个同为上坡、下坡以及平坡与上、下坡之间的缓和坡段，在两端货物列车以接近计算速度运行的凸形纵断面的分坡平段等几种特殊情况的坡段长度允许缩短到 200 m，即第 i 坡段长度 L_i 应满足：

一般情况 $L_i \geqslant L_{\min}$，特殊情况 $L_i \geqslant 200$ m。

3. 坡段坡度的约束

在进行线路纵断面设计时，由于地形、地质等条件的限制，必然会有坡道。而为了创造不间断行车的条件，各坡段的坡度不应当超过《线规》所规定的最大值。这些最大值在不同的纵断面地段可能是不同的。例如：在曲线地段，确定坡度最大值时应考虑曲线折减；在隧道地段应考虑隧道折减；站坪范围内的坡度不得大于《线规》规定的相应坡度值；等等。

当采用分方向限坡时，各方向坡度的最大值不同，因而坡度的约束条件为双边的，即

$$i_{1j} \leqslant i_j \leqslant i_{2j} \tag{5.40}$$

式中　i_j——第 j 个坡段的坡度；

　　i_{1j} 和 i_{2j}——坡度的最小值（考虑符号）和最大值。

因此第 j 个坡段的坡度约束条件为

$$i_j \leqslant i_{2j}, \quad -i_j \leqslant i_{1j} \tag{5.41}$$

如果用矩阵来表示，则约束条件矩阵可用两个分块 A_I 和 $-A_I$ 表示

$$A_I = \begin{bmatrix} 1 & 0 & \cdots & 0 \\ 0 & 1 & \cdots & 0 \\ \vdots & \vdots & & \vdots \\ 0 & 0 & \cdots & 1 \end{bmatrix}$$

A_I 中仅含 1 条非零对角线。坡度约束条件为

$$A_I I \leqslant b_1, \qquad -A_I I \leqslant b_2 \tag{5.42}$$

$$b_{1j} = i_{2j}, \quad b_{2j} = i_{1j}$$

4. 相邻坡段坡度代数差约束

为了满足列车运行和平顺的要求，就要对相邻坡段坡度差加以约束。坡度差约束条件为

$$\Delta i_{1j} \leqslant \Delta i_j \leqslant \Delta i_{2j}$$

或
$$\Delta i_{1j} \leqslant i_{j+1} - i_j \leqslant \Delta i_{2j} \qquad (5.43)$$

即
$$i_{j+1} - i_j \leqslant \Delta i_{2j}, \quad -i_{j+1} + i_j \leqslant \Delta i_{1j}$$

式中 $\Delta i_{1j} = \Delta i_{\max}$，$\Delta i_{2j} = \Delta i_{\max}$。

相应的约束矩阵可用两分块 $A_{\Delta I}$ 和 $-A_{\Delta I}$ 表示

$$A_{\Delta I} = \begin{bmatrix} -1 & 1 & 0 & \cdots & 1 \\ 0 & -1 & 1 & \cdots & 0 \\ 0 & \cdots & \cdots & \cdots & 0 \\ \vdots & \vdots & \vdots & & \vdots \\ 0 & 0 & \cdots & 0 & -1 \end{bmatrix}$$

$A_{\Delta I}$ 中仅含有两条非零对角线。

相邻坡段坡度代数差的约束条件为

$$A_{\Delta I} I \leqslant b_3, \quad -A_{\Delta I} I \leqslant b_4 \qquad (5.44)$$

式中 $b_3 = (1, 1, \cdots, 1)^{\mathrm{T}} \Delta I_{\max}$，$b_4 = (1, 1, \cdots, 1)^{\mathrm{T}} \Delta I_{\max}$。

5. 高程约束

在分布有泄水桥涵建筑物的地点，在沼泽以及线路被淹没和雪埋的地段，必须保证路堤的最小高度；而在与既有线、输电线以及和公路交叉时，又要求设计高程不超过某一限制值。因此在线路设计时，存在高程限制，即最大设计高程和最小设计高程的限制。当以坡度为设计变量时，高程约束条件为

$$\sum_{k=0}^{j} i_k \cdot L_k \leqslant -h_{j\min} - Z_j + Y_0$$

或
$$\sum_{k=0}^{j} i_k \cdot L_k \leqslant h_{j\max} + Z_j - Y_0 \qquad (5.45)$$

式中 i_k、L_k——第 k 坡段的坡度值和坡段长；

Z_j——第 j 变坡点处的设计高程；

Y_0——线路起点的设计高程；

$h_{j\min}$、$h_{j\max}$——第 j 变坡处的最小、最大施工高程。

相应的约束函数为

$$g_j = \sum_{k=0}^{j} i_k \cdot L_k + h_{j\max} + Z_j - Y_0 \leqslant 0 \qquad (5.46)$$

和
$$g_j = \sum_{k=0}^{j} i_k \cdot L_k - h_{j\min} - Z_j + Y_0 \leqslant 0 \qquad (5.47)$$

上述两式可一般地表示为最小施工高程的约束函数形式。

（三）线路空间曲线约束

1. 竖曲线不应与缓和曲线重叠

在竖曲线范围内，轨面高程以一定的曲率变化；在缓和曲线范围内，外轨高程以一定的超高顺坡变化。如两者重叠，一方面在轨道铺设和养护时，外轨高程不易控制；另一方面外轨的直线形超高顺坡和圆形竖曲线，都要改变形状，影响行车的平稳。

为了保证竖曲线不与缓和曲线重叠，在纵断面设计时，变坡点离开缓和曲线起终点的距离，不应小于竖曲线的切线长（图 5.11）。

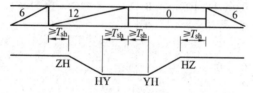

图 5.11 变坡点距缓直点的距离

第 j 变坡点与第 r 曲线配合的约束条件为

$$|L_j - K_r| \geqslant T_{sh}$$

相应的约束函数为

$$g_{2j1} = L_j - K_r + T_{sh} \leqslant 0$$
$$g_{2j2} = T_{sh} - (L_j - K_r) \leqslant 0 \qquad (5.48)$$

式中：L_j 为第 j 变坡点的里程；K_r 分别取 ZH、HY、YH、HZ 点的里程。

2. 竖曲线不应设在明桥面上

在明桥（无砟桥）面上设置竖曲线时，其曲率要用木枕高度调整，每根木枕厚度都不同，若要按固定位置顺序铺设，会给施工、养护带来困难。为了保证竖曲线不设在明桥面上，变坡点距明桥面端点的距离，不应小于竖曲线的切线长。

第 j 变坡点与第 q 座桥配合的约束条件为

$$|L_j - K_q| \geqslant T_{sh}$$

相应的约束条件为

$$g_{2j1} = L_j - K_q + T_{sh} \leqslant 0 \qquad (5.49)$$

$$g_{2j2} = T_{sh} - (L_j - K_q) \leqslant 0 \qquad (5.50)$$

式中：K_q 分别取第 q 座桥的起、终点里程。

3. 竖曲线不应与道岔重叠

道岔的尖轨和辙叉应位于同一平面上，如将其设在竖曲线的曲面上，则道岔的铺设与转换都有困难；同时道岔的导曲线和竖曲线重合，会使列车通过道岔的平稳性降低。

为了保证竖曲线不与道岔重叠，变坡点与车站站坪端点的距离，不应小于竖曲线的切线长。

第 j 变坡点与第 c 个车站配合的约束条件为

$$|L_j - K_c| \geqslant T_{sh}$$

相应的约束条件为

$$g_{2j1} = L_j - K_c + T_{sh} \leqslant 0 \tag{5.51}$$

$$g_{2j2} = T_{sh} - (L_j - K_c) \leqslant 0 \tag{5.52}$$

式中：K_c 分别取第 c 个车站的起、终点里程。

三、目标函数的数学模型

在铁路线路计算机辅助设计中，一般采用换算工程运营费作为分析计算和优化的目标函数：

$$f = \Delta(f_1 + f_2 + f_3 + f_4 + f_5 + f_6) + E_1 + E_2 \tag{5.53}$$

式中　Δ——投资效果系数；

　　　f_1——路基工程费（含支挡结构物）；

　　　f_2——桥梁工程费；

　　　f_3——涵洞工程费（只计算较大的涵洞，因小涵洞不影响线路位置）；

　　　f_4——隧道工程费；

　　　f_5——与线路长度成正比的工程费；

　　　f_6——征地费；

　　　E_1——与行车量有关的年运营费；

　　　E_2——与线路长度成正比的年运营费。

要计算目标函数的值或其梯度，只有在知道路基断面形状、挡墙、桥、涵及隧道等建筑物位置及类型时，才能进行相应的计算，这就需要确定这些与线路设计有关的下部建筑物的设计问题。由于线路设计与下部建筑物设计有相互关系，这使优化设计很复杂。因此把最优标准写成数学形式时，不可避免地将对这些下部建筑的位置及工程量计算办法有一定程度的简化和假定。

计算目标函数值时，各种建筑物的建筑费用是工程单价与工程量的乘积，工程量的计算办法和工程单价的确定应和设计阶段相适应，以保证不同设计阶段所要求的精度。在线路优化中，工程量一般是施工高程的分段二次函数或一次函数，工程单价一般是常量或分段常量。

（一）路基工程费（f_1）的计算

1. 路基工程费与路基高度的关系

1）基本函数形式

在计算路基工程费用时，感兴趣的是路基断面的计算。分析路基断面的不同类型后，不难证明，路基断面积与线路纵断面变坡点设计高程 H_j 的关系 $F_i(H_j)$ 是由二次抛物线段组成的分段二次函数。以图 5.12 断面为例，可推得左半路基的面积公式如下：

$$F(H_j) = \frac{1}{2}(0.5B_{1j} + S_{1j})(H_j + \lambda \cdot S_{1j}) - \frac{1}{2}S_{1j}^2 \cdot \lambda$$

$$= \frac{1}{4} B_{1j} H_j + \frac{1}{4} B_{1j} \cdot \lambda \cdot S_{1j} + \frac{1}{2} S_{1j} \cdot H_j \qquad (5.54)$$

对于图 5.12 所示的路基左面积的底边宽度为

$$S_{1j} = \frac{m_j H_j + 0.5 B_{1j}}{1 + m_j \lambda}$$

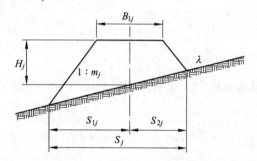

图 5.12　路基断面示意图

将 S_{1j} 代入面积公式得

$$F(H_j) = \frac{m}{2(1 + m_j \lambda)} H_j^2 + \frac{1}{2} H_j + \frac{B_{1j}^2}{8(1 + m_j \lambda)}$$

$$= a H_{1j}^2 + b H_{1j} + c \qquad (5.55)$$

式中　B_{1j}——路基顶宽；

　　　m_{1j}——路基边坡坡比（$1 : m_{1j}$）的分母；

　　　H_j——路基中心填挖高度，若路肩高程为 h_k，路基中心点地面高程为 Z_k，则 $H_j = h_k - Z_k$；

　　　λ——地面横坡坡度。

为了保证路基稳定性和少占地，还应考虑可能设置支挡结构的情况。此时应附加约束条件

$$H_j + \lambda S_{1j} \leqslant h_s$$

式中　h_s——路基可不设支挡的最大边坡高度。

　　在实际设计中，应根据具体土质、地面横坡、路基高度、路基填料等，分别按路堤和路堑来确定挡墙类型，并查定型图的相应的挡墙面积和有关的几何标准，计算挡墙基础圬工。在线路优化设计过程中，认为设计高程只有小量的变化。可认为挡墙的类型不变，只是高度作小量的变化。因此可以用换算面积的方法来考虑挡墙对工程费的影响。

　　若挡墙圬工方单价为 $P_{挡}$，路基土石方单价为 P_1，则

$$k = \frac{P_{挡}}{P_1}$$

相应的换算面积为

$$S_0 = k \cdot S_{挡}$$

如图 5.13 所示

$$x = m_{1j}(h - h_s) = m_{1j} \cdot h_2$$

$$\Delta h = x \cdot i = m_{1j} \cdot h_2 \cdot i$$

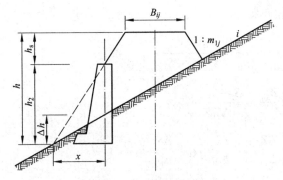

图 5.13　支挡设置示意图

修挡墙后路基面积减少

$$\Delta F = \frac{1}{2}xh_2 - \frac{1}{2}x\Delta h = \frac{1}{2}x(h_2 - \Delta h)$$

$$= \frac{1}{2}m_{1j}h_2(h_2 - m_{1j}h_2 \cdot i) = \frac{1}{2}m_{1j}h_2(1 - m_{1j} \cdot i)$$

$$= \frac{1}{2}m_{1j}(1 - m_{1j} \cdot i)(h - h_s)^2$$

此时的 $F_i(H_j)$ 为

$$F(H_j) = \frac{m}{2(1 + m\lambda)}H_j^2 + \frac{1}{2}H_j + \frac{B_{1j}^2}{8(1 + m\lambda)} - \Delta F + S_0$$

$$= \overline{a}H_j^2 + \overline{b}H_j + \overline{c} \qquad (5.56)$$

上式中 ΔF 和 S_0 均为 H_j 的二次函数。

若以纵坡 i 为设计变量，由于第 j 变坡点的设计高程为

$$H_j = H_{j-1} + i_j \cdot L_j$$

即 H_j 是 i 的线性函数，因此路基断面 F 也是设计坡度 i 的二次函数。

从上述公式证明可见，路基断面的函数公式，随路基断面的形状不同，路基底边宽度的计算公式略有不同。

2）路基宽度 S 的计算

以图 5.14 所示路堤断面为例推导 S 的计算式。

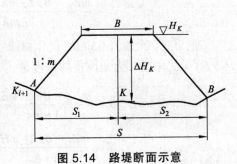

图 5.14　路堤断面示意

设路基中心点 K 点地面高程为 Z_K，路基顶面高程（路肩高程）为 H_K，A 点至线路中心线的距离为 S_1，路基边坡为 $1：m$，则可根据设计高程 H_K 求出 A 点高程 Z_A：

$$Z_A = H_K - \frac{S_1 - B/2}{m} \tag{5.57}$$

而根据横断面线 $K_{1(i+1)}K_{1i}$ 可得

$$\frac{Z_A - Z_{K1i}}{Z_{K1(i+1)} - Z_{K1i}} = \frac{S_1 - S_{K1i}}{S_{K1(i+1)} - S_{K1i}}$$

$$\frac{Z_A - Z_{K1i}}{\Delta Z_i} = \frac{S_1 - S_{K1i}}{\Delta S_{1i}}$$

则

$$Z_A = \frac{\Delta Z_i}{\Delta S_{1i}} S_1 - \frac{\Delta Z_i}{\Delta S_{1i}} S_{K1i} + \frac{\Delta S_{1i}}{\Delta S_{1i}} Z_{K1i}$$

$$= \lambda S_1 - \lambda S_{K1i} + Z_{1i} \tag{5.58}$$

若路基边坡与地形横断面线 $K_{1(i+1)}K_{1i}$ 相交于 A 点，则必须满足下列关系式

$$H_K - \frac{S_1 - B/2}{m} = \lambda S_1 - \lambda S_{K1i} + Z_{K1i}$$

则

$$S_1 = \frac{mH_K + m\lambda S_{K1i} + B/2 - mZ_{K1i}}{1 + m\lambda} \tag{5.59}$$

S_1 必须满足下列条件：

① 若交点存在则应有 $S_{K(i+1)} \geqslant S_1 \geqslant S_{Ki}$。

② 为了保证路基边坡稳定，路堤边坡的上、下两层坡度可能不同，分别为 m_1、m_2，此时 m 取值应为：

若 $S_1 \leqslant (\delta m_1 + B/2)$，则 $m = m_1$；若 $S_1 > (\delta m_1 + B/2)$，则 $m = m_2$。

δ 为《线规》规定的路基上层允许高度值。

③ 检查是否需修筑挡墙。设路基不修挡墙的最大允许高度为 H_s，则有：

若 $S_1 \leqslant (H_s \times m + B/2)$ 则不修挡墙，否则应修筑挡墙。同理可推出求 S_2 的公式。路基底宽为

$$S = S_1 + S_2$$

同样原理可求得半路堑时路基宽度为

$$S_1 = \frac{mZ_{Ki} + B/2 - m\lambda S_{Ki} - mH_K}{1 - m\lambda} \tag{5.60}$$

把公式（5.59）、（5.60）稍作修改，即可用于以简化坡求路基宽度的方法。此时（5.59′）、（5.60′）式中的 λ 为地面横坡坡度值，$S_{Ki} = 0$，$Z_{Ki} = Z_K$，则可得

$$S_1 = \frac{mH_K + B/2 - mZ_K}{1 + m\lambda} \tag{5.59′}$$

$$S_1 = \frac{mZ_K + B/2 - mH_K}{1 - m\lambda} \tag{5.60′}$$

此时判断条件①应改为：

①′ 在使用式（5.59′）时，若 $-\lambda = 1/m$，则交点不存在，否则可用式（5.59′）求 S_1。使用（5.60′）式时，若 $\lambda = 1/m$，则交点不存在，否则可用式（5.60′）求 S_1。

3）横断面图式及面积计算

当以双向横坡作为地面线来进行设计时，铁路横断面可以归纳为图 5.10 所示的 4 种图式。

这些图式均为三角形和梯形的组合，可以推导出各图式的底边宽度和面积计算式如下：

图 5.10（a）中

$$S = (B/2 + H \cdot m)/(1-i)$$

$$A = (B/2 + S) \cdot (H + S \cdot i) \cdot 0.5 - S^2 \cdot i \cdot 0.5$$

图 5.10（b）中

$$S = [B/2 + A_d \cdot m_1 + (H - A_d) \cdot m_2]/(1 - i \cdot m_2)$$

$$A = 0.5(B + A_d \cdot m_1) \cdot A_d + (A_d \cdot m_1 + B/2 + S) \cdot (S \cdot i + H - A_d) \cdot 0.5$$

图 5.10（c）中

$$S = (B/2 - H \cdot m_3)/(1 + i \cdot m_3)$$

$$A = -0.5(B/2 + S) \cdot (S \cdot i + H) + 0.5 \cdot S^2 \cdot i$$

图 5.10（d）中

$$S = (B/2 + H \cdot m_1)/(1 - i \cdot m_1)$$

$$S_x = S - H/i$$

$$A_1 = 0.5 \cdot S_x \cdot |H|$$

$$A_2 = 0.5 \cdot (B/2 - S_x) \cdot (S \cdot i + H)$$

在路基宽度和中心填挖高为已知的情况下，很容易计算出路基边缘点（路肩点）的坐标值，并据此判断某断面是属于填方断面还是挖方断面；就一侧而言，为了判定其是属于填方断面还是挖方断面，一般只要判定该点是高于地表面，还是低于地表面即可。也即过路肩点作一垂线，找出它与地面线的交点坐标，求其纵坐标差值之正负。

2. 路基工程费计算

修筑路基费用，在设计线路时应看作基本费用之一；因为在换算工程运营费中，这项费用通常占有很大部分。设计线不大的变动（0.5~1 m），就可以引起筑修路基费用的很大变化。因而它对寻求最优解来说，是很重要的。f_1 中一般包括路基工程费 f_1' 和挡墙费用 f_1''。则

$$f_1 = f_1' + f_1'' \tag{5.61}$$

1）路基土石方工程费（f_1'）

计算路基工程费时，主要的工作是计算路基工程数量。在铁路新线设计中，目前所采用的土石方计算方法很多，但从基本原理上来说大约有 3 种方法：平均距离法、平均断面法、体积公式法。计算时，可先依据某种方法计算出路堤或路堑的土石方数量，然后分别乘以相

应的单价，即得所需的路基工程费用 f_1'。一般可用下式来计算路基工程费用

$$f_1' = \sum_{j=1}^{n} a_j \cdot V_j \qquad (5.62)$$

式中　　V_j——第 i 段路堤或路堑的土石方数量，采用本章第三节介绍的方法计算；

a_j——不同级别土壤和不同地段的土石工程单价；

n——路堤和路堑的总段数。

在定出纵断面设计线位置后，可根据要求的精度采用不同的方法来计算 f_1'。计算路基土石方工程费 f_1' 时，若要求的精度高时，计算 f_1' 还必须考虑土方调配方案，而土方调配又取决于纵断面设计线位置。因此线路设计和土方调配问题相互牵连。土方调配是寻求施工方法最合理的配合与合理地确定取土来源（路堑、取土坑、取土场）和弃土去向（路堤、弃土堆）的问题。在纵向运土地段，应考虑挖土费用、运土费用和用运来的土壤填筑路堤的费用，故上式中的 a_j 就要用相应的挖土单价、运土单价等来表示。在这种情况下，施工方数量与断面方数量相差较大。路基土石方计算方法，可根据设计阶段和设计精度的不同，采用本章第三节中所介绍的方法。

2）挡墙费用（f_1''）

修建路基地段，有时由于经济条件、稳定条件及建筑限界的要求需设置挡墙。计算机按拟定的条件自动设置路堤挡墙或路堑挡墙。

（1）挡墙设置位置的确定。

计算机根据给定的设置挡土墙的条件，自动确定挡墙设置位置。挡墙设置条件可归纳为如下 5 个方面：

a. 填、挖边坡的高度超过容许高度：当路基位于陡坡地段或风化的路堑边坡地段时，为了保证路基稳定，其填挖高度超过允许高度时，应考虑设置挡土墙。

b. 占地宽度的限制：为了节约用地，少占农田，对铁路用地宽度有一定的限制。占地宽度超过征地宽度或其他限制宽度时，应考虑设置挡墙。

c. 经济条件限制：主要考虑设置填方挡土墙的填方节省面积与挡墙面积之比值，若此比值超过挡墙与填方的单价比，则说明按工程造价比较，建造挡墙较便宜，也应设置挡墙。

d. 地形横坡限制：有时地形横坡很陡，造成填方路堤不稳定或路堑边坡很高；有时当地面横坡与路基边坡值很接近且方向相同时，会出现交点很远甚至无交点的情况。因此在程序中应给出边坡限制条件。当地面横坡超过某一限制值时，则考虑设置挡墙。

e. 人工指定设置挡土墙的地段：除了由计算机自动判定是否设置挡墙的条件外，程序中还应有人为规定设置挡墙的条件。如线路穿过滑坡等地质不良地段、水塘地段或线路旁有房屋等地物处，均应由人指定设置挡墙地段和挡墙类型。

（2）挡墙类型的确定与面积计算。

挡墙的设计应结合地质条件、挡墙类型与基础条件进行。在计算机辅助设计的软件中既不可能逐个设计计算，又不应极其累赘地把现有的设计计算表逐项在程序中详细列出。通常的做法是将挡墙面积拟合成高度的某一函数式。

用数理统计和拟合方法可得到挡墙面积与施工高程的关系为

$$S_{挡} = a_1 h^2 + a_2 h + a_3 \ (h = H_K + \lambda S_{1j})$$

函数式的系数不仅取决于挡墙形式，而且取决于地质条件、填土土质。对于具体的线路，因为设计对象已经明确，拟合公式可以直接采用确定的系数值和更简单的计算式。

例如将挡墙面积拟合成高度的二次函数：

对某线路，采用重力式路肩挡土墙和重力式路堑挡土墙，其拟合公式如下：

路肩墙 $\quad S_1 = 0.086 h^2 + 1.321 h - 2.702$

路堑墙 $\quad S_2 = 0.23 h^2 - 0.056 h + 0.162$

（3）挡墙费用计算。

挡墙的建筑费一般按下式计算

$$f_1'' = \sum_{j=1}^{n} a_{Tcj} \cdot V_{Tcj} = \sum_{j=1}^{n} a_{Tcj} \cdot (S_{Tcj} - S_{Tcj-1}) \cdot L_{Tcj} \tag{5.63}$$

式中　n ——挡墙段数；

$\quad\quad a_{Tc}$ ——挡墙圬工单价（元/m³）；

$\quad\quad V_{Tcj}$ ——第 j 段挡土墙圬工体积（m³）；

$\quad\quad S_{Tcj}$ ——第 j 段挡土墙起终端断面积（m²）。

我国铁路挡墙形式以采用重力式为多，一般挡墙圬工体积根据"一般地区重力式挡墙标准"的数据，用最小二乘法拟合得出挡墙面积对挡墙高度的二次函数式，再根据挡墙长度求得圬工体积。

（二）桥涵工程费的计算

1. 桥涵工程费与施工高程的关系

对于寻求设计线的最优方案，需要以数学形式给出的，不是建筑物的类型和结构，而是工程费用与相应施工高程的关系。

在寻求设计线最优方案时，小桥涵对设计线的影响，可以用确定小桥涵建筑物费用和相应施工高程的关系来考虑。根据统计资料分析，涵洞工程费用与施工高程的关系可近似表示为二次函数；由于涵洞横延米单价随施工高程的增加呈台阶形一次函数，因而整条涵洞与施工高程的关系曲线可看成分段二次函数。

对于大中桥，在实际设计中应分别按照墩台费用变化来考虑，可以规定若干种墩台费用与相应施工高程的关系。

对于特大桥，它们的设计高程通常可以认为是已知的。

2. 桥梁建筑费（f_2）的计算

桥梁建筑费有两种计算方法：一是按桥长计算建筑费；二是按圬工数量计算建筑费。按桥长计算建筑费的公式如下

$$f_2 = \sum_{j=1}^{n} P_{2j} \cdot L_{Qj} \tag{5.64}$$

式中　n ——桥梁座数；

P_2——桥梁单价，为高度的阶跃式函数，也可拟合成高度的二次函数；

L_Q——桥梁长度。

按圬工数量计算桥梁建筑费时一般作如下假定：在线路平面、桥式或跨度已定的条件下，线路高程的改变，仅引起桥墩台圬工数量的改变，而桥基变化较小，梁部不变。在计算建筑费时，仅计算桥台台身和桥墩墩身随桥高而变化的圬工费，桥基和梁部的费用不计在内。

圬工数量的计算一般取有代表性的桥台和桥墩的标准设计图的数据，按不同的桥梁跨度及圬工类别拟合成墩台高度的二次函数，知道各种圬工数量后乘上相应圬工的单价，相加后便得每座桥梁的工程费。按此方法计算的桥梁建筑费为设计高程的二次函数。

3. 涵洞建筑费（f_3）的计算

涵洞的设置位置、类型及孔径由设计人员指定。类型及孔径确定后，单价及最小构造高度也就决定了，涵洞建筑费仅和涵洞长度有关，计算公式一般如下

$$f_3 = \sum_{j=1}^{n} P_{3j} \cdot L_{HDj} \tag{5.65}$$

式中　n——涵洞的个数；

P_3——涵洞的单价，一般随涵洞类型及孔径而变；

L_{HD}——涵洞长度。

涵洞长度可简化为设计高程的一次函数，以路基两侧的边坡与地面线的交点再投影到水平位置后确定涵洞长度，以此长度来计算涵洞的建筑费用。

（三）隧道工程费（f_4）的计算

隧道建筑费一般按下式计算

$$f_4 = \sum_{j=1}^{n} P_{4j} L_{SDj} \tag{5.66}$$

式中　n——隧道的座数；

P_4——隧道的单价，一般为隧道长度的阶跃函数，也可将其拟合成隧道长度的二次函数；

L_{SD}——隧道长度。

隧道长度的变化，可考虑为设计高程的一次函数，方法是在两端洞口一定范围内，将地面纵坡各取一个平均值。优化时，在保持挖方深度不变的条件下，隧道长度为设计高程的一次函数。

铁路设计线的位置对隧道建筑物位置的影响很大，特别是当设计高程改变很大时可能改变建筑物的类型，这就要求进行桥隧建筑物设计的补充计算。这使寻求最优设计线复杂化。当要求精度较高时，在高填地段（或由于农业要求，当路基占地超过一定宽度的地段）及深挖地段，计算机应能自动进行经济比较，决定修筑路基或桥隧，并按拟定的条件自动确定桥隧起终点的位置。

（四）与线路长度成正比的工程费（f_5）的计算

与线路长度成正比的工程费按下式计算：

$$f_5 = \sum_{j=0}^{n-1} L_j \cdot P_5 \qquad\qquad (5.67)$$

式中　P_5——与线路长度成正比的工程费综合单价（元/延米）。

　　　　L_j——第 j 段线路长度（m）。

（五）土地征用费（f_6）的计算

路基以边坡脚为界、路堑以堑顶为界计算占地面积，另加 10%考虑取土、弃土堆及其他用地，两侧分别计算然后相加。具体计算方法见本章第四节。

（六）运营费目标函数的计算

1. 与行车量有关的运营费 E_1

E_1 与行车量、坡度值、坡段长度及平面曲线半径等因素有关。在线路优化过程中，为了考虑各因素对运营费的影响，可以均衡速度法为基础进行简化计算，将 1 列车千米走行费标准与坡段坡度值的关系拟合为二次函数，如图 5.15 所示。

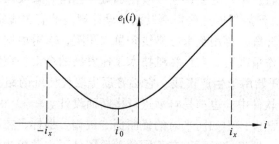

图 5.15　一列车千米走行费与坡度值关系

$$e_1 = ai^2 + bi + c \quad 元/（列 \cdot km）$$

式中　i——为坡度；

　　　　a、b、c——拟合系数。

相应的与行车量有关的运营费为

$$E_1 = N_1 \sum V_j \left\{ (1+\mu)\left[a\left(i^2 + \left(\frac{600}{|R_j|}\right)^2 \right) + \left(\frac{600}{|R_j|}\right)b + c \right] + (1+\mu)i\left[\left(\frac{1\,200}{|R_j|}\right)a + b \right] \right\}$$

$$(5.68)$$

式中　$\mu = N_2/N_1$；

　　　　V_j——链式线路第 j 段的长度；

　　　　N_1、N_2——上行与下行方向全年换算货物列车数；

　　　　i_j——链式线路第 j 段的坡度；

　　　　R_j——链式线路第 j 段上的平曲线半径，若在直线上，则 $1/R_j = 0$。

上述与行车量有关的运营费简化计算方法主要用于优化迭代过程中；当设计完成后，仍需利用解析法详细计算列车运营费。

2. 与线路长度成正比的运营费 E_2

$$E_2 = Q_{E2} \sum_{j=1}^{p} V_j \qquad\qquad (5.69)$$

式中　Q_{E2}——每米线路长度的年运营费。

第三节　路基土石方计算方法

　　用计算机辅助线路平纵面设计，需要计算土石方工程量和铁路用地数量，这就需要横断面设计资料。在铁路概略定线时，获取横断面资料的方法是在地形图上量取中桩两侧的地面横坡，并在纵断面图上读取中心填挖高度，然后按平均距离法计算土石方数量。在详细设计阶段，横断面设计是在已有的横断面地面线的图上进行的。首先根据路基设计表及地质调查资料，在图上标出填挖高，路基宽度，左、右侧加宽，侧沟形式及尺寸，设计边坡值，土石分类，覆盖层厚度，等，然后根据这些资料及路基设计规范的有关规定，用横断面"帽子板"或三角板绘出横断面设计线，再用毫米方格线条量取积距，求得填挖面积。这种路基设计方法工作虽不复杂，但工作量很大。在计算机技术飞速发展的今天，在铁路设计部门，路基横断面设计 CAD 技术已开始用于生产实践，它必将逐步取代传统的路基设计方法。在铁路部门研究的线路机助设计软件中，也都是自动进行横断面设计。

　　用计算机辅助横断面设计，如同平时的横断面"戴帽"那样，在不同的桩号上，可能是挖方断面、填方断面或半填半挖断面；在不同的地质条件下，填挖边坡将有变化；有时需设置支挡结构物。考虑的因素有时是很复杂的，编制软件时需仔细进行判别，以确定合理的断面形式。

　　在确定了横断面形式以后，要正确地计算出填、挖面积和体积。若有挡土墙，还要计算挡土墙的工程量。

　　如前所述，在铁路新线设计中，目前所采用的计算土石方的方法很多，但从基本原理来说大约可归纳为 3 类方法：平均距离法、平均断面法和体积公式法。平均距离法和平均断面法由于其计算简单，并且长期以来已为工程师们所适应，因而在许多计算程序中仍然被采用。

　　体积公式法精度最高，但由于其计算很烦琐，因而在手编设计中用得不多。然而将数字地形模型用于铁路线路计算机辅助设计以后，可以很方便地获得任一桩位的横断面资料，并计算出路基横断面积，因而采用体积公式方法计算土石方也是很方便的。

一、平均距离法与平均断面法

　　平均距离法和平均断面法假定在测站之间的地面呈线性变化（图 5.16）。

　　若已计算出各断面积 A_i，则平均距离法的计算公式为

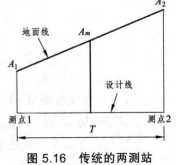

图 5.16　传统的两测站之间的线性地面

$$V = A_0 \times T_1/2 + \sum_{i=1}^{n-1} 0.5 \times (T_i + T_{i+1}) \times A_i + 0.5 T_n \times A_n \quad （5.70）$$

平均断面法的计算公式为

$$V = \sum_{i=1}^{n} 0.5(A_i + A_{i-1}) \cdot T_i \quad （5.71）$$

式中　　A_i——第 i 桩号处路基断面积；

　　　　T_i——第 i 桩号与第 $i-1$ 桩号的距离。

二、体积公式法

如图 5.17 所示，已知桩号 A、B 处的中心填挖高为 H_A、H_B，则距桩号 A 为 x 处的路基断面积为

$$A = \frac{bH_x + mH_x^2 + \frac{1}{2}mb^2i^2}{1 - m^2i^2} \quad （5.72）$$

式中

$$H_x = \frac{H_B - H_A}{T}x + H_A$$

所以

$$A = F(x) = \frac{b\left[\frac{H_B - H_A}{T}x + H_A + m\left(\frac{H_B - H_A}{T}x + H_A\right)^2 + \frac{1}{4}mb^2i^2\right]}{1 - m^2i^2}$$

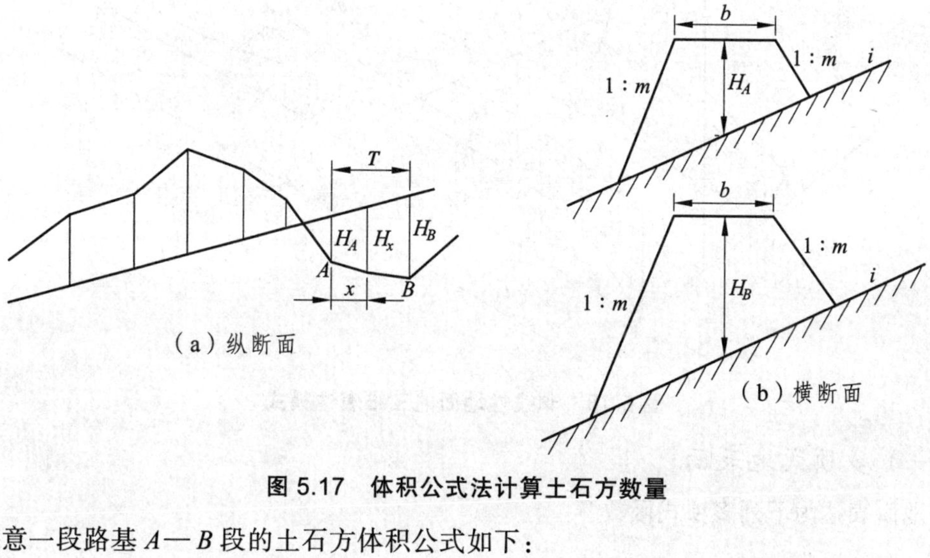

图 5.17　体积公式法计算土石方数量

任意一段路基 A—B 段的土石方体积公式如下：

$$V_i = \int_0^L F(x)\mathrm{d}x = \frac{T}{1 - m^2i^2}\left[\frac{1}{4}mb^2i^2 + \frac{1}{2}b(H_A + H_B) + \frac{1}{3}(H_A^2 + H_B^2 + H_A H_B)m\right]$$

$$V = \sum_{i=1}^{n} V_i \quad （5.73）$$

上述 3 种方法,在计算中应注意不同地质地段应分段计算和统计;在同一计算段内填方、挖方、石方、土方均应分别累计。因此在计算时应判明填挖零点,判明路基断面类型,以便采用不同的面积公式或体积公式进行土石方工程量计算。

对于以链式坡段表示的纵断面,可以给桥隧起、讫点和桥隧范围的线路中桩赋以一定的信息。在计算工程量时,一旦遇到这些信息,便自动跳过桥隧范围,计算下一路基地段的土石方工程量。

三、改进体积公式法

按平均断面法和体积公式法计算土石方量,只有在两测站之间的地面呈线性变化时才是精确的。这种线性假定在平原地区是可行的;然而在丘陵地区和山区,两测站之间的地面纵断面往往是非线性变化的,从而使得计算结果出现较大的误差。为了弥补标准体积公式的不足,可采用改进的体积公式计算方法。

如图 5.18 所示,将相邻 4 个测站之间的地面表达为 x 方向为三次函数、y 方向为线性函数的多项式。x 轴为线路中心线方向,y 轴为通过测站 1 与中心线垂直的横断面方向。假定 4 个测站之间的距离均不相等,分别用 T_1、T_2、T_3 表示,并且用 T_{12} 表示 $T_1 + T_2$,用 T_{23} 表示 $T_2 + T_3$,等等。如果地面横断面是不规则的,则可先将地面横断面拟合为直线,再推导体积公式。

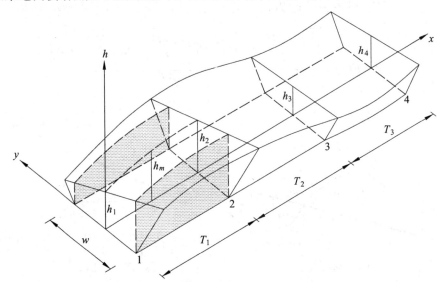

图 5.18 非线性地面的三维表达模式

（一）多项式地表面

将地面表达为下列多项式函数

$$h = a + bx + cx^2 + dx^3 + ey + fxy + gx^2y + rx^3y \qquad (5.74)$$

式中:a、b、c、d、e、f、g、r 是地面信息所确定的参数。

将公式（5.74）对 y 求偏导得到 y 方向的地面坡度为 h'_y

$$h'_y = e + fx + gx^2 + rx^3 \qquad (5.75)$$

该地面横坡对计算段内任意给定的 x 均为常数。

公式（5.74）中的 8 个参数可根据测站 1、2、3、4 处的横断面中心线上的高程 h_1、h_2、h_3、h_4 和相应的横坡坡度 p_1、p_2、p_3、p_4 求得。将测站处的高程和坐标 x、y 分别代入公式（5.74），可得到只含 4 个未知数的 4 个方程，解这 4 个方程组，得

$$a = h_1 \tag{5.76}$$

$$b = \left(\sum_{i=1}^{4} B_i h_i \right) / E \tag{5.77}$$

$$c = \left(\sum_{i=1}^{4} C_i h_i \right) / E \tag{5.78}$$

$$d = \left(\sum_{i=1}^{4} D_i h_i \right) / E \tag{5.79}$$

式中　$B_1 = T_2 T_3 T_{23}[-T_{12}T_{123} - T_1(3T_1 + 2T_2 + T_3) + T_1^2]$

$B_2 = T_{12}T_{123}[T_2 T_3 T_{23} + T_1(T_1 T_3 + 2T_2 T_3 + T_3^2)]$

$B_3 = T_{23}T_{123}[-T_1^2(T_1 + T_{123}) + T_1^2)]$

$B_4 = T_1 T_2 T_{12}[T_1(2T_1 + T_2) - T_1^2]$

$C_1 = T_2 T_3 T_{23}(3T_1 + 2T_2 + T_3)$

$C_2 = -T_{12}T_{123}(2T_1 T_3 + 2T_2 T_3 + T_3^2)$

$C_3 = T_1 T_{23}T_{123}(T_1 + T_{123})$

$C_4 = -T_1 T_2 T_{12}(2T_1 + T_2)$

$D_1 = -T_2 T_3 T_{23}$

$D_2 = T_3 T_{12}T_{123}$

$D_3 = -T_1 T_{23}T_{123}$

$D_3 = T_1 T_2 T_{12}$

$E = T_1 T_2 T_3 T_{12}T_{23}T_{123}$

同理，分别将测站处的 4 个坡度和相应的 x、y 坐标代入公式（5.75），求解所构成的方程组，得

$$e = p_1 \tag{5.80}$$

$$f = \left(\sum_{i=1}^{4} B_i p_i \right) / E \tag{5.81}$$

$$g = \left(\sum_{i=1}^{4} C_i p_i \right) / E \tag{5.82}$$

$$r = \left(\sum_{i=1}^{4} D_i p_i \right) / E \tag{5.83}$$

上述公式（5.75）到（5.83）给出了测站之间距离不相等的多项式表面的公式系数的计

算方法。这些公式对于测站间距离相等的情况同样适用。利用这些参数便可导出计算测站1、2之间的土石方体积的计算公式。

（二）体积计算公式

如图 5.18 所示，测站 1、2 之间的体积被路肩铅垂面（阴影部分）分解为两个部分，即内侧部分和外侧部分。用于计算体积的横断面几何图形如图 5.19 所示。对于中心线高度为 h、横向地面坡度为 p 的横断面，其面积为中间梯形与两侧三角形之和。为了计算各单元面积，可按下式计算横断面的各元素：

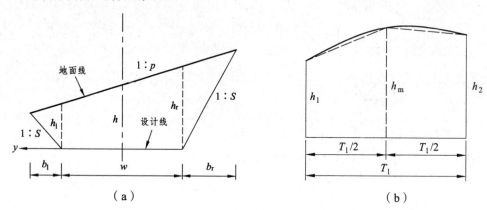

图 5.19　路基横断面几何图形

$$h_r = h - (wp/2)$$

$$h_l = h + (wp/2)$$

$$b_r = \frac{S(2h - wp)}{2(1 + Sp)}$$

$$b_l = \frac{S(2h + wp)}{2(1 - Sp)}$$

式中　w——路基宽度；

　　　S——路基边坡度的分母。

上述计算式中，地面横坡约定为：在 y 方向若为上升，则为正；若为下降，则为负。测站 1、2 的中间断面的横断面的中心线高度和地面横坡分别为 h_m、p_m，其值可令 $x = T_1/2$、$y = 0$，由式（5.73）和式（5.74）计算得到

$$h_m = a + (bT_1/2) + (cT_1^2/4) + (dT_1^3/8) \tag{5.84}$$

$$p_m = e + (fT_1/2) + (gT_1^2/4) + (rT_1^3/8) \tag{5.85}$$

1. 中间体积计算

中间体积是一个以路肩处的铅垂面为上、下底面，路基顶面宽度为高度的梯形体，该梯形的体积可由下列多项式公式计算得

$$V_1 = \frac{w}{6}[A_l + 4A_c + A_r] \tag{5.86}$$

式中：A_1、A_r、A_c 分别为左侧路肩、右侧路肩和路基中心线处铅垂面的面积，这些面积均为梯形面积。将相应的面积计算式代入公式（5.86），中间体积的计算式可简化如下

$$V_1 = \frac{wT_1}{6}[h_1 + 4h_m + h_2] \qquad （5.87）$$

2. 外侧体积计算

由图 5.18 可见，由于测站 1、2 之间的截面并不是线性变化的，所以外侧的体积不能按梯形体积进行计算。当然，这些体积可采用积分公式精确计算，但计算过程非常复杂。为简化计算，采用 2 个外切面近似的表面，如图 5.19（b）中虚线所示。这样近似后，外侧体积便可采用 2 个梯形体积来代替，从而可方便地得到计算相应体积的多项式公式。

应用棱锥体公式分别计算测站 1、2 和中间断面之间的各外侧实体，相加并整理后得下列公式

$$V_2 = (T_1/24)[2(b_{1r}h_{1r} + b_{1l}h_{1l}) + 2(b_{2r}h_{2r} + b_{2l}h_{2l}) + 4(b_{mr}h_{mr} + b_{ml}h_{ml}) +$$

$$b_{mr}(h_{1r} + h_{2r}) + h_{mr}(b_{1r} + b_{2r}) + b_{ml}(h_{1l} + h_{2l}) + h_{ml}(b_{1l} + b_{2l})] \qquad （5.88）$$

3. 总体积

总体积为体积 V_1 和体积 V_2 之和。将公式（5.87）和（5.88）相加，整理后得体积 V 的计算式如下

$$V = \frac{T_1}{6}[A_1 + 4A_m + A_2 + K] \qquad （5.89）$$

$$K = \frac{1}{4}[b_{mr}(h_{1r} + h_{2r} - 4h_{mr}) + b_{ml}(h_{1l} + h_{2l} - 4h_{ml}) +$$

$$h_{mr}(b_{1r} + b_{2r}) + h_{ml}(b_{1l} + b_{2l})] \qquad （5.90）$$

公式（5.89）就是用于非线性地面纵断面的改进的体积公式。可以证明，对于线性变化的地面纵断面，公式（5.90）所计算的 K 值为 0，此时公式（5.89）就是标准的体积公式。

（三）多个测站之间的体积计算

对于一段有 N 个测站的线路，其土石方体积可按下列步骤进行计算：

（1）考虑测站 1、2、3、4，按上述方法计算测站 1、2 之间的土石方体积。

（2）考虑测站 2、3、4、5，按同样方法计算测站 2、3 之间的土石方体积，依此类推，直到根据 $N-3$、$N-2$、$N-1$、N 点的资料，计算出 $N-3$、$N-2$ 之间的土石方体积。

（3）最后 3 个点之间的土石方体积计算：以 N 为第 1 点，从 N 向回依次取 4 个测站的信息构造多项式公式，并计算中间断面处的 h_m、p_m，采用相同的步骤计算体积。

第四节　数字地价模型与铁路用地征用费计算

线路工程费是铁路线路设计方案比选的主要经济技术指标，在计算机辅助线路优化设计

中，它构成了目标函数的主要部分。工程费包括路基工程费（含挡墙）、桥梁、涵洞、隧道和土地征用费。以前，由于铁路建设用地主要是政府指令性划拨，地亩单价低，土地征用费在工程费中仅占很小的比例。随着国民经济的发展，方案决策中的影响因素已从单一的铁路扩展到国土开发、土地利用、城市规划和生态环境等多方面，铁路建设用地也从以前的政府指令性划拨改为土地有偿使用——按照土地类型、质量和区位条件确定土地的价值，从而计算土地使用或补偿费。随着地亩单价的大幅度上升，修筑铁路的土地征用费已成为一项不可忽视的因素；它对一条线路最优方案的决策起着很大的作用，其重要性随着不断增长的生产和生活需要，随着我国经济改革的深入日见重要。在线路自动化设计的研究中，应考虑随线路平面位置的不同，土地征用费变化对线路最优结果的影响。另外，土地征用费计算离不开土地价值资料；利用计算机进行线路设计，必须让计算机能识别土地特征和处理土地价值资料。为此，可用数模的方式来表示土地价值形态，建立一种用于线路自动设计的数字地价模型。

一、数字地价模型

1. 数字地价模型的概念

一条设计线要穿过许多不同的地区，各地区的土地类型、土地质量和使用情况一般均不相同。这些土地类型、土地质量和使用情况可以统一用土地的价值形态来体现。铁路线路计算辅助设计系统可把这些土地价值形态像地面高程一样通过等值线表达出来，并像数字高程模型一样用矩阵的形式存储在计算机内。

与数字高程模型一样，数字地价模型是由许许多多有规则或无规则排列着的地形点坐标（ x ， y ， P ）组成的， P 是地面点（ x ， y ）处的地亩单价。

有了数字地价模型，就可以采用某种数学内插方法，把这种土地价值信息拟合成一个表面，以便在土地征用费计算时根据已知点的平面坐标计算出它的地亩单价来。

2. 带状数字地价模型

对于呈带状的铁路，常常需要的只是线路左右一定宽度范围内的土地价值形态资料，它所对应的数字地价模型，则为带状数字地价模型。

一条设计线所穿过的带状地带是由许多价值不等的不规则土地区域所组成的，其数字化的结果是矢量结构的土地边界线、所有区域内的一个参考点和各区域的土地价值形态；为了便于线路优化，需把这些无规律的信息转化为某种形式的带状数字地价模型。

与数字高程模型类似，用于铁路线路计算机辅助设计的数字地价模型可采用方格网式、三角网和鲱鱼骨等形式。下面仅以方格网数字地价模型为例加以介绍。如图 5.20 所示，矩形 ABCD 由 7 块价值不同的小块组成，其价格分别为 P_1 , P_2 , …, P_7 。依据已知的数字化矢量地价信息，利用一组判断规则和简单的计算，即可计算出图 5.20 中方格网任一结点处的地亩单价。

若已知 B 点为数模原点，其平面坐标为（ x_0, y_0 ），方格网边长为 DTL ，则方格网任一结点（ i ， j ）处的平面坐标为

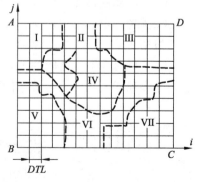

图 5.20　方格网数字地价模型

$$x_{ij} = x_0 + (j-1) \times DTL$$
$$y_{ij} = y_0 + (i-1) \times DTL$$

判断点（x_{ij}，y_{ij}）所属地块：若（x_{ij}，y_{ij}）落在地块 K 中，则 $P_{ij} = P_k$；若（x_{ij}，y_{ij}）正好在地块 K 与地块 $K+1$ 的边界上，则用加权平均法计算 P_{ij}。

计算出所有格网结点处的地亩单价，并按矩阵形式存于计算机内，则构成了方格网数字地价模型。

二、土地征用费计算

土地征用费 = 用地面积 × 征地单价

征地单价随地块不同而变化。

修建铁路的土地征用费包括线路占地、桥隧占地以及各种设备所需用地。下面仅就区间路基用地说明土地征用费的计算机辅助设计方法。

区间路基用地的宽度，按一般情况和特殊路基分别考虑。一般情况下，路堑从堑顶边缘至用地界的距离不应小于 1 m，路堤从天然护道外 1 m 为用地界。如有弃土堆、取土坑、天沟、排水沟时，从其最外边至用地界的距离，不应小于 1 m。对于林区、滑坡、软土、风砂雪害等特殊路基，其铁路用地应根据工程需要等具体情况确定。

手编设计求线路用地时，是把路基设计的路堤、路堑、天沟、排水沟、取土坑、弃土堆等投影到排水用地图上，按现行《铁路路基设计规范》的有关规定确定用地界并绘于图上，然后用路基尺分乡镇界量出各地块的地亩数。设计时需考虑许多复杂因素，尤其是天沟等特殊结构物的设置，需结合实际地形和相应的路基情况进行。计算机辅助设计时，为了简化计算，只详细计算路堤和路堑占地面积，另加一定的比例数考虑弃土堆、取土坑、天沟、排水沟等的用地，即

用地总面积 = $(1+a)$ × 路基占地面积

a 值可根据不同地区的线路和地形分析确定。根据西南地区某设计线资料统计，每千米占地总面积为 4.27 hm^2，其中路基占地 3.4 hm^2，弃土堆、取土坑占地 0.5 hm^2，天沟、排水沟占地约 0.37 hm^2；天沟、排水沟、取土坑、弃土堆所占地约为总面积的 20%，因此取 a 为 0.2。计算时，以线路中心为界，路基两侧的土地征用费分别计算，然后相加。

1. 路基占地面积计算

以线路中心为界，将地面横断面拟合成双向横坡（图 5.21）。半路堤时的路基宽度为

$$S_1 = \frac{mH_K + \dfrac{B}{2} - mZ_K}{1 + m\lambda} \tag{5.91}$$

$$S_{S1} = S_1 + x + 1 \tag{5.92}$$

式中　m——路基边坡坡比（$1:m$）的分母；

S_{S1}——线路中心至用地界距离；

λ——地面横坡；

B ——路基顶面宽；

H_K、Z_L ——路基中心处的设计高程和地面高程；

x ——路堤坡脚处天然护道宽，地面横坡上方一侧取 2 m，下方为零；

加 1 m ——考虑把堑顶边缘至用地界按 1 m 考虑。

同理，可得半路堑时的路基宽度。

计算占地面积时按小链式坡段（比如 20 m）进行计算。计算坡段两端的路基宽度，认为中间断面按线性变化，则第 K 坡段的占地面积为 $B_3B_4B_4'B_3'$ 围成的梯形面积（图 5.22，图中 S_K 为线路中心至用地界的距离 S_{S1}）。

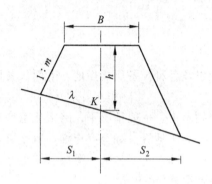

图 5.21　路基横断面

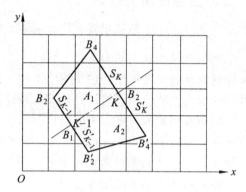

图 5.22　地亩费计算示意

因此，路基占地面积为

$$A = A_1 + A_2 = \frac{S_{K-1} + S_K}{2} \times L_K + \frac{S_{K-1}' + S_K'}{2} \times L_K \qquad (5.93)$$

2. 地亩单价计算

如图 5.22 所示，已知第 j 坡段第 K 计算段两端的半路基底宽为 $S_{j,K-1}$ 和 $S_{j,K}$，线路中心线上的两点 B_1、B_2 的平面坐标为（X_{B1}, Y_{B1}）和（X_{B2}, Y_{B2}），则路基边坡与地面横断面的交点 B_3、B_4 的平面坐标为

$$B_3: \begin{cases} X_{B3} = X_{B1} - S_{j,K-1}\sin\alpha_K \\ Y_{B3} = Y_{B1} - S_{j,K-1}\cos\alpha_K \end{cases} \qquad (5.94)$$

$$B_4: \begin{cases} X_{B4} = X_{B2} - S_{j,K}\sin\alpha_K \\ Y_{B4} = X_{B2} - S_{j,K}\cos\alpha_K \end{cases}$$

式中　α_K ——线路中心线与 x 轴正向的夹角。

根据 B_i（$i = 1$，2，3，4）点的平面坐标，采用加权平均法计算相应点的地亩单价 P_{Bi}。

$$P_{Bi} = \sum_q \sum_r P_r / q$$

式中　q ——路基单元跨越的地价区域数；

　　　r ——各个区域内路基所占基元数。

3. 总的土地征用费计算

第 j 坡段第 K 计算段的用地工程费为

$$F_{DK} = A_{j,K} \times P_{j,K} = \frac{S_{j,K-1} + S_{j,K}}{2} L_{j,K} \times P_{j,K} \qquad (5.95)$$

$$P_{j,K} = (\sum_{i=1}^{4} P_{Bi})/4$$

式中　　$A_{j,K}$——第 j 坡度第 K 计算块的路基占地面积；

　　　　$P_{j,K}$——第 j 坡段第 K 地块的地亩单价；

　　　　$S_{j,K-1}$、$S_{j,K}$——计算断面处半路基底边宽度；

　　　　$L_{j,K}$——计算段路基长度。

若某设计线有 N 个坡段，第 j 坡段分为 M_j 个计算段，则线路左侧的土地征用费为

$$F_{D左} = \sum_{j=0}^{N} \sum_{K=1}^{M_j} F_{Dj,K} = \sum_{j=0}^{N} \sum_{K=1}^{M_j} \frac{S_{j,K-1} + S_{j,K}}{2} \times L_{j,K} \times P_{j,K} \qquad (5.96)$$

同理可计算出线路右侧土地征用费 $F_{D右}$。

总的用地工程费为

$$F_D = (1+a) \times (F_{D左} + F_{D右}) \qquad (5.97)$$

第五节　纵断面优化设计

在已确定线路平面的前提下，寻求最优纵断面是解线路最优位置问题过程中的一个重要阶段。该问题的解决就可能足够准确地评价线路平面方案，因而是确定线路优化位置的前提。

纵断面优化设计的基本思想是：根据内插所得地面纵断面，用计算机自动产生一条既满足约束条件和技术标准，又尽可能接近地面的纵断面设计线，用以作为初始纵断面；从初始纵断面出发，用一种优化方法进行纵断面优化设计，从而给出一条在已定平面下工程费最小的最优纵断面；采用自动分析计算和交互式图形技术相结合的方法，将最优化链式纵断面整饰为设计纵断面。

解铁路线路纵断面最优设计的数学模型可归纳为：有一组设计变量 $x_1, x_2, \cdots, x_n$，求解下列问题

目标　　$F(x) \rightarrow \min$

约束条件

$$G_i(x) \geqslant 0 , \quad i = 1, 2, \cdots, p \qquad (5.98)$$
$$H_j(x) = 0 , \quad j = 1, 2, \cdots, q$$

一、铁路纵断面优化方法简介

解纵断面优化设计这一问题的关键之一是用什么方法处理约束条件和优化。到目前为

止，在计算机上设计最优纵断面的方法已有很多。这些方法的差别在于提出问题和实现优化方法的严格程度、所得解接近最优解的程度、考虑影响设计线位置的主要因素和充分程度以及计算机的计算时间等方面不同。下面就对这些方法进行探讨，以便找出一种较满意的方法用于纵断面优化。

（一）连续分析方案法

1. 连续分析方案的方法（筛选法）

假定有两段抛物线

$$x_k^{(1)} = (x_0^{(1)}, x_1^{(1)}, \cdots, x_k^{(1)}),$$

$$x_k^{(2)} = (x_0^{(2)}, x_1^{(2)}, \cdots, x_k^{(2)})$$

并令： $x_k^{(1)} = x_k^{(2)}$ ，

$$\phi_k\{x_k^{(1)}, x_{k-1}^{(1)}, \cdots, \phi_1(x_0^{(1)}, x_1^{(1)})\cdots\} < \phi_k\{x_k^{(2)}, x_{k-1}^{(2)}, \cdots, \phi_1(x_0^{(2)}, x_1^{(2)})\cdots\},$$

$$[x_{k+1}, \cdots, x_N / x_0^{(1)}, x_1^{(1)}, \cdots, x_k^{(1)}] \supseteq [x_{k+1}, \cdots, x_N / x_0^{(2)}, x_1^{(2)}, \cdots, x_k^{(2)}]$$

此时，作为方案的抛物线段（ $x_0^{(1)}$ ， $x_1^{(1)}$ ， $\cdots$ ， $x_k^{(1)}$ ）延长线的所有抛物线，不可能是最小的，因而可以将其从审查中剔除。

2. 利用连续方案法选择铁路纵断面

为了利用连续分析方案的方法，应事先估计最优方案可能存在的范围，再把设计地段横向划分为 n 个相等的间隔，再将纵向变化范围也分成相等的间隔，在各间隔的端点画上直线，从而建立起一个变动格网（图 5.23）。

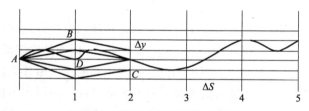

图 5.23　连续方案法的优化示意

选择最佳方案的方法是：用直线段把 A 和第 1 条竖线上的点连接起来。在所得的坡段中，挑选出那些满足坡度约束条件的坡段。计算这些坡段在这一阶段采用的最优标准值。把处在第 1 条竖线上的坡段的端点和第 2 条竖线上的各点相连，同时舍弃不满足坡度和坡度差约束条件的连线，而对剩下的连线计算最优标准值。同样地，依次排列长度在增大着的各方案的线段，去掉其中那些为技术条件所不允许的方案；在技术条件允许的方案中选出各组比较方案，然后在每组方案中根据建筑费确定最佳方案，并将其保留以便进一步分析，进而研究保留方案的延长线，并在下面的计算阶段进行筛选等其他工作。

使用连续分析方案法进行设计时，如果有经验的设计者事先能很好地估计最优纵断面线存在的可能范围，最后可得到与最优方案相差较小的方案，这在实际中很难做到。特别是在事先不知道线路地面纵断面线的情况下，要事先估计最佳方案存在的可能范围就更不容易了。另外，方法中采用了淘汰规则。

如果两方案汇合在一点，那么就舍去最优标准数值较大的方案，而对被舍去方案的全部后续部分不再进行分析。

其根据是，认为如果两个方案汇合在一点，方案中两个线段上的大量可能延长线是重合的，因而就可以采用连续分析方案的方法。实际上，可能后续部分的集常常不重合，在这种情况下，将一个方案合并于另一个方案，被合并的方案就不一定是最优标准较差的方案。此外，如图 5.24 所示，还有汇集于一点的两个方案可能后续部分没有共同地段的情况。

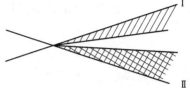

图 5.24　汇于一点的方案没有共同后续部分的情况

（二）梯度法、共轭梯度法

梯度法和共轭梯度法均以迭代法为基础，其基本思想是：给出目标函数极小点位置的一个初值 $\boldsymbol{X}^{(0)}$ 后，按下式

$$\boldsymbol{X}(k+1) = \boldsymbol{X}(k) + \alpha_k \boldsymbol{S}(k)$$

计算一系列的 $\boldsymbol{X}(k)$，$k = 1$，2，$\cdots$ 使得

$$F[\boldsymbol{X}(k)] \to \min F(\boldsymbol{X})$$

式中　$\boldsymbol{S}(k)$——第 k 次迭代使目标函数值下降的方向；

　　　α_k——步长，其值取决于使 $F[\boldsymbol{X}(k)] + \alpha_k \boldsymbol{S}(k) = \min F(\boldsymbol{X})$ 的求解方法。

不同的优化方法在于寻求 $\boldsymbol{S}(k)$ 和 α_k 的方法不同，尤其是 $\boldsymbol{S}(k)$ 对算法的有效性影响很大。

梯度法以目标函数的负梯度方向作为搜索方向。其缺点是对一般二次函数收敛较慢，在极小点附近尤其显著。

共轭梯度法采取在各次迭代中对负梯度方向加以调整修改的办法来确定搜索方向。

共轭梯度法所需存储空间少，算法比较简单。它的收敛速度比梯度法快。试验证明，共轭梯度法优化纵断面设计，能得到最优解，但计算时间较长。其原因主要在于全部约束都采用了罚函数。因为优化纵断面设计问题的阶数很大，在这样的条件下引入罚函数，势必会对一系列的罚因子进行计算，因而增加了计算时间。

（三）数学规划法

数学规划法的基本原理是：采用设计线结点沿垂线相对于原有位置的移动量作为自变量 x_i，原有线以等式形式满足的约束条件用等式固定下来，而其余约束条件不予考虑，用解线性方程组的方法得到设计线的新位置。

线性方程组由表示等式约束的条件和表示目标函数对未知移动量的偏导数 $\partial F / \partial x_i$ 等于 0 的条件组成。

线性方程组具体的解法很多，其有效方法之一是梯度投影法。

到目前为止，处理约束和优化的方法已有很多，究竟采用哪种方法应根据问题的性质而定。所用方法应是相当有效的，应能对一切重要费用和约束条件进行处理。由前面所建立的目标函数可见，铁路纵断面优化设计的目标函数近于分段二次函数，可以认为是凸函数，而其约束都是一次式。梯度投影法正适合求解这类具有线性约束的非线性规划问题。至于目标函数的一阶偏导数，可用数值微分的方法来计算。

二、用梯度投影法进行铁路纵断面优化设计

（一）优化的数学模型

1. 设计变量选择

如本章第二节所述，纵断面优化设计问题的设计变量，可以是各变坡点的位置和坡段坡度，也可以是各变坡点的位置和设计高程。若选用前者，则目标函数的表达式比较复杂，而约束函数的表达式比较简单；选用后者，则优缺点相反。用梯度投影法解纵断面最优设计问题，求解过程中不需要反复计算目标函数，而仅根据负梯度值确定迭代方向，且要反复求解约束矩阵，因此应当选择使约束函数表达式尽量简单的设计变量。本节选各变坡点的位置和坡段坡度作为解纵断面优化问题的设计变量。

2. 最优标准

在铁路设计中通常以换算工程运营费最省作为比较线路设计方案的最优标准，即初期工程投资与换算运营费之和最小。在换算工程运营费中，工程费占很大部分，起主要作用。进行纵断面优化设计时，纵断面线的小量移动，都会引起工程费较大的变化（增加或减少），而此时运营费对设计方案影响较小，可忽略不计；因此，在平面已定情况下的纵断面设计，通常仅以工程费最小作为最优标准。另外，由于是对已定平面的线路进行纵断面优化，因此与线路长度成正比的投资也可以忽略不计。简化后的最优标准为

$$f = f_1 + f_2 + f_3 + f_4 + f_5 \tag{5.99}$$

式中　f_1——路基工程费；

f_2——桥梁工程费；

f_3——涵洞工程费（只计算较大的涵洞，因小涵洞不影响线路位置）；

f_4——隧道工程费；

f_5——征地费。

3. 约束条件

纵断面设计的约束条件主要包括坡度约束、相邻坡段坡度代数差约束、高程约束、坡段长度约束、变坡点位置约束和土石方调配均衡性约束。如本章第二节所述，为了简化问题，通常将纵断面优化过程分为链式纵断面优化和习用纵断面整饰两个阶段。当采用梯度投影法求解最优链式纵断面时，只需考虑坡度约束、相邻坡段坡度代数差约束和高程约束条件。

（二）目标函数的负梯度计算

采用梯度投影法进行铁路纵断面优化，要多次计算目标函数的负梯度矢量。按负梯度的定义并以设计坡度为变量则有

$$-\nabla F(\boldsymbol{I}) = -\nabla f(\boldsymbol{I}) = -\left(\frac{\partial f}{\partial i_1}, \ \frac{\partial f}{\partial i_2}, \ \cdots, \ \frac{\partial f}{\partial i_n} \right)^{\mathrm{T}} \tag{5.100}$$

式中　$\boldsymbol{I}$——设计坡度列向量。

可见，要计算 $-\nabla F$，只要能计算任一分量 $\dfrac{\partial f}{\partial i_i}$ 就行了。

所以

$$\frac{\partial f}{\partial i_i} = \frac{\partial f_1}{\partial i_i} + \frac{\partial f_2}{\partial i_i} + \frac{\partial f_3}{\partial i_i} + \frac{\partial f_4}{\partial i_i} + \frac{\partial f_5}{\partial i_i}$$ （5.101）

若用罚函数来考虑高程约束的影响则有

$$\frac{\partial f}{\partial i_i} = \frac{\partial f_1}{\partial i_i} + \frac{\partial f_2}{\partial i_i} + \frac{\partial f_3}{\partial i_i} + \frac{\partial f_4}{\partial i_i} + \frac{\partial f_5}{\partial i_i} + \frac{\partial [\gamma \sum <g_i>^2]}{\partial i_i}$$ （5.102）

式中 γ——罚因子。

下面就对 $\dfrac{\partial f}{\partial i_i}$ 中的每一项进行分析并导出相应的计算公式。

1. $\dfrac{\partial f_1}{\partial i_i}$ 的计算（路基工程）

当第 i 个坡段的坡度有一微小增量 Δi_i，而其余各坡段的坡度 i_j（$j=1, 2, \cdots, n$，$j \neq i$）均不变时，路基土石方工程有一微小增量 Δf_1，而 $\partial f_1 / \partial i_i$ 即为 $\Delta f_1 / \Delta i_i$ 当 Δi_i 趋于零时的极限

$$\frac{\partial f_1}{\partial i_i} = \lim_{\Delta i_i \to 0} \frac{\Delta f_1}{\Delta i_i}$$

如图 5.25 所示，在坡段 l_i 中任取两计算断面 m—m 和 n—n。设在断面 m—m、n—n 处原来的路基横断面积为 w_m、w_n，则 m—n 段内原来的土石方工程费为

$$f_{m-n} = \frac{(w_m + w_n)}{2}(l_m - l_n) \cdot P_1$$

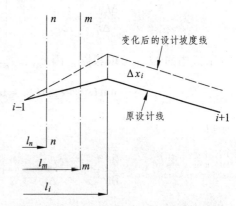

式中 l_m、l_n——断面 m—m 和 n—n 距第 $i-1$ 个变坡点的距离（m）；

P_1——土石方单价（元/m^3）。

当 i_i 有一微小增量 Δi_i 时，i 点的设计高程增加 Δx_i

$$\Delta x_i = (i_i + \Delta i_i) \cdot l_i - i_i \cdot l_i = \Delta i_i \cdot l_i$$

此时，断面 m—m 和 n—n 的增加高度分别为 ΔH_m 和 ΔH_n

$$\Delta H_m = \Delta x_i \cdot l_m / l_i = \Delta i_i \cdot l_m$$

$$\Delta H_n = \Delta x_i \cdot l_n / l_i = \Delta i_i \cdot l_n$$

图 5.25 设计变量变化对施工高程的影响

断面积各有一增量 Δw_m 和 Δw_n。i_i 改变为 $i_i + \Delta i_i$ 后，m—n 段内的土石方工程费为

$$f'_{m-n} = \frac{(w_m + \Delta w_m) + (w_n + \Delta w_n)}{2} \cdot (l_m - l_n) \cdot P_1$$

Δw_m、Δw_n 的计算：

设断面 m—m 处的路基横断面如图 5.26 所示。当断面填方高度增加 ΔH_m 后，断面积的增量 Δw_m 为图中影线部分的面积，它包括 4 个平行四边形面积①、②、③、④和 2 个小三角形

面积 ε_{m1} 和 ε_{m2}。4 个平行四边形的面积可表示为

$$D = S_m \cdot \Delta H_m = S_m \cdot \Delta i_i \cdot l_m$$

式中　S_m——原路基横断面边坡至边坡脚的水平距离。

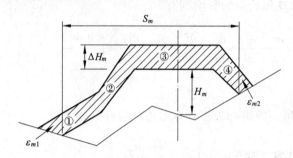

图 5.26　路基横断面面积增量示意图

所以

$$\Delta w_m = D + \varepsilon_{m1} + \varepsilon_{m2} = S_m \cdot \Delta i_i \cdot l_m + \varepsilon_{m1} + \varepsilon_{m2}$$

同理

$$\Delta w_n = S_n \cdot \Delta i_i \cdot l_n + \varepsilon_{n1} + \varepsilon_{n2}$$

所以

$$\frac{\Delta f_{m-n}}{\Delta i_i} = \frac{P_1}{2} \cdot (l_m - l_n) \cdot \left[S_m \cdot l_m + \frac{(\varepsilon_{n1} + \varepsilon_{n2})}{\Delta i_i} + S_n \cdot l_n + \frac{(\varepsilon_{n1} + \varepsilon_{n2})}{\Delta i_i} \right]$$

令上式中的 $\Delta i_i \rightarrow 0$ 取极限，因 ε_{m1}、ε_{m2}、ε_{n1}、ε_{n2} 均为较 Δi_i 更高阶的无穷小，故

$$\lim_{\Delta i_i \rightarrow 0} (\varepsilon_{m1} + \varepsilon_{m2}) / \Delta i_i = \lim_{\Delta i_i} (\varepsilon_{n1} + \varepsilon_{n2}) / \Delta i_i = 0$$

所以

$$\frac{\partial f_1}{\partial i_i} = \lim_{\Delta i_i \rightarrow 0} \frac{\Delta f_{m-n}}{\Delta i_i} = \frac{P_1}{2}(l_m - l_n) \cdot (S_m \cdot l_m + S_n \cdot l_n), \quad l_m > l_n \qquad （5.103）$$

把 l_i 分成若干段进行计算，分别求出各小段的 $\dfrac{\partial f_{m-n}}{\partial i_i}$，累加求和，即得到第 i 坡段的梯度变化 $\partial f_{m-n} / \partial i_i$。

上述原理同样适用于路堑和半堤半堑地段。只不过对于路堑，土石方单价应为负号，因为当坡度变化 Δi_i 使得 Δx_i 为正时，由于挖方面积减小，使任一断面增量为负。

在路基工程费中，还应考虑可能修筑支挡结构引起的工程变化。在现有的计算土石方工程造价的程序中，是以土石方工程费和挡墙圬工工程费的比值为比例系数，用换算面积的方法来考虑支挡结构的影响的。

2. $\dfrac{\partial f_2}{\partial i_i}$ 的计算（桥梁工程）

在实际计算中，应根据水文资料、地形、地质等资料，选择桥梁类型，确定桥长和桥高，计算桥梁各部分的工程费用。为了简化计算，在进行线路纵断面优化设计时，假定桥式已定；当线路设计坡度改变时，仅引起桥长和桥梁墩台工程量的改变，并且用平均桥高代替相应的施工高程。

在寻求设计线方案时，小桥涵对设计线的影响，可以用确定小桥涵建筑费用和相应施工高程的关系来考虑。小桥涵工程费用和相应的施工高程的关系近似为二次函数，整个曲线可看作分段二次函数。对大、中桥，在实际设计中应个别地按照墩台费用变化考虑，可以规定若干种墩台费用与相应的施工高程的关系。

下面以平均桥高法为例，介绍桥梁工程梯度贡献 $\dfrac{\partial f_2}{\partial i_i}$ 的计算。

分析收集的资料可知，桥梁工程费用与相应施工高程的关系是一条二次曲线，可用下式表示

$$P_2 = A + BH_B + CH_B^2$$

将上式微分即得到工程费随施工高程改变的关系式为

$$P_2' = B + 2CH_B$$

$$H_B（平均桥高）= 桥下净空面积/桥长$$

如图 5.27 所示，当第 i 坡段的坡度 i_i 改变为 $i_i + \Delta i_i$ 时，将引起桥的平均高度增加 ΔH_B。

$$\Delta H_B = \Delta i_i \cdot (L/2 + L_B)$$

式中　L——桥长；

　　　L_B——桥梁起点到第 $i-1$ 个变坡点的距离。

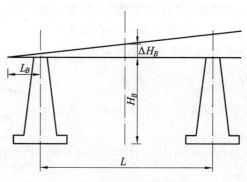

图 5.27　桥梁梯度计算图示

则

$$\frac{\partial f_2}{\partial i_i} = \lim_{\Delta i_i \to 0}(P_2 \Delta H_B \cdot L / \Delta i_i) = P_2 \cdot (0.5 \times L + L_B) \cdot L \qquad （5.104）$$

式中　P_2——桥梁工程延米造价（元/延米）。

3. $\dfrac{\partial f_3}{\partial i_i}$ 的计算（涵管工程）

在实际设计中，应根据水文资料、地质、地形资料等选择涵管类型、孔径等，并且还要计算洞门圬工量，即洞门工程费。

为了简化计算，在这里假定涵洞类型已定，当设计线变化时，洞门工程费不变，所以在纵断面优化过程中不予考虑，仅考虑设计坡度变化时对洞身长度的影响，即考虑设计坡度变化时涵洞长度变化所引起的工程费增量。

如图 5.28 所示，若在断面 $m-m$ 处需设置涵洞，当 i_i 变为 $i_i + \Delta i_i$ 而使路堤高度增加 ΔH_m 时，则涵洞长度增加 ΔL。

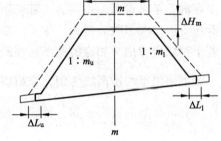

$$\Delta L = \Delta L_u + \Delta L_l = m_u \cdot \Delta H_m + m_l \cdot \Delta H_m$$
$$\Delta H_m = \Delta i_i \cdot L_m$$

式中　ΔL_u、ΔL_l——上、下游涵洞长度增量；

　　　m_u、m_l——上、下游路堤边坡系数；

图 5.28　涵洞梯度计算图示

　　　L_m——当涵洞位于第 i 坡段时，L_m 为涵洞距 $i-1$ 个变坡点的距离，否则为第 i 坡段长度。

所以

$$\frac{\partial f_3}{\partial i_i} = \lim_{\Delta i_i \to 0} P_3 \frac{\Delta L}{\Delta i_i} = P_3 \cdot L_m \cdot (m_u + m_l) \tag{5.105}$$

式中　P_3——涵洞每延米工程造价（元/横延米）。

4. $\dfrac{\partial f_4}{\partial i_i}$ 的计算（隧道工程）

与涵洞类似，在纵断面优化设计中不考虑与洞门有关的工程费，而仅考虑由于设计坡度变化而引起的隧道长度变化，即与隧道长度变化有关的工程费增量。

如图 5.29 所示，当第 i 坡段的坡度 i_i 改变为 $i_i + \Delta i_i$ 时，隧道进口设计高程增加 ΔH_t，当隧道山体沿洞身中心线纵坡为 $1 : m_t$ 时，在洞口挖方深度不变的条件下，洞身可缩短 ΔL_t

$$\Delta L_t = \Delta H_t \cdot m_t$$

同时相应地增加一挖方长度 ΔL_t，此时相应的工程费增量为

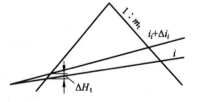

图 5.29　隧道梯度计算图示

$$\Delta f_4 = (P_1 - P_4) \cdot \Delta L_t = (P_1 - P_4) \times \Delta H_t \times m_t = (P_1 - P_4) \times \Delta i_i \times L_t \times m_t$$

式中　P_4——隧道延米工程造价（元/m）；

　　　L_t——隧道洞口到第 $i-1$ 个变坡点的距离；

　　　L_i——第 i 个坡段的长度。

所以

$$\frac{\partial f_4}{\partial i_i} = \lim_{\Delta i_i \to 0} \frac{\Delta f_4}{\Delta i_i} = (P_1 - P_4) \times m_t \times L_t \tag{5.106}$$

5. $\dfrac{\partial f_5}{\partial i_i}$ （土地征用费）的计算

在纵断面优化过程中，由于变坡点高程导致的用地面积的增加量，与铁路全线用地之比属于微小增加量，因此在纵断面优化过程中，可不计土地征用费的变化，即

$$\frac{\partial f_5}{\partial i_i} = 0$$

（三）纵断面优化

求出目标函数的偏导数后，即可用梯度投影法对初始纵断面进行优化。在优化过程中，目标函数负梯度采用数值微分法进行计算，优化过程的每一步使工程造价达到最小，收敛准则为：第 K 次设计所得坡度值与 $K-1$ 次的结果之差中最大者小于给定限数。

用梯度投影法解纵断面优化问题的关键，是制定梯度对容许区域投影的算法。当以坡度为设计变量时，容许区域可看成是满足只表示坡度及坡度差约束条件的线性不等式组的点集（断面）。这个区域是凸多面体，其边界是 $n-1$ 维的超平面（ n 为未知设计坡段的数目）。每个边界符合一个约束条件。一般而言，边界流可以有任意维数并符合几个约束条件，也就是说，对于中间解，最大的坡度可以是不同坡段的坡度，最大的相邻坡段坡度差可以是在不同的结点。这就意味着，矩阵 A 的行数和在每次迭代中符合边界超平面的这些行的特征集可以不同。为了降低梯度投影算法的复杂程度，可通过考察约束条件的不同组合，制定相应的梯度投影规则。

1. 对于边界流只符合坡度约束条件的情形

如果对于任意编号 j （ $j=1, 2, 3, \cdots, n$ ）的坡度 i_j 是最大的，则下降方向 S 的分量 $s_j = 0$ ，反之 $s_j = \nabla f_j$ ；换句话说，除了那些坡度是最大的梯度分量等于 0 外，梯度的所有分量仍然不变。

2. 对于边界流只符合相邻坡段坡度代数差的情形

在这种情形下，沿 S 移动时，最大坡度差仍然是最大的；为了建立 S ，只要使 ∇f 含有符合边界流的约束条件为 0 就可以了，而其余分量仍然不变。通过对最大坡度及坡度差的不同组合进行考察，可以制定出对符合坡度及坡度差约束条件的容许区域建立梯度投影的一般规则：

① 如果第 j 个坡度不是最大的，并且在第 j 个坡段的终点，坡度差也不是最大的，则 $s_j = \nabla f_j$ 。

② 如果第 j 个坡度是最大的，则 $s_j = 0$ 。

③ 如果第 j 个坡度不是最大的，但是在第 $j-1$ 或第 j 个结点的坡度差是最大的，则需计算相应最大曲率地段的 ∇f 所有分量的算数平均值 ∇f_{av} ，并且假定在该地段坡度中的任何一个也不是最大的条件下， S 的相应分量等于 ∇f_{av} 。

④ 如果在最大曲率地段，则尽管只有一个坡度是最大的，也不取算术平均值而应取 0 。

梯度投影法最简单的变化形态是按下列递推规则计算容许点 X^{k+1} （ $k=0, 1, 2, \cdots$ ）序列：

① 计算在点 X^k 的梯度，即 $\nabla f(X^k)$ 。

② 分析 X^k 作为等式满足的约束条件。如果没有这种约束条件，则假定 $X(X^k) = \nabla f(X^k)$ 。如果有这种约束条件，则检验它的线性无关性，并在必要时，利用消除线性无关的方法。根

据上述对由边界超平面相交构成的任意线性流的投影规则，计算 $S(X^k) = P_0 \nabla f(X^k)$。

③ 检验条件 $(S, S) \leq \varepsilon_1$，式中 ε_1 为给定的解题精度。如果条件满足，转至⑦，否则转④。

④ 计算 $X^{k+1} = X^k - \lambda S$，式中 S 为梯度投影；根据从容许区域引出射线 $X^k - \lambda S$ 的条件确定步长 $\lambda > 0$。为了找到 λ，必须计算该参数的值，从所有满足等式约束的 λ 中选出最小者作为 λ_1。

⑤ 计算 $\nabla f(X^{k+1})$。如果出现参数 λ_1 值满足条件 $[S, \nabla f(X^{k+1})] \geq 0$，则 $X^{k+2} = X^{k+1} - \lambda S$，转②；如果条件 $[S, \nabla f(X^{k+1})] \geq 0$ 不满足，则在点 X^k 和 X^{k+1} 之间，目标函数的极小点位于 $X^k - \lambda S$ 的射线上，则转⑥。

⑥ 在区间（$0, \lambda_1$）中求出数量集 $[S, \nabla f(X^{k+1})]$ 近似于零的 λ 值，并求出相应的 X^{k+1}，转②。

⑦ 检验极小值的第 2 个条件是否满足，即是否可以抛弃超平面中的一个超平面。如果不能抛弃，则所得点即为问题的解；否则，寻求新的下降方向，转②。

如果出现极小值的 2 个条件都被满足的情况，则检验用罚函数计算的约束条件是否满足。如果这些条件被满足，则问题得解；否则，将罚函数相应的参数乘以 10，转①。

用梯度投影法解纵断面优化设计的步骤可归纳如下：

① 建立设计线经行地区的带状数字地形模型，输入优化原始数据，包括纵断面优化设计边界条件、线路主要技术标准、技术经济指标和主要工程项目单价。

② 计算各种约束条允许值，形成约束矩阵。

③ 生成链式纵断面初始可行方案。

④ 调用优化模块对纵断面进行优化，直至收敛到最优化解为止，得最优链式纵断面。

⑤ 将优化链式纵断面整饰为符合《线规》要求的坡段长度的习用纵断面。

⑥ 返回④，对整饰后的纵断面进行再优化。

上述设计过程的流程如图 5.30 所示。

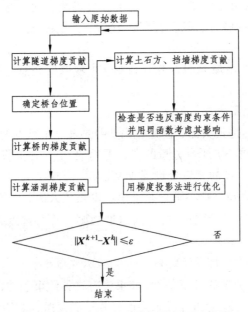

图 5.30 梯度投影法优化纵断面流程图

三、初始纵断面的生成

对纵断面优化设计来说，最优化方法是在遵守约束的条件下寻找目标函数值最小的方法。许多优化方法都要求从可行域 R 中的一点 $y^{(0)}$ 出发，沿着拟定的方向搜索，得到新的可行点，并继续迭代，直到得到最优解。也就是说要预先给定满足纵断面优化所有约束条件的一个初始纵断面。纵断面初值可由人工设计产生，也可由计算机自动生成。

人工给定初值的优点是：① 由于初值需在可行域内，因而自动产生时较复杂，特别是非线性约束时难度更大。人工给定初值时，则可免去这项工作。② 初始纵断面若是有经验的设计人员给出，则较接近最佳纵断面，优化速度可加快。③ 人工给定初值能符合不同设计的要求。因《线规》对坡长的规定有较大的灵活性，较难用数字形式完善地表达。其缺点是：① 自动化程序低，特别是和平面优化相结合时，必须采用脱机或半脱机方式产生初值后再优化纵断面。② 变坡点个数受人为因素的影响。

自动产生初值时，优缺点相反。

自动产生初值的方法基本上有两种：① 确定由短坡段（链式坡段）组成的设计线，找到链式坡段的最优方案后，将其整饰成《线规》所容许的直线形坡段，如梯度投影法纵断面优化技术；② 用曲线类函数以最小二乘法解待定系数得初始解，如 B 样条法。在铁路纵断面优化设计方法中，用得较多的是不等长链式坡段组成的设计初值，下面主要介绍一种生成链式纵断面的方法。

（一）自动生成初始纵断面

1. 基本思想

铁路纵断面线本质上是把地面纵断面线来一个"平顺"，挖山填谷以便得到一条服从各种几何设计标准和约束条件的纵断面线。从经济观点来看，以路堑得到的材料总量和路堤所需的大致相同是很理想的。如果挖方材料过多，就必须安置在线路外的"弃土"堆上。同样如果挖方材料不敷路堤应用，额外的材料就必须从取土坑和采石场运到工地，称之为"借土"。借土和弃土都是代价昂贵的操作，所以在设计纵断面时，应力图使填挖平衡，并且尽量减少填挖量。在实际设计中，地面线往往通过一系列离散观测点的形式给出，即沿线路纵断面横坐标 x_k 处有地面高程观测值 $g_k(x_k, g_k)$，（$k = 0, 1, 2, \cdots, n$），则目标函数可简化为

$$F = \sum_{k=0}^{N} [Y(x_k) - g_k]^2 \tag{5.107}$$

式中 $Y(x_k)$——线路纵断面设计线；

g_k——地面线变坡点处高程。

由上式可见，g_k 与 $Y(x_k)$ 差值越小，设计结果越理想。所以设计铁路纵断面初值的主要设计目标就是通过在约束容许的条件下，尽可能紧密地使线路适合地面，而使土石方工程的成本最小。

2. 方法概要

本节给出的设计方法，是以链式坡段为基础，用逐步探索的方法进行的。在算法中采用了人工选线的智能模拟。设计中，仅考虑高程约束、最大坡度、允许坡度代数差的限制，而对最小坡段长度不加限制。桥、涵处考虑高程要求，以控制高程的形式给出。隧道座数、隧

道位置、隧道长度由计算机自动设计确定。此方法适合于一般地形自动拟定纵断面初值。

首先以地面纵断面线为最原始的线路纵断面线，对违反设计标准和约束条件的地方进行调整。若各约束条件均能满足，则可得到一条既紧密配合地面线且服从约束条件的初步纵断面线。

3. 设计过程

1）满足坡度约束条件的方案

给定沿线的地面高程和链式坡段的结点位置后，可以得到第 k 段的地面纵坡坡度为

$$i_{gk} = \frac{g_k - g_{k-1}}{l_{gk}} \qquad (5.108)$$

式中　i_{gk}——地面线纵坡坡度；

g_k——链式坡段第 k 个变坡点处地面高程；

l_{gk}——第 k 段链式坡段长。

若第 k 坡段的最大设计坡度为 $i_{k\max}$，则按《线规》要求应有

$$|i_k| \le i_{k\max}$$

以地面线为准纵断面，可求得线路纵断面第 k 段的坡度值为

$$i_k^{(1)} = \begin{cases} i_{gk}, & |i_{gk}| \le i_{k\max} \\ -i_{k\max}, & i_{gk} \le -i_{k\max} \\ i_{k\max}, & i_{gk} > i_{k\max} \end{cases} \qquad (5.109)$$

式中　$i_{k\max}$——第 k 个链式坡段坡度最大值。

从而可求得线路纵断面变坡点处的设计高程值为

$$Y^{(1)}(x_0) = Y_0；\quad Y^{(1)}(x_k) = Y^{(1)}(x_{k-1}) + i_k \times l_{gk}$$

2）高程约束条件的检查与调整

在跨越河流、其他道路的地方或者必须维持某一高程的地点，线路的高程可能需要加以控制。线路的高程可能要求：a. 被固定；b. 不低于某一规定的限值；c. 不高于某一规定的限值；d. 在两个限值之间。

上述的每种情况都可以用第 d 种情况来表示，即可表示为

$$g_k + h_{\mathrm{L}} \le Y(x_k) \le g_k + h_{\mathrm{R}} \qquad (5.110)$$

式中　h_{L}（或 h_{R}）——允许的最小（最大）施工高程。

在高程控制点处，线路纵断面的施工高程必须满足高程约束条件。此时设计高程值应为

$$Y^{(2)}(x_k) = \begin{cases} Y^{(1)}(x_k), & g_k + h_{\mathrm{L}} \le Y^{(1)}(x_k) \le g_k + g_{\mathrm{R}} \\ g_k + h_{\mathrm{R}}, & Y^{(1)}(x_k) > g_k + h_{\mathrm{R}} \\ g_k + h_{\mathrm{L}}, & Y^{(1)}(x_k) < g_k + h_{\mathrm{L}} \end{cases} \qquad (5.111)$$

相应坡度值为

$$i_k^{(2)} = \frac{Y^{(2)}(x_k) - Y^{(2)}(x_{k-1})}{l_{gk}} \qquad (5.112)$$

此时若为高程约束下限：如果 $i_k < 0$ ［图 5.31（a）］，则高程控制点上的约束只影响到第 k 变坡点及相邻坡段坡度的变化。如果 $i_k > 0$ ［图 5.31（b）］，并且 $i_k^{(2)} > i_{k\max}$，则应进行下列调整

a. $Y^{(2)}(x_k) = g_k + h_L$，$j \leqslant k$；

b. $i_j = i_{j\max}$；$Y^{(2)}(x_{j-1}) = Y^{(2)}(x_j) - i_{j\max} \cdot l_{gj}$

c. 判断 $Y^{(2)}(x_{j-1}) > Y^{(1)}(x_{j-1})$，若成立，则 $j \leftarrow j-1$，转第 b 步，否则 $i_j^{(2)} = Y^{(2)}(x_j) - Y^{(1)}(x_{j-1})/l_{gj}$，转第 k 变坡点，继续进行后续检查。

若此时为高程控制约束上限：如果 $i_k > 0$ ［图 5.31（c）］，那么高程控制点只影响到第 k 变坡点及相邻坡段坡度的变化。若为图 5.31（d）的情形，$i_k > 0$，此时 $i_k^{(2)}$ 如果大于 $i_{k\max}$，则高程控制点的约束将对变坡点以后的各坡段产生影响，应当进行相应的检查和调整。

进行上述检查和调整时，还可以检查线路始点高程和线路平面的合理性。例如图 5.31（b）所示的情形，如果

$$Y_0 = \sum_{j=1}^{k} i_{j\max} \cdot l_{gj} - h_{gk} < h_L \qquad (5.113)$$

式中 Y_0——线路起点设计高程。

那么在已给的几何设计标准下，在变坡点 k 处施工高程不可能满足最小值为 h_L 的要求。这就是说经过反复调整后，所有的约束条件和几何设计高程不能完全被满足，此时设计不能继续进行，应重新检查初始值和改变线路平面位置。

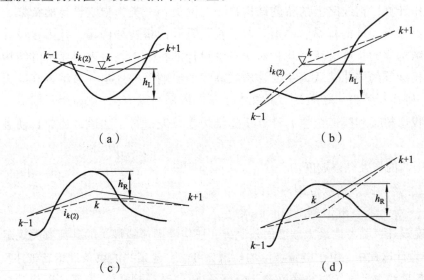

图 5.31　高程控制点调整图示

3）坡度代数差约束条件的检查与调整

纵断面坡段的坡度，随行车方向而言有上坡、下坡和平坡。上坡的坡度为正值，下坡的

坡度为负值，平坡的坡度为零。在进行纵断面设计时，相邻坡段的坡度代数差应尽量小些。然而为了适应地形等条件，减少工程量，可能出现较大的坡度代数差，但不得超过允许的最大值，即

$$\Delta i_k = |\, i_k - i_{k-1} \,| \leqslant \Delta i_{k\,\mathrm{max}} \tag{5.114}$$

若 Δi_k 不满足要求，则将超出的部分以某种比例分配到相邻坡段上，使得 $\Delta i_k = \Delta i_{k\,\mathrm{max}}$。由于 Δi_k 不满足要求，经调整后可能使得 Δi_{k-1} 重新不满足要求，所以应重新检查 k 点以前各变坡点处的约束条件，并进行相应的调整。

在自动设计过程中，重复地进行 1）、2）、3）各步，直到所有的约束条件均满足要求为止。

4）桥隧结构物定位

根据数字地面模型进行铁路纵断面设计，只需给计算机输入线路的平面转点、曲线半径、线路始点里程等很少的资料。人们很难事先正确估计线路上有几座隧道、几座桥，以及桥隧结构物的位置。铁路线路自动设计的目的是找出一条最佳的线路纵断面位置。随着调优过程的进行，纵断面线的位置不断改变，桥隧结构物的位置、长度等也随之改变，因此应由计算机在设计过程中自动进行桥隧结构物的定位设计。

进行桥隧结构物定位设计时，主要的工作是桥台起点和隧道洞口位置的选择。

在实际设计中，桥隧结构物的位置应结合地形、地质、水文地质情况，施工及运营条件，有关工程（如桥涵建筑物、排水渡槽、洞口通风机房等）全面考虑，经过详细比较确定，其分析计算十分复杂。

为了简化计算，把线路上的桥隧结构物分为两类：一类为指定设计的桥梁、隧道；另一类为计算机自动设计的桥梁、隧道。对于指定设计的桥隧结构物，认为在设计过程中，仅是桥、隧结构物的长度有所变化；对于自动设计的桥隧，是否需要设桥隧结构物、桥隧位置、桥隧长度等的变化，认为主要受施工高程的影响。按规定，若填方高度大于某一限制高度 H_Q，则需修建桥梁；若挖方高度大于某一限制高度 H_G，则需修建隧道。据此，计算机可自动找出桥梁和隧道位置，计算桥隧结构物长度；对于隧道，还应自动进行隧道最大坡度折减。

隧道范围内的最大允许坡度为：

$i_{s\,\mathrm{max}} = i_{\mathrm{max}} \cdot \beta_s$，隧道折减范围内无曲线；

$i_{s\,\mathrm{max}} = i_{\mathrm{max}} \cdot \beta_s - \Delta i_R$，隧道范围内有曲线。

隧道坡度设计，除考虑最大坡度的限制外，还应考虑《线规》的其他有关规定，如 $i_s \geqslant 3‰$。在隧道设计过程中，由于隧道坡度的折减，可能引起某些约束条件重新被违反，因此还应随时检查各项约束条件，对被违反的部分反复进行相应的调整，直至全部设计标准均被满足为止。

至此，即得到一条所需的初始链式坡纵断面线。

自动生成链式纵断面的设计流程如图 5.32 所示。

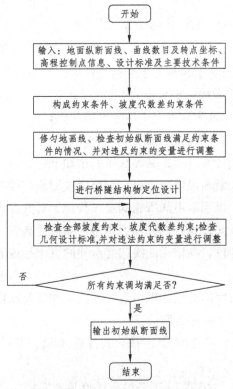

图 5.32　自动生成初始纵断面流程图

（二）人机交互方式生成初始纵断面

利用计算机图形软件工具或交互式线路设计 CAD 软件，可方便地用人机交互方式为优化工程生成纵断面初始方案。用人机交互方式生成初始纵断面的步骤如下：

（1）给定线路平面位置（文件输入或在电子等高线地形图上用定标器交互生成）。

（2）根据给定线路平面生成地面纵断面（文件输入或用数字地形模型自动内插生成）。

（3）选定一种图形软件（比如 AutoCAD 图形软件或线路 CAD 软件）作为支撑环境，将线路平面资料和地面纵断面线显示在计算机屏幕上。

（4）基于线路平面和地面纵断面资料，用人机交互方式生成初始纵断面。

四、链式纵断面整饰

所谓整饰就是将最优链式坡纵断面修饰成满足《线规》所有限制条件的长坡段纵断面。根据现有计算机软件系统的功能，整饰方法可采用软件自动整饰和基于图形界面的人机交互整饰方法。

整饰过程考虑的约束条件包括坡段长约束、坡度约束、坡度代数差约束、变坡点位置约束、高程约束、站坪长度和站坪坡度约束等。

（一）自动整饰

自动整饰的原则是：整饰后形成的长坡段纵断面在满足《线规》要求的前提下，使设计纵断面线上各 50 m 点与最优链式纵断面线上对应的点的高程差的平方和最小，即

235

$$A = \sum_{j=1}^{i+M-1} (H_{Aj} - H_{Bj})^2 \rightarrow \min \qquad (5.115)$$

式中 i ——计算坡段起点的百米标和五十米标的标号；

M ——计算坡段的百米或五十米标的个数；

H_{Aj} ——初步整饰坡在百米标或五十米标上的高程；

H_{Bj} ——优化链式坡在百米标或五十米标上的高程。

自动整饰也是一个迭代计算过程，其算法可归纳如下：

（1）根据最优链式坡纵断面提供的数据，划分紧坡地段与缓坡地段。其目的是在整饰中区分紧坡地段与缓坡地段，以采取不同措施满足《线规》对其提出的不同要求。

（2）根据最优链式纵断面计算百米标和五十米标的设计高程。

（3）对用足限制坡度地段，在该段曲线起终点外的百米标或五十米标处设变坡点，一般情况下坡长不短于最短坡长。

（4）在没有用足限制坡度的地段，算出最短坡长的坡度及该坡度线与优化后的链式坡度线在百米标和五十米标上的高差平方和 A。

以最短坡长为基础，坡长每递增 50 m 按公式计算 A' 值，若 $A' < A$ 则继续延伸，若 $A' \geqslant A$ 则该坡段为初步整饰地段。

（5）顺序取 3 个变坡点，按第（4）条的方法修整中间的一个变坡点位置，使整饰坡最大限度地接近优化后的链式坡。

（6）检查修正变坡点位置，以保证变坡点的竖曲线在缓和曲线之外。

（7）检查修正隧道内的变坡点位置，保证隧道内不超过一个变坡点，不出现凹形坡。若隧道内的设计纵坡绝对值小于 3‰，且隧道长不小于远期到发线有效长，则在隧道内设 3‰ 的人字坡；否则将设计坡度值增到 3‰，并调整隧道前后的设计坡度。

（8）两端为连续紧坡地段的凸形纵断面设分坡平段。

（9）检查修正坡长、坡度及坡度代数差。

（10）优化后的坡度取整，一般情况下对坡度取整为 0.5‰ 的整倍数。若相邻坡段的坡度代数差小于 0.3‰，则并成一个坡段。在坡长大于一个列车长，用足坡地段的曲线折减。受坡度代数差控制或高程控制的地段，坡度应取整为 0.1‰ 的倍数。

（11）检查修正因坡度取整超过控制高程的坡段。

（二）链式纵断面人机交互整饰

自动整饰方法的整饰结果由于总是趋于最小坡段长而不能令人满意。在以往的一些研究中，为了弥补自动整饰的不足，或者对自动整饰结果进行人工修改，或者干脆采用人工整饰。最近几年，随着计算机图形技术的不断发展，研究者们开始提出一种借助交互式图形技术作链式纵断面整饰的方法。其基本方法如下：

① 利用计算机图形技术，把最优链式纵断面分为各个紧坡与缓坡地段。

② 由计算机分别对各个紧坡地段和缓坡地段进行自动整饰。

③ 用交互式图形技术对自动整饰结果加以完善。

交互整饰的目标函数同自动整饰部分。约束条件在自动整饰方法的约束条件基础上，增加了一些特殊要求，如设计 200 m 坡段等。

下面介绍用交互式图形技术划分紧坡与缓坡地段以及自动整饰结果的完善。

1. 划分紧坡与缓坡地段

首先把屏幕分为三个窗口：窗口 I 用于人机对话；窗口 III 显示图标，包括线路里程、线路平面、设计坡度和坡段长度；窗口 II 为主要工作区，主要用于显示、绘制和修改图形，获取所需的图形信息。

利用计算机图形学的窗口裁剪、缩放和动画技术，把最优链式纵断面按不同的比例显示在屏幕上，同时在窗口 III 中显示线路平面、设计坡段，在窗口 I 中给出有关的平面、纵断面信息，用人机交互方式在图上划分各紧坡地段和缓坡地段，获取各分界点坐标，并存储在相应的数组中，供自动整饰过程使用。为了便于以后各分段连接，紧坡地段与缓坡地段分界处距线路起点的距离自动取为 50 m 的整倍数。

2. 人机交互整饰

此步工作是考虑更多的《线规》要求对自动整饰结果进行修改。对于连续用足最大坡度的紧坡地段，其自动整饰结果可一次达到设计结果；对于缓坡地段，由于确定变坡点位置需考虑许多复杂因素，因而在自动整饰程序中对某些因素作了简化。另外，由于自动整饰过程采用了偏离链式坡纵断面最小的原则进行设计，所得纵断面常常出现一些不利于施工和运营维护的小坡段，有些地方相邻坡度代数差很小，不必分成不同坡度的坡段。

人机交互过程以自动整饰结果为准纵断面进行设计，修改后的设计纵断面应偏离自动整饰结果尽可能小。因而，除满足本章第二节所有约束条件外，还应考虑下列约束条件

$$\sum |h_2 - h_1| \leqslant \varepsilon$$

式中　h_2、h_1——修改后和修改前纵断面整百米标处的设计高程；

ε——控制值，可根据具体线路和具体地形试验确定，程序预置值为 0.1 m。

人机交互过程主要解决如下问题：

1）特殊坡段处理

坡段长可用到 200 m 的地方，可考虑把坡长设计为 200 m，包括以下情况：

● 因最大坡度折减而形成的坡段；

● 在两个同向坡度坡段之间或平坡与上、下坡段之间，为了坡度代数差不超过规定的最大值而设置的缓和坡段；

● 两端货物列车以接近计算速度运行的凸形纵断面的分坡平段；

● 路堑内代替分坡平段的人字坡。

2）按设计者满意度修整坡段

把坡度值相差不大的相邻几个短坡段化简为一个或几个长坡段。根据屏幕上的纵断面图和有关的平、纵断面信息，用人机交互的方式对自动整饰结果加以改善。如图 5.33 所示，若把设计（a）改为设计（b），纵断面上可减少两个变坡点，各 300 m 点处的高差分别为 0.06、0、0，$\sum |h_2 - h_1| = 0.06 < \varepsilon = 0.1$。

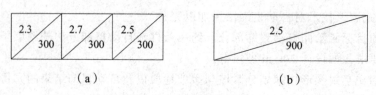

（a）　　　　　　　　　　　　　（b）

图 5.33　坡段整饰示意

3）连接各缓坡和紧坡地段

此步工作的目的是把分别整饰的各个紧坡与缓坡地段用人机交互的方式连接成一个整体。在窗口Ⅱ中显示分界点处的局部链式纵断面，在窗口Ⅲ中显示图标，在窗口Ⅰ中显示相应的平面要素，人根据屏幕上显示的图形和相应的信息设计分界点处的坡段。

在人机交互过程中，程序可自动检查各项约束条件，若人机交互修改的设计违反了约束，在窗口Ⅰ中将给出相应的信息，并提示设计人员对设计进行修改。纵断面整饰的程序流程如图 5.34 所示。

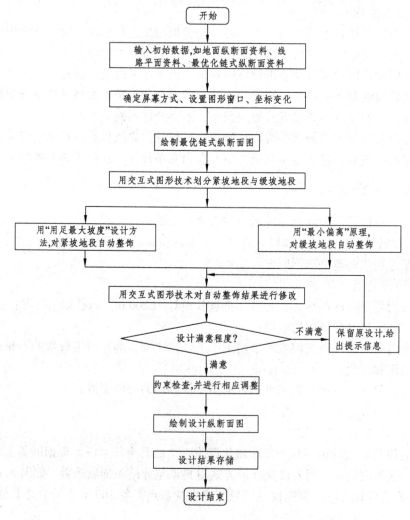

图 5.34　纵断面整饰流程

238

第六节　线路平面优化技术

一、铁路线路平面优化概述

铁路平面线形优化可分为在宽阔地带内选择线路走向、在中等宽度地带内设计平面线和在狭窄地带内优化平面线三种类型。

所谓在宽阔地带内选择线路走向，是指在大约1/4线路总长度的宽度范围内选择出一条宽度为数千米或数百米的较窄的地带，以便进一步优化线路。

中等宽度或狭窄地带内的平面线形优化，是在一个划定的狭长地带内，对一条已初步设定的平面线形进行优化。

线路优化的课题，涉及大量的量测和计算工作，靠人工是很难实现的，必须在数字地形模型的基础上借助于大容量计算机方可达到目的。

下面简要介绍几种主要的优化方法。

1. 以填挖方及纵坡度最小为目标的优化方法

采用这种方法进行平面线形优化，是从一条初始线形开始，经过有限次的迭代来完成的。其过程大致如下：

（1）给定一个标有铁路定线"感兴趣地带"的等高线地形图。

（2）在该地形图上暂时定出线路的中心线。

（3）使用给定的数字地形模型（称作 DTM1）和线路平面线形的规范要求，采用迭代算法寻求平面线形的优化方案。这一步包括优化和平滑两个过程。

（4）根据给定的标准，在迭代算法收敛之后，可使用给定的数字地形模型（称作 DTM2）和《线规》要求完成纵断面设计和土石方数量计算。这里的 DTM1 和 DTM2 可以不一样，因为每一阶段对高程的要求不同，所以它们的精度和密度可以变化。把暂定的线路画在比例为1：5 000、等高距为 50 m 的地形图上，用一系列直线段把线路的起终点连接起来。这些直线要适应地形，符合铁路设计的最大坡度、最大坡长等规定。在地形图上定出交点的大致位置，并将其坐标输入到计算程序中，根据直线和曲线的关系产生一个初始线形。把这些直线和曲线进一步再分成更小的直线单元，进行两个连续步骤的迭代运算，把第一步的输出作为第二步的输入。

在优化过程中，从线路的一端开始，根据直线单元的纵坡度所限制的范围或取最小值的标准，在两相连单元之间的横断面上寻求一个优化点。如图 5.35 中的 A、B 两点，B 就是在允许坡度范围内从 A 开始的最近点或从 A 开始的具有最小纵坡度的最近点。

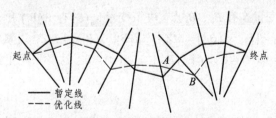

图 5.35　线路平面优化

横断面宽度限制在规定的定线走廊带内。使用 DTM1 计算暂定点到横断面上所有点的纵坡度，把具有最小坡度值和最短长度段的点作为单元的优化点。

在平滑过程中，对所有直线单元的"最优端点"进行最小二乘拟合，并使之服从各种约束条件，如坡度均衡条件、交点处的曲率半径条件、固定端点条件以及根据土地价值、填土情况等专门特征而必须经过或绕避的点等。

把被拟合的平面线形再一次分成直线单元，称为第二次优化过程的输入。比较连续过程中所计算出的平面线形之间的差别，直到无显著变化时，计算才停止。

2. 动态规划法优化平面线形

利用动态规划法优化线路，是把整个线路划分成许多分段，在设法计算出每个分段的目标函数之后，再利用一种递推公式，一个分段一个分段地作出最优决策，以达到使整个线路最优的结果。这个递推关系式可以表达为

$$f_n(S) = \min\{d[S, \ x_n(S)] + f_{n-1}[x_n(S)]\}x_n(S) \tag{5.116}$$

式中　　n——阶段变量，表示在优化过程中，即将被优化的线路分段数；

　　　　S——状态变量，表示线路将在该点（即该变量）以前进行优化；

　　　　$x_n(S)$——决策变量，表示在状态变量 S 被选定的情况下，将对该变量 $x_n(S)$ 进行最优化决策；

　　　　$d[S, \ x_n(S)]$——由状态变量 S 到决策变量 $x_n(S)$ 之间这个线路分段的目标函数值；

　　　　$f_{n-1}[x_n(S)]$——从线路起点到决策变量 $x_n(S)$ 之间共 $n-1$ 个线路分段构成的线路目标函数累计的最小值；

　　　　$f_n(S)$——到状态变量 S 为止的 n 个线路分段构成的线路目标函数累计的最小值。

下面举一个简单的线路优化算例来说明上式各符号的具体含义。

如图 5.36，A、E 为被优化路线的起、终点。该路段被划分成 4 个分段进行优化，B_1、B_2，C_1、C_2 和 D_1、D_2 为 3 组拟通过优化判定的线路点，各线路分段的目标函数值分别为 MZ_1，MZ_2，…

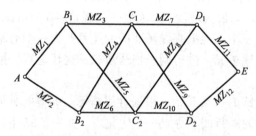

图 5.36　动态规划法优化平面线形

以 $n=1$ 为例，状态变量 S 有 B_1、B_2 点。决策变量 $x_n(S)$ 有 $x_1(B_1)$ 和 $x_2(B_2)$，两者均为 A 点。目标函数 $d[S, \ x_n(S)]$ 有 $d[B_1, \ x_1(B_1)] = MZ_1$，$d[B_2, \ x(B_2)] = MZ_2$。累积的目标函数最小值 $f_{n-1}[x_n(S)]$ 有 $f_0[x_1(B_1)] = f_0(A) = 0$，$f_0[x_1(B_2)] = f_0(A) = 0$。这样采用上式的递推公式就可以得到最优线路。

3. 蒙特-卡洛方法

蒙特-卡洛方法是一种直接搜索法，它不必借助于规则的优化步骤，而是在约束条件下（可行域内）通过随机性，在大量随机方案中获得全局最优方案。这种优化方法的步骤大致如下：

（1）在基本约束条件的容许范围内，预先给定或随机产生一个初始线路方案，经次级约束条件检验，若被满足则作为起始点 1（即初始方案）并计算目标函数值 Z_1。

（2）由给定的初始点 1 出发，用随机的步长值和方向再随机产生一个新点 2（即新的方案）。

（3）如果新点 2 不仅较前点为好，而且在可行域范围内（即应满足的约束条件），则以新点 2 代替旧点 1，并以新点 2 出发，获得 3、4、…各点。

（4）若新点并不比旧点好（如图 5.37，点 5 比点 4 更差），或新点超出了可行域（如点 8、点 11），则旧点不能被代替，而重新产生新的随机点。

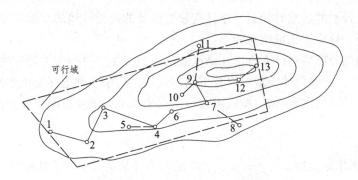

图 5.37　线路平面优化示意图

（5）不断重复上述步骤，当达到给定的次数，或优选的结果已令人满意了，则告结束。

4. 广义梯度法

对拟定的平面初值进行优化，采用广义优化方法，完成选定走向方案的线路平面、纵断面联合优化设计，为方案综合评选提供依据。本节将重点介绍该方法。

二、线路平面优化设计

如上节所述，对线路平面或空间曲线进行优化设计，需要考虑很多复杂的因素。根据采用的优化技术不同，在铁路及公路领域已有多种成功的方法。本节主要介绍采用广义梯度投影计算铁路线路平面优化设计技术，即对拟定的平面初值进行优化，然后采用广义优化方法，完成选定走向方案的线路平面、纵断面联合优化设计，为方案综合评选提供依据。

当采用广义梯度法优化线路平面时，优化过程采用平、纵面综合优化与已定平面下的纵断面单独优化交替进行的方式。其做法是：

首先，用简略梯度投影方法进行平、纵面综合优化；用变度量法解决由于各个自变量的度量不同给优化过程带来的困难；当线路平面移动量大于一定限值时，则进行一次纵断面优化；重复进行，直至达到要求的优化准则。

其次，一个优化大循环结束后，显示平纵断面图形，由设计者对设计结果进行评价，并用图形交互方式对线路平纵断面进行修改；修改以后，返回优化过程作进一步优化。重复进行此过程，直至全部设计令人满意为止。

最后，把平面曲线半径整饰为《线规》要求的整数值，采用满足约束条件下最靠近的规定值；然后在平面曲线半径固定条件下进行平纵面再优化。

（一）数学模型

1. 设计变量

当定出线路平面位置后，线路上各点的平面坐标、交点坐标与转角、夹直线与曲线长度、各段线路的方向角随之确定，改变线路平面位置，则这些变量的全部或一部分将随之变化。这些变量之间有一定的联系，并不是完全独立的，适当选择其中一部分作为平面设计变量，其余的则作为设计变量的函数。选择哪些变量作为设计变量，是进行线路平面优化设计时需要首先解决的问题。

选择平面设计变量需考虑以下因素：

① 当已知设计线的始端时，定出设计变量的值就能使设计线的平面位置唯一确定。

② 计算方便，计算工作量相对较小。

③ 便于利用图形屏幕进行人机交互修改线路平面，使之符合人工设计的习惯。

基于上述原则，平面设计变量可以有不同的选择。其中一种选择是以平面曲线半径和各段长度（直线段为该段直线全长，曲线段为该曲线全长）为独立平面设计变量。下面按此进行讨论。

2. 约束条件

设计线模型采用始点的 x、y、z、φ 固定的不等长链式空间多维曲线。这些空间曲线的递推关系式如式（5.25）~（5.28）所示；这些关系式同时也作为等式约束条件。

以纵坡、平面曲线半径、各段长度（直线段为该段直线全长，曲线段为该曲线全长）为独立变量，其他变量均为独立变量的函数。

平面优化的约束条件包括施工高程约束、坡度约束、相邻坡度代数差约束、平面曲线半径约束、最小夹直线长度约束、最小圆曲线长度约束、站坪长度约束、禁区约束和终端约束。

禁区约束用该区域边缘的 x、y 坐标表达；终端点的 x、y、z、φ 可以是等式约束也可以是不等式约束。

3. 目标函数

采用换算工程运营费最小作为最优标准，包括路基工程费、桥梁工程费、涵洞工程费、隧道工程费、与线路长度成正比的工程费、征地费、与行车量有关的年运营费、与线路长度成正比的年运营费。

（二）平面、纵断面综合优化方法

对于平面、纵断面综合优化问题，施工高程约束与终点的 x、y 约束可以是等式约束或不等式约束，以外点罚函数项列入目标函数。考虑罚函数项后目标函数为

$$F = f + \sum \gamma_H < H_P - H_{Py} >^2 + \gamma_x < x_N - x_{Ny} >^2 + \gamma_y < y_N - y_{Ny} >^2 \qquad (5.117)$$

式中　γ——罚因子；

　　　$<>$——台阶函数，满足约束时为零，违反约束时有值；

　　　H_P——第 P 点的施工高程，$H_P = z_P - z_{dP}$；

　　　H_{Py}——第 P 点的允许施工高程；

　　　x_N、y_N、x_{Ny}、y_{Ny}——终点的平面坐标及其允许值。

按复合函数微分法直接计算目标函数关于独立变量的梯度 ∇F。

根据不等式约束条件对迭代前进方向 S 进行调整，其方法如下：

（1）当第 j 独立变量达到约束边界上限且 $\nabla F_j < 0$ 时或达到下限且 $\nabla F_j > 0$ 时，取 $s_j = 0$；否则取 $s_j = -\nabla F_j$。

（2）检查相邻坡度代数差约束，当 Δi_j 达到边界且 $(i_j - i_{j-1})(s_j - s_{j-1}) > 0$ 时说明该处坡度约束为起作用约束；若 s_j 或 s_{j-1} 因（1）的原因取为 0 时，则 s_j 与 s_{j-1} 均为 0，否则均取 s_j 与 s_{j-1} 的平均值。当连续几个变坡点均起作用时，则均取 0 或取此连续坡度的平均值。当 Δi_j 达到约束边界但 $(i_j - i_{j-1})(s_j - s_{j-1}) < 0$ 或 Δi_j 未达到约束边界时，均认为 Δi_j 约束为非起作用约束，不再因 Δi 进行调整。

（3）检查末端直线方向不等式约束 $[g(\pmb{\varphi}) = g(\pmb{R},\ \pmb{V}) \leqslant 0]$，若 $S^{\mathrm{T}}\nabla g(\pmb{\varphi}) < 0$ 则为不起作用约束，否则为起作用约束。

直线上的方向约束为等式约束时，其上的 x、y 多一层固定关系且其上一个圆上的曲线半径与曲线长二者中只有一个独立变量，因之增减起作用方向约束后要重新计算目标函数梯度。

用上述方法调整 S 后，给定初始步长，按图 5.38 所示总框图进行优化迭代。

平纵面综合优化算法的主要迭代步骤可归纳如下：

（1）给定初始解 X_0、Y_0、R_0，置 $K = 0$。

（2）选取初始乘子向量 λ_0 及适当的罚函数 γ_0，并事先规定 γ 的增长系数 $\beta (>1)$、精度控制参数 ε。

（3）根据线路平面位置，采用梯度投影法进行纵断面优化计算，得出纵断面设计高程 Z_k。

（4）计算目标函数的梯度向量 $\nabla f_1(X_k, Y_k, R_k)$，在 Z_k 的基础上，用乘子法进行一次平面计算，求解平面设计问题，得到 X_{k+1}、Y_{k+1}、R_{k+1}。

（5）收敛判别：若 $\|X_{k+1} - X_k\| \leqslant \varepsilon$，$\|Y_{k+1} - Y_k\| \leqslant \varepsilon$，$\|R_{k+1} - R_k\| \leqslant \varepsilon$ 均满足，即可认为已满足收敛条件，否则置 $k = k + 1$，重新计算 γ、λ，转（3）。

（6）将曲线半径取整为《线规》规定的值，选配缓和曲线，再进行纵断面优化，求得平面方案所对应的最优纵断面。

（7）输出最优平纵断面设计方案 X'、Y'、R'、Z'。

（三）目标函数梯度计算

1. 目标函数关于变坡点设计高程的梯度

1）路基

计算路基梯度时，对左右两侧路基分别计算，然后相加

$$\frac{\partial F_J}{\partial z_i} = 0.5 \left\{ \sum_{q=1}^{M_{i-1}} \frac{P_{i-1}}{V_{i-1}}(l_{i-1,1} - l_{i-1,q-1})(B_{i-1,q} \times l_{i-1,q} + B_{i-1,q} \times l_{i-1,q-1}) + \right.$$

$$\left. \sum_{q=1}^{M_i} \frac{P_i}{V_i}(l_{i,1} - l_{i,q-1})(B_{i,q} \times l_{i,q} + B_{i,q-1} \times l_{i,q-1}) \right\} \tag{5.118}$$

式中　　P ——土石方单价（元/m^3）。

　　　　B ——一侧路基宽度（m），填方为正，挖方为负，若为半填半挖则分别计算。

　　　　M_i ——第 i 个地段上等分段数。

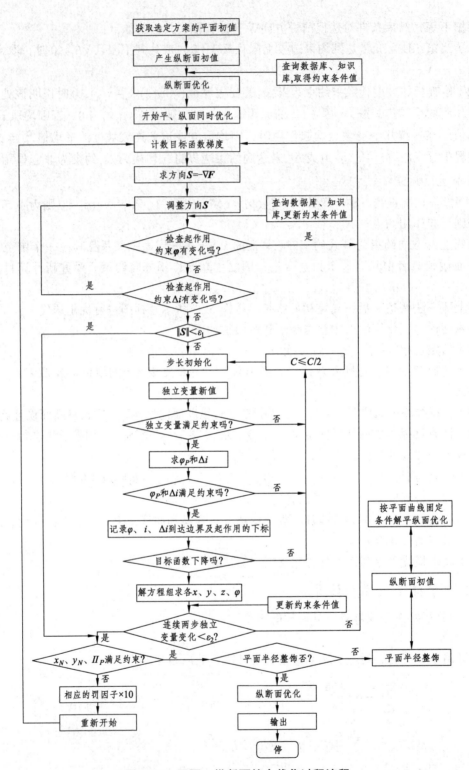

图 5.38 平面、纵断面综合优化过程流程

有挡墙时，须计算挡墙工程费。此时仍采用计算路基梯度贡献，只需将式中的 P 改为圬工单价，B 改为挡土墙换算面积即可。

2）桥梁

桥梁工程费梯度根据线路链式坡段位于桥的不同部位，分几种情况分别考虑：

① 桥台在 V_{i-1} 上：

a. 一桥的两台均在 V_{i-1} 上

$$\frac{\partial F_B}{\partial z_i} = (l_{i-1,2} - l_{i-1,1})(2\alpha_B H_{jjun} + \beta_B)\frac{l_{i-1,1} + l_{i-1,2}}{2V_{i-1}} \quad （5.119）$$

式中　$l_{i-1,1}$、$l_{i-1,2}$——第 $i-1$ 个变坡点至台 1 与台 2 的距离；

$\quad\quad H_{jjun}$——桥梁平均高度；

$\quad\quad \alpha_B$、β_B——拟合系数。

b. 若只有台 1 在 V_{i-1} 上，则以 V_{i-1} 代替上式中的 $l_{i-1,2}$。

c. 若只有台 2 在 V_{i-1} 上，则 a 中的 $l_{i-1,1} = 0$。

② 桥台在 V_i 上：

a. 一桥的两台均在 V_i 上

$$\frac{\partial F_B}{\partial z_i} = (l_{i,2} - l_{i,1})(2\alpha_B H_{jjun} + \beta_B)\left(1 - \frac{l_{i,1} + l_{i,2}}{2V_i}\right) \quad （5.120）$$

b. 若只有台 1 在 V_i 上，则以 V_{i-1} 代替上式中的 $l_{i,2}$。

c. 若只有台 2 在 V_i 上，则上式中的 $l_{i,1} = 0$。

3）涵洞

若 V_{i-1} 上有 A_{i-1} 座涵洞，V_i 上有 A_i 座涵洞，则线路一侧的涵洞的梯度为

$$\frac{\partial F_C}{\partial z_i} = \left[\sum_{q=1}^{A_{i-1}} m_{i-1,q} \frac{l_{i-1,q}}{V_{i-1}} P_{Ci-1,q} + \sum_{q=1}^{A_i} m_{i,q}\left(1 - \frac{l_{i,q}}{V_i}\right) P_{Ci,q}\right] \quad （5.121）$$

式中　$m_{i,q}$——第 i 个地段上第 q 座涵洞洞口处的路基边坡坡比（$1:m$）的分母；

$\quad\quad P_C$——该处涵洞每延米涵洞工程费。

左、右两侧分别计算后相加，即得涵洞的梯度贡献。

4）隧道

隧道关于变坡点设计高程的梯度为

$$\frac{\partial F_T}{\partial z_i} = -\left[\sum_{q=1}^{A_{i-1}} |m_{i-1,q}| \frac{l_{i-1,q}}{V_{i-1}} P_{Ti-1,q} + \sum_{q=1}^{A_i} |m_{i,q}|\left(1 - \frac{l_{i,q}}{V_i}\right) P_{Ti,q}\right] \quad （5.122）$$

式中　$m_{i,q}$——第 i 个地段上第 q 座隧道洞门处的路基边坡坡比（$1:m$）的分母；

$\quad\quad P_T$——该座隧道工程费的延米单价（元/延米）；

$\quad\quad A_i$——第 i 个坡段上的洞门数。

当一座隧道跨几个坡段时，只计算洞门处的相应工程费。

5）地亩费

地亩费关于变坡点设计高程的梯度按下式计算

$$\frac{\partial F_M}{\partial z_i} = \frac{1.1}{2} \left\{ \sum_{q=1}^{M_{i-1}} \frac{P_{Mi-1,q}}{V_{i-1}}(l_{i-1,q} - l_{i-1,q-1}) \left(\frac{m_{i-1,q}\rho_{i-1,q}}{m_{i-1,q} + \rho_{i-1,q}} \right) + \frac{m_{i-1,q}\rho_{i-1,q-1}}{m_{i-1,q-1} + \rho_{i-1,q-1}}(l_{i-1,q} - l_{i-1,q-1}) + \right.$$

$$\left. \sum_{q=1}^{M_i} \frac{P_{Mi,q}}{V_i}(l_{i,q} - l_{i,q-1}) \left(\frac{m_{i,q}\rho_{i,q}}{m_{i,q} + \rho_{i,q}} \right) + \frac{m_{i,q}\rho_{i,q-1}}{m_{i,q-1} + \rho_{i,q-1}}(l_{i,q} - l_{i,q-1}) \right\} \qquad (5.123)$$

注：① 凡是有挡墙一侧则为零；

② 当地面横坡 $1 : \rho \geqslant 100$ 时则 $\frac{m\rho}{(m+\rho)} \approx m$；

③ ρ 自中心向上为正，向下为负；

④ m 为路基边坡坡比（$1 : m$）的分母，路堤为正，为坡脚处的边坡；路堑为负，为堑顶处的边坡。

6）与线路长度成正比的费用

与线路长度成正比的费用主要随线路长度变化，可认为不受变坡点设计高程的影响，则

$$\frac{\partial F_L}{\partial z_i} = 0 \qquad (5.124)$$

7）$\dfrac{\partial F_I}{\partial z_i}$

综合上述各项得工程费关于变坡点设计高程的偏导数为

$$\frac{\partial F_I}{\partial z_i} = \left(\frac{\partial F_{LJ}}{\partial z_i} + \frac{\partial F_B}{\partial z_i} + \frac{\partial F_C}{\partial z_i} + \frac{\partial F_T}{\partial z_i} + \frac{\partial F_M}{\partial z_i} \right) \qquad (5.125)$$

2. 目标函数关于设计坡度的梯度

当以高程为设计变量时，目标函数对设计坡度是间接函数关系，将目标函数对坡度求偏导得

$$\frac{\partial F}{\partial i_j} = V_j \left\{ \Delta \sum_{i=j+1}^{N} \frac{\partial F_I}{\partial z_i} + 2 \sum \gamma_H < H_P - H_{Hy} > + \right.$$

$$\left. N_1 \left[(1+\mu) \times 2a i_j + (1+\mu) \left(\frac{1\ 200}{R_j} \right) a + b \right] \right\} \qquad (5.126)$$

3. 目标函数关于线路长度的梯度

定义一夹直线长或一曲线长为 V_{jj}

$$V_{jj} = V_j + V_{j+1} + \cdots + V_{j+n_j-1} = n_j V_j$$

在任一直线或曲线段有

$$V_j = V_{j+1} = V_{j+2} = \cdots = V_{j+n_j-1}$$

$$R_{jj} = R_j = R_{j+1} = \cdots = R_{j+n_j-1}$$

1）路基

对于左侧路基，相应的梯度贡献为

$$\frac{\partial F_{\mathrm{J}}}{\partial V_{\mathrm{j}j}} = \frac{1}{2n_j} \sum_{i=j}^{j+n_j-1} \sum_{q=1}^{M_i} \frac{S_{i,\,q-1}+S_{i,\,q}}{M_i} P_{i,\,q} \tag{5.127}$$

同理可得右侧路基的梯度贡献。

左、右侧梯度贡献分别计算后相加，即得路基梯度贡献值。

上式中无挡墙时，S 为路基断面积（m^2）；P 为土石方单价（元/m^3）；有挡墙时，再另加挡墙相应的值，计算挡墙时，仍采用上式，只是 S 为挡墙换算面积，P 为圬工单价。

2）土地征用费

对土地征用费求偏导，得其梯度贡献为

$$\frac{\partial F_{\mathrm{M}}}{\partial V_{\mathrm{j}j}} = \frac{1.1}{2n_j} \sum_{i=j}^{j+n_j-1} \sum_{q=1}^{M_i} \frac{B_{i,\,q-1}}{M_i} P_{\mathrm{M}i,\,q} \tag{5.128}$$

式中：B 为一侧的路基宽度；其余符号意义同前。计算时，先分别计算左右侧的值，然后将计算结果相加。

3）与线路长度成正比的工程费

其梯贡献为

$$\frac{\partial F_{\mathrm{L}}}{\partial V_{\mathrm{j}j}} = Q_{\mathrm{L}} \tag{5.129}$$

式中　Q_{L}——每米线路长度单价。

4）年运营费

当变坡点 j 在直线上时，相应的偏导数按下式计算

$$\frac{\partial E}{\partial V_{\mathrm{j}j}} = \frac{1}{n_j} N_1 \sum_{i=j}^{j+n_j-1} \{(1+\mu)(ai_i^2+c)+(1+\mu)i_ib\} + Q_{\mathrm{E,\,L}} \tag{5.130}$$

当变坡点 j 在曲线上时，相应的偏导数按下式计算

$$\frac{\partial E}{\partial V_{\mathrm{j}j}} = \frac{1}{n_j} N_1 \sum_{i=j}^{j+n_j-1} \left\{ (1+\mu)\left[a\left(i_i^2+\left(\frac{600}{R_j}\right)^2\right)+\frac{600}{R_j}+c\right] + (1+\mu)\left[i_i+\left(\frac{1\,200}{R_j}\right)a+b\right] \right\} + Q_{\mathrm{E,\,L}} \tag{5.131}$$

式中　$\mu = N_2/N_1$；

　　N_2、N_1——上、下行方向年换算货物列车数。

5）考虑因 $V_{\mathrm{j}j}$ 变化引起的施工高程变化对工程的影响

当 $V_{\mathrm{j}j}$ 在直线上时

$$\frac{\partial F}{\partial V_{\mathrm{j}j}} = \frac{1}{n_j} \sum_{i=j+1}^{j+n_j} \frac{\partial F_i}{\partial z_i} \left[\sum_{k=j}^{i-1} i_k - \left(\frac{\partial z_{di}}{\partial x_i}\cos\varphi_j + \frac{\partial z_{di}}{\partial y_i}\sin\varphi_j \right)(i-j) \right] +$$

$$\sum_{i=j+nj+1}^{N} \frac{\partial F}{\partial z_i} \left(\frac{1}{n_j} \sum_{k=j}^{j+nj-1} i_k \frac{\partial z_{di}}{\partial x_i} \cos\varphi_j - \frac{\partial z_{di}}{\partial y_i} \sin\varphi_j \right) \qquad (5.132)$$

当变坡点 j 在直线上时，相应的偏导数按下式计算

$$\frac{\partial F}{\partial V_{jj}} = \frac{1}{n_j} \frac{\partial F_1}{\partial z_i} \left(i_j - \frac{\partial z_{dj+1}}{\partial x_{j+1}} \cdot \frac{\partial x_{j+1}}{\partial V_{j+1}} - \frac{\partial z_{dj+1}}{\partial y_{j+1}} \cdot \frac{\partial x_{j+1}}{\partial V_{j+1}} \right) +$$

$$\frac{1}{n_j} \sum_{i=j+1}^{j+nj} \frac{\partial F_1}{\partial z_i} \left[\sum_{k=j}^{i-1} i_k - \frac{\partial z_{di}}{\partial x_i} \left(\cos\frac{(i-j)V_j}{R_j}\cos\varphi_j - \sin\frac{(i-j)V_j}{R_j}\sin\varphi_j \right) \times (i-j) \right] + \frac{i-j-1}{R_j} \cdot \frac{\partial x_i}{\partial \varphi_{i-1}} -$$

$$\frac{\partial z_{di}}{\partial y_i} \left[\left(\cos\frac{(i-j)V_j}{R_j}\cos\varphi_j - \sin\frac{(i-j)V_j}{R_j}\sin\varphi_j \right) \times (i-j) \right] + \frac{i-j-1}{R_j}\frac{\partial y_i}{\partial \varphi_{i-1}} +$$

$$\sum \frac{\partial F_1}{\partial z_i} \left[\frac{1}{n_j} \sum_{k=j}^{j+nj-1} i_k - \frac{\partial z_{di}}{\partial x_i} \left(\frac{\partial x_i}{\partial V_{jj}} + \frac{1}{R_j}\frac{\partial x_i}{\partial \varphi_{i-1}} \right) - \frac{\partial z_{di}}{\partial x_i} \left(\frac{\partial y_i}{\partial V_{jj}} + \frac{1}{R_j}\frac{\partial y_i}{\partial \varphi_{i-1}} \right) \right] \qquad (5.133)$$

式中　i_k——为第 k 坡段的坡度；

$$\frac{\partial x_i}{\partial V_{jj}} = \cos\frac{n_j V_j}{R_j}\cos\varphi_j - \sin\frac{n_j V_j}{R_j}\sin\varphi_j$$

$$\frac{\partial y_i}{\partial V_{jj}} = \cos\frac{n_j V_j}{R_j}\sin\varphi_j + \sin\frac{n_j V_j}{R_j}\cos\varphi_j$$

$\dfrac{\partial z_{di}}{\partial x_i}$、$\dfrac{\partial z_{di}}{\partial y_i}$——地面高程对 x、y 的偏导数，可根据数字地形模型求偏导数得到。

6）施工高程约束罚函数项

当 V_{jj} 在直线上时

$$\left(\frac{\partial}{\partial V_{jj}} \left[\sum \gamma_H < H_p - H_{py} >^2 \right] \right)$$

$$= \frac{2}{n_j} \left\{ \sum \gamma_H < H_p - H_{py} > \times \left[\sum_{k=j}^{p-1} i_k - \left(\frac{\partial z_{d,p}}{\partial x_p}\cos\varphi_j + \frac{\partial z_{d,p}}{\partial y_p}\sin\varphi_j \right)(p-j) \right] \right\} +$$

$$2 \sum_{j+nj<p} \gamma_H < H_p - H_{py} > \left(\frac{1}{n_j} \sum_{k=j}^{j+n_j-1} i_k - \frac{\partial z_{d,p}}{\partial x_p}\cos\varphi_j - \frac{\partial z_{d,p}}{\partial y_p}\sin\varphi_j \right) \qquad (5.134)$$

当 V_{jj} 在曲线上时

$$\left(\frac{\partial}{\partial V_{jj}} \left[\sum \gamma_H < H_p - H_{py} >^2 \right] \right)$$

$$= \frac{2}{n_j} \left\{ \sum \gamma_H < H_p - H_{py} > \times \left(i_j - \frac{\partial z_{dj+1}}{\partial x_{j+1}} \frac{\partial x_{j+1}}{\partial V_j} - \frac{\partial z_{dj+1}}{\partial y_{j+1}} \frac{\partial y_{j+1}}{\partial V_j} \right)_{p=j+1} + \right.$$

$$2 \sum_{j+1 < p \leqslant j+n_j} \gamma_H < H_p - H_{py} > \times \left\{ \frac{1}{n_j} \sum_{k=j}^{p-1} i_k - \frac{\partial z_{d,p}}{\partial x_p} \Big[(p-j) \times \right.$$

$$\left(\cos \frac{(p-j)V_j}{R_j} \cos \varphi_j - \sin \frac{(p-j)V_j}{R_j} \sin \varphi_j \right) + \frac{(p-j-1)}{R_j} \frac{\partial z_{d,p}}{\partial \varphi_{p-1}} \Big] -$$

$$\frac{\partial z_{d,p}}{\partial x_p} \Big[(p-j) \left(\cos \frac{(p-j)V_j}{R_j} \sin \varphi_j + \sin \frac{(p-j)V_j}{R_j} \cos \varphi_j \right) + \frac{(p-j-1)}{R_j} \frac{\partial z_{d,p}}{\partial \varphi_{p-1}} \Big] \right\} +$$

$$\sum_{j+nj < p} \gamma_H < H_p - H_{py} > \left(\frac{1}{n_j} \sum_{k=j}^{j+n_j-1} i_k - \frac{\partial z_{d,p}}{\partial x_p} \Big[\frac{\partial x_p}{\partial V_{jj}} + \frac{\partial x_p}{\partial \varphi_{p-1}} \times \frac{1}{R_j} \Big] - \frac{\partial z_{d,p}}{\partial y_p} \Big[\frac{\partial y_p}{\partial V_{jj}} + \frac{\partial y_p}{\partial \varphi_{p-1}} \Big] \right) \tag{5.135}$$

7）终点约束罚函数项

① 终点 x 约束罚函数项：

当 V_{jj} 在直线上时

$$\frac{\partial}{\partial V_{jj}} [\gamma_x < X_N - X_{Ny} >^2] = 2\gamma_x < X_{N1} - X_{Ny} > \cos \varphi_j \tag{5.136}$$

当 V_{jj} 在曲线上时

$$\frac{\partial}{\partial V_{jj}} [\gamma_x < X_N - X_{Ny} >^2] = 2\gamma_x < X_{N1} - X_{Ny} > \left(\frac{\partial Y_N}{\partial V_{jj}} + \frac{\partial Y_N}{\partial \varphi_{N-1}} \frac{1}{R_j} \right) \tag{5.137}$$

② 终点 y 约束罚函数项：

当 V_{jj} 在直线上时

$$\frac{\partial}{\partial V_{jj}} [\gamma_y < Y_N - Y_{Ny} >^2] = 2\gamma_y < X_{N1} - X_{Ny} > \sin \varphi_j \tag{5.138}$$

当 V_{jj} 在曲线上时

$$\frac{\partial}{\partial V_{jj}} [\gamma_y < Y_N - Y_{Ny} >^2] = 2\gamma_y < X_{N1} - X_{Ny} > \left(\frac{\partial Y_N}{\partial V_{jj}} + \frac{\partial Y_N}{\partial \varphi_{N-1}} \cdot \frac{1}{R_j} \right) \tag{5.139}$$

4. 目标函数关于平面曲线半径的梯度

1）工程费关于平曲线半径的梯度

$$\frac{\partial F_I}{\partial R_{jj}} = \frac{\partial F_I}{\partial z_{j+1}} \left(\frac{\partial z_{dj+1}}{\partial x_{j+1}} \cdot \frac{\partial x_{j+1}}{\partial R_j} + \frac{\partial z_{dj+1}}{\partial y_{j+1}} \cdot \frac{\partial y_{j+1}}{\partial R_j} \right) -$$

$$\sum_{i=j+nj+1}^{j+nj} \frac{\partial F_1}{\partial z_i}\left[\frac{\partial z_{di}}{\partial x_i}\left(\frac{\partial x_i}{\partial R_{jj}} - \frac{(i-j-1)V_j}{R_j^2}\cdot\frac{\partial x_i}{\partial \varphi_{i-1}}\right) + \frac{\partial z_{di}}{\partial y_i}\left(\frac{\partial y_i}{\partial R_{jj}} - \frac{(i-j-1)V_j}{R_j^2}\cdot\frac{\partial y_i}{\partial \varphi_{i-1}}\right)\right] -$$

$$\sum_{i=j+nj+1}^{N} \frac{\partial F_1}{\partial z_i}\left[\frac{\partial z_{di}}{\partial x_i}\left(\frac{\partial x_i}{\partial R_{jj}} - \frac{n_j V_j}{R_j^2}\cdot\frac{\partial x_i}{\partial \varphi_{i-1}}\right) + \frac{\partial z_{di}}{\partial y_i}\left(\frac{\partial y_i}{\partial R_{jj}} - \frac{n_j V_j}{R_j^2}\cdot\frac{\partial y_{j+1}}{\partial \varphi_{j-1}}\right)\right] \quad (5.140)$$

式中：$\partial x_i / \partial R_{jj}$ 对于直线和曲线，采用不同的计算式计算。

① 当 i 位于当前曲线范围内时［即 $(j+1) < i \leqslant (i+nj)$］，

$$\frac{\partial x_i}{\partial R_{jj}} = \cos\varphi_j\left(\sin\frac{(i-j)V_j}{R_{jj}} - \frac{(i-j)V_j}{R_{jj}}\cos\frac{(i-j)V_j}{R_{jj}}\right)$$

② 当 i 位于当前曲线之后时［即 $(i+nj) < i$］，

$$\frac{\partial x_i}{\partial R_{jj}} = \cos\varphi_j\left(\sin\frac{n_j V_j}{R_{jj}} - \frac{n_j V_j}{R_{jj}}\cos\frac{n_j V_j}{R_{jj}}\right) - \sin\varphi_j\left(1 - \cos\frac{n_j V_j}{R_{jj}} - \frac{n_j V_j}{R_{jj}}\sin\frac{n_j V_j}{R_{jj}}\right)$$

$\partial y_i / \partial R_{jj}$ 也类似。

2）运营费关于平曲线半径的梯度

$$\frac{\partial E}{\partial R_{jj}} = \frac{600}{R_j^2}N_j V_j\left[n_j(1+\mu)\left(\frac{1\ 200}{|R_j|}a+b\right) + 2a(1+\mu)\sum_{k=j}^{j+nj-1}i_k\right] \quad (5.141)$$

3）高程约束罚函数项

$$\frac{\partial}{\partial R_{jj}}\left[\gamma_H <H_p-H_{py}>^2\right] = -2\gamma_H <H_P-H_{Py}>\left(\frac{\partial z_{dp}}{\partial x_p}\cdot\frac{\partial x_p}{\partial R_j} + \frac{\partial z_{dp}}{\partial y_p}\cdot\frac{\partial y_p}{\partial R_j}\right)_{p=j+1} -$$

$$2\sum_{j+1<p\leqslant j+nj}\gamma_H <H_p-H_{py}>\left[\frac{\partial z_{dp}}{\partial x_p}\left(\frac{\partial x_p}{\partial R_{jj}} - \frac{(p-j-1)V_j}{R_j^2}\cdot\frac{\partial x_p}{\partial \varphi_{p-1}}\right) + \frac{\partial z_{dp}}{\partial y_p}\left(\frac{\partial y_p}{\partial R_{jj}} - \frac{(p-j-1)V_j}{R_j^2}\cdot\frac{\partial y_p}{\partial \varphi_{p-1}}\right)\right] -$$

$$2\sum_{j+1<p}\gamma_H <H_p-H_{py}>\left[\frac{\partial z_{dp}}{\partial x_p}\left(\frac{\partial x_p}{\partial R_{jj}} - \frac{n_j v_j}{R_j^2}\cdot\frac{\partial x_p}{\partial \varphi_{p-1}}\right) + \frac{\partial z_{dp}}{\partial y_p}\left(\frac{\partial y_p}{\partial R_{jj}} - \frac{n_j V_j}{R_j^2}\cdot\frac{\partial y_p}{\partial \varphi_{p-1}}\right)\right] \quad (5.142)$$

4）对终点（x，y）的约束罚函数

$$\frac{\partial}{\partial R_{jj}}[\gamma_x <x_N-x_{Ny}>^2 + \gamma_y <y_N-y_{Ny}>^2]$$

$$= 2\gamma_x <x_N-x_{Ny}>\left(\frac{\partial x_N}{\partial R_{jj}} - \frac{n_j V_j}{R_j^2}\cdot\frac{\partial x_N}{\partial \varphi_{mo}}\right) + 2\gamma_y <y_N-y_{Ny}>\left(\frac{\partial y_N}{\partial R_{jj}} - \frac{n_j V_j}{R_j^2}\cdot\frac{\partial y_N}{\partial \varphi_{mo}}\right) \quad (5.143)$$

式中　$\dfrac{\partial x_N}{\partial \varphi_{mo}} = -V_{mo}\sin\varphi_{N-1}$；

$$\frac{\partial y_N}{\partial \varphi_{\mathrm{mo}}} = -V_{\mathrm{mo}} \cos \varphi_{N-1};$$

V_{mo} —— 末直线全长。

5. 目标函数梯度汇总

汇总以上各项得

$$\frac{\partial F}{\partial R_{jj}} = \Delta[\text{式}(5.140) + \text{式}(5.141) + \text{式}(5.142) + \text{式}(5.143)]$$

上述第 4 点中 3）、4）中的梯度计算式是按方向不受约束的条件推导的。当末段方向固定或成为起作用约束时，则 3）与 4）中的计算式略有变化，即按末段的方向不变进行计算；此时有关末段方向的导数项为 0 且此时末段 x、y 有固定关系，即

$$y_{j+1} - y_j = (x_{j+1} - x_j)\tan\varphi_{\mathrm{mo}} \ \text{或} \ x_{j+1} - x_j = (y_{j+1} - y_j)\cot\varphi_{\mathrm{mo}} \qquad (5.144)$$

此外，末段前一个圆曲线上的曲线半径与曲线长度二者中只有一个独立变量，另一个是因变量。

三、生成线路初始平面

几乎所有的线路优化方法都要求从一个已知的初始点出发进行迭代计算，初始点的选择对于优化效率具有很大影响。另外，将平纵面综合优化系统用于多个线路平面方案的优化，还需为优化过程进行参数与知识的准备，如变量与约束的选择、优化方法与调用子方法的选择、参数的确定以及迭代失败的补救参数等。为每一平面走向方案生成平面初值是铁路定线 CAD 系统的重要功能之一。下面介绍一种自动提取线路平面初始方案的方法。

该方法的基本思想是根据航空折线方案提取线路平面初值，采取逐步逼近方法进行求解。

① 根据航空折线分段判别紧、缓坡地段。在紧坡地段，线路为了克服高程，一般需要展线，根据地形条件，选定合适地形进行展线；在缓坡地段，根据需要绕避障碍，按直短方向定线，即可得到合理的线路位置。

② 以短直线段组成的折线来近似线路称为链式线路，把线路走向用链式线路来表示。利用纵断面优化程序进行概略拉坡，以施工高程平方和最小为目标函数，略去平面约束条件的影响，然后让链式线路根据地形条件，朝使目标函数下降的方向移动，以求得比较适合地形的链式线路位置。

③ 根据比较适合地形的链式线路位置，采用屋顶函数对链式线路进行圆顺，形成平面曲线。根据圆顺后的平面，按照它的大致趋势，把它拟合为直—曲—直形式的平面，以确定曲线数目。

④ 确定线路平面初值的具体位置。根据得出的线路平面的大致位置，以施工高程平方和作为目标函数，考虑约束条件影响，进行线路平面的初步优化。

（一）确定链式线路平面

要定出线路的平面初值，需确定线路上各点的平面坐标。为了很好地适应地形条件，模拟人工定线中的"导向线"思想，采用链式线路作为最初的线路平面模式，以各计算点的平面坐标（ X，Y ）作为设计变量，当 X、Y 确定后，设计线在平面的位置也就随之唯一确定。

对纵断面，仍然采用不等长链式坡段模式，以变坡点的设计高程作为设计变量。

1. 链式线路目标函数

在铁路线路设计中，通常以换算工程运营费作为比较设计方案的最优标准。在提取线路平面初值时，不必精确计算相关费用。为了简化计算，可以采用各计算点的施工高程的平方和作为生成链式线路平面的目标函数。其形式为

$$F(X, Y) = \sum_{i=1}^{n} h_j{}^2 = \sum_{i=1}^{n} (z_{Si} - z_{Di})^2 \qquad (5.145)$$

式中　　X、Y——线中各折线点的平面坐标；

　　　　i——计算点号；

　　　　n——总的计算点数；

　　　　h_j——各计算点的施工高程；

　　　　z_{Si}——各计算点的设计高程；

　　　　z_{Di}——各计算点的地面高程。

2. 目标函数梯度计算

目标函数是以各计算点的设计高程与地面高程之差为基础进行的，在线路平面优化过程中，计算点的平面位置及其平面坐标值在不断变化，其所对应的地面高程也在不断变化。利用数字地形模型，可以根据计算点的平面坐标求出其地面高程，就平面设计而言，可以把它看作平面设计变量（X，Y）的复合函数。

当采用三角网数字地形模型时，地形表面采用三角形网络来逼近。三角网的每个三角形三个顶点构成一个平面，其平面方程为

$$T \cdot x + U \cdot y + V \cdot z - W = 0 \qquad (5.146)$$

待求点的地面高程为

$$z = \frac{(W - T \cdot x - U \cdot y)}{V} \qquad (5.147)$$

式中　　x、y、z——待定点的坐标；

　　　　T、U、V 和 W——三角形三顶点坐标的函数，它们的具体表达式为

$$T = \begin{vmatrix} y_1 & z_1 & 1 \\ y_2 & z_2 & 1 \\ y_3 & z_3 & 1 \end{vmatrix}, \quad U = \begin{vmatrix} x_1 & z_1 & 1 \\ x_2 & z_2 & 1 \\ x_3 & z_3 & 1 \end{vmatrix}, \quad V = \begin{vmatrix} x_1 & y_1 & 1 \\ x_2 & y_2 & 1 \\ x_3 & y_3 & 1 \end{vmatrix}, \quad W = -\begin{vmatrix} x_1 & y_1 & 1 \\ x_2 & y_2 & 1 \\ x_3 & y_3 & 1 \end{vmatrix}$$

　　x_1、y_1、z_1，x_2、y_2、z_2，x_3、y_3、z_3——三角形顶点坐标。

根据式（5.146）可以得出地面点高程对设计变量的梯度为

$$\frac{\partial z}{\partial x} = -\frac{T}{V}, \quad \frac{\partial z}{\partial y} = -\frac{U}{V} \qquad (5.148)$$

将地面高程计算式代入目标函数中，将目标函数对设计变量求偏导，就可求出目标函数对设计变量的梯度。目标函数对设计变量的梯度为

$$\frac{\partial f}{\partial x_i} = -2 \cdot (z_{Si} - z_{Di}) \cdot \left(\frac{\partial z_{Di}}{\partial x_i}\right), \quad \frac{\partial f}{\partial y_i} = -2 \cdot (z_{Si} - z_{Di}) \cdot \left(\frac{\partial z_{Di}}{\partial y_i}\right) \tag{5.149}$$

式中　z_{Si}、z_{Di}——第 i 计算点的线路设计高程和地面高程。

3. 链式线路平面优化方法

为了使线路平面初值能很好地适应地形的变化，在进行线路平面最原始初值优化时，暂时略去平面约束的影响，让其随地形自由移动。为了使所得出的线路适应地形且目标函数快速地减少，采用梯度方法的最速下降法。

（二）生成直—曲—直型平面

1. 链式平面圆顺

前面得出的链式线路平面虽然能很好地适应地形的变化，但由于地形不可能很规则，因此得出的平面也很不规则；为了使线路平面平整、圆顺且适应地形变化，在用梯度法得出的链式平面的基础上，采用屋顶函数对链式线路进行圆顺，形成较圆顺的平面曲线。然后按照它的大致趋势，把它拟合为直—曲—直形式，以确定曲线数目。线路的圆顺是以计算点为中心，利用它周围的若干个数据点的平面坐标进行的。由于各个数据对计算点的影响并不一样，为了能把每个数据的重要性考虑进去，将每个数据的重要性用一个权数 p_i 来表示。如图 5.39 所示，利用计算点 A_i 及其周围几个数据点 A_{i-n}、…、A_{i-1}、A_{i+1}、…、A_{i+n}，采用加权平均的方法，重新计算该计算点的平面坐标。其基本公式为

$$x_i = \frac{\sum_{j=i-n}^{i+n} p_j x_j}{\sum_{j=i-n}^{i+n} p_j}, \quad y_i = \frac{\sum_{j=i-n}^{i+n} p_j y_j}{\sum_{j=i-n}^{i+n} p_j} \tag{5.150}$$

式中　x_i、y_i——计算点新的平面坐标。

x_j、y_j——计算点及周围数据点的平面坐标。

p_j——各计算点及周围数据点的权，计算点 A_i 的权 p_j 为 1，周围数据点的权与该点到计算点的距离成反比。

n——参与计算的点的个数。$n=1$，就采用 3 个点进行计算，即三点函数；$n=2$ 就采用 5 个点进行计算，即五点函数；$n=3$ 即为七点函数。

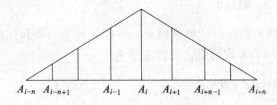

图 5.39　屋顶函数示意图

为了确定在计算时究竟采用几个数据点进行计算较合适，作者曾分别对采用 3 个点、5 个点及 7 个点的情况进行了比较。结果证明，采用 5 个点计算时逼近精度较高，圆顺效果也好。

2. 线路链式平面拟合

线路链式平面拟合就是在满足规范要求和当地条件提出的约束条件的前提下，寻求一条偏离优化链式平面最小的线路平面初值。线路平面拟合采用基于可视化界面的交互式图形技术完成。设计思想是人工纸上定线的智能仿真：首先在等高线地形图上绘出导向线；以导向线为基准，确定线路平面转点-曲线数目与位置；选配曲线半径和缓和曲线长度；有时还需必要的计算，判断是否需要修改平面，如需修改则重复上述过程直到满意为止。

对线路平面位置进行圆顺以后，设计人员通过分析，就可以大致确定平面曲线的位置。平面曲线位置和数目的确定以圆顺后的线路为基础，以最少偏离圆顺线路为原则，要考虑的约束条件包括：曲线半径约束，夹直线、夹圆线约束，禁区和必经区约束，以及定点约束条件，等。

（三）线路初始平面初步优化

在初步定出线路初始平面大致位置以后，还需对线路平面进行初步优化。在进行线路平面初步优化的过程中，平面设计的好坏需根据纵断面来判断，因此线路的平面优化设计实际上是平纵面交替优化设计。

1. 线路平纵面交替优化模型

以各转点的平面坐标（X，Y）与曲线半径 R 作为平面设计变量，用向量表示为 $X = [x_1, x_2, \cdots, x_n]^T$，$Y = [y_1, y_2, \cdots, y_n]^T$ 和 $R = [r_1, r_2, \cdots, r_n]^T$，$n$ 为平面交点个数，并预留缓和曲线。

对应 X、Y、R 这组平面参数，线路纵断面设计变量为变坡点位置 L_j 和设计高程 Z_j，$j = 1, 2, \cdots, m$，m 为纵断面变坡点个数。在纵断面优化过程中采用不等长链式纵断面，纵断面优化设计变量为变坡点设计高程列向量 $Z = [z_1, z_2, \cdots, z_n]^T$。平纵面交替优化设计的变量个数为 $3m + n$。

以变坡点施工高度平方和最小作为目标函数，其形式同式（5.145）

设计方案应满足的技术条件称为平纵面优化设计的约束条件。约束条件可分为两类：一类是平面约束条件；另一类是纵断面约束条件。

平面约束条件包括：最小曲线半径约束，圆曲线长度约束，最短夹直线长度的约束，线路起、终点的边界约束，交叉角约束，平面禁区约束。约束条件均为设计变量 X、Y、R 的非线性不等式约束，用统一的矢量式子表示为

$$G(X, Y, R) \leqslant 0 \qquad (5.151)$$

纵断面约束条件包括纵断面设计坡度约束、坡度代数差约束和控制点高程约束。约束条件件均为设计变量 Z 的线性不等式约束，可以表示为

$$H(Z) = AZ + B \leqslant 0 \qquad (5.152)$$

式中　　A——约束系数矩阵；

　　　　B——常数列向量。

综上分析，铁路线路平纵面整体优化总是可以归结为求解非线性规划问题。即

$$\min f_1(X, Y, R)$$

$$\min f_2(\boldsymbol{Z})$$

$$\text{s. t.} \quad \boldsymbol{G}(\boldsymbol{X}, \boldsymbol{Y}, \boldsymbol{R}) \leqslant \boldsymbol{0}$$

$$H(\boldsymbol{Z}) \leqslant \boldsymbol{0}$$

式中　f_1——平面初步优化时的目标函数；

　　　f_2——纵断面优化时的目标函数；

　　　$\boldsymbol{X}$、$\boldsymbol{Y}$、$\boldsymbol{R}$——平面设计变量均为 n 维向量，n 为平面交点个数；

　　　$\boldsymbol{Z}$——m 维向量，m 为纵断面变坡点个数。

由于线路平面约束只与平面设计变量有关，而纵断面约束则主要与纵断面设计变量有关，只有当因线路长度不够而导致用足坡度也不能满足高程约束，使纵断面优化不能进行时，高程约束才与平面设计变量有关。遇到此种情况可由人机交互修改线路平面初值，因此可采用线路纵断面与线路平面交替进行且用同一目标函数的方法。

2. 线路平面初步优化计算

1）线路平面初步优化方法的选择

目标函数是关于平面设计变量的非线性函数，平面约束由线性与非线性不等式约束组成。求解这样的非线性规划问题可采用直接法或梯度一类的方法。鉴于设计变量总数与约束条件个数较多，用梯度一类的方法求解的速度比直接法快，因此在这里采用了乘子法。

乘子法属于罚函数法的一个分支。它是在 Lagrange 函数中加入相应的惩罚，是外部罚函数法的一种推广。其基本原理是：根据约束特点（等式或不等式），构造某种"惩罚"，然后把它加入到目标函数中，使得约束问题的求解转化为一系列无约束问题求解。它克服了罚函数法中罚因子趋于无穷而引起增广目标函数形态变坏的缺点，而且收敛速度快，因而成为求解约束问题的较好方法之一。根据上述原理，增广目标函数可写成

$$\psi(\boldsymbol{X}, \boldsymbol{Y}, \boldsymbol{R}) = f_1(\boldsymbol{X}, \boldsymbol{Y}, \boldsymbol{R}) + \frac{1}{2r} \sum_{j=1}^{m} \{[\max(0, \lambda_j + \gamma g_j(\boldsymbol{X}, \boldsymbol{Y}, \boldsymbol{R}))]^2 - \lambda_j^{\,2}\} \qquad （5.153）$$

式中　$\psi(\boldsymbol{X}, \boldsymbol{Y}, \boldsymbol{R})$——平面不等式约束极值问题的增广 Lagrange 函数；

　　　$f_1(\boldsymbol{X}, \boldsymbol{Y}, \boldsymbol{R})$——平面不等式约束的目标函数；

　　　$g_j(\boldsymbol{X}, \boldsymbol{Y}, \boldsymbol{R})$——平面不等式约束函数；

　　　γ——惩罚因子；

　　　λ_j——不等式约束函数的乘子，乘子迭代公式为

$$\lambda' = \max\{(0, \lambda_j + \gamma g_j(\boldsymbol{X}, \boldsymbol{Y}, \boldsymbol{R}))\}$$

2）梯度计算

x_i 变化引起线路对应的地面高程变化对目标函数梯度 f_1 的贡献为

$$\frac{\partial f_1}{\partial x_i} = -\left\{ \sum_{p=i-1}^{i} \sum_{q \in LG_p} \frac{\partial f_1}{\partial z_{Dq}} \cdot \frac{\partial z_{Dq}}{\partial x_q} \cdot \frac{x_q - x_p}{x_{p+1} - x_p} + \sum_{p=i-1}^{i+1} \sum_{q \in k_p} \left[\frac{\partial f_1}{\partial z_{Dq}} \left(\frac{\partial z_{Dq}}{\partial x_q} \cdot \frac{\partial x_q}{\partial x_{op}} \cdot \frac{\partial x_{op}}{\partial x_i} + \frac{\partial z_{Dq}}{\partial y_q} \cdot \frac{\partial y_q}{\partial y_{op}} \cdot \frac{\partial y_{op}}{\partial y_i} \right) \right] \right\}$$

$$（5.154）$$

式中　$q \in LG_p$、$q \in k_p$——第 q 计算点属于 LG_p 与 k_p 上的点；

z_D——地面高程，$\dfrac{\partial z_{Dq}}{\partial x_q}$、$\dfrac{\partial z_{Dq}}{\partial y_q}$ 根据数字地形模型计算。

同理，y_i 变化引起线路对应的地面高程变化对目标函数梯度 f_1 的贡献为

$$\frac{\partial f_1}{\partial y_i} = -\left\{ \sum_{p=i-1}^{i} \sum_{q \in LG_p} \frac{\partial f_1}{\partial z_{Dq}} \cdot \frac{\partial z_{Dq}}{\partial y_q} \cdot \frac{y_q - y_p}{y_{p+1} - y_p} + \sum_{p=i-1}^{i+1} \sum_{q \in k_p} \left[\frac{\partial f_1}{\partial z_{Dq}} \left(\frac{\partial z_{Dq}}{\partial x_q} \cdot \frac{\partial x_q}{\partial x_{op}} \cdot \frac{\partial x_{op}}{\partial x_i} + \frac{\partial z_{Dq}}{\partial y_q} \cdot \frac{\partial y_q}{\partial y_{op}} \cdot \frac{\partial y_{op}}{\partial y_i} \right) \right] \right\}$$

（5.155）

r_i 变化引起线路对应的地面高程变化对目标函数梯度 f_1 的贡献为

$$\frac{\partial f_1}{\partial r_i} = \sum_{q \in k_p} \frac{\partial f_1}{\partial z_{Dq}} \left[\frac{\partial z_{Dq}}{\partial x_q} \left(\frac{\partial x_q}{\partial r_i} + \frac{\partial x_q}{\partial x_{oi}} \cdot \frac{\partial x_{oi}}{\partial r_i} \right) + \frac{\partial z_{Dq}}{\partial y_q} \left(\frac{\partial z_q}{\partial r_i} + \frac{\partial y_q}{\partial y_{oi}} \cdot \frac{\partial y_{oi}}{\partial r_i} \right) \right]$$

（5.156）

思 考 题

1. 迄今为止，国内外研究者在线路优化设计方面探索过哪些优化技术？这些技术各有哪些特点？

2. 在本章介绍的纵断面优化数学模型中，选择设计坡度作为设计变量，试以变坡点高程作为设计变量，建立相应的数学模型。

3. 本章中介绍的平面、纵断面综合优化方法的数学模型是按预留缓和曲线考虑的。在初步设计阶段，需实际设置缓和曲线和竖曲线，此时应对平面、纵断面综合优化的数学模型做哪些改变？

4. 在平面、纵断面综合优化中，选择平面设计变量应考虑哪些因素？本章介绍的平面、纵断面综合优化方法中，选择的是平面曲线半径和各段长度（直线段为该段直线全长，曲线段为该曲线全长）为独立设计变量；若以平面曲线半径和各转点的平面坐标为平面设计变量，试建立线路平面优化的数学模型。

5. 试分析，线路经过不良地质区域时，线路优化模型如何考虑地质不良区域的影响。

第六章　铁路线路设计 CAD 技术

铁路选线是一项涉及许多复杂因素的综合性设计问题，其中有些因素很难编制程序让计算机自动处理。因此，开发一种铁路线路设计 CAD 系统，让设计者对设计过程进行干预，从而把人的直观处理、经验继承能力、创造性和计算机高速度、大容量、正确的处理能力相结合，一直是铁路线路 CAD 软件开发者们追求的目标。随着功能很强的计算机、齐备的图形终端加上图像处理技术和软件工程的发展，在铁路线路设计方面形成了计算机辅助设计的学科领域。

交互式图形技术为铁路线路 CAD 系统提供了图形通信手段。在这里，计算机处理的对象——线路平、纵、横断面以图形表示，用户可以借助交互设备，例如键盘、鼠标器、控制柄等对图形的内容、格式、大小和色彩在显示器的屏幕上实现动态控制，设计者可利用人的眼-脑模式识别机构快速、有效地理解和处理多种形式的复杂因素（如平、纵面交互设计，桥址选择，绕避障碍，地质选线，等），从而使得铁路选线自动化技术更趋完善。

按一般传统的方法研制的线路 CAD 系统的任务包括：

（1）在线路走向方案确定的情况下，由设计者在地形图上根据经验定出线路平面的初步位置，即定出交点位置、平曲线半径及缓和曲线长度。

（2）检查线路是否满足《线规》的相关要求及地形适应情况。

（3）绘制与平面相对应的地面纵断面线，并设计与之相对应的线路纵断面。

（4）按设计阶段的要求，完成相应的路基横断面设计，并计算工程数量。

（5）参照纵断面图，考虑横断面情况，判断是否需要对线路平面进行修改；若需要修改，则重复上述过程，直到修改到满意为止。

上述过程，实际上是一个平面、纵断面和横断面设计交替进行的过程。采用传统的手工设计方法时，拉坡、横断面设计工作量很大，且对设计者的经验要求很高。随着计算机及其外围设备的发展和推广应用，利用计算机快速计算的特点，借助数字地形模型自动获取地形资料，可在电子地图上用人机交互的方式完成线路设计工作，从而取代传统设计中人工的繁重计算和绘图工作。同时，在图形界面上，采用人机交互的方式对设计结果进行修改，将设计人员的智慧和精力集中在分析、判断及处理一些难于用数学模型表示的问题上。这样可以大大减轻设计人员的劳动强度，加快线路设计速度并提高设计质量。

线路 CAD 系统的总体框架如图 6.1 所示。

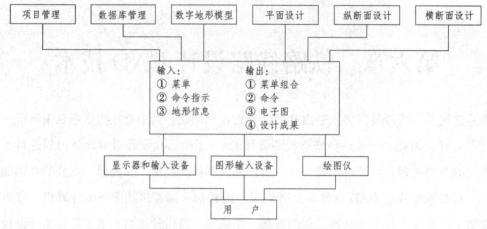

图 6.1 线路 CAD 系统总体框架

第一节 线路 CAD 系统的人机界面设计

计算机人机界面学是近二三十年从计算机学科中分离并发展起来的一门新兴学科，是计算机科学和认知心理学相结合的产物，它包括用户心理学、人机工程学（包括软件人机工程学）等。这里，我们主要讨论其中的软件人机工程学，即在软件分析设计中对人机界面的分析、描述、设计和评估。

人机界面是人、计算机硬件和软件三者构成的关系，是人与计算机之间传递信息的桥梁，人通过它向计算机输入原始数据和传递指令；计算机通过它向人输出运行的结果和向人询问进一步运行的指令。人机界面设计的内容主要包括人机分工设计、人机交互方式和界面设计。

一、人机分工设计

CAD 系统是一个人机协调工作的系统，与其他科学计算系统相比，CAD 系统更强调人机结合。因此，人机分工是 CAD 软件设计中的一个重要内容，其宗旨是在人机之间建立一种最佳的配合，发挥各自的特点和长处，使最后生成的系统的总体效率最高。

人机分工通常遵循以下基本原则：

（1）在技术可行、经济合理的前提下，让计算机承担尽可能多的工作。

（2）计算机承担重复性大、计算复杂且操作有一定规律的工作。

（3）要求速度快且精度高的复杂运算由计算机承担。

（4）需要创造性思维、综合性决策的工作由人来承担。

（5）抽象的判断、变化频繁且规律性较差的工作由人来承担。

（6）计算机虽然能做，但效率不高、实现的代价又很大的工作由人来完成。

铁路线路 CAD 系统进行人机分工设计时，应充分考虑这些原则。表 6.1 所示为线路 CAD 系统中各主要子系统的人机分工情况。

表 6.1 线路 CAD 系统的人机分工

子系统	人	机
平　面	① 导线位置确定； ② 平曲线设计参数确定； ③ 控制点位置确定； ④ 分界点及中间站位置确定； ⑤ 平面设计中各细部的修改； ⑥ 规范检查	① 平曲线计算或验算； ② 桩号自动生成及逐桩坐标计算； ③ 规范数据查询； ④ 规范检查； ⑤ 平面图显示与绘图
纵断面	① 坡段设计及竖曲线半径确定； ② 控制点位置确定； ③ 控制高程检查； ④ 修改纵断面设计	① 竖曲线要素计算及逐桩设计高程计算； ② 工程量估算； ③ 控制高程验算； ④ 规范数据查询； ⑤ 规范检查； ⑥ 纵断面图显示与绘图
横断面	① 横断面形式及各部分参数确定； ② 检查设计横断面； ③ 修改设计横断面； ④ 特殊断面设计	① 横断面自动设计； ② 土石方数量计算； ③ 防护结构标准图检索； ④ 规范数据查询； ⑤ 规范检查； ⑥ 横断面图显示与绘图

二、人机交互设计

人机交互是指人与计算机之间的信息交换。人与计算机一方面通过人机分工明确并完成各自的任务，另一方面又通过人机交互相互传递信息、共同协调工作，最终完成预定的任务。从这一角度看，人机交互设计直接影响系统的运行效率。由于软件系统是由人开发并最终为人服务的，因此，人机交互设计的根本原则是：一切从用户的需求出发，尽可能满足用户在技术、心理、生理、工作环境等各方面的要求。具体的设计原则有：

1. 适应性原则

要求系统的人机交互功能能适应不同层次的用户。一个好的交互系统应既能提供一个方便详尽的菜单和帮助信息给初级用户，又能提供一个简洁高效的操作方式（如命令行）给熟练用户。

2. 习惯性原则

要求系统的数据输入格式尽可能与用户习惯（如手工操作习惯、野外数据采集习惯）一致，以避免数据的重复输入和再组织。其输出结果也应采用用户习惯的格式，这样还能直接生成工程设计文件所需的图表。

3. 一致性原则

在一个系统内，输入输出窗口、帮助信息和出错信息等的显示形式应是一致的，避免同一类窗口在不同的地方采用不同的形式。一致性原则的另一个含义是：有些操作在各种应用软件中都会遇到，对这些操作的菜单名、功能键等应尽可能采用通用标准，如设计成与Windows、AutoCAD 中的功能键、命令或菜单名一致，这样能大大提高系统的易使用性。

4. 可视化原则

可视化的用户界面使用户极为直观方便地操作菜单，也使学习、理解和记忆变得更加容易。可视化的用户界面的内容包括图形菜单、符号菜单及运行指示等。

5. 明确性原则

在人机交互中，计算机对输入的反应以及要求进一步指令的提示应该十分明确。用户在键入命令、选择菜单或输入数据后，计算机界面上应有明确的信息来表明系统正在运行或出错或死机等状态。另外，系统要求用户输入或等待进一步指令的提示也应是明确和易于理解的。

随着软件标准化、商品化和集成化要求的不断提高，CAD 软件开发者在人机交互设计中花费了越来越多的投入，并形成了用户界面管理系统（User's Interface Management System, UIMS）等界面开发工具，使人机交互设计更趋标准化。

CAD 软件中常用的人机交互方式有：

（1）菜单：通过各式菜单选择操作运行。

（2）命令行：通过特定的命令指示计算机运行，命令中还常带有参数。

（3）对话框：计算机通过对话框向操作者询问下一步的操作或运行参数，用户通过对话框输入运行选择或参数。

（4）模板：模板是以填表的方式输入参数或运行选择，模板可以是空的，但通常设有缺省值。

（5）图形：以图形方式直接进行设计对象的输入、输出或修改。

三、人机交互窗口设计

人机分工设计可以决定系统的运行流程，而人机交互窗口设计实质上是系统内部数据流的外在表现，因而它会对整个系统的结构产生影响。同时从系统外部看，良好的用户接口可以缩短人与计算机之间的距离，使得系统易学、易理解、方便用户、提高工作效率、减少误差。因此人机交互窗口设计是 CAD 系统设计的重要组成部分。

建立一个人机交互模型有两个方面的要求：从用户角度，要求模型尽可能接近现实，是非形式化的；而从开发者角度，则要求模型具有严格的形式化描述，以便于实现。一个良好的交互模型应能较好地满足以上两方面的要求。在这方面 Sceheim 模型较为典型，图 6.2 是 Sceheim 模型的示意。

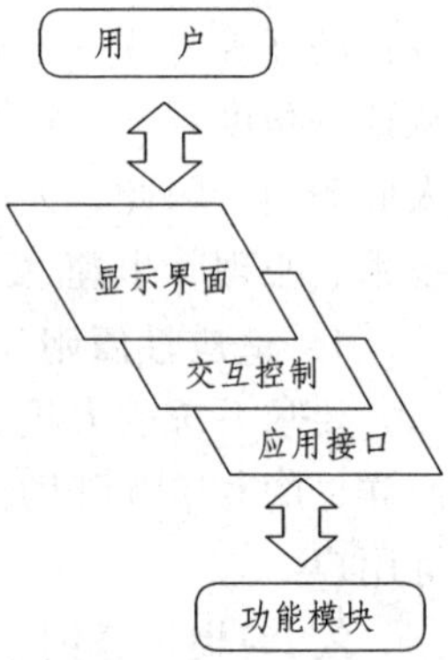

图 6.2 Sceheim 模型

1. 显示界面

显示界面是指直接与用户接触的物理界面，其任务是拾取并接收用户输入以及系统的输出，具体包括显示器、鼠标器、键盘的使用以及屏幕布局和显示技术等。菜单在形式上可采用固定式、下拉式和弹出式等几种：固定式用于系统主菜单和各子系统的一级菜单；下拉式主要用于各子系统二级菜单；弹出式主要用于二级以下子菜单及随机的对话窗口和结束菜单。在选择方式上，使用光标块选择方式，其按键范围只限于↑→↓←四个键，操作方便。屏幕布局是用户对系统的外部印象，通常有对称式［图 6.3（a）］和非对称式［图 6.3（b）］两种。

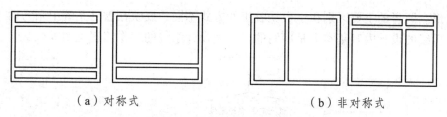

（a）对称式　　　　　　　　　　　　　（b）非对称式

图 6.3　屏幕窗口的布局形式

2. 交互控制

交互控制是外部用户与计算机之间的层，它的作用是将从显示界面拾取到的信息转换成计算机内部所需的模式，并进行合法性检查。如在主菜单中拾取了"Profile"这一区域的屏幕信息，将其送给交互控制层，交互控制层按约定的判断得出用户的选样标志是"2"，选择"2"是什么操作，则由下面的应用接口层决定；同样，应用程序需要以某一方式输出运行结果，交互控制层则将信息按这一方式的要求转换，交屏幕界面层输出。如一个设计完成的横断面在机内是以坐标数据形式存放的，当要在屏幕上显示时，可以选择数据直接输出和图形输出；为直观起见，一般选择后者，则交互控制层将数据转换成图形，然后由显示界面层显示。

3. 应用接口

应用接口的任务是规定交互模型本身与功能模块之间的接口，外来信息要进行什么操作，调用功能模块中的哪个子程序由这一层完成，如前面的选择"2"表示调用纵断面设计子系统。另外，系统内部要进行某一输出，需要什么信息也由应用接口层决定，如横断面图显示需要地面线、设计线坐标、工程数量等信息，这些信息都由应用接口层调用。这样的一个交互设计模型较之以前那种将菜单与应用程序混写的方法来得清晰，也易修改、扩充。

第二节　线路平面 CAD 系统

线路平面位置的确定需要工程师根据运输要求，在满足政治、经济条件的前提下，结合实际地形、地物、地质、水文等自然条件，合理确定线路的平面位置。定线所涉及的因素多且复杂，需要由工程师来作出决策。因此，尽管在线路优化技术研究中也进行了平面线形或空间线形优化，但目前平面定线工作最有效的方法仍是人机交互的设计方法，即由设计人员完成定线工作。对实地定线，这一工作在野外完成，进行内业设计时，将已定的交点坐标、偏角、圆曲线类型、曲线半径和缓和曲线长度等要素通过通信或键盘输入计算机以备后续设计用；对纸上定线，定线工作在图纸或计算机屏幕上进行，通常线路导线、圆曲线半径和缓和曲线长等由设计者选定或由其他确定的约束反求而得，其中的计算工作则由计算机完成。在铁路线路设计中，除设计中线外，还要合理分布沿线的桥、涵、隧等结构物，这些工作随意性较大，全部由计算机自动完成困难很大，通常也采用人机结合的办法完成。平面设计系统中具体的人机分工见表 6.1。

一、平面设计系统的总体结构和数据流

平面设计系统的流程与实际的工作方法有直接的关系，其流程可分为实地定线与纸上定

线两种情形。两者的主要区别在于数据收集的方式不同，反映在软件系统中则为输入数据的不同，而后续的设计内容基本上是相同的。平面设计系统的工作流程见图 6.4。

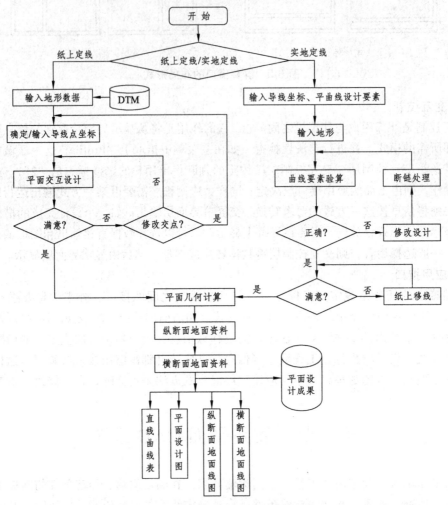

图 6.4　平面设计系统的工作流程图

　　从平面设计系统的结构来看，它主要分为以下几个主要部分：数据库管理、数字地形模型技术、线路平面设计以及设计成果输出等。在平面设计中，最基础的模块为数据管理和曲线单元设计。数据是线路 CAD 系统的灵魂，数据流像脉搏一样将系统连成一体，线路平面设计的数据流如图 6.5 所示。线路平面的初始设计与修改设计模块建立在曲线单元设计模块上，输入、输出数据模块则建立在数据管理模块上，平面设计中的其他部分基本上以单个独立的模块构成。

　　根据线路平面设计的特点，在线路设计的依据确定后，宜考虑下列系统功能：

　　（1）系统能接受和处理不同来源的原始资料，包括手工或数字化仪输入传统测量方法采集的数据，处理航测或地面速测仪采集的数据。

　　（2）进行与平面设计有关的线形特征值计算、中桩号设置与计算、任意桩的坐标与切线方位角计算等。

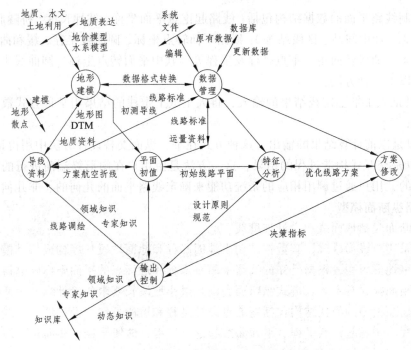

图 6.5　线路平面设计子系统数据流

（3）具有基本的人机交互设计与修改功能，包括：显示与动画、线路平面设计与修改、约束条件（如夹直线长、夹圆曲线长、曲线半径、缓和曲线长度等）的增加与修改等；屏幕修改功能需要与计算机自动计算过程相结合，使每次屏幕修改后，计算机能随时跟踪计算、更新线路信息。

（4）信息反馈。在进行上述设计计算的过程中，能根据需要显示各种图形与数据的中间结果。发生错误或违反约束时，计算机能自动给出提示信息。

（5）数据管理功能。线路平面设计涉及大量的数据。在线路设计和修改过程中，这些数据随时可能被修改、增加或删除，因此，一个功能强大的数据管理模块是线路平面设计的重要组成部分。

（6）计算结果的输出。线路的设计成果需要以满足工程需要的标准图表形式输出。根据相关专业的要求，系统需要输出的设计成果包括：直线、曲线及转角表；逐桩坐标表；线路平面图；存储各种曲线要素及主点坐标的数据文件。

二、构造应用模型与数据结构分段

（一）构造应用模型

所谓应用模型指的是表示对象的数据组合及其数据间的关系。这里的对象是用户在线路设计过程中需要加以处理和观察的，如线路平面、线路纵断面和地形模型。

1. 线路平面模型

如前所述，线路平面是由曲线和与之相切的直线组成的。平面曲线包括圆曲线与缓和曲线。在计算机辅助设计中，对缓和曲线的处理可根据设计阶段的不同考虑设置缓和曲线和预留缓和曲线两种情况。

用于绘制线路平面的数据结构包括：线路起讫点平面坐标、站坪长度、桥隧起讫点里程、车站类型标志（如中间站、区段站等）、线路平面转点坐标、圆曲线半径、缓和曲线长度、左右转曲线标志、曲线转向角、主点坐标及里程等。其中平面转点坐标、圆曲线半径等数据的获取可采用以下三种方法：

① 可以是人工纸上定线结果的输入，将人工纸上定线的结果用某种方式数字化后存储于数据库中；

② 可以是以前计算结果的输出，这种方式在平、纵面交替设计方法中用得最多；

③ 可以是交互式构造过程的结果，这一方法是由用户在图形终端前进行的一系列交互作用来引导的，用户通过调用相应的系统功能来确定线路平面的几何的、非几何的数据。

2. 线路纵断面模型

线路纵断面包括地面线和设计坡度线。

地面线采用折线形模式，其数据结构由地面高程和地面坡段长度构成。其模型构造方法主要采用数字地形模型，根据已知的线路平面百米标和加标点的平面坐标内插得到。

线路纵断面模式有不等长链式纵断面和满足最小坡段长要求的设计纵断面两种形式。

线路纵断面模型的数据结构包括变坡点设计高程和坡段长度、设计坡度、线路起讫点里程和设计高程、桥隧起讫点里程、平面曲线起讫点里程、曲线半径、转向角、缓和曲线长、圆曲线长。

设计纵断面模型的构成方法可采用与线路平面模型相同的三种方法。

3. 地形模型

地形模型采用数字地形模型。为了以最快的速度生成等高线地形图，用于图形交互的数字地形模型采用沿等高线布点的数模形式。数据结构包括数据点特征码（如等高线起点为 1，终点为 2，中间点为 0），等高线数据点的 x、y、z 三维坐标，折线形水系数据结构，地物矢量坐标，地质分界线与不良地质区域线。

（二）数据结构分段

在画出对象的图形以后，用户可以与物体进行交互作用，以修改其数据结构。通常在作了这些修改后，操作者总希望看到被修改对象的新的视图。提供这些新视图的一个途径，是将整个改变后的对象简单地重新描述一次，即使是仅仅改变了一部分也是如此。然而，由于裁剪用户坐标并将其映射到屏幕坐标系上，需要大量的计算，因而这种简单的方法很费时。很自然，我们更希望对数据结构的有选择的修改仅仅引起图形中相应的有选择的修改。

类似于程序的模块化设计方法，可以将研究对象的数据描述分割为区段，而这些区段是可以单个地被显示出来的。这些区段是逻辑上有关的输出图素的组合，可以作为一个整体而被置换。应用程序可以让图形核心系统有选择地删除一个完整的区段，或者给当前的显示图形增加一个区段，它包含着图形新的部分。当进行这些操作时，不必重新处理图形中不变化的部分。这种将对象的描述分割为区段的方法，对于图形的动态显示是特别有用的。

1. 等高线数据结构的分段

对应于成带状的铁路线路，数字地形模型是一带状数模。如前面第三章所叙，为了除掉冗余数据，已按一定规律将带状数模划分成台阶形。在构造图形结构时，可以小区为基本图幅。

考虑到图形的动态控制，按台阶形数模的各小区进行分段时，各小区内的数据量仍太大。为了便于将来图形的快速移动和放大缩小，可按屏幕最大显示范围将各小区的数据进行分块。每个分块的数据作为一个小的等高线模型单独存盘。

经过分段处理后的地形模型的数据结构包括以下信息：

① 台阶形数模分块信息。

② 各块数模分段信息：横向分块数 M ，竖向分块数 N ；各分块的最大、最小 x 、 y 坐标。

③ 各段等高线数模信息：包括等高线特征码，数据点的 x 、 y 、 z 三维坐标。

2. 线路平面、纵断面数据结构的分段

线路平面是套绘于地形图上的。尽管其数据很少，处理速度快，但考虑到将来线路平面的动态控制，也应按等高线地形图数据结构相应的区域进行对象描述的分段。

当平面已定时，纵断面设计中仅改变设计纵断面线，因此可以将纵断面中的地面线、线路平面单独分为一个段，并一次成图，形成图块文件，以后在交互设计中直接插入到纵断面图形的相应位置上。

考虑到纵断面设计通常是以车站分界的，纵断面数据结构可按一个区间的数据单独成块进行分段。

三、线路平面线形设计

平面线形设计是线路平面设计中的核心问题，平面线形模型涉及系统的易使用性、数据管理的统一性和人机交互实现的可能性。因此，平面线形模型一直是线路 CAD 研究中的一个重要问题。根据设计习惯的不同，通常有基于导线的设计和基于基本元素的设计方法。

（一）基于导线的平面设计方法

基于导线的平面设计是我国传统的设计方法。它首先定出由一系列直线组成的折线作为线路中心线导线，然后对每一个转折点（交点）配以适当的曲线，形成线路中心线。曲线通常由圆曲线加三次抛物线缓和曲线组成，交点可以是单个配以曲线，也可以将两个或多个交点组合后配以曲线。根据圆曲线、缓和曲线配置的不同，常用的线形包括：单交点对称型、单交点不对称型、双交点单曲线等。

（二）基于基本元素的设计方法

采用基于元素的设计方法进行线路中线设计时，首先需确定一系列基本元素段，线路中心线的最后位置和形式根据这些基本元素来确定。这里的基本元素指的是直线和圆曲线，缓和曲线不作为独立的基本元素而只是圆曲线的附属部分。因此，基于基本元素的设计方法实际上是基于导线和基于圆曲线方法的综合。

1. 确定基本元素

根据一些实际地形、地物的要求，设计者可以首先确定一系列直线和圆作为基本元素。这时的基本元素是离散的，并未形成连续的设计线中心线，因此，所有的基本元素就可分为两种：一种是固定位置的，其在与相邻基本元素连接过程中位置是不动的；另一种则是活动的，在与相邻基本元素连接过程中除元素的要素不动（如圆弧的半径、圆弧两端的缓和曲线参数）外，其位置将根据相邻基本元素的位置和连接方法进行调整。基本元素通常通过四种方法初步确定：

① 由起终点来确定元素。这里的起终点并不是这一元素在设计线中心线上的起终点，而仅仅是用来初定元素的。对直线元素，它实际上确定了一条通过起终点的无限长的直线；对圆弧元素，则是确定了半径一定、圆弧通过起终点的圆。最后元素段用多长、用哪一段，则要等元素与元素连接成设计线中心线时才确定。对于圆弧元素，用起终点初定元素时，只要选择两点作为起点和终点，再选定半径和两端的缓和曲线参数即可。

② 由元素段上与两个已知点的偏距为定值的两个点来确定元素。这种方法与第一种方法类同，区别仅仅是起终点不是直接定的，而是通过两个已知点来间接确定的。初定元素时，首先选定一已知点，再以与已知点的偏距和方向定出起点，终点同样由另一个已知点确定，其他操作同方法①。

③ 由圆心、起始角和圆弧角米确定。这种方法仅用来确定圆弧元素，圆弧的两端根据需要可加上缓和曲线。初定元素时，首先定圆心，然后选择半径，再定出起始角和圆弧角，从而确定圆弧的起终点。同方法①一样，这里的起终点也并不是元素在设计线中心线中的起终点。

④ 通过与另一已知的设计线中心线相对的桩号、偏距和起始角来确定元素。这种方法常用于局部的方案比选或移线。它以一已知设计线中心线为参考进行设计，使设计元素与已知设计线中心线遵循一定的相对位置。初定元素时，首先选择一已知设计线中心线，确定参考桩号、与参考桩号的偏距，由此定出元素起点，然后定出元素的起始角（或直线方向）和元素终点，元素为圆弧时还可通过输入半径来确定元素。

基本元素的输入不必按照次序进行，所以，当基本元素超过一个时，就要定义连接次序，供最后连接成设计线中心线时作依据。

2. 基本元素最后定位

基本元素的最后定位就是将上面确定的单个基本元素连接起来形成设计线中心线。它要求基本元素之间的连接是光滑的，因此，连接过程中有的基本元素位置是不动的，而有的则要重新定位（最后定位）以保证连接后的元素序列是连续光滑的。最后定位的方法可归纳为以下四种：

① 吻合：这个方法是通过调整某一基本元素的圆弧长度和圆心位置（圆弧半径和两端缓和曲线参数不变）使其与前后相邻的两个基本元素相切。这一方法在平面设计系统中使用最多，如普通的单交点曲线就可以通过一圆弧元素（可带缓和曲线）和两相邻的直线元素之间的"吻合"操作来实现，如图6.6所示。

图6.6　吻合操作

② 转合1：这一方法是将某一基本元素绕一元素点旋转，使之与另一相邻基本元素相切。所谓元素点指的是直线元素的起点、终点和圆弧元素的起点、终点和圆心，如图6.7所示。

266

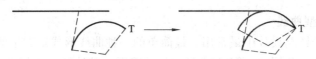

图 6.7　转合 1 操作

③ 转合 2：这一方法是将某一基本元素绕任意一点旋转，使之与另一相邻基本元素相切。

④ 连接：这一方法是将某一基本元素与指定的相邻元素直接连接起来。这时相邻元素不动，被操作的元素移动并旋转，保证起点和相邻元素相切，如图 6.8 所示。

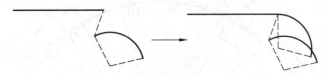

图 6.8　连接操作

通过上述四种方法，可以将原来离散的基本元素连成光滑连续的设计线中心线。

3. 缓和曲线的选配

依据已知的铁路等级和圆曲线半径，查寻静态数据库中的缓和曲线表，由大到小选配。在这一步一般取对应于某圆曲线半径的最大值，若在后面检查平面约束条件时，发现平面违反约束，再对缓和曲线长度的取值进行调整。根据我国铁路设计的要求，缓和曲线采用直线型超高顺坡的三次抛物线线形。

4. 设计线中心线计算

对连接好的设计线中心线进行计算，确定桩号并计算各曲线主点的桩号和坐标。这样，一条中心线就设计完成了。

四、线路曲线要素和主点坐标计算

铁路线路平面由直线和曲线组成，铁路曲线由中间的圆曲线和两端的缓和曲线构成。详细定线时，平纵面图中要绘出加设缓和曲线的曲线，曲线要素为：偏角 α、半径 R、缓和曲线 l_0、切线长 T 和曲线长 L。利用计算机辅助线路平面设计时，偏角 α 根据交点平面坐标计算，交点平面坐标由人工输入或用图形交互方式在图形显示器上确定，缓和曲线长度 l_0 由计算机依据铁路等级和曲线半径 R 自动选配，切线长和曲线长由计算机自动计算。

（一）曲线转角 α

如图 6.9 所示，当已确定线路转点坐标后，曲线转角可计算如下：

$$\alpha_1 = \arctan(x_{\mathrm{JD}i} - x_{\mathrm{JD}i-1})/(y_{\mathrm{JD}i} - y_{\mathrm{JD}i-1})$$

$$\alpha_2 = \arctan(x_{\mathrm{JD}i+1} - x_{\mathrm{JD}i})/(y_{\mathrm{JD}i+1} - y_{\mathrm{JD}i}) \qquad （6.1）$$

$$\alpha = \alpha_2 - \alpha_1$$

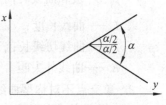

图 6.9　曲线转角计算示意

（二）曲线要素

根据圆曲线、缓和曲线配置的不同，常用的线形包括：单交点对称型、单交点不对称型、双交点单曲线等。下面分别介绍各种线形曲线要素计算方法。

1. 单交点对称型曲线

单交点对称型是铁路设计中最常用、最简单的一种曲线形式。这里的对称型是指圆曲线两端的缓和曲线参数是相同的，图 6.10 是它的计算图。其计算公式如下：

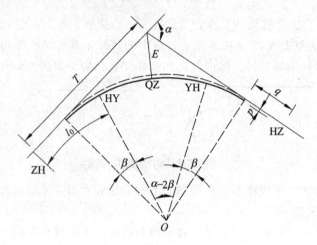

图 6.10　单交点对称型曲线

$$
\left.
\begin{aligned}
L &= (\alpha - 2\beta)\frac{\pi R}{180°} + 2l_0 \\
T &= (R + p)\tan\frac{\alpha}{2} + m \\
E &= (R + p)\sec\frac{\alpha}{2} - R
\end{aligned}
\right\}
\tag{6.2}
$$

式中　　R ——曲线半径；

　　　　l_0——缓和曲线长度；

　　　　α——曲线转向角；

　　　　p——缓和曲线内移距，$p \approx \dfrac{l_0^2}{24R}$；

　　　　m——缓和曲线切垂距，$m \approx \dfrac{l_0}{2}$；

　　　　β——缓和曲线转向角，$\beta = \dfrac{l_0}{2R}$；

　　　　L——曲线长度；

　　　　T——曲线切线长；

　　　　E——曲线外矢距。

2. 单交点不对称型曲线

在地形复杂或周围建筑限制的情况下，对称型曲线往往不能满足要求，常采用不对称型曲线，即圆曲线两端的缓和曲线长度不同。单交点不对称型曲线的计算图见图 6.11。

根据几何关系可得到下面的计算公式：

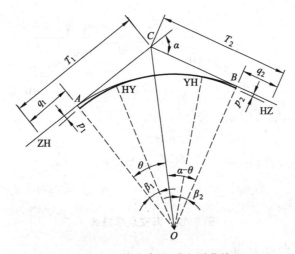

图 6.11 单交点不对称型曲线

$$
\left.\begin{aligned}
L &= \frac{\pi}{180°}(\alpha - \beta_1 - \beta_2)R + l_{01} + l_{02} \\
T_1 &= \frac{R + p_2 - (R + p_1)\cos\alpha}{\sin\alpha} + m_1 \\
T_2 &= \frac{R + p_1 - (R + p_2)\cos\alpha}{\sin\alpha} + m_2 \\
E &= \frac{\sqrt{(R + p_2)^2 - 2(R + p_1)(R + p_2)\cos\alpha + (R + p_1)^2}}{\sin\alpha} - R
\end{aligned}\right\}
\tag{6.3}
$$

$$
\beta_1 = \frac{l_{01}}{2R}, \quad \beta_2 = \frac{l_{02}}{2R}
$$

$$
p_1 = \frac{l_{01}^2}{24R}, \quad p_2 = \frac{l_{02}^2}{24R}
$$

$$
m_1 = \frac{l_{01}}{2}, \quad m_2 = \frac{l_{02}}{2}
$$

3. 双交点单曲线

这里的双交点是指两个交点设单个曲线的情形，其计算图见图 6.12。

通常，双交点单曲线设计方式为选定曲线起、讫点和缓和曲线长度，反推半径。由于 AB 距离已知，且

$$
AB = (R + p)\tan\frac{\alpha_A}{2} + (R + p)\tan\frac{\alpha_B}{2}
\tag{6.4}
$$

可推得以下求解公式

$$
24R^2 - 24\frac{AB}{\tan\dfrac{\alpha_A}{2} + \tan\dfrac{\alpha_B}{2}}R + l_0^2 = 0
\tag{6.5}
$$

求出上式的解 R 后，按规定取整，即得所求的半径值。

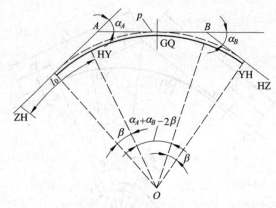

图 6.12 双交点单曲线

（三）平面主点坐标计算

在概略定线时，仅考虑圆曲线，预留缓和曲线，平面主要点包括圆曲线起点（ZY）、圆曲线中点（QZ）、圆曲线终点（YZ），其主点坐标值按下列公式计算：

$$x_{ZY} = x_{JDi} - T_y \cdot \sin\alpha_1 \tag{6.6}$$

$$y_{ZY} = y_{JDi} - T_y \cdot \cos\alpha_1 \tag{6.7}$$

$$x_{YZ} = x_{JDi} + T_y \cdot \sin\alpha_2 \tag{6.8}$$

$$y_{YZ} = y_{JDi} + T_y \cdot \cos\alpha_2$$

$$x_{QZ} = x_{JDi} + E \cdot \sin\left[\alpha_2 + (\pi - \alpha)/2\right] \tag{6.9}$$

$$y_{QZ} = y_{JDi} + E \cdot \cos[\alpha_2 + (\pi - \alpha)/2] \tag{6.10}$$

详细定线时，需考虑加设缓和曲线后的曲线，平面主点包括缓和曲线起点直缓点（ZH）、圆曲线起点缓圆点（HY）、圆曲线中点曲中点（QZ）、圆曲线终点圆缓点（YH）和缓和曲线终点缓直点（HZ）。

1. ZH 点与 HZ 点的坐标计算

其计算式与概略定线时的 ZY、YZ 类似：

$$x_{ZH} = x_{JDi} - T \cdot \sin\alpha_1 \tag{6.11}$$

$$y_{ZH} = y_{JDi} - T \cdot \cos\alpha_1 \tag{6.12}$$

$$x_{HZ} = x_{JDi} + T \cdot \sin\alpha_2 \tag{6.13}$$

$$y_{HZ} = y_{JDi} + T \cdot \cos\alpha_2 \tag{6.14}$$

2. HY 点与 YH 点的坐标计算

在已知圆曲线半径 R 和缓和曲线长度 l_0 后，根据参数方程可得 HY 点与 YH 点的导线坐标系坐标为

$$x' = l_0 - l_0^3 /(40R^2) \tag{6.15}$$

$$y' = l_0^2 /(6R) - l_0^5 /(56R^2) \tag{6.16}$$

为了求得 HY 点与 YH 点的大地坐标，需将导线坐标系的坐标向大地坐标系转换，转换公式为

$$x = x_0 + x' \cdot \sin\alpha - y' \cdot \cos\alpha \tag{6.17}$$

$$y = y_0 + x' \cdot \cos\alpha + y' \cdot \sin\alpha \tag{6.18}$$

式中　x_0、y_0——缓和曲线起点的大地坐标；

　　α——相应切线的倾角。

将 ZH 点和 HZ 点的图形坐标值代入上式，则 HY 点和 YH 点的坐标值按下列式子计算

$$x_{HY} = x_{ZH} + x' \cdot \sin\alpha_1 - y' \cdot \text{sign}(\alpha_1) \cdot \cos\alpha_1 \tag{6.19}$$

$$y_{HY} = y_{ZH} + x' \cdot \cos\alpha_1 + y' \cdot \text{sign}(\alpha_1) \cdot \cos\alpha_1 \tag{6.20}$$

$$x_{YH} = x_{HZ} - x' \cdot \sin\alpha_2 + y' \cdot \text{sign}(\alpha_2) \cdot \cos\alpha_2 \tag{6.21}$$

$$y_{YH} = y_{HZ} - x' \cdot \cos\alpha_2 - y' \cdot \text{sign}(\alpha_2) \cdot \sin\alpha_2 \tag{6.22}$$

上式中 $\text{sign}(\alpha)$ 为对 α 取符号。

3. 夹直线长度计算

线路起始直线段长度

$$L_1 = \sqrt{(x_{ZY} - x_{JD0})^2 + (y_{ZY} - y_{JD0})^2} \tag{6.23}$$

末端直线长度

$$L_{\text{II}} = \sqrt{(x_B - x_{YZ})^2 + (y_B - y_{YZ})^2} \tag{6.24}$$

中间夹直线长度

$$L_j = \sqrt{(x_{ZY2} - x_{YZ1})^2 + (y_{ZY2} - y_{YZ1})^2} \tag{6.25}$$

（四）线路中桩点坐标计算

为了让计算机从数字地形模型中获取地面纵断面和横断面信息，需要计算线路中线桩和线路横断面任意桩处的平面坐标。根据地形和线路设计阶段的不同，可按 20 m 或 50 m，甚至 100 m 作为线路中线桩的间距。每当确定一个线路的中线点时，需根据各特征点桩号判断出该点所处的曲线段或直线段，然后计算它的坐标（图 6.13）。

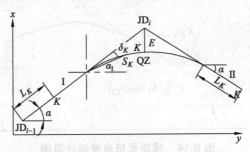

图 6.13　线路中桩平面坐标计算图

直线 I 上任意点的坐标：

$$x_K = x_{\mathrm{JD}i-1} + L_K \cdot \sin\alpha_1 \tag{6.26}$$

$$y_K = y_{\mathrm{JD}i-1} + L_K \cdot \cos\alpha_1 \tag{6.27}$$

直线 II 上任意点的坐标：

$$x_K = x_{\mathrm{YZ}} + L_K \cdot \sin\alpha_2 \tag{6.28}$$

$$y_K = y_{\mathrm{YZ}} + L_K \cdot \cos\alpha_2 \tag{6.29}$$

缓和曲线上任意点的坐标：

对于缓和曲线上任意点的坐标计算，可按计算 HY 点和 YH 点的类似公式计算出导线轴坐标系的坐标值，然后转换成图形坐标：

$$x' = l[1 - l^4 / 40(R^2 l_0^2)] \tag{6.30}$$

$$y' = l^3 / \{6Rl_0[1 - l^4 / (56R^2 l_0^2)]\} \tag{6.31}$$

$$x_K = x_0 + x' \cdot \cos\alpha - y' \cdot \sin\alpha \tag{6.32}$$

$$y_K = y_0 + x' \cdot \sin\alpha + y' \cdot \cos\alpha \tag{6.33}$$

式中　l ——缓和曲线上任意点距 ZH 点的长度；

　　　l_0 ——缓和曲线全长；

　　　R ——圆曲线半径；

其余符号意义同前。

圆曲线上任意点的坐标：

$$x_K = x_{\mathrm{HY}} + S_K \sin(\alpha_1 + \delta_K) \tag{6.34}$$

$$y_K = y_{\mathrm{HY}} + S_K \cos(\alpha_1 + \delta_K) \tag{6.35}$$

$$\delta_K = L_K / 2R , \quad S_K = 2 \cdot R \cdot \sin\delta_K \tag{6.36}$$

（五）横断面方向采样点的坐标计算

为了获取横断面方向地面信息，要求计算程序给出横断面方向上距线路中线一定距离的采样点处的平面坐标。与上述中线桩坐标计算类似，应分别判断桩点所处线段，然后采用不同的公式进行计算（图 6.14）。

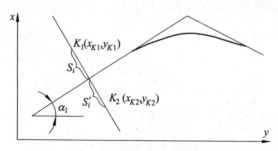

图 6.14　横断面桩点坐标计算图

直线 I 上采样点的坐标：

272

$$x_{K1} = x_K + S_i \cdot \cos\alpha_1 \qquad (6.37)$$

$$y_{K1} = y_K - S_i \cdot \sin\alpha_1 \qquad (6.38)$$

$$x_{K2} = x_K - S_i' \cdot \cos\alpha_1 \qquad (6.39)$$

$$y_{K2} = y_K + S_i' \cdot \sin\alpha_1 \qquad (6.40)$$

圆曲线上采样点的坐标：

$$x_{K1} = x_K + S_i \cdot \cos(\alpha_1 + 2 \cdot \delta_i) \qquad (6.41)$$

$$y_{K1} = y_K - S_i \cdot \sin(\alpha_1 + 2 \cdot \delta_i) \qquad (6.42)$$

$$x_{K2} = x_K - S_i' \cdot \cos(\alpha_1 + 2 \cdot \delta_i) \qquad (6.43)$$

$$y_{K2} = y_K + S_i' \cdot \sin(\alpha_1 + 2 \cdot \delta_i) \qquad (6.44)$$

$$\delta_K = L_K / 2R \qquad (6.45)$$

直线 II：K_1、K_2 的坐标可采用与直线 I 相同的方法求得。

（六）地面信息的获得

利用现场或在地形图上人工测量的中桩、水平资料，可获得地面纵断面线，也可依据数字地形模型利用计算机内插获得地面纵断面线。若要在图形终端上进行线路平、纵面图形交互设计，则必须利用数字地形模型自动获取地面纵断面线。

第三节　线路纵断面 CAD 系统

铁路平面设计质量的好坏是由线路的纵、横断面设计成果来评价的。在手工设计中，为了提高设计质量，工程师往往对纵断面设计方案反复进行比较，在地形困难地段还需要结合横断面的情况对纵断面进行反复研究。虽然纵、横断面的计算比较简单，但计算工作量很大。在实际工作中，受设计周期的限制，往往不可能进行大量的纵、横断面设计和计算，提出许多方案供比较。CAD 技术的应用可以在很大程度上解决这一问题。早期在铁路设计中应用计算机技术对纵断面的优化进行了大量研究，但其成果尚未能在工程实际中单独推广应用。目前纵断面优化技术常作为一个辅助手段使用，而基于交互式 CAD 技术的纵、横断面的辅助设计已逐步成为主角，通过快速产生多个方案，并提供填、挖方工程量和主要技术指标等信息，供工程师对多个方案作出比较，并通过人机交互修改调整、优化方案，最后得到较满意的结果。

本节介绍纵断面计算机辅助设计系统的开发技术。

一、纵断面设计系统的总体设计

1. 纵断面设计系统的功能需求和人机分工

纵断面设计系统的任务比较单一，即根据原地面线确定线路设计纵断面线。纵断面线形所涉及的因素很多，纵断面 CAD 系统必须提供足够的支持，使用户能充分地考虑各种因素。这些因素包括：平曲线与竖曲线的配合、平曲线与工程结构的配合、竖曲线与工程结构的配合、工程数量、横断面设计、控制点要求、运营舒适性评价以及纵断面技术标准等。纵断面设计系统通常应有以下功能：

（1）为了检查平、纵曲线配合，系统必须能同时显示平面和纵断面线形。

（2）为了比较各个方案的土石方工程数量，系统应能在未作横断面设计的情况下估计各方案的土石方工程数量。

（3）为了使设计者了解当前纵断面方案下铁路横断面的状态，系统应能显示指定桩号处的横断面地面线及概略设计线。

（4）为了满足有关控制点的高程要求，系统应能显示控制点并在设计线违反控制点要求时给出警告。

（5）为了满足纵断面主要的技术规范，如最大纵坡、最小坡长、竖曲线最小半径等，系统应提供规范查询和自动检查功能，并在设计线违反规范要求时给出警告。

（6）为了进行运行舒适性评价，系统应能提供动力学仿真计算功能。

（7）为了能使最终的设计纵断面线形满足所有设计要求，纵断面设计系统必须有一个很强的人机交互修改功能。

在纵断面设计中各项任务的特点是比较明显的，设计方案的产生涉及诸多因素，且有些因素很难量化，而计算则相对简单、重复，这使得纵断面设计系统的人机分工相对容易。纵坡坡度、坡长及竖曲线由设计者决定，逐桩设计高程、工程数量、技术标准检查等全部由计算机完成。在纵断面方案初步确定后，还可利用计算机进行小范围优化。

2. 纵断面设计系统的流程和总体结构

纵断面设计的基础是纵断面地面线。纵断面地面线可以实测得到，也可以由数字地形模型内插得到。它作为原始数据读入纵断面设计系统，根据控制点（可以是事先输入或当时输入）进行纵坡设计。新线设计时，纵坡设计以地面线为准纵断面，在原地面线图上进行。在拉好纵坡确定设计线后设计者就可以在屏幕上进行平纵组合、控制点横断面等检查和工程量估算，根据检查结果反复进行人机交互修改，直至满足设计者的要求。纵断面设计系统流程图见图 6.15。

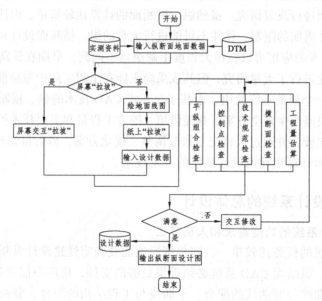

图 6.15 纵断面设计系统流程图

从图 6.15 可以看出：纵断面"拉坡"可以直接在屏幕上交互式地进行；对有些习惯于在纸上进行"拉坡"的，也可以用绘图机输出地面线图，在拉好坡后再将设计数据输入计算机。初步设定的纵断面设计线，可以通过检查进行反复修改，直到满意为止。

二、纵断面设计系统的模块设计

铁路纵断面设计系统的结构组成主要有以下几个部分：数据输入模块、纵断面设计高程计算模块、设计纵断面交互修改模块、屏幕设计模块、设计方案检查模块、工程数量估算模块和数据输出模块等，其总结构见图 6.16。下面将对各主要模块作详细介绍。

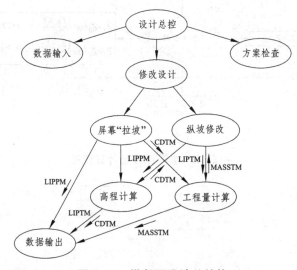

图 6.16　纵断面设计总结构

（一）数据输入模块

纵断面设计中需要输入的数据主要有：纵断面地面线数据、控制点数据和设计纵断面数据。

地面线数据是纵断面设计的基础，通常已事先准备好数据文件或平面设计完成后由数模内插得到，因此在本模块中只提供一个"浏览"功能，由用户指定对应的文件即可。

控制点的数据可以在野外测设中确定，或者在平面设计过程中根据地形地物数据确定，也可以在纵断面设计过程中确定，因此控制点数据必须提供文件读入和屏幕对话框输入两种功能。

纵断面设计数据指纵断面变坡点桩号、高程和竖曲线半径，根据纸上"拉坡"和屏幕"拉坡"两种不同的设计方法，系统提供两种不同的数据输入方法：一是屏幕"拉坡"，这时设计数据在设计过程中自动地存入计算机，因此本模块也只要提供一个"浏览"功能以便指定某一设计方案即可；二是纸上"拉坡"，这时系统应提供一个文本编辑窗口，输入或修改设计数据。在 Windows 下运行的系统常利用 DDE（Dynamic Data Exchange，动态数据交换）和 OLE（Object Linking and Embeddling，对象链接与嵌入）技术将电子表格 Excel 调入系统，作为编辑窗口。这样做的优点在于：一是可以得到一个操作方便、功能齐全的编辑窗口；二是为设计数据的管理和进行参数化设计提供可能。

（二）纵断面设计高程计算模块

这是纵断面设计系统中的核心计算模块之一，负责计算各桩号的设计高程和设计填高、挖深。纵断面线形的计算比较简单，给定一桩号，即可计算该桩号的设计高程，其流程如图6.17所示，计算模式如图6.18所示。

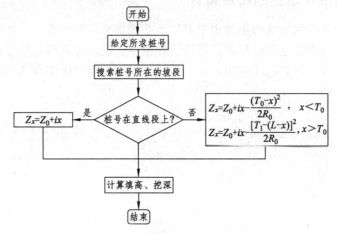

图 6.17　纵断面高程计算流程

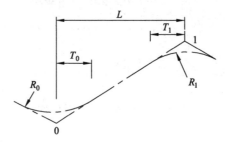

i：上坡为 $+$，下坡为 $-$；R_0、R_1：凸曲线为 $+$，凹曲线为 $-$。

图 6.18　纵断面高程计算模式

（三）设计纵断面交互修改模块

设计纵断面交互修改模块是纵断面设计系统中的一个重要模块。设计者在对设计方案进行检查过程中发现不满意之处，都要通过这一模块来进行修改；因此这一模块的设计应着重在如何提供一个既高效又友好、既符合设计人员习惯又充分发挥计算机优势的人机交互界面。

纵断面修改的内容只有坡度、坡长。坡度和坡长的修改通常是一起进行的，它可以是直接修改坡度和坡长，也可以是通过修改变坡点的桩号和高程而改变坡度和坡长，还可以用插入和删除变坡点的方法改变坡度和坡长。不同的修改方式适合不同的设计要求，系统应以图形和数据两种方式提供最方便的操作。这些操作归纳起来可以有以下几种：

1. 修改坡度坡长

用光标选定某一段要修改的坡段后，系统弹出对话框显示当前坡度和坡长。如选择"坡长"，则当光标移动时，该坡段的坡度不变，坡长被光标拖动（某一端点固定），同时对话框中的显示随之变化，这时操作者可以用光标确认，也可以在对话框中输入最后确定的坡长［图6.19（a）］；如选择"坡度"，则坡长不变，坡度可被修改，这时需要选择坡段上一点将其作为固定转轴，坡段绕它而转［图 6.19（b）］。

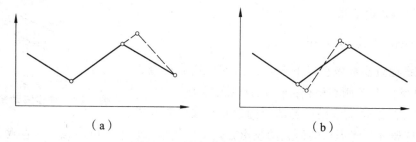

（a）　　　　　　　　　　　（b）

图 6.19　坡度坡长修改示意图

2. 修改变坡点

修改变坡点也采用图形和对话框同时操作的方式。变坡点的修改方式有 5 种：自由移动、水平移动、竖直移动、沿前一坡段移动和沿后一坡段移动。自由移动变坡点由光标自由拖动，对话框内显示变坡点桩号和高程以及前后坡段的坡度和坡长［图 6.20（a）］；水平移动时，变坡点由光标沿水平方向拖动，即变坡点高程不变［图 6.20（b）］；竖直移动则是变坡点桩号不动，仅可拖动高程［图 6.20（c）］；沿前一坡段移动时，光标在拖动过程中变坡点始终在前一坡段的直线方向上移动，这时十字丝光标仅水平或竖直一个方向有效［图 6.20（d）］，沿后一坡段移动与之类同［图 6.20（e）］。在上述操作过程对话框同时被激活，可供输入。

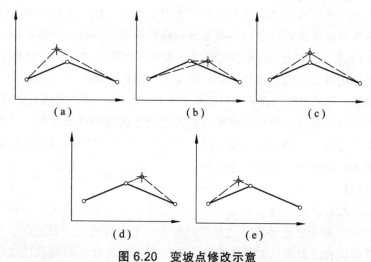

（a）　　　　　　（b）　　　　　　（c）

（d）　　　　　　（e）

图 6.20　变坡点修改示意

3. 插入和删除变坡点

选择删除菜单后，用光标指定某一变坡点，再进行一次确认后即可删除，系统自动将前后两个变坡点连接，并保持原来的竖曲线。插入变坡点时，光标首先在某两个变坡点之间选择插入点的桩号，而后确定插入点高程，系统自动将前后两个变坡点与插入点连接。

4. 移动某一坡段

这里的移动仅限于原坡段平行移动，在用光标选择了所要移动的坡段后，该坡段即可被光标拖动。这时，可分别用四 4 个参数来控制坡段的移动：与原坡段位置的水平距离 l_1、与原坡段位置的竖直距离 l_2、某一端点与原来位置的水平距离 l_3、某一端点与原来位置的竖直距离 l_4（图 6.21）。移动过程中其前后坡段坡度不变，延长后与移动后的该坡段相交。

通过以上功能,设计纵断面交互修改模块基本可满足手工设计中常见的修改要求。

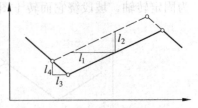

图 6.21　坡段移动修改示意图

(四)设计方案检查模块

设计方案检查模块包括以下内容:① 平纵组合检查;② 横断面检查;③ 控制点检查;④ 设计规范检查。

设计方案检查模块应提供各部分的信息供设计者作参考,而且系统要充分考虑这些信息的显示方式,应使信息显示尽可能完全、直观、清晰。同时,由于屏幕的显示范围有限,各种信息不可能同时显示,系统对每种信息可用"热键"控制,同时提供对话框供用户选择有关的信息显示。设计方案检查的各子模块介绍如下:

1. 竖曲线设置位置检查

对竖曲线设置位置检查主要是检查变坡点位置设置的合理性,保证竖曲线不与平面缓和曲线、明桥面以及道岔等结构及设备相重合。这可以采用计算机自动检查,也可以采用图形方式的交互式检查。基于图形界面的交互方式是常用的方法,即在纵断面图下显示直线和平曲线一览,设计者由此依据一般的设计原则判断平、纵曲线组合的优劣。这一方法简单、直观,符合传统设计习惯,因而仍为目前的系统所采用。

2. 横断面检查

对纵断面上某些填高或挖深值较大或自然坡度很大的路段,工程师在设计中常要抽查一些横断面以检查纵断面设计高程定得是否合理,横断面上是否有设计高程过高或设计线与地面线无法相交的情况。在 CAD 系统中实现这一操作,可用一弹出式窗口显示横断面,当设计者用桩号或光标在纵断面图上选择了某一断面后,即弹出横断面显示窗口;窗口中的横断面图具有缩放功能,并显示地面高程、设计高程和断面面积,需要时还可弹出一"透明校板"模拟手工设计中的断面模板,设计者可通过它改变设计边坡和设计高程,寻找最佳的断面位置,供纵断面设计参考。实现横断面检查这一功能的前提是横断面地面线的数据已存入计算机,数据可以来自野外实测或数模内插得到。

3. 控制点检查

纵断面上的高程控制点可以分成 3 类——下限控制点、上限控制点、必须经过点,分别用"↑""↓"和"×"来表示,必须经过点有时可有一个允许的上下限。这些点有的在野外测设时已取得,有的是在平面设计时从地形图上取得,有的是在纵断面设计过程中(如横断面检查)得到。这些点用各自的符号标在纵断面设计图上,数据存于数据库中。打开控制点检查"热键",系统即实时地对当前纵断面方案进行控制点检查,当发现有超出控制点约束范围的情况发生时,系统发出警告声,同时纵断面图上对应的控制点符号变色闪烁,直至设计者修改至满足控制点约束为止。

4. 技术规范检查

纵断面设计有关的技术规范有很多,只要求系统可以检查一些最主要的技术指标,如最大纵坡、最小坡长、最小竖曲线半径等。设计规范数据存于数据库中,打开技术规范检查"热键"后,系统能实时对当前纵断面方案进行技术规范检查,如发现有违反规范规定的情况,即发出警告,并显示规范内容和数据。

通过上述内容的检查，设计者可以比较全面、综合地了解铁路纵断面设计的状况，图形和数据结合的办法使得上述的检查变得更加方便直观。

（五）工程数量估算模块

在纵断面设计阶段，横断面尚未设计，因此，精确的土石方工程量无法求得；但对纵断面方案优劣的评价中，土石方工程量又是一个很重要的指标。在手工设计时，限于计算工作量，我们只能非常粗略地估算工程数量；但借助于计算机我们可以设计一个计算方法，较为精确地计算工程数量。这里我们采用实际的横断面地面线，横断面路幅可以采用标准值（不考虑超高、加宽），而对边坡处理做一些简化：边坡只考虑单坡；当设计边坡不能与地面相交或填挖高度超过某一值时（这一值可由用户定义）则加设挡土墙；地面线数据不够时，按最后一坡延长。这样基本上能使工程量计算值在一个合理的范围内。横断面积计算采用条分法，体积计算采用平均断面法、平均距离法或改进的体积公式法。计算结果可以用逐桩面积、每千米工程量和土方积累曲线等形式存储或输出。

第四节　路基横断面 CAD 系统

铁路横断面设计在铁路设计中是一项工作量大、重复性多的工作，其设计、计算和绘图工作量都占整个设计的很大比例。铁路是一条线状结构物，沿线地形、地物、地质、水文等条件变化很大，从这个意义上说，铁路横断面设计又是一项综合性、经验性很强的工作，这也使得横断面在设计过程中需要经常修改。因而，铁路横断面计算机辅助设计系统应同时面对这样两个要求：既要有自动设计计算功能，以减少人工设计计算工作量，加快横断面设计速度；又要有很强的灵活性和人机交互功能以适应工程的多变性。这本身是一对矛盾，如何在两者之间找到一个平衡点是横断面 CAD 系统设计的关键。

一、横断面设计系统的总体设计

（一）系统的基本功能

铁路横断面设计的任务是根据定义的标准横断面和纵断面设计高程要求，在原始地形上逐桩布置铁路横断面。它主要包括路基面形状、路肩高程、基床标准、路基边坡及路基基底处理、排水系统设计以及计算横断面工程数量。根据铁路横断面设计工作的特点，横断面 CAD 系统通常都采用系统自动设计与人机交互相结合的办法来处理横断面设计。总的指导思想是：系统的自动设计应完成尽可能多的横断面设计；由于沿线地形、地物多变，某些横断面无法由系统自动设计完成或设计得不合理，则采用人机交互设计、修改。为了提高总体工作效率，人机交互设计、修改的工作量应尽可能少，同时人机交互设计、修改模块应做到操作方便和灵活。在横断面设计工作中，路基面形状设计和路肩高程基本由标准横断面定义确定，以自动设计为主；而边坡设计涉及地形、地物、地质、水文等诸多的自然条件和结构稳定性，是横断面设计中最为复杂的一个部分,采用自动设计和人机交互设计和修改相结合的方法完成。侧沟和边沟设计的主要内容是沟的断面和沟底高程,其中:沟的断面一经定义就很少改动,通常通过自动设计即可完成;沟底高程则由侧沟或边沟纵断面决定,沟纵断面通常在设计路基横断面和排水系统时基本确定,在横断面设计中根据沟的纵断面上的高程绘制某一断面的侧沟或边沟,如发现与地形有矛盾时,则需要调整侧沟纵断面。

从以上分析可以看出,横断面设计系统的基本功能可归纳如下:

(1)具备完善的横断面设计策略,供系统中自动设计模块使用,使自动设计的结果最大限度地符合自然条件和设计者的要求,从而减少人机交互的工作量。

(2)具备高效的人机交互手段,横断面人机交互设计、修改不应是一笔一画的设计、修改,也不应是纯几何意义上的设计、修改,而应是基于构件属性意义上的修改,这样才能结合设计规范、设计标准图或通用图完成设计。

(二)横断面设计系统的流程和总体结构

尽管横断面设计的对策较复杂,但横断面设计的总体流程还是比较简单的,它从定义的标准横断面和横断面设计高程出发,根据原地面地形进行路基面宽度、边坡(包括支挡结构物)和边沟的自动设计,再经过交互式检查修改,最后计算横断面积供计算工程数量用。路基横断面设计流程如图6.22所示。

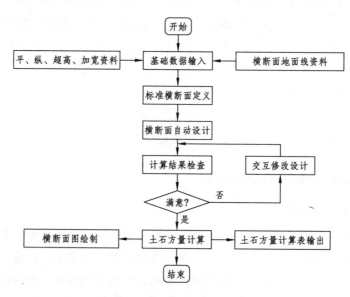

图 6.22 横断面设计系统流程

横断面设计系统通常由横断面定义、自动设计、修改设计、土石方计算及绘图等主要部分组成,其中自动设计又可分为设计策略判断和边坡设计处理两部分;修改设计可分为交互修改控制和边坡设计处理,所以边坡设计处理是自动设计和修改共用的基础模块。横断面系统总体结构如图6.23所示。

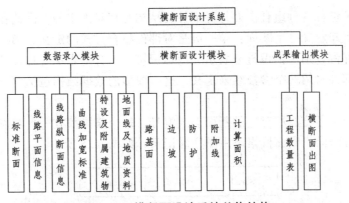

图 6.23　横断面设计系统总体结构

本节将对系统中重要的几个模块的设计作一简单介绍。

二、横断面定义模型

横断面定义是路基横断面设计的主要内容之一，它直接影响到横断面设计系统适应实际工程的能力。横断面定义应包括路基面形状和宽度定义、边坡形状和坡度定义等。

（一）路基面形状和宽度定义

常用的路基面形状和宽度定义方法有两种：固定模板模型和组合模板模型。通常在一条铁路设计中有一个或几个标准的横断面布置形式，除个别特殊路段外，标准断面形式是相对不变的。因此，在进行逐桩的横断面设计（俗称戴帽子）之前，通常都要定义标准横断面。我国《铁路路基设计标准》中介绍了常用的各类路基横断面形式，路基 CAD 系统就是根据这些横断面设计形式建立模型的。

1. 路基面形状

铁路路基面根据基床土质不同有设路拱和不设路拱两种断面形状。路拱的作用是迅速排除道床下的积水，以保持路基面的干燥。设路拱的路基面形状应设计为三角形，由路基中心线向两侧设 4% 的人字排水坡。曲线加宽时，路基面仍应保持三角形（图 6.24）。

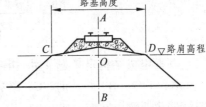

图 6.24　铁路标准横断面图

2. 路基面宽度

区间路基面宽度应根据旅客列车设计行车速度、远期采用的轨道类型、正线数目、线间距、曲线加宽、路基面两侧沉降加宽、路肩宽度、养路形式、接触网立柱的设置位置等，通过计算确定，必要时还应考虑光、电缆槽及声屏障基础的设置。在曲线地段需要进行路基面加宽计算，根据设计规范中提供的路基面加宽标准，按照断面所在曲线的位置计算。路肩宽度是影响安全避车、路基的维修保养和路基本体尤其是边坡稳定性的重要因素，为了能满足行车安全和维修保养需要，规范规定了路肩宽度。

（二）组合式横断面定义模型

为了提高路基 CAD 系统对工程的适应性，在路基 CAD 系统中，常采用组合式模型来定义横断面。铁路路基横断面的组合形式在实际工程中主要包括全堤、全堑、半堤半堑，及各种边沟或侧沟，可进行各种组合。而每种部件的结构是相对固定的，因此在组合式横断面定义模型中，分两级来定义一个断面：第一级是对部件组合方式的定义；第二级是对每个部件的定义。将上述部件分别用标识符来表示，用标识符的组合来表示各部件的位置，对每一个标识符所代表的部件再用一个参数组来定义，这一模型的数据结构包括两个主要部分：

1. 断面检索

断面检索给出了各分段所对应的断面形式编号，每个路段都有一种对应的断面，不同的路段也可共用一种断面。断面检索可用顺序法记录，如图 6.25 所示。

注：StakeI——第 k 分段起始桩号；

StakeJ——第 k 分段终止桩号；

StakeT——第 k 分段对应断面形式号。

图 6.25　横断面检索顺序表

2. 断面组成结构定义

标准路基是一个可组合结构，由用户指定路堤地段的路基面、护道参数和侧沟参数，给定路基边坡各个坡段的参数，设定填料线的参数，以及由于边坡过高引起的路基面的加宽值标准。程序提供用户定制标准横断面的工具使得标准路基能适应各种等级线路的路基横断面的要求，如图 6.26 所示。

图 6.26　横断面结构组成

断面组成结构定义记录用一串标识符表示，每个标识符对应一种部件，定义如下：

A：平台；B：路基面；C：路肩；D：侧沟；F：边沟。因此标识符串"ADCB"表示"单线铁路半路堑"断面。

三、横断面边坡设计模型

路堤边坡坡率和形式应根据填料的物理力学性质、边坡高度、轨道和列车荷载及地基工程地质条件等确定。边坡由坡度和平台构成，边坡坡率和平台的设置直接与路基填土类型和边坡高度相关。路堤坡脚外应设置不小于 2 m 宽的天然护道。在经济作物高产田地段，当能保证路堤稳定时，可设宽度不小于 1 m 的人工护道或设坡脚墙。路堑地段，需要考虑路基排水，需要在路肩外侧设置侧沟，如有必要还需要设置侧沟的外侧平台。

路基边坡设计是横断面设计中最复杂、技术性最强的一项工作，它涉及边坡稳定、排水通畅和与原地面的衔接，还涉及土石方数量及防护工程数量的大小，从而影响工程经济。通常在横断面设计系统中边坡设计分自动设计和交互修改两个步骤完成，其共同的基础模型是边坡设计模型。对边坡设计模型的要求有两个：首先是能满足处理各种类型边坡的要求；其次要尽可能减少分类，以方便在自动设计和交互修改中对它的调用。这两个要求本身是一对矛盾，因此在横断面设计系统中边坡处理模型就显得更为重要。

路基横断面边坡可分为路堤和路堑两种形式。一般情况下可用路基边缘点处的设计高程和地面高程之差来作区分，但当地形特殊时，还要根据路基边缘附近的地形情况来作出判断。

（一）路堤边坡

常用的路堤形式可归纳为图 6.27 所示的几种。由图 6.27 可知，路堤边坡最多可由三部分组成：边坡、边沟和支挡结构物。横断面设计系统在建立边坡设计模型时，如按图中的每一种类型建一个模型的话，则模型种类过多，而且图中的类型还可以将边坡、边沟和支挡结构物重新组合成新的类型。因此，模型分成三个部分（边坡、边沟和支挡结构物）来分别定义，然后再组合。

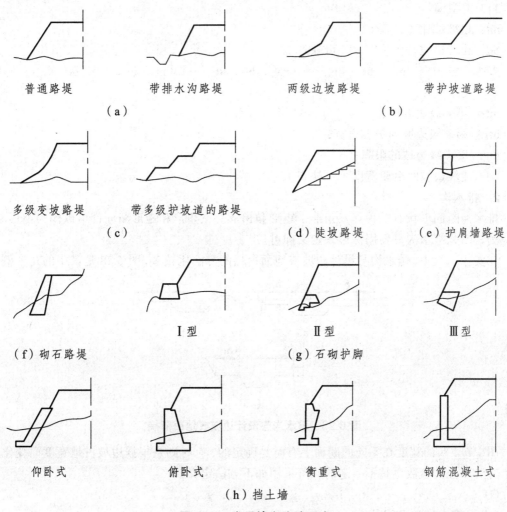

图 6.27　常用填方边坡形式

1. 边　坡

边坡分类见表 6.2。

表 6.2　边坡分类

边　坡	普通边坡	单级边坡
		多级边坡
	陡坡边坡	单级边坡
		多级边坡

单级边坡虽可作为多级边坡中的特例，但由于单级边坡最常用，为节省数据记录量，将其单独列为一种类型；而陡坡边坡只是在普通边坡的基础上将原地面挖出台阶状所得。最后边坡部分用以下参数定义：

单级边坡：T_1, mt, bd

T_1：类型编号；

mt：边坡坡比（1：mt）；

bd：陡坡边坡时台阶宽度（可缺省）。

多级边坡：T_2, mt_1, bt_1, ht_1, …, mt_k, bt_k, ht_k, …, mt_n, bt_n, ht_n, bd。

T_2：类型编号；

mt_k：第 k 级边坡坡比；

bt_k：第 k 级边坡的护坡道宽；

ht_k：第 k 级边坡的限高；

bd：陡坡边坡时台阶宽度（可缺省）。

2. 排水沟

排水沟断面形状有三种：三角形、矩形和梯形。三角形和矩形断面都可以作为梯形断面的特例，因此排水沟只要用梯形来定义即可。

在实际工程中，排水沟与设计边坡或地面衔接的方法比较多，图 6.28 是其中的几个例子。

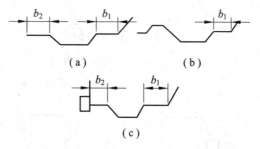

（a）　　　　　　　　（b）

（c）

图 6.28　排水沟与设计边坡或地面衔接

图中 b_1、b_2 的宽度在不同的断面上有时是确定的，有时则是根据边坡占地宽度而变化的，整个边沟部分的参数也是不一定的，可采用如下方法定义：

GT_1, x_1, i_1, j_1, …, x_k, i_k, y_k, j_k…, x_n, i_n, y_n, j_n。

GT_1：排水沟类型编号；

x_k、i_k、y_k、j_k 定义了两条直线为一组的折线段。

其中：x_k 为第一条直线的纵距；

　　　i_k 为第一条直线的坡比；

y_k 为第二条直线的纵距；

j_k 为第二条直线的坡比。

x_k、y_k 可以是定值，也可以是某一数据文件所给出的值。

3. 支挡结构物

路基支挡结构物的类型很多，常用的大致可分为：护肩墙、护脚墙、砌石路基和挡土墙。挡土墙又可分为：重力式（包括仰斜式、俯斜式和衡重式）和钢筋混凝土 L 形。由于结构物的形式差别很大，很难建立统一的数学模型，因此一般的做法是分别建立各自的数学模型。

在设计中，一般是结构物的几何参数与结构强度及稳定性有关，设计中通常采用标准图或通用图中的尺寸。这些标准图和通用图的数据存放在有关数据库中，这时其参数的个数和值都是固定的，在进行横断面设计时，按地质资料参数和所需墙高在数据库中检索得到所有的参数。图 6.29 是几种典型的支挡结构物的模型参数示例。

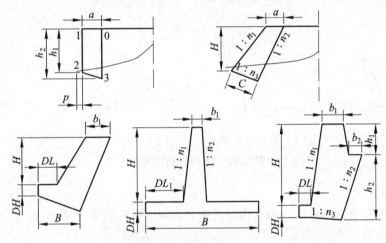

图 6.29　几种典型的支挡结构物的模型参数示例

在系统内部可用结构物名称及编号加参数组的方法定义支挡结构物。除参数组外，还要定义参数间的拓扑关系，或者说要对计算图进行描述，这通常是通过建立坐标关系式的方法来解决的。

对于标准图或通用图定义的挡土墙形式，系统在开发阶段即可将其放入模型库，而对各设计部门内部的标准设计，则需由用户将有关尺寸参数和拓扑关系在使用前输入到系统的扩展模型库中，以便在设计中取用。为了使用户顺利地完成这一工作，系统应提供挡土墙断面定义和参数化的界面及有关数据管理功能。

（二）路堑边坡

常用的路堑形式有图 6.30 所示的几种。与路堤边坡类似，路堑边坡也最多由 3 部分组成：边坡、侧沟和支挡结构物。只是路堑边坡在任何一个挖方横断面中侧沟总是有的，而且通常情况下，侧沟的位置在路肩外侧。另外，路堑边坡支挡结构物的形式相对简单一些。因此，路堑边坡的模型也可分为 3 个部分：边坡、侧沟和支挡结构物。

1. 边　坡

与填方边坡一样，挖方边坡可分为单级边坡和多级边坡，其参数定义如下：

单级边坡：w_1，mw

w_1 为类型编号；mw 为边坡坡比（1：mw）。

多级边坡：w_2，mw_1，bw_1，hw_1，…，mw_k，bw_k，hw_k，…，mw_n，bw_n，hw_n。

w_2 为类型编号；mw_k 为第 k 级边坡的坡比；bw_k 为第 k 级边坡的碎落台宽；hw_k 为第 k 级边坡的限高。

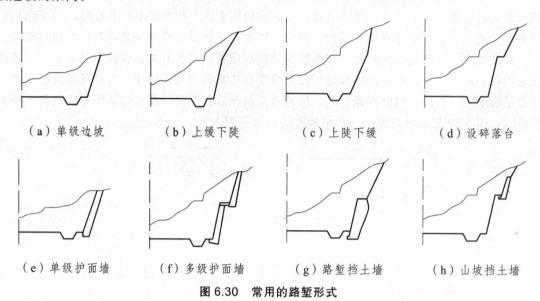

（a）单级边坡　　　（b）上缓下陡　　　（c）上陡下缓　　　（d）设碎落台

（e）单级护面墙　　（f）多级护面墙　　（g）路堑挡土墙　　（h）山坡挡土墙

图 6.30　常用的路堑形式

2. 侧　沟

侧沟形式要比填方路段中的排水沟形式来得简单，其形状不外乎梯形、矩形和三角形三种，可用以下参数定义：

GW_1，mg_1，bg，bh，mg_2

GW_1：侧沟类型编号；

mg_1：侧沟内坡（靠路基一侧）坡比；

bg：侧沟底宽；

bh：侧沟最小深度；

mg_2：侧沟外坡（靠边坡一侧）坡比。

3. 支挡结构物

路堑支挡结构物常用的有两种形式：护面墙与挡土墙。根据地形、地质分别可在边坡的上部、下部或多级布置。支挡结构物常用断面如图 6.30（e）~（h）所示。支挡结构物定义方法仍采用与路堤挡土墙定义相同的方式。这里不再赘述。

边坡中各组成部分各有定义后，它们还能以不同方式组合，这种组合可以按照惯用的方法进行，也可以采用特定的方法，有时同一项目不同路段还可能采用不同的方式，这是边坡设计中的又一个重要问题。在 CAD 系统中，通常这一问题由自动设计模块解决。

四、横断面自动设计

横断面自动设计是横断面设计系统中的重要模块，其性能直接影响到整个横断面设计系统的效率。同时，由于自动设计涉及铁路横断面设计策略，实践性极强，而这恰恰是计算机处理的弱项，因此，横断面自动设计一直是线路 CAD 研究的重点和难点。

不同的横断面设计系统之间的最大区别往往就在横断面自动设计上，一个横断面设计系统的综合工作效率也往往取决于自动设计模块。典型自动设计模块的流程图如图 6.31 所示。

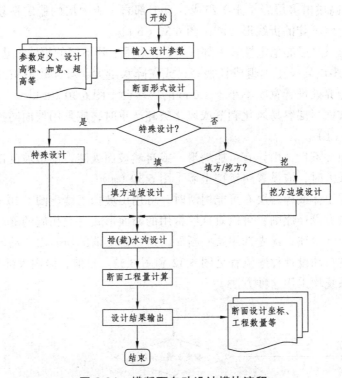

图 6.31 横断面自动设计模块流程

铁路路基横断面设计的一般原则可归纳如下：

1. 填方（参见图 6.27）

（1）在通常情况下，如路堤基底情况良好，路堤为普通一级边坡［图 6.27（a）］，则边坡坡比按不同填料种类规格选定不同的值。

（2）当填土高度超过单级边坡限高时，改作两级边坡［图 6.27（b）］。

（3）当填土总高度超出两级边坡限高时，改作高路堤处理，即为多级边坡［图 6.27（c）］。

（4）如果原地面横坡陡于 1∶5，则需将原地面挖成台阶［图 6.27（d）］。

（5）当地面横坡较陡，填方坡脚伸出很远甚至边坡与地面线无法相交时，则可改变填方材料以加大边坡坡度或设置支挡结构物［图 6.27（e）］，这时可按以下原则设计：

① 路肩边缘与原地面高差≤2.0 m，可设石砌护肩（直肩墙）。

② 断面附近有较多可利用石料，且基底承载力允许，可修筑砌石路基［图 6.27（f）］。

③ 当地面横坡较陡或有缺口，路基填方坡伸出较远且不稳定，或坡脚占用耕地过多，且地基较稳定时，采用石砌护脚［图 6.27（g）］。

④ 当地面横坡太陡，或出现缺口及凹槽（山坳），采用护肩、护脚等不能解决问题时可设置挡土墙［图 6.27（h）］。路堤挡土墙根据位置可分为路肩墙和路堤墙，根据结构特点可分为石砌重力式、钢筋混凝土悬臂式和扶臂式等。用户可根据地形、地质、当地材料等情况选用。

2. 挖方（参见图6.30）

（1）当水文地质条件良好、土质均匀或岩石无不利的层理时，路堑采用自然开挖，不设防护或支挡结构物。边坡按不同地质、水文情况选用：

① 当开挖边坡为均质岩（土）且高度不大时，按一坡到顶的直线边坡设计[图6.30(a)]。

② 当边坡较高或由多层岩（土）组成，且上部岩（土）层的稳定性较下部差或上部为覆盖层时，采用上缓下陡的折线形边坡[图6.30(b)]。

③ 当上部岩（土）层的稳定性较下部好时，可采用上陡下缓的折线形边坡[图6.30(c)]。

④ 当边坡为多层岩（土）组成且很高，或在降水量大、坡面较易被冲刷时，在边坡中部或岩（土）层分界处设置宽度不小于1.0 m的碎落台[图6.30(d)]。

（2）当山坡坡面岩层容易风化剥落或风化破碎严重时，应采用坡面防护措施，设置护面墙[图6.30(e)、(f)]。

（3）当地质条件不良，山体有可能坍滑，或自然坡面太陡，使边坡延伸过远，边坡高度过高，或开挖量太大时，应设置路堑挡土墙[图6.30(g)]。

（4）当覆盖层土体或碎岩层有可能坍滑时，可用山坡挡土墙[图6.30(h)]。

根据以上填挖方设计原则，可以对这些常用的断面形式建立相应的静态模型，在程序中按照有代表性的设计习惯，优先选用这些断面，这就是所谓的横断面自动设计模型。其中填方自动设计和挖方自动设计程序流程见图6.32和图6.33。目前，国内大部分路基CAD软件中的横断面设计系统均采用这种方法。

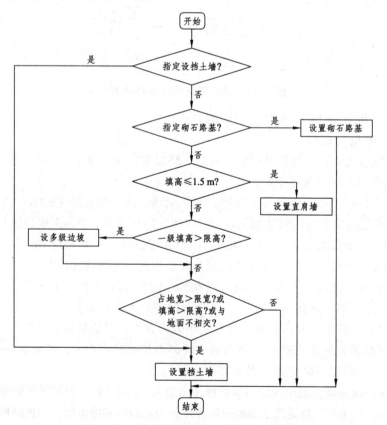

图6.32 填方横断面自动设计程序流程

288

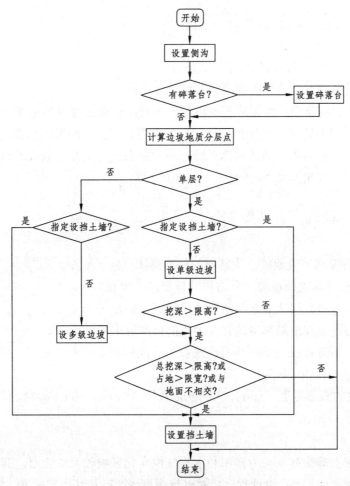

图 6.33　挖方横断面自动设计程序流程

　　在这样的系统内，由于采用某一设计策略的条件是固定在程序中的（仅某些参数值可变），因此，处理工程实际问题比较机械。如，填方设计时，当填方高度＜2.0 m，且地面平均坡度＜1∶2时，程序自动将填土边坡改为护肩墙。当某一桩号的横断面符合这一条件则设置了护肩墙，而其前后邻近的各断面却不符合条件未设护肩墙时，通常只能通过人机交互修改将这一断面的护肩墙取消，以使前后断面协调。再如，在挡土墙类型的选用上，程序只能按某一种先后顺序来自动选用，这时常会出现不同形式的挡土墙在邻近断面中交叉出现，这时也只能通过人机交互来修改。

3. 路肩高程

　　路肩高程应保证路基面不受水的影响，即不受洪水淹没，影响行车，并在地下水最高水位时，不因毛细水上升至路基面使土的湿度增加而降低路基面土的强度和承载力或发生冻胀、翻浆冒泥等现象。在路基横断面设计中，路肩高程根据纵断面信息，由断面所在的位置计算得到，还需要考虑竖曲线对路肩高程的影响。

　　硬质岩石路堑及基床表层为级配碎石或级配砂砾石的路基，其路肩高程应高于土质路堤的路肩高程，高出尺寸 Δh 按公式（6.46）计算。

$$\Delta h = (h - h') + \frac{B - B'}{2} \times 0.04 \qquad (6.46)$$

式中 h ——土质路堤直线地段的标准道床厚度（m）；

　　B ——土质路堤直线地段的标准路基面宽度（m）；

　　h' ——硬质岩石路堑、级配碎石或级配砂砾石路基直线地段的标准道床厚度（m）；

　　B' ——硬质岩石路堑、级配碎石或级配砂砾石路基直线地段的标准路基面宽度（m）。

在双线铁路中，并行不等高或局部单线地段的路肩高程应高于双线铁路并行等高地段土质路堤的路肩高程，高出尺寸 Δh 按公式（6.47）计算：

$$\Delta h = h_{sh} - h_d + \left(\frac{B_{sh} - D - B_d}{2} + 1.435 + \frac{g}{1\,000} \right) \times 0.04 \qquad (6.47)$$

式中 h_{sh} ——并行等高直线地段土质路堤的标准道床厚度（m）；

　　B_{sh} ——并行等高直线地段土质路堤的标准路基面宽度（m）；

　　D ——并行等高直线地段土质路堤的线间距（m）；

　　h_d ——并行不等高或局部单线直线地段的标准道床厚度（m）；

　　B_d ——并行不等高或局部单线直线地段的标准路基面宽度（m）；

　　1.435——标准轨距（m）；

　　g ——钢轨的头部宽度（mm）：75 kg/m 轨为 75 mm，60 kg/m 轨为 73 mm，50 kg/m 轨为 70 mm。

4．基床标准

基床是指路基上部受列车动力作用和水文气候变化影响较大的土层。其状态直接影响列车运行的平稳和速度的提高，设计规范应对基床厚度、填料及其压实标准、排水等作出规定。基床分表层和底层两部分，特别地，在部分高速线路中，表层部分又分为两层。表层和底层的厚度与线路等级、填料类型直接相关，具体需要参照路基设计规范确定。

5．路基基底处理

稳定斜坡上地基表层的处理，应符合下列要求：

（1）地面坡率缓于 1∶10 时，路堤可直接填筑在天然地面上。路堤高度小于基床厚度的地段，应清除地表草皮。

（2）地面坡率为 1∶10 ~ 1∶5 时，应清除草皮。

（3）地面坡率为 1∶5 ~ 1∶2.5 时，原地面应挖台阶，台阶宽度不应小于 2 m。当基岩面上的覆盖层较薄时，宜先清除覆盖层再挖台阶。当覆盖层较厚且稳定时，可予保留，在原地面挖台阶后填筑路堤。

地面横坡陡于 1∶2.5 地段的陡坡路堤，必须检算路堤整体沿基底及基底下软弱层滑动的稳定性，抗滑稳定安全系数不得小于 1.25。当符合要求时，应在原地面设计台阶，否则应采取改善基底条件或设置支挡结构等防滑措施。陡坡路堤靠山侧应设排水设施，并采取防渗加固措施。基底有地下水影响路堤稳定时，应采取拦截引排至基底范围以外或在路堤底部填筑渗水填料等措施。

第五节　排水用地 CAD 系统

一、排水用地设计相关知识

铁路横断面地面排水的目的是将可能停滞在路基范围内的地表水迅速排出去，并防止路基范围以外的地表水流入路基范围内。尤其是在受水浸泡后易于松软或膨胀的特殊土和易于软化的岩石路基地段，更应注意做好排水工程，以保持路基能经常处于干燥、坚固和稳定的状态。路基设计应有完整、通畅的排水系统。排水设施应布置合理，与桥涵、隧道、站场等排水设施衔接配合，并具有足够的过水能力。排水设施应根据各段落的汇水面积、表面形状、周边地形、地质情况、地下水状况和气候等条件进行设计。路基排水设施设计时，应与水土保持及农田水利的综合利用相结合。城市地区的路基排水应与地方排灌和排污系统密切配合。

用地设计是在横断面和排水用地设计完成后根据坡脚线及地面排水设施，按照给定的相关用地界的规定，根据行政区域划分和土地类型，计算线路所需的分类用地面积。

路基排水设备均为各种形式的水沟，如排水沟、天沟、侧沟和急流槽等，这些水沟的横断面形状一般设计为梯形或矩形，其布置位置如图 6.34 所示。横断面图中的线路中心线、路肩线、坡脚、堑顶、各种形式的水沟及用地边界在线路平面图中的相应位置见图 6.35。

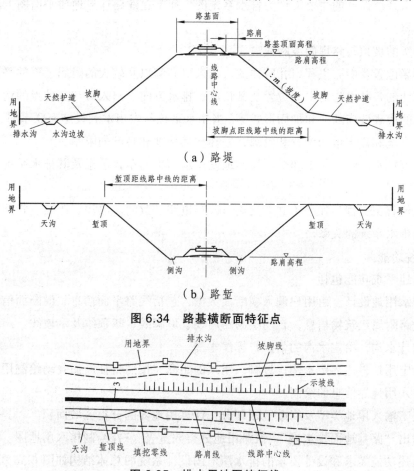

（a）路堤

（b）路堑

图 6.34　路基横断面特征点

图 6.35　排水用地图特征线

二、排水用地 CAD 系统功能

1. 排水用地设计内容

排水用地设计内容可归纳如下：

（1）根据横断面设计，在平面图上绘出路肩线、路堑的堑顶线和路堤的坡脚线、示坡线。

（2）绘制排洪桥涵位置及其中心里程、孔跨样式、出入口高程以及较大的附属工程的平面布置。

（3）在需要排水设备地段，以分水点为起点，根据线路平面要求，向两侧排洪桥涵方向布置各种排水设备的平面布置，包括天沟、多道天沟、截水沟等；设计各种水沟的纵断面，并确定是否需要加固及加固类型；标注各种水沟，包括排水方向、长度、横断面类型。

（4）填写"路基地面排水表"。

（5）根据线路中线、横断面信息（包括特设横断面），结合桥梁和隧道专业提供的特殊地段用地界，绘制用地界。

（6）根据输入的用地类型及行政区域划分，计算用地界分类面积。

（7）填写"铁路用地分类数量表"。

沿线排水系统设计的主要文件为排水系统图，通常在线路地形地质平面图上绘制，需要标注以下内容：

（1）路堑的坡顶与路堤的坡脚线。

（2）桥涵位置及中心里程、孔跨样式、出入口高程以及较大的附属工程的平面布置等。

（3）设计的各种水沟的平面位置及其长度、排水方向、出入口与变坡点的沟底高程，以及各段水沟的代表性横断面和加固形式等。当排水系统与农田水利设施有联系时，应予标明。

（4）取土坑和弃土堆的位置和轮廓，并标注其深度和高度的限制。

（5）隧道排水、站场排水和个别设计地段排水的平面布置示意及其排水系统的配合和连接关系。

（6）其他有关工程，如平（立）交道、改移道路、改河、改沟、改渠、管路等的平面布置示意及与排水系统的关系。

2. 系统功能

排水用地系统功能包括：

（1）排水用地设计。由用户调入横断面数据，包括线路平面信息、横断面信息、特设地段信息、线路附属建筑物信息，自动绘制路肩线、坡脚线、堑顶线及示坡线。

（2）设计水沟，给定水沟的信息，标注水沟。

（3）给定用地界边界距水沟、坡脚、堑顶的距离，按照特征断面自动绘制用地界，提供用户手工录入用地界信息的绘制。

（4）人工输入用地类型及行政区域划分，计算用地界的分类区域面积。

（5）输出"路基地面排水表""铁路用地分类数量表"，并绘制排水用地图。

满足上述功能需求和设计要求的排水用地图设计系统的总体结构如图 6.36 所示。

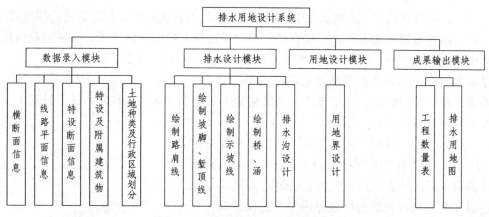

图 6.36　排水用地设计总体结构

三、排水设计

排水设计是在已知路堤坡脚、堑顶线及用于排水的桥涵建筑物的前提下进行排水沟设计，所以必须先绘制各条路基特征线及桥涵位置，其中大中桥、隧道和车站等在平面设计的时候已经绘制。排水沟的设计有两种方法：一种是里程法；另一种是坐标法。

1. 里程法

用里程法进行排水沟设计时，用户给定排水沟距路基坡脚、堑顶线的距离、里程范围以及所在线路的边侧，系统自动计算排水沟位置，并自动进行曲线连接，确定排水沟截面形状及排水沟的类型，选定与数量相关的其他排水沟参数，构建排水沟实体，并将实体添加到模型空间中。

路基坡脚、堑顶线在车站、隧道、大中桥处断开。

系统按照给定的排水沟距坡脚、堑顶线的距离，计算排水沟的起点和终点。排水沟的节点按照里程范围内的特征断面求解，并平移给定的距离。

2. 坐标法

用坐标法进行排水沟设计时，排水沟的平面位置由用户给定，一般可以输入坐标或在屏幕上指定坐标。输入坐标后，程序计算排水沟的起点和终点里程，根据起点和终点方向及排水沟的纵坡绘制排水沟水流方向。与里程法相同，使用坐标法的用户也需要输入排水沟的样式和与工程数量有关的其他参数，构建排水沟实体，并将实体添加到模型空间中。

四、用地界设计

根据初始信息的不同，用地界设计可采用自动设计和交互式设计两种方式完成。

1. 自动设计

自动设计用地界是在坡脚、堑顶线绘制完成，排水沟设计完成后，调入用地界距排水沟、天沟、坡脚线及堑顶线的距离，自动计算用地界的节点并标注节点。

自动设计用地界时，将线路分为左右侧分别进行设计，同时需要考虑排水沟对用地的影响，且排水沟在用地界设计中具有优先权，即排水沟范围内的用地界设计采用排水沟平移给定的距离得到。

设计时，系统按路堤、路堑、大中桥、隧道、车站及排水沟等，分段落进行用地界计算。

路堤、路堑地段用地界节点可以直接由用地界距特征横断面的坡脚、堑顶的距离计算得到，其中用地界距线路中心的距离=坡脚、堑顶距离+用地界距坡脚、堑顶的距离。

排水沟地段，用地界距线路中心的距离=排水沟距线路中心的距离+排水沟的沟宽×0.5+用地界到排水沟的距离。由于排水沟到线路的距离是个变化量，在实际计算过程中，需要按照排水沟的节点计算。

大中桥地段的用地界只需要根据规范计算桥左右侧各8 m 的范围，在胸墙处采用桥梁的缺口起终点处的横断面所对应的用地界。桥梁处用地界的图例如图 6.37 所示。

隧道和站场缺口内部的用地界由专业提供，只需要标注相应范围即可。

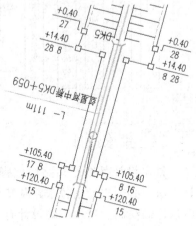

2. 交互式设计

用户可以通过交互式方式来设计用地界。交互式设计主要由用户指定用地界的节点位置，程序自动计算相应节点的里程及用地界距中线的距离，并根据用地界对里程的要求将里程进整并调整节点位置。也可根据用地界对距离的要求，做到加 1 取整，并调整用地界节点的位置。

图 6.37 桥梁处用地界设计示意

用户可先采用自动设计得到满足基本要求的用地界后，再用交互设计模式对个别特殊路段进行修改和完善。

五、排水用地界标注

标注在平面和纵断面设计中是一个需要小心处理的问题，平面图形可能是正里程，也可能是倒里程，而且折图完成后平面图形的里程方向和标注位置都不能满足平面出图的要求。

小桥涵及排水沟的标注可以通过夹点技术实现，通常用两个夹点来控制排水沟的标注，如图 6.38、图 6.39 所示。

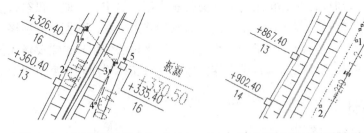

图 6.38 涵洞的夹点（1~5）　　　图 6.39 排水沟夹点（1~2）

涵洞的夹点包括进出口里程标注位置和方向夹点；排水沟标注位置在两个点中间，方向用两个点的连线的方向。

用地界需要标注里程和距离，里程和距离的相互位置及文本朝向应与线路平面图相关标注一致。

系统提供的标注修改功能包括标注拖动、改变字头朝向、里程和距离相互位置交换等，如图 6.40 所示。

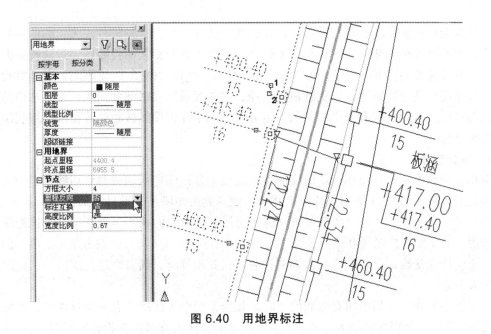

图 6.40　用地界标注

第六节　既有线改建计算机辅助设计方法

既有线改建的平纵面设计是在其主要技术标准已知的条件下，为改善平纵面状况而进行的。改建设计是以既有线为基础，一方面尽量利用原有建筑物和设备，以减少废弃工程；另一方面要减少施工对运营的干扰，保证施工与运营的安全。采用人机交互设计时，先按希望达到的要求进行优化设计，若结果令人满意则结束，否则根据具体情况放宽某些要求，再重新进行设计，直到设计人员认为可以接受为止。

一、既有线平面改建设计

铁路既有线平面改建设计，由于涉及面广、考虑因素多，很难用一个表达式表示其目标函数或约束方程，不可能用一种简单的优化方法进行设计，因此，系统设计采用人机交互的设计思路。首先，根据外业采集的既有线的有关数据，建立数字地形模型，形成地面等高线；其次，由平面外业偏角资料，对既有线路进行整正和曲线要素的计算，按照整正后的曲线要素，绘制线路平面，在此基础上，进行平面的改建设计。为了使设计人员能及时了解和检查平面改建的效果，要求系统在屏幕上能随时反映出改建后的纵断面和横断面情形，即具有三维的检验效果，从而达到反复修改、反复检验的目的，最终获得满意的改建设计效果。

（一）平曲线整正最优化模型

在列车运行过程中，由于车轮的冲撞而使线路平曲线产生错动，在线路维修与改建时都需要把曲线拨正成规则的几何形状，这一工作称为曲线整正。对于曲线变动较大的情况（如裁弯取直地段、增大曲线半径等），需综合利用线间距计算与拨距计算等方法，对既有曲线进行整正计算。对于拨整前后曲线长度变化不大的情况，对曲线进行整正拨距计算的方法有很多种，例如渐伸线长度法、角图法等。但用这些方法计算拨距，局限性较大，如曲线转角过大，或出现不等长缓和曲线时，计算误差较大。下面主要介绍采用拨距图逼近法整正曲线的方法。该方法主要思想是：计算内切圆拨距量 $\Delta[N_1:N_2]$，以它形成拨距图，在电算程序中按一定规律连续调整拨距图，以优选最佳半径，并选配最适宜的缓和曲线长度，从而达到整个曲线的最后拨距量平方和最小的目的。该方法适用于任何曲线转角的等长或不等长缓和曲线的拨距计算。

1. 设计变量

根据渐伸线拨距计算原理，单曲线的整正实质上是以固定始切线与终切线位置为边界条件，半径为 R 的圆弧在 xy 平面坐标系上移动，使达到拨距满足某种目标函数的要求。显然，单曲线有 R、x、y 三个自由度，这条圆曲线与始、终切线的相对位置便决定了该处缓和曲线的长度。为了便于控制缓和曲线长度，通常用 R、l_1、l_2（l_1 与 l_2 分别为第一、第二曲线长度）三个设计变量确定单曲线。当两端缓和曲线长度相等时，则自由度变成两个，此时设计变量为 R 与 l_0。

对于二心复曲线，当中间有缓和曲线时，相当于两个单曲线，有 6 个自由度，即独立的设计变量数为 6，分别为 R_1、R_2、l_1、l_2、l_z 及 ZH（ZH 为直缓点里程，也可以用 HZ 或 YY 点代替 ZH）；无中间缓和曲线时，则设计变量数为 5，即 R_1、R_2、l_1、l_2 及 ZH。

可见，设计变量的维数随曲线线形的不同而不同。

2. 约束条件

既有线平面整正的约束条件主要有三类，即边界约束、几何标准约束和控制点约束。

1）边界约束

首先，要保证既有曲线的转角不变动，以免终切线发生扭转。所以设计时应保证设计曲线和既有曲线的转角 α 相等。

其次，还必须使既有曲线测量终点的拨距为零，以免引起终切线的平行移动，所以设计时应使测量终点设计曲线和既有曲线的渐伸线长度相等。终端条件表达为优化约束条件为

$$\alpha_{sN} = \alpha_{jN}, \quad E_s(N) = E_j(N)$$

式中　α_{sN}、α_{jN}——计算路段的设计线总转角和既有线总转角。

$E_s(N)$、$E_j(N)$——计算路段线路终点 N 处的设计线渐伸线长度和既有线渐伸线长度。

2）几何标准约束

根据设计规范，整正后的设计线必须满足规定的几何标准，相应的几何标准约束包括最小平曲线半径、最小夹圆曲线长度、缓和曲线长度、最小夹直线长度等。

其约束条件的数学模型同第五章所述。

3）工点控制约束

在既有线拨距计算中，由于选配的设计曲线半径和缓和曲线长度不同，改建既有曲线时，要影响拨距的大小和方向，因此选用设计曲线半径和缓和曲线长度时，要考虑下列因素，力争减小改建工程量：

① 如果曲线路段有永久性桥梁、隧道等建筑物，则应尽可能使桥隧处中线不拨动，或使其拨动量控制在 5 cm 以内，以免引起桥隧建筑物的改建。

② 如果路基一侧有挡墙、护坡或防护工程，则线路应向另一侧拨动，以免破坏原有工程。

③ 在深路堑、高路堤路段，拨动量应力求减小，以免引起大量土石方工程。在填挖方不大的路段，即使拨动较大，土石方工程也不会很大。

④ 如果既有线路基顶面宽度不够标准，则应向一侧拨动，以免在路基两侧进行加宽。如果路基修建在地质条件良好的斜坡上，则路堤宜向斜坡上方拨动，以减少路基加宽工程。特殊情况下，应在横断面图上，结合路基本身的改建，决定拨动的方向和大小。

以上因素可归类为控制点约束条件，如下

$$\Delta_{y1}(i) \leqslant \Delta(i) \leqslant \Delta_{y2}(i)$$

式中　$\Delta_{y1}(i)$、$\Delta_{y2}(i)$——第 i 计算点的最小与最大允许拨距；

　　　$\Delta(i)$——第 i 点的拨距，$\Delta(i) = E_s(i) - E_j(i)$。

根据计算路段的具体情况，按路基、轨道、桥、隧及车站的情况，对每一工点定出其最大与最小拨距允许值。对于要求特别严格的固定点，其相应的约束则成为等式约束。为了便于进行优化计算，通常对于固定点，也给予一定的允许公差，使等式约束变为不等式约束。

3. 目标函数

既有线整正计算，应使得拨正后的设计线偏离既有线的量尽可能小，即拨动总量最小。通常取拨动量的绝对值之和最小，或拨动量的平方和最小。若以拨动量的平方和最小，其优化的目标函数可表达如下

$$F = \sum_{i=1}^{N} [\Delta(i)]^2 = \sum_{i=1}^{N} [E_s(i) - E_j(i)]^2 \to 0 \qquad (6.48)$$

式中　$E_s(i)$、$E_j(i)$——i 点的设计渐伸线与既有线渐伸线长；

　　　其余符号意义同前。

当无几何标准约束和工点控制约束时，可得到唯一的最优解，即最小二乘解；当有几何标准约束和工点控制约束时，就能得到满足约束条件的最优解。

（二）曲线整正优化

1. 初始可行解

为了对目标函数进行优化，必须要给设计变量赋一初始可行解，即拟定初始的设计曲线半径和缓和曲线长度。

求设计曲线半径初值的基本方法是对既有圆曲线进行拟合。对于扰动了的既有曲线，可利用求该不规则曲线的二阶差分的方法，找到既有曲线上的圆曲线范围。

若计算路段内有 N 个测点（一般每 20 m 一个测点），先计算出各测点关于始切线的既有渐伸线长 $E_j(i)(i = 1, 2, \cdots, N)$，再算出其二阶差分，并以此为纵坐标，以线路里程为横坐标作图，从图上可判断出圆曲线的范围。利用交互式图形技术在计算机图形屏幕上确定既有线圆曲线范围，既快速又方便。

假设最符合既有曲线现状且拨距量总和最小的理想半径为 R_j，而整正后的设计曲线半径为 R_s。将该设计曲线内切圆对用 R_j 校正后的既有曲线的圆曲线部分（即 HY—YH，实际上 R_j 还未知，计算是对尚未整正的既有曲线进行的）的拨距量 $\Delta[N_1:N_2]$ 按比例绘制 $\Delta = f(K)$ 图，即拨距-距离图，则图中各桩号（每 20 m 设一桩号）处纵坐标顶点的连线必遵循以下规律：

① 当 $R_s = R_j$ 时，连线呈一直线。当为等长缓和曲线时，该直线与横坐标轴平行；当为不等长缓和曲线时，该直线与横坐标轴不平行，如图 6.41（a）所示。

② 当 $R_s < R_j$ 时，连线呈现出开口向下的抛物线，如图 6.41（b）所示。

③ 当 $R_s > R_j$ 时，连线呈现出开口向上的抛物线，如图 6.41（c）所示。

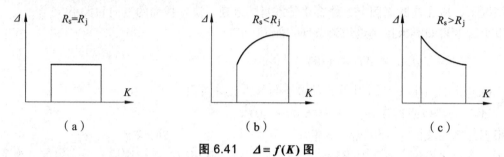

（a）   （b）   （c）

图 6.41 $\Delta = f(K)$ 图

因此，拨距图逼近法的目标，就是按照上述规律逐步调整半径值，直至最后的 $\Delta = f(K)$ 图顶点连线成一直线或接近于直线位置。然后根据所选的最佳半径来选配最适宜的缓和曲线长度。

要选出设计曲线半径的初值 R_s，则需计算既有曲线各相邻桩号之间渐伸线长度的二阶差分和三阶差分。若曲线平顺，则在圆曲线上（HY—YH）测点的角图面积差为

一阶差分：$\Delta E = \dfrac{L_{i+1}^2}{2R} + p - \dfrac{L_i^2}{2R} - p = \dfrac{1}{2R}(L_{i+1}^2 - L_i^2)$

二阶差分：$\Delta^2 E = \dfrac{1}{2R}[(L_{i+1}^2 - L_i^2) - (L_i^2 - L_{i-1}^2)] = \dfrac{1}{2R}(L_{i+1}^2 - 2L_i^2 + L_{i-1}^2)$

$$= \dfrac{1}{2R}[(L_i + 20)^2 - 2L_i^2 + (L_i - 20)^2] = \dfrac{400}{R}$$

三阶差分：$\Delta^3 E = 0$

在缓和曲线范围内（ZH—HY、YH—HZ）测点的角图面积差分为

一阶差分：$\Delta E = \dfrac{1}{3}\left(\dfrac{L_{i+1}^3}{2Rl_0} - \dfrac{L_i^3}{2Rl_0}\right) = \dfrac{1}{6Rl_0}(L_{i+1}^3 - L_i^3)$

二阶差分：$\Delta^2 E = \dfrac{1}{6Rl_0}[(L_{i+1}^3 - L_i^3) - (L_i^3 - L_{i-1}^3)] = \dfrac{1}{6Rl_0}(L_{i+1}^3 - 2L_i^3 + L_{i-1}^3)$

$$= \dfrac{1}{6Rl_0}[(L_i + 20)^3 - 2L_i^3 + (L_i - 20)^3] = \dfrac{400L_i}{Rl_0} \leqslant \dfrac{400}{R}$$

三阶差分：$\Delta^3 E = \dfrac{400}{Rl_0}(L_{i+1} - L_i) = \dfrac{8\,000}{Rl_0} = \text{const（常数）}$

所以，求出各桩号中三阶差分为零的起讫桩号（HY 和 YH 的邻近桩号）之间诸桩号二阶差分的平均值 D，即可选出大致符合既有曲线现状的设计曲线半径的初值 $R_s = 400/D$。

事实上，既有曲线一般并不圆顺，上述圆曲线的三阶差分也不一定为零，实际编程时，可设一误差值进行调整（建议取为 0.05）。

根据初始半径 R_s，可求出相应的第一缓和曲线初始值 l_1。对于等长缓和曲线，令 $l_2 = l_1 = l_0$，从而得出设计变量初值（R_s，l_0）；对于不等长缓和曲线，则可根据两端切线固定条件，即

按边界约束条件求出 p_2

$$p_2 = p_1 + \frac{\alpha_N^2 \cdot R_s}{2} + (k(N) - YZ)\alpha_N - E_j(N)$$

式中　α_N——单曲线转角；

　　YZ——圆直点里程，$YZ = ZY + R_s\alpha_N$；

　　$k(N)$——测量终点里程。

第二缓和曲线长度为 $l_2 = \sqrt{24R_s p_2}$。从而得到设计变量初值（R_s，l_1，l_2）。

2. 优化求解

单曲线整正的优化问题可归纳为如下模型

$$
\left.
\begin{aligned}
\min \quad & F = \sum_{i=1}^{N} (E_s(i) - E_j(i))^2 \\
\text{s. t.} \quad & R - R_{\min} \geqslant 0 \\
& l_j - l_{\min} \geqslant 0 \\
& R\alpha_N - \frac{l_1 + l_2}{2} - K_{\min} \geqslant 0 \\
& ZH - ZH_y \geqslant 0 \\
& HZ_y - HZ \geqslant 0 \\
& \Delta_{y1}(i) - (E_s(i) - E_j(i)) \geqslant 0 \\
& (E_s(i) - E_j(i)) - \Delta_{y2}(i) \geqslant 0
\end{aligned}
\right\}
\qquad (6.49)
$$

式中　$R_{\min}$、$K_{\min}$——允许的最小平曲线半径和最小圆曲线长度；

　　$l_{\min}$——与半径相适应的最小缓和曲线长度；

　　ZH_y、HZ_y——允许的 ZH 点最小里程与 HZ 点最大里程，根据两端夹直线情况拟定；

　　$\Delta_{y1}(i)$、$\Delta_{y2}(i)$——控制点 i 处允许的最大与最小拨距。

在优化迭代过程中，每一步都要重新计算特征点里程，从而保证满足前述第一类约束。

从上述优化模型可见，既有线平面整正是一个非线性目标函数与非线性约束问题。选择优化方法时，应根据模型的特点，选择相应的优化方法。一般多采用直接方法求解。

得到优化结果后，应对曲线长度的变化进行检查。根据拨距计算原理，拨正后的曲线长度变化不应超过 0.1 m，此时拨距误差不会超过 0.01 m。若长度变化太大，则与计算渐伸线的前提有矛盾，此时可放宽某些已达到边界的约束要求，再重新进行优化，直到长度变化在容许范围内为止。

若已放宽的约束要求是可以接受的，则结束；若已放宽的约束条件是不可接受的，即整正后的既有线不符合改建设计标准，则以此结果为基础，进行平面改建设计。

（三）对整正计算结果的检查与再优化

不论是单曲线还是复曲线，都需要检查整正前后线路长度的变化。对整正后不需再改建的线路，需要从平纵横断面综合设计的角度，对照平面整正与纵断面改建优化设计的结果，必要时显示部分横断面进行检查：检查平面与纵断面的配合是否合理，既有线防护建筑物是否充分利用，路基病害整治和桥隧建筑物改建工程的施工条件是否已充分考虑等。若发现有不合理的地方，应当调整平面与纵断面的约束条件，对纵断面与平面进行再优化，直到满意为止。

（四）整正后的线路平面坐标计算

通过既有线整正计算后，既有线的主要曲线要素已被确定。利用这些曲线要素，建立适当的数学模型，就可以计算出整正后的既有线各点的平面坐标。以下为按我国铁路采用的平面图式推导的线路平面各点的坐标公式。

铁路曲线主要控制点的坐标如图 6.42 所示。

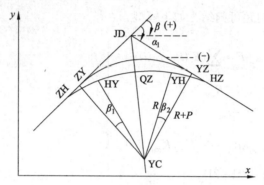

JD—曲线交点；YC—曲线圆心；α_1—曲线转角，右转为正，
左转为负；ZY、YZ—曲线的直圆、圆直点。

图 6.42　铁路曲线主要控制点的坐标

1. 交点坐标计算

根据已知的曲线（包括曲线转角、半径、缓和曲线长、ZH 里程），确定各交点坐标：
第 1 个交点

$$X_{\mathrm{JD1}} = (\mathrm{ZHLC}_1 + T_{11})\cos\alpha_1 \tag{6.50}$$

$$Y_{\mathrm{JD1}} = (\mathrm{ZHLC}_1 + T_{11})\sin\alpha_1 \tag{6.51}$$

第 i 个交点

$$X_{\mathrm{JD}i} = X_{\mathrm{JD}i-1} + (\mathrm{ZHLC}_i - \mathrm{HZLC}_{i-1} + T_{1,\,i} + T_{2,\,i-1})\cos\alpha_1 \tag{6.52}$$

$$Y_{\mathrm{JD}i} = Y_{\mathrm{JD}i-1} + (\mathrm{ZHLC}_i - \mathrm{HZLC}_{i-1} + T_{1,\,i} + T_{2,\,i-1})\sin\alpha_1 \tag{6.53}$$

式中　　ZHLC_i —— 第 i 个曲线的直缓里程。

HZLC_{i-1} —— 第 $i-1$ 个曲线的缓直里程，

$$\mathrm{HZLC}_{i-1} = \mathrm{ZHLC}_{i-1} + K_i = \mathrm{ZHLC}_{i-1} + \frac{R_{i-1}\pi(\alpha - \beta_1 - \beta_2)}{180°} + l_1 + l_2$$

其中　　R_{i-1} —— 第 $i-1$ 个曲线半径；

　　　　β_1、β_2 —— 第 $i-1$ 个曲线的缓和曲线角

$$\beta_1 = \frac{90l_1}{\pi R} , \quad \beta_2 = \frac{90l_2}{\pi R}$$

l_1、l_2——第 $i-1$ 个曲线的两缓和曲线长。

α——第 $i-1$ 个曲线转角。

$T_{1,j}$——第 i 个曲线第一段切线长

$$T_{1,j} = (R_i + P_{1,i})\tan\frac{\alpha}{2} + m_{1,i}$$

$T_{2,i-1}$——第 $i-1$ 个曲线第二段切线长

$$T_{2,i-1} = (R_{i-1} + P_{2,i-1})\tan\frac{\alpha}{2} + m_{2,i-1}$$

其中，$P_{1,i}$、$P_{2,j-1}$ 表示内移距离

$$P_{1,i} = \frac{l_1^2}{24R_i} - \frac{l_1^4}{2\,688R_i^3} , \quad P_{2,i-1} = \frac{l_2^2}{24R_{i-1}} - \frac{l_2^4}{2\,688R_{i-1}^3}$$

$m_{1,i}$、$m_{2,i-1}$ 表示切垂距

$$m_{1,i} = \frac{l_1}{2} - \frac{l_1^3}{240R_i^2} , \quad m_{2,i-1} = \frac{l_2}{2} - \frac{l_2^3}{240R_{i-1}^2}$$

2. 曲线主点坐标

ZY 点坐标：$X_{ZY} = X_{JD} - (R + P_1)\tan\frac{\beta_1}{2}\cos\alpha_1$ （6.54）

$$Y_{ZY} = Y_{JD} - (R + P_1)\tan\frac{\beta_1}{2}\sin\alpha_1 \qquad (6.55)$$

式中　P_1——第一缓和曲线内移距离。

YZ 点坐标：$X_{YZ} = X_{JD} + (R + P_2)\tan\frac{\beta_1}{2}\cos\alpha_2$ （6.56）

$$Y_{YZ} = Y_{JD} + (R + P_2)\tan\frac{\beta_1}{2}\sin\alpha_2 \qquad (6.57)$$

式中　P_2——第二缓和曲线内移距离。

YC 点坐标：$X_{YC} = X_{ZY} \pm (R + P_1)\sin\alpha_1$ （6.58）

$\qquad\qquad\quad Y_{YC} = Y_{ZY} \mp (R + P_1)\cos\alpha_1$ （6.59）

式中　若曲线右转则取第一符号"±"，左转则取第二符号"∓"，以下均同。

QZ 点坐标：$X_{QZ} = X_{YC} + \dfrac{(X_{JD} - X_{YC})R}{\sqrt{(X_{JD} - X_{YC})^2 + (Y_{JD} - Y_{YC})^2}}$ （6.60）

$$Y_{QZ} = Y_{YC} + \frac{(Y_{JD} - Y_{YC})R}{\sqrt{(X_{JD} - X_{YC})^2 + (Y_{JD} - Y_{YC})^2}} \qquad (6.61)$$

ZH 点坐标：$X_{ZH} = X_{ZY} - \dfrac{l_1}{2}\cos\alpha_1$ （6.62）

$Y_{ZH} = Y_{ZY} - \dfrac{l_1}{2}\sin\alpha_1$ （6.63）

HY 点坐标：$X_{HY} = X_{ZH} + l_1\cos\left(\alpha_1 \mp \dfrac{l_1}{6R}\right)$ （6.64）

$Y_{HY} = Y_{ZH} + l_1\sin\left(\alpha_1 \mp \dfrac{l_1}{6R}\right)$ （6.65）

HZ 点坐标：$X_{HZ} = X_{YZ} + \dfrac{l_2}{2}\cos\alpha_2$ （6.66）

$Y_{HZ} = Y_{YZ} + \dfrac{l_2}{2}\sin\alpha_2$ （6.67）

YH 点坐标：$X_{YH} = X_{HZ} - l_2\cos\left(\alpha_2 \pm \dfrac{l_2}{6R}\right)$ （6.68）

$Y_{YH} = Y_{HZ} - l_2\sin\left(\alpha_2 \pm \dfrac{l_2}{6R}\right)$ （6.69）

（五）交互式平曲线改建原理

设计人员在计算机上进行交互修改平面，就是对既有平面线形进行修改，其实质是重新确定平面中线有关点的 x、y 坐标。坐标的计算是与曲线要素密切相关的，曲线要素一旦确定，即可按整正后的线路平面坐标计算方法计算出坐标，因此如何确定改建后的曲线要素是人机交互的基础。

平面改建主要考虑如下几种方式：曲线半径调整、缓和曲线长度调整、同向曲线合并为一条曲线、扭转反向曲线的公切线、曲线群地段的裁弯取直。这些改建措施的共同特点是改建范围的起始与终止切线位置不动，在此基础上确定改建后的曲线要素。前两种改建方式曲线要素确定的方法较为简单，在此不作详述，仅介绍后三种改建方式的计算原理。

1. 同向曲线合并为一条曲线的原理

如图 6.43 所示，在 △ABC 中，A、C 分别为两同向曲线的交点，其坐标已知，则

$|AC| = \sqrt{(\mathrm{JD}_{1x} - \mathrm{JD}_{2x})^2 + (\mathrm{JD}_{1y} - \mathrm{JD}_{2y})^2}$ （6.70）

$|AB| = \dfrac{AC\sin\alpha_2}{\sin(\pi - \alpha_1 - \alpha_2)}$ （6.71）

在 △ABD 中，由正弦定理

$|BD| = \dfrac{|AB|\sin\alpha_1}{\sin\left(\dfrac{\pi}{2} + \dfrac{\alpha_2 - \alpha_1}{2}\right)}$ （6.72）

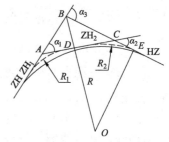

图 6.43 同向曲线合并为一个曲线示意

所以，在 △ODE 中，忽略内移距，则 $|OE| \approx R$，从而解出

$$R = \dfrac{|BD|\sin\left(\dfrac{\pi}{2} - \dfrac{\alpha_1 + \alpha_2}{2}\right)}{1 - \sin\left(\dfrac{\pi}{2} - \dfrac{\alpha_1 + \alpha_2}{2}\right)}$$ （6.73）

式中 α_1、α_2——两同向曲线转角。

由于同向曲线前后的切线位置保持不变，则合并后的曲线转角即为

$$\alpha = \alpha_1 + \alpha_2$$

根据式（6.73）计算出的 R，取为 10 m 整倍数即为所求半径 R。然后依据 R 按《线规》规定选取缓和曲线长度 l_1、l_2。

合并后的直缓里程为

$$ZHLC = ZHLC_1 - T'_1 + T_{11} + |AB|$$

式中 $ZHLC_1$——同向曲线中的第一个曲线的直缓里程；

T_{11}——第一个曲线的第一段切线长

$$T_{11} = (R_1 + P_{11}) \tan \frac{\alpha_1}{2} + m_{11}$$

T'_1——合并后曲线的第一段切线长

$$T'_1 = (R + P_1) \tan \frac{\alpha}{2} + m_1$$

其中 P_1、m_1 分别为合并后曲线前段的内移距和切垂距

$$P_1 = \frac{l_1^2}{24R} - \frac{l_1^4}{2\,688R^3}, \quad m_1 = \frac{l_1^2}{2} - \frac{l_1^3}{240R^2}$$

$|AB|$——由（6.71）式计算所得。

这样确定出曲线要素后，即可调用平面坐标计算程序计算其主要点坐标，供修改图形使用。

2. 公切线扭转计算原理

公切线扭转是增大反向曲线间夹直线长度的常用办法，这种改建措施是在假定需要改建的两曲线前后切线位置不变，两反向曲线的半径 R_1、R_2 缓和曲线长度 l_{11}、l_{12}、l_{21}、l_{22} 不变的前提下进行的，如图 6.44 所示。要确定扭转后两曲线各主要点坐标，就必须算出扭转后两曲线的转角、直缓里程。

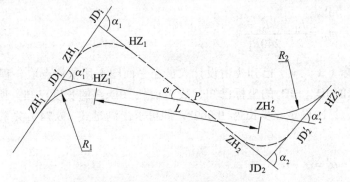

图 6.44 公切线扭转示意

设夹直线绕已知点 $P(x, y)$ 旋转，旋转 α 角度后，夹直线长度正好满足《线规》要求，如

图 6.44 在 $\triangle \mathrm{JD}_1 \text{-} \mathrm{JD}_1' \text{-} P$ 中，由正弦定理

$$|\mathrm{JD}_1'P| = \frac{|\mathrm{JD}_1P|\sin\alpha_1}{\sin\alpha_1'} = \frac{|\mathrm{JD}_1P|\sin\alpha_1}{\sin(\alpha-\alpha)_1}$$

同理

$$|\mathrm{JD}_2'P| = \frac{|\mathrm{JD}_2P|\sin\alpha_2}{\sin(\alpha_2-\alpha)}$$

因为

$$|\mathrm{JD}_1'P| - T_{12}' + |\mathrm{JD}_2'P| - T_{21}' = L$$

所以

$$\frac{|\mathrm{JD}_1P|\sin\alpha_1}{\sin(\alpha_1-\alpha)} - T_{12}' + \frac{|\mathrm{JD}_2P|\sin\alpha_2}{\sin(\alpha_2-\alpha)} - T_{21}' = L \qquad (6.74)$$

式中　L——《线规》规定的最小夹直线长度；

　　　T_{12}'——夹直线旋转 α 角度后，第一条曲线的第二段切线长

$$T_{12}' = (R_1 + P_{12})\tan\frac{\alpha_1}{2} + m_{12}$$

　　其中　P_{12}——第一条曲线后段内移距离

$$P_{12} = \frac{l_{12}^2}{24R_1} - \frac{l_{12}^4}{2\,688R_1^3}$$

　　m_{12}——第一条曲线后段的切垂距

$$m_{12} = \frac{l_{12}}{2} - \frac{l_{12}^3}{240l_1^2}$$

　　　T_{21}'——夹直线旋转 α 角度后，第二条曲线的第一段切线长

$$T_{21}' = (R_2 + P_{21})\tan\frac{\alpha_2}{2} + m_{21}$$

　　其中　P_{21}——第二条曲线前段内移距

$$P_{21} = \frac{l_{21}^2}{24R_2} - \frac{l_{21}^4}{2\,688R_2^3}$$

　　m_{21}——第二条曲线前段的切垂距

$$m_{21} = \frac{l_{21}}{2} - \frac{l_{21}^3}{240R_2^2}$$

由于 P 点坐标（x，y）已知（由设计人员在平面图上用鼠标点取，程序自动记录其坐标），两曲线原有的 JD_1、JD_2 的坐标已知，故 $|\mathrm{JD}_1P|$、$|\mathrm{JD}_2P|$ 的长度已知，所以可按（6.74）式建立循环迭代，每次设定 α 步长为 0.002°，即可求出满足式（6.74）关系时对应的旋转角度 α。则有

$$\alpha_1' = \alpha_1 - \alpha$$

$$\alpha_2' = \alpha_2 - \alpha$$

式中 α'_1、α'_2——扭转后两曲线新的转角；

  α_1、α_2——原有两曲线转角；

  α——旋转角度。

两曲线扭转后的直缓里程计算如下：

在 $\triangle \mathrm{JD_1 \text{-} JD'_1 \text{-} }P$ 中，由正弦定理

$$| \mathrm{JD_1 - JD'_1} |= \frac{| \mathrm{JD_1}P |}{\sin \alpha'_1}\sin \alpha$$

同理 $$| \mathrm{JD_2 - JD'_2} |= \frac{| \mathrm{JD_2}P |}{\sin \alpha'_2}\sin \alpha$$

所以，第一条曲线新直缓里程为

$$\mathrm{ZHLC'_1} = \mathrm{ZHLC_1} + T_{11} - | \mathrm{JD_1 - JD'_1} | - T'_{11}$$

式中 $\mathrm{ZHLC'_1}$——夹直线扭转后，第一条曲线直缓里程；

  $\mathrm{ZHLC_1}$——第一条曲线原直缓里程；

  T_{11}——第一条曲线原前段切线长；

  T'_{11}——扭转后第一条曲线前段切线长。

第二条曲线新的直缓里程为

$$\mathrm{ZHLC'_2} = \mathrm{ZHLC'_1} + K'_1 + L$$

式中 K'_1——扭转后第一条曲线全长

$$K'_1 = \frac{R_1 \cdot \pi(\alpha'_1 - \beta_1 - \beta_2)}{180} + l_{11} + l_{12}$$

其中 β_1、β_2——第一条曲线缓和曲线角；

  $\mathrm{ZHLC'}$、L 意义同前。

所以，计算出第一条曲线和第二条曲线在公切线扭转后的转角、直缓里程后，即可调用平面坐标计算程序分别计算出这两条曲线所有主要点的坐标，供修改图形使用。

3. 裁弯取直计算原理

利用计算机人机交互进行曲线地段的裁弯取直改建的思路是：首先，确定需要裁弯取直的起讫范围，再按裁弯取直的范围确定开始和结束两曲线的要素；然后计算坐标，修改曲线实体。

下面以图 6.45 为例，说明裁弯取直改建的原理方法。

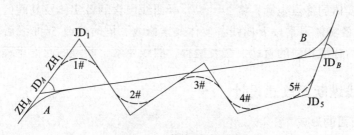

图 6.45 裁弯取直示意

设 1#~5# 曲线为需要裁弯取直改建的曲线，需要另行修建 A、B 两曲线及其间的夹直

线。A曲线的交点 JD_A 应在 1#曲线前段切线或其延长线上，而 B 曲线的交点 JD_B 应在 5#曲线后段切线或其延长线上。设 JD_A、JD_B 的具体位置通过人机交互由设计人员确定，则 A、B 两曲线转角可由 ObjectARX 兼容的 ADS 函数 ads_angle（ ）求得。

函数 ads_angle（ ）按以下格式定义：

ads_real   ads-angle（p，q）；

ads_point   p，q

该函数功能是返回由 p 和 q 两点定义的一条直线的角度。角度以 P 点为原点，x 轴沿逆时针方向旋转到 q 点时的角度，该角度用弧度（即实型）表示。

曲线 A、B 的转角通过以下计算可得到：

$$\alpha_A = \text{ads\_angle}(JD_A, JD_1) - \text{ads\_angle}(JD_A, JD_B)$$

$$\alpha_B = \text{ads\_angle}(JD_B, JD_A) - \text{ads\_angle}(JD_B, JD_5)$$

曲线 A、B 的半径 R_A、R_B 则可通过人机交互方式由设计人员取定。根据半径值，参照《线规》规定，程序自动匹配相应的缓和曲线长度 L_A、L_B（按等长考虑）。

曲线 A 的直缓里程

$$\text{ZHLC}_A = \text{ZHLC}_1 - |JD_A - ZH_1| - T_{A1}$$

式中 ZHLC_1——第一个裁减曲线的直缓里程；

$|JD_A - ZH_1|$—— JD_A 距第一条裁减曲线 ZH 点的距离（因点坐标均已知，故可求出）；

T_{A1}——曲线 A 的第一段切线长。

曲线 B 的直缓里程

$$\text{ZHLC}_B = \text{ZHLC}_A + K_A + |JD_A - JD_B| - T_{A2} - T_{B1}$$

式中 K_A——曲线 A 的全长，$K_A = R_A \cdot \dfrac{\pi \cdot \alpha_A}{180°} + l_A$；

$|JD_A - JD_B|$——曲线 A、B 交点间的距离；

T_{A2}——曲线 A 的第二段切线长（因程序按等长配缓和曲线，故 $T_{A2} = T_{A1}$）；

T_{B1}——曲线 B 的第一段切线长。

这样，曲线 A、B 的要素已全部计算出来，即可调用平面坐标程序计算其各主要点的坐标，供修改图形使用。

在绘制裁弯取直后的线路时，将 1#曲线的各实体要素按 A 曲线要素修改，同时修改 1#曲线前的夹直线实体的终点坐标；将 2#、3#、4#曲线包含的各实体及其间的夹直线实体均删除；将 5#曲线的各实体要素按 B 曲线各实体要素修改，同时修改 5#曲线后段的夹直线实体的起点坐标；最后标注相应的直缓、缓直里程，曲线要素，断链的起讫里程。

二、既有线纵断面改建设计

1. 初始纵断面的形成

初始纵断面应满足两方面的要求：一是满足规范规定；二是要尽量贴近计算轨面线，以减少优化过程中的迭代次数。初始纵断面的形成分为以下两步进行：

（1）不考虑约束条件，将被优化的线路中线划分为百米等长的坡段。从起点开始，取百米标处的计算高程（道砟底面高程＋标准道砟厚度＋设计轨道高度）作为初始纵断面的变坡点，形成百米等长链式坡段纵断面。

（2）使百米链式坡规范化：使百米链式坡的坡度值和坡度代数差均满足规范规定。

2. 目标函数

既有线断面优化设计的目标函数采用变坡点处的轨面设计高程与计算轨面高程差的平方和作为目标函数，即

$$F(X) = \sum_{i=2}^{n-1} (x_i - h_i)^2 \tag{6.75}$$

式中　x_i——第 i 个变坡点处的轨面设计高程；

　　　h_i——第 i 个变坡点处的计算轨面高程。

计算轨面高程 ＝ 道床底面高程 ＋ 设计轨道高度

其中　　　　道床底面高程 ＝ 既有轨面高程 － 既有轨道高度

设计轨道高度 ＝ 设计钢轨高度 ＋ 垫板厚度 ＋ 轨枕高度 ＋ 设计道床厚度

关于设计变量的二次函数，用矩阵可表示为

$$F(X) = \frac{1}{2} x^{\mathrm{T}} Q x + b^{\mathrm{T}} x + c \tag{6.76}$$

式中　Q——$n \times n$ 阶对称阵；

　　　b——$n \times 1$ 阶列向量；

　　　c——常数项。

3. 约束条件

所谓约束条件，就是纵断面改建设计提出的各种技术条件，包括《线规》要求和某些技术经济条件。在以变坡点轨面设计高程为设计变量的纵断面改建优化设计中，考虑的约束条件包括坡度约束、相邻坡段坡度差约束、控制点高程约束，其相应的数学模型见第五章第二节。

4. 优化方法

既有线纵断面优化设计是一个标准的二次规划问题，引入松弛变量，将不等式约束变为等式约束，即可按简约梯度法进行求解。

采用简约梯度法的特点是收敛速度快，计算稳定，无须计算目标函数的二阶导数，只要计算目标函数对基变量的简约梯度，并用其构造下降方向即可。具体优化方法见第五章第一节。

在这里需要说明一点，在优化过程中，需要进行若干次迭代，而每次迭代都必须求 B 矩阵的逆，当线路较长时，B 矩阵是一个高阶矩阵，高阶矩阵求逆十分冗繁费事。为简化这一过程，采用换列递推求逆和换行递推求逆，把冗繁的求逆过程变成只有少量元素参与运算的矩阵乘法的求逆运算，可极大地简化矩阵求逆运算。

5. 既有线纵断面优化设计流程图

综合上节和本节的有关内容，可绘出既有铁路纵断面优化流程，如图 6.46 所示。整饰可遵循以下方法处理：

（1）根据链式坡优化的结果，由计算机自动划分紧坡地段和自由坡地段。划分的原则是：如果在连续 2 km 以上的地段内，优化后的链式坡均采用了最大坡度，则视为紧坡地段；否则为自由坡地段。

（2）在紧坡地段，按照需要坡度折减地段或不需要坡度折减地段来划分坡段。按规范要求，最小坡段长度不小于 200 m。

（3）在自由坡地段，在保证坡段长度不小于规范规定（一般为半个列车长）的条件下，使整饰后的坡段与优化链式坡的坡度尽可能一致。

按照上述原则，可编制程序由计算机自动完成。若设计人员对计算机划分的坡段觉得有不满意之处，可通过人机交互方式进行修改。

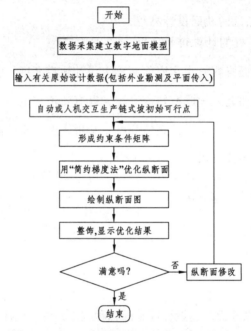

图 6.46　既有改建线路纵断面优化设计流程

第七节　增建二线计算机辅助设计方法

增建二线设计是一个三维空间问题，需要考虑多种复杂因素的影响，所需要的原始资料为地形资料和既有线资料。和新建铁路设计相比较，其约束将更为复杂。单纯依靠优化技术不能得出符合实际需要的解，需结合计算机的可视化技术及计算机辅助设计手段，充分发挥计算机计算速度快、存储量大和铁路选线工程师丰富的实践经验，才能找出一条满足线路设计规范要求、技术经济合理的三维空间线路。增建二线设计时，根据二线与既有一线的相对位置，设计地段被分为并行等高地段、并行不等高地段和绕行地段。并行等高地段纵断面设计采用与既有线改建设计相同的放大纵断面设计方法，并行不等高地段和绕行地段采用与新建线路相同的设计方法，其设计方法已在前述相关章节中介绍，本节主要介绍增建二线平面设计的 CAD 技术。

一、数学模型

增建二线平面设计是在既有线改建设计完成的基础上进行的。因此，取改建既有线的测点作为计算线间距的点，取这些点的线间距 D_i（$i=1,\cdots,N$）（N 为测点个数）为变量，以增建二线的工程费为目标函数。实际上，引起我们注意的是由于线间距的变化而路基横断面面积增大的那些断面（图 6.47）。

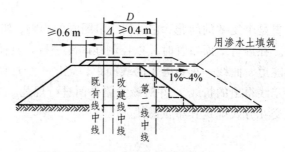

图 6.47　增建二线路基横断面设计图示

对于路堤，路基面积的变动 S_j 和线间距 D_i 的函数有如下关系式

$$S_i = \frac{D_i}{m+n}\left(n \cdot H_i - \frac{B}{2} - \frac{D_i}{2}\right) \tag{6.77}$$

式中　n——地面横断面斜率；

　　　m——路堤边坡坡度 $1:m$ 的分母；

　　　B——路基宽度；

　　　H_i——第 i 个断面处的既有线填挖高。

同理可得路堑的 S 与 D 的关系式。

用横断面积线性关系表示土方数量。

$$V_T = \sum_{i \in I_T} S_i \frac{l_i + l_{i+1}}{2} \tag{6.78}$$

$$V_W = \sum_{i \in I_W} S_i \frac{l_i + l_{i+1}}{2} \tag{6.79}$$

式中　V_T 和 V_W——填方和挖方的工程量；

　　　l_i——线间距相邻点之间的距离；

　　　I_T 和 I_W——对应的路堤和路堑的点号集。

当已知土工单位费用路堤为 q_T、路堑为 q_W 时，由工程量计算得到土工费用如下式

$$F = V_T q_T + V_W q_W \tag{6.80}$$

由于横断面斜率 n 的影响非常小，因此首先研究主要因素——施工高程和单位费用的影响。换句话说，取线间距的加权平方作为简化的目标函数。

$$\min F = \sum_{i=1}^{n} \alpha_i D_i^2 \tag{6.81}$$

式中　α_i ——第 i 测点加权系数，分路堤和路堑不同；

　　　D_i ——第 i 测点线间距；

　　　N ——测点个数。

在增建二线平面设计中，主要解决两大问题：平面布置问题和线间距计算问题。

二、平面布置

二线设计的平面布置是个复杂的问题，它受到许多因素的影响，如自然条件、地形特征、施工方法和施工组织等。在进行平面布置时，以控制线间距进行。具体地说，就是根据第二线各控制点（如桥梁、隧道、曲线、车站等）的线间距，定出一个近似的线路平面（类似新线设计中用的导向线法定线得出的折线），并对该线路平面进行规范。计算出来的这条二线线路初始平面，可用人机交互方式确定其布置图式。

三、线间距计算

在增建二线设计的平面线间距计算中，常用的计算方法有：复合角图法、三角分析法和坐标解析法。下面介绍坐标解析法。

坐标法计算线间距的计算前提是以整正后的既有曲线为基线，在既有曲线两端确定计算起终点以及相应的里程。确定设计曲线在计算起终点处的出发线距、两端切线相对于既有曲线切线的扭转角的大小和方向以及设计曲线的半径与缓和曲线长度（等长和不等长均可）。

1. 计算步骤

（1）求出计算点的直角坐标。

（2）求出既有曲线在计算点的法线方向。

（3）求出法线与设计线的交点。

（4）求计算点与交点的距离（两线线间距）。

2. 计算原理

1）设置坐标系

取曲线的起点为坐标原点（图 6.48），曲线在起点处的切线方向为 x 轴，坐标系采用左手系，这一点与大地测量的坐标系相一致。建立如下的坐标方程：

① 圆曲线的坐标方程。在圆曲线中有如下关系式

$$\left.\begin{array}{l} \alpha = \dfrac{L}{R} \\ x = R \cdot \sin\alpha \\ y = R \cdot (1-\cos\alpha) \end{array}\right\} \qquad (6.82)$$

式中　L ——弧长 $\overset{\frown}{OK}$ 。

② 缓和曲线的坐标方程。

a. 第一缓和曲线

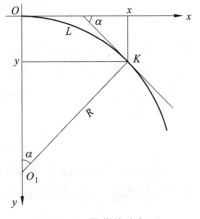

图 6.48　圆曲线坐标系

$$\left.\begin{array}{l} \alpha = \dfrac{L^2}{2Rl} \\[3mm] x = L - \dfrac{L^5}{40R^2l^2} \\[3mm] y = \dfrac{L^3}{6Rl} - \dfrac{L^7}{336R^3l^3} \end{array}\right\} \qquad (6.83)$$

b. 第二缓和曲线

$$\left.\begin{array}{l} \alpha = \dfrac{L}{R} + \dfrac{L^2}{2Rl} \\[3mm] x = L - \dfrac{L^3}{6Rl} \\[3mm] y = \dfrac{L^2}{2R} + \dfrac{L^3}{6Rl} \end{array}\right\} \qquad (6.84)$$

式中　L——弧长；

　　　l——缓和曲线长；

　　　R——曲线半径。

2）法线方程的参数计算

已知既有曲线上的计算点里程 K，则其到坐标原点的弧长 L 可以求出。按公式（6.82）~（6.84）可求出计算点的坐标 x_K、y_K 以及过 K 点的切线方向 α_K 角，过 K 点的法线方向应与切线方向相垂直，有 $\eta_K = \alpha_K + \dfrac{\pi}{2}$。这样，点斜式法线方程的参数就已得到了。

3）坐标转换

前面求出的法线方程参数 x_K、y_K、η_K 都是建立在既有曲线的坐标系中的。为了利用曲线坐标方程，在设计曲线上建立设计坐标系，即设计坐标系的原点在既有坐标系中为 (x_0, y_0)，两坐标系夹角为 β，用下式把 K 点坐标转换到设计坐标系中来

$$\left.\begin{array}{l} X_K = (x_K - x_0)\cos\beta + (y_K - y_0)\sin\beta \\[2mm] Y_K = -(x_K - x_0)\sin\beta + (y_K - y_0)\cos\beta \end{array}\right\} \qquad (6.85)$$

法线方向对设计坐标系的倾斜角为

$$N_K = \eta_K + \beta = \alpha_K + \beta + \dfrac{\pi}{2} \qquad (6.86)$$

在设计坐标系中，法线方程为

$$Y = k \cdot X + B$$

其中　$k = \tan N_K = -\dfrac{1}{\tan(\alpha_K + \beta)}$

由于法线过 K 点，所以有

$$Y_K = -\frac{X_K}{\tan(\alpha_K + \beta)} + B$$

这样 $B = Y_K + \dfrac{X_K}{\tan(\alpha_K + \beta)}$

而法线方程成为

$$Y = -\frac{X}{\tan(\alpha_K + \beta)} + Y_K + \frac{X_K}{\tan(\alpha_K + \beta)}$$

令 $K = \tan(\alpha_K + \beta)$

于是法线方程为

$$X = X_K + K \cdot (Y_K - Y) \qquad (6.87)$$

4）设计线与法线的交点

求设计线与法线的交点，可用解方程的方法来解决。

① 交点在起始直线边上。直线的方程为 $Y = 0$，则有

$$X = X_K + K \cdot Y_K \qquad (6.88)$$

$X \le 0$，说明交点确实在起始直线上；$X > 0$，说明交点已进入第一缓和曲线部分，按第一缓和曲线的方式再求交点。

② 交点在第一缓和曲线上。解方程组

$$\begin{cases} X = L - \dfrac{L^5}{40R^2l^2} \\ Y = \dfrac{L^3}{6Rl} \\ X = X_K + K \cdot (Y_K - Y) \end{cases}$$

得到

$$L = X_K + K \cdot Y_K - \frac{K \cdot L^3}{6Rl} + \frac{L^5}{40R^2l^2} \qquad (6.89)$$

用迭代法解（6.89）式，求出 L 以后，检查 K 点的位置。如果 $L \le l_s$，则 K 点在第一缓和曲线内；如果 $L > l_s$，则表示 K 点已进入圆曲线，这时要转换坐标，把原点移到 HY 点并旋转一个 β_0 角，按圆曲线方式重新求交点。

③ 交点在圆曲线上。解方程组

$$\begin{cases} X = R \cdot \sin\alpha \\ Y = R \cdot (1 - \cos\alpha) \\ X = X_K + K \cdot (Y_K - Y) \end{cases}$$

得到

$$\alpha = \arcsin\left[\left(\frac{X_K + K \cdot Y_K}{R} - K\right) \cdot \cos(\alpha_K - \beta)\right] + \alpha_K - \beta \qquad (6.90)$$

312

检查 K 点的位置。令 $L = \alpha \cdot R$，如果 $L \leqslant \alpha_s \cdot R_s - l_s$，则 K 点在圆曲线内；如果 $L > \alpha_s \cdot R_s - l_s$，则表示 K 点已进入第二缓和曲线，作坐标变换，把原点移到 YH 点上，并旋转 $\beta = \alpha_s - \dfrac{l_s}{R_s}$ 角，按第二缓和曲线方式重新求交点。

④ 交点在第二缓和曲线上。解方程组

$$
\begin{cases}
X = L - \dfrac{L^3}{6R^2} \\[2mm]
Y = \dfrac{L^2}{2R} - \dfrac{L^3}{6Rl} \\[2mm]
X = X_K + K \cdot (Y_K - Y)
\end{cases}
$$

得到
$$
L = X_K + K \cdot Y_K - \frac{K}{2R}L^2 + \frac{1}{6R}\left(\frac{1}{R} - \frac{K}{l}\right)L^3 - \frac{L^4}{8R^2 l} + \frac{L^6}{40R^2 l^3} \tag{6.91}
$$

用迭代法解出 L 以后，检查 K 点的位置。如果 $L \leqslant l_s$，则 K 点在第二缓和曲线内；如果 $L > l_s$，则表示 K 点已移到第二缓和曲线外直线上，这时作坐标变换，把原点移到 HZ 点并旋转 $\beta_0 = \dfrac{l_s}{2R}$ 角，按直线方式重新求交点。

5）线间距计算

最后，求得线间距

$$
M = \sqrt{(X - X_K)^2 + (Y - Y_K)^2} \tag{6.92}
$$

第八节　线路工程计算机制图

线路计算机辅助设计中采用图纸表达设计内容。由于图纸种类比较多，且不说不同图纸的内容和风格相差很大，就是同一类图纸在不同的设计单位也会有不同的表现手法，因此对于线路辅助设计系统来说，设计图纸的输出就不是一个简单的问题。如果线路辅助设计系统能够独立于自身之外而灵活定义各种内容和风格的设计图纸，满足不同设计单位和工程项目的要求，则对于系统的推广应用和其自身的维护都具有很现实的意义。这里可以包括两个方面的内容：一方面是如何表达设计图纸的内容和风格；另一方面是解决具体辅助设计系统与设计图纸之间的接口问题。

一、线路工程图参数化设计方法

（一）设计图纸参数化描述

线路辅助设计系统输出的图纸林林总总，表达了许多设计内容和业已为大家公认的图纸风格，现在问题的关键就是如何来表达图纸设计内容和风格。对于设计图纸来说，其内容主要是由图框、图形、标注和文字几个部分组成的，所谓风格就是指图框的格式、图形的绘制、标注和文字的组合与安排，包括一些项目的取舍，等等。图 6.49 是图纸内容的分类和概括。

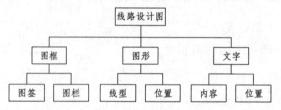

图 6.49　图纸内容的分类和概括

1. 设计图纸的基本构成

这里选择线路工程中最常见的纵断面图来分析设计图纸的基本构成。图 6.50 是一幅纵断面设计图，按照图 6.49 的划分将相关内容直接表示在图上，实际上路基横断面图、线路平面图等都可以分解为这几个部分。将这几个部分进一步概括，最终实质上就是两个基本要素：线段和文字。只要能够有效地组织好这两个基本要素，就不难解决线路设计图纸的输出问题。

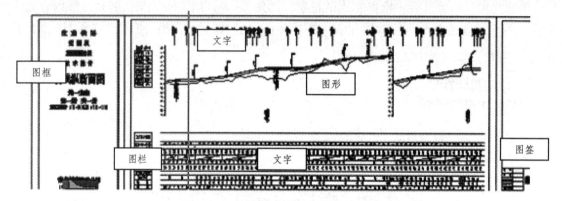

图 6.50　线路纵断面图图纸基本构成

2. 设计图纸单元参数化定义

类似线路纵断面图，可以将图纸划分为几个不同的单元，如果采用参数化的方法来定义其中的图纸单元，那么一张图纸就是各个单元的参数化组合，就可以独立于辅助设计系统之外解决线路工程图纸的输出问题。为此必须设计一种描述线路工程图纸参数化的方法，或者说采用一种描述语言来表达线路工程图纸的设计内容，以便可以应用有关解释程序将图纸的输出内容映射到辅助设计系统的有关模块之中。

1）基本结构

线路工程图参数化描述语言 PDE（Paremeter Drawing Express）是一般的 ASCII 码文本文件，文件后缀是"PDE"，一个文件中可以包含一个或多个图纸的描述。一个图纸描述实质上是一棵"树"，PDE 语言对该树进行了清晰明了的描述。

PDE 语言的基本结构是一个三级嵌套结构，其基本形式如图 6.51 所示。

图 6.51　PDE 文件基本结构

标题一：线路工程图纸名称，可以任意确定，只要符合文件命名准则即可。

参数表：这是一个变长度的参数表，存放所描述图纸的有关参数。

标题二：图纸各单元的名称，同样可以任意确定。

关键字：描述图纸参数化单元的基本操作，具体在表 6.3 中说明。

插入结构：标题二所描述的参数化单元在图纸中的插入位置，其具体内容是"{插入点坐标（相对于图纸原点），旋转角度（绕插入点逆时针），x 方向伸缩比例，y 方向伸缩比例}"，其中"{}"表示可以缺省，缺省值是{（0，0），0，1，1}。

2）PDE 语言关键字

下面介绍 PDE 语言设计的一套关键字。其中确定了具体的参数格式，在具体应用中必须按照表 6.3 的定义处理。这些关键字是描述图纸定义的基本语句，在实际工作中要不断补充，以适应出现的新情况。

表 6.3　PDE 语言关键字格式

编号	关键字	参　数	说　明
001	LINE	x1, y1, x2, y2, Lt, Lw	连接点（x1, y1）和（x2, y2），Lt 为线型，Lw 为线宽
002	TLINE	x, y, L, a, Lt, Lw	以（x, y）为起点按极坐标（L, a）绘制线段
003	PLINE	x（ ）, y（ ）, Lt, Lw	绘制多义线
004	BOX	x1, y1, x2, y2, Lt, Lw	以（x1, y1）和（x2, y2）为角点绘制矩形
005	FILL	x1, y1, x2, y2	以（x1, y1）和（x2, y2）为角点填充矩形
006	TEXT	x, y, a,　Th, Twh, Tt, Txl	在（x, y）输出字符串 Txl, a 为角度，Tt 为字型，Th 为字高，Twh 字的宽高比
007	RTEXT	x1, y1, x2, y2,　a,　th, Twh, m, n,　Tt, Txl	在矩形（x1, y1）-（x2, y2）中以 m×n 形式布置字符号串 Txl
008	ARC	x, y, L, a1, a2, Lt, Lw	以（x, y）为圆心，从角度 a1 到角度 a2 绘制弧线
009	CIRCLE	x, y, r, Lt, Lw	以（x, y）为圆心、r 为半径画圆
010	ARC3	x1, y1, x2, y2, x3, y3, Lt, Lw	三点画圆
101	ARRAY	x（ ）, y（ ）标题名	将标题名所描述的内容沿 x（ ）, y（ ）做列阵

3）线路工程图纸基本单元的 PDE 描述

在线路设计图中，有许多基本单元可以用 PDE 语言描述有关基本内容。在实际工作中，这些基本参数单元的定义可以作为一种单元库不断积累，需要时加以相互组合使用。在具体使用中通过可视化软件来操作，对于一般的使用者可以根本不理会具体的定义方法和 PDE 文件格式。这里列出的 PDE 语句描述只是为了说明问题，对使用者来说可以是不透明的。

（二）设计单元参数定义方法的可视化

前面定义了设计图纸单元参数化描述，并且分析了几种具体单元的定义。从中可以看出，虽然可以用这种方法来描述设计图纸，但要具体手工写出各单元的定义是很不方便的，因此，自然应考虑采用可视化的方法来直观地定义设计图纸的 PDE 文件。可视化定义应该具备的功能为：定义新单元、编辑已有单元、单元入库、单元删除、编制单元清单。在单元定义中采取一种不断累加的手段，使得参数化的单元可以相互组合，以适应千变万化的情况。而一个比较复杂的图纸单元，可以分解为若干个小单元的组合，各个小单元又可以分解为下一级的子单元，这里的每一级子单元都可以是一个独立的参数单元存入单元库中，最简单的参数化单元就是一段线、一个点或一个字等。参数化图纸单元最重要的就是基准点要定义好，因为一切都是基于基准点进行操作的，其次便是单元本身的内容。在具体应用中要编制一套可视化定义程序和 PDE 文件解释程序，对一般使用者来说无须关心内部各单元的具体结构而只需通过程序系统提供的工具定义有关的参数即可。

可视化的定义方法和目前流行的 Windows 的应用程序的有关资源的定义方法是类似的。进行参数化定义时，在界面窗口中将显示浅灰色的栅格线作为定义资源的参考，预先定义好许多基本参数块，做成图表式菜单，也就是表 6.3 所定义的 PDE 语言的关键字；还有一部分是在此基础上经过许多基本参数块组合形成的图纸单元，也同样做成图表菜单。在开始定义一个新的图纸参数时，就可以直接选择相应的图纸单元进行组合，在组合时对于每一个单元都会弹出一个与该单元有关的属性对话框，用户可以随意修改其中的所有属性。碰到还未定义的图纸单元时，有两种方法可以解决：一种是先生成一个图纸单元，标定有关属性，作为新增加的图纸单元储存起来，然后再进行设计；另一种是可以直接利用基本参数块进行设计。只不过后一种方法不能保存相应的图纸单元定义，一旦完成以后就可以选择文件菜单中的存盘操作，将定义好的图纸资源存盘。

（三）设计图纸输出接口

采用工程图纸参数化描述以后，线路辅助设计系统实际上无须对具体图纸本身直接进行操作，所需要的只是针对图纸资源描述表的参数进行赋值，换句话说，就是设计图纸是独立于辅助设计系统以外的，用户可以随时更改图纸的输出格式而无须对原辅助设计系统进行修改。辅助设计系统只要按照一定格式输出常规线路设计数据以后，就可以和具体的图纸格式资源联系起来，从而解决所谓接口的问题。为此必须在线路 CAD 系统设计中明确需要输出的基本常规设计数据及其数据结构定义，并且具体到变量名，再由这些常规设计数据转化为所需的数据资料。从常规设计数据转化为制图用的有关数据的工作可以包含在图纸格式资源化定义之中。

根据这样的思路，首先必须明确线路 CAD 系统中有关常规数据的输出定义情况。根据前面几章对线路 CAD 系统的描述，可以确定基本的设计数据以及变量名如表 6.4 所列，这样就为后面的有关接口设计说明奠定了基础。

表 6.4　线路 CAD 可以输出的基本设计数据及变量定义

编号	说　明	变量名	数组上、下限说明
1	逐桩桩号，大地坐标，高程，方位角，曲率	$Sk()$，$X()$，$Y()$，$H()$，$a()$，$K()$	设全段有 n1 个桩号，则上下限为 1~n1
2	转点桩号，偏角值，半径，缓和曲线长，切线长，外矢距	$Jd()$，$alf()$，$R()$，$L0()$，$T()$，$E()$	设全段有 n2 个桩号，则上下限为 1~n2
3	变坡点桩号，竖曲线半径	$Lip()$，$Rv()$	设全段有 n3 个桩号，则上下限为 1~n3

下面以纵断面设计图为例，说明如何用资源化定义方法进行定义，以及如何和设计数据连接。

1. 纵断面图的资源化定义

根据纵断面图的具体情况，可以将其分解成为图框、图栏、图签、页码、图形和标注 6 个基本单元，如图 6.52 所示。这 6 个单元在纵断面图上都必须定义一个插入点，分别对应于图上的 1~6 个插入位置。这些图纸单元中有些可以用系统提供的基本单元直接定义，有些可能要从最底层开始进行定义。

2. 搜索参数表

每一个 PDE 文件都会有许多参数，其中有些是中间过程参数。除此以外，所有参数都必须赋值以后才能使用。给参数赋值可有两种方法：一种是系统采用设置变量的方法处理；另一种是由线路设计的具体数据赋值，也就是说要把设计资料传给图纸资源化文件，这便可以认为就是所谓接口的问题。将上面定义的 zdm. PDE 文件进行参数搜索和分类，得到表 6.5 的参数表。

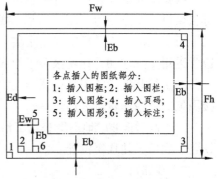

图 6.52　纵断面图分解示意

各点插入的图纸部分：
1：插入图框；2：插入图栏；
3：插入图签；4：插入页码；
5：插入图形；6：插入标注；

表 6.5　zdm. PDE 的参数表

参数名称	来　源	线路 CAD 系统设计数据与其有关的变量
Fw/Fh/Sch/Sev/Ed/Eb	系统设置	
地面线及设计资料	设计结果提供	St（），Sh（），Lip（）等

本节介绍了参数化定义线路工程图纸的方法。将线路设计图纸的定义作为一种资源抽象并且加以管理，而不是混合在线路辅助设计系统之中，这对于辅助系统自身的维护和推广、适应各种用户的要求，具有很现实的意义。

二、线路工程图绘制

线路工程图主要指线路平面图、纵断面图、路基横断面图和排水用地图。它们用来说明铁路线的平面位置、线形状况，沿线的地形和地物、纵断面高程和坡度、路基宽度和边坡、土壤、地质，以及线路上的附属构造物如桥涵、挡土墙等的位置及其与线路的相互关系。

由于线路是建筑在大地表面狭长地带内的，因此，线路的竖向高差和平面弯曲变化都是与地面起伏紧密相关的。根据这一特点，线路工程图使用地形图作为平面图，并以此平面图来绘制线路纵断面图和路基横断面图。

（一）线路平面图

1. 线路平面图的基本内容

线路平面图的任务是表达线路的平面状况（直线和曲线），以及沿线两侧一定范围内的地物、地面起伏情况与路线的关系。线路平面图一般采用等高线来表示，其内容分为地形和线路两部分。

1）地形部分

线路平面图上地形部分不但可以帮助我们了解沿线两侧一定范围内的地形地物，而且还可以供设计线路使用。图上的基本要素包括：

（1）比例。为了反映线路全貌，以使图形清晰，根据地形起伏情况不同，对山岭区比例通常采用 1∶2 000，丘陵区和平原区采用 1∶5 000。

（2）指北针。线路平面图应画出指北针，以便指出铁路所在地区的方位与去向，它在拼接图纸时可用作核对之用。

（3）地形地物。地形图表达了沿线的地形地物，即地面的起伏情况和河流、房屋、桥梁、铁路、农田、陡坎等位置。

2）线路部分

线路部分表达了线路的长度和平面弯曲情况。其主要内容包括：

（1）线路的走向。线路走向是线路空间曲线在水平面上的投影，用曲线和与之相切的直线的组合线形表达，在曲线部分还需绘出曲线交点。

（2）里程桩号。为了清楚地看出路线的总长及各路段之间的长度，一般在线路中心线上，从线路起点到终点沿前进方向的左侧编写里程桩（km），通常以 CK×××＋×××.×××表示，如 CK10＋100.00。

（3）平曲线要素。铁路线路转折处，应在平面图上标有转折号即交角点编号，如 JD50表示 50 号交角点。在交角点处按设计半径画有圆弧曲线、曲线的起点（ZY 或 ZH）、中点（QZ）和终点（YZ 或 HZ）。曲线要素应当标注在曲线内侧适当位置，包括曲线转角、曲线半径、切线长度、曲线长度和缓和曲线长度。

（4）水准点。沿线每隔一定距离设有水准点。在平面图上线路前进的方向规定为从左往右，以便和纵断面图对应。

3）线路及地物的表示方法

由于线路平面图所用的比例较小，铁路宽度无法按实际尺寸画出，而是在线路中心位置用一条粗线表示。

沿线地物及新建桥涵、挡土墙等构造物都用图例表示。对涵洞和其他构造物除画出图式外，还应标出构造物的里程桩号。

由于铁路线路具有狭长曲折的特点，要将整条线路按实际弯曲情况清晰地画在一张图纸上是不可能的。为了便于图纸资料存档，通常将铁路线路平面图绘制在一定高度的带状图纸上，因此需要对平面图进行折图处理，以便将图折叠起来便于保存。

2. AutoCAD 平面图带状图分析方法

铁路线路平面图是沿铁路中线的带状图，其上显示设计线在水平面上的位置、各种待建铁路建筑物和设施的分布情况，以及铁路与周边地形、地物和其他环境因素的关系。铁路线路平面图的绘制和图幅需要遵守相应的规范和标准。由于 AutoCAD 工具提供了丰富的 CAD功能，计算机辅助工程图绘制软件通常在 AutoCAD 上二次开发而成。

线路平面图绘制的关键问题是带状图折图。在基于 AutoCAD 开发的平面图绘制软件中，可采用模型空间折图和图纸空间折图两种模式。模型空间是用于完成绘图和设计的工作空间。图纸空间是用于完成图形排列、绘制放大图以及绘制视图的工作空间，它是设置、管理视图的 AutoCAD 环境。图纸空间中的实体是模型空间中的三维实体在二维平面上的投影，其中定义的"图纸"与真实的图纸相对应。

1）模型空间折图

在模型空间中，折图一般可采用人机交互折图和计算自动折图两种方式。

人机交互折图是由设计人员在设计过程中，调用相关命令完成折图工作。其基本过程是：先在平图上绘制折图线，再将每块图形平移旋转完成折图。在此交互设计过程中，很多实体将被剪切，需要重新绘制每块折图线的边框，所有相关对象和文字都需要移动到与折图线不相交的位置，设计过程烦琐。

计算机自动折图是根据折图的基本工作思路，将交互设计过程中涉及的所有 CAD 命令编制成折图命令模块；在线路设计系统中进行折图时，设计人员只需给定折图线及图纸的图幅，调用系统的平移、旋转和剪切命令即可实现折图功能。在计算机自动折图中，由于编制程序解决图形中与折图线相交的块和参照的剪切问题难度较大，因此需要设计人员在折图前将所有的参照绑定后打碎所有的块，而且折图完成后，还需要设计人员处理与折图线相交的文本。

模型空间折图的一个最大缺点就是破坏了平面信息，使得线路仅仅成为一个需要打印的图形；但模型空间折图具有小容量的特点，只是以前平面图形的一个变换，对计算机性能要求不高。

2）图纸空间折图

图纸空间折图的核心是使用 AutoCAD 系统的视口技术，AutoCAD 的系统变量 MAXACTVP 表示可以使用的视口个数，缺省为 64 个。在模型空间中将每块折图用一个视口表示，并在图纸空间中按照折图的要求对视口进行旋转、排列并绘制剪切边界。

图纸空间折图对计算机的性能要求要高，折图的分块越多，对计算机的要求也越高，因为每个折图的块都对应整个模型空间。虽然利用图纸空间折图对计算机的性能要求高一些，但模型空间中线路信息保存完好，且不需要裁减，不会丢失任何实体，符合 AutoCAD 关于模型空间和图纸空间的定义和用途。但它仍然需要用户人工调整与折图线相交的文本。特别是对于线路设计，由于线路信息保存完好，使得在图纸上直接进行线路平面设计成为可能。随着线路辅助设计技术的发展，在平面图形上保存线路的平面信息具有很高的实用价值。

3）线路空间区域划分

在线路设计过程中，经常涉及两个求解：其一是根据里程获得任意里程对应的坐标及切线方向；其二是给定空间任意点的坐标求解该点对应线路的里程。同样为了获取任意点的信息，在排水用地设计中也需要求解里程与坐标之间的关系。为了加快系统运行速度，需要对线路空间区域进行划分。

在线路中线左右侧一个给定范围内，线路是一个由直线地段和曲线地段组成的带状结构，该带状结构可划分为矩形和扇形的组合体。

如图 6.53 所示，在线路中线左右侧给定范围 L 内，线路 PQ 由直线 A、C、E 和曲线 B、D 组成；在 L 范围外的信息，可认为与线路无关，不予考虑。

线路曲线的范围应该是曲线直缓点和缓直点及其对应的垂直于线路的垂线的交点（圆心）所确定的扇形区域，如图 O_1、O_2 即为线路的曲线的圆心。以 O_1 曲线为例，判断点 2 是否在扇形区域内，只要计算 c 是否介于 a 和 b 之间即可。判断某点是否在直线上，只要判断该点是否在直线的矩形范围内就可以。

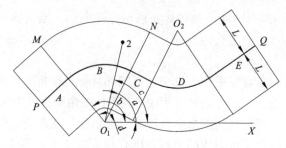

图 6.53 线路空间区域划分

求解空间任意一点对应的里程，就是找到该点在对应中线上的垂足，并根据垂足位置计算垂足的里程。判断计算点范围的方法为：

① 直线范围内，可以直接根据直线与该点的关系精确确定该点到线路的垂足，并计算垂足的里程。

② 曲线范围内，需要将曲线划分为圆曲线部分和缓和曲线部分，判断点是在圆曲线范围内还是在缓和曲线范围内：

a. 若点落在圆曲线范围内，则计算缓圆点到该点与圆心相连的直线和圆曲线的交点的距离，该交点一定是空间任意一点到线路的垂足，然后由缓圆点的里程计算交点的里程。

b. 若点落在缓和曲线范围内，缓和曲线的垂足没有数学公式可以计算，可采用逼近法，找到满足精度要求的垂足点的里程。逼近法采用折半搜索法计算任意一点到缓和曲线的垂足，缓和曲线上任意一点的切线方向和里程可采用积分法求解。

3. 线路平面图自动成图方法

由于铁路设计线狭长曲折，在规定的有限图幅范围内无法绘出设计线全段，故平面设计图还应作展直处理。用计算机绘平面图时，一般在 AutoCAD 环境下，先根据设计数据，绘出设计线，标注百米标、断链桩、导线桩等，并按规定图例符号绘制桥隧等建筑物，然后进行切割展直。

目前，在 AutoCAD 图形环境中进行切割展直，通常采用多种方法。

① 采用 Trim 命令对图形进行手工修剪，再作平移旋转。

② 开发较复杂的图形裁剪程序。

③ 自定义实体技术。

下面以自定义实体技术为例，介绍线路平面图自动成图方法。

自定义实体技术的基本思想是，在 AutoCAD 上二次开发的平面图绘制软件中，定义动态图框实体，在 AutoCAD 的图纸空间中生成一系列平面图块。这种方法操作方便、速度快、占用内存少，大大提高了出图效率。

1）动态图框建立

（1）图框实体的属性。

图框实体主要有以下属性：

① 外框高（即图纸高 $H_{外}$）、内框与外框间距（d_H），如图 6.54 所示，用这两个参数确定图框的高度（$H_{内}$）。

② 图框控制点（P_i，$i = 0 \sim N$），图框中心线的控制点如图 6.55 所示，用于确定各个图框单元的位置。

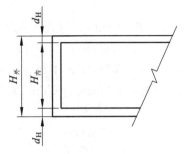

图 6.54　图框要素示例

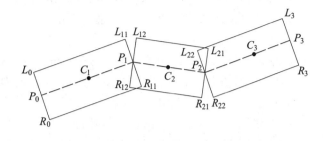

图 6.55　修正前图框

（2）图框实体的生成。

图框实体的生成分为以下 4 步：

① 计算内框高 $H_{内} = H_{外} - 2 \times d_H$。

② 计算点 L_0，L_{11}，L_{12}，L_{21}，L_{22}，$\cdots$，$L_{(N-1)1}$，$L_{(N-1)2}$，L_N 以及 R_0，R_{11}，R_{12}，R_{21}，R_{22}，$\cdots$，$R_{(N-1)1}$，$R_{(N-1)2}$，R_N 的坐标，保证 L_i 到 $R_i (i = 0 \sim N)$ 的距离为 $H_{内}$，且关于 P_i 对称。图 6.56 是 3 个图框的计算例子。这时得到的图框单元并没有完全包容有效绘图区，还要进行修正。

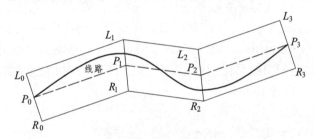

图 6.56　修正后图框

③ 计算边 L_0L_{11} 与边 $L_{12}L_{21}$ 的交点 L_1，边 $L_{12}L_{21}$ 与边 $L_{22}L_3$ 的交点 L_2，$\cdots$，L_N，以及边 R_0R_{11} 与边 $R_{12}R_{21}$ 的交点 R_1，边 $R_{12}R_{21}$ 与边 $R_{22}R_3$ 的交点 R_2，$\cdots$，R_N（如图 6.56 所示，以 3 个图框为例进行说明），从而得到修正后的图框。

④ 绘出各个图框单元，生成图框实体。

2）动态图框的程序实现方法

（1）创建自定义实体。

ObjectARX 提供了一系列开发 AutoCAD 必需的基本类库。AutoCAD 的内部实体（包括直线、圆、弧、文字、实心体、区域、样条曲线和椭圆等）都是用 ObjectARX 中的类实现的，例如，直线（LINE）由 AcDbLine 类实现，而弧（ARC）是由 AcDbArc 类实现的。当然，开发者也能够更加深入地使用这些基本类库、使其用户化和扩展 AutoCAD，也可以自定义实体。

自定义实体是用户根据自己的需要利用 ObjectARX 从 AcDbEntity 类派生出自己定义的实体，是 AutoCAD 平台上 ObjectARX 技术的精华，它有一套严格的技术规范。为了真正实现与内部实体一致的操作效果，必须实现很多的函数接口。创建一个自定义实体的步骤如下：

① 从 AcDbEntity 派生一个类。

② 重载所有必需的 AcDbObject 函数。

③ 重载必要的 AcDbEntity 函数。

④ 重载其他需要用来支持自定义功能的函数。

⑤ 如果要对 MATCHPROP 命令进行支持，就将 AcDbMatchProperties 设置为扩充协议。

⑥ 如果想为自己的实体建立自定义的拖动序列，就建立并实现自己的 AcEdJig 版本。

上面步骤从 AcDbEntity 类派生了动态图框实体 TRIM。为创建 TRIM 实体中与视区无关的几何图形，需重载函数 virtual Adesk::Boolean worldDraw（AcGiWorldDraw* pWd）。为实现一些特殊功能，还需重载相应的函数。自动绘制线路平面图的特殊功能包括：

① 布置图框过程中保证图框实体的连续变化，并可将图框保存为 DWG 格式。

② 保证图框实体可以保存为 DXF 格式。

③ 实现图框实体控制点的可编辑操作功能。

④ 使实体可分解为一些简单实体。

（2）动态布置图框的实现。

动态布置图框分以下几步：

① 创建 TRIM 对象 pTrim，并加入 AutoCAD 的图形数据库，此时图框控制点个数为 0。

② 以"写方式"打开 pTrim 对象，加入两个图框控制点，关闭 pTrim 对象，生成第一个图框单元。

③ 光标移动时，获取光标所在位置的坐标（x, y），依次以"写方式"打开 pTrim 对象、修改图框末尾控制点的坐标为（x, y）、修改末尾图框单元与前面相邻图框单元的交点、关闭 pTrim 对象，自动调用 worldDraw 函数，实现了图框随光标移动而动态更新。

④ 若要继续增加新的图框单元，则以"写方式"打开 pTrim 对象，加入一个图框控制点，关闭 pTrim 对象，重复执行第③步。

⑤ 退出循环，完成操作。

3）利用图纸空间自动成图

在图纸空间中，可以在不同方位显示视图，并按合适的比例在"图纸"上表示出来；还可以定义图纸的大小，生成图框和标题栏。图纸空间中的每一个布局都可以有不同的视口，一个视口为一个对象，可以使用 AutoCAD 的标准编辑命令对其进行编辑，通过移动或者改变视口的尺寸来排列视图。同时，每个视口中的视图可以独立编辑，使用不同的比例，冻结和解冻特定的图层，给出不同的标注或注释。在图纸空间中，可实现在同一绘图页面表现和打印不同的视图以及不同比例的视图。

利用图纸空间的以上特点，在图纸空间中开一系列视口，通过在各个视口中设置合适的 UCS 坐标系（用户坐标系）、显示范围来实现铁路线路平面图的"切割"与"展直"。具体过程如下：

① 创建一个布局，并设置好图纸大小。

② 在该布局中创建 $N-1$ 个（图框单元的个数）视口，各个视口方向水平，其大小与对应的图框单元一致，并且相邻视口间保证有一定间距（折图线间距）。

③ 以对应图框单元的左下角点 R_i 为坐标原点 O，以 $R_i R_{i+1}$ 方向为 X 轴，X 轴绕坐标原点 O 沿逆时针方向旋转 90° 作为 Y 轴，在各个视口中建立 UCS 坐标系。

④ 确定图框单元顶点在对应 UCS 坐标系下坐标（x_1, y_1）、（x_2, y_2）、（x_3, y_3）、（x_4, y_4），求出最小和最大坐标（X_{min}, Y_{min}）、（X_{max}, Y_{max}），以（X_{min}, Y_{min}）、（X_{min}, Y_{max}）、（X_{max}, Y_{max}）、（X_{max}, Y_{min}）作为顶点确定一个包容盒，以此包容盒来设置对应视口的显示区域。

经过以上 4 步就完成了铁路线路平面图的"切割"与"展直"（图 6.57、图 6.58）。显然，这里的"切割"并不是真正把图块切开，而是仅把有效绘图区显示出来；"展直"也没有把图块旋转，而是旋转了坐标系。因此，铁路线路平面图的原图并没有被破坏。

图 6.57　展直后线路示意图

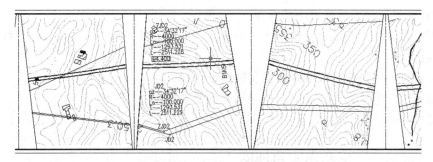

图 6.58　展直后线路详图

（二）线路纵断面图

铁路线路是根据地形来设计的，而地形又起伏曲折，变化很大，因此，必须以线路纵断面图来代替一般图示中的立面图。

1. 线路纵断面图的形成

线路纵断面图是用假设的铅垂面沿铁路中心线进行切割后得到的。由于铁路中心线由直线与曲线组合而成，故剖切面有平面，又有曲面。为了清晰表达纵断面情况，故用展开剖面法将断面展成一平面，即为线路的纵断面图。

2. 线路纵断面的内容

线路纵断面图包括图样和资料两部分，图样画在图纸的上方，资料表在图纸的下方，图 6.50 是某铁路一段线路的纵断面图。

1）图样部分

线路纵断面图水平向表示线路的长度，铅垂向表示地面及设计路肩的高程。由于地面线和设计线的高差比起线路的长度来要小得多，如果铅垂向和水平向用同一种比例画就很难把高差表示出来，所以规定铅垂向的比例比水平向的比例放大一定倍数。这样的画法，图上线路坡度虽与实际不符，但能清楚地显示线路坡度的变化。一般概略定线水平向采用 1∶10 000，铅垂向采用 1∶1 000 ~ 2 000。详细定线时，水平向采用 1∶2 000，铅垂向采用 1∶1 000。

① 地面线。图上不规则的线是地面线。它是设计的线路中心线处原地面上一系列中心桩的联结线。具体画法是将测量所得中桩的高程按铅垂向给定比例，顺次连接起来。地面线用细实线示出，表示地面线上各点的高程称为地面高程。

② 设计坡度线。图上比较规则的直线与曲线相间的粗实线称为设计坡度，简称设计线，表示路肩的设计高程。它是根据地形、技术标准等设计出来的。设计线用粗实线画出。

③ 竖曲线。设计线纵坡变更处，其两相邻坡度差的绝对值超过一定数值时，为有利于列车行驶，在变坡处需设置圆形竖曲线。在竖曲线的变坡点处应注明竖曲线的曲线要素。

④ 桥、涵、隧构造物。当线路上有桥、涵、隧时，在设计线上方桥、涵、隧的中心位置标出桥、涵、隧的名称、种类、长度及中心里程桩号。在新建的大、中桥梁处还应标出水位高程。

⑤ 水准点。沿线设置的水准点，都应在所在里程的位置上标出，并标出其编号、高程和线路的相对位置。

2）资料表

资料表包括地质、纵坡、坡长、设计高程、地面标高、挖、填、里程桩号和平曲线等。

3. 计算机绘制线路纵断面图的方法

（1）根据设计的中心线处原地面上一系列测得的中心桩坐标，从左至右按里程顺序进行联结画出地面线。

（2）按设计出来的设计坡度线用粗实线画设计线。

（3）采用交互方式画出竖曲线、桥涵构造物及水准点。

（4）按格式打印资料表。

三、路基横断面图和排水用地图

路基设计的重要成果是在铁路沿线设置的中心桩处，根据测量资料和设计要求顺次排列的路基横断面图。它主要用来计算土石方数和作为路基施工时的依据。

铁路排水用地图是表示铁路排水设施应布置和线路所需的分类用地面积的图，是铁路建设投资的重要依据之一。

路基横断面图和排水用地图可直接在路基 CAD 系统和排水用地 CAD 系统中生成和排版，并按要求在系统中输出设计图纸。详见本章第四、五节。

思 考 题

1. 在线路 CAD 系统中，对于规范中定量的约束条件的处理通常采用建立标准文件的形式；系统运行过程中，通过调用标准文件，并对相应的设计几何进行对比分析，以保证设计满足规范规定的要求。通常《规范》中除了有定量的规定外，还有许多定性的规定。试分析，采用何种计算机信息技术对线路 CAD 系统进行改进，使其能处理《规范》中的定性规定，以保证 CAD 系统完成的设计能自动满足《规范》所有规定。

2. 与直接在 AutoCAD 系统中绘图相比，分析采用线路 CAD 软件绘制线路工程图的优点。

3. 路基病害是铁路既有线的一大难题，应结合既有线改建对路基病害加以整治。试分析在路基病害地段，既有线改建设计和增建二线计算机辅助设计的计算机数学模型需做哪些变化。

4. 在既有线改建设计中，平面、纵断面和横断面的改建设计是相互影响的，比如平面拨距的大小不仅影响平面整正水平，而且影响纵向轨面线抬降和横断面改建方式。试分析若综合考虑平、纵、横三维，平面整正的数学模型需做哪些修改。

5. 分析增建二线线路设计方法的技术关键问题。

6. 理解线路工程计算机辅助制图的技术要点。

第七章 铁路站场 CAD 与中间站 BIM

第一节 铁路站场 CAD 系统

一、系统功能需求分析

铁路站场专业承上启下，属于站后龙头专业。站场设计软件是沟通站前与站后专业信息的桥梁，设计成果直接影响站后专业设计自动化。其系统功能需求主要体现在以几个下方面：

1. 后序专业需求

站场专业向上承接线路、桥梁、地质等专业，向下承接房建、信号、接触网、通信、机车、车辆、机械、给排水、供电、牵引变电、电力等专业。站场平面布置图是各专业设计的基础。在利用站场布置图的过程中，各专业需进行二次再加工，生成本专业的设计成果。其功能需求如下：

（1）站场设计成果利用可按图形及设计信息进行分类，归纳组合为：图形整体利用（如通信、给排水等），图形局部利用（如机车、车辆等），图形、设计信息全部利用（如接触网），仅设计信息利用（如信号）。设计信息包括股道设计信息、道岔设计信息、股道链式结构、道岔二叉树结构以及附属构件信息。

（2）图形利用要对各类图素提供聚类的能力，要对各类图素提供层、线型、颜色、线宽的任意转换能力。

（3）低级图形利用（仅将站场图形作为设计背景）要保证通用平台（如 AutoCAD）执行命令的有效性。

（4）高级图形利用（提取设计信息）要保证设计信息的开放性（利用 Lisp、VBA、ARX程序直接读取）。

（5）保证图素与设计信息一一对应。

（6）保证站场设计信息返回站场后数据的完整性。

2. 设计需求

车站平面布置形式多种多样，从而给软件设计带来了一定的难度。较理想的软件设计模式是积木式结构，它可根据实际要求随意拼装、任意组合，体现设计者的设计意图，满足实际设计需要。从站场设计考虑，系统应具备以下功能：

（1）建立全程设计属性，提供设计导向功能。即按设计标准自动选择设计参数，提高软件自动化程度。将站场设计各阶段的设计要求、现行《铁路车站及枢纽设计规范》（TB 10099）（以下简称《站规》）的约束条件、站场专业知识转换为计算机信息，力求平面设计智能化。

（2）非图形信息的存储。非图形信息包括各类图素的属性、设计过程标记等。一要自动存储，透明使用；二要简练，便于系统刷新。

（3）图形自动识别。图形是由图素所组成的，每个图素都有它自身的含义，必须具有逐一分类的能力。

（4）图形数据与设计信息之间互逆。建立图形与信息之间的一一对应关系。

3. 资源二次利用需求

图形二次利用在站场设计中频繁遇到，有利用标准图为原型的，也有利用同类站型作为参照的，还有利用若干图形进行切割拼装的。图形二次利用即通过对现有图形进行推、拉、扭、摆、翻等实时操作进行车站平面布置。这样，既可以满足车站各种设计方案的需要，又可以满足各设计阶段对车站平面优化布置的需要。积木法与模块拼装法相比，具有一定的灵活性，可以适应任何条件下的车站布置，缺点是工作效率得不到发挥。若引入模块拼装法设计理念，在某种图形基础上进行资源二次利用，可大大提高设计工效。

二、系统设计思想

常用的站场平面辅助设计软件开发方法可分为三类：

（1）网络拓扑构图法。该方法的主要思路是：首先建立车站网络结构示意图，再由结构示意图经拓扑变换形成车站布置图。

（2）模块拼装法。此方法将铁路车站按布置形式进行分解，并将车站平面图划分为若干结构单元，建立各结构单元的最基本结构形式，通过人机对话进行组装，形成车站布置图。

（3）积木法。此方法的主要设计思路是把车站设计过程分解为计算机能实现的模块，用户通过人机对话，对模块进行实时拼装，形成车站布置图。

模块拼装法与积木法的区别在于模块拼装法是以股道束作为基本单元，而积木法是以道岔作为基本单元。实际上积木法是网络拓扑构图法的技术延伸，网络拓扑构图首先必须采用一套构图工具，通过人机对话构建网络拓扑图；而积木法是在图形构建的过程中直接形成布置图。下面主要介绍积木法开发方法。

1. 几何设计原理

在站场设计过程中常遇到的问题可以简化为几何求解的问题。若将某些设计属性融汇在几何图形中，使几何图形面向设计对象，充分发挥 AutoCAD 的辅助制图功能，则可使工程计算和统计变得十分简便。利用几何设计原理进行解析求解可大大简化编程工作。工程技术编程人员不必有高深的数学基础，就能完成精确而快速的几何图形的构建与分析，创建工程设计参数化模块。工程图的绘制仅是一种几何设计表达手段，而几何模型的构建和参数分析，包括尺寸、形状、配合、位置和动作则是几何设计的精髓。几何设计具有几何参数确定方便直观、几何定位精确、几何图形数据对用户开放等特点，AutoCAD 提供直接及间接的两种精确控制机制，使得数据处理结果准确可靠。

2. 道岔二叉树结构

车站咽喉区布置形式千变万化，如何对车站咽喉区进行合理数据描述，让计算机能够自动识别、自动提取、自动跟踪、自动搜索，是站场平面设计技术的关键。车站设计数据的描述由几何参数、图素链式结构、设计属性三部分组成。车站咽喉区数据描述利用铁路道岔特有形式，进行道岔二叉树结构设计，有效地将二叉树算法与车站布置结合在一起。利用股道链式结构，可对整个车场各实体进行有序的管理。

3. 遍历二叉树

车站咽喉区布置采用二叉树结构，其用意是解决车站布置股道网状结构的股道线素遍历问题。通过道岔节点访问可以遍历整个车站股道线素及相关设备线素。其核心二叉树遍历，即如何按某条搜索路径访问树中每个节点，使得每个节点均被访问一次，而且仅被访问一次。二叉树由三个基本单元组成：根结点、左子树和右子树。因此，依次遍历这三部分，便完成了整个二叉树的遍历。

4. 警冲标及信号机布置

警冲标（信号机）设置于道岔岔后两分支线路之间，其位置与计算车站股道有效长及保证行车安全有直接关系。因此，必须按所要求的建筑接近限界正确地确定其位置。警冲标（信号机）位于圆曲线内外侧时，其位置的确定除考虑股道建筑接近限界外，还需考虑曲线内外侧的加宽。警冲标（信号机）位置计算，其实质就是求算两条加宽曲线的交点；利用几何设计原理进行曲线交点计算十分简单。针对几何设计原理计算方法，推导出曲线内外侧加宽的曲线轨迹方程，运用几何设计原理，就可进行警冲标（信号机）位置计算。

三、站场 CAD 系统的总体结构

根据车站站场设计的功能需求，车站 CAD 系统总体结构如图 7.1 所示。

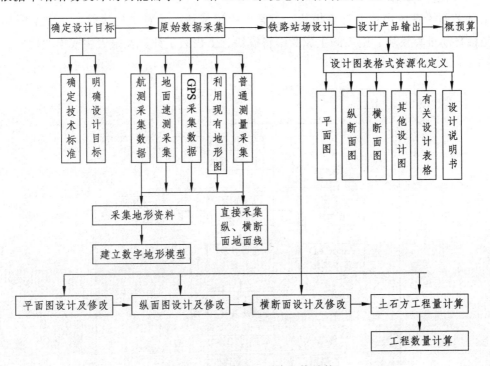

图 7.1 车站 CAD 系统总体结构

从系统总体结构可见，铁路站场 CAD 系统的核心功能包括数据采集、设计成果输出、站场设计三大模块，而站场设计模块又由平面设计、纵断面设计、横断面设计和工程数量计算四个子系统构成。其中，数据采集方法已在第二章、第三章介绍，设计图表成果输出系统的开发方法详见第八章。站场纵断面设计的原理与区间纵断面设计原理基本相同，可借助纵断面 CAD 系统辅助完成站场纵断面设计工作。但站场股道较多，高程计算及绘图工作量大，在应用区间纵断面 CAD 系统时，需要做一些前期处理和后期完善，具体步骤如下：

（1）统筹规划图面的股道排列及股道的栏目，画出简单示意图。

（2）把每股道作为单独一条线路，按股道栏目设计要求，采用纵断面 CAD 软件生成每个股道的"线路"纵断面图。

（3）按简单示意图的要求，对各个股道的纵断面图进行修剪、编辑和拼接，形成站场纵断面图。

（4）用 CAD 命令进一步补充、完善后，增加封面、封底、说明等内容，形成最终的站场纵断面图。

站场横断面设计原理与区间路基横断面设计基本类似，相当于多线铁路路基横断面设计，因此可借助区间路基 CAD 系统完成车站路基横断面设计。

本节重点介绍站场平面设计系统的设计原理与方法。

四、站场平面子系统的结构

1. 子系统总体结构

站场平面子系统由设备计算模块、方案图生成模块、示意图生成模块、方案图编辑模块、坐标自动推算模块、施工图生成及编辑模块、工程数量计算及报表生成模块构成，如图 7.2 所示。

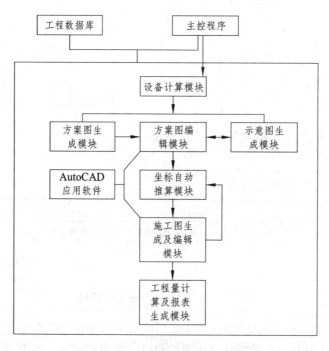

图 7.2　平面设计子系统总体结构

根据所设计的系统功能和总体结构，可以得到图 7.3 所示平面设计子系统的系统流程。

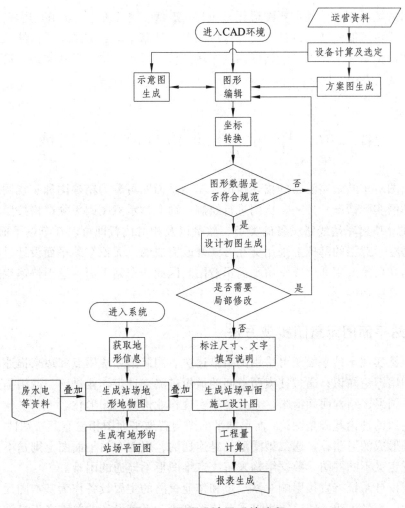

图 7.3 平面设计子系统流程

2. 子系统的数据结构

数据结构是设计站场平面计算机辅助设计子系统基本绘图单元和图形结构的基础，也是实现运营模拟的前提。

本子系统采用网络描述法描述站场结构图的结构关系。网络描述法用点和边来描述站场的网状拓扑关系，它便于生成直观的结构明确清晰的站场图形。网络描述法的理论基础是图论。

作为一种二维图形，确定了每个点的位置以及点与点之间的相互关系后，站场平面示意图即可确定下来。它其实相当于一种网络结构图，但与一般网络结构图不同的是，站场平面图中的点和边作为站场设备和线路的抽象表示，它们不仅要在图形中精确定位，更要表达出站场设备的逻辑属性和逻辑关系，这就要求系统除了要保存各个图元的坐标数据外，还要保存用于描述其逻辑属性的特殊数据。此外，站场平面图数据量大而且精度要求高，各个单元结构之间的数据必须准确清晰。因此，必须为每个图形单元设计严密、高效的数据结构，既要能实现人机作图功能，还要能表达站场设备间的逻辑关系，以保证站场整体功能的实现。

直接影响站场平面设计的主要图形元素包括：道岔、交叉渡线、轨道、边界点、信号机、警冲标等。系统按照面向对象设计方法为这些图元设计基本的数据结构。系统采用分层描述法描述数据结构：第一层用以表达站场内的车场结构，采用框架表示法实现；第二层用以表述车站内线路及设备。

第二节　中间站平面布置图自动生成

依照平面图对车站线路设备的描述精度，车站平面图可分为精确图和示意图两种：前者严格遵循车站的实际情况，按一定比例进行绘制；而车站示意图则无须严格按照比例绘制，只要能够客观反映出车站线路设备的类型、数量以及相对位置即可。在车站平面 CAD 系统中，精确图是在示意图的基础上采用交互方式修改完成的。无论车站平面设计过程还是后续专业利用，均会反复调用和生成车站平面示意图。因此，车站平面示意图快速生成是车站平面设计的一个重要功能。

一、车站平面图示意图实现方法

计算机系统实现车站平面图可采用网络描述法。网络描述法用点和边来描述车站的网状拓扑结构，利用图论知识，通过搜索两点间的最短进路来选定作业进路。网络描述法便于生成直观的车站图形，结构明确清晰，并且便于实现作业进路的图形化。

网络描述法的理论基础是图论，而车站平面图与普通平面图相比有其特殊性。比如道岔，其主线和侧线形成的通路在普遍二维图形上是连通的，但在车站平面图上则是不允许的。为此，系统通过定义不同的图元数据结构来解决二维图形不连通的困难。

车站平面设计系统将直接影响车站定位和作业进路的主要设备作为基本图元，这些基本图元包括道岔、交叉渡线、轨道、边界点、信号灯等。系统设计的关键在于设计各种基本图元结构并将它们表示出来。

绘制车站平面图可分为如下几个步骤进行:

（1）绘出车站的结构框架图。这一步实际上只画出直线轨道，得到的图形就是点和线的结合（图 7.4）。不管是道岔、曲线、站线还是渡线，都是通过点（即下文中的锚点）和线（即下文中的轨道单元）连接的，这一步完成了图的顶点和边的确定。

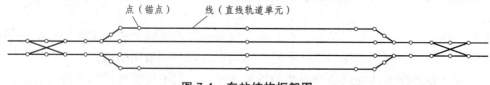

点（锚点）　　　线（直线轨道单元）

图 7.4　车站结构框架图

（2）确定图元结构。在第（1）步生成的图形中相应位置上尚未定义成上述基本图元的部分，分别定义成相应的图元结构，这样，整个平面图就全部由基本图元所组成。

（3）在上一步基础上定义站线的使用方案，生成列车的进路。

这一系列步骤如图 7.5 所示。

画出车站的结构框架图 → 定义图元结构 → 确定站线使用方案并生成列车径路

图7.5 车站平面示意图绘制

二、基本图元定义与建模

系统对车场内部的线路和设备单元都采用面向对象法定义单独的类，并在类中设置所属车场属性来建立对上层车场的索引，实现两层结构的关联。

（1）锚点。锚点（图7.6）在实际站场图中是不存在的，这一概念是本系统针对基本单元的精确定位而定义的。对大多数的单元结构来说，其重要控制点均由几个相应的锚点确定。锚点是站场线路图中任意一段不可分割的轨道线路的端点，这种不可分割的轨道线路定义为轨道单元，轨道单元是一段直线或曲线。每个轨道单元都有2个锚点，相邻的轨道单元共用1个锚点。屏幕显示时，通过锚点的坐标和轨道的宽度，可计算出该锚点的10个（当该锚点为轨道绝缘节时）或5个（当该锚点为轨道端点时）边界点的屏幕坐标，然后画多边形将其显示出来。

（2）轨道单元。系统把不可分割的轨道线路定义为轨道单元，表现在图形上就是边或弧，有直线轨道单元（图7.7）和曲线轨道单元两种。直线轨道单元是由2个锚点确定的1条直线。屏幕显示时，由始终端锚点坐标确定该直线轨道的显示位置，然后结合锚点坐标和轨道宽度计算出其4个边界点的屏幕坐标，最后画矩形将其显示出来。曲线轨道单元采用三次Bezier曲线来拟合。Bezier曲线是一组折线集合，不但能较好地拟合各种曲线，而且在满足一定条件下能表示直线，所以可以将直线和曲线轨道单元统一为一种存储结构形式，以便使线路连接的逻辑关系更加清晰。

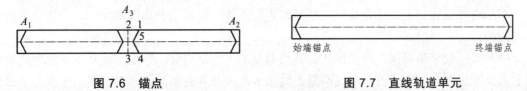

图7.6 锚点　　　　　　　　　　　　　　图7.7 直线轨道单元

（3）道岔轨道单元。道岔轨道单元（图7.8）是车站平面图中影响走行进路搜索的关键因素，由一组共用1个锚点的3条（或4条）直线轨道通过专门设计的程序定义而成。定义道岔轨道单元时，首先确定组成道岔的直线轨道单元，再选定将作为道岔尖端的直线轨道单元，然后逆时针依次选定将作为道岔根部的直线轨道单元；其次，系统自动将表示岔心的共用锚点、表示道岔尖端和道岔根部的直线轨道单元的索引号赋给道岔数据结构中的相应变量，并将其他变量也赋值。屏幕显示时，同样结合各个锚点坐标和轨道宽度计算出所有边界点的屏幕坐标，然后以此画出道岔单元的多边形。

（4）交叉渡线。交叉渡线轨道单元（图7.9）由1组共用1个锚点的4条直线轨道单元组成，共有5个锚点。其中共用锚点称为交叉渡线锚点，其他4个锚点将分别与4个道岔根部轨道单元端点锚点相接。交叉渡线轨道单元的屏幕显示方法与道岔轨道单元相同。

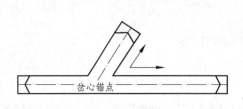
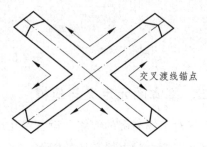

图 7.8　道岔轨道单元　　　　　　图 7.9　交叉渡线轨道单元

（5）站线轨道单元。站线轨道单元（图 7.10）是列车停放和作业的主要地点。站线轨道单元由 2 条直线轨道单元组成，它们共用一个锚点且成 180°，共用的那个锚点代表该站线中心，将该站线的名称标注在锚点上。

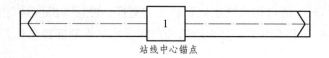

图 7.10　站线轨道单元

以上是车站平面图最主要的基本图元的数据结构，这些基本图元的设计和描画是车站平面图绘制的基础，当这些基本单元描画实现后，就可以通过人机交互的方式绘制整个车站平面图了。

三、站场设备配置与功能定义

1. 车站设备配置与布置图形

车站设备配置的主要任务是确定站场的客运设备、货运设备和线路设备，并规划各类设备之间的平面布置图。

中间站一般采用横列式布置图式，其图形基本上已定型化。选定车站基本布置图式即确定了车站客运设备、货运设备和线路设备的基本配置及各设备间的关系。系统根据车站设计手册将常用车站定型化图存入数据库，系统提供交互设计功能访问、查询和调用数据库中的车站布置图信息：一旦某种图形被选定，系统自动绘制所选图形的车站平面示意图。

2. 股道编号与确定线距

为了便于运输组织和行车管理，铁路车站股道编号必须遵从统一原则：单线铁路车站的股道编号，是由靠站房的股道起，向站房对侧依次顺序编号，正线用罗马数字，站线用阿拉伯数字，将股道编号标注在股道布置图上。在系统中，股道编号采用自动编号与人工修改相结合的模式。

在车站上，相邻两股道中心线间的距离应保证行车安全及车站工作人员进行有关作业时的安全和方便，其大小与线路功能、线路两侧建筑设备等因素有关。系统根据车站手册在数据库中建立"车站线间距离"表，系统采用自动设计和交互修改相结合的模式完成股道线距设计，并自动将设计结果标注在股道布置图上。

3. 道岔编号及道岔号数选定

（1）道岔编号。

为了便于车站运输组织和运营管理，车站咽喉区道岔编号必须遵从统一原则：以站房中心为界，用阿拉伯数字，从车站两端，由外向内，由主要进路到次要进路依次编号，上行列车到达一端用双号，下行列车到达一端用单号。因此，咽喉区设置中，当股道布置及相互关系确定后，只要确定了正线上的最外一位道岔的位置，其编号就基本确定。在本系统中，系统首先根据一般原则进行自动编号，对于由于特殊渡线等原因引起的特殊道岔位置关系的变化，采用人机交互方式进行修改。

（2）道岔号数选定。

车站股道间连接的道岔号数，一般应根据列车的运行方式和路段旅客列车设计车速度来确定。由于其号数选择应考虑股道的性质和功能等复杂因素，实现自动选号难度较大。按照目前路网铁路车站的功能要求，一般道岔应不小于12号。因此，系统以12号道岔作为道岔号数的预设值，并提供交互式修改功能。道岔号数设计结果由系统自动标注在平面示意图上，并生成道岔使用情况表。

至此，车站平面图CAD系统实现了对车站平面示意图的描画和修改，而且这些过程均采用自动设计与人机交互相结合的方式进行，具有较高的精确性、直观性和灵活性。

第三节　车站工程数量计算

一、工程数量计算的基本思路

车站平面CAD系统是在AutoCAD平台上利用ObjectARX技术开发的。系统具备直接访问AutoCAD图形数据库、与AutoCAD编辑器交互方便、可利用强大的MFC类库、支持多文档、定制各种自定义实体、与其他编程接口配合使用等优点。因而能够很容易地在DWG图形中建立各种站场专业使用的特殊实体，将其添加至AutoCAD的存储结构中去，成为图纸的一部分。通过采用对象继承技术，在AutoCAD中建立"站场图元"基类，在该基类下派生出道岔、直线股道、曲线股道、车挡、站场设备等子类，根据需要还可以在这些子类中继续派生出其他的子类，如图7.11。这样就可以根据类的实时派生特性判别某个具体对象所属的类，从而得到这个对象的各种信息。

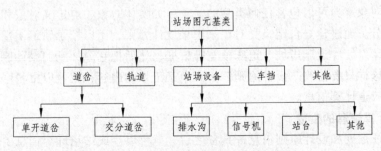

图7.11　站场图元基类及派生的子类

二、工程数量自动化计算的方法

车站平面设计系统的工程数量计算流程如图 7.12 所示。

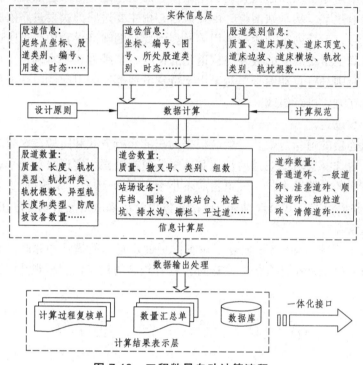

图 7.12　工程数量自动计算流程

1. 站场工程数量计算的数学模型

仅仅通过读取站场图元的特征数据，还不能自动计算出工程数量。必须将一系列直线股道、曲线股道和道岔、车挡等实体串接起来，形成站场股道，并将这些股道和设计原则中的轨道标准挂钩，才能实现工程量计算。AutoCAD 提供了有名对象字典（Named Object Dictionary）这种容器对象，它由组字典、多线样式字典和用户定义对象字典等三部分构成。组是实体对象的有序集合，组中的任一实体可以被删除和恢复，并可对一批对象的属性进行统一修改。这些特性与站场股道的性质十分吻合。因而可以将一条股道看成是由一系列直线、曲线、道岔、车挡等实体串接起来的有序集合。通过一个唯一的标志来给组命名，并添加至组字典中保存在图形中。对于设计原则等非图形信息，可以将其添加至用户定义对象字典中去。用户定义对象字典可以包含任何类型的对象，如实体对象、自定义对象和数据对象，利用对象名来区分。通过建立自定义类对象来记录设计原则，用以记录轨道质量、轨枕根数、轨枕类型、道床厚度、道床边坡、道床顶宽等数据，然后把它添加到"设计原则"的用户对象字典中去。这样只要修改"设计原则"字典中某记录的内容，就可以批量修改轨道标准指向这一记录的股道计算信息。

2. 站场计算信息的生成

当图中特征数据和设计原则信息都具备之后，就可以生成站场计算信息了。在计算站场工程数量时必须考虑到《铁路站场及枢纽设计规范》中有关的条文规定。

① 轨道计算信息生成。首先让程序遍历股道组，根据组中不同实体的时态属性（新建、

既有）过滤出新建轨道地段。再将新建轨道地段上的道岔过滤出去，即可根据设计原则和设计规范将这些地段分解成不同标准的轨道计算信息（质量、轨枕类型、轨枕根数等），用设计好的数据格式分别加以存储。最后对整个车站的轨道计算信息进行汇总。

② 道岔计算信息生成。遍历全图的道岔实体，取得每个道岔实体的图号，根据图号信息得到道岔质量、类别（单开、交分、对称）等资料。对于交叉渡线、道岔组合等复合实体，程序设计了特殊的数据结构记录间距、图号等。最后对整个车站的道岔计算信息进行汇总。

③ 道砟计算信息生成。轨道计算信息生成后，根据轨道类别，就可以计算出该段轨道的铺砟数量。对于道岔则可按道岔端所衔接股道的最高标准计算道岔的铺砟数量。线间洼垄填砟的数量则通过用户选择洼垄范围的方法来计算。

④ 异型轨与加强设备计算信息生成。结合每一股道所对应的股道标准和股道用途，以及其间的各个道岔的质量信息，程序可以判断出在股道的什么位置设置什么规格的异型轨，并且结合轨道枕型、曲线半径、绝缘点位置，计算出铺设防爬器、防爬支撑和轨距杆的地段长度和数量以及道岔防爬设备的数量。

⑤ 站场设备计算信息生成。由于每种站场设备均已作成独立的站场图元，并赋予足够的信息，因此只要依次提取图形中站场设备图元的信息加以汇总，即可得到站场设备的计算信息。

第四节　中间站设计 BIM

一、中间站设计 BIM 系统的体系结构

中间站设计 BIM 的目标，是基于中间站设计方案构建中间站工程信息模型，供方案检查、施工和运营维护实用。因此，系统首先要满足中间站设计要求，其功能贯穿于中间站全生命周期，提供通用的智能化的交互式环境。系统提供支持中间站全生命周期需求的信息支持，功能齐全，满足设计者需求。中间站设计 BIM 系统在中间站 CAD 系统的基础上，还应具备以下功能：

1. 系统具有通用的平台与专业间的接口

系统所选用平台首先要具有通用性，能够读取并运用不同平台处理的模型与信息。应用 BIM 技术要解决的问题之一是任何一项操作均能够应用于全生命周期，为了避免信息的重复输入，信息一经输入便可在整个周期内使用。但不同专业不同阶段的每项工作使用的软件与平台不同，为保证信息与数据在传递中不会出错与丢失，需要从系统平台创建的 BIM 模型中提取信息进行计算与分析，因此需要有通用的数据格式。目前，世界上各大软件公司如 Autodesk、Bentley、Tekla 等已经过验证，能够通过 IFC 数据格式进行数据信息交换，本系统在选用平台时以 IFC 数据格式为标准，以保证信息与数据交换的准确性。以通用的数据格式为前提，在各个模块创建接口，以支持各专业进行详细的设计。

2. 人机交互功能

系统中基元模型的创建与中间站设计具有人机交互的功能，可直接通过系统界面输入模型创建的基本条件、参数信息和属性信息，系统将以此获得的信息存储至数据库中，依据

技术标准与设计规范进行自动推算，实现模型布置与数据计算，模型与信息的修改也可通过交互界面进行数据库的实时更新，可将用户的需求展示在界面上，方便用户的操作，提高其效率。

3. 基元模型库构建和管理

实现中间站的自动设计需要大量基元模型的支持，因此需要创建基元模型库，而单纯的三维模型无法满足对中间站的 BIM 技术，需添加与实际相符的所有信息，如材质、尺寸、物理属性等。系统能够进行特殊基元模型的创建，提供截面进行信息的添加，提供接口支持各设备专业对基元模型进行详细的设计，如在中间站设计中调用通信信号设备信号机时，主要是对模型和物理信息的使用，而信号机自身的操作机理需要通信专业进行详细设置，系统留有接口满足各专业的需求。具体建模方法已在第四章详细介绍。

4. 中间站的设计

设计者选择标准站型后，通过界面输入参数，根据技术标准与设计目标确定中间站中各设备的位置、关联约束、设计关系，实现客运设备、货运设备、线路设备、通信信号设备、路基工程、牵引供电等模块的布置，修改模型和信息。

5. 工程数据库管理

要实现中间站设计的 BIM 技术，需要各设备模块之间与项目的各阶段间传递数据和交换信息。因此需要有完善的工程数据库用于储存各设备的尺寸、材质、生产商家、价格、施工起止时间等一系列信息；并需设置数据转换的接口，使所有模型与信息采用统一的格式保存，以处理专业间与不同阶段中对信息资料的提取与更新。

6. 成果输出

除了生成文件有二维标准设计图纸、数据表外，系统还要输出构造物三维模型，并利用模型及其自身信息生成动画和进行渲染、施工模拟等辅助工作，进行碰撞检测、能量分析等各种分析。

7. 协同设计

线路设计的基本任务包括与各专业共同研究，布置线路上各种构筑物，确定其类型或大小，使得总体相互配合，经济合理。因此系统以线路为基础，各专业首先依据项目需求完成各自的专业设计，专业之间再相互配合，将完成后的设计通过接口集成到系统中。系统实现对模型与信息的管理，以及模型与信息的实时更新，保证信息的安全。

依据上述功能需求，中间站设计 BIM 系统的总体结构如图 7.13 所示。

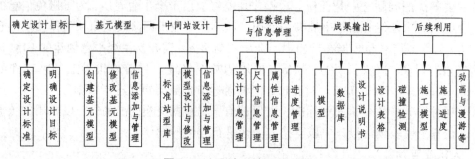

图 7.13 设计系统总体结构

系统主要目标是使用 BIM 技术实现中间站全生命周期的工程信息建模（BIM），创建和收集中间站所有相关信息，支持项目决策和资源信息共享，以平面系统为核心，实现中间站的三维可视化设计和管理。

二、系统的模块设计与实现

下面以 Revit2014 为平台，介绍中间站设计 BIM 系统的模块设计。

使用 Microsoft Visual Studio 软件中 C#语言，以 RevitSDK2014 为接口，使用 Access 数据库存储工程数据，进行软件的二次开发形成中间站设计系统，各功能间协同工作。在系统中，用户通过界面按钮进行交互操作，通过界面模型识别选择与窗口信息输入的方式对模型进行编辑与修改，同时反映于数据库中，使模型与数据达到一致。系统的结构流程见图 7.14。以下分别对界面设置、线路设备、通信设备与出图设置进行详细说明。

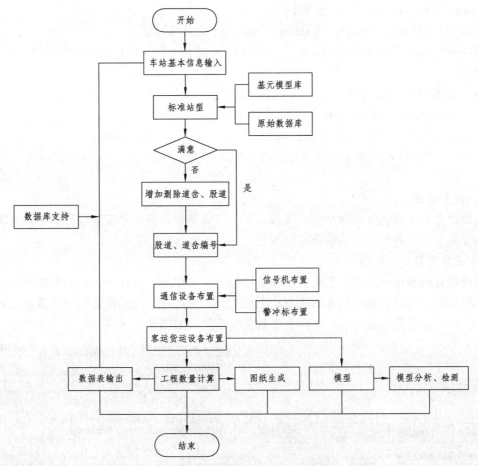

图 7.14　中间站设计系统流程图

1. 界面设置

铁路中间站设计系统是基于 Revit2014 的交互式操作，需要设置友好便捷的用户界面。使用 RevitSDK2014 中提供的外部应用接口进行程序编写，编译成功后，在启动 Revit 软件时，系统可自动加载外部应用，即界面按钮与下拉菜单，通过按钮读取各设计功能的函数程序（即外部命令）实现功能。用户操作菜单见图 7.15。

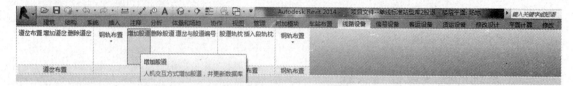

图 7.15　用户操作界面

Revit 界面中包含 Tab、Panel 和 PushButton，要将 PushButton 放置在 Panel 中，Panel 放置在 Tab 中，使用 CreateRibbonTab 函数创建新的 Tab 页，使用 CreateRibbonPanel 函数创建 Panel，使用 PushButtonData 函数创建按钮，添加信号设备部分代码如下，创建按钮函数中后两个参数分别为布置信号机设备的动态链接库的位置与实现该功能的函数名：

public Result OnStartup（UIControlledApplication application）

{ string xhsb_tabname = "信号设备";

application.CreateRibbonTab（xhsb_tabname）;//创建 Tab 页

RibbonPanel xhj_Panel = application.CreateRibbonPanel（xhsb_tabname,"信号机布置"）;//创建 Panel

PushButtonData buttonxhjd = new PushButtonData（"Buttonxhjd", "信 号 机", @"E:\RevitVCAPI.dll",MWRvtAPI_Singnal）;//创建信号机按钮

PushButton buttonxhj = xhj_Panel.AddItem（buttonxhjd） as PushButton;

buttonxhj.ToolTip = "布置中间站信号设备";

……}

2. 线路设备

线路设备中主要包含道岔布置、股道布置，完成布置后对道岔股道进行编号并在图中标记，根据道岔与股道的位置信息布置轨枕。

1）道岔设备

道岔设置包括增加道岔、删除道岔和道岔编号三个功能。设计中，首先判断是否需要进行道岔的修改与布置，如果要增加道岔，则在工具栏中选择"线路设备"→"道岔布置"→"增加道岔"，根据提示选择前后道岔并得到道岔信息，如图 7.16 所示。

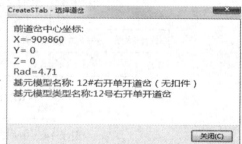

图 7.16　选择新增道岔的前道岔

（1）增加道岔。

线路工程基元模型库中已构建了不同种类道岔的基元模型，在进行道岔布置时通过调用基元模型实现三维设计。

实现道岔的布置需要确定道岔的插入点、岔线类型、道岔号数、插入段长度以及道岔的

338

配列方式等设计信息。依据道岔配列方式不同，在模型中选择两个插入点：第一点选择前道岔，可获得该道岔的坐标、旋转值、道岔种类等信息；第二点为实际插入点和虚拟插入点（即与前道岔的相对位置关系）。道岔的连接方式分为对向异侧、对向同侧、顺向异侧、顺向同侧四种，其中顺向异侧依据道岔插入的顺序不同，前长和后长采用的数据不同，会影响到插入道岔的实际位置，将顺向异侧按 a 与 b 两种配列方式进行考虑。因此，程序中根据道岔的配列方式、道岔种类、插入轨长度等信息以确定新增道岔的坐标。

在标准站型库基础上修改道岔布置，数据库中数据无须改动，通过调用增加道岔窗口布置道岔，并将道岔布置信息导入数据库中。通过 Selection 类中 PickObject 函数在界面选择两个插入点，使用 LocationPoint 类读取前道岔点信息，通过 NewFamilyInstance 函数创建实例。

选择道岔号后弹出道岔库对话框，输入增加道岔参数，根据输入参数信息在基元模型库中调用基元模型并进行布置，同时布置岔后曲线。输入道岔设计信息如图 7.17 所示。

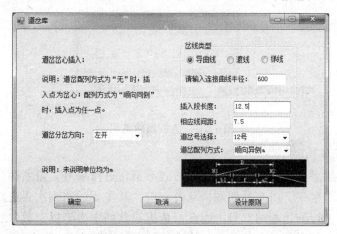

图 7.17　输入道岔设计信息

点击道岔设计原则，弹出对话框如图 7.18 所示。

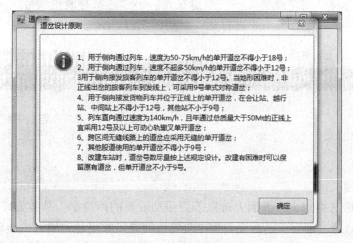

图 7.18　道岔设计原则

完成道岔的参数输入后，点击确定生成道岔，如图 7.19 所示。

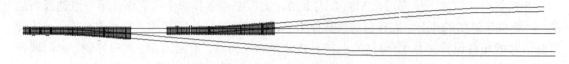

图 7.19　增加道岔

（2）删除道岔。

通过界面选择需要删除的道岔，同时删除道岔对应的岔后曲线等，股道的更新在完成道岔、股道布置后进行，同时将道岔型号、坐标与旋转角度作为选择条件，从数据库中查询相应道岔的数据，更新数据库。

在系统工具栏中选择"线路设备"→"道岔布置"→"删除道岔"，按照提示选择道岔，如图 7.20 所示。

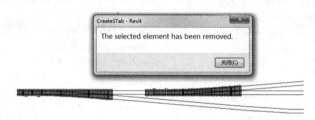

图 7.20　道岔删除结果

（3）道岔编号。

完成道岔的增删后，系统采用人机交互方式对道岔进行编号，道岔编号时以车站站房中心为界，使用阿拉伯数字，由车站两端，从外到内，从主要进路到次要进路按顺序编号，下行到达端用单号，上行到达端用双号。因此，依据道岔的中心坐标、道岔所在的股道主次关系和邻接关系可实现对道岔的自动编号；当遇到特殊情况可在界面进行手动编号。在数据库中更新道岔编号，同时将道岔编号绘制在模型中。

在工具栏中选择"线路设备"→"股道布置"→"道岔与股道编号"，自动更新数据库中道岔与股道的编号，并在模型中进行标注，如图 7.21 所示。

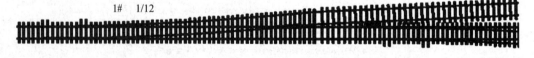

图 7.21　道岔编号

2）股道设备

（1）增加股道。

增加股道与道岔类似，在界面上选取需要添加股道的两道岔，从数据库中查询对应道岔的尺寸信息，结合道岔前后长、岔线类型、曲线长度等尺寸信息和输入的线间距、股道性质、进路方向等性质，计算股道的起终点坐标，在模型中绘制新增股道，同时更新数据库。在工具栏中选择"线路设备"→"股道布置"→"增加股道"，按照提示选择增加股道的两端道岔，如图 7.22 所示。

|（a）| |（b）|

图 7.22　选择添加股道的两组道岔

选择道岔后弹出股道对话框，输入股道布置参数，窗口如图 7.23 所示。

图 7.23　输入股道设计信息

增加股道前与后的模型图如图 7.24 所示。

图 7.24　添加股道模型

（2）删除股道。

删除股道与删除道岔类似，选择要删除的股道，直接删除所有相应的钢轨，将在界面上读取钢轨的 y 轴方向坐标，作为查询条件，从数据库中查询相应股道数据，并进行删除更新。其流程算法与删除股道类似。

（3）股道编号。

股道修改结束后需对股道进行自动编号。单线铁路的车站从靠近站房的股道向对侧依次按顺序编号；双线铁路的车站从正线向两侧按顺序编号，下行进路为单数，上行进路为双数。在数据库中读取股道的单双线、性质、坐标等信息，通过程序计算进行自动编号，并将编号标注在模型中。其实现算法及流程与道岔编号相似。

3）轨枕、有砟道床、无砟轨道的布置

完成道岔与股道的布置后，通过读取数据库中的全部道岔表和全部股道表，可确定股道起始坐标以及曲线、插入线等坐标，在基元信息模型库中调取所选型号的轨枕、有砟道床和无砟轨道以实现布置。有砟道床与无砟轨道布置同钢轨的布置相似，通过起终点即可确定；轨枕布置还需输入轨枕数量以确定间距。从基元模型库中选择相应的轨枕型号分别对股道与插入轨布置轨枕。在工具栏中选择"线路设备"→"轨枕布置"→"股道轨枕/插入段轨枕"，通过读取数据库中"全部道岔表"与"全部股道表"的数据，进行轨枕布置。可对表中轨枕类型与单位长度内轨枕数量进行修改，如图 7.25。

图 7.25　修改轨枕布置信息

轨枕的布置如图 7.26。

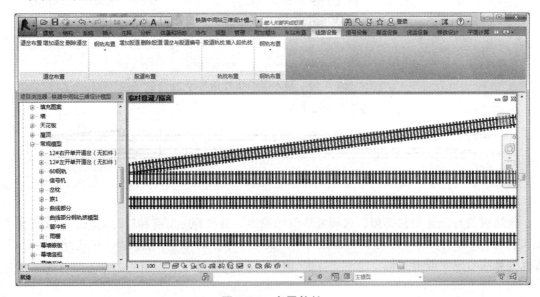

图 7.26　布置轨枕

3. 通信设备

通信设备包括警冲标和信号机。警冲标的设置仅与道岔有关，在界面选取需要布置警冲标的道岔，通过读取道岔包括编号在内的所有数据，即可完成警冲标的布置，并将警冲标布置的数据添加至数据库警冲标设计表中；而信号机的布置与道岔和股道均相关，程序中实现信号机的布置要考虑信号机处的道岔方向、种类、有无轨道电路以确定信号机的具体位置，根据型号在基元模型库中调用信号机，在相应位置进行布置。布置警冲标如图 7.27 所示。

在工具栏中选择"信号设备"→"警冲标布置"→"删除警冲标"，弹出对话框，按照提示选择警冲标，当完成删除时，窗口显示如图7.28。

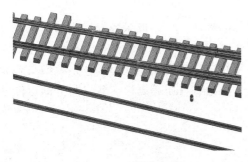

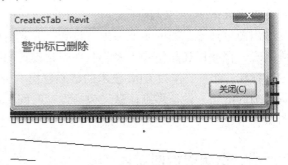

图 7.27　警冲标布置模型　　　　　　　　图 7.28　删除警冲标

在工具栏中选择"信号设备"→"信号机布置"→"增加信号机"，按照提示依次选择要添加信号机的相应股道与道岔，如图7.29所示。

图 7.29　选择添加信号机的股道与道岔

弹出对话框如图7.30。

信号机至道岔中心距离可通过按钮"高柱信号机（$b=380\,\mathrm{mm}$）至岔心距离 L_x（m）查询"进行查询。三维空间中信号机布置如图7.31。

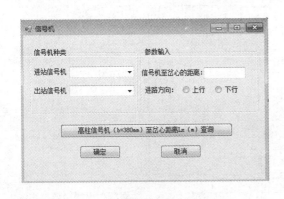

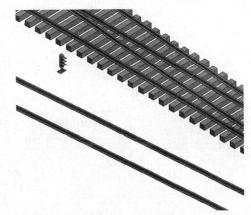

图 7.30　输入信号机布置信息　　　　　图 7.31　信号机布置模型

4. 平面计算与二维图绘制

完成中间站各设备的布置后，需要输出各设备的布置数据与数量表。以设计时输入更新的数据表为依据，分别计算各设备的相对坐标、上下行到达端坐标、股道长度、股道有效长坐标（计算股道有效长）、道岔数量表与各设备里程。计算完成后在数据库中添加数据表并填充完整的数据。

无论是以传统的 CAD 方式还是使用 BIM 的方式进行设计，准确的平面二维图纸与精确的数据仍是必不可少的成果之一，是具有法律效力的文件。因此，使用完成中间站的设计后，需要输出数据表、二维图纸与模型文件。

　　出图包括施工图的生成和出图设置，并进行详细的标注。依据成果数据库中的道岔表、股道表、警冲标表和信号机表绘制中间站设计的平面图，依据上、下行到达端坐标表在图中进行标注。此外，作为 BIM 技术的核心建模平台，系统应能提交信息模型，包括模型与各设备详细的信息，设备详细信息又包括设计时间、设备型号、材质等属性。各参与方即可依据图纸、报表与模型指导项目进展。

三、系统的协同设计

1. 协同设计的实现方式

　　在中间站设计中需要实现桥梁与路基的界限划分设计，布置车站与站台的位置，实现股道正线、到发线的设计，进行警冲标、信号机等通信设备布置。机车与车辆在钢轨的引导下运行，因此系统应能以线路为基准实现各专业之间的约束关系，连接桥梁、地质、房建、轨道、通信、机车、车辆等专业实现各专业的协同功能。

　　中间站 BIM 系统中具有完整的设计框架，其中包含相关联的站前站后的专业系统，依据项目工作集任务将其划分至各专业，各专业同时工作并在完成分配的任务后返回至系统中，进行协同设计测试。协同设计规划图见图 7.32。

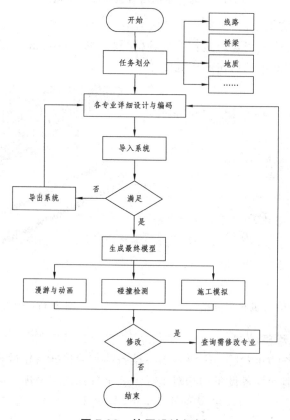

图 7.32　协同设计规划

系统中包含各专业的基元模型的编码，且预留有接口对基元模型编码进行增加、删除与修改。除系统中的编码外，各专业还可在进行详细设计时依据总系统编码方式对其继续详细细分并编码，以实现各构件的参数化设计。系统中设置接口允许各专业对专业模型进行导入、导出与修改。例如：在中间站设计中已经确定车站相对坐标、里程，即详细的位置信息，并且在相应位置放置了简化的车站模型；建筑专业使用 Revit 软件对车站进行详细的设计，如梁、柱的材料选择、尺寸设置，楼板、屋顶设计，房间的设计，完成详细设计后即可将模型通过接口传入系统中，替换简化后的车站；此外，在房建专业进行设计时，可以类似的方式分为管道、电力等专业作进一步详细设计，但此部分不再属于本系统需要涉及的内容。

专业之间的 BIM 协同设计采用信息化平台实现。协同设计的核心是信息的交换，所有设计资料要更新到信息平台中，以便各专业人员依据需求调用最新模型。

2. 协同设计的实现

系统的专业间协同设计可通过 Autodesk Revit 软件"插入"→"载入族"实现，完成添加专业设计成果，修改属性，添加相应信息与编码等功能，并以编码的方式实现模型的更新，如图 7.33。

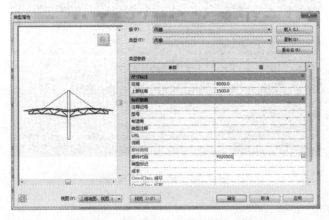

图 7.33　对基元信息模型添加编码

对完成的模型进行碰撞检查，可检测专业间的碰撞。进行钢轨与轨枕、站台与雨棚、轨枕与站台之间的碰撞检测，操作如图 7.34 所示，结果显示如图 7.35 所示，生成报告见图 7.36。

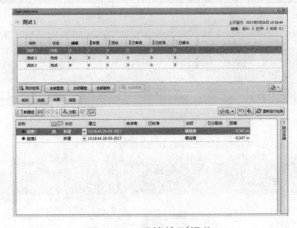

图 7.34　碰撞检测操作

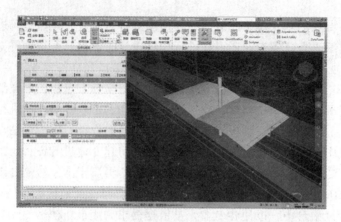

图 7.35　碰撞检测结果显示

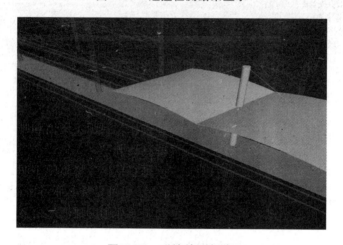

图 7.36　碰撞检测报告

3．施工进度模拟

对每个工序设置计划开始时间、计划完成时间、实际开始时间、实际完成时间，模拟实际施工进度，如图 7.37 所示。

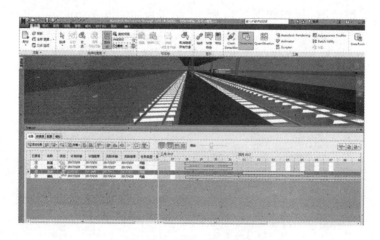

图 7.37　施工进度展示

四、模型的应用

通过系统中设置的接口实现各专业的协同设计，设计完成后利用模型与第三方软件对项目设计成果进行检测。可采用 Autodesk Navisworks Manage 第三方软件协助进行协同设计。Navisworks 集分析、仿真与信息交流于一体，具有完善的实时漫游动画、施工模拟、碰撞检测等功能，可充分展示设计成果与施工流程，协助团队间进行协同设计并提高协助效率。

铁路设计中主要应用 Navisworks 软件实现的功能有：

（1）图形渲染：按照模型自带的材质属性设置材质与光源，使用真实的效果渲染。

（2）工程量计算：提供工具进行材料、面积、土石方等估算。

（3）碰撞检测：可检测模型中不同专业及同一专业中的碰撞，以及分项目段设计与施工中出现的碰撞与交叉，减少施工期间易出现的失误，可进行各专业分段检测与项目全面检测。

（4）四维施工模拟：通过将模型与施工进度进行连接，模拟施工的过程与进度，并进行计划时间与实际时间的比较，实时对施工进度进行控制。

（5）对象动画：进行旋转、移动等简单动画操作，与施工模拟和碰撞检测结合进行项目报告等，使项目结果更清晰。

（6）中间站设计三维仿真与漫游：对中间站三维设计方案进行实时三维视景建模，通过漫游查看整个项目，部分真实感三维视景如图 7.38 所示。

图 7.38　中间站三维视景漫游

思　考　题

1. 分析铁路站场 CAD 系统的体系结构，理解各模块的技术要点。
2. 简述中间站平面布置图自动生成方法的技术要点。
3. 理解车站工程数量的计算。
4. 分析中间站设计 BIM 建模的关键技术。

第八章　铁路工程中的智能决策技术

第一节　计算机信息技术在铁路工程决策分析中的
地位和作用

一、信息技术在决策分析中的地位

决策分析过程是对获得的信息进行加工处理，从而决定行动策略的过程。无论是投资决策、生产决策还是经营管理决策，都是在大量信息处理的基础上做出的。要储存这么多信息，并且要进行大量复杂的运算、推理，不借助计算机是十分困难的。它是一个信息仓库，是完成决策工作最理想的手段。

在决策的三个步骤中，计算机信息技术均具有重要的地位。

决策的第一步是确定决策目标。不同目标决定了不同的决策方案，必须从设想的几个不同目标经分析比较后才能选定决策目标，这必须依靠计算机信息技术。

决策的第二步是拟定供选择用的各种可能方案。对于复杂的决策问题，拟定备择方案和选定方案又不能截然分开，故拟定备择方案也是一个设想、分析和初选淘汰的过程，特别是那些对时机要求非常迫切的决策问题，时间性强，故必须依靠计算机这个得力工具。

对于决策的第三步即决定要选择的最终方案，需运用运筹学、最优化方法等各种科学分析方法来分析、模拟、计算比较方案，从而进行决断，特别是对于多目标大系统决策问题，更得依赖计算机及信息技术。

在应用计算机进行决策分析时，要运用信息的观点、信息的方法来思考，把决策系统看作借助信息的获取、传递、加工、处理而实现其目的性的运动的客体；同时应特别强调问题的数学模型化，对于难以用数学模型描述的问题，尽量使用仿真技术。

二、信息技术在决策分析中的作用

当前，国内外应用计算机信息技术进行决策分析突出在以下 4 个方面进行。

1. 咨询作用

在决策分析以至最后的决策中，计算机的咨询智能发挥了极大作用。数据资料与有关信息的收集、整理、筛选、翻译、显示等需要花费很多时间和精力，但这些咨询工作都可以通过计算机信息技术来实现。

铁路建设科研部门正在研制的我国铁路地理信息系统，将路网已建成的铁路资料数据，如建成年代、运营里程、工程投资、主要技术标准、技术装备、设计能力、需要能力等数百个数据都存储其中，并具备多种功能。它们的研制成功必将对我国的铁路建设及现代化工作做出巨大贡献。

2. 辅助决策作用

在决策过程中，计算机能独立地提出建议、进行效益评估和方案优选工作，并加以判断。有了这些决策，可以使决策人员能更全面、客观地分析思考问题，从而做出正确决策。

由于决策者面临的问题可能十分复杂巨大，所以常常用多台计算机组成计算机网络，将几个决策问题的分析放在一个网络上进行。有关铁路各个层次的决策问题，一些科研和大专院校已经初步建成若干个辅助决策系统，有的已经通过鉴定，有的正在试用中。

3. 评估作用

在铁路设计、建设和改造过程中，经常要评估许多备择方案，各备择方案又有详细的描述，需要进行许多繁杂的计算才能做出评估。借助计算机可完全实现快速、客观、公正的论证，诸如新旧线建设方案的拟订、主要技术标准的确定、工程投资以及经济效益的分析等。

4. 自动选择方案

在决策分析中，计算机信息技术应用的进一步发展是能自动选择方案，即计算机通过输入的信息、数据，经分析提出可能的备择方案，并根据规则、规范、标准及知识库中的专家知识等提出方案和完成全部优选工作。

第二节　线路工程智能决策系统中的数据模型

在线路工程智能决策系统中，工程对象的专业技术信息具有复杂的多样化表示和描述形式，有专业数学模型、专用编码参数、专业制图标准、专用语言和符号系统、专业规范等，其中存在大量非结构化信息和模糊信息，存在大量动态信息和组合信息。因此，工程数据库系统设计者应是既要具有计算机技术，又要具有专业工程技术的两方面的紧密结合，或是兼具二者的跨专业人才，这才能在建造工程数据库管理中，充分运用计算机技术手段，合理组织和表现工程专业信息，为计算机辅助工程系统提供强有力的数据管理和操纵条件。在计算机应用领域日益扩展到各类工程专业的过程中，特别是近几年来，工程界在研制和推广应用专业软件中，对工程专业信息的计算机表示取得了很大进步。本节将结合铁路工程数据库的设计，就专业信息表示的概念和方法进行讨论。

一、线路工程专业信息与系统功能结构

在计算机辅助工程系统中，专业信息库的数据定义和操纵，是为实现系统功能结构和功能目标服务的，并在其指导下进行设计和建造。要开发一个具有实用价值的高效的计算机辅助工程系统，一是要对工程过程（即系统功能结构）进行深入剖析，二是要对工程专业信息进行综合和分解。

铁路选线智能CAD（IRLCAD）系统，是围绕综合线路构造物描述数据库这个核心而建立起来的，按照系统功能结构目标，以系统工程的办法和思想指导程序设计和数据流控制，随着设计任务的展开，系统能够动态地扩充和构造线路工程数据库。IRLCAD系统的功能结构和目标具体如下：

（1）将系统设计方法用于选线设计，使设计人员能统观全局，综合经济、社会和环境效益，在不断循环、反馈、综合平衡的基础上，实现对选线方案的评价和优化。

（2）作为铁路选线设计软件，能向用户提供全套选线设计图纸、各种文件和表格，包括动画、图像和声音效果模拟。

（3）以计算机媒体表现艺术手段，反映和协助工程师的创作思想和空间想象方案的表示和描述，提供各种功能分析图、设计图、透视图，并使多方案比较说明直观形象，有临境感。

（4）保证在系统上设计并经认可的选线方案能基本满足国家规定的技术经济指标和线路设计规范要求，系统对设计过程中任一阶段的技术经济指标进行实时显示与更新，对违规设计提出警告提示，对应考虑的影响因素如有遗漏或忽视应能自动给予指示。

（5）对系统中设计图形描述，包括线路设计图、个体工程设计图生成等表达规范化，提供图形分层、叠合显示与功能分析图示，如平纵断面总布置图、线路平面图、线路纵断面图、路基横断面图、各类结构物布置图、排水用地图等；选线方案评价功能包括输送能力检算、列车运动仿真分析、施工工期与施工难度、工程经济评价等。系统结构如图 8.1 所示。

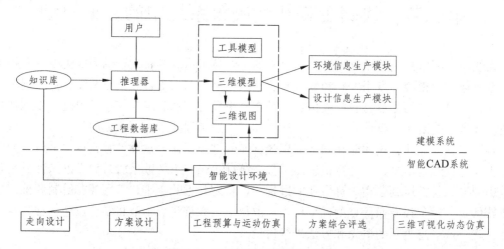

图 8.1　IRLCAD 系统结构框图

系统数据库是支持上述功能的核心，基本数据库包括完整的线路设计规范、设计参数、标准图库、范例库等。该数据库要同其他有关数据库结合，如国家地理信息库、国民经济统计信息库、铁路发展规划数据库等。各项基本功能都是同项目数据库紧密关联的，这个统称为项目数据库系统的内容即是方案描述与生成系统的全部数据信息。

一般地说，IRLCAD 系统的数据关系模型如图 8.2 所示。IRLCAD 系统的使用过程，就是在使用者操纵下，对线路工程信息进行提取、组织、创造、加工和处理，并将其归纳整理成针对某项目工程的一套完整的设计信息数据库，然后根据需要，使用这套数据库产生图纸、文档、图表、动画演示等的过程。

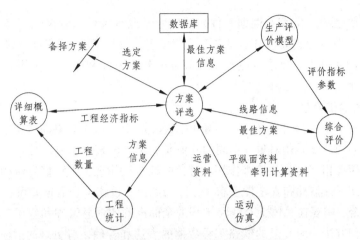

图 8.2　IRLCAD 系统的数据关系模型

二、线路工程专业信息的综合与分解

线路工程智能决策系统中的工程数据模型的建造原则是根据工程对象的数据结构特征和动态变化规律，设计和构造与系统应用相匹配的工程数据库管理系统。

铁路线路工程数据模型是建立在对铁路工程专业信息特点和系统目标分析基础上的，是计算机数据处理技术与铁路工程技术结合的产物。铁路工程信息是一个十分复杂的系统，具有如下几个重要特性。

1. 具有领域相关性

铁路工程是国民经济重要的支柱产业，同整个社会经济发展水平息息相关，同城市管理和规划、国土资源管理和生态环境控制等诸多领域密切相关，因此，该信息库应能与之交换数据、共享信息。

2. 具有专业协同性

铁路工程系统内存在协同工作的多个相关专业配套，有多个专用子系统，如铁路规划、选线、线路设计、桥涵设计、给排水和电气设计、通风供暖设计、施工管理等。这些专业各有特定内涵和任务，各具个性，分别用各自专业技术规程和方法进行工作。然而它们工作的对象最终是同一铁路工程，在各个子系统或子数据库中，共同信息数据、同一对象的同一属性的描述、同一属性的多种描述或表示方法间，具有一致性要求。这种一致性不仅是数据定义上的要求，还包括数据操纵的要求。若非如此，系统不能很好地在协同工作环境下运行，那就会是一个低效或失效的系统。

3. 具有事务时序性

铁路工程的发生和发展是一个分阶段、有步骤的动态过程。从前期研究开始，规划设计阶段便有序展开，从设计方案到详图的预处理，再到各专业的设计，设计中要进行情报检索、数学物理模拟和计算、专家对不同方案的评比和决策选择等。当设计任务完成时，施工事务开始。在施工事务中，同样存在其内部的时序性，要先进行施工规划、工程量估算、施工设备和施工材料的准备，然后开始施工步骤，先基础后主体工程等。这种层次结构又不仅是树状，其树权往往要互相沟通，横向联系，时序在后发生的事务还要反馈信息到以前已发生的事务中，并且有时还要重新考虑改变以前的定式，如施工单位同设计部门的"洽商"、业主与设计单位或施工单位的"洽商"，根据事件发展实际情况重新处理看来似乎是已完成的阶段性事务。因此，信息操纵形成立体环状的错综复杂局面，而且是一个高维、多层交叉的空间体系，是一个动态构造过程，要求数据库具有较强的数据恢复和版本进化能力，在时间和空间维上支持工程应用。

4. 具有对象的综合性

铁路工程中每个事物都可看作一个对象（Object），而且每个对象都是可唯一标识的。不同的工程阶段是从不同角度看待对象，不同的专业是用不同的技术和方法处理对象，而这些不同的分量在对象上存在相互约束和检查作用，对象的综合性体现了工程信息流的传递、转换、返回等特点的一致性、完整性和安全性要求。正因为如此，铁路工程数据库可通过分解的专业信息在对象上的综合，实现在总体上对线路工程的全面准确的信息管理和应用。面向对象数据库管理系统的概念和方法，对复杂的铁路工程数据的表达和管理，有更好的适应能力。

总之，铁路工程信息量大、频域宽、表达形式纷繁，要合理有序地组织信息，使数据库结构和应用程序结构相匹配。铁路设计中的可行性研究、设计、绘图、概预算及设计文件制作等项工作是不能截然分开的，因此集成的铁路智能决策系统依靠功能强大的数据库管理系统的支持，而数据模型要充分反映各类型信息之间的复杂关系，必须构建清晰的设计信息流模型。IRLCAD 系统的设计信息流模型如图 8.3 所示。

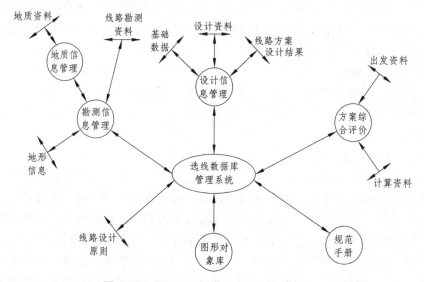

图 8.3　IRLCAD 系统的设计信息流模型

三、模糊信息与专业语义模型

在铁路工程智能决策系统中，除精确数值和确定图形外，还存在大量的模糊信息，很难用精确的数学手段来解析；影响线路设计方案的诸要素，如地形地质条件、环境影响、工程难易程度等，也很难做定量分析；高度概括抽象而成的铁路建设方针和政策，不是以内容庞杂的各种具体指标表达的，而是以语言说明的。这些模糊信息反映铁路工程中的精神功能作用，属于主观范畴，借用特定语汇来描述，以人的感受和理解程度来衡量。如何处理这些定性的、模糊的信息，是铁路工程数据库系统面临的又一个重要问题。

1. 运用模糊集合论和隶属度概念

传统数学中概念必须有明确的内涵和外延，命题非"真"即"假"，属于二值逻辑，用 0 或 1 两个值表示一个对象对于某个集合的属性。模糊集合论中，把对象属于某个集合的程度用 0 和 1 之间的实数来表示，称为隶属度。隶属度以[0，1]之间的任意实数表示接近该集合的程度，给我们提供了从定性到定量地描述隶属于事物某种性质的规定性程度。例如，为描绘线路方案的工程难易程度，可以用"困难"和"容易"这两词形容，进一步细分可以分别用隶属度来描述不同的级别：非常困难 = 1，困难 = 0.8，中等 = 0.5，容易 = 0.2，非常容易 = 0。这样便可使这些原本模糊的词汇量化到鲜明的概念。使用模糊集合理论可以对那些牵涉美学、心理学等不易精确描述的动态系统进行分析，还可对线路方案进行综合评价等。

2. 运用语言变量法

语言变量法为线路工程中那些非数值表示对象提供表示和处理方法。所谓语言变量，是以铁路工程语汇中词或句子参加求值运算，是把抽象变为具体、把定性问题转化为定量问题的更易于计算机接受的一种形式。

语言变量法可通过算术统计和加权值，从总体上获得工程量化数据，并转化为折线描绘得到语义分布图。用模糊子集给设计过程中所需的各项变量赋值，可方便地直接对铁路工程设计中常用的专业语汇进行定义，如：舒适度 = （不很舒适、舒适、很舒适），可写成 $A = \{A_1, A_2, A_3\}$，其中"舒适度"用语言变量 A 定义，其中的 A_1，A_2…就是语言变量取值。

语言变量法不需复杂的数学模型，它依靠模糊数学推理的一套方法，结合交互式控制，选定适当语言变量，管理一部分工程信息。

3. 模式语言提取

模式语言是表达各类线路结构系统化、定型化格式样本的规范化语言。模式语言以铁路工程类型间的内在联系规律和环境关系合理化为前提，使传统铁路工程设计和规划构思过程的思维语言科学化、模式化、标准化。模式语言系统构成大致如下。

① 把铁路设计或规划中要解决的矛盾，用文字、图解、空间尺寸等进行分析阐述。

② 把环境因素中包含的主要内容，用系统论方法分层次地编排成不同模式。

③ 每个模式仅解决铁路工程中的一个问题或一对矛盾。

④ 通过总结研究，提出解决该矛盾的最佳方式，并以图解表示，存储到工程数据库中。

模式语言系统的建立流程和使用方法如图 8.4 所示。

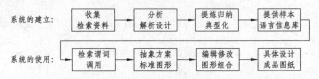

图 8.4　模式语言系统的建立和使用

模式语言系统是有关设计方法的一门学问，是行为科学与铁路规划设计的具体结合，不仅需要照顾铁路工程行业的传统、工程师的习惯，还要充分发挥计算机的技术优势。

总之，铁路工程专业技术术语要努力规范化和标准化，要体现准确的专业内涵，要形成完整的系统，要在概念与术语之间建立一一对应关系，摒弃二义性。每个专业术语只代表铁路工程中一个特定概念，使接触到这个术语的人，无论是工程师、业主、配套专业、施工部门等，都能获得相同信息。

四、工程数据与知识库

铁路工程数据库中的决策支持能力，仅靠一般的工程数据是不够的，需要运用铁路领域知识和工程实践经验，这些是难以用简单数据流动和通常逻辑判断所能表达的内容。对知识的处理主要依赖于推理，要求能够把不确定性因素和推理规律在计算机中存储、管理和运用，因此要求铁路工程信息系统中具有专业知识库。这是工程数据库的重要组成部分，并且具有鲜明的专业特点。

一般来说，铁路选线知识库由以下几部分组成：标准数据库、政策法规库、标准图形库、工程模型库、设计方法库等，如图8.5所示。实际上，知识库的结构非常复杂，各专业知识结构及其获取过程、推理过程存在各具特色的构造模式。

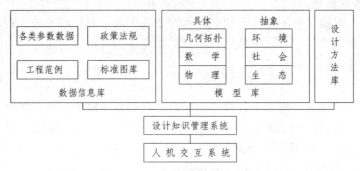

图 8.5　知识库

铁路工程中某些领域知识具有嵌套关系，应将应用子系统、数据库、模式和知识库有机地结合在一起，形成一个相互支持的智能型辅助决策系统。系统结构如图8.6所示。而在知识表示和知识库组织结构上，根据领域知识特点和专家思维模式，结合计算机推理特性，可把领域知识描述成层次式结构的扩展方式，其层次模型如图8.7所示。

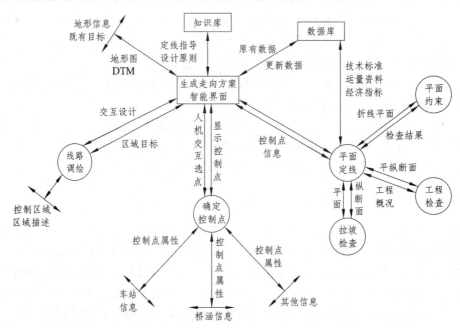

图 8.6　选线系统集成结构

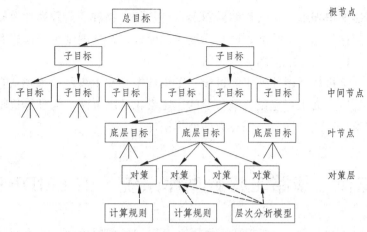

图 8.7　领域知识的层次结构

系统采用分层分块的知识组织结构，把各个咨询领域按层次分成若干个独立的知识库，对每个独立知识库又根据其功能分成目标层、目标对策联结层、对策层，即三个规则群，这样做也提高了知识库的可扩充和可维护性。计算规则类知识，用来计算某条对策的降噪值和投资值，一条计算公式被表示成一个规则。层次分析模型知识，由模型的结构描述和各对策相对于准则层的权重矩阵两部分知识描述。层次分析模型是一种适合解决目标多准则决策问题的数学模型方法，它把决策总目标分成准则层和措施层，构成分层次的多个评价决策矩阵，通过获取相应的偏好权重，计算出措施层各对策相应于总目标的权重序列，权重最大的成为最符合用户偏好的对策。

专业知识库的具体知识获取工作是个首要问题，一般要经历领域问题的界定、概念化、知识总结、形式化等几个阶段。

系统知识库的建立大致有 4 个步骤：① 知识结构的分析；② 专家知识的实际获取；③ 领域知识的表示；④ 知识库的形成和优化。

知识库的结构形式，不仅影响知识的表示方法，还影响系统的推理方式和效率。知识内容是否真实和全面，知识单元划分是否合理，则极大地影响系统建成后的应用价值。

鉴于上述工程领域知识结构特点，知识表示的具体方法相应地采用适当的形式。工程数据专家常用的知识表示方法有如下几种：

（1）事实知识表示。用谓词表示事实，谓词分一元谓词或多元谓词。如 $I_x = (JS, 6‰)$，表示线路限制坡度为 6‰。

（2）经验知识表示。用产生式规则表示领域专家经验知识，以 IF（前提）、THEN（结论）定义规则。

（3）过程性知识表示。用谓词形式或子程序形式表示，如：IF 前提 1，谓词，前提 2，子程序 THEN…。

（4）状态知识表示。用面向对象和产生式规则相结合的知识表示方法，即以对象表示要处理的数据、方法、程序和抽象概念，如一个事务过程（超类对象）及其子过程（子类），可以构成对象类树。

（5）综合评价知识表示。用模糊数学提供框架，建立综合评价函数；采用隶属度和加权平均，或运用模糊集运算，表示知识和经验，提高贴近度。

（6）工程图形知识表示。对工程结构图形含有几何、物理、荷载属性等知识内容，在定义基本模式元（简称基元）基础上，以基元组成子模式，结构图则由子模式和基元组成，各子模式语义明确，构成基于结构图形语义的知识库。

总之，随着计算机软、硬件技术的进步，工程数据和知识表示越来越适合人类需要。工程数据库技术的发展，为工程建设找到科学的、定量化解决办法，为计算机辅助工程设计、施工管理和维护管理系统，提供了强有力的前提条件。

第三节　线路工程数据库系统（RLEMDBS）

智能选线设计系统（IRLCAD）的实现将基于大量的数据管理。在系统的整个过程中，即从环境建模开始，至随之的分析、计算、图形交互设计、智能优选，均需以某种数据形式作为相互间传递信息的媒介；在 IRLCAD 中，赋予系统活力的是数据信息储存和管理。数据的流向控制着子系统间及程序模块间的协调工作。在系统运行时，流入数据是否充分，运行完毕后流出数据是否完整，都是保证系统正常工作的必要条件，也是用户所关心的。另外，由于系统中各模块是用不同的设计语言编写的，欲保证系统的正常运行，还需在各模块间进行数据格式的转换。各子系统之间也需要以某种方式传递信息。

RLEDBMS 是 IRLCAD 各部分（如界面部分、模型运行部分、综合分析部分、咨询部分和最终结果输出部分等）相互联系的数据枢纽。

目前还没有一个能完全满足选线工程数据库系统要求的数据库系统，也很难用一个整体的系统实现选线工程数据处理的全部功能。一种有效的对策是：以选线设计过程的各个阶段的各项任务为对象定义数据基类，用面向对象建模技术开发一个面向对象的选线工程数据库系统。一方面，数据库系统的开发基于理论和技术上都已经成熟的关系数据库系统；另一方面，在关系数据库基础上，拓展适用于处理选线领域数据信息的数据库模型。基于此研究思想，我们研制了一个选线工程数据库原型系统，并成功地用于"铁路选线智能 CAD 系统"和"铁路既有线和增建二线三维 CAD 系统"课题的研究中。本节讨论面向对象选线工程数据库系统中的几个关键技术问题，包括铁路选线工程数据库的面向对象模型、异构数据库集成模式。

一、铁路选线工程数据库的面向对象模型

基于选线领域数据信息的特点，可建立选线工程数据库系统模型如图 8.8 所示。

从系统数据库管理功能模型可以看出，在选线设计过程中使用了多类参数，每一类参数按照一定的逻辑关系组成数据表。在不同设计阶段使用不同参数（数据）库。事实上，各个子系统的功能模型图都给出了各个设计阶段所需求的参数库。这些参数来源于各个子系统的设计者，通过组织、加工和处理，准确地供设计者在设计工作中存取。根据信息的特性及其功能或者说按其信息的共享性和专用性把参数库划分为全局库（Global Database，GDB）和局部库（Local Database，LDB）。

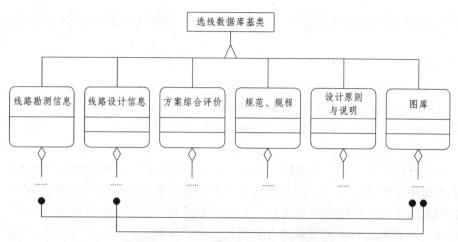

图 8.8　选线工程数据库设计对象模型

全局库可供多个甚至全部子系统共享，全局库包括性能结构参数、项目信息、技术标准库和地形信息库以及各子系统设计结果参数库等。

局部库是支持子系统设计时用的参数，主要包括子系统典型对象参数库、图形库和设计参数库，以及其他一些计算结果库和实验数据等。全局库与局部库的数据不能截然分开，它们可以相互转换、互相补充、互相制约。

全局库和局部库通过选线工程数据库管理系统和各子系统接口程序，完成选线 CAD 整体和各子系统间设计参数的动态管理和图形共享。局部库对全局库的参数是继承和依赖的关系。继承是直接取来使用；依赖有时是导出参数，有时是制定新参数。它们都要受到全局库的制约，一旦全局库发生变化，相关的局部参数都要随之被修改。

如此规划的全局库和局部库有如下优点：

① 有利于信息共享和数据交换；

② 集中管理整个选线 CAD 系统的静态数据与动态数据，保证存取方便；

③ 具有管理图形数据的功能，扩充了共享数据库的设计方法，准确反映工程数据库特征；

④ 减少数据冗余，提高使用效率；

⑤ 保证数据库的安全性和完整性。

二、异构数据库的集成

铁路选线设计系统是一个以计算机及其辅助设备为硬件基础，集信息获取、信息处理、信息显示为一体的复杂的处理系统。而数据库系统是其重要的核心软件之一，它既是信息储存的基地，又是信息处理的工具，其功能的强弱是决定选线设计系统质量的关键因素。另外，选线 CAD 系统是铁路勘测设计一体化、智能化大系统的一个组成部分。从纵向来看，选线 CAD 系统需要从勘测设计工程数据库中获取设计所需的地形、经调、线路勘测等出发信息，并将选线设计成果送入勘测设计工程数据库；在横向，选线系统需要与各专业系统互提资料。因此，选线设计系统的研制面临着如何将已有的各类已趋成熟的数据库系统纳入到选线设计系统中的问题。其难题在于要将不同的数据库应用系统在一个集成环境中进行集中管理，统一使用，就必须解决异构型数据库系统的集成化与互操作问题。本节探讨一种将选线工程数据库与勘测设计工程数据库以及其他专业数据库进行异构数据库的集成与操作的模式。

1. 系统集成模式

为了实现异构数据库的集成，工程数据库的体系结构可以有如下实现方法：

（1）对各种异构型数据库都建立用户交互接口，不进行任何模式的集成。这种方法简单易行，但用户无法透明地访问数据，并且当增加一种新的异构数据库时，必须增加用户接口，非常烦琐，显然不可取。

（2）采用分布式数据库系统结构，将在物理上分布而逻辑上相关的异构型数据库通过分布式数据库系统来进行管理。分布式数据库系统具有独立性和分布透明性的特点，用户对任何数据库的操作都如同在本地进行，不必关心其数据模型、物理位置等细节。但是分布式数据库系统要求在各成员数据库之上建立一个全局模式，从而对整个系统实行统一控制。该全局模式由所有成员数据库模式集成。若各成员数据库是异构的，建立这个全局模式将相当困难。

（3）采用联邦数据库系统结构。联邦数据库系统 FDBMS（Federated Database System）不采用全局模式，在维持局部成员数据库自治的前提下，对异构的成员数据库进行部分集成，提供数据的共享和透明访问。它代表没有集成和完全集成的折中方法，具有分布性、自治性和异构型的特征。

根据联邦数据库系统的特征，可以看出这种体系结构能较好地满足异构型数据库通信的要求。因此选线工程数据库管理系统采用这种体系结构。平台的软件体系结构如图 8.9 所示。图中所示的体系结构建立在 ODBC（Open Database Connectivity，开放数据库互联）之上，屏蔽了 ODBC 底层的复杂技术，为用户提供了实用、方便的界面。

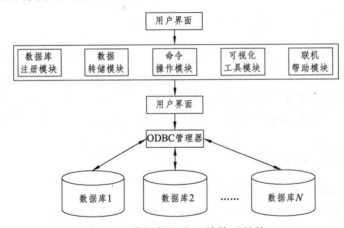

图 8.9 联邦数据库系统体系结构

数据库注册模块：当一种新类型的数据库要加入到平台下时，首先要使用平台所提供的数据库注册工具对这种新类型的数据库进行注册。即通过 ODBC 驱动管理器对新类型数据库进行静态配置。当一个数据库注册后，就能够被选线设计系统中的任何子系统所共享和访问。

数据转储模块：异构型数据库数据转储是指将一个数据库中的一个表或若干表的记录集传送并转储到另一种类型数据库的一个表中去，在数据转储过程中要保持数据的完整性和正确性。

命令操作模块：提供给用户一个可编辑的命令窗口。

可视化工具模块：提供给用户一个可视化的数据操作工具。用户可利用这些工具进行数据的追加、删除、修改和查询。

联机帮助模块：为用户提供详细的联机帮助信息。

2. 集成策略

1）数据源的连接

在进行数据库操作之前必须首先进行数据源的连接，数据源的连接意味着向系统提交数据源的数据库管理系统类型等信息。只有获得了该信息，才能对数据源进行各种操作。因此连接数据源是进行数据操作的关键，也是整个平台其他功能模块的基础，其他模块运行环境及入口参数将在此模块正确执行后获得。

2）库结构信息的获取

传统的ODBC编程过程比较复杂，各种参数不易理解，且直接获取返回的数据较困难。VC++6.0的MFC类库对ODBC的API（应用程序接口）进行封装，部分简化了ODBC编程，但单纯利用MFC类获取异构型数据库的结构信息仍然比较困难，因此需要将MFC和传统ODBCAPI编程结合起来。利用ODBC接口函数重载MFC中Crecordset类的部分成员函数，可创建Ctable和Ccolumn类。利用这两个新创建的类，可以很方便地获取异构型数据库结构信息。

3）数据库的互操作

各种类型的数据库系统在彼此独立的情况下，只能使用本系统的命令来访问本数据库系统中的数据。当不同的数据库系统集成在同一个集成环境中时，这种单一模式的命令访问方式将给用户使用带来许多不便之处。所以，实现操作语言的透明性是实现异构型数据库互访问的重要方面，即允许用户使用一种公共的语言就能够访问集成环境中的各种类型的数据库中的数据。根据ODBC的理论，本节的研究选择SQL（结构查询语言）作为公共的命令语言。

4）数据库的转储

异构型数据库相互通信问题的另一个重要方面是异构型数据库的数据转储。在以前的文献中，在解决异构型数据库数据转储问题方面有非常大的局限性，转储是单向的，并不考虑通用性。为了使选线工程数据库管理系统中的数据转储功能考虑双向性和成为通用功能，可采用如下方法：

（1）通过动态光标和动态SQL嵌入。应用程序可以根据需要动态构造SQL语句，建立相应的记录集，利用动态光标获取记录集中的数据信息，以便进行数据转储。

（2）通过动态数据窗口。以动态数据窗口的方式显示和操作数据库，通过动态数据窗口来确定动态的记录集。

（3）建立数据类型映射系统库。在异构型数据库数据转储中源数据库和目的数据库的字段类型和字段名称都可能存在着差别，这样在进行数据转储时还必须考虑到数据类型转换问题。为此，需要建立一个数据类型映射系统库，利用该库可以得知任意数据库间类型的转换关系。

第四节　智能选线系统的知识库模型与推理机制

知识库与推理机制是选线设计系统实现智能功能的关键部分。系统的"线路调绘"、控制点属性匹配、不良区域定线方案拟订、走向方案决策、平纵面智能优化、方案综合评价、三维动态仿真等，均基于 CAD 技术与知识工程技术的集成。

系统的知识表示方法的选取不仅关系到知识的有效存储，而且也直接影响着系统的推理效率和对新知识的获取能力。传统的知识表示方法并不适合于铁路选线知识的表达。这是因为在铁路选线设计中，一个问题的决定不只靠单纯的逻辑推理来判断，还需要有机地结合数值运算、图形交互设计，并对各种可能结果进行分析、评价、对比和决策，以产生各种可供选择的可行方案。笔者在研究了选线领域知识结构特点的基础上，采用一种基于面向对象的谓词表示法、产生式规则表示法、过程性知识表示法及其综合知识表示法，并在建造知识库时，采用了规则的内部表示、知识库的分层结构、动态变量规则表示、多知识库表示等优化知识库的方法。

一、铁路选线领域知识体系结构

（一）选线领域知识体系结构

铁路选线设计过程可以表示为以设计师为主导完成的知识循环"迭代"过程，可表示为"走向选择—方案设计—评价—再设计"。即设计师根据实际要求，先进行概念构思，制订出初步的走向方案；其次，利用各种技术（如 CAD 辅助设计、优化设计等分析方法）对方案实现详细的具体设计；最后，对结果进行评价。当达到要求时，设计完成；当要求未达到时，修改设计方案，再进行第二轮设计：这样循环往复，直到满足要求为止。这一循环过程涉及大量的选线领域知识。

铁路选线领域知识可以分为三个类集合：过程性知识（Procedural Knowledge）、叙述性知识（Declarative Knowledge）和潜意识知识（Tacit Knowledge）。

过程性知识，是对客观事物的精确描述，可以用准确的数学模型来表达。例如传统的平、纵面优化设计，首先对问题进行描述，确定设计变量、约束条件及目标函数，在此基础上选用适当的优化方法求解，通过计算机的数值迭代，求解出满足要求的设计变量值。

叙述性知识，是指对客观事物的描述能够用语言文字来表达，既可方便地将人类知识显式地以明确规范化的语言表达出来，也便于计算机的实现的知识。这种问题不能用严密的数学模型来刻画。叙述性知识大多表现为人类专家经验知识的归纳，以符号的形式存在。

潜意识知识是指客观事物不能或难于用明确规范化的语言表达出来的知识，即使专家本身也很难说出他们的理由，具有很强的跳跃性和非结构性，而往往这种知识是创造性设计的关键。潜意识知识表现为人类专家经验知识量积累到一定程度以后的一个质的飞跃。用这些经验（比如以往设计成功的范例）通过联想"想当然"地作出快速的决策（比如通过对实际地形进行分析，确定合理的线路控制点）。设计人员分析地形所用的知识就是潜意识知识。对纵断面上挖方大的地段，在平面上应当将线路朝着地形低的地方移动；纵断面上显示填方大的地段，应当将其相应的平面朝着地形高的地段移动；等等。

欧阳渺安将具有过程知识、符号知识和潜意识知识特征的工程设计知识定义为异构知识。上述铁路选线系统中不同层次、不同表现形式的知识构成了异构知识 IK（Isomeric Knowledge），可抽象描述为：

$$IK = (PK, SK1, CK, SK2, GK)$$

其中：PK——Procedural Knowledge，即过程性知识；SK1——Symbol Knowledge，即符号知识；CK——Case Knowledge，即实例知识；SK2——Sample Knowledge，即样本知识；GK——Graph Knowledge，即图形知识。

过程性知识、符号知识、实例知识、样本知识和图形知识构成了异构知识体系。在这个异构知识体系中，不同层次、不同形式的知识相辅相成，互为补充。

上述抽象知识形式在知识库中可以用以下 15 种具体形式来表示。

（1）属性知识：或者用于表示对象的属性，或者用于表示对象之间的逻辑关系。

（2）分析知识：用于确定当前要解决的问题和已经具备的条件，并结合综合知识确定下阶段要完成的子任务。

（3）综合知识：用于在更低的抽象层上产生更详细的设计规划。

（4）公理知识：包括经验、常识及选线原理知识。

（5）控制知识：用于控制设计过程的进行。

（6）评价知识：用于对设计结果进行评价，以确定是否达到指标要求。

（7）决策知识：用于对设计方案、方法选择等进行决策控制。

（8）对象选择知识：用于确定个体工程结构形式、进行设计对象选择控制。

（9）设计状态知识：用于表达设计状态，包括设计实体及实体间关系。

（10）设计动作知识：用于执行设计动作，如执行子目标、调用外部过程等。

（11）过程性知识。

（12）数据型知识。

（13）对象拓扑知识。

（14）信息传递与转换知识。

（15）影像知识：包括图形对象知识（三维图形对象、二维图形对象）、运动知识以及随时间变化的影像流知识。

（二）选线设计领域知识模型

铁路选线设计领域知识类模型见图 8.10。

应用面向对象技术进行系统设计时，选线设计领域知识模型应是代表有关线路设计的实体和抽象的类集。有关线路设计的实体或抽象体都对应于选线领域所包含的类的实例。例如"中间站"对应于车站类的一个实例，"重力式挡土墙"对应于挡土墙支护方案类的一个实例，根据逻辑上的相关性将这些类聚合成不同的类范畴。每个类范畴中又可以包含其他范畴，从而可将领域模型表现为由类及类范畴构成的层次结构，其中最高层次的类范畴可称为子模型。

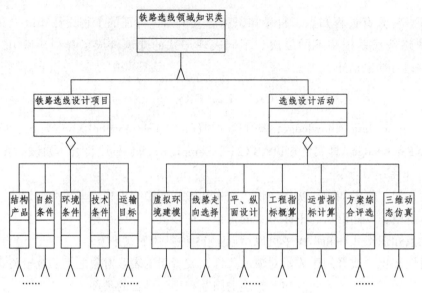

图 8.10　铁路选线设计领域知识类模型

事实上，当主要经济据点和主要控制点已定，主要技术标准已定时，线路设计的建筑物的特征、主要技术条件、线路沿线的自然条件、环境条件、运输任务等因素可视为进行选线设计的已知条件，而选线设计的目的在于根据这些已知条件科学地、经济合理地确定线路在空间的位置。因此，可以把选线设计的领域知识模型划分成"铁路选线设计项目"和"选线活动"两个子模型。原则上前者包含了上述已知条件，后者包含进行铁路选线设计得到的设计成果。

铁路选线项目子模型可用5个类范畴来描述：结构物产品、自然条件、环境条件、技术条件和运输目标。结构物产品类范畴由表示所设计的结构物的类组成。例如一条线路由若干特征各异的个体工程结构组成，每一结构物又可以包含基础、上部结构、附属结构，而每一上部结构又可包含墩、台、梁等对象，而每一墩对象则包含其尺寸、材料、数量、方位以及与其他结构构件的关系等对象属性和相关操作。从这样的对象抽象出的类可形成结构物产品的类层次结构，即类图，如图 8.11 所示。

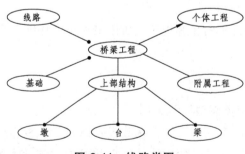

图 8.11　线路类图

自然条件类范畴由表示线路沿线自然条件的类，包括地形条件、地质条件、水文条件等组成。

环境条件主要由与线路设计相关的相关建设项目、既有结构物、自然和文物保护区域等有关的类组成。

技术条件范畴由主要技术标准、机车车辆技术资料、线路设计规范知识、相关设计规程知识等类组成。

运输目标包括经济预测与调查知识、运输指标计算方法等。

设计活动子模型由虚拟环境建模、走向选择、线路平纵面设计、工程概算、运动仿真与运营指标计算、方案综合评选和三维动态仿真等类范畴组成。每个类范畴均由若干子类组成。如线路走向选择类可定义如下：

Class CrouteAlter

{

……

主要子类：

CrouteAlter：：Cbridge——与桥梁信息知识库链接,进行知识匹配、获取、修改和更新工作；

CrouteAlter：：CstationData——与车站信息知识库链接,进行知识匹配、获取、修改和更新工作；

CrouteAlter：：Ccpedit——编辑控制点信息，包括获取屏幕窗口信息，与控制信息知识库、数据库进行匹配，并激活被匹配上的控制信息编辑界面；

CrouteAlter：：Ccpoint——次级控制点设置，包括获取控制点位置信息、控制点特征信息，将"点"与知识相链接；

CrouteAlter：：CdesignAlter——走向方案设计，包括绘线路平面折线备择方案，检查方案满足约束条件的情况；

CrouteAlter：：CdrawObject——根据匹配的模式完成对象建模、修改；

CrouteAlter：：CdrawTool——进行对象模式识别与匹配，并进行信息传递；

CrouteAlter：：ClinkTextDlg——智能链接，主要在线路调绘中获取调绘区域屏幕信息，确定属性，向"线路调绘知识库"添加知识、更新知识；

CrouteAlter：：CeditLinkDlg——智能链接，主要完成知识库访问、知识编辑与更新工作。

CrouteAlter：：Cvolumn——工程数量与工程非概略计算，用于检查平面折线方案的工程合理性。

……

CbenchMark——处理水准点资料；

CbridgeR——处理桥涵资料；

CcontrolStake——处理控制桩资料；

CdrawApp——管理系统应用类；

CdrawDoc——绘图类；

CdrawView——视图类；

CplanDataDlg——平面信息；

CprofileData——纵向信息；

CstationdardInput——主要技术标准选择；

CstationData——车站信息；

CsystemFile——系统文件管理；

Ctraverse——导向线信息。

}

二、选线领域知识表达

智能活动主要是一个获得知识和使用知识的过程，所以智能活动的研究范围包括知识获取、知识表示和知识利用。而知识必须有适当的表示形式才便于在计算机中储存和使用。因此，在智能系统中，知识表示就是研究如何用最合适的形式来组织知识，使对要解决的问题最为有利。

作者在仔细分析铁路选线设计知识构成特点的基础上，提出了铁路数字化选线系统的 15 种知识划分方法，并针对每一种知识提出了合理实用的知识表达方法。下面详细叙述除影像知识外的这 14 类知识的表达方法。

（一）属性知识

如同在设计规范和规程中一样，对象属性可以用事实或规则来表达。事实采用类谓词逻辑表示。形如：

Class   Ccapacity:-kw

{

[Super classname{classname};]

[Classvar

　　　　　　　　{var:-:value.}

……

void Q([var: value]);

void Ix(b,c)

END]

}

Q，Ix 为谓词名；Q（a）表示 a 的属性；Ix（b，c）表示 b 与 c 的关系。

例如：Ix（某线，8‰）表示某线限制坡度为 8‰。

在系统的知识库中，规则的前提都是用谓词通过逻辑"and""or"连接后表示的，例如 Ix（x，4）and Le（x，850）and G（x，Ⅱ），表示某条线路的限坡为 4‰，到发线有效长为 850 m，铁路等级为 Ⅱ 级。由此可见，谓词表示的事实是知识结构的最小单位，它是构成其他知识表示法的基础。

根据选线领域知识，类谓词可用于确定相关因素集和影响方案的重要程度，产生初始控制点位置方案，并对方案的可行性和合理性进行评价。在特殊情况下，系统还能建议用户对方案进行某种程度的修改，使其更加合理。

（二）分析知识

分析知识用于确定当前要解决的问题和已经具备的条件，并结合综合知识确定下阶段要完成的子任务，用类规则形式表达。例如下列规则：

IF（控制点类型为桥址）且（控制点距离线路的距离小于给定值）且（控制点在河岸附近）

THEN（设置一跨河桥）

可用类规则表示为：

Class CControlpoint-kw

{

……

CattrList * attrlist;   //约束属性表

CruleList *rulelist;   //约束规则表

Char ControlPointType   //控制点类型

Float x,y;   //控制点中心坐标

…

CControlPoint – kw0   //构造函数

Protected:

IsOject0;   //是否满足约束属性要求

Control_point_type():-

Task(design()),

Greater(),

Used_on().

}

CControlPoint-kw::CControlPoint kw0   //构造函数

{

attrlist->AddAttribute(new Attribute("kua he4",…));

//初始化约束属性

rulelist->AddRule(new-Rule("Bridge site","-   ","onriver"…));

//初始化约束规则

……

}

（三）综合知识

综合知识用于在更低的抽象层上产生更详细的设计规划。应用面向对象的知识表示法，可将综合知识表达为若干标准部件，这样的部件可称为知识项。根据其作用和内容的不同，知识项可分为以下4种形式：参数、约束规则、约束属性、方法。其中：参数可以表示数据形式的设计知识，它采用知识类的成员变量的形式表达，一般在约束属性、约束规则或方法中使用；约束规则用以表达判断形式的设计知识，一般用 IF-THEN 的形式表达，通常在方法中调用；约束属性是一种特殊的约束规则，即仅有前提的约束规则，因为约束属性表中的所有属性的结论是相同的，即满足方案的要求，它也通过在方法中调用；方法通常是用以表达算法或判断形式的知识。例如下列规则：

IF（设置一跨河桥）

THEN（确定桥梁类型、跨度、墩台形式、基础类型、设计洪水位）

Subtask([determine type of bridge, span, type of pair and dun, type of foundation, water level]:-

task(design(bridge)).

可描述为图 8.12 所示的知识类。

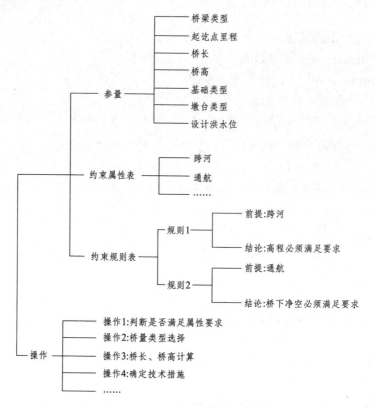

图 8.12 桥梁设置知识类

（四）公理知识

公理知识包括专家经验、设计常识和设计原则。公理知识分为两类：一类为因果关系知识，一类为叙述性知识。在选线设计系统中，分别用产生式规则和框架式系统加语义网和特性表来表示领域专家对铁路选线和定线方面的知识。规则放在规则库 RULE*中，描述性知识以超文本形式放在 RLGUIDE*中。

产生式规则的一般形式为：

如果：因素 E1 的值在值域 VR1 中，且因素 E2 的值在值域 VR2 中，且

……

因素 En 的值在值域 VRn 中

则：因素 E 的值在值域 VR 中。

例如：Addrule（route，CPⅠ，[control point，river]，bridge）。该条规则的含义如下：

如果：线路经过控制点 CPⅠ，且 CPⅠ在河流上，

则：匹配设桥属性。

（五）控制知识

控制知识类是评价决策所涉及的范畴，用于控制设计过程的进行。它应包含相应走向选择的总体原则和决策过程，是有关问题分解、求解策略及使用知识的知识，可以引导系统利用评价决策知识来获取系统的求解，决策时需要进行实例化；对应于总系统和各子系统，均有相应的求解策略和求解内容，即控制知识。因此可以形成如图 8.3 所示的控制知识之间的关系。其中，总控制知识类对应于线路方案，它使用对应于各分部分项子系统的控制知识类，并可以控制对分部分项子系统的控制知识类所进行的实例化。

还可以对图 8.13 进行细化，如图 8.14 所示为不良地质区域选线的控制知识类。由于一般的分部分项子工程不便再进行划分，各分部分项子工程就变为决策单元。鉴于此，将对应于每个分部分项子系统的控制知识类称为元知识类。

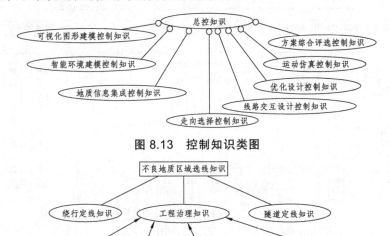

图 8.13　控制知识类图

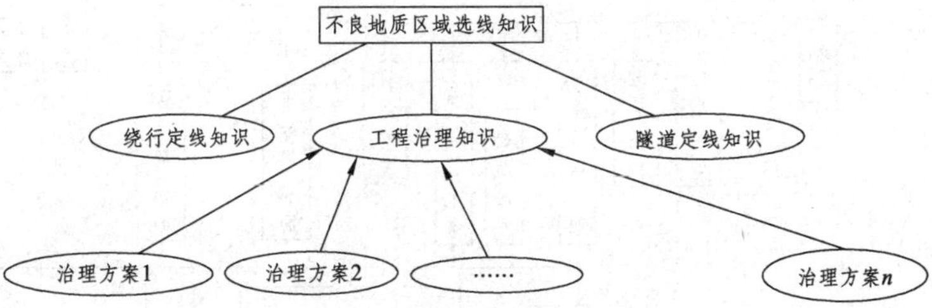

图 8.14　地质不良区域选线的控制知识类

控制知识清晰的层次结构体现了将复杂问题分解进行求解的原则，建立了问题求解的基本框架，也形成了知识类库的基本骨架。控制知识类及其关系一旦明确，就只需针对每个底层控制知识类，即源知识类，来确定决策知识类。

（六）评价知识

评价知识是选定某一特定的控制知识类后，对技术、经济分析、环境因素的评价、测算的知识。评价知识类独立于具体项目，因此在进行决策时需要进行实例化（图 8.15）。评价知识主要采用判断形式和算法两种形式。如：

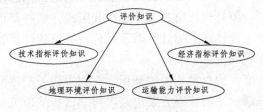

图 8.15　评价知识类图

IF（优化迭代步长小于要求的终止准则）THEN（优化过程终止）

Stop（Optimization）: -Design_task（Profile_optimization），

Less_than（ε，0.03）.

评价知识是从方案的评价指标体系中抽象出来的。建立方案的评价指标体系是方案分析的关键一步，也是涉及知识面较广的一步。它必须在系统调查和分析的基础上结合用户要求和开发者关于今后系统的设想来综合地确定。

综合分析平原地区线路平面走向选择的特点、影响线路平面方案拟定的因素，评价选线设计方案的指标体系可采用图 8.16 所示的决策指标树表示。该指标树同时也可作为选线方案评价知识的对象树。

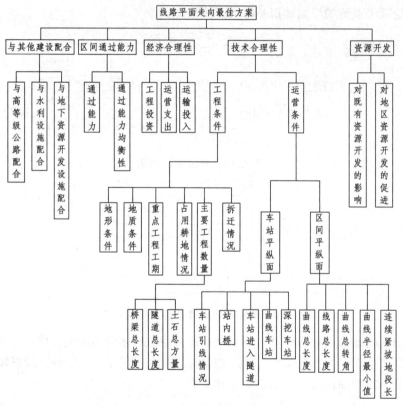

图 8.16　选线评价知识决策树

（七）决策知识

决策知识类根据其在求解中所起作用的不同，可分为判断性类和目标类。判断性类不形成具体的方案，主要包括一些规则或推理机制，以对适当的目标进行实例化，在决策推理过程中起到穿针引线的作用。而目标性类是关于选线和定线方法的知识，有关选线和定线方法的推理、约束条件的拟定、设计参数的计算以及评价目标值的计算等相关知识均封装在目标性类的内部，构成决策知识的主体。

决策知识是与线路方案评价直接相关的知识，它利用获得的评价知识、专家知识和目标参数，对方案进行推理推断，从而获得方案决策求解。这些推理机制和评价目标值均封装于决策知识中。决策知识一般包括判断、算法和数据三种形式。

判断形式一般由启发式过程或规则组成；算法形式的知识可以是针对选线过程中具体阶段进行设计时用到的各种算法、公式或进行方案评价的各种模型等；数据形式的知识主要指进行线路方案决策所用到的各种数据。

（八）对象选择知识

在基于虚拟环境的选线设计系统中，有大量的操作要用到对象选择知识，如：交互设计中的工具选择、图像对象选择，走向选择中的控制点类型、个体工程结构选型、不良地质区域定线方法选定、技术条件中的参数拟定，等。对象选择知识采用类规则表达，如根据给定曲线半径在数据库中选定缓和曲线如下：

```
if(filEase.seek(searchKey.ptr())==0)//found the record
{
    Field4 fldLen11(filEase, "ea_len11"); //3
    Field4 fldLen12(filEase, "ea_len12"); //3
    Field4 fldLen13(filEase, "ea_len13"); //3
    Field4 fldLen21(filEase, "ea_len21"); //3
    Field4 fldLen22(filEase, "ea_len22"); //3
    Field4 fldLen23(filEase, "ea_len23"); //3
    Field4 fldLen31(filEase, "ea_len31"); //3
    Field4 fldLen32(filEase, "ea_len32"); //3
    Field4 fldLen33(filEase, "ea_len33"); //3
}
```

又如设置桥梁结构选择如下：

```
IF（控制点为桥址）且（控制点在河流附近）且（中心填挖高度满足修桥的条件）
THEN（设置一跨河桥）
    Select(ComtrolPoint_type):-
    Task(design(Bridge)),
    Greater(H,HB),
    Used_on(river).
```

（九）设计状态知识

设计状态知识是指如何将一个目标概念分解成子目标概念的知识，是指与问题求解直接有关的知识。在设计状态知识中：方案性知识给出方案成立的因果关系，是一种经验性、启发性的知识；元级知识是指如何使用目标级知识的知识；状态知识使专家的知识体系呈层次结构，是按知识的每个利用局面表现出来的，是专家解决问题时最直观的一种表现形式。在选线设计系统中，状态知识的表示是混合知识表达法的集中体现。

1. 对象表示法

针对选线设计构成特点，系统中共可建立 23 类对象，它们构成一个对象类树，其中每一个对象中可以拥有若干子类，而且每一个对象都可以有多个方法，以实现对象各方面的功能。线路走向方案控制点对象构成如图 8.17 所示。

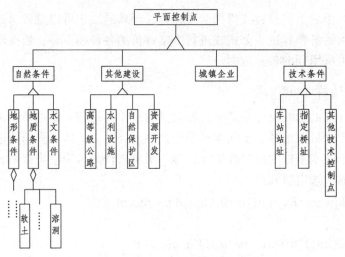

图 8.17 控制点对象结构树

如一个对象有多种方法，那么其中一些方法可以在当前对象体中定义，另一些则可以继承超类对象的方法，从而实现对象描述多方面的功能。如定线中处理不良地质区域可以表示成以下对象：

对象名称：处理软土区域

超类对象：处理不良地质区域

子类对象：绕避软土区域

方法一：消息模式：捕捉屏幕图形信息；

结果输出。

方法体：（1）过程调用。

（2）数据计算。

（3）条件判断。

……

2. 图形对象表示法

为了用计算机辅助完成选线工作，必须将地形、地物、不良地质区域等自然对象表示为计算机能识别的形式。系统以数字地形模型和等高线地形图表示地形，用区域子边界串和区域的一个特征值表示地物、地质、既有结构物等对象。例如不良地质区域表示为图 8.18。

3. 特征表语义网

特征表语义网是语义网和特征表的混合知识表达模式。特征表语义网由主题词表、关键字表、头表、尾表、文本正文库和图库组成，并通过超链接将各个部分链接为一个有机的整体。

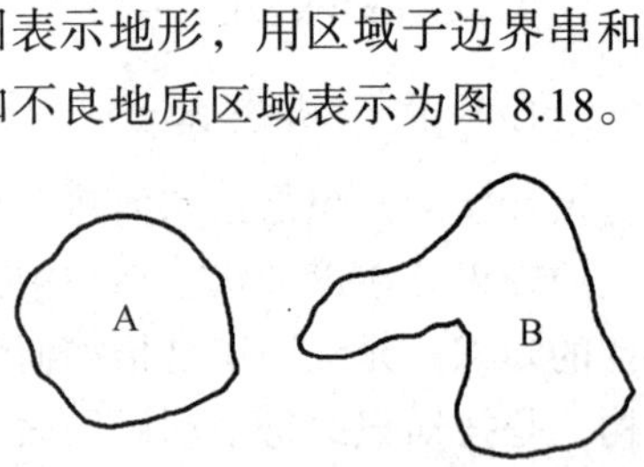

可以把对象及其特征表作为一个图或一个网络来定义。对象和它们的量值都是图中的节点，而各个特征则作为弧线的标记。譬如在线路方案问题中的线路 AF 就会使得标着"线路"的弧线把节点 A 与节点 F 连接起来。这样构成的图叫作语义网。图 8.19 示出了线路方案选择问题域中的几个状态相对应的语义网。

A—岩溶；B—软土。

图 8.18 边界子串表示不良地质区域

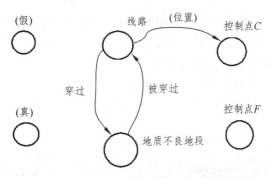

图 8.19　线路方案选择问题的状态语义网

与上述语义网相配合的是一张描述"绕避地质不良地段"这样一个问题的状态特征表（表 8.1）。

表 8.1　线路从右侧绕避地质不良地段的特征

地质不良地段		线路 AF	
特征名	量值	特征名	量值
TYPE（类型）	LANDSLIDE（滑坡）	AF　　　　LINE	
LOCATION	RIGHT OF RIVER	LOCATION　RIGHT_OF_LANDSLIDE	
DEGREE	MIDDLE	CROSS-THROUGH-TROUBLESOME AREAR FALSE	
STABLE	FALSE	CROSS-OVER-RIVER　　　TRUE	
PASSTHROUGH-BY-LINE	FALSE		

特征表语义网表达状态知识，特别适合于在定线指导子系统中快速生成超文本的超链和节点。

4．类谓词逻辑表达法

在走向选择过程中，随着交互设计过程的进行，设计对象的状态（包括线路上的各个控制点、线路与自然条件的关系等）在每一时刻都在发生变化。与设计对象瞬间变化相对应的动态知识库中的状态知识可方便地用谓词逻辑来表达。例如图 8.20 示出的是要建模型的问题域。在主要控制点 A、B 之间，有一条河流和一段地质不良地段。线路方案可以是 A、B 之间直接连线，也可以在河流左岸最突出部位 G 点设一转点，或者在 D 点设桥跨河，从地质不良

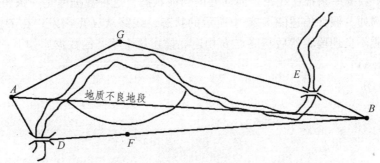

图 8.20　线路走向的拟定（要建模型的问题域）

地段（TROUBLESOME AREAR OF GEOGRAPHY，SUCH AS LANDSLIDE）最突出部位 F 点绕避不良地质地段，再与 B 点连线。因此，在 A、B 之间控制线路走向的个体有河流、地质不良地段、桥以及控制点起点 A 和终点 B。

用下列单词来命名这个问题中的各个个体：

名称	个体
A	点 A
B	点 B
Troublesome_Arear_Of_Geography	不良地质地段
River	河流
D,G,F	控制点

通过给出每一个谓词一个实例来定义所需要的谓词。

Start_Point(A)	A 是起点
End_Point(B)	B 是终点
At_Leftside(River,G)	G 在河流左岸最突出部位
Bridge(D)	D 是桥位控制点

    On(River,D)

    Control_Point(F)

    Control_Point(G)

    Stateframe(Taskno(1)),

    Xgoal(Design(Bridge)),

    Used_On(Rive),

    Brothertask([2,3]),

    Downtask([1,2,3,4]),

    Usedrule([1,_]).

Pass_By(Troublesome_Arear_Of_Geography,F)

                              F 在地质不良地段外侧

Pass_Through(Troublesome_Arear_Of_Geography,C)

                                C 点穿过地质不良地段

Link(A,C) A 点与 C 点相连

可以用一个数据库来描述线路走向问题的当前状态，这种数据库是一张表述该问题域事实的命题表。例如，假如描述图 8.20 中所示的状态，线路从 A 点出发，在 D 点架桥过河，从 F 处绕避地质不良地段，然后与终点 B 相连。描述这个状态的数据库如下：

Start_Point(A)

End_Point(B)

Link(A,D)

Link(D,F)

Link(F,B)

Pass_By(Troublesome_Arear_Of_Geography,F)

Bridge(D)

On(River,D)

Control_Point(F)

Control_Point(G)

对于线路方案 $AGEB$，描述这个状态的数据库如下：

Start_Point(A)

End_Point(B)

At_Leftside(River,G)

Bridge(E)

On(River,E)

Link(A,G)

Link(G,E)

Link(E,B)

在该问题中，想要执行的每一个动作都可以用一个添加表和一个删除表来表示。删除表表明为完成规定的动作要从数据库中除去哪些语句，添加表表明哪些语句要添加到数据管理中去。假定线路走向选择过程是一个设计对象从线路的起点 A 出发，选择一条理想的前进路线到达终点 B。在此过程中，我们向设计对象发出的每一条命令，都可以由操作符表示。一个操作符可以由条件和动作两部分组成。条件决定于该操作符是否能适用于某个状态；动作说明应用这个操作符后，该状态将发生什么样的变化。

类谓词逻辑还用于表示设计过程中的操作和操作符。

对线路平面走向选择问题，给每个操作符起一个能形象描述它的功能的名称。例如像这样一个操作符"线路跨河后从右侧绕避不良地质地段"（以航空线为初始状态）：

条 件	执 行
起点 A 与终点 B 直接连线，直线 AB 与不良地质地段边界线至少有两个交点 P_1 和 P_2	把直线 P_1P_2 从地质不良地段中心往右侧平行移动，使得直线 P_1P_2 与地质不良地段边界线的交点数 ≤ 1，得点 F；在 A、B 间增加一个中间控制点 F。删除直线 AB，连接直线 AF、FB

这里，还有另一个操作符，"使线路从河流左岸跨到右岸"。

线路起点 A 在河流左岸，下一个控制点 F 在河流右岸	增加桥位控制点 D（用某种方式确定）；删除直线 AF，增添直线 AD、DF

在各种情况下，条件部分还保证了操作符不会产生非法状态。

在上述操作符中所讲的条件，实际上就是指一个命题。对于操作符将要应用的状态来说，该命题必须为真。也就是说，如果我们将数据库中的语句当作前提，那么我们就可把条件作为结论。然后方可利用操作符。否则，该操作符就不适用。

上述操作符可表示如下：

PASS BY TROUBLESOME AREAR FROM F

这条操作符会使线路从地质不良地段外侧经过。当以航空线为初始状态时，显然，只有线路当前状态从地质不良地段穿过（线路中线与地质不良地段至少有两个交点），控制点 F

在地质不良地段外侧，这条操作符才适用。下面用完成这一动作的条件，连同添加表和删除表一起来表示这条操作。

　　　条件：Link（A，B）

　　　　　　Pass Through（Troublesome Arear，AB）

　　　　　　Cross_Point(Boundary_Of_Troublesome_Arear,P1)

　　　　　　Cross_Point(Boundary_Of_Troublesome_Arear,P2)

　　　　　　Control_Point(F)

　　删除表：Link（A，B）

　　　　　　Pass Through（Troublesome Arear，AB）

　　　　　　Cross_Point(Boundary_Of_Troublesome_Arear,P1)

　　　　　　Cross_Point(Boundary_Of_Troublesome_Arear,P2)

　　添加表：Link(A,F)

　　　　　　Link(F,B)

　　　　　　Passby(Troublesome_Arear,AF)

　　　　　　Passby(Troublesome_Arear,FB)

　　上列条件说明，只有所列条件都为真时，这条操作符才适用。也就是说，这些条件都要在数据库中出现才行。这可抽象为扩展"and"命令。

（十）设计动作知识

　　设计动作知识用于执行设计动作，如执行子目标、调用外部过程等。

　　一个智能程序需要的知识绝不只是有关问题域模型的若干事实，它还需要启发性知识和经验估计或如何完成要求完成的任务的各种提示。例如设计过程中欲将线路从不良地质地段绕过的方案所需的知识存储起来。可用一个初始状态、一组目标状态和一组操作符来确定一个问题。所以可取下面这样的初始状态：

　　条件：Link（A，B）

　　　　　Pass Through（Troublesome Arear，AB）

　　　　　Cross_Point（Boundary_Of_Troublesome_Arear，P1）

　　　　　Cross_Point（Boundary_Of_Troublesome_Arear，P2）

　　　　　Control_Point（F）

　　操作符是 Pass By Troublesome Arear From F。

　　如果我们只想要确保线路从地质不良地段外侧绕过，那么目标应是：

　　目标：Passby（Trublesome_Arear，F）

　　而如果我们想要线路从 D 处过河后从 F 处绕避地质不良地段，则可以用以下目标：

　　目标：Bridge（D）

　　　　　and Passby（Troublesome_Arear，F）

　　为了在执行方案的每一步随时跟踪这个问题域的状态变化情况，给每一步提供一个删除表和添加表。在制订现阶段的方案时，提供与方案的每一步骤相关联的添加删除表，就能使我们随时了解状态演变的情况。在对方案进行修改补充时，就会对问题域状态发生的每一步变化有更具体细致地了解。

对于目标：Passby（Troublesome_Arear，F）

为达到这个目标，需要添加：

添加：Control_Point（F）

Passby（Troublesome_Arear，F）

Link（A，F）

Link（F，B）

这些语句构成方案的最高层如下：

目标：Passby（Troublesome_Arear，F）

添加：Passby（Troublesome_Arar，F）

Contorl_Point（F）

Link（A，F）

Link（F，B）

为对某一步作修改补充，需要找到一个能达到这一步的目标，并且适用于问题域当前状态的方案。故而方案可按两种方式分类：执行方案所要达到的目标；为使制订的方案有效，定出的条件必须适用于问题域的状态。

将上述谓词中的具体点用变量＞X，＞Y替换，则有：

目标：Passby（Troublesome_Arear，＞X）

条件：Passthrougjh（Troublesome_Arear，＞Y）

and On （A，B）

该表达式说明：① 这是一个从某控制点＞X处绕避地质不良地段的方案；② 如果某点＞Y在地质不良地段内部，且该点在直线 AB 上，则这个方案是有效的。置换＞X和＞Y的量值可在叙述方案的各步时使用。

为了寻找一个两步就能达到具体目标的方案，首先把方案的目标命题与预定要达到的目标进行匹配，此处预定要达到的目标是：

Passby（Troublesome_Arear，F）

而如果用F置换＞X，则Passby（Troublesome_Arear，＞X）就与这个目标匹配。

在上例中，当前状态就是初始状态，而且假定用控制点 C 去置换＞Y，则条件会满足。这个方案本身由两步组成：首先线路从 D 处跨河，经过不良地质地段右侧控制点 F，从 F 处绕避地质不良地段，然后达到 B 点。由于线路从地质不良地段外侧经过，因此，线路与不良地质地段边界线的交点数为零。这一设计动作的知识可表达如下：

目标：Pass（River，D）

删除：Pass（River，D）

添加：Pass（River，D）

Control_Point（D）

目标：Passby（Troublesome_Arear，F）

删除：Cross_Point（Troublesome_Arear，P1）

Cross_Point（Troublesome_Arear，P2）

Passtrough（Troublesome_Arear，C）

添加：Passby（Troublexome_Arear，F）

Control_Point（F）

每一步列出的删除表和添加表为我们指出了状态逐步变化的情况，该方案的各步为：

操作符：Pass River From D 　　{Go To>Y}

删除：Pass（River，D）　{At（Controlpoint，>X）}

添加：Pass（River，D）　　{At（Controlpoint，>Y）}

　　　　Control_Point（D）

操作符：Pass By Troublesome Arear From F

删除：Cross_Pont（Troublesome_Arear，P1）

　　　　Cross_Point（Troublesome_Arear，P2）

　　　　Passthrough（Troublesome_Arear，C）

　　　　Controlpoint（　　）

添加：Passby（Troublesome_Arear，F）

　　　　Control_Point（F）

总之，可以把每一个方案看作得到某一结果所需要的一种提示、格言、经验、意见或启发。方案中的目标部分规定了要得到的结果，条件部分表明了该方案在什么时候可用。

（十一）过程性知识

在选线设计系统中，不仅采用陈述性的定性分析知识，而且还采用过程性的计算知识，二者在系统中是紧密结合的。可以根据具体情况灵活调用。

在系统中，应用过程知识的主要目的有两个：其一是生成备择方案和方案评选所需要的各种计算，得出各个可行方案的工程、运营经济指标；其二是对系统进行管理，如进行信息存取、动态修改知识库中的部分规则等。

对于过程性知识，本系统采用子程序或谓词逻辑形式表示。例如纵断面自动拉坡、平纵面优化、工程数量与工程费计算、运动仿真等。其方法是把子程序名或谓词名置于规则前提中，把子程序或谓词与规则联系起来。

（十二）数据性知识

这类知识主要表现为具有经验和统计意义的表格和数据库。例如《线规》中的缓和曲线表、最大坡度折减表、铁路工程概算定额表、工程运营指标表等，可直接从工程数据库中获取。

（十三）对象拓扑知识

对象可以用表面（例如四边形、三角形和空间曲面）或线框形式（例如弧、线、圆、点、多边形等）来表达。每一个对象均包含表面与边界知识。例如 Coons 曲面是空间自由曲面，相应的对象含有关于曲面的四条边和四个角的知识。

（十四）信息传递与转换知识

这是将对象的拓扑、几何和属性相关联的知识。这一知识可表达为其他知识的用户界面。

三、选线知识库的组织与推理机制

铁路选线知识库中的知识采用面向对象的混合知识表示法。由于铁路选线知识库中的规则数目很多，为了进一步提高推理效率，将选线设计系统的知识库分为两级——元级知识库和领域级知识库，并且将领域级知识库根据知识的用途分为多个子领域级知识库。元级知识库中的知识称为元知识，领域级知识库中的知识称为领域级知识。经过这样的处理，推理时就不用搜索整个知识库，而只需根据元知识搜索与求解问题有关的子领域级知识库，从而使得搜索的规则数大大减少。

（一）领域级知识表示方法

领域级知识库由线路方案走向选择、虚拟环境建模、线路平面初始方案生成、线路方案平纵面交互设计、平纵面优化设计、工程运营仿真计算、方案综合评价和线路三维模型动态仿真等子领域级知识库构成。每个子领域级知识库中的知识都具有相同的外部形式和内部形式。内部形式的领域级知识采用前述的 15 种表达模式。外部形式的领域级知识由参量和规则构成，并存储于各子领域的参量文件与规则文件中。参量用于描述推理构成中可能涉及的所有的物理量，它是以一定的格式存储在参量文件中的，用 BNF 范式可描述如下：

<参量>:: = #NAME = <参量名称>
#MEANING = <参量含义>
#PROMPT = <参量的提示特征>
#VAL_TYPE = <参量值类型>
#VAL_ASK = <参量的访问特性>
#VAL_FUN = <参量的计算特性>
#NFUN = <计算参量值的函数个数>
#FUN
（<函数编号>）<函数描述>
{（<函数编号>）<函数描述>}
……

规则用于描述各子领域中的启发性知识，它将每个物理量用 IF-THEN 的形式相互联系起来。规则可用 BNF 范式描述如下：

<规则>:: = #EXPLANATION = <规则的解释>
#NIF = <规则前提项数>
#IF <规则前提描述>
#NTHEN = <规则结论项数>
#THEN <规则结论描述>
#RULE_CF = <规则置信度>
……

上述领域知识的外部形式是面向用户和领域专家设计的。为了便于推理，定义了参数结构和规则结构分别用于表示参量和规则。

（二）元知识

元知识就是"关于知识的知识"。具体一点说，元知识可分为两类：一类是关于我们所熟悉的知识的元知识，这些知识刻画了领域知识的内容和结构的一般特征，如知识的产生背景、范围、可信度等；另一类是关于如何运用我们所知道的知识的元知识，如在问题求解中所用的推理方法，为解决一个特殊任务而需完成的活动的计划、组织和选择方面的知识等等，对领域知识的运用起指导作用。元知识是人类认识活动的核心。

1. 元知识的分类

元知识可分为如下 8 类：

（1）选择规则的元知识。如：

MR1：优先选用专家输入的规则。

MR2：尽可能选择冒险性小的方法。

MR3：首先选用那些使方案更经济合理的规则，等等。

MR4：首先选择绕避地质不良区域的方案。

（2）记录与领域专家知识有关的事实的元知识。

这类知识是描述性的，分为两种：一种是静态记录元知识，像前述的策略元知识 MR1、MR2；另一种是"动态记录"元知识，如某种方法的平均运行时间统计，一个程序在运行过程中暂停询问用户问题的次数，规则的成功和失败比率，等。这些记录是关于领域知识的知识，因此也是一种元知识。

（3）论证规则。

当一个规则进入知识库系统时，一定有一些该规则存在的理由，这些理由是关于规则的，因此也是一种元知识。

（4）检查规则中的错误。

（5）描述领域知识表示的结构。

例如：

元规则 001

如果：

① 线路没有通过不良地质区域，且

② 存在一些规则，在其前提中涉及可能与当前整治方案相同的先前整治方案；

那么：这些规则肯定（1，0）不会是有用的。

元规则 002

如果：

① 控制点是桥址，且

② 存在一些规则，在与前提中设计跨河结构类，且

③ 存在一些规则，在与前提中涉及通航控制知识；

那么：存在启发性证据（0，4）说明前者应先于后者被使用。

（6）论证系统的体系结构。

（7）辅助优化系统。

（8）说明系统的能力。

2. 面向对象元知识的表示模型

在面向对象元知识的表达模型中，元知识分为类与元规则。每个子对象都对应着一个类，元规则将各个类相互联系起来。所有的外部形式的类与元规则分别存储于类库和元规则库中。类库中的类的信息用 BNF 范式可描述为：

<类>∷ = #DESCRIPTION = <类的描述>

#NOBJ = <推理的对象数>

#OBJ——NAME = {<推理的对象描述>}

#NVAR = <参量数目>

#NRULE = <规则数目>

#VAR_LIST = <参量文件名称>

#RULE_LIAT = <规则文件名称>

#OBJ_LIST = <存放推理结果的文件名称>

……

元规则是用于描述系统调度、使用规则的策略，实现启发式搜索，因此它们是关于领域的、由专家提供的元知识。元规则分为两类：用于推断对象级规则的效用和用于安排规则的调用次序。面向对象的元知识的内部形式为类结构和元规则结构。类结构中有目标结构指针、参量结构指针、规则结构指针等。元规则结构中元规则前提与结论都为字符串型。

（三）推理机的设计

推理机的设计是知识库系统的另一个非常重要的方面。知识库设计着重于知识的完备描述，而推理机设计则着重于对知识的应用。由于选线设计系统的知识库中的知识分为领域级知识和元知识，推理机设计就包括使用领域级知识推理的推理机即目标推理机的设计和使用元知识推理的推理机即元推理机的设计两个方面。

1. 目标推理机

推理可分为正向推理和逆向推理。正向推理的基本思想是从已知的信息出发，选用合适的知识，逐步求解待解的问题。而逆向推理的基本思想是选定一个目标，然后去求证此目标是否成立。正向推理的主要优点是允许用户主动提供有用的事实信息，而不必等到系统需要时才提供，而且可以求出全部解。但是正向推理的目的性不强，可能会做些与求解目标无关的无用功。逆向推理的主要优点是不必使用与目标无关的知识，目的性很强。但它的缺点是选择目标盲目，可能求解了许多假目标。尤其当解空间较大时，情况更为突出。

目标推理机中调用逆向推理机的基本结构见图 8.21。

为了充分利用正向推理和逆向推理的优点，克服两者的缺点，在选线设计系统中设计了正向推理和逆向推理相结合的目标推理机，其工作程序是：① 将已知事实加入黑板中；② 在规则中寻找规则结论参量名称与要推理的类的目标参量名称相同的一条规则，若未找到则失败返回，否则根据黑板中的事实逐一匹配规则前提；③ 当未能成功匹配时，调用逆向推理机求证规则前提；④ 若既不能成功匹配，逆向推理也不成功，则给规则的所有前提以未成功的执行标志，转向步骤②；⑤ 当规则的所有前提都能被成功地匹配或求证时，给规则标以成功执行过的标志，并将该规则加入为解释器设计的推理路径链表结构中；⑥ 若规则结论中参量类型为值型，则直接将结论加入黑板中并成功返回；⑦ 若规则结论中参量类型为函数型，则先根据推理结论中的计算该参量值应采用的函数编号确定函数形参，并依次确定各形参的值，然后计算规则结论中参量的值并将其加入黑板中，最后成功返回。

在规则类系统推理中采用逆向推理机制。逆向链由查询 QUERY 宏激活。扩大的查询包括一个逻辑表达式和可选规则类，如：

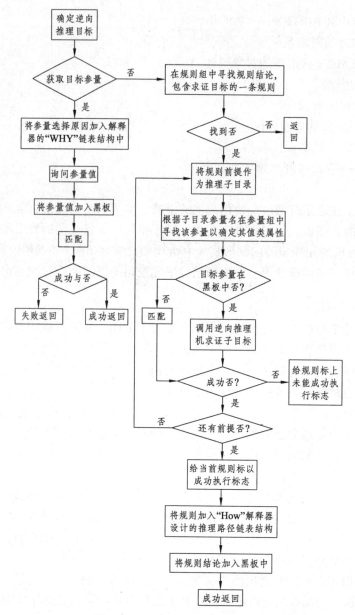

图 8.21　目标推理机工作模型

（Query'（Controlpoint Is What），Bridge_Rules）

　　在逆向链中用到了三种不同的搜索策略，即：深度优先、宽度优先和最佳优先策略。逆向链推理机主要是通过备忘录控制类集合进行控制的。在逆向法链模式下进行的搜索可表达为一棵衍生树。

　　在最佳优先策略中，在衍生树的每一层备忘录控制器中都要选择出目标栈最短的节点。如果用这种方法能方便快速地找到解，推理机就不必先对所有的节点进行检查了。向前链采用两种方法激活：向前链函数（FORWARD.CHAIN）和断言函数（ASSERT）。为了进行推理，在规则中用到如下控制操作器：添加（ADD）、改变（CHANGE TO）、删除（DELETE）、查找（FIND）和"活动图像"。

380

2. 元推理机

元推理机通过应用元知识（类和元规则）进行上层推理，指导目标推理机对问题求解，从而提高系统的效率和质量。元推理机分主元推理机和元推理机，主元推理机将调入元推理机，而元推理机将调用目标推理机。

主元推理机的工作程序是：

（1）编译文件，根据类的数分配内存空间，并将所有类装载到内存中。

（2）编译元规则文件，根据元规则个数分配内存空间，并将所有元规则装载到内存中。

（3）确定推理任务，即要推理的类的描述。

（4）给黑板、解释器链表结构、推理路径链表结构分配链表头指针地址。

（5）调用元推理机进行推理，若推理成功则将推理结果与推理路径以一定的格式分别存入相应的文件中，然后释放黑板、解释器、推理路径的内存空间。

（6）通过对话框查看推理结果与推理路径。

（7）若还有其他推理任务则转向步骤（3）。

（8）若无其他推理任务则释放类及元规则的内存空间，推理结束。

元推理机推理模型如下：

（1）利用元规则将求解的任务分成几个子任务。

（2）确定当前要处理的子任务。

（3）将与当前要处理的子任务相关的参量文件和规则文件编译，并将所有的参量和规则装载到内存中。

（4）调用目标推理机进行推理。

（5）释放参量和规则的内存空间。

（6）若该子任务不能成功地被执行，则失败返回。

（7）重复步骤（2）~（6）处理下一个子任务，直至完成所有的推理子任务。若所有子任务都能成功地被执行，则成功返回。

（四）推理的实现策略

在知识库系统中，推理策略是一个很关键的课题。而像铁路选线这类问题，由于影响因素多，而且因素之间关系复杂，很难建立一种策略让计算机完成推理过程。因此，在选线设计系统中采用面向对象的推理机制完成推理工作。

面向对象推理主要体现在继承、方法和消息传递三个方面。正如相关文献所指出的，封装于知识对象之中的推理方式是非常灵活的，因为可以根据知识运用的需要实现各种推理方法，有效地解决问题。必须明确的是，首先需要将知识类实例化，生成知识对象后，才有可能利用知识进行各种推理。对于推理机而言，每一知识对象是一个"活动"的知识结构，它们既封装了状态又封装了方法，其中状态信息有各上级知识对象的列表、动态数据（包括输入数据、局部解、中间假设、选择的知识对象和最后的求解）和可能触发的下级知识对象的列表。当推理至此知识对象时，如果用户选择了返回上级，那么可以根据当前知识对象中的动态数据从上级知识对象的列表中选择一知识对象作为下次推理对象；若选择了继续推理，则根据动态数据从可能出发的下级知识对象的列表中选择一个来继续进行推理。

对于走向选择方案决策这样的复杂问题的求解，如果将知识类库中所有相关知识类全部实例化是不合理的。例如，在确定线路绕避地质不良区域方案时，对于一种整治方案的工程，有关知识对线路方案选择并无贡献，因此将其实例化是没有必要的，也是不可取的。因此提出如下的动态链接知识对象的机制：在系统运行时，控制知识对象对知识类进行实例化时，若知识库中存在对应于所选用选线方法或结构设计专用知识类，则生成该专用知识类的对象，否则生成相应的通用知识类的对象。这样可以避免不必要的知识搜索和不相关知识的推理，有的放矢地进行决策，从而可以保证大型知识系统的运行效率。

```
Route-controlKw::Process(Ccontroller *controller)        //线路走向方案控制知识类
    {
        Cplans *plans=controller->GetPlans0;             //获取走向方案对象指针
        Cstring ControlPointType;                        //定义控制点类型
        Plans->GetStructureType(ControlPointType);       //获取控制点类型
        Modify(ControlPointType);                        //根据控制点类型调整各子工程的控
                                                         //  制知识对象

        Controller->AddKnowledges(kwlist);               //将线路各子工程的控制知识对象加
                                                         //  入当前知识集对象
    };
Bridge-ControlKw::Modify(Cstring strcType)
    {
        Cknowledge *kw;                                  //定义知识指针
        KwIndex->HasChild(strcType, "桥梁结构知识", kw);
        //知识继承索引对象指针为全局变量
        //查询是否存在相应于所选控制点类型的对象知识类
        //若有则返回相应专用知识类，否则返回相应通用知识类
        kwlist->AddTail(kw)       //将所返回的知识对象加入内嵌对象——知识对象集
        ……

    };
```

在铁路走向选择和方案综合评选中，包括正向推理和不确定推理等机制。在推理过程中，可以依据各类中知识对象的特点，选择非精确性面向对象推理策略的最大或、最小与、充分或、必要与、MYCIN方法等。系统中的推理机制是由控制知识来选择的。

走向选择中线路穿过不良地质区域的危险性分析，是在对不确定因素的概率可以估计的情况下，研究和计算各种影响线路方案经济技术指标的不确定因素的变化范围，计算线路治理防范的工程指标的期望值和概率分布的一种分析方法。根据概率分布可以判断线路方案设计结果的危险性。在推理过程中，可以依据已获得的知识，选择非精确性面向对象推理的方法，求解不良地质区域线路方案的总投资。例如地质不良区域定线的控制策略与方案形成：

规则 k：

If(存在一种需要考虑的不良地质对象) And (已经考虑了其他可能需要考虑的影响因素) Then

    {

        根据敏感性数据编制能有效处理需要处理的不良地质对象的定线方案清单

从已编制的清单中选择最佳定线方案

```
}
```

Else (指出该地质对象无须特殊处理)

规则 k 称为"目标规则"。在咨询一开始，选线系统首先要建立起一个不良地质对象的上下文树的根结点，并询问用户或调用其他规则确定与之有关的参数，即建立起控制点的上下文树。然后根据控制点属性特征确定控制点的类型，再由控制点类型确定能整治它的方案。这一过程是检查结论部分能和数据（对象类型）相符合的规则，由此得到规则的前提（即引起地质不良的起因），所以是反向推理过程。

四、选线设计系统中的启发技术

启发式方法是帮助我们找出问题解法的一种提示或经验估计。由启发式方法指导的搜索叫作启发式搜索。这种启发式方法有时干脆被称为经验法。在某些场合，这种方法实际上形成了正确完成某项具体工作的知识。

基于虚拟环境系统的面向对象和图形可视化特点，选线设计系统可采用以下辅助工具为推理过程提供启发信息：

（1）热键。提示在"图纸"上圈定具有特殊属性的区域，设计人员双击"热盘"，即可查询到相关的知识，从而给予设计人员指导。

（2）子节点排序。在方案生成中，利用启发式信息对所有的控制点的广义路径值做一个估计，那我们就能在队列中对控制点按一定的次序进行排列，使得最佳偏好节点能得到优先考察。

（3）限制循环次数（子节点的繁殖）。在走向选择中，当我们从一个控制点出发向前方控制点引线时，都是将所有的连线加到方案树上去，然后再利用启发式信息来估计哪些方案是合理的方案，哪些方案具有一些偏好的因素，最容易到达目标，从而可以把几个最有希望的方案加入到备择方案树上去，把其余的都摒弃掉。

（4）终止。在方案优化中，如果让系统按理论终止准则进行搜索，搜索时间是按指数增加的，越接近最优解，幂次越高。而在实际工程设计中，工程师并不追求精确解。因此将专家的经验加入到搜索过程中，对寻优过程和终止准则加以启发，则可大大提高优化速度，改善优化结果；也可以在接近优化结果时，显示设计结果，由设计人员对设计结果加以分析判断，输入启发信息，对寻优过程给予启发和引导。

例如缓坡地段定线，在两个控制点之间连线，如果不加任何约束，则可以有无穷多个方案。但是，当以工程经济为目标时，专家们总结出如下原则：地形平易地段定线时可以航空线为主导方向，既要力争线路顺直，又要尽量节省工程投资。在此原则下，工程师们定线时遵从如下规则：

（1）为了绕避障碍而使线路偏离短直方向时，必须尽早绕避前方的障碍，力求减小偏角。

（2）线路绕避障碍，必须使曲线交点正对主要障碍物，使障碍物在曲线内侧并使其偏角最小。

（3）设置曲线应结合地形尽量采用大半径。

在缓坡地段，线路展长的程度，取决于线路的意义、运量大小、地形、地质条件。一般平原地区的展线系数为 1∶1。

所有启发式方法都有如下特点：它们都适于特定的场合，所包含的忠告都是值得借鉴的。不过与算法不同，启发法并不对成功作任何保证，而只是提出值得进行的尝试。但在具体情况下，它们可能成功，也可能失败。解决问题的启发式搜索法和方案，以及导出这些启发式方法和方案的模式，都必须储存在计算机里。而且，信息的存储方式必须便于随时取用和存放。计算机必须能够根据问题所具有的模式很快地提出解题的具体方案或经验公式。

五、选线设计系统中的模式表示和模式识别

模式识别是执行其他大多数人工智能任务前首先要解决的问题。例如，一个问题求解程序必须要能从问题的背景中抽取有意义的模式，并以此作为解题的线索。

因为每一种启发式方法只适用于一种特定的情形，所以我们需要有某种方法来观察问题所处的条件，以确定哪一种启发式方法可能更有效。问题求解者必须在问题所处的条件中寻求各种模式，并由此确定哪一种启发法可以应用。

简单地说，模式就是客体的集合，或客体的类别。其中，每个客体就是模式的一个实例，称为模式样本。确定一客体是否属于某个模式的法则称为模式规则。例如集合{软土、滑坡、崩塌、岩堆、溶洞}就是一个模式。我们称它为 BG。在这个模式中，模式样本是软土、滑坡、崩塌、岩堆、溶洞这 5 种不良地质。模式规则是：假如一个客体是一种不良地质，且客体属于 BG 样本中的一种，则这一客体就属于模式 BG。

Belong_to（Object，BG）：-

Is（Object，Bad_Geological_Area）

Isa（Object，GB）

模式识别：

除了已知一个客体要找出相应的模式外，我们还可以根据已知的模式来找出与它相匹配的客体。这种技术常常用于从若干事件组成的集合，即所谓的数据库中，抽取有用的信息。

例如，假如我们的数据库中有几句描述地质状态的事实。模式规则可写成下列形式：

A 具有 X 特征；

A 具有 Y 特性；

A 是 R 型的可能值为 K。

句中的 A、X、Y、R 都是一些可以置换的变元。该例中的模式样本是任意 3 个句子。它们可以根据模式规则用单词置换 A、X、Y、R 来求得。

我们希望找出属于数据库中的全部句子的模式样本。如果数据库中有下列句子：

泥石流区域的纵坡小于 15°；

泥石流区域的中游成 "V" 形沟；

泥石流是沟谷形的可能值是 0.8。

由于它们能用具体的词汇置换 A、X、Y、R 和 K，所以它们就是一个模式样本。我们如果对整个数据库都搜索一遍，就能找出能置换 A、X、Y、R、K 的全部样本。

计算机要识别一个目标，必须从大量未加处理的信息中提取所需要的信息。选线设计系统总是力图将设计问题涉及的对象以"可视"的模式展现在"图纸"上，用人机交互的方式

完成模式识别工作，人为选定要识别的模式，输入相应的启发式知识，计算机完成计算、查询和搜索等工作，从而完成模式工作。

譬如在线路设计规范中的许多条款都具有这样的形式：如果某种情况发生，那么按下列情况处理。这"某种情况"就是模式。我们要做的事情就是当某种模式被找到时，就把相应的启发法应用上去。

常常有这样的情形，一个经验丰富的选线专家和一个初学者，都知道同样的定线原则（启发法），但老专家一眼就能看出一定的模式而提出线路的可行方案，可是初学者却要一个接一个地去试验那些规则，有时甚至无法找到一个可行的方案。智能 CAD 可以从两方面给予初学者以帮助：将专家的经验按一定的模式以规则的形式存储在知识库中，用人机交互的方式确定客观地形、地质条件，由系统根据输入的条件进行模式识别；根据所识别的模式查询知识库，从而给出设计人员定线指导。例如，设计人员在屏幕上选定两点，系统自动取回该两点的几何坐标，并计算地面纵坡。通过比较地面纵坡与定线坡度，可识别该地段为紧坡或缓坡地段，从而激活相应的规则。

第五节　铁路线路走向选择智能决策方法

在第五章介绍了走向已定的平面局部方案优化方法，第六章介绍了平面设计的交互式 CAD 方法。在铁路可行性研究阶段，需要在大面积范围内选定铁路线路走向，确定线路平面位置。大面积的铁路选线问题异常复杂，需要进行大量的定性分析和定量计算，这就需要借助于智能决策技术。为了介绍方法，本节将介绍主要控制点已定、主要技术标准已定、地形条件较好的平丘地区，用智能决策分析技术解线路局部走向选择问题的方法。

一、铁路定线智能决策系统模型

对于复杂的线路平面方案选择问题，为了完成从走向方案生成到最佳方案评选的全部工作，需借助包括知识库、数据库、最优化方法、多目标决策方法、曲面建模和运动仿真、计算机图形技术等多种技术和方法。采用面向对象技术将这些计算机技术集成为一体，从而构成一个铁路选线设计智能 CAD 系统的智能设计环境。智能设计环境模型如图 8.22 所示。

图中各模块功能如下：

（1）知识库：采用面向对象知识表达方法构成铁路选线知识库。

（2）推理机：从规则库中提取规则，进行分析，并生成线路基元对象模型。

（3）智能设计环境：根据地形、地质、水文和既有结构物信息构造三维环境模型，产生相应区域的环境信息，构成可视化智能 CAD 设计环境。智能设计环境是选线智能 CAD 系统的核心，是连接各模块的枢纽。智能设计环境不仅是信息的记录者，更是信息的维护者。各种信息之间存在着复杂的约束关系，它们之间一致性的维护理所当然地由智能设计环境模型负责。

（4）控制点：一个控制点设置器。通过将"电子地形图"上选定的控制点与知识库和动态数据库相集成，完成控制点设置。

（5）走向选择：在可视化图形设计环境中，仿真专家在定线过程中拟订线路平面方案。

（6）方案设计：对每一非劣线路方案进行平纵面设计，产生方案评选所需的线路技术、经济和几何指标。

（7）方案综合评价：包括设计方案详细工程概算、运动仿真和非劣线路方案综合评选。

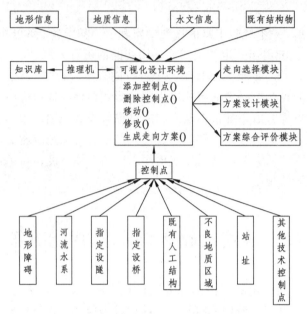

图 8.22　面向对象的铁路定线智能 CAD 系统模型

二、线路局部走向选择

在智能选线 CAD 系统（IRLCAD）中，走向选择是在虚拟线路设计环境中模拟人工纸上定线过程来实现的。分析传统的定线过程，走向选择过程可划分如下：① 将地质调绘资料与图形设计环境集成；② 选定控制点；③ 生成合理的走向方案；④ 线路平纵面设计；⑤ 方案比选。

1. 地质调绘资料与图形设计环境集成

为了确定合理的线路方案，定线过程往往要经常查询地质等线路调绘资料，了解地质、水文、资源和土地利用等信息。IRLCAD 系统的智能调绘工具（Intelligent Investigating Tool，IIT）将以上线路调绘信息与虚拟线路设计环境（二维等高线地形图或三维地形仿真模型）集成为一体。借助于 IIT，工程师可以在需要的时候动态地修改线路调绘信息。IIT 还可为工程师提供"定线指导"。

IIT 的主要功能如下：

（1）在"电子地形图"上用多边形勾画出线路调绘区域（比如不良地质区域），生成多边形顶点数据子串。

（2）输入对应区域的知识信息，包括调绘区域的类型、区域命名、危险性系数、区域属性、区域描述等。

（3）编辑选定区域的知识。上述"线路调绘"信息将自动存入动态知识库中。基于该动态知识库，借助于相应的查询和推理机制，设计人员可以在选线过程中方便地查询线路经行区域的地质等信息。动态知识库还可用于获取方案生成所需要的信息和生成约束条件。

2. 选定次级控制点

走向选择的第一步是在"电子地形图"上定出线路可能经过的控制点。选线控制点可分为两类：初始控制点（Initial Control Points）和其他控制点（Additional Control Points）。初始控制点包括线路起点、终点、大的中间运输中心等，这些点在预可行性研究阶段确定。IRLCAD 系统的任务是在规划的可行区域内确定其他控制点，诸如垭口和主要地形控制点、房屋、桥址中心、涵洞中心、隧道中心、道路交叉点、不良地形和地质区域以及中会站（中间站、会让站）中心等。基于 IRLCAD 系统确定控制点的步骤如下：

（1）分析"电子地形图"并选定可能的控制点。

（2）捕获选定点的平面坐标并修改动态数据库。

（3）确定选定控制点的属性（例如控制点类型、有关选定控制点周围的既有对象的信息等）。

（4）系统捕获设计人员选定的信息，查询相应的数据库，获取控制信息。例如：控制点为车站中心点，则查询车站设计信息；控制点为桥梁中心点，则查询桥梁信息数据；等等。

（5）激活相应的控制信息设计界面，设计人员选定设计参数。例如桥梁中心控制点，设计人员需要设置的控制信息包括：河流名称、线别、梁跨式样、墩台类型、基础类型、控制高程、设计水位等等。

（6）最后，修改知识库和动态数据库。

3. 拟定折线走向备择方案

在虚拟设计环境中，工程师通过将初始控制点和其他控制点进行不同的组合并用直线连接为不同的链式折线，而生成若干可能的线路走向方案。这一过程在 IRLCAD 中称为"屏幕定线"。

"屏幕定线"是一个重复交互设计的过程。基于选定的控制点，工程师可定出理想的线路走向，确定桥、隧、支挡等个体工程的结构类型。"屏幕定线"过程包括以下功能：

（1）用直线连接各控制点生成折线组。

（2）确定个体工程的位置和结构类型。

（3）建立约束条件。

（4）困难地段和不良区域定线。

智能 CAD 系统采用交互方式生成方案的航空折线。设计人员根据已定的主要控制点和选定的次要控点，用鼠标在"电子地形图"上生成线路方案的航空折线。所生成的航空折线方案可能经过某些控制点，而不经过另一些控制点。

"走向选择"将线路设计问题分解成若干子问题。将一个问题分解成几个子问题的一种方法就是在初始状态与目标状态之间引入子目标，或叫中间目标。这样，从初始状态到目标状态的原问题就可以由从初始状态到第一个子目标，从第一个子目标到第二个子目标等子问题取而代之。最后一个子问题，即是从最后的子目标到目标状态的问题。

各个子目标的顺序构成了解决原问题的方案。通过对每个子问题的解决，方案也就得以实现。

例如，已知主要控制点 A、B。设计目标是从 A 点出发到达 B 点。根据地形、地质、水文、沿线大型工程（公路、水利设施、资源开发等）定出一系列中间控制点（子目标）X、

Y（可能的桥址、村镇）。问题求解的方案可以这样来安排：从 A 到 X，从 X 到 Y，再从 Y 到 B。该方案的每一步就是一个子问题。当所有的子问题都得到解决了，那么该方案也就实现了。假如 X 是一座桥，Y 是一个村镇，则从 A 点出发到 B 点的问题，可以制订出如下方案：

（1）从控制点 A 出发到达桥 X 的一端。

（2）过桥。

（3）从桥的另一端出发到达村镇 Y。

（4）从村镇 Y 出发到达控制点 B。

总之，我们可以把每一个方案看作得到某一结果所需要的一种提示、格言、经验、意见或启发。方案中的目标部分规定了要得到的结果。条件部分表明了该方案在什么时候可用。

4. 走向方案合理性初查

根据拟定的线路通道和控制点，通常可以拟订很多线路方案。线路方案的最后取舍基于具体方案设计完成后的线路方案综合评价。而在线路方案进入备择方案集之前，需要进行大量的交互设计和数字分析计算。如果一个方案在技术上具有明显的不合理性，对其进行相应的设计与分析就纯粹是浪费，因此，在进入交互设计和数字分析之前，即在方案选择的最初阶段就对其进行某些技术可行性分析和初评是十分必要的。本系统主要考虑了站址合理性初查和桥址合理性初查。

1）站址检查

车站分布是铁路选线设计中应解决的重要问题之一。为了保证选线质量，应将车站分布与铁路定线有机地结合起来。一般过程是：先结合机车交路的设计分布区段站，然后结合纸上定线，并根据需要通过能力，分布一般的中间站。区段站分布本身是一个复杂的决策规划问题，可借助专门的车站分布决策支持系统来完成。在主要控制点（含主要经济据点和区段站）已定的线路局部走向定线过程中，仅根据需要的通过能力，分布一般的中间站。工程师在分析"电子地形图"的基础上，选择出可能的站址，IRLCAD 系统主要采用智能 CAD 方法解局部范围的定线问题，因此仅对交互方式选定的站址进行初步检查。

① 站间距离检查：任意两站址之间的距离应满足

$$L_i \leqslant L_{\min} \tag{8.1}$$

式中　$L_{\min}$——允许的最小站间距离。

② 假想站址方案模型。从地方运输和城镇规划角度出发，建立一种使地方短途客货运输费用最小的中会站站址优化模型。若不考虑旅客集散地的影响和根据城镇规划、铁路技术要求及自然条件等具体情况的影响，假设有 n 个货物中心 A_1，A_2，$\cdots$，A_n，相应的货运量分别是 Q_1，Q_2，$\cdots$，Q_n（万吨/年），Z 为某一中间站站址，d_1，d_2，$\cdots$，d_n 为各客货运量集散点至中间站的距离。货物集散点至中间站的地方短途运输总工作量 F 可简化为下列模型

$$\min F(x, y) = \sum_{i=1}^{n} \left[Q_i \left(\sqrt{(x_j - x_i)^2 + (y_j - y_i)^2} \right) \right] \quad (j = 1, 2, \cdots, p) \tag{8.2}$$

这是一个无约束优化问题，据此求得的最优解 (x^*, y^*) 就是与货物集散地的地方短途运输工作总费用最小的理想站址的坐标。交互设计拟定的站址，可据此进行初步的偏好排序。

求解上述无约束优化问题，可得到理想站址方案。从为地方服务的角度出发，合理线路站址方案应是偏离理想站址方案尽可能小的方案。

2）桥址检查

人机交互方式在图形界面下选定的桥址，应检查桥位的合理性，主要进行线路中线与河流中心线交角检查和控制高程检查。

3）不良地质区域检查

判断线路折线是否与不良地质区域多边形相交。若相交，则线路穿过不良地质区域，则根据不良地质区域属性和危险性系数推理出不良地质区域的整治措施，并将单位面积的工程单价叠加到地价模型上。

4）纵断面拉坡测试

为了帮助设计人员分析拟订的走向方案的合理性，系统需提供迅速方便的测试分析功能，包括纵向自动"拉坡"、工程费概略计算、显示概略纵断面等。如果根据拟订的线路平面方案，不能拉出合理的纵断面，系统将给出拉坡失败的原因，并提示设计人员修改平面方案。

第六节　线路方案综合评价方法

铁路选线设计是一个集决策和设计为一体的，多因素、多层次的复杂工程系统。在选线过程中，首先根据影响因素和已知条件选定若干个可行的线路方案，然后根据相应的指标值进行多目标决策分析。本节介绍一种顾及方案偏好信息的多方案多目标灰色关联度决策模型。首先构成选线多方案综合评价系统的多目标关联度判断矩阵，并计算各方案的偏好信息值和客观信息熵方案值；然后基于方案的多目标关联度判断矩阵，顾及对方案的主观偏好和客观真实性，建立优化决策模型；最后采用层次分析法的思想，自底至上求解多层指标的选线多方案综合评选问题。

在选线 CAD 系统中直接采用本节所介绍的方法和系统，对生成的多个线路方案进行综合评选，方案评价所需的大部分决策指标值可直接从系统的数据库和知识库中获取。为了尽可能减少决策的主观性和信息输入，可直接根据方案的设计信息提出评价指标值。定量指标直接采用详细概算和运动仿真的相应结果，定性的因素对方案评价的影响也尽可能采用线路方案的技术指标来体现。只有个别无法用定量的技术指标来体现的定性因素，才采用人机交互的方式由决策者进行模糊量化。

一、铁路线路方案评价的影响因素

影响铁路选线的因素是多方面的，为了更准确、有效地评价线路方案，可将影响技术指标、工程造价的主要因素具体化，并把这些因素列为单项指标。在进行方案比选时，要根据工程项目的具体情况，抓住可比的关键问题和控制方案的重点指标，加以对比分析，从而作出正确的结论。铁路选线系统各影响因素之间的关系模型如图 8.23 所示。

二、建立层次分析模型

确定平面选线所要解决的问题是，在已知主要经济据点和主要控制点的前提下，模拟选线专家的思路，确定线路平面走向的初始方案，并对其可行性和合理性进行分析评价，从而获得若干个可行的线路方案。

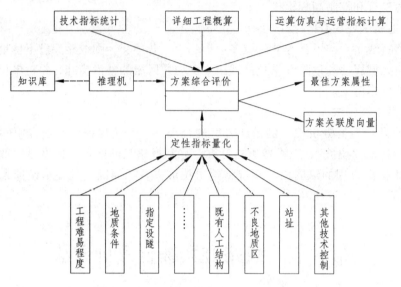

图 8.23　建立铁路选线单因素分析模型

设计线起讫点间，因城市位置、资源分布、工农业布局和自然条件等具体情况的不同，常有若干可供选择的走向。影响线路走向选择的因素很多，当主要经济据点和控制点确定后，根据铁路选线方案评价指标及指标之间的相互关系，结合选线原则，可将铁路选线问题层次化，从而构造出铁路选线多方案综合评价的层次分析模型（图 8.24）。

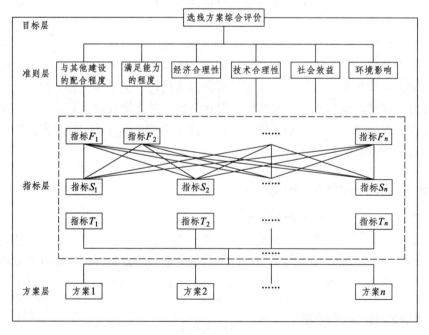

图 8.24　多方案综合评价层次分析模型

三、铁路选线方案属性值的量化

采用决策方法对铁路选线方案进行综合评价，需要首先确定决策矩阵及相应的标准值。铁路线路方案综合评价模型是一个多指标层决策模型，因此需要采用综合决策方法，从下至上逐层进行综合评价。下层评价所得的最优关联度向量即为上一层决策矩阵中相应指标的值。

在目标属性的量化中应尽量依据实际设计分析资料。对于能定量化的目标准则下方案的属性值直接采用基数标度表示；而对于某些定性的目标准则下方案的属性值，则根据选线设计的特点，采用线路设计的某些技术指标来体现。

影响铁路选线设计的因素很复杂，下面仅以主要技术标准已知、主要控制点给定条件下的平面选线方案比选为例拟订方案综合评价决策指标值。

1. 总目标层

总目标层评价指标包括：与其他建设的配合程度 V1、线路能力 V2、经济合理性 V3、技术合理性 V4。

对于局部方案比选，可认为各方案的社会效益和对环境的影响相同。

2. 标准层

对于标准层，分别以标准层的各项标准作为评价目标，拟定相应的评价指标。

1）与其他建设配合程度 V1

① 与高等级公路的配合程度 V1-F1：与高等级公路的配合有相交和不相交两种情况。铁路与高等级公路交叉这一相关因素可由立体交叉桥的工程投资来体现（跨线桥工程造价 P_{HB}）。

② 与水利设施配合程度 V1-F2、与地下资源开发设施的配合 V1-F3：与重点水利设施和地下资源开发设施的配合情况比较复杂，可将重点水利设施和地下资源设施的区域设定为禁区，线路必须绕行通过。因此，铁路与重点水利设施、地下资源设施的配合程度这一相关因素可由线路局部地段展线系数 α_{L1}、α_{L2} 来体现。

$$\alpha_{L1} = \frac{\sum_{k=1}^{p} L_{PDk}}{\sum_{k=1}^{p} L_{PAk}}, \qquad \alpha_{L2} = \frac{\sum_{k=1}^{q} L_{QDk}}{\sum_{k=1}^{q} L_{QAk}}$$

式中　L_{PDk}、L_{PAk}——重点水利设施区域的定线长度和航空距离长度；

　　　L_{QDk}、L_{QAk}——重点地下资源设施区域的定线长度和航空距离长度。

因此，与其他建设的配合程度的评价指标值为 P_{HB}、α_{L1}、α_{L2}。

2）线路能力 V2

线路能力可以用通过能力 V2-F1、通过能力均衡性 V2-F2、输送能力 V2-F3、满足输送能力的程度 V2-F4 来评价。

V2-F1 直接采用各方案运动仿真的计算结果。

V2-F2 取设计方案的最大站间通过能力与最小站间通过能力之比

$$\eta_N = \frac{N_{max}}{N_{min}}$$

V2-F3 直接取运动仿真计算的线路方案的输送能力值。

V2-F4 为线路方案满足输送能力的程度。参加评选的线路必须是满足输送能力的方案，不满足输送能力的方案在运动仿真阶段就应该被淘汰；因此，V2-F4 的指标值应恒大于 0，可用下式计算：

$$\eta_C = \frac{C - C_p}{C_p}$$

式中　C——设计方案的输送能力；

　　　C_p——设计线要求的输送能力。

3）经济合理性 V3

V3 由线路方案的工程投资和运营支出来评价。

工程投资包括主要工程投资和附属工程投资。在可行性研究阶段，附属工程投资可按主要工程投资的一定比例考虑，因此总的工程投资数量可按下式计算：

$$A' = (1 + \eta_A)A$$

式中　A'、A——主要工程投资和总工程投资；

　　　η_A——附属工程投资比例系数，可根据具体项目确定。

计算年度的年运营支出取运动仿真所得结果 ε_J。

4）技术合理性 V4

技术合理性由工程条件和运营条件两项指标来综合评价。而工程条件与运营条件是若干次级指标的综合体现。因此，需要采用分层综合评价法，逐层产生综合决策向量。最后得到工程条件和运营条件的综合评价指标值。

① 工程条件 V4-F1：工程条件由地形条件、地质条件、占用耕地情况、桥梁总长度、隧道总长度、土石方工程总量、支挡圬工总量以及拆迁数量等指标综合评价。

地形条件（V4-F1-S1）可用线路顺直程度来体现。平原、丘陵地区定线一般不受高程控制，应循航空折线把线路尽量定得顺直。绕避障碍物及设置曲线必须有充分理由。在不致引起工程量显著增加的前提下，尽量采用较小偏角、较大半径，以缩短线路并取得较好的运营条件。上述问题可简单概括为"线路顺直程度"，可用线路展线系数 λ、曲线总偏角度数 $\sum \alpha$、最小曲线半径 R_{min} 等指标来评价。

地质条件（V4-F1-S2）可由线路方案经行的不良地质的面积与相应的危险性系数的加权和来体现

$$A_G = \sum_{k=1}^{r} \gamma_{Gk} A_{Gk}$$

式中　γ_{Gk}、A_{Gk}——第 k 处不良地质区域的危险性系数和区域面积。

占用耕地情况（V4-F1-S3）可由各类耕地类型（包括经济作物地、水田、水浇地、旱地等）的加权面积、耕地面积与铁路用地总面积的比值来评价，可采用系列综合度量值

$$A_L = \sum_{k=1}^{n}(S_k \times P_{dk}) \times \frac{\sum_{k=1}^{n}S_k}{S_L}$$

式中 S_k、P_{dk}——第 k 类耕地的占地面积和单价;

S_L—— 选择的方案用地总面积。

桥梁总长度 $\sum L_B$、隧道总长度 $\sum L_T$、土石方工程总量 V_s、支挡圬工总量 V_R 直接采用工程设计结果。

拆迁情况（V4-F1-S8）：拆迁情况的好坏程度可由拆迁物的类型系数、各类拆迁物数量、规模（面积）等来评价。

$$\eta_{db1} = \sum_{k=1}^{r}(\lambda_{dbk} \times p_{dbk} \times S_{dbk})$$

式中 η_{db1}、λ_{dbk}、p_{dbk}、S_{dbk}——建筑物拆迁综合评价系数、第 k 类建筑物类型系数、第 k 类建筑物数量和第 k 类建筑物拆迁面积。

其他设施改移情况：其他设施包括道路、水道、电力及通信线路以及管道。其他设施改移情况的好坏，可由改移设施的综合投资情况来评价

$$\eta_{db2} = \sum(p_r \times L_r) + \sum(p_h \times L_h) + \sum(p_{e1} \times L_{e1}) + \sum(p_{e2} \times n_{e2}) + \sum(p_t \times L_t)$$

式中 L_r、L_h、L_{e1}、L_t——道路、水道、电力线路、管道的拆迁长度;

p_r、p_h、p_{e1}、p_{e2}、p_t——道路、水道、电力线路、电线杆、管道的拆迁单价;

n_{e2}——电线杆拆迁数量。

② 运营条件：V4-F2：运营条件由车站线路平纵面条件（V4-F2-S1）和区间线路平纵面条件（V4-F2-S2）综合评价。

而车站线路条件和区间线路条件又需要由 T 指标层的多项指标综合评价而得。

车站线路条件：

评价指标包括：站内桥梁总长度 L_{ZB}、站内曲线长度及其偏角 $L_y \times \alpha_y$、深挖路堑最大高度与长度情况 $h_{zcmax} \times L_{zc}$ 等指标综合评价。

区间线路条件：

区间线路条件由曲线总长度 $\sum L_{sy}$、曲线总偏角 $\sum \alpha_{sy}$、曲线半径最小值 R_{min}、线路总长度 L、连续紧坡地段长度 L_{imax}、克服高程总和 $\sum \Delta h$ 等值来综合评价。

5）环境影响程度 V5

铁路对环境的影响主要表现在噪声、振动、电磁干扰、大气环境、水环境、生态环境及自然环境等。电磁干扰和大气污染程度主要与牵引种类有关。对于主要标准已定条件下的局部方案比选，由于牵引种类相同，可认为各参比方案对环境的电磁干扰、大气污染程度相同。水环境的影响主要受大型车站和机务段排出的生产与生活污水及垃圾有关。在主要经济对于主要经济据点已定前提下的局部方案比选，可认为各个方案的此项影响因素的程度相同。对生态环境的影响可由修建铁路造成的植被破坏和水土流失程度来衡量。该项因素可用

线路方案用地面积（S_L）、桥涵地段改沟并沟总长度（L_S）等指标来体现。为减少噪声、振动对居民的影响，线路应采取绕避居民点的方案；为减少对自然环境的破坏，保护自然资源，定线中对于自然景观、文物保护均采取绕避方案。在定线中这些区域均按定线中的禁区考虑。因此，铁路对沿线居民点的噪声、振动影响，对自然景观和文物保护区域的影响程度这一相关因素可由线路绕避禁区的局部地段展线系数 α_{L3} 和禁区中心点距离线路方案的距离 L_F 来体现。

综合上述，可得铁路选线方案综合评价决策指标层次表如表 8.2 所示。

表 8.2　铁路选线方案综合评价决策指标层次表

总目标层	标准层 V	F 指标层	S 指标层	T 指标层	方案层
线路方案综合评选	与其他建设配合程度 V1	P_{HB}			方案 1，2，…，m
		α_{L1}			
		α_{L2}			
	设计线能力 V2	N			
		η_N			
		C			
		η_C			
	经济合理性 V3	A'			
		ε_J			
	技术合理性 V4	工程条件指标（由下层指标综合评价得到）V4-F1	λ、$\sum\alpha$、R_{min}		
			A_G		
			A_L		
			$\sum L_B$		
			V_s		
			V_R		
			η_{db1}、η_{db2}		
		运营条件指标（由下层指标综合评价得到）V4-F2	车站线路条件（由下层指标评价得到）V4-F2-S1	L_{ZB}	
				$L_y\times\alpha_y$	
				$h_{zcmax}\times L_{zc}$	
			区间线路条件（由下层指标评价得到）V4-F2-S2	$\sum L_{sy}$	
				$\sum\alpha_{sy}$	
				R_{min}	
				L	
				$L_{i\,max}$	
				$\sum\Delta h$	
	环境影响程度	S_L			
		L_S			
		α_{L3}			
		L_F			

四、选线方案评价模型

工程系统是一个灰色系统。系统中既有已被设计人员了解了的白色信息，又有尚未被发现的黑色信息，而更多的则是一般定性了解的灰色信息。其设计方案中的各因素指标之间并不是相互独立的，尽管它们之间的关系不明确，但的确存在。从本质上讲，这是一种灰色关系。由于因素指标值样本量少且数据离散，因此，用灰色关联度分析方法来计算判断矩阵和建立决策模型可以较好地解决上述问题。

1. 决策矩阵的标准化与归一化处理

设决策论域 U 是工程系统设计方案的集合，

$$U = \{方案 1，方案 2，\cdots，方案 m\} = \{u_1, u_2, \cdots, u_m\}$$

设 V 是因素指标的集合

$$V = \{指标 1，指标 2，\cdots，指标 n\} = \{v_1, v_2, \cdots, v_n\}$$

由此得到方案集对指标集的决策矩阵 Y：

$$Y = \begin{bmatrix} y_{11} & y_{12} & \cdots & y_{1m} \\ y_{21} & y_{22} & \cdots & y_{2m} \\ \vdots & \vdots & & \vdots \\ y_{n1} & y_{n2} & \cdots & y_{nm} \end{bmatrix} \tag{8.3}$$

同其他工程系统一样，选线设计系统所涉及的指标通常也包括"效益型指标""成本型指标""固定型指标"和"区间型指标"。所谓效益型指标是指属性值越大越好的指标，如运输收入、与地方经济发展的配合程度等。所谓成本型指标是指属性值越小越好的指标，如工程投资、运营支出、不良地质工程等。所谓固定型指标是指属性值既不能太大又不能太小，而以稳定在某个固定值为最佳的一类指标，如满足输送能力的程度，设计能力与要求的能力相比，设计能力小于输送能力，则不能满足设计要求，反之，若能力富余太多，又将造成浪费。所谓区间型指标是指属性值以落在某个固定区间内为最佳的一类指标，铁路等级划分、最小曲线半径等主要技术标准通常都属于这类指标。根据指标类型的不同，对指标集可作如下划分，即令

$$V = \bigcup_{i=1}^{4} V_i \text{ 且 } V_i \cap V_j = \varnothing，（i, j = 1, 2, 3, 4；且 i \neq j） \tag{8.4}$$

式中：$V_i(i = 1, 2, 3, 4)$ 分别为效益型指标集、成本型指标集、固定型指标集和区间型指标集；$\varnothing$ 为空集。

一般而言，不同的评价指标往往具有不同的量纲，为了消除量纲不同所带来的不可公度性，决策之前首先应将评价指标进行标准化处理。标准化处理方法应该根据评价指标类型不同而不同。

对于效益型指标：

$$z_{ij} = \frac{y_{ij} - y_i^{\min}}{y_j^{\max} - y_j^{\min}}，i = 1, 2, \cdots, n; j \in V_1 \tag{8.5}$$

式中，$y_j^{\max}$，$y_j^{\min}$ 分别为 V_j 指标的最大值和最小值，即相对最佳设计方案 u_0 的第 j 因素指标值。

对于成本型指标：

$$z_{ij} = \frac{y_j^{\max} - y_{ij}}{y_j^{\max} - y_j^{\min}}, \quad (i=1, 2, \cdots, n; \ j \in V_2) \tag{8.6}$$

对于固定型指标：

$$z_{ij} = 1 - \frac{|y_{ij} - y_i^*|}{\max |y_{ij} - y_j^*|}, \quad (i=1, 2, \cdots, n; \ j \in V_3) \tag{8.7}$$

式中：y_j^* 为 V_j 指标的最佳稳定值。

对于区间型指标：

$$z_{ij} = \begin{cases} 1 - \dfrac{q_{1j} - y_{ij}}{\max\{q_{1j} - y_j^{\min}, \ y_j^{\max} - q_{2j}\}}, \ y_{ij} > q_{1j} \\ 1, \ y_{ij} \in [q_{1j}, \ q_{2j}] \\ 1 - \dfrac{y_{ij} - q_{2j}}{\max\{q_{1j} - y_j^{\min}, \ y_j^{\max} - q_{2j}\}}, \ y_{ij} > q_{2j} \end{cases} \quad (i=1, 2, \cdots, n; \ j \in V_4) \tag{8.8}$$

式中：$[q_{1j}, \ q_{2j}]$ 为 V_j 指标的最佳稳定区间；$y_j^{\max}$、$y_j^{\min}$ 的意义同前。

记标准化后的决策矩阵为 $\boldsymbol{Z} = (z_{ij})_{n \times m}$。

对标准化的决策矩阵 $\boldsymbol{Z}$，令：$z_{ij}' = z_{ij} / \sum\limits_{k=1}^{n} z_{kj}$，$(i=1, 2, \cdots, n; \ j=1, 2, \cdots, m)$，则得归一化的决策矩阵 $\boldsymbol{Z}' = (z_{ij}')_{n \times m}$。

2. 最优方案关联度

从本质上说，一个设计方案 u_i 就是 n 个因素指标的映射，即

$$u_i = f_i(v_1, \ v_2, \ \cdots, \ v_n)$$

因此，当这 n 个因素指标值确定的时候，这个设计方案亦随之确定，它构成 n 维因素指标空间 V 中一个离散的方案点。所以进行多目标决策就是比较空间 V 中各方案点与相对最佳方案点的关联度。

工程系统最优方案关联度是在空间 V 中某一方案点 u_i 考虑因素 v_i 时与相对最佳设计方案点 u_0 的相关性大小，采用下式进行度量

$$k_{ij} = \frac{\max\limits_{i} \max\limits_{j} |z_{ij}' - 1|}{|z_{ij}' - 1| + \max\limits_{i} \max\limits_{j} |z_{ij}' - 1|} \tag{8.9}$$

式中：z_{ij}' 为归一化后的因素指标值；$i=1, 2, \cdots, m; \ j=1, 2, \cdots, n$。

因此，$m \times n$ 个 k_{ij} 构成线路设计方案的多目标灰色关联度判断矩阵 $\boldsymbol{K}$：

$$K = \begin{bmatrix} k_{11} & k_{12} & \cdots & k_{1n} \\ k_{21} & k_{22} & \cdots & k_{2n} \\ \vdots & \vdots & & \vdots \\ k_{m1} & k_{m2} & \cdots & k_{mn} \end{bmatrix} = (k_{ij})_{m \times n} \tag{8.10}$$

3. 方案偏好信息值

在选线设计中，有些影响因素带有很强的主观偏好，如确定车站位置时的地方政府的意见，工程师选择不良地质处理措施的偏好，等等。这些因素在很大程度上决定着线路方案的最后取舍。这类因素可以统一用对方案的偏好信息值来体现。可采用五级标度法来确定对方案的偏好信息值。设方案 u_i 与 u_k 的 5 级标度值为 d_{ik}，专家可按下述方法判断赋值：

对方案 u_i 与 u_k 同等偏好，取 $d_{ik} = d_{ki} = 4$；

对方案 u_i 比 u_k 稍微偏好，取 $d_{ik} = 4+1$，$d_{ki} = 4-1$；

对方案 u_i 比 u_k 明显偏好，取 $d_{ik} = 4+2$，$d_{ki} = 4-2$；

对方案 u_i 比 u_k 更加偏好，取 $d_{ik} = 4+3$，$d_{ki} = 4-3$；

对方案 u_i 比 u_k 极端偏好，取 $d_{ik} = 4+4$，$d_{ki} = 4-4$。

从而得方案偏好赋值矩阵 $D = (d_{ij})_{n \times n}$。

据此可计算各个方案的 5 级标度偏好优序数

$$t_i = \sum_{k=1}^{n} d_{ik}, \ i = 1, 2, \cdots, n \tag{8.11}$$

由此得对各方案基于关联度的偏好信息值

$$p_i = t_i / \sum_{k=1}^{n} t_k, \ i = 1, 2, \cdots, n \tag{8.12}$$

4. 客观信息熵方案值的确定

对于灰色关联度判断矩阵 K，再令

$$s_{ij} = z_{ij} / \sum_{k=1}^{n} z_{kj}, \ i = 1, 2, \cdots, n, \ j = 1, 2, \cdots, m \tag{8.13}$$

以最佳方案关联度为基准，指标 V_j 输出的信息熵为

$$E_j = -(\ln n)^{-1} \sum s_{ij} \ln s_{ij}, \ j = 1, 2, \cdots, m \tag{8.14}$$

式中：当 $s_{ij} = 0$ 时，规定 $s_{ij} \ln s_{ij} = 0$，则

$$\mu_j = (1 - E_j) / \sum_{k=1}^{m} (1 - E_k), \ j = 1, 2, \cdots, m \tag{8.15}$$

为指标 V_j 的客观权重，从而得方案 u_i 的信息熵决策值为

$$q_i = \sum_{j=1}^{m} \mu_j k_{ij}, \ i = 1, 2, \cdots, n \tag{8.16}$$

5. 关联度最小二乘法优化决策模型

假设各项指标的权重矢量为

$$\boldsymbol{W} = (w_1,\ w_2,\ \cdots,\ w_m)^{\mathrm{T}}$$

从而得到由各设计方案 u_i 与相对最佳方案 u_0 的加权关联度 k_i 组成的关联矢量 $\boldsymbol{K}$：

$$\left.\begin{array}{l} \boldsymbol{K'} = \boldsymbol{K} \cdot \boldsymbol{W} = (k_1,\ k_2,\ \cdots,\ k_m) \\[2mm] k_i = \sum k_{ij} \times w_j,\ \ i = 1,\ 2,\ \cdots,\ m \end{array}\right\} \tag{8.17}$$

为了既照顾到对方案的主观偏好，又做到决策的客观真实性，达到主观与客观的统一，应使所选择的方案对所有指标而言，距离方案偏好信息值和客观信息熵的偏差越小越好。为此建立下列最小二乘法优化决策模型：

$$\mathrm{SOP}\left\{\begin{array}{l} \min H(\boldsymbol{W}) = \sum_{i=1}^{n}\left[\sum_{j=1}^{m}(k_{ij}w_j - p_i)^2 + \sum_{j=1}^{m}(k_{ij}w_j - q_i)^2\right] \\[4mm] \mathrm{s.t.}\ \sum_{j=1}^{m} w_j = 1 \\[4mm] w_j \geqslant 0,\ \ j = 1,\ 2,\ \cdots,\ m \end{array}\right. \tag{8.18}$$

用线性规划方法解上述优化模型。

$$L = \sum_{i=1}^{n}\left[\left(\sum_{j=1}^{m} w_j k_{ij} - p_i\right)^2 + \left(\sum_{j=1}^{m} w_j k_{ij} - q_i\right)^2\right] + 4\lambda\left(\sum_{j=1}^{m} w_j - 1\right)$$

令

$$\frac{\partial L}{\partial w_j} = \sum_{i=1}^{n} 2\left[\left(\sum_{k=1}^{m} w_k k_{ik} - p_i\right)k_{ij} + \left(\sum_{k=1}^{m} w_k k_{ik} - q_i\right)k_{ij}\right] + 4\lambda = 0$$

得

$$\sum_{i=1}^{n}\left(\sum_{k=1}^{m} w_k k_{ik} - \frac{p_i + q_i}{2}\right)k_{ij} + \lambda = 0$$

即

$$\sum_{i=1}^{n}\left(\sum_{k=1}^{m} w_k k_{ik}\right)k_{ij} + \lambda = \left(\sum_{k=1}^{n} \frac{p_i + q_i}{2}\right)k_{ij}$$

再令

$$\frac{\partial L}{\partial \lambda} = 4\left(\sum_{j=1}^{m} w_j - 1\right) = 0$$

上述两式表示的 $m+1$ 个变量、$m+1$ 个方程的方程组用矩阵表示为

$$\begin{bmatrix} \boldsymbol{B}_{mm} & \boldsymbol{e}_{m1} \\ \boldsymbol{e}_{1m}^{\mathrm{T}} & 0 \end{bmatrix} \cdot \begin{bmatrix} \boldsymbol{W}_{m1} \\ \lambda \end{bmatrix} = \begin{bmatrix} \boldsymbol{C}_{m1} \\ 1 \end{bmatrix} \tag{8.19}$$

即

$$\left.\begin{array}{l} \boldsymbol{B}_{mm}\boldsymbol{W}_{m1} + \lambda \boldsymbol{e}_{m1} = \boldsymbol{C}_{m1} \\[2mm] \boldsymbol{e}_{1m}^{\mathrm{T}}\boldsymbol{W}_{m1} = \boldsymbol{1} \end{array}\right\} \tag{8.20}$$

其中

$$e_{m1} = (1, 1, \cdots, 1)^{\mathrm{T}}$$

$$W_{m1} = (w_1, w_2, \cdots, w_m)^{\mathrm{T}}$$

$$C_{m1} = \left[\sum_{i=1}^{n} \frac{p_i + q_i}{2} k_{i1}, \sum_{i=1}^{n} \frac{p_i + q_i}{2} k_{i2}, \cdots, \sum_{i=1}^{n} \frac{p_i + q_i}{2} k_{im} \right]^{\mathrm{T}} \tag{8.21}$$

$$B_{mm} = [b_{rs}]_{m \times m}$$

而

$$b_{rs} = \sum_{k=1}^{n} k_{ks} k_{kr}, \quad r, s = 1, 2, \cdots, m \tag{8.22}$$

由矩阵方程解得

$$W_{m1} = B_{mm}^{-1} \cdot \left[C_{m1} + \frac{1 - e_{1m}^{\mathrm{T}} B_{mm}^{-1} C_{m1}}{e_{1m}^{\mathrm{T}} B_{mm}^{-1} C_{m1}} e_{m1} \right] \tag{8.23}$$

解出 $W_{m1} = (w_1, w_2, \cdots, w_m)^{\mathrm{T}}$ 后，得方案 U_i 的加权关联度（决策值）为

$$k_i = \sum k_{ij} \times w_j, \quad i = 1, 2, \cdots, m \tag{8.24}$$

由此可选最佳方案 u_i^*，对应的加权关联度为

$$k_i^* = \max\{k_i \mid i = 1, 2, \cdots, n\} \tag{8.25}$$

第七节　新建铁路中会站分布决策分析

铁路中会站（双线铁路为越行站）是为提高铁路区段通过能力、保证行车安全和为沿线城乡及工农业生产服务而设置的车站。铁路选线时沿线路的基本走向分布中会站，其站址往往会影响线路的局部走向，对铁路的工程与运营指标有较大影响。对一条铁路的设计来说，在满足分布标准要求的前提下，结合具体情况还会有许多不同的分布方案，需要有一种比较合理的评价方法。本节介绍一种中会站分布决策分析方法。

一、站址备择方案的产生

（一）中会站概略分布

中会站分布是在已知主要技术标准的条件下进行的。概略分布就是根据通过能力的要求和沿线城镇、厂矿企业等经济据点的布局及地形、地质等自然条件，按车站与区间统筹考虑的原则，在地形图上对全区段的车站分布作出总体安排。先布置中间站、技术作业站。然后，在此基础上概略规划区间线路的走向和初步的平面位置，并粗略估计线路纵断面的可能情况和线路长度。据此概略估计列车走行时分，并根据通过能力要求与地形地质条件及区间线路的可能情况，对会让站作出大致安排。

在概略分布中间站时，不仅要保证通过能力的要求，同时还要综合考虑地方运输、车站与区间线路的工程与运营条件。即使满足通过能力的要求，站间距离也不宜过长，过长则不

利于地方工农业发展。当运量增长时，除线路平纵面条件许可的区间外，均会造成日后增站困难。我国单线铁路站间距离不超过 20 km。站间距离也不宜过短，单线铁路采用半自动闭塞时，因作业效率的限制，站间距离不宜短于 5 ~ 6 km。在分布中会站时也要适当考虑通过能力的均衡性以减少车站数目，但不能机械地按站间最大往返时分分布车站，而要结合地形、地质、水文等条件及车站作业与运营条件，避免将车站设在地形困难或地质不良地段以引起巨大工程，甚至遗留后患，影响今后正常运营。

这种总体安排有时会有几种不同的方案。例如：靠近与不靠近某城镇的方案、站间数目不同的方案、有加力坡与无加力坡的方案、有部分双线或个别双线区间与全部单线的方案等。对每一种安排中可能设站的地段，分别找出若干个可考虑的站址，并概略估计车站的高程及两端引线情况，以此作为初步的站址备择方案。

（二）概略分布方案评价

概略分布时已初步考虑了站址与区间线路并提出了若干个站址方案，在此仅对每个站的几个站址方案本身的合理度进行评价，要评价就需要建立评价指标及其相对的重要性。

1. 评价指标及其量化

中间站分布的影响因素，除需考虑第三节中线路方案的全部影响因素外，还需考虑车站作业等特殊影响。

① 运营作业条件。中会站上要进行旅客乘降、货物装卸以及列车接发、调车等技术作业。因此，站址要具有良好的运营条件，如方便旅客乘降与货物装卸，具有良好的瞭望条件和排水条件，保证运营安全，等。整个车站布置在不高的路堤上或直线上是较理想的。因深挖路堑会影响视线和排水，曲线车站影响瞭望条件，降低作业效率，其严重程度与曲线位置、偏角及半径大小有关。当车站设在桥上时，其桥梁位置及长度对车站客货运作业、运营安全、设备养护维修等均会产生不同程度的影响。由隧道进入车站，对客货运作业、瞭望条件、运营安全、排水、设备养护维修、站上工作人员的工作和生活条件等都会产生较大影响。其影响程度取决于隧道的位置及长度。应尽量避开隧道，实在不可避免时，隧道在车站端部且较短的方案比在车站中部且较长的方案好。

② 中会站的将来发展条件。地区经济的发展在一定程度上受到交通运输条件的制约。铁路的开通，会促进地方工农业发展与资源开发，中会站吸引的运量会有不同程度的增长。有时会导致增设股道、扩建、引入专用线等。有的站还需考虑将来引入干、支线的规划。所以，选站址应考虑预留发展条件。这一因素由需要发展的可能性与预留发展的条件来评价。

③ 与地区规划的配合程度。中会站是办理客货运输的地点，与发展地方工农业，满足地方人民需要有直接的关系，选站址时应与地区、城市规划相配合。因为地区规划不但反映了城区的现状而且反映了将来的发展情况，并包含了地区厂矿企业的布局。所以其选址要考虑大中型厂矿企业的交通运输条件，考虑对历史名胜、革命纪念地及旅游区的保护等。

④ 地方政府意见。中会站的主要任务之一是为地方服务，因此，地方政府常会综合本地区的工农业发展情况、交通运输状况及城镇规划等因素，对站址方案提出这样或那样的要求和意见。这些要求和意见往往会对站址的选择产生一定的影响。

以上是初步选择站址备择方案时所要考虑的主要因素。在进行站址选择时，应根据具体地区、具体线路的特点对指标的数目进行增减，也可以在某些指标下再划分一些下层指标，但同一车站的几个站址方案的指标应是统一的。

在初选站址备择方案时，虽然在概略分布中对线路定向及平纵面情况进行了估计，但还未定线，大部分因素都是定性的，选线工程师往往用语言来描述。为了便于比较，可以对各种语言进行相应的量化。一种方便的量化方法是分级定量，把定性描述的指标分为几档，每档赋予一定的评定分数即量化值，如表 8.3 所示。经过量化后即可得出评价指标值 u_i（$i = 1$，2，$\cdots$，n_c；n_c 为评价指标个数）。

表 8.3　评价指标量化表

中　值	0.0	0.1	0.3	0.5	0.7	0.9	1.0
范　围	0.0	0.0~0.2	0.2~0.4	0.4~0.6	0.6~0.8	0.8~1.0	1.0
条　件	绝对差	很差	差	一般	好	很好	绝对好
配合程度	不配合	配合很差	配合差	勉强配合	配合较好	配合很好	绝对配合
影响程度	严重影响	很大影响	较大影响	难以断定	影响较小	轻微影响	没有影响
地方政府意见	坚决反对	反对	不太同意	不置可否	同意	很赞成	非常赞成

2. 评价指标的相对重要性

很明显，各种指标在站址方案评价过程中的地位和作用亦即重要程度是不同的，而且各指标的重要程度随具体情况的不同而不同。它主要取决于设计线的意义、等级、中会站类型与规模、人口分布、工农业及地方经济发达程度等。在对站址方案进行评价时，必须根据具体情况确定各指标的相对重要性，通常以权（w_i, $i = 1, 2, \cdots, n_c$; n_c 为指标总个数）的形式表示。

权值的大小由决策者给出，它反映了决策者的偏好和价值观念。由于指标数目较多，要决策者直接给每一个指标赋一个权值是比较困难的，但让决策者两两比较指标的相对重要性却比较容易。故以可用层次分析法（Analytic Hierachy Process，AHP 法）求得。AHP 法的具体解法，可参考相关多目标决策分析的书籍。

3. 站址方案的合理度

站址方案的合理度 f_d 可用下式求出

$$f_d = \sum_{i=1}^{n_c} w_i u_i \tag{8.26}$$

式中　w_i——第 i 个评价指标的权值；

u_i——第 i 个评价指标的值；

n_c——评价指标个数。

很明显，f_d 的值越大越好。对每一个车站的几个站址方案分别求出其合理度后，就可淘汰一部分明显差的站址方案；必要时，还可提出新的站址方案，评定其指标值，用式（8.26）求其合理度，再进行比较；从而初步形成站址备择方案。

必须指出，这是就一个车站的几个站址方案来比较的，不需同其他车站进行比较。

（三）点线结合确定站址备择方案

设站必须与站间线路统筹考虑。在困难地段的线路方案会影响车站位置的选择，车站位置也会影响区间线路的经济合理性，定线与设站要相互紧密配合。根据上述初选的站址备择方案，分别定出站间线路。

当能获得数字地形模型数据时，可用平纵面机助设计方法（见第六章）定出线路平面与纵断面。若不能获得数字地形模型数据，则可用等高线地形图定出线路平面，再用纵断面优化设计方法（见第五章）定出线路纵断面。

当站址备择方案较多时，也可暂不作纵断面设计，只在地形图上定出线路平面，用统计资料类比法定出有关的工程指标，先淘汰一部分明显不好的方案，然后再用上述方法设计站间线路。

经过定线可得到各站间的有关路基、桥、隧、曲线、坡度、站间往返走行时分、占地及拆迁等工程与运营指标，并形成全区段的车站分布可行方案集，如图 8.25 所示。图中"□"表示区段站，"○"表示中会站的站址备择方案，连线代表站间线路。有些站址备择方案之间没有连线，表示其站间线路不可行。

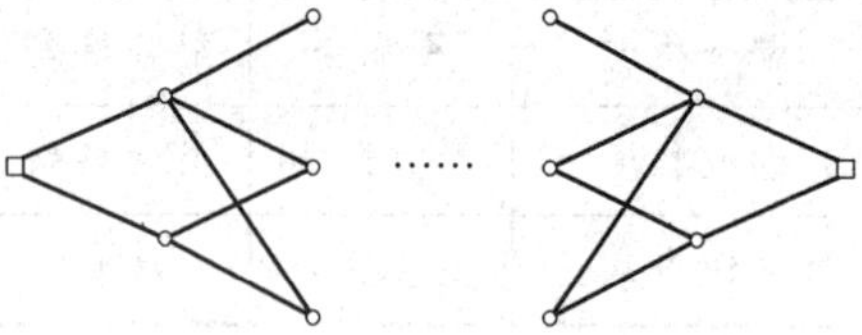

图 8.25　可行方案集示意图

二、决策指标体系

中会站分布方案的求解必须在全区段范围内用多指标评比进行。这是一个自然、社会、技术、经济相结合的复杂分析评价问题。首先要建立决策指标体系并定出最基本的指标值。

基于中会站分布的特点，一般可采用如图 8.16 所示的决策指标体系，它是一个分层结构。

图 8.16 中凡其下不再分层的指标即为最下层指标。各站间的最下层指标值为基础数据，它可以根据平纵面设计结果分析计算得到。只是通过能力均衡性一项可暂不计算，待以后用到时再计算。有关政治、国防和地方意义、车站平纵面、资源开发与环境、发展可能性、车站引线情况（包括上坡进站还是下坡进站等）、地形、地质条件等定性指标可采用本书中的指标量化方法确定指标值。占地与拆迁情况可根据已有资料的详细程度按定量指标或按定性指标处理。其余为定量指标，意义明确，数据也容易从设计资料得到。

应当指出，上述指标体系是就一般情况而言的，对某一具体区段的中会站分布方案进行评价时，可根据实际情况对图 8.16 中的指标项目进行增减。

三、求分布方案非劣解集

前面已得出中会站分布方案集（图 8.25）。从一个区段站经过 N 个站间到达下一个区段站，其间每个中会站又有数目不等的站址备择方案，可认为图 8.25 是一个有 N 个阶段的网络图。若把一个车站到下一个车站的站间决策指标值看作从这一车站到下一车站的某种费用，那么此问题就很像是最优路径问题，可以采用多目标动态规划方法求解。

多目标决策问题的目标是一向量，一般不存在该向量的各分量均优于其他方案的一个绝对的最优解，而只能找出非劣解。所谓非劣解是指这样一个解，即没有别的解至少有一个目标值（在此用决策指标值）优于它，而其余的目标值也不劣于它。非劣解的概念最早是帕雷托（V. Pareto）于1896年提出来的，故又称帕雷托解（Poreto-optimal Solution），记为P-最优。我们是在可行方案集中进行评比，故本节所谈的非劣解是对已知的有限个方案比较而言的。两个方案的指标一一对比优劣，淘汰劣解，若各有优劣则暂时均保留。然后再同其他方案比较，直到淘汰全部劣解，从而减少备择方案的数目。

下面介绍用多目标（在此为多指标）动态规划求中会站分布非劣解的原理。

1. 递推关系求解的基本方程

设 s_k 表示第 k 个阶段（在此为第 k 个站间）的状态（state），即进入第 k 阶段时到达的车站。第 k 个车站的站址备择方案集为 S_k，则 $s_k \in S_k$。

以 x_k 表示第 k 个阶段的决策（decision），即在状态 s_k 处所要选择的下一个车站的站址。一个车站可供选择的站址备择方案集为 X_k，故 $x_k \in X_k$。

从第 k 阶段转到第 $k+1$ 阶段时，发生状态转换，对中间站分布来说，从图8.26可看出

$$s_{k+1} = x_k \tag{8.27}$$

以 p_k 表示策略（policy），它是由第 k 阶段起到终点为止的过程（即在 [k, n] ）上的决策序列，即

$$p_k = \{x_k, x_{k+1}, \cdots, x_n\} \tag{8.28}$$

当 $k=1$ 时则决策序列称为全过程的一个策略。

由于每个阶段都有若干个状态，针对每一个状态又有多个不同的决策，从而组成了不同的决策序列，即存在许多策略可供选择。这种可供选择的策略范围称为允许策略集合，用 P_k 表示，显然 $p_k \in P_k$；从允许策略中找出的非劣解记为 p_k^*，其集合为 P_k^*。

前已谈到，求非劣解要比较指标值，用 V_k 表示在 [k, n] 上的指标值，则

$$V_k = \phi_k[s_k, x_k, s_{k+1}, x_{k+1}, \cdots, s_n] = \phi_k[s_k, x_k, V_{k+1}(s_{k+1}, x_{k+1}, \cdots, s_n)],$$

$$k = 1, 2, \cdots, N \tag{8.29}$$

V_k 为 L 维向量，L 为指标总个数。

由式（8.27）与式（8.28）可知 V_k 是 s_k 与 p_k 的函数，即

$$V_k = \phi_k(s_k, p_k) = \phi_k(s_k, x_k, V_{k+1}(s_{k+1}, p_{k+1})) \tag{8.30}$$

若函数 ϕ_k 是 V_{K+1} 的严格单调函数，则在子过程 [k, n] 上的 P-opt（即 P-最优）为

$$\left.\begin{aligned} P\text{-opt} \quad V_k(s_k, p_k) = P\text{-opt} \quad \phi_k[s_k, x_k, P\text{-opt} \quad V_{k+1}(s_{k+1}, p_{k+1})] \\ p_k \in P_k, \quad x_k \in X_k, \quad p_{k+1} \in P_{k+1}^* \end{aligned}\right\} \tag{8.31}$$

式（8.31）称为多目标动态规划的递推关系式，又称动态规划的基本方程。

当 $k=1$ 时即求出了全区段的中间站分布方案的非劣解（方案）集，而且每个方案各有 L 个指标值。

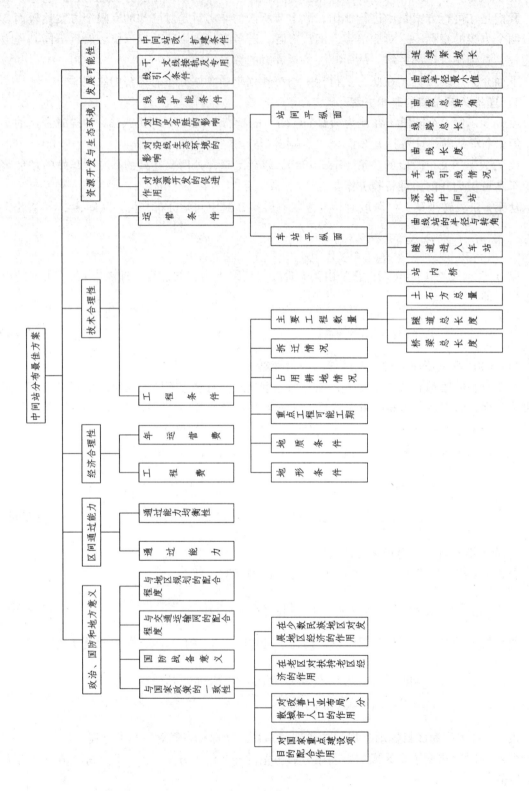

图 8.26　中间站分布决策指标体系

必须指出，要应用式（8.31）求解，必须要满足无后效性的要求。所谓无后效性是指若某阶段的状态给定则在这个阶段以后过程的发展只与当前状态有关，而与过去的历史无关。只要按照本节方法确定站址备择方案就一定能满足无后效性要求。

2. 各站间指标集的统一

在求非劣解时只用图 8.26 中的最下层指标（除暂不考虑通过能力均衡性外），在确定站间指标值时，各个阶段（站间）的决策指标个数往往不尽相同，因为在同一阶段内各方案某种指标的值相同则可以不考虑，例如某阶段内的各方案均无地质不良问题，则在这一阶段内就可以不考虑地质条件这一指标。而在另一阶段内有的方案有地质不良问题则又需要考虑这一指标。有些其他指标也有类似情况。从而导致各阶段的指标个数不同。当采用递推关系求解时，必须使决策过程的各阶段具有统一的指标集。设第 k 阶段内的指标集为 C_k，则整个过程的指标集 C 应为各阶段指标集的并集，即

$$C = \bigcup_{k=1}^{N} C_k = \{c_1,\ c_2,\ \cdots,\ c_L\} \tag{8.32}$$

式中　N ——总阶段数；

L ——指标总个数。

各站间均应有这 L 个指标，并分别定出其指标值，这是定各站间指标值时必须注意的。

3. 指标值的传递

一段线路包括连续几个站间，可以在已经确定各站间指标值的基础上，按下述方法求出这段线路的指标值。

大多数决策指标具有可加性，一段线路的指标值等于此段内各站间的相应指标值之和，我们称之为Σ传递。例如，工程费、运营费、线路长度等定量指标具有明显的可加性。还有一些定性指标经量化后的指标值，从方案比较的角度也可认为具有可加性，也可按Σ传递。但有个别指标却不具备可加性，如通过能力、通过能力均衡性、最小曲线半径、重点工程施工期限等，这类指标虽为定量指标，相加却没有实际意义。通过能力按 min 传递，即此段线路内各站间通过能力中最小者为此段线路的通过能力指标值；最小曲线半径也类似。重点工程施工期限则按 max 传递。通过能力均衡性指标先不考虑，待全区段算到最后时才计算并加入比较。

必须强调指出，动态规划是把全过程分解为若干子过程按递推关系来处理的。按Σ传递的指标可满足严格单调的假设。而按 min（或 max）传递的指标则不能满足严格单调的假设，就有可能出现前一阶段非劣的指标到现阶段变成劣的指标，而到下一阶段又成为非劣的指标的情况。为了避免出现在早期丢失有比较价值的方案，特规定：在某一阶段各方案按Σ传递的各指标值都相等时，就不进一步比较由 min（或 max）传递的指标，而认为这些方案是非劣的，并予以保留，直到最后才比较它们。

有时，一个区段内有站间数目不相等的方案，而我们在前面讨论的动态规划方法要求各方案的阶段（即站间）数目相等，为此，采用设置虚站的方法使其阶段数相等。对设有虚站的方案，当递推到虚站时，可以认为不引起指标值的变化，也不参加比较，待过了虚站后再按实际站间进行计算并参加比较，如图 8.27 所示。

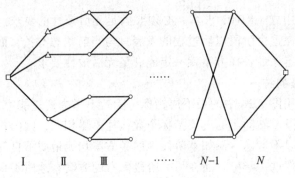

I　Ⅱ　Ⅲ　……　N-1　N

□—区段站；○—中间站；△—虚站，连线为站间线路。

图 8.27　分布方案网络图

四、对非劣分布方案排序

当用上述方法求出的非劣解集只有一个方案时，便得到了最优分布方案，但这种情形是很少的，一般都有多个非劣解。每个非劣解都有在全区段上的指标值（L 维向量），需要附加准则才能对这些非劣解进行排序。附加准则可以反映决策者的偏好。一种反映偏好的方法是用权。多目标决策分析中求最佳偏好解的方法有很多，考虑到中会站分布方案属离散型方案集，决策指标是定性与定量相结合且指标数目较多又不便合并等特点，采用能直接评价出任意两个方案优劣次序的方法。消去与选择转换法正属于这种方法。

消去与选择转换法（Elimination Et Choice Translation Reality，ELECTRE）最早是由Benayoun 和 B. Roy 等于 20 世纪 60 年代提出的，它是对备择方案进行部分排序的方法。70年代由 B. Roy 与 B. Bertier 把此法扩展成 ELECTRE Ⅱ，提供了对非劣备择方案的一个完整排序方法。此法主要通过两两方案比较，形成优先度矩阵和低劣度矩阵，然后利用门槛值确定方案的优劣，进行排序。排序的意义不仅是给出方案的优劣次序，而更重要的是有利于分析各方案的可能后果和影响，便于决策者决策。

以上讨论了中会站分布决策分析的一般过程。应当指出：由于各设计线经行地区的自然与社会条件差异很大，因此，中会站分布决策的难易程度差别也大，在相对简单的情况下，经过概略分布，只有一个可行解，稍复杂一些的，则只有一个非劣解，在复杂的条件下才需用到本章所述的全过程。若编制了全过程的计算机程序，则对各种情况都能适用。

第八节　既有铁路技术改造决策专家系统

铁路技术改造工作牵涉面大、过程复杂，专家们在拟订技术改造方案时，不仅需要做某些定量计算，而且需要运用他们个人在长期实践中积累起来的经验知识。然而，这些经验性知识又具有不确定性，且难以用经典数学工具准确地表达并不易传播。显然，以数值计算为主的一般软件系统很难胜任这项工作。因此，建立技术改造方案决策专家系统并用此来进行科学决策就具有十分重大的现实意义。

一、系统总体结构

铁路技术改造方案决策专家系统（An Expert System for Designing Reform of Exist Track Railway, ESORR），是在模仿铁路专家确定各种技术改造措施的复杂思维过程基础上开发的。它可以模拟专家的思维过程进行单线铁路技术改造方案决策。用此系统可以对既有线运能进行评估，也可以根据既有线的基本情况和远期对该线运量的要求，拟订出各种可行的技术改造方案，提供给有关部门和设计人员参考。系统还可以进一步对拟订出的各可行方案进行多因素综合评估，优选出最好的一个方案推荐给用户。此系统还可以对各个改造方案进行工程数量和造价的计算、经济效益分析，最终完成整个辅助决策的过程。

单线铁路技术改造的措施很多，如改变信联闭装置、增设会让站、改用大型机车、进行内燃化或电化、落坡改线、延长站线、加力牵引、开行合并列车、修建复线插入段及部分复线直至全部复线等。这些措施既可单项采用也可综合采用。对于改造措施的拟定要做到经济合理，必须通过调查研究，根据运量要求，结合当时当地具体情况，集中专家的经验对改造措施作出科学抉择。专家系统决策的大体过程如下：

（1）以一个区段为一单元，逐个了解既有线现状（主要技术标准、技术装备、线路平纵面、地形条件等），以及客货运输要求。

（2）根据既有线现状，未来要求和国家的技术政策，以及当前的国情，提出若干能满足运量要求又经济易实现的可能改造方案，这一问题需要有经验的工程师作出决策。这也是本专家系统的核心。

（3）对可能拟订的方案，优劣明显的，专家根据自己的经验删除或保留；对优劣不明显的，专家对各方案的技术经济指标作粗略估算，经模糊综合评选后作出抉择。

根据上述专家思想，按以下四个阶段进行改造决策：

① 对既有线现状进行诊断；

② 对需要改造的线路拟订改造方案；

③ 对各种可行的改造方案进行综合评选；

④ 对方案进行经济评价。

该系统采用模块化结构，主要由"文件编制""方案拟订""方案评选""方案经济评价"四大模块组成（诊断部分合并在方案拟订子系统中），决策全部过程模拟专家思维进行，各子系统连同推理机、知识库、解释系统都作为独立的模块进行设计。系统总体结构如图 8.28 所示。

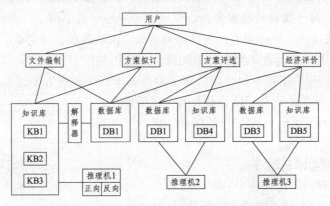

图 8.28　单线铁路技术改造决策专家系统结构

二、铁路技术改造方案拟订子系统

（一）系统构成

改造方案的拟订是单线铁路技术改造决策中最能充分体现专家丰富经验的一个重要构成。该子系统由五个相互独立的模块组成，如图 8.29 所示。

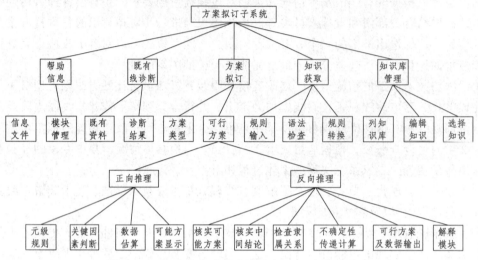

图 8.29　铁路技术改造方案拟订子系统系统结构

（二）领域知识的构成及表示

建立 ESORR 系统的关键是系统知识库的建造。知识库的结构形式，不仅影响到知识的表示方法，还影响到系统的推理方式和效率。而系统知识库中专家知识是否真实、完整和全面，知识单元划分是否合理等都极大地影响系统建成后实际应用的程度。

ESORR 系统知识库的建立大致经过了四个步骤：① 知识结构的分析；② 专家知识的获取；③ 专家知识的表示；④ 具体构成知识库。

1. 领域知识结构的分析

在既有铁路技术改造领域中，专家知识可大致分为状态知识、经验知识和元知识三类。状态知识是关于知识层次和分类的知识；经验知识是诸如"如果……则……"的专家经验；而所谓元知识，是指如何使用前述两种知识的知识。领域知识有如下特性：

① 可分解性。对于既有线技术改造，领域知识中的"改造措施"有 10 个目标概念，即{增设分界点，双线插入，部分复线，改换闭塞方式，落坡改线，加力牵引，改变到发线有效长度，改变牵引动力，开行合并列车，采用综合改造措施}。

② 多目标性。上述任何一种改造措施又是由若干具体改造方案组成的，这种关系可以用 part-of 表示。每个高层概念可以分解为若干低层概念的集合，可以把低层概念看作高层概念的属性。因此，领域知识具有如图 8.30 的形式。

2. 专家知识的实际获取

获取领域知识有以下两种途径：

① 直接从有关既有线技术改造的著作、论文报告、规

图 8.30　领域知识树状图

408

范及已进行过的实际技术改造方案研究报告中总结知识,虽然这样获取的知识大部分是公开性的知识,但它却是解决问题所必需的。

② 咨询现场有关专家。通过开咨询会、讨论会和填咨询调查表等,系统地整理专家们的经验知识。具体咨询内容为两部分:其一是弄清各类改造措施的应用范围和适用条件;其二是弄清各类改造措施提高输送能力的程度、工程费、施工干扰程度大小等。

在对专家知识的咨询和获取过程中,如果专家知识取向的趋同性质不明显,或分歧较大,则应进行多次讨论以求意见一致。

3. 专家知识的表示

根据领域知识的特点,ESORR 系统对于事实,采用逻辑表示法;对于经验知识,用产生式规则表示;对于决策中需要的某些定量计算模型,采用过程性知识表示;而对应于状态知识,则采用面向对象的表示方法,并将其用在系统的正向推理网络中。

4. ESORR 知识库构成

为了节省内存和优化推理机制,在 ESORR 系统知识库的建立方面采用了许多先进的技术,以便使知识库的微观、宏观结构以及知识的利用方法都更加科学合理。

① 规则的内部表示。其形式为:

Rule(NR, CLASSIFY, RESULT, CONDITION-NR, CER)

C-Rule(NR, A1, A2, …, A6)

COND(NR, CONDITION)

② 知识库的层次结构。对于 ESORR 系统的 n 类技术改造措施,按前述分类方法把知识库分成多源块,组织在以下知识结构中:

- 改造措施分类知识;
- 元级知识;
- 数据字典;
- 目标级方案知识。

③ 动态变量规则的应用。在知识库中引入大量的动态变量规则是本系统的一个特点。动态变量规则的使用大大地减少了知识库规则的数量,而且也解决了规则前提中某些事实,主要是那些取值可连续变化的事实,无法用有限的规则表达的问题。动态规则主要用于两种情况:

- 在某种情况下,单一的动态变量规则可以代替多条结构类似的规则。
- 有时,规则前提中表达式的取值在静态条件下无法确定,需要在推理过程中动态确定。

④ 多知识库表示。为了适合领域问题的求解和提高推理效率,把该系统的定性推理知识库设计成两个子知识库:

- 正向推理知识库。该知识库是为了使系统尽快推断出可能改造方案而设计的,规则中前提只反映出影响结论最主要的因素。
- 反向推理知识库。反向推理知识库的建立是为了系统进一步核实方案的可行性,里面的每条规则和正向推理知识库中相应的规则结论是一样的,但规则的前提事实则更加详细。

⑤ 动态压缩知识库。在规模较大的系统中,造成推理速度慢的一个主要原因是知识库庞大。在通常的推理方法中,要找出一条可用规则就要搜索整个知识库,即使是采用了某种优化的推理方法,要找出一条可用规则至少也要一个知识源空间,同时还需要将规则前提同数据库中事实进行匹配。

显然，减少推理时所用的规则数量是加快推理的途径之一。而压缩知识库则是减少推理时所用规则的有效方法。压缩知识库是指推理机完成一次推理之前，根据给定的一组事实，将被压缩的知识库提供给推理机，因为对一次具体的推理任务，系统所提供的知识库并非是完备的，这就给压缩知识库提供了前提。

（三）推理机制

推理是运用知识解决问题的过程。针对具体问题从知识库中选择可用的知识并加以应用，从而从问题的已有事实中不断发现新的事实直至得出问题的结论。

单线铁路技术改造决策涉及因素多、过程复杂。为了符合实际情况，本系统的推理机制设计满足以下4个方面要求：能够模拟人类专家解决事实问题的过程；能够解决相关证据不适合一次输入的问题；能够实现定量与定性综合分析问题；能够处理原始事实和规则的不确定性。

1. 推理策略

ESORR 系统采用的推理方式称为两阶段联合主动式推理，即正反向联合推理与接纳用户自愿提供信息相结合的推理方式。

1）正向推理

正向推理网络由正向推理机、正向推理知识库、过程性知识库以及数据库组成。在正向推理中，为了使系统始终能把注意力集中在最有希望的改造措施上，采用元规则指挥下的启发式宽度优化搜索。

该系统的正向推理实际上是为了使系统尽快把注意力集中在最有希望的解空间上，也就是说尽快确定一组可能解。它使系统在证据没有完全确定的前提下，就可根据既有线主要数据确定可能的改造方案。

2）反向推理

当前推理结束后，如果系统已能确定存在某种技术改造措施，则输出结果；否则进入反向推理过程，以确定某种技术改造措施的可行性。反向推理过程中由系统负责向用户提问，以寻找有关的数据。因此反向推理实际上要完成两个任务：

第一，优先考虑可行的技术改造措施方案，这主要根据正向推理的可能结果集合和各方案的可信度来选择。

第二，向用户询问未输入到数据库中的证据。这主要根据知识结构来查询。

反向推理网络由反向推理机、反向推理知识和数据库组成。反向推理网络是为了进一步核实方案的可行性而设计的。由于目标明确，且各方案节点深度有限，所以反向推理采用深度优先搜索。

系统求解问题的总体过程是：

根据用户输入的既有线有关部门数据，首先由正向推理网络拟出改造措施的类型，然后产生一组可能的技术改造方案，接着系统利用反向推理网络逐个核实各个方案是否成立。在此过程中，对于数据库中没有的事实，可通过人机对话提问用户，最后，系统得出一组可行方案。

2. 不精确推理的应用

单线铁路技术改造中可能碰到的各种不确定性信息主要有三种类型：

第一种，由于条件不充分，在条件与事实之间不能出现决定性的因果关系，这种不确定性是"概率性质的"。

第二种，由概念模糊而造成的不确定性，是属于"模糊性"的。

第三种，由于信息的不完备造成的，表现为用户对某事实不了解的程度。

从目前来看，大多数不精确推理方法，对于不确定习惯信息的度量多用[0，1]区间上的某个数值来描述。但在很多情况下，用户很难用单个数值准确描述信息的不确定性，却容易给出一个估值的区间。估值区间表示方式也解决了对于"不了解"这种用户无法用某一数值表示的不确定性问题。由此可见，采用区间数表示不确定信息，能将上述三种不确定性信息统一表示。

（四）系统的解释与知识获取功能

解释是专家系统的重要特征之一，所谓解释是指系统对用户或系统设计者所提出的有关系统推理的问题能给出一个清晰、完全且易于理解的回答，对其行为和结果作出合理的说明。

理想的解释系统涉及人机接口设计和解释方法。本系统采用接近于自然语言的方式表示解释内容，可给出简明、直接的推理轨迹的显示。这样便于迅速发现导致错误的知识，也更便于用户对推理过程有所理解。

系统的知识获取是为了进一步开发和完善知识库而建立的，领域专家无须了解知识库规则的内部表示式，也无须把整条规则一字字地输入，只要按系统的要求输入相应的信息，系统就会自动转化成一个完整的规则内部表达形式。

另外，当用户认为某条规则不合适时，可以输入要删除的规则号，系统就会在知识库中取消该条规则；也可以修改和显示某条规则；还可以测试规则的正确性及进行规则语法检查。

（五）数据输入及结论输出

为了方便用户使用，ESORR 系统所需要的原始数据大部分是采用屏幕选择方式，即系统提供一系列数据事实，用户可根据实际情况进行选择，必要时系统可提供一些指导性的信息，以引导用户正确进行选择。

三、铁路技术改造方案综合评选子系统

在方案拟订子系统中，一般会推荐出 2 个以上的可行的技术改造方案，因此，必须对诸方案进行综合评选，最后推荐出从整体上看较优的方案。

（一）系统结构

综合评选子系统主要由 4 个模块组成。

1. 评选指标权重调整模块

一个可评价的事件往往由多因素构成，而每个因素在该事件中所占的重要性依专家的经验和许多客观因素的不同而不同，这些因素被称为评价指标，因素重要性的数值表示为权重。既有线改造方案综合评选指标如表 8.4 所示。

改造不同的线路，评价指标的权重往往是不同的，应根据具体的改造线路确定相应的指标权重。

表 8.4 既有线改造方案综合评选指标

序号	指标名称	描　　述	权重
1	工程投资	利用单价体系估算	W_1
2	净现值率	根据行规计算值	W_2
3	内部收益率	根据行规计算值	W_3
4	偿还期	根据行规计算值	W_4
5	能力储备率	计算值	W_5
6	工　期	长，较长，中等，较短，短	W_6
7	能力协调	好，较好，中等，较差，差	W_7
8	环境保护	好，较好，中等，较差，差	W_8
9	施工干扰	大，较大，中等，较小，小	W_9
10	废弃工程	多，较多，中等，较少，少	W_{10}

该模块的主要任务是以人机对话的方式，根据专家的经验和客观条件来确定各指标的权重 W_i。

2. 单价体系调整模块

在评选指标中，有一个十分重要的指标——工程造价。由于影响工程造价的因素很多，而有许多因素甚至是不可能完全预测的，因此，对一个建设工程项目，尤其是铁路技术改造项目来说，工程造价的估算是一个很复杂的过程。

工程造价的估算通常有两种主要的方法，一是粗估，二是细估。根据 ESORR 系统是用于铁路技术改造可行性研究阶段这一特点，本系统对工程造价采用粗估的方法。系统对工程造价的估算原则是：在各推荐方案所处线路客观状况相同的前提下，采用"单价体系"方法计算出每个改造方案的主要工程投资。

单价体系方法的主要思想是，首先对若干条已改造过的线路的工程造价按"改造措施类型""地形情况""机车车辆投资"等进行统计分析后，建立一个单价体系数据库。为了使单价体系数据库适应不同线路情况和国家价格调整等，此模块利用数据库技术让用户很方便地按照实际情况，修改或建立自己的单价体系。

3. 方案综合评选模块

此模块由指标参数计算子模块和方案综合评选子模块组成。

指标参数计算子模块采用表 8.4 的 10 项指标对若干可行的方案进行综合评选，对每个可行方案，估算其全部指标值，并将估算结果存放在系统数据库中。

方案综合评选子模块利用模糊数学的相似优先比理论，并在此基础上提出了集合总体水平概念，对诸方案的各项指标进行最优方案综合评选。

评选的结果是从若干可行推荐方案中，评出一个各评选指标的总体水平较高的方案。在评出较优方案的同时，该方案的许多经济指标的计算值存储在数据库中，以供经济评价子系统使用。

用户可利用人机对话方式，方便地查询或打印出评选的各种结果。

4. 工程造价估算模块

系统在采用编制铁路建设项目可行性研究报告中工程投资估算的章节内容时，会对改造方案的工程造价进行再估算。其精度一般可满足预可行性研究阶段的要求。

（二）综合评选方法简介

综合评选的基本思想是首先构造出一个理想的样本方案，然后各可行方案与样本方案按各个评选指标进行综合比较，整体上最贴近样本方案的为最优方案。其过程如下：

（1）从给出的若干推荐方案中，选其最优的指标值构造出一个理想的样本方案作为评选的尺度。

（2）利用海明距离可以计算出每个方案各指标与样本方案指标值的贴近距离。

（3）求出每个方案的整体水平，以便综合评选某个方案对样本方案的贴近程度。

（4）用量化的方法将方案对样本方案的贴近程度表示出来。

（5）为了真实地反映每个推荐方案对样本的贴近度，从每个指标的重要性出发，系统对贴近度进行必要的调整，最后得出最贴近样本方案的一个推荐方案。

思 考 题

1. 分析线路工程智能决策系统中的数据模型。

2. 分析线路工程数据库系统的体系结构。

3. 分析智能选线系统的知识库模型与推理机制。

4. 简述铁路新线走向选择智能决策方法的方法要点。

5. 选择一条铁路作为实际案例，用本章所介绍的方法进行线路方案综合评价。

6. 分析本章所介绍的新建铁路中间站分布决策分析方法的适用条件。当主要经济控制点已定时，中间站分布决策方法可做哪些简化？

7. 既有线扩能技术改造中有哪些可以开发研制的专家系统？

第九章　铁路数字化选线技术

铁路数字化选线技术基于航测、卫星遥感信息，建立了一个逼真显示的三维铁路虚拟地理环境；工程师在该地理环境中进行选线设计时，可通过大范围多角度立体观察测量区域，对线路走向和它周围的地理环境有直观的认识。设计人员可以直观地查看选线区域的地形环境、地质条件（如滑坡、泥石流等各种地质灾害的分布情况），通过与地形数据库、遥感地质数据库、地质知识库等数据库的连接，实时获取线路方案线所经区域的各种地形信息、地质信息，在三维环境中就研究线路空间位置，通过实时建立线路三维模型，进行三维动态漫游，对选线方案进行空间分析，从而完成铁路空间地理位置定位和合理布置桥隧结构物的目的。

第一节　铁路数字化选线设计系统

铁路数字化选线设计系统首先集成多维空间地理信息，建立一个逼真显示的虚拟地理环境；其次，基于该地理环境，实现包括三维选线方案拟订，平、纵、横断面一体化设计，沿选线方案的铁路构造物三维信息建模（BIM），面向构造物比选的实体选线等数字化选线设计在内的功能。系统采用 Oracle 9i 数据库为后台信息管理，分别对空间地形信息、遥感地质解译信息、地质知识、主要技术标准、铁路选线基础资料和铁路构造物三维模型等进行管理。

一、系统总体结构及运行环境

1. 系统总体结构

铁路数字化选线设计系统主要由选线工程数据库管理、虚拟地理环境建模、数字化选线设计和选定方案、铁路实体建模与视景仿真四大模块组成。其结构组成如图 9.1 所示。

2. 系统运行环境

1）硬件环境

CPU：奔腾 5 及以上版本，2.4GHz 以上；

内存：2GB 及以上；

显存：512MB 及以上；

硬盘：100GB 及以上；

显卡：NVIDIA 系列 3D 显卡或更高级立体显示（真三维立体显示）或其他普通显卡非3D（不能进行真三维立体显示，普通三维立体显示）；

刷新频率：真三维立体显示≥120 Hz，非真三维立体显示≥75 Hz；

立体观察设备：3D 立体眼镜、偏振光立体显示系统或三维立体投影平台（计算机上使用 NVIDIA 3D Vision Pro 发射器和眼镜，刷新频率达到 120 Hz 的显示器）。

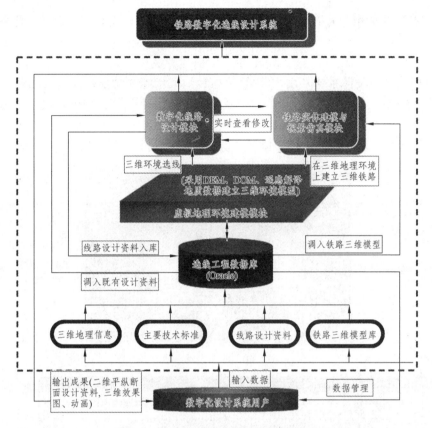

图 9.1　铁路数字化选线设计系统结构

2）软件环境

操作系统：Windows XP、Windows 7；

数据库系统：Oracle 9i 或更高版本、Access 2003 及以上版本、Excel 2003 及以上版本。

在计算机平台上，集成数字摄影测量系统、3D 立体显示系统、计算机工作站、三维地理环境建模系统、工程地质虚拟环境建模系统和铁路数字化选线系统，建立基于虚拟地理环境的铁路数字化选线平台。集成系统构成如图 9.2 所示。

（a）数字摄影测量系统

（b）3D PT 投影平台

（c）计算机立体工作站

图 9.2　铁路选线三维数字化建模集成系统构成

二、系统主要功能

铁路数字化选线设计系统构建了一个用户友好交互界面，系统所有功能均可通过"菜单"

"按钮"和"特殊功能键"灵活操作。本节以界面形式介绍"铁路数字化选线设计系统"的主要功能。

1. 用户界面

铁路数字化选线设计系统采用"菜单""按钮"和"特殊功能键"构成的可视化界面共同驱动。用户初次进入系统时，在桌面双击系统的快捷图标◎启动"铁路数字化选线系统"，看见启动界面（图9.3）后进入系统应用程序主窗口（图9.4）。该界面下主要提供数据库登录、数据库初始化、新建项目、打开项目、退出系统等操作。

图 9.3　系统启动界面

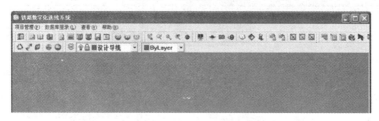

图 9.4　铁路数字化选线设计系统初始界面

当用户数据库登录成功并打开项目后，系统主界面如图9.5所示。由图9.5可以看出，系统的可视化界面由4个区域组成，自上而下分别为菜单区、工具栏区、视图区和状态栏区。视图区采用3个子窗口同时工作，分别为三维环境视窗、二维平面视窗和纵断面视窗。3个子窗口实现信息共享，协同工作，如图9.6所示。当选中不同的窗口时，系统自动调用不同的菜单和不同的状态栏显示。

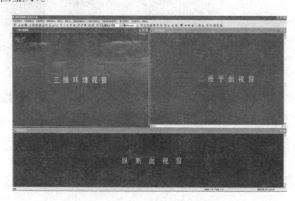

图 9.5　系统可视化主界面构成

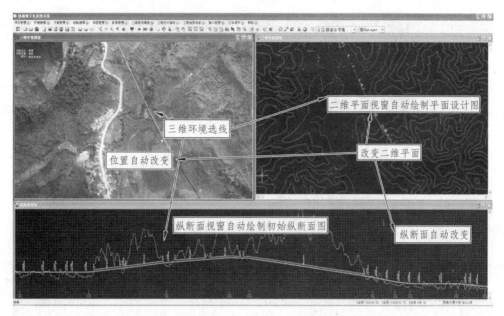

图 9.6　数字化选线系统三个子窗口信息共享、协同工作示意

1）菜单栏

菜单栏以菜单命令形式为用户提供各种功能操作，系统由【项目管理】、【环境建模】、【方案管理】、【线路建模】、【视图管理】、【影像管理】、【三维景观漫游】、【工程技术指标】、【工程地质信息】、【窗口管理】、【立体调节】、【帮助】等菜单项构成。

2）工具栏

系统除采用菜单操作外，还可以采用工具栏按钮操作。系统工具栏提供了大批一目了然且快捷的工具，可以大大提高用户的工作效率。工具栏可以通过视图菜单中的工具栏管理进行开关显示。按钮采用 16×16 位真彩位图，美观大方，且支持热键功能，即当某项功能暂时为不可用时，按钮显示为灰度位图，可用时显示为真彩位图，如图 9.7 所示。工具栏按钮分为系统工具、图形工具、三维漫游工具、图层管理工具、方案管理工具、设计工具。

（a）真彩按钮　　　　　　（b）灰度按钮

图 9.7　热键按钮示意

2. 数据库管理

铁路数字化选线设计系统选定 Oracle 数据库用于系统后台的数据管理。每次启动系统后首先进行登录数据库操作，当首次使用本系统时，必须先进行数据库初始化工作。

1）数据库初始化

数据库初始化工作主要是在数据库上创建系统数据存储的表空间、创建数据库管理用户并对它们赋予权限和创建存放数据的数据表。在本系统中，把系统数据库中一些初始化信息写入一个脚本文件（.sql）中，确定初始文件后即可进行初始化操作。数据库初始化流程如图 9.8 所示。

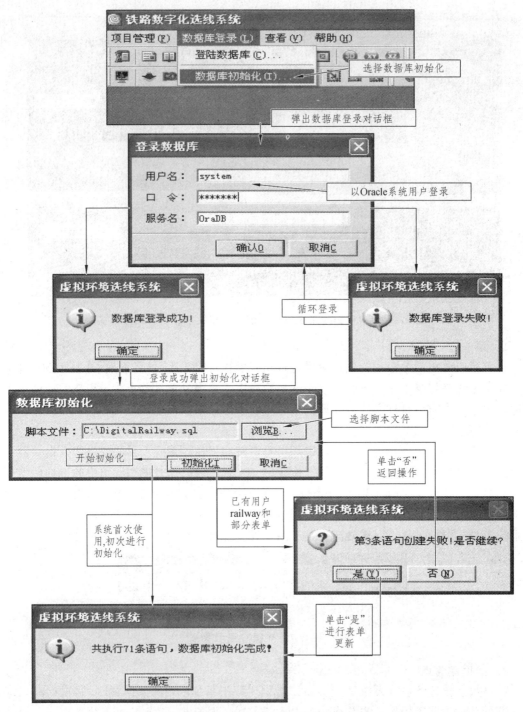

图 9.8　数据库初始化流程

2）数据库登录

由于本系统中所有工程数据都是使用数据库来进行管理的，所以在使用之前，必须与数据库建立连接。可以使用下拉菜单和按钮操作，用户名为 railway，其操作流程如图 9.9 所示。当数据库登录失败时，系统将进行循环操作，直至登录成功或退出系统。

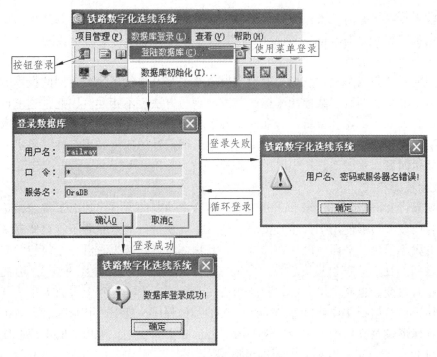

图 9.9　数据库登录流程

第二节　铁路数字化选线系统中的三维交互技术

三维交互设计是三维地理环境中选线设计的主要方式，其原理和方法就是通过鼠标在三维地形上选取一系列三维地面坐标来完成线路方案的设计过程，同时用键盘输入三维坐标作为辅助交互设计方式。定位点的最直观的方法是输入点的坐标，但在基于三维环境模型进行线路交互设计的过程中，点的坐标并不是直接输入的，而是采用已有图形（遥感正射影像图）上的特征点。因此，在三维环境中能够较为精确地获取三维地面坐标是实现在该环境中交互选线设计的前提和关键。

一、三维地理环境的投影模式

铁路数字化选线设计系统的三维交互环境是利用二维鼠标作为主要数据输入设备，基于OpenGL 的深度缓存技术和反向坐标变换法获取二维鼠标的空间定位，有效地解决三维地面坐标较为精确的获取问题。在图形输出上，利用常规的图形显示器和支持立体显示的显卡，实现同时利用立体视觉和普通 CRT 图像输出两种方式。利用常用的投影变换、光照显示、深度缓存技术、双目立体视觉输出图像来提供三维空间信息，提供足够的三维几何造型任务，完成在三维交互环境下的选线设计。

在三维环境中，多了第三维的信息也就是深度信息，反映到坐标系上就是多了 z 方向的坐标值，使得一些在二维空间交互下的简单问题到三维空间就变得非常复杂。通过鼠标点选屏幕得到的信息只具有 x 和 y 方向的二维信息，要实现在三维环境下的交互选线设计，就要

得到鼠标输入点在 z 方向的坐标值。但是，直接得到二维鼠标输入点的第三维信息是十分困难的。本书的三维地形是动态连续 LOD 三维地形，三维地形是实时生成的，这更增加了实时获取三维地面坐标的难度。

投影主要有正射投影和透视投影两种主要方式。三维选线环境在不同的投影方式下，具有不同的显示效果，同时三维地面坐标的获取原理与方法也不相同。因此，这里首先对投影概念和投影方式加以论述和分析，并在此基础上分析和解决在不同投影方式下获取三维地面坐标的方法，来论证直接在三维环境下进行交互选线设计的原理和可行性，解决三维选线环境的交互技术问题。

1. 正射投影模式

在正射投影（orthogonal projection）中，屏幕上绘制的所有多边形都按照指定的相对大小出现。直线或多边形使用平行线直接映射到 2D 屏幕上。这意味着不管物体有多远，它仍按照相同的大小绘制，平面地出现在屏幕上。当物体经过正射投影后，会保持它们的实际大小和它们之间的比例。正射投影的可视空间是一个平行的长方体（图 9.10），可视空间两端的大小并没有改变，也就是说，物体和照相机的距离并不影响它看上去的大小。这种类型的投影通常用于建筑蓝图和计算机辅助设计（CAD）的程序。就三维地形而言，在正射投影模式下，三维地形被垂直投影到一个二维平面上，消除了高度差，地形之间不存在任何遮挡关系。图 9.11 即为经过正射投影后的三维地形。

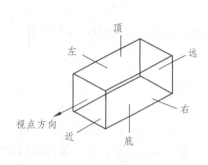

图 9.10　正射投影视景体

图 9.11　正射投影后的三维地形

2. 透视投影模式

透视投影（perspective projection）是用中心投影法将形体投射到投影面上，从而获得一种较为接近视觉效果的单面投影图。它具消失感、距离感、相同大小的形体呈现出有规律的变化等一系列的透视特性，能逼真地反映形体的空间形象。透视投影符合人们的心理习惯，所显示的场景更为真实，其标志性特点就是透视缩放（foreshortening），即离视点近的物体大，离视点远的物体小，远到极点即消失，成为灭点。它的视景体类似于一个顶部和底部都被切除掉的棱锥，也就是棱台，如图 9.12 所示。这个投影通常用于动画、视觉仿真以及其他许多具有真实性反映的方面，在绝对多数情况下，3D 图形所使用的都是透视投影。因此，在显示真实的、符合人们心理习惯的三维地形时，就应该采用透视投影，这样才会产生三维立体效果。图 9.13 即为经过透视投影后的三维地形。

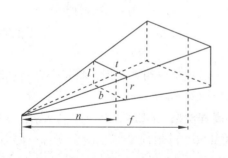

图 9.12　透射投影视景体

图 9.13　透视投影后的三维地形

二、两种投影方式下的三维环境选线模式

构造三维地理环境的投影方式不同，导致在两种投影模式下进行数字化选线设计的方法也不同。下面分别对两种三维环境下的选线技术予以说明。

1. 在正射投影方式下

如图 9.14 所示，地形为一平面图形（消除高度差，遥感正射影像图），在这样环境下的选线设计，相当于直接在遥感正射影像图上进行，DEM数据作为后台数据叠加在正射影像下方。这类似于传统二维等高线地形图，但选线的环境背景为遥感正射影像图，能够清晰地反映线路所经过地区的地形、地物特征，同时具有地形图特性和影像特性，信息丰富。这样，可以对整个选线区域的地形、地质条件进行直观的查看和了解，在选线设计时，根据线路的起止点、控制点、城市规划的要求，以及沿线应注意避让的重大不良地质、重要设施等，能够很方便地确定出线路的路径方案，并取得每个转角点的精确坐标，更容易进行线路的多方案设计和比选。

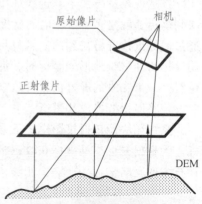

图 9.14　正射影像与 DEM 映射

2. 在透射投影方式下

利用 DEM 和遥感正射影像图，能够实现地形的三维立体显示，可以实现三维动态飞行，从空中任意角度全方位观察地形地貌，在集成数字化地质信息的基础上，配合 DEM 生成的彩色地势图，可以合理地选择线路方案。根据透射投影的特点，在这种方式下的选线，更有利于对线路方案的地形、地质条件进行详细查看，可以从细部对线路方案进行修改，并可以查看线路方案的真实三维设计效果。

综上所述，正射投影模式下选线设计适用于线路方案的总体设计，而透射投影方式下的选线设计技术则适合于对线路方案进行局部设计、动态观察线路方案沿线的地形地貌和地质情况，以及查看线路方案的真实三维设计效果。这样，通过两种设计模式的任意切换，来共同完成三维环境下的选线设计。

三、三维环境中三维地面坐标获取方法

由前述分析可知，三维地面坐标的获取是实现在三维环境中交互选线设计的关键和前提。对于三维选线环境的正射投影和透视投影两种投影方式，获取方法不同，下面分别予以说明。

1. 正射投影模式下的获取方法

具有一定地面分辨率的正射影像图是将原始影像经过正射纠正处理，将每个像元都准确地投影到一定的坐标系统内的最详细的"地理信息最直观的表达"，是地表面的垂直投影影像，平面坐标是一致的，正射影像图精确地映射在数字高程模型（DEM）上，如图9.14。因此，加上 DEM，就能十分方便地确定影像图上每个点（像元）的地面坐标 (x, y, z)。其计算过程如下：

（1）设所获取的正射影像图上任意一点 P 的坐标为 (x', y')，根据正射影像图左下角点图廓点的坐标 (x_0, y_0) 与正射影像图比例尺分母 M 计算 P 点的二维地面坐标 (x, y)。

$$\begin{cases} x = x_0 + M \cdot x' \\ y = y_0 + M \cdot y' \end{cases} \tag{9.1}$$

（2）由 DEM 根据 P 点地面坐标 (x, y) 内插出 P 点处的高程 z，最终得到 P 点的三维地面坐标 (x, y, z)。

2. 透视投影模式下的获取方法

在透视投影方式下，选线环境为三维立体环境，多了第三维的信息也就是深度信息，反映到坐标上就是多了 z 方向的坐标值，这就相当于屏幕坐标到世界坐标的转换，如图9.15。通过鼠标点选屏幕得到的信息只具有 x 和 y 方向的二维信息，并不能够直接得到 z 坐标。运用鼠标得到三维地形的坐标时，返回的仅仅是一个二维坐标 (x_{Win}, y_{Win})，是鼠标在屏幕中的位置。一个二维的屏幕值，可以来源于在三维空间中的一条线上的任意位置。如果不确定这一 z 值将使得变换没法进行下去，这就需要得到当前位置的深度信息。因此，透视投影模式下，系统无法像正射投影模式下通过公式进行线性变换，直接内插 DEM 求得对应点的 z 坐标。为根据鼠标二维坐标获取三维地面坐标，著者在研究中提出一种基于 OpenGL 的深度缓存技术的反向坐标变换法，能够快速、准确地获取三维地面坐标。

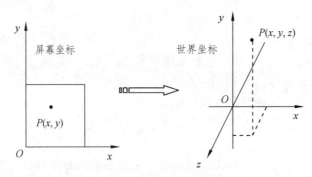

图9.15　屏幕坐标转换为世界坐标

深度缓存的工作基础是：将距离观察面（通常指近裁剪面）的深度（或者称为距离）和窗口中的每一个像素联系起来，在深度缓存激活的情况下，在绘制每个像素之前首先对那些已经存储在像素中的深度信息进行比较。如果新的像素位置更近（或者更靠前），则新的像素

的颜色和深度值会代替那些已经写入像素的当前值。如果新的像素的深度比当前的像素深度值大，则会遮掩住新的像素，从而取消引入像素的颜色和深度信息。根据这一特点，就可以进行从屏幕坐标到世界坐标的变换，从而获取三维地面坐标。

将屏幕坐标变换到世界坐标的过程就是上述过程的一个求逆过程，即用模型变换 M 和投影变换 P 的逆矩阵乘上当前的归一化设备坐标系：

$$
\begin{bmatrix} x_{\mathrm{Obj}} \\ y_{\mathrm{Obj}} \\ z_{\mathrm{Obj}} \\ W \end{bmatrix} = \mathrm{INV}(\boldsymbol{PM}) \begin{bmatrix} \dfrac{2(x_{\mathrm{Win}} - view[0])}{view[2]} - 1 \\ \dfrac{2(y_{\mathrm{Win}} - view[1])}{view[3]} - 1 \\ 2z_{\mathrm{Win}} - 1 \\ 1 \end{bmatrix} \tag{9.2}
$$

INV（ ）表示矩阵的逆，W 是一个不用的变量，这里只是用作相容矩阵符号。x_{Win} 和 y_{Win} 为屏幕二维坐标，z_{Win} 是通过读取 x_{Win}、y_{Win} 所在位置的像素的深度信息得到的，范围为 0 ~ 1。要想利用像素的深度信息来得到 z_{Win} 参数的值，首先必须激活深度缓存[glEnable（GL_DEPTH_TEST）]，而且必须一次操作完成，然后在场景中以任意的顺序绘制物体。通过读取帧缓冲区中屏幕任一位置像素的屏幕坐标，从而得到该像素的深度信息。利用 OpenGL 中的 GLReadPixels 函数，可以实现该功能：

void glReadPixels（GLint x，GLint y，GLsizei width，GLsizei height，GLenum format，GLenum type，Lvoid *pixels）;

该函数的作用是从帧缓冲区中左下角（x, y）的像素矩阵中读出像素数据，并把读出的值存入客户端内存的 pixels 起始位置。有了屏幕上任一位置的深度信息，即可进行屏幕坐标系到世界坐标系的相互变换。有了这个变换的基础，利用 OpenGL 提供的 gluUnProject 函数将 Windows 屏幕坐标转换为场景中的三维世界坐标。

gluUnProject 函数定义如下：

int gluUnProject（GLdouble winx, GLdouble winy, GLdouble winz, const GLdouble modelMatrix[16], const GLdouble projMatrix[16], const GLint viewport[4], GLdouble * objx, GLdouble * objy, GLdouble * objz）;

其中前三个值表示窗口坐标，中间三个分别为模型视图矩阵（Model View Matrix）、投影矩阵（Projection Matrix）和视口（ViewPort），最后三个为输出的世界坐标值。

使用该函数，需要指定如下参数：

（1）视口的原点坐标（x, y）及视口宽度（Width）与高度（Height）。

（2）当前显示三维场景所使用的模型视图变换矩阵（the Modelview Matrix）。

（3）当前显示三维场景所使用的投影变换矩阵（the Projection Matrix）。

（4）Windows 窗口坐标。

（5）获取三维坐标的变量（pos$x$, pos$y$, pos$z$）。

利用 OpenGL 的深度缓存技术和反向坐标变换法，实现屏幕坐标系与世界坐标系间的变换算法，不需要对整个三维地形划分和图元重复渲染，也不需要迭代计算，因此计算量小、速度快、效率高、精度高，是一种行之有效的获取三维地面坐标的方法，完全适合动态连续

LOD 三维地形，并且算法具有简单性、快速性、通用性以及较好的可扩展性。图 9.16 即为获取 LOD 三维地面坐标操作界面。

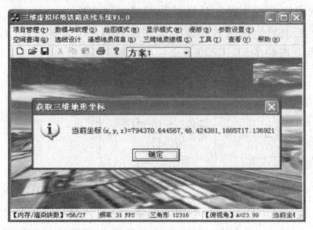

图 9.16　获取三维地面坐标操作界面

第三节　基于虚拟地理环境的线路局部走向选择

在铁路数字化选线设计系统中，走向选择是在三维地理环境中模拟人工纸上定线过程来实现的。三维地理环境中走向选择过程可划分为：① 基于三维地面模型初步估计线路通道；② 将地质调绘资料与图形设计环境集成；③ 选定控制点；④ 生成合理的走向方案。

一、基于三维地理环境初步估计线路通道

铁路线路走向选择就是要确定未来铁路的具体地理位置（即选定的线路方案）。平面位置一旦确定，从某种意义上说，就决定了铁路建设项目的投资大小和铁路结构的稳定及未来行车的运营效果。为了选出一条铁路合理的线路平面位置，工程师们需要在一个足够大的范围内对复杂的地形进行仔细分析，试验各种可能的方案。换句话说，铁路选线设计的质量对地理环境的分析具有很强的依赖性。

在数字化选线设计系统中，选线环境是基于遥感正射影像图建立的逼真的三维地形环境，如图 9.17。在三维模型上，可以清晰地分析地形起伏变化的地貌、河流、沟谷走势。基于三维地形模型，利用三维交互设计方法，在三维环境中获取三维地面坐标，可直接在三维环境下进行选线设计，设计人员只需在屏幕前完成下列简单操作即可：

（1）分析三维地形地貌，同时，基于所建立的三维地理环境，对地形环境进行直观的察看和分析。

（2）基于正射投影或透视投影模式，用鼠标直接在三维环境中选择线路的地面交点位置，作为折线转折点的坐标。根据数字化的地理环境信息，获取线路经行区域的工程地质信息，并给予地质信息的自动提示。同时，从地质知识库获取相对应地质知识，一起提供给设计人员，供设计人员进行分析，以决定是否选定当前所选定的通道区域。

（3）建立选定通道地理环境三维模型。在透视投影模式下进行三维漫游和空中飞行察看，对选定通道方案的地形地貌、地质条件进行总体观察和评价。

图 9.17　逼真显示的三维地理环境

二、选定次级控制点

走向选择的第一步是在"三维地理环境"中定出线路可能经过的控制点。选线控制点可分为初始控制点（Initial Control Points）和其他控制点（Additional Control Points）两类。初始控制点包括线路起点、终点、大的中间运输中心等，这些点在预可行性研究阶段确定。局部走向方案选择的任务是在规划的可行区域内确定其他控制点，诸如垭口和主要地形控制点、房屋、桥址中心、涵洞中心、隧道中心、道路交叉点、不良地形和地质区域以及中间站中心等。基于虚拟地理环境选线设计系统确定控制点的步骤如下：

（1）分析"三维地理环境"并选定可能的控制点。

（2）捕获选定点的平面坐标并修改动态数据库。

（3）确定选定控制点的属性（例如控制点类型、有关选定控制点周围的既有对象的信息等）。

（4）系统捕获设计人员选定的信息，查询相应的数据库，获取控制信息。

（5）激活相应的控制信息设计界面；设计人员选定设计参数。

（6）修改知识库和动态数据库。

三、三维线路空间平面位置确定

为了统一说明，这里将各控制点和所选取的线路方案的折线交点统一称为线路方案的设计交点。连接这些设计交点，所构成的折线基本上确定了线路方案的空间平面走向。先计算出设计交点的相应曲线要素，然后再计算出对应三维地面坐标，得到曲线连接后的线路三维空间位置。当线路方案三维空间平面位置确定后，即可对线路方案是否经过不良地质和地质灾害危险性以及它们对线路的影响范围进行准确的分析和评价。

线路方案设计交点的曲线要素计算有两种方式：

（1）个体计算——选择好交点后，就计算该交点与前一交点的曲线要素，然后以曲线连接两交点。

（2）整体计算——当线路方案交点全部确定后，统一计算曲线要素，然后再对所有设计交点以曲线连接，如图 9.18 所示。

图 9.18　三维环境下的设计线空间走向

四、走向方案合理性初查

根据拟定的线路通道和控制点，通常可以拟订很多线路方案。线路方案的最后取舍基于线路多方案综合评价。如果一个方案在技术上具有明显的不合理性，再对其进行相应的方案详细设计就纯粹是浪费。因此，在方案选择的最初阶段就对其进行某些技术可行性分析和初评，是十分必要的。铁路数字化选线设计系统主要考虑了站间距离合理性初查、桥址合理性初查、不良地质区域和重大地质灾害检查等。

1. 站间距离检查

任意两站站址之间的距离均应满足 $L_i \geqslant L_{\min}$，其中 $L_{\min}$ 为允许的最小站间距离。

2. 桥址检查

对桥址的检查主要进行线路中线与河流中心线交角检查和控制高程检查。

3. 不良地质区域检查

判断线路折曲线（直线和曲线）是否与不良地质区域多边形相交。若相交，说明线路穿过不良地质区域，则根据选线的类型，从地质知识库得出对应的选线知识；根据不良地质区域属性和危险性系数推理出不良地质区域的整治措施，并叠加到线路方案的总体地质条件危险性总评价中。

4. 重大地质灾害检查

判断线路折曲线是否与重大地质灾害多边形相交。若相交，则直接给出线路局部方案不可行的警告信息。

五、平面方案的自动生成

基于虚拟地理环境的选线设计，强调设计的三维可视化、实时化、自动化。在三维环境中，当三维线路空间平面位置确定后，线路的设计中线就确定了，根据线路中线的三维坐标，就可以自动生成对应设计方案的平面设计的曲线资料、二维平面图，如图 9.19 所示。其方法如下：

将线路方案的设计中线的三维交点坐标投影到二维平面上,该平面即为线路在二维平面上的投影图。根据自动生成的平面曲线资料,计算出平曲线要素及平曲线主点桩号后,自动生成对应的二维平面图。根据二维平面图,可以在二维环境下观察线路的走向,同时编辑生成的平面曲线资料,如此即可实现在二维环境下修改三维选线设计结果。这样就可以实现二维、三维的交互设计。

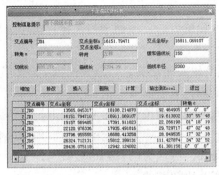
（a）自动生成的平曲线资料

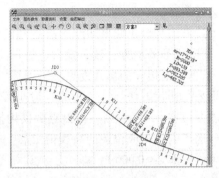
（b）自动生成的平面图

图 9.19 自动生成的平曲线资料与平面设计图

六、横断面方案的自动生成

1. 标准路基的组成

当线路设计中线在三维空间位置确定后,先根据铁路线路的组成,设置道床顶面宽度、砟肩至砟脚的水平距离、路肩宽度,再根据预先设定的横断面内插间距,系统自动从线路方案的起始里程到终点里程内插出所有横断面,计算出每个横断面的各组成部分的左右侧三维坐标,至此线路横断面即告确定。下面以单线铁路直线地段标准路基面为例加以说明（图 9.20）。

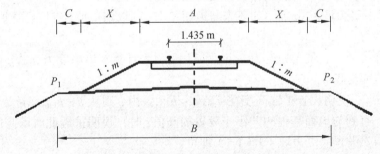

A—单线地段道床顶面宽度（m）；$1:m$—道床边坡坡率,轻型轨道为 $1:1.5$,其余为 $1:1.75$；

h—道床厚度（m）；C—路肩宽度（m）,路堤为 0.8 m,路堑为 0.6 m；

X—砟肩至砟脚的水平距离；B—路基面宽度,$B = A + 2X + 2C$。

图 9.20 单线铁路直线地段标准路基面宽度

2. 边坡模型的建立

图 9.20 中左右侧的 P_1 和 P_2 点即为路基左右侧的边缘点。通过比较路基边缘点的高程与垂直方向地面的高程,可确定路基两侧是填方、挖方或填挖平衡。

以路基左侧 P_1 点为例,设其高程为 Z_{P_1},通过内插其正下方地面点的高程为 Z_m,则可分为以下三种情况：

① $Z_{P1} < Z_m$，为挖方，即为路堑或隧道。

② $Z_{P1} > Z_m$，为填方，即为路堤、桥梁或涵洞。

③ $Z_{P1} = Z_m$，此时线路边缘点刚好与地面相交，即边线在（与）地表曲面三角片内（重合），可能是挖方，也可能是填方。此时需要作倾斜角为 α 的向上的平面与邻近的三角片相交，和作倾斜角为 β 的向下的平面与邻近的三角片相交，决定是挖方或填方，α、β 为挖方和填方的边坡角度。

按上述方法计算出路基边缘坐标点和确定挖方和填方后，按如下规则建立边坡模型：

① 确定标准的填方边坡、挖方边坡形式；

② 依据标准边坡的形式逐点进行放坡，直到与地面相交为止。

这里采用迭代方法计算各边坡点与地面交点坐标，方法如下：

以填方边坡 AB 段为例，若 B 点数模内插值 $Z_m < Z_B$，则按设定的坡率和取定的间距向下累计，并逐点内插相应位置的高程值 Z_m，直到 $|Z_m - Z_B| \leqslant \varepsilon$，$\varepsilon$ 为设定的阈值。地面的高程都以米为单位，如 $\varepsilon = 0.000\,1$，即 Z_m 与 Z_B 相差 0.1 mm，可认为已找到边坡线与地面的交点。这样计算出来的边坡线与地面的交点坐标的精度是比较高的。

本书根据《铁路线路设计规范》设置了初始边坡模型建立规则，其中各参数均可调整。这里只给出在给定参数情况下自动建立边坡模型的方法。

1）路堑设置规则

（1）先计算一级边坡（1∶1），最大高度为 8 m，计算对应点的地面高程。若刚好相交于地面，表明只需要设置一级边坡，边坡高度 $h_{1q} = 8$ m；若高程超过地面高程，说明该断面的路堑边坡 $h_{1q} < 8$ m，直接按迭代计算与地面的交点坐标。否则转入（2）。

（2）在计算 8 m 后，如仍低于地面高程，说明需要设置二级边坡（1∶1.5）。按最大高度 12 m 计算，若刚好相交于地面或高程已经超过地面高程，说明该断面的路堑二级边坡 $h_{1q} < 12$ m，直接迭代计算与地面交点坐标；否则转入（3）。

（3）在设置二级边坡 12 m 后，如还未与地面相交，则取消边坡，直接设置护墙（1∶0.3），并按如下规则进行：

设护墙允许的最小、最大高度为 $h_{\min hq}$、$h_{\max hq}$，先计算护墙高度为 $h_{\max hq}$ 时对应的护墙顶点高程 H 和地面高程 h_{dm}。

① 若 $H \geqslant h_{dm}$，说明设置护墙高度在 $h_{\min hq} \sim h_{\max hq}$ 内，则从 $h = h_{\min hq}$ 开始，迭代计算与地面交点坐标，直到与地面高程的差小于设置的阈值 ε 时，说明护墙此时的高度 h' 为所求高度，然后在护墙上设置一级边坡（1∶1.5）即可。

② 若 $H < h_{dm}$，则护墙直接按最大高度 $h_{\max hq}$ 设置，然后设置一级边坡（1∶1.5），设允许的最小、最大高度为 $h_{\min bp}$、$h_{\max bp}$。当按 $h_{\min bp}$ 高度设置边坡时，边坡点的高程高于地面高程，说明在护墙上只需设置一级边坡即可，从最小边坡高度 $h_{\min bp}$ 开始，迭代计算与地面交点坐标；若低于地面高程，则需设置二级边坡（1∶1.25），其计算与地面交点坐标的方法同一级边坡。

2）路堤设置规则

先计算一级边坡（1∶1.5），设最大高度为 $h_{\max LT\_1}$，按 $h_{\max LT\_1}$ 高度计算对应边坡点高程 h_{LT} 和地面点的高程 h_{dm}。

（1）若 $h_{LT} \leqslant h_{dm}$，则只需设置一级边坡，从边坡高度由 0 开始，逐步按步长增加，迭代计算与地面交点坐标。

（2）若 $h_{LT} > h_{dm}$，则需要设置二级边坡，设二级边坡允许的最小和最大高度分别为 $h_{min\,LT\_2}$ 和 $h_{max\,LT\_2}$，先按 $h_{max\,LT\_2}$ 高度设置边坡，计算对应的边坡点高程 H 和地面点高程 h_{dm}：

① 若 $H \geqslant h_{dm}$，说明只需设置二级边坡即可，从最小边坡高度 $h_{min\,bp}$ 开始，迭代计算与地面交点坐标；若高于地面高程，则需设置二级边坡（1：1.25），其计算与地面交点坐标的方法同一级边坡。

② 若 $H \leqslant h_{dm}$，则说明二级边坡点还未与地面相交，需要设置挡墙（1：0.25），按如下规则进行：

设挡墙允许的最小和最大高度分别为 $h_{min\,dq}$ 和 $h_{max\,dq}$，当按 $h_{max\,dq}$ 高度设置挡墙时，若能够与地面点相交，则取消二级边坡，直接在一级边坡下设置挡墙；否则保留二级边坡，在二级边坡下设置挡墙。具体挡墙设置方法与路堑的护墙方法相同，不再叙述。图 9.21 为自动生成的横断面示例。

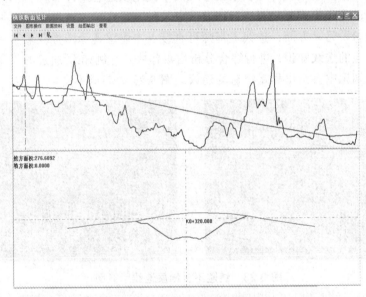

图 9.21　自动生成的横断面图

当计算完成每个内插横断面的边坡坡脚点后，顺序连接逐桩边坡的特征点、边坡坡脚点，即可建立线路的三维模型，如图 9.22 所示。

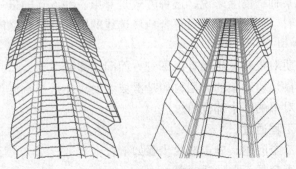

图 9.22　线路三维模型

第四节　基于数字化选线系统的复杂地质区域选线方法

一、选线方法概述

概括而言，不良地质区域的选线需要做好以下三个方面的工作：掌握区域地质情况、合理绕避不良地质地段和采用工程措施彻底整治。铁路数字化选线系统所建立的三维地质环境为选线工程师提供了更为直观的地质表达模式。在针对不良地质区域选线时，选线工程师可通过不良地质的遥感解译影像直观地认识和观察其不良地质分布状况，使之能够更为合理地进行选线设计。

针对矢量化和栅格化两种地质环境建模方式，对于基于遥感影像叠加的不良地质区域选线方法也分为两种。

1. 人为主动式

人为主动式是指在选线设计时，根据直观的不良地质遥感解译影像，一方面，选线工程师可直接根据自己的经验判断是否进行绕避或以某种工程穿越，这种方式更大程度上发挥了选线工程师的经验。另一方面，选线工程师可直接点击遥感解译图像获取不良地质对象的详细属性信息和对应的选线知识，进行综合分析后再作决定。例如，所通过的不良地质对象为大型滑坡，则选线知识中会给出尽量绕避的建议。图9.23为绕避不良地质选线示例。

图 9.23　绕避不良地质选线示意图

2. 计算机自动方式

计算机自动方式是指当线路穿越不良地质对象时，根据地质选线的要求，计算机以矢量化地质信息为基础，从选线知识库中自动提取对应的选线知识，对线路的合理性进行判断，并给出选线建议。从某种程度上来说，这种方式是对第一种方式的进一步深化，以保证当线路穿越不良地质区域时，使选线设计更符合地质选线的要求，使线路能够更为合理、安全地通过。

线路穿越不良地质对象时，主要有以下三方面问题需要考虑：

（1）线路穿越不良地质对象的类型，如是滑坡、崩塌还是泥石流等。

（2）从不良地质对象的哪个部位通过。

（3）以什么样的工程通过。

因此，针对上述三个问题，确定选线步骤如下：

（1）判断线路是否穿越不良地质对象。

（2）判断不良地质对象的属性类型，如（特）大型、中型和小型等，其目的是判断不良地质对象对线路的影响和危害程度。

（3）一种方式是由计算机根据线路高程和遥感解译获取的不良地质对象的前后端高程，判断线路所穿越不良地质对象的位置，即得到线路从不良地质对象的哪个部位通过。另外一种方式是通过叠加的不良地质的遥感解译图像，选线工程师可通过目视直接观察线路所穿越的不良地质对象部位。

（4）获取线路穿越不良地质对象的工程类型，如桥梁、隧道、路堤和路堑等。

（5）根据地质选线要求，对线路进行分析和评价，对于不合理的线路由选线系统给出合理的选线建议。

每个步骤所需的信息都可由系统自动从数据库中获取，并反馈给选线工程师。

下面以崩塌、泥石流和滑坡为例来说明在虚拟环境下基于遥感影像叠加的不良地质区域选线方法。

二、崩塌地段选线

崩塌是指陡坡上部分岩土体在以重力为主的力的作用下坠落或滚落的现象。大型崩塌的破坏力非常大。下面介绍虚拟环境下崩塌地段的选线步骤。

当线路通过崩塌地段时，系统给出"尽量绕避"的建议，其选线处理方法主要有以下两种：

（1）将线路绕避到对岸，避开崩塌的威胁。其实现的方法是进入三维选线设计环境，重新调整线路平面的设计线，使线路直接绕避开崩塌的影响和威胁，如图 9.24 所示。

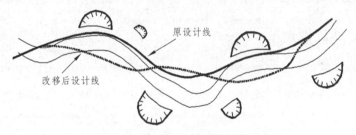

图 9.24　跨河绕避崩塌地段示意图

图 9.25 为在实际影像环境下的跨河绕避选线应用。

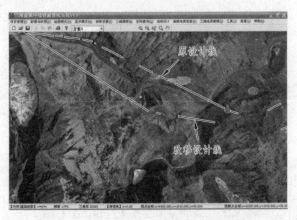

图 9.25　以跨河绕避方式通过崩塌地段

（2）将线路内移到较稳定的山体内，以隧道方式通过。隧道要有足够的长度，使进出口的路堑均位于崩塌区影响范围以外一定距离。实现的方法是：

① 首先在三维选线环境中调整线路的平面位置，将线路内移；

② 然后进入纵断面设计模块，在所穿越的崩塌处增加一座隧道，隧道起终里程设置为位于崩塌区影响范围以外一定距离。

图 9.26 为内移以隧道方式通过崩塌地段示例。图 9.27 为在实际影像环境下的以隧道方式通过崩塌地段的选线应用。

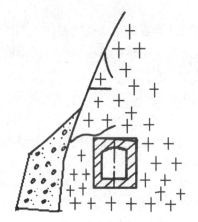 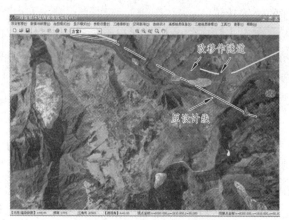

图 9.26　以隧道方式通过崩塌地段示意图　　图 9.27　以隧道方式通过崩塌地段的选线应用

三、泥石流地段选线

泥石流是在地质不良、地形陡峭地区，由于暴雨、融雪、冰川而形成的一种含有大量泥砂石块等固体物质骤然发生的洪流体，时间短、来势猛，对线路的危害极大。虚拟环境下泥石流地段的选线步骤如下：

根据获取的泥石流的类型，对属于严重泥石流或泥石流集中地段，系统直接给出"尽量绕避"的建议。其实现的方法是：进入三维选线设计环境，重新调整线路平面的设计线，以避开泥石流。图 9.28 为跨河绕避泥石流地段示例。图 9.29 为在实际影像环境下跨河绕避泥石流的选线应用。

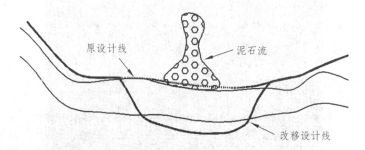

图 9.28　调整平面位置跨河绕避泥石流

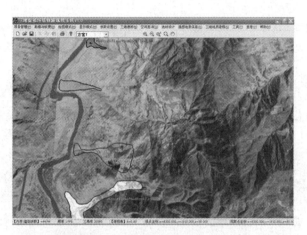

图 9.29　跨河绕避泥石流的选线应用

1．线路从泥石流的洪积扇区域通过

线路一般应避免穿越洪积扇的尾部，尤其是狭窄河谷中的山区泥石流地区。一般应适当提高线路高度，用桥从洪积扇的顶端通过，或用深埋隧道通过泥石流的形成区。如果不得已穿越洪积扇的尾部时，宜采用长桥和多座桥梁。其实现的方法是：

（1）首先在三维选线环境中调整线路的平面位置，将线路上移。

（2）然后进入纵断面设计模块，提高线路高程，在所穿越的泥石流处增加一座桥梁，桥梁起终里程设置为位于泥石流洪积扇顶端范围以外一定距离，如图 9.30 所示；或降低线路高程，在泥石流的形成区处增加一座隧道，隧道的进出口要设置在泥石流的形成区以外一定距离，通过设置隧道的起终点里程即可实现，如图 9.31 所示。

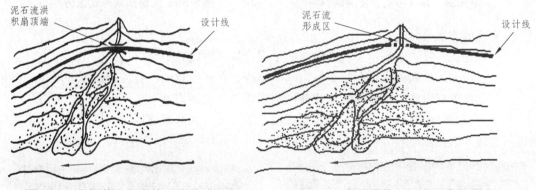

图 9.30　用桥从洪积扇的顶端通过　　　　图 9.31　用隧道从泥石流形成区通过

图 9.32 和图 9.33 分别给出了在实际影像环境下以桥梁方式从洪积扇的顶端通过和以隧道方式从泥石流形成区通过的选线方法。

2．线路从泥石流的流通区通过

线路从泥石流的流通区通过时，一般不以路堑、路堤简单工程通过，可采用高桥大跨方式通过。其实现方法是：进入纵断面设计模块，提高线路高程，在泥石流的流通区处增加一座桥梁，桥梁起终里程设置为位于泥石流的流通区范围以外一定距离，如图 9.34 所示；另一种方式是调整平面位置，使线路避开泥石流的流通区，从泥石流的形成区以高桥大跨（图9.35）通过。

图 9.32　用隧道方式从泥石流形成区通过

图 9.33　以桥梁方式从洪积扇的顶端通过

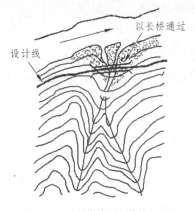

图 9.34　用长桥通过流通区

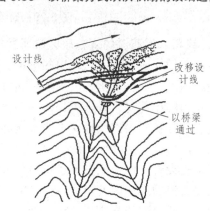

图 9.35　用桥梁从形成区通过

其实现的方法是：

（1）首先在三维选线环境中调整线路的平面位置，将线路上移。

（2）然后进入纵断面设计模块，提高线路高程，在所穿越的泥石流流通区处增加一座桥梁，桥梁起终里程设置为位于泥石流流通区范围以外一定距离。

图 9.36 和图 9.37 给出了在实际影像环境下以隧道方式从流通区和以桥梁方式从形成区通过的选线方法。

图 9.36　以隧道方式从流通区通过

图 9.37　以桥梁方式从形成区通过

第五节　铁路数字化实体选线技术

本节以实例介绍铁路数字化实体选线设计技术。

一、实例项目概况

本案例根据中铁二院提供的中老铁路（磨丁—万象段）设计资料和 DEM、DOM 数据进行实验验证。中老铁路（磨丁—万象段）是泛亚铁路规划中线方案的重要组成部分，也是东盟相邻国家间大能力、高标准铁路网建设和中国—东盟铁路通道形成的需要。该铁路兼有城际和旅游功能，属促进地方资源开发的客货共线的快速铁路，是我国通往东南亚的重要铁路。实验段线路主要技术标准如表 9.1。

表 9.1　中老铁路主要技术标准

序号	主要技术标准	
1	铁路等级	Ⅰ级
2	正线数目	单线
3	旅客列车设计行车速度	160 km/h，万荣至万象段平面预留 200 km/h 条件
4	限制坡度	12‰，磨丁至万荣段加力坡为 24‰
5	最小曲线半径	一般地段为 2 000 m，困难地段为 1 600 m
6	牵引种类	电力
7	机车类型	客车：SS_9；货车：HXD_1
8	牵引质量	3 000 t
9	到发线有效长度	650 m，预留 850 m
10	闭塞类型	自动站间闭塞
11	行车指挥方式	调度集中

二、中老铁路虚拟地理环境建模

1. 数字地形数据 DEM 和影像资料 DOM 准备

虚拟地理环境建模与测绘专业协同完成。

测绘专业结合中老铁路测绘工作，提供实验段范围长约 30.5 km、宽约 36.5 km 的 DEM 和 DOM 数字地形信息资料。DOM 为高清彩色影像，影像分辨率为 0.2m；DEM 数字高程模型由历史航片得来，精度达到 1∶2 000 图的要求。

DEM 资料包括数字地形数据文件和测绘区域控制点文件。

数字地形数据文件为后缀为 .pnt 的文本文件，如 ZLDK14-DK15.pnt；文件第一行为数字地形点数据总数，第二行起为地形离散点的 x、y、z 坐标，以空格作为分隔符。

测绘区域控制点文件为后缀为 .tcr 的文本文件，如 ZLDK14-DK15.tcr；文件第一行为测绘区域左下角点的 x、y 坐标，第二行为测绘区域右下角点的 x、y 坐标，第三行为右上角点的 x、y 坐标，第四行为左上角点的 x、y 坐标。

DOM 影像文件为图像文件，后缀为.tif、.png、.jpg 等。

采用数字摄影测量系统生成与测绘区域相匹配的正射影像资料，包括左右影像金字塔，同级左右影像相同，命名规则不同。如图 9.38。

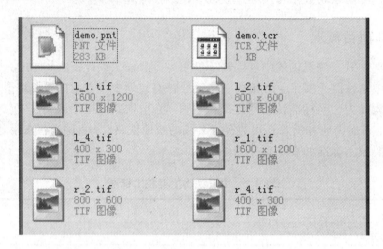

图 9.38　测绘区域正射影像金字塔资料

系统采用基于全数字摄影测量系统获取的遥感正射影像图（DOM）和数字高程模型（DEM）进行虚拟地形环境的建模型。综合采用金字塔模型、四叉树分割、数据库分页和多分辨率细节层次模型等技术，将海量地形数据（DEM）和影像纹理数据（DOM）处理成分块分区多层次多细节 LOD 三角网数据（数据页），建立二进制的最高效率的地形分页数据库。基于 Oracle OCI 技术和多线程技术，解决了大规模地形数据（DEM 和 DOM）数据库存储和调度问题。采用四叉树方式组织不同细节层次的地形数据，根据视点位置动态调度数据块。

2. 数字地形信息管理

对每级左右影像建立影像金字塔，采用自适应分块技术实现 DOM、DEM 的数据库管理。DEM、DOM 数据入库管理如图 9.39 所示。

（a）DEM 数据入库　　　　　　　　（b）多分辨率 DOM 数据入库

图 9.39　DEM、DOM 数据入库管理

3. 三角网数字地形模型的构建

系统采用 DEM 离散点建立三角网数字地形模型。基于准备好的*.pnt 文件和*.tcr 文件，系统自动完成铁路项目区域的带状数字地形模型，如图 9.40 所示。

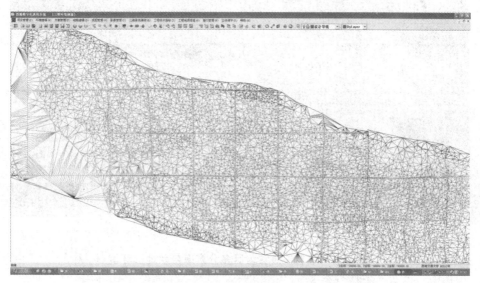

图 9.40　带状地形多分辨率 TIN 模型

4. 多分辨率三维地形环境的构建

系统采用遥感正射影像图作为纹理叠加到三角网模型上建立起逼真的三维地形环境。可先准备左右影像金字塔，如 ck_l_1，ck_l_2，…，ck_l_5 和 ck_r_1，ck_r_2，…，ck_r_5 分别表示正射影像图的分辨率级别，其顺序从高到低，分辨率也逐渐降低。

系统将按影像级别的不同自动进行分块处理，依次写入数据库，并建立影像块索引。笔者采用实时动态调度策略，在不同的视点位置下，调入不同的分辨率影像块进行显示，建立起了多分辨率的三维选线地形环境，如图 9.41 所示为多分辨率带状地形环境。

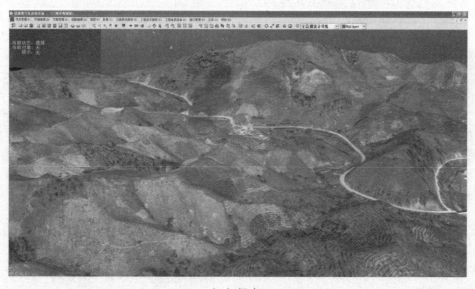

（a）视点 1

437

（b）视点 2

图 9.41　中老铁路实验区多分辨率带状地形环境

三、基于虚拟地理环境和工程基元模型库的铁路实体选线设计

1. 线路中心线选线设计

铁路数字化选线设计系统提供屏幕交互模式和控制点选择模式进行沿已定走向的空间线形选线设计。

方案的中心线选定后，即可在三维环境视窗、二维平面视窗、纵断面视窗进行三维线路协同优化。如在三维环境视窗中，选中交点，可移动交点到新位置。

中老线路实验段里程范围为 DK14+200～D2K52+900。根据给定里程范围和线路控制点资料，系统设计中心线路方案如图 9.42 所示。

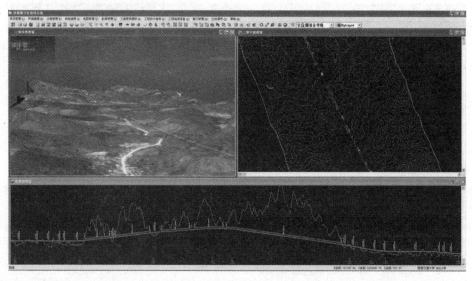

（a）透视投影

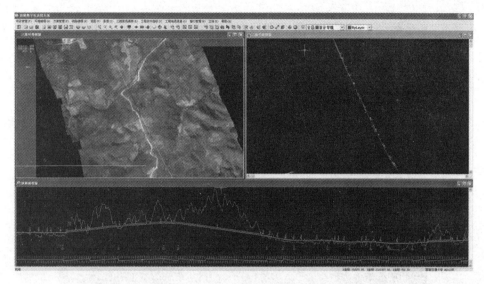

（b）正射投影

图 9.42　中老铁路实验段线路中线方案三视窗设计界面

2. 选线方案构造物布设与实体建模

初步确定线路中心线空间位置后，经过三维环境视窗、二维平面视窗、纵断面视窗进行线路方案中心线设计后，点击线路技术指标计算菜单或者按钮 ，进行方案线上所有的设施（桥、桥墩、路堤、路堑、隧道、路基等）的统计，统计计算方案线上所有构造物（桥、桥墩、路堤、路堑、隧道、路基等）的形式、位置、关联关系等信息，调用线路构造物基元模型组合匹配，实现构造物模型（BIM）实时建模，建立三维铁路线路 BIM 模型，并在三维可视化环境中，进行选线方案的构造物布设与展示。中老线铁路选线方案实体构造物布置效果如图9.43、图 9.44 所示。

（a）路基段　　　　　　　　　　　　　　　（b）桥梁段

图 9.43　铁路三维实体选线方案

（a）

（b）

图 9.44 中老铁路实验段三维实体线路设计结果

3. 面向构造物实体布设的选线方案修改

在三维模型环境下，工程师可对选线方案的构造物进行结构类型和工程模式比选。

在系统主菜单上选择子菜单【线路建模】→【线路模型管理】，系统弹出"线路模型管理"对话框，如图 9.45 所示。线路模型管理就是对已经建立好了的三维线路方案进行信息配置，包括三维环境中模型选中方式配置、模型选择性显示、模型立体调节设置。

模型选择方式为线模型时，鼠标左键选中的模型为路基、桥梁、隧道分段模型；模型选择方式为点模型时，鼠标左键选中的为基元模型。

系统默认为线模型选择，使用鼠标左键可以选中三维铁路模型，如路堤（路堑）地段、桥梁地段、隧道地段，并对其进行编辑；编辑完成后，系统将对铁路模型进行实时修改。如图 9.46 所示，将铁路漫游到所要修改的路堑（或路堤）地段，用鼠标定位该路堑段，路堑段颜色改变，表示已经选中，

图 9.45 "线路模型管理"对话框

弹出路堤（路堑）编辑对话框，通过各种属性参数的修改可对其进行交互设计，如进行边坡纹理更换。设计完成后，选择保存方案，对三维模型配置信息进行保存，下次建模即不再需要重新计算和修改。

各构造物三维实体选线界面如图 9.46 ~ 图 9.49 所示。

 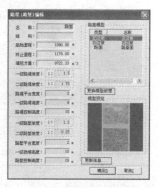

（a）路堑地段　　　　　　　　　　　　（b）路堤（路堑）编辑界面

图 9.46　路堑地段三维实体选线界面

隧道地段三维实体选线界面如图 9.47 所示。

（a）隧道地段　　　　　　　　　　　　（b）隧道编辑界面

图 9.47　隧道地段三维实体选线界面

桥梁地段三维实体选线界面如图 9.48 所示。

 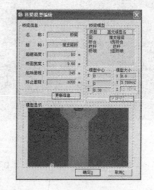

（a）桥梁地段　　　　　　　　　　　　（b）桥梁编辑界面

图 9.48　桥梁地段三维实体选线界面

轨道设备三维实体设计界面如图 9.49 所示。

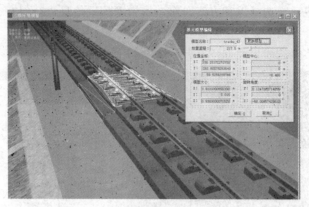

图 9.49　轨道设备三维实体设计界面

结合实体选线方案分析，工程师还可针对不同构造物布设进行选线方案修改，如图 9.50 为同一路段隧道方案与高路堑方案比选，图 9.51 为同一路段桥梁方案与高路堤方案比选。

（a）隧道方案

（b）高路堑方案

图 9.50　隧道方案与高路堑方案比选设计界面

（a）桥梁方案

（b）高路堤方案

图 9.51　桥梁方案与高路堤方案比选设计界面

在三维环境视窗下，在点模型选择模式下，鼠标左键选中轨道板模型并弹出"基元模型编辑"对话框，如图 9.52 所示：

442

图 9.52 基元模型选中及编辑对话框

点击【更换模型】，对单个模型进行更换。如图 9.53 所示：

图 9.53 更换为有砟轨道

当为线模型选择模式时，此时左键点击选中全区段的轨道板，即同时更换的为全区段轨道模型。同理，可以进行隧道桥梁的模型结构形式比选操作。通过模型更换，对不同桥型比较效果如图 9.54。

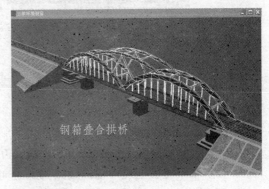

图 9.54 桥型比选

四、铁路选线方案实体构造物布设视景漫游

在虚拟地理环境下，对铁路实体选线设计方案通过漫游方式进行预览，为设计者和决策者对线路方案的整体评价提供帮助。漫游方式主要有自动漫游、交互漫游和地面漫游三种。在进行各种漫游时还可把漫游过程录制成 AVI 视频文件。自动漫游按所建模的方案线作为漫游路线，以线路中线高程为漫游视点高程，在虚拟地理环境场景中漫游，如图 9.55。交互漫游，用控制台对所选定的方案线进行交互漫游，漫游视点高程仍为线路中线高程，如图 9.56。地面漫游，按所选定的方案线作为漫游路线，以自由的视点高程，对三维地形场景进行自动漫游，如图 9.57。

图 9.55　自动漫游效果图

图 9.56　地面漫游效果图

图 9.57　中老铁路选线方案实体仿真与三维漫游效果图

思 考 题

1. 分析铁路数字化选线设计系统的体系结构。
2. 分析铁路数字化选线系统中的三维交互技术的关键技术问题。
3. 分析基于虚拟地理环境的线路局部走向选择的技术要点。
4. 简述数字化选线系统的复杂地质区域选线方法的技术要点。
5. 分析铁路数字化实体选线技术的核心技术问题。

第十章　铁路工务管理信息技术

工务管理系统是铁路运输信息化管理的重要组成部分。工务维护活动的投入在铁路运营成本中占相当可观的比例，如何使工务活动更为科学合理，必须依靠先进的信息化管理技术。借助信息化管理，可以对各种工务设备的技术状态进行快速准确的检测；对设备状态是否影响行车安全，什么时间进行维修最为经济进行科学的分析；对线路维护质量进行更准确的控制，使线路设备合理地做到不欠修、不过修，从而显著降低运营成本。

第一节　工务管理系统总体设计

一、系统研究目标

我国工务管理系统的系统目标是：建成覆盖铁路局工务系统的多级计算机网络，实现铁路局集团公司与国家铁路集团有限公司（以下简称国铁集团）、铁路局集团公司与局属各级工务技术管理和生产管理部门以及与铁路局综合管理信息系统之间的信息沟通和数据交换，掌握并快速沟通工务设备及其运用状态信息；建立决策支持系统，以合理安排线路养修计划；充分运用先进的检测设备和检查手段，实现以设备状态变化规律为依据的"状态修"；评估工务经营活动的投入产出综合经济效益，以合理配置资源、指导生产；全面提高铁路局集团公司工务技术水平和工务工作管理水平。

二、系统网络结构

工务管理系统的总体结构受工务管理体制、信息源点分布、数据流向、设计的系统功能以及网络传输能力等多方面因素的影响，但其关键是数据库的规划和设置。参考国外开发应用铁路工务管理计算机系统的成功经验，考虑到我国铁路的工务工作管理体制现状及未来发展的趋势，工务管理信息系统设计为四级计算机系统，三级信息管理数据库。系统的网络结构如图 10.1 所示。

（1）在铁路局集团公司（国铁集团工电部）和工务段设置局域网，采用无屏蔽双绞线以太网，个别区段可使用 100 Mb/s 快速以太网。车间只设单机，利用拨号 MODEM 通过铁路共用电话网连接工务段。

（2）铁路局集团公司与各工务段之间，使用数字数据线路 DDN 专线。

（3）轨检车动态检测 TQI 资料采用无线通信实时传送至沿线工务段局域网。

（4）为满足事故处理需要，铁路局集团公司和工务段各设一条专用接入话路，供便携式计算机接入。

（5）在铁路局集团公司与国铁集团之间用公用分组交换 X.25 网进行通信、信息采集及传输。

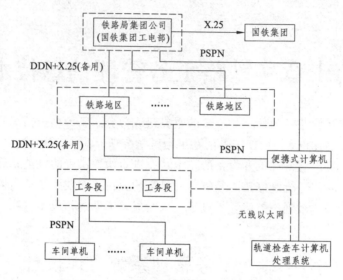

图 10.1　工务管理信息系统网络结构示意

三、系统开发平台

工务管理系统的重要组成部分是工程数据库管理软件。铁路是一个全国性的网络，涉及各种铁路设备的空间信息，包括车站、线路、桥梁、隧道、机车、车辆、通信、信号、供电、供水等，同时这些设备又涉及各种业务信息，如车站涉及客、货运信息，行车作业信息等，线路上涉及大量的工作业务信息，等等。铁路工务管理信息系统还必须提供有关区域的地理信息、水文气象、人文景观、社会经济等信息。地理信息系统（GIS）有以下三个特点：① 具有采集、管理、分析和输出多种地理空间信息的能力，具有空间性和动态性；② 以地理研究和地理决策为目的，以地理模型方法为手段，具有区域空间分析、多要素综合分析和动态预测能力，产生高层次的地理信息；③ 由计算机系统支持进行空间地理数据管理，并由计算机程序模拟常规的或专门的地理分析方法，作用于空间数据，产生有用信息，完成人工难以完成的任务。因此，铁路工务管理系统的设计和建设只有基于地理信息系统技术，才能有效地实现工程信息管理和应用。

目前适合于开发铁路管理系统的地理信息系统（GIS）有 MapInfo、ARCInfo、GeoMediaProfessional 等。

四、系统总体结构

铁路工务管理系统由工程数据库、信息管理平台、工务信息管理与工务养护辅助决策应用系统所构成。工务信息管理与工务养护辅助决策应用系统一般由 10 大子系统和 17 个功能模块构成。整个系统以 GIS 作为共享平台，以基础信息管理和信息查询功能为动脉，构成一个有机整体，为铁路部门管理铁路沿线的所有工务设备及其秋检信息以及防洪水害、采石和调度等工作提供决策支持功能。系统总体结构如图 10.2 所示。

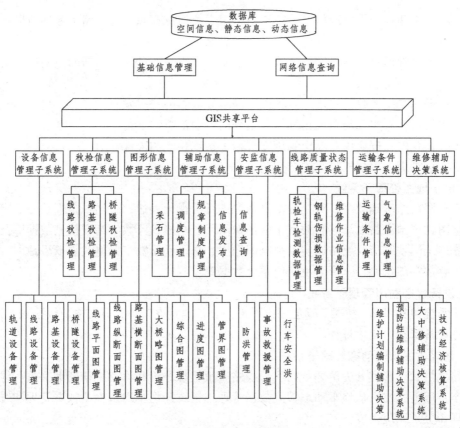

图 10.2　系统总体结构

五、系统基本功能

工务管理系统是铁路部门进行铁路工务信息管理和维修决策的助手，系统应具备信息查询、浏览、修改、再现、利用、传输等基本功能，即包括如下基本功能：

（1）正确、及时、完整地收集和掌握铁路局集团公司各种工务设备及运用状态，工务生产经营活动等信息。

（2）根据轨道状态数据的变化发展，进行全面的质量管理和寿命预测。

（3）编制符合轨道实际状态，能充分发挥设备能力，提高线路运营能力的线路养护维修计划。

（4）进行工务的计划、劳力、人事、材料、财务和成本等管理，编制有关报表。

（5）对全局、某线或某个区段进行投入产出综合经济效益分析。

（6）通过网络查询有关数据库并提供电子函件等服务。

1. GIS 平台

GIS 平台采用电子地图形式，提供定位、线路环境场景信息，将轨道设备、线路几何形位、动态检测数据以及维修作业数据等所有工务有关信息以关系数据库的形式进行存储管理。作为整个工务管理信息系统的数据平台，为其他的数据应用子系统提供统一的满足数据库管理规范的数据。其功能包括：

（1）统一管理：利用地理信息系统统一组织工务信息资源，为全路工务部门提供唯一的原始信息库。

（2）元数据管理：数据内容的一致性和校验性检查，通过建立数据的空间位置实现工务信息检索。

（3）数据库复制：政策法规、基础图库和基础数据的统一发布。

（4）数据传输：实现动态数据和工务报表的自动汇总、上传。

（5）数据仓库：按应用专题组织历史数据，实现预测和决策。

（6）安全管理：用户权限组织、分配。

2．电子地图管理子系统

建立全国铁路基础图库，对工务信息资源进行可视化表达，包括：全国铁路数字矢量线划电子地图、全国铁路沿线航测数字正射影像图库、全国铁路数字高程模型数据库及三维景观图像库、全国铁路沿线及站场实景视频图像库、全国铁路数字栅格线划电子地图、全国铁路卫星遥感数字图像库、全球卫星定位系统数据库。

3．设备状态动态管理子系统

该子系统包括线路、桥梁、隧道等方面工务设备的状态管理，根据检测数据和上报数据，记录工务设备状态的变化过程。

4．线路质量状态动态管理子系统

线路质量状态管理分为两部分内容，线路质量状态评价和轨道整修辅助决策。线路质量状态动态管理子系统由轨检车动态检测数据管理、钢轨探伤车动态检测数据管理和维修作业信息管理3个子系统构成。

5．运输条件管理子系统

运输条件是决定线路质量状态变化的决定性因素，包括通过总重指标、速度指标、轴重指标以及气候等因素，对于运输条件的管理实际上就是对轨道外部作用的管理，对于制订养修计划就有非常重要的意义。考虑到线路中存在的由车轮扁疤、超偏载等因素引起的非正常荷载的作用，必须将通过总重折合成当量通过总重进行管理。

6．线路维修辅助决策子系统

该子系统综合基础数据、动态检测数据和维修作业信息，评估线路质量状态，辅助工务维修管理技术人员根据线路实际质量状态制订预防性维修计划，控制线路恶化程度，科学分配维修资源；根据统计结果和运输条件预测轨道寿命，辅助制订大中修计划；并且由技术经济核算子系统对维修计划的费用进行估算。

7．安全监控管理子系统

该子系统对线路中存在的影响运营安全的轨道严重缺陷进行重点管理；与安全检测信息系统结合，建立和实施一整套的限速规则，实现对于影响安全的严重缺陷的及时监控，保证行车的安全。

8．辅助业务子系统

为满足工务部门日常工作的需要，建立其他业务子系统，完成必要功能，如速度图管理、配线图管理和采石场管理等。

9．工务信息发布子系统

该子系统在网上进行铁路工务信息的发布，使有权得到信息又需要信息的人员，无论何时何地、处在何方均能通过信息网络得到及时、准确、全面、生动、安全的信息。

下面两节将重点介绍线路养护维修信息管理系统和线路养护维修辅助决策系统的系统功能和关键模块开发的基本方法和理论基础。

第二节　工务养护维修信息管理系统

在工务管理系统中，工务养护维修信息管理是系统的主体。按照系统信息的性质及与工务养护维修的关系，可将信息管理分为基础信息管理与养护维修管理两大类。

一、基础信息管理子系统

根据工务部门的业务、工作流程情况以及工务管理系统功能，铁路工务管理信息系统总共划分为 17 个子系统，各子系统共享一个数据库，其中 GIS 使用的基础数据来自其他子系统的数据。工务地理信息管理系统在通用 GIS 系统的基础上，集成多目标决策分析、专家系统、数据库技术和三维可视化技术，把铁路系统各种数据和信息组织起来，建设轨道交通技术基础信息库及相应的管理与决策支持系统。平台应能灵活管理多元数据，其模块的功能构成如图 10.3 所示。

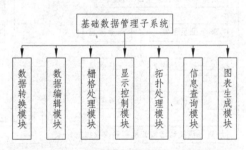

图 10.3　基础数据管理子系统结构

1. 基础数据库信息采集

作为该平台的核心部分，空间数据应集成多源数据，以适应铁路工务管理多用途的需要。地理信息应包括：

1）综合地图信息

① 1∶400 万全国电子地图（包括全国各铁路干线、主要车站，全国主要地形、地貌信息，全国主要公路干道、行政区、水系的信息，行政区中含有的人文信息）。

② 1∶100 万铁路路网电子地图（详细的各级线路、车站，县及以上行政区分布信息，主要公路和一般公路、河流等）。

③ 1∶25 000 线路综合图（按线别，以各铁路局集团公司管界分段，并用文字对该线主要技术标准、车站、车务段分布、线路、桥隧、电务、机务、车辆设备等加以描述）。

2）铁路地理信息

分类铁路地理信息内容如图 10.4 所示。

站场平面图应给出站场工务设备、电务设备、站场设施的分布和相关履历信息。

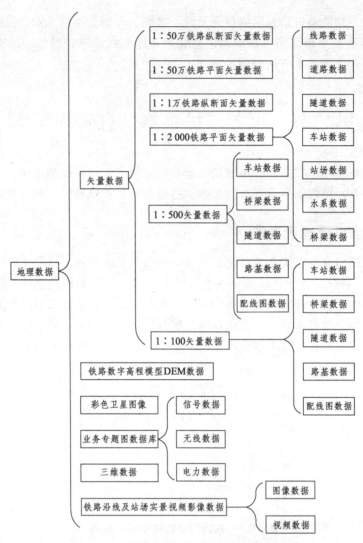

图 10.4　铁路基础信息数据库的地理信息内容

此外，系统还包括铁路沿线的多媒体信息，并能实现多媒体信息与履历图的匹配，可以随着系统中铁路路线的移动，直接浏览铁路沿线多媒体信息，更为直观地了解铁路沿线基本情况。

3）属性数据

工务管理信息系统建立需要的属性数据库，包括车站库、股道库、道岔库、水准基点库、涵渠库、坡度库、曲线库、桥梁库、隧道库、管界库、钢轨库、路基库、轨枕库、道床库、道口设备库、立交设备库、中修库、大修库、线路名库和轨顶路肩高程库等。

2．子系统基本功能

各子系统应包括以下基本功能：

（1）在局域网上发布工务管理所需要的图形、表格及属性信息，用浏览器可浏览这些信息。

（2）建立网络数据库系统，设计数据传输规范。

450

（3）以线名作为工程，可方便切换工程。

（4）全要素数字化平面图的管理及各设备属性查询，图形按分类实现分层显示，各种图形可与 AutoCAD 互换。

（5）铁路设备按给定的条件进行查询、统计并自动形成复测表格（Microsoft Excel格式）。

（6）铁路正线纵断面自动生成，管理和浏览纵断面图，修改纵断面图，从纵断面图上查询设备属性信息。

（7）车站配线图的自动生成、管理和查询。

（8）铁路正线综合图自动形成、管理和查询。

（9）提供数字化测图的二次开发应用软件及修改数字化图的工具。

（10）大桥和道口的三维景观图浏览。

（11）浏览镶嵌图与矢量图叠加的图册。

3. 地理信息管理功能

铁路工务管理对 GIS 的应用需求是多方面的，除了基本专业图层绘制及其相关功能外，还包含沿线工务设备的影像系统、影像系统与设备基础数据的关联系统、防洪水害地理信息系统以及其他高级辅助决策系统等。上述系统中，铁路工务部门特别需要的 GIS 应用系统主要有大桥略图管理子系统、综合图管理子系统、速度图管理子系统、管界管理子系统以及工务地理信息查询系统。

1）大桥略图子系统

大桥略图子系统利用数据库中的桥隧设备数据和线路设备数据自动绘制大桥设计图形，对于一般桥梁，可以通过人机对话方式实现桥梁略图的绘制。该系统还有浏览桥梁子区数据、保存大桥略图、查询和打印大桥略图、局部调整图形等功能。大桥略图子系统通过设备数据再现了桥梁的设计图形，省去了翻阅大量桥梁设计图纸的工作，而且有些年代久的桥梁设计图纸查找比较困难，为工务部门在桥梁维修和设计修改等方面的决策提供支持。

2）综合图管理子系统

线路综合图是工务部门的重要专业图，主要包含沿线不同公里段上的线路大修、中修、路基、道床、轨枕、钢轨、坡度、曲线、桥梁、隧道、涵渠、道口、立交设备、车站、工区和管界等基础信息和统计信息。线路综合图案是工务部门维护、技改和提速等工作的重要参考资料。

3）速度图管理子系统

速度图主要是先按照某种算法计算曲线速度、道岔速度；然后通过各种检算确定其速度，按照一定原则进行合并，并经人机交互生成慢行地段速度；最后通过区段速度库生成里程连续的允许速度库，从而绘制线路速度图。它可提供提速、技改等决策使用。速度图也是工务部门的重要专业图，包含线路上不同公里段上的曲线、加权坡度、限速原因、允许速度、车站、主要桥梁及隧道、道口和管界等信息。

4）管界图管理子系统

管界图是反映铁路工务线路、车站等实际位置的示意图，是日常工作中常用到的查询工具之一。本子系统的功能主要有：分图层浏览管界图，在管界图中定位车站、线路，点击车站查询车站图片，点击车站查询配线图，点击线路查询综合图，等等。

5）工务地理信息查询系统

工务地理信息查询系统的主要功能有：工务设备地理信息发布，查询铁路局管界图，查询工务防洪信息地图，查询工务线路综合图，查询工务车站配线图，查询工务线路允许速度图，查询大桥略图，查询主要枢纽电子地图，查询工务设备地图定位功能，条件查询、统计线路设备信息和防洪水害信息，等等。

二、线路养护维修信息管理子系统

用轨检车与计算机相结合的方式，实现对线路养护维修的自动化管理已是发展趋势。在制定线路养护决策时，首先应收集大量的数据资料，包括轨道几何尺寸、轨道类型、通过总重、列车速度、轨道应力等数据，并建立相应的数据库；然后用计算机进行自动化处理，对线路状况作出分析，及时制订出大、中修计划和紧急补修计划，送工区实施并反馈有关信息。线路养护维修计算机管理系统（以下简称"系统"）的任务是在技术上保证系统运行的安全、可靠、准确和迅速，做到结构合理、功能齐全、操作简单，为工务部门的维修养护提供决策依据。系统的目标如下：

（1）利用建立的数据库对不同时期的数据进行分析比较，掌握轨道状态的变化发展规律及薄弱环节，从而实现根据轨道的实际情况进行有效的维修和设备更新，延长轨道部件寿命，保持轨道状态的平顺。

（2）将数据库的数据"可视化"，在屏幕上显示出线路的既有设备分布和道床、路基类型、坡度、曲线变化等情况，同时在对应里程上将轨道质量指数的数据绘制出来进行分析比较，并找出超限原因以便作出养护决策。

（3）通过对数据库数据的处理，实现工务信息的快速检索和自动化管理，形成各种报表，及时为决策部门提供所需的数据，保证决策的及时性、准确性和科学性。

本子系统共分4大功能模块，设3级菜单，全部采用下拉式。具体功能模块菜单见图10.5。

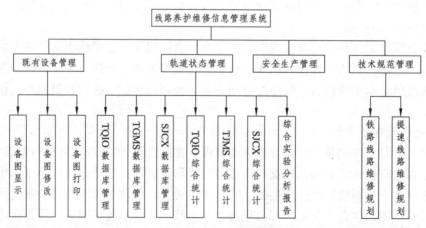

图 10.5　线路养护维修计算机管理系统

1. 既有设备管理子系统

系统以管理单位所辖线路图为背景，用矢量图形象地展现出线路设备、病害、工程等分布情况，通过图形实现信息的查询及空间统计等工作，形成图文双向查询与可视形象的操作界面。管理人员可以在路网图中直接查看整个铁路局集团公司或段的设备、病害分布情况，并可在电子地图上标出相应的检修工程，编辑、修改、查询维修工程信息。在电子地图上对线路病害的迅速查看与定位，可以帮助有关部门快速作出相应决策，并且从全局出发分配相应的财力物力。系统具体功能如下：

（1）地图操作。可对地图图层进行增加、减少、叠加，还可以对地图进行缩放、漫游、测距等操作。

（2）设施信息维护。在背景线路图上直接查看、编辑设施的属性信息，也可以根据条件对定位后的设施、工程、病害的信息进行查看、增加、减少、更新等操作。本系统中还可以查看已有隧道的设计简图，对照现有设施数据，便可掌握隧道的近况。

（3）工程与设备定位。可通过工程名称、里程、设备名称等条件进行工程项目与设备在地图上的定位。如输入工程名称兰新 K402 浆砌路堑侧沟，就可以在线路图上定位该工程，查看工程的有关信息，如维修理由、病害信息、工程示意图及技术要求等。

（4）统计分析报表。可按线别、工务段、工区、时间、病害类型、设备名称类型等单项查询，还可以任意组合条件查询，并可将查询的结果以文件存储、报表打印、屏幕显示等形式输出，以适应不同场合的需要。

系统还提供了病害分析功能，可对给定时间、线路区间、线别等条件的病害的分布以曲线图、柱状图、饼状图等不同形式表现，以确定病害的分布、密度。

（5）维修工程管理。当发现病害时，便需增加维修工程项目。在线路图上定位出工程地点，输入工程项目的有关信息，如原因、工程示意图、维修方案等，以便管理该工程，同时可以对该工程进行简单的概预算及验工计价，也可以查看现有的和完工的工程的有关信息。

（6）图纸管理。本系统实现了部分隧道、涵洞设计简图的自动绘制。系统可以根据数据库的隧道绘制参数，自动地绘制出隧道的设计简图，供用户制订病害维修方案和现场维修使用。另外，隧道设计参数在病害维修改变后，将自动更新数据库并反映到图纸上。图纸可打印输出或以 AutoCAD 的图形交换格式 DXF 导出。

2. 轨道状态变化管理子系统

由于列车高速在钢轨上运行，线路状态的变化是不可避免的。经常保持其良好的状态是保持列车安全运行的基础。轨道状态的变化管理就是反映轨道经过运营后其质量的变化情况。

1）轨道质量指数库 TQIO 管理

轨道质量指数（TQI）是反映轨道质量状态的统计特征值，是衡量轨道质量的综合指标。它能比较真实地反映轨道质量的实际情况，较准确地反映轨道状态恶化程度。TQI 可作为各级工务管理部门对轨道状态进行宏观管理和质量控制的依据，可用于编制维修计划，指导轨道养护维修作业。对 TQI 进行有效的管理，是工务管理与决策系统的重要内容之一。

该数据库录入了线路高低、方向、轨距、水平、三角坑、垂直加速度和横向加速度等数据。对该数据库进行相应的处理，进行统计分析，形成报表，可为维修养护提供依据。

2）轨道不平顺公里小结数据库 TGMS 管理

数据库 TGMS 是以每一公里形成一个记录，通过对轨道质量指数进行超限扣分而得出的。它是综合反映轨道质量好坏的数据库。当综合指标恶化到一定程度，即超过某一限值时，就要对线路进行紧急抢修。

3）TQIO 综合统计

随着时间的推移，轨道质量指数库中的数据也在变化。其变化规律及变化幅值的大小，反映了整个轨道结构状态的变化情况。本模块的功能就是解决 TQIO 数据库随时间变化的统计分析。

4）TGMS 综合统计

该模块的功能就是解决 TGMS 数据库随时间变化的统计分析。

5）轨检车数据的分析处理

轨检车测量的数据经机上微机处理系统处理后，得到轨道不平顺状态库（TGMS.DBF）和轨道质量指数库（TQIO.DBF）两个数据库。本模块的功能就是根据上述数据库，按照一定的要求对超限部分的数据进行统计分析，形成报表，为工务养护部门提供决策依据。轨检车数据分析统计功能可完成单个数据库的分析统计，也可完成多个数据库的分析统计。其统计方式为：

① 不同统计方式的选择（工务段、工区、任选里程）；

② 不同统计单项的选择；

③ 不同控制值的选择；

④ 不同排序方式的选择；

⑤ 不同输出方式的选择。

3. 安全生产管理子系统

铁路的基本特点是安全、正点。工务部门的安全状况是通过没有出现各种事故的天数来反映的。该模块的功能是对事故的严重性分别进行各种分类，对整个线路的各个区间进行统计，形成动态实时数据库，并及时准确报告未发生各种事故的天数。

第三节　铁路轨道养护维修计算机辅助决策系统

铁路轨道是行车的基础，是铁路的主要设备。确保轨道经常处于良好的状态，保证列车按规定的最高速度平稳、安全、不间断地运行是养护维修工作的基本要求。本决策系统的功用是：根据轨道实测资料、过去的历史记录、专家的养修经验，制订最佳的养护维修作业计划，降低养修成本，以提高工务部门劳动生产率，提高工务投入产出经济效益。

一、系统总体结构

工务管理辅助决策系统是结合本国铁路运营的实际情况，在大量统计分析历年资料的基础上，运用现代的计算手段和信息技术而实现的。养护维修辅助决策系统主要是由数据源、处理方法、决策和实施等 4 部分组成，如图 10.6 所示。

养护维修决策系统应包含监控轨道状态及其数据处理技术、轨道不平顺发展检测和预测技术、钢轨表面凹凸不平顺发展检测和预测技术、钢轨扣件损伤统计及寿命预测方法、钢轨损伤统计及寿命预测方法、轨枕损伤统计及寿命预测方法、道床恶化评价方法及寿命预测、钢轨打磨方法、捣固车作业效果评价方法等决策技术。

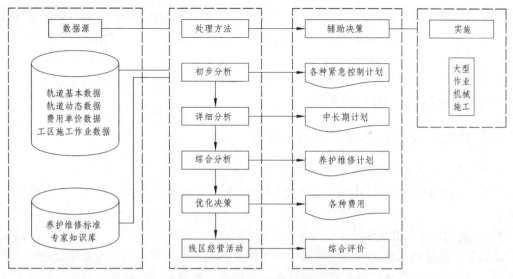

图 10.6　铁路轨道养护维修计算机辅助决策系统结构

二、数据源

数据源是整个系统运转的基础，是系统决策正确与否的关键之一。对数据源需研究下列几个问题。

1. 数据分类

（1）轨道基本数据。这类数据主要是指工务台账中保存的各种有用数据，如线、桥隧设备结构库，线路平纵断面库，运输条件数据库，线桥隧设备状态库，等。

（2）轨道动态数据。这类数据主要是指轨检车检查的有关数据、钢轨探伤检查的有关数据、钢轨头部形状检查形成的数据，如轨道质量指数数据库、局部超限数据库、钢轨损伤库等。

（3）费用单价数据。这类数据主要是指工程概算、决算所用到的材料单价、施工定额等数据。

（4）工区施工作业数据。这类数据是指工区根据有关养护维修计划，对铁路轨道状态进行修复而产生一系列的活动而得到的数据，如综合维修作业库、日常养护作业库等。

2. 数据采集

从时间上看，数据分为：每日产生的数据，如工区施工作业数据；一定周期内产生的数据，如轨检车、钢轨探伤车等；由其他因素而产生的数据，如线路改建、大修等引起轨道基本数据的改变。为了使系统具有一定的时效，产生的各种数据应能及时到达数据源，这就对数据的采集方式提出更高要求。

（1）传统采集方式。这里所说的传统采集方式是指用纸和笔将观测到的各种数据记录下来，然后提交给系统的方式。因此需研制用户数据录入程序，并能根据系统需求，采用电话线或网络传送给数据服务器。

（2）车上采集方式。随着速度提高和现代化的要求，轨道检查将大量采用专用的检查车，将车上采集的模拟信号转换成数字信号，由一定格式形成数据库。但这项工作难度较大，主要是车上采集的数据可靠度和数据快速传递问题，如钢轨探伤和钢轨表面形状的检查，需更进一步深化研究。

（3）数据的关联修改。轨道基本数据大部分来源于工务台账数据。工务台账的数据库结构是根据工务工作的需求而建立的，与信息系统要求的数据有一定的差别，主要表现为工务台账数据结构多为描述性，冗余较多，对一个事件描述有可能在几个数据库中同时出现。当多事件发生变化需要对多个数据库进行修改时，就要进行数据库的关联修改，以减轻用户的修改强度，而增强系统数据的时效性。

三、轨道状态评价方法及数据处理

（一）评价轨道质量状态的方法

评价轨道质量状态的方法归纳起来可以分为轨道局部不平顺方法和轨道区段整体不平顺方法。

1. 轨道局部不平顺方法

该方法是通过测量轨道各项几何参数每个测点的幅值，判断幅值是否超过规定的限界，超过哪一级限界值，有多少测点连续超过规定的限界，并摘取连续超限测点中的峰值（正峰值或负峰值），在确定的轨道区段范围内，统计各级超限峰值的个数和长度，用加权计算方法获得的数值来评价轨道质量状态。我国轨检车长期采用的就是这种方法。超限峰值分成三个等级，超限限界和各级超限峰值每处扣分数如表 10.1 所示。

表 10.1　超限限界和各级超限峰值扣分表

测量项目		超限等级		
		Ⅰ（保养）	Ⅱ（计划维修）	Ⅲ（紧急补修）
轨距/mm		+8、−4	+12、−6	+20、−10
高低（实际波形）/mm		8	12	20
轨向（实际波形）/mm		8	10	16
水平/mm		8	12	18
三角坑（基长 2.4 m）/mm		8	10	14
车体振动加速度/（×g）	上　下	0.10	0.15	0.20
	左　右	0.06	0.09	0.15
扣分数/处		1	5	100

轨道区段（1 km）扣分数的计算公式为

$$S = \sum_{i=1}^{3} \sum_{j=1}^{n} K_i T_j C_{ij} \tag{10.1}$$

式中　S——区段扣分数；

n——检测参数的项数；

K_i——各级超限峰值的加权系数；

T_i——n 项检测参数的加权系数；

C_{ij}——n 项检测参数各级超限峰值的个数。

图 10.7（a）为单项几何参数检测信号的波形图，图中 $\pm L_1$、$\pm L_2$、$\pm L_3$ 为三级超限限界；目前轨检车采用等距离采集轨道状态数据的方法，采样点间隔 $\Delta S = 250 \text{ mm}$。该轨道区段各采样点的幅值为 $x_0 \sim x_{30}$，根据摘取超限峰值的原则，只摘出超过限界的 x_5、x_{10}、x_{16}、x_{22} 四个测点的幅值（峰值），其中 x_{22} 是三级超限峰值［图 10.7（b）］，然后根据公式（10.1）进行加权计算，获得扣分数；在该轨道区段中，其他超过限界或不超过限界的测点幅值全被舍弃不计。

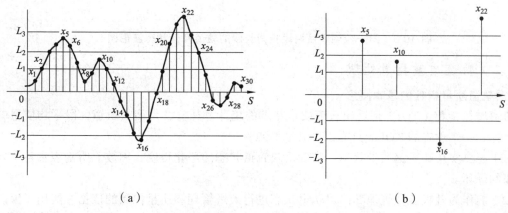

（a）   （b）

图 10.7　单项几何参数检测信号的波形图

2. 轨道区段整体不平顺方法

该方法是测量并记录被测轨道区段中全部测点的幅值，例如图 10.7（a）中的 $x_0 \sim x_{30}$，它们都作为轨道状态的一个元素参与运算，同时还选择若干单项几何参数的指数进行加权计算获得综合指数，即用统计特征值来评价轨道区段的质量状态。常用的方法有：单项几何参数标准差方法、多项几何参数的综合指标——轨道质量指数方法、轨道状态指数方法、轨道质量系数方法等。

第一种方法能够找出轨道的局部病害以及病害的类型、程度和所处的位置，特别是对确定需要作紧急补修和局部维修的轨道病害非常实用，因此是一种广泛使用的方法；但是仅用超限峰值的大小和多少，不能全面评价轨道区段的平均质量状态，它既没有反映超限长度和影响，也没有反映轨道不平顺变化率和周期性连续不平顺所产生的谐波的影响，存在明显的缺陷。例如，图 10.8（a）、（b）分别表示同一检测项目两段相同长度的轨道几何状态波形图，如果利用第一种方法评价轨道质量，因为图 10.8（a）和（b）只有一次超限，而且峰值 $l_1 > l_2$，所以（a）图的扣分数比（b）图高，表示（a）图的轨道质量比（b）图差。但是从相对零线的离散性来看，（a）图显然比（b）图小。而采用第二种方法使所有测点的幅值参与运算，其标准差 σ 的计算结果是（a）图比（b）图小，说明轨道区段（a）的平均质量状态比（b）区段好，符合轨道的实际情况。由此可见用轨道整体不平顺的方法评价单元轨道区段的平均质量更加准确、合理。

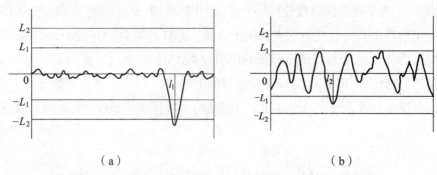

（a）   （b）

图 10.8   同一检测项目两段相同长度的轨道几何状态波形图

（二）轨道质量指数处理

1. 轨道质量指数的基本概念

轨道质量指数（TQI）是反映轨道质量状态的统计特征值，是衡量轨道区段平均质量的综合指标。一个理想的 TQI 应具有以下几个特点：

（1）能真实反映轨道质量状态，准确反映轨道状态的恶化程度，用数值明确表示各个轨道区段的好坏。

（2）能作为各级工务管理部门对轨道状态进行宏观管理和质量控制的依据，能用于编制轨道维修计划，指导养护维修作业。

（3）用于计算 TQI 的轨道几何状态原始数据容易采集和记录，计算简便。

（4）TQI 数值与轨道质量状态的对应关系明确，易于被现场人员掌握和使用。

为适应轨道维修体制改革和采用养路机械进行维修作业的需要，经过对轨检车采集的大量轨道状态数据的统计分析，确定采用计算单元轨道区段各项轨道几何参数的标准差 σ，并计算 7 项几何参数标准差之和作为我国评价轨道区段质量状态的轨道质量指数（TQI），单元轨道区段长度设定为 200 m。7 项轨道几何参数包括轨道高低（左轨、右轨）、轨向（左轨、右轨）、轨距、水平、三角坑。同时还计算车辆振动参数（车体垂直和水平振动加速度）的标准差，作为 TQI 的参考指标。

TQI 的计算公式为

$$TQI = \sum_{i=1}^{7} \sigma_i \qquad (10.2)$$

$$\sigma_i = \sqrt{\frac{1}{n}\sum_{j=1}^{n} x_{ij}^2 - X_i^2}$$

$$X_i = \frac{1}{n}\sum_{j=1}^{n} x_{ij}$$

其中：σ_i（$i = 1, 2, \cdots, 7$）为 7 项几何参数的标准差；X_i 为各项参数在单元区段中的连续采样点幅值 x_{ij} 的平均值；n 为采样点的个数（200 m 单元区段中 $n = 800$）。

2. 轨道质量指数的计算机处理技术

为完成上述 TQI 的计算，计算机采用在等距离间隔中采集和处理各项轨道状态数据，显

458

然，在相同长度的距离间隔（250 mm）中，采样及数据处理时间将随列车运行速度的提高而缩短（表10.2）。

表 10.2 轨道状态数据采样间隔时间

列车速度		250 mm 采样间隔时间/ms
km/h	m/s	
60	16.7	15
90	25.0	10
120	33.3	7.5
160	44.4	5.6

在毫秒级的采样间隔时间中需要完成的工作流程如图10.9所示。

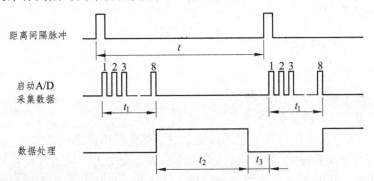

t—距离间隔中的采样间隔时间； t_1—8个通道 A/D 转换时间及采样集数据时间；
t_2—处理8个通道数字信号时间； t_3—数据处理结果存盘及显示打印时间。

图 10.9 毫秒级的采样间隔时间中需要完成的工作流程

为使数据采集和处理能正常进行， t 必须大于（ $t_1 + t_2 + t_3$ ）。由上图可知，在毫秒级的采样间隔时间中要完成数据的采集、处理和输出多项任务，依靠人工方法无法做到，必须应用计算机技术才能实现。

四、轨道不平顺发展预测技术

轨道不平顺是轨道在列车重复荷载作用下逐渐产生不均匀变形而形成的，主要有垂直不平顺、横向不平顺和复合不平顺等。高低不平顺属于垂直不平顺。

日本在 1958—1960 年间，对全国的养护作业进行了调查，调查发现除材料更换外，从整修轨道不平顺作业来看，70% 的整平和捣固是和轨道高低不平顺有关的。因此，有关轨道不平顺预测的研究大多以高低不平顺发展的研究为代表。从广义上讲，轨面的高低不平顺来自道床、路基及地基基础，和轨道结构本身也有关。但满足一定条件时可认为轨面的残余下沉及下沉的不均匀性主要来自道床，所以大多数国家花费大量的财力、物力研究道床特性，主要是利用室内试验和理论分析。

1. 预测道床变形的计算模型

（1）英国的计算模型。英国 Derby 铁路技术中心的 M. J. Shenton 通过三轴试验得出了计算道砟永久变形的计算模型，见下式：

$$e_N = e_1(1 + 0.2\ln n) \tag{10.3}$$

式中　e_1 和 e_N——加载 1 次和 N 次的永久变形。

（2）苏联的计算模型。道床下沉量（h）与运量（T）的关系可用以下的经验公式来计算

$$h = T/(a + bT) \tag{10.4}$$

式中　T——累计通过吨位（总质量）；

　　　a、b——实验系数，与道砟物理机械性能、原始孔隙比、钢轨类型、轨下基础类型以及机车车辆轴重等有关。

（3）日本的计算模型。日本国铁采用的计算模型为下式所示道床下沉量与荷载循环作用次数之间关系的经验公式

$$y = \gamma(1 - e^{-\alpha x}) + \beta x \tag{10.5}$$

式中　y——道床下沉量；

　　　x——荷载循环重复作用次数；

　　　γ、α、β——实验系数。

式（10.5）右边的第 1 项相当于道床初始急剧下沉阶段即道床的压实阶段。系数 γ 和 α 表示道床压实程度，γ 随着压实程度的增加而减小，而 α 则增大，从而可使初始下沉量减小，提前结束压实阶段，道床便进入缓慢下沉阶段。式（10.5）右边第 2 项则相当于缓慢的下沉累积阶段。系数 β 是表示道床下沉进展程度的指标。β 值越小，道床下沉进展得越缓慢。试验结构表明，β 正比于荷载及道床振动加速度的乘积，并反比于道床脏污程度。

2. 预测轨道高低不平顺发展的计算模型

道床下沉的离散性是非常大的，无法利用一般的理论分析方法及室内试验方法来代替。为此，有的学者利用轨检车的实测资料，进行数据统计分析，以期找出其规律。有代表性的是由日本的杉山德平提出的下列式子：

$$S = A \cdot T^{\beta_1} \cdot V^{\beta_2} \cdot M^{\beta_3} \cdot L^{\beta_4} \cdot P_1^{\beta_5} \cdot P_2^{\beta_6} \cdot P_3^{\beta_7} \tag{10.6}$$

式中　S——轨道不平顺发展的平均值；

　　　A——常数；

　　　T——通过吨数；

　　　V——平均速度；

　　　M——构造系数（以 50 ps 轨、预应力混凝土轨枕、44 根/25 m、$C = 200$ mm 为基准）；

　　　L——说明有无接头的变量；

　　　P_i——说明路基状态的变量（$i = 1$, 2, 3）；

　　　$\beta_1 \sim \beta_7$——系数。

3. 模型选择与修正

在我国，建立高低不平顺预测模型还没有进入实质性阶段，还有大量的工作要做。其研究步骤如下：

① 分析轨道不同部件对高低不平顺的影响；

② 对收集到的各种模型加以比选、修改，得出适合我国的不平顺预测模型；

③ 确定模型验证标准，并对选定的模型加以验证；

④ 利用标定的模型，对现有的养护维修计算机管理系统加以改进，更好地掌握和预测轨道不平顺的发展变化，合理安排养护周期。

在选择和标定模型时，主要利用轨检车实测资料，分析高低不平顺变化服从什么样的分布，并根据其分布，选择相应的函数模型，用最小二乘法确定其函数，对影响其分布的各种因素进行显著性检验。

五、利用计算机编制铁路轨道养护维修计划的方法

1. 技术指标体系的确定

制订最优的维修计划以达到最佳的维修效益，首先要确定相应的技术指标体系，而该指标体系必须符合现场的实际状况，即反映线路的发展状态。从目前铁路工务维修的实践经验看，以道床的脏污率、轨道质量指数、年通过总量和历年的维修状况 4 个技术指标最能反映线路的发展趋势，并且各部门多以此为主要参数来确定养护维修计划。在编制综合维修作业计划时也采用以上 4 个技术指标，分述如下：

（1）道床的弹性或道床脏污率。考虑到目前该参数值不易直接批量获取，暂以垂直加速度的值来代替。

（2）轨道质量指数。轨道质量指数是反映轨道质量状态的统计特征值，是衡量轨道区段质量的综合指标。因此，可以采用最近年度内的轨检车检测数据及相应的 TQI 的变化情况（即 TQI 的变化率）作为指标之一。

（3）年通过总重。运量是机车车辆荷载大小与作用次数对轨道结构共同作用的综合指标。运量对轨道结构的影响主要体现在对轨道结构各部件使用寿命和永久变形累积的程度上。而年通过总重包括净客货运量、机车和车辆的质量等项目，它决定了轨道结构的类型和在反复荷载作用下的轨道状态。

（4）历史维修情况。

在考虑上述 4 个方面的同时，根据充分利用现场资源原则，适当地调整计算机编制的维修计划。

2. 管理单位的划分模型

预测模型是建立在 4 个指标的基础上的，但由于它们各自的属性不尽相同，因此结合工务管理的实际情况，将管理单位划分成组、块和单元区段 3 个不同的级别。组是铁路轨道不平顺管理单位，是用于预测轨道高低不平顺和计算标准偏差的长度单位。块是养护作业单位，是连续 N 个组的集合。而单元区段则是养护计划单位，是 F 个块的集合（不一定连续）。考虑各线路养护作业天窗时间，保证在单元区段内块的长度之和小于 1 d 内可以养护的线路长度之和，如图 10.10 所示。

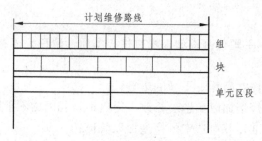

图 10.10 计划维修线路管理单位的划分模型

3. 数学模型

基于维修规则的线路维修计划的数学模型为

$$\left.\begin{array}{ll}\max f(T[i]) & i=1,\ 2,\ \cdots,\ m\\ s.t. \quad G(T[i]) & \end{array}\right\}$$

式中　$T[i]$——第 i 个单元区段的综合分值，$T[i]$ 可按下式计算

$$T[i] = T_s[i]\cdot T_w + Y_s[i]\cdot Y_w + a_v[i]\cdot a_w - X_s[i]\cdot X_w$$

其中　$T_s[i]$、$Y_s[i]$、$a_v[i]$、$X_s[i]$——第 i 个单元区段 1 年内轨道质量指数分值、通过总重分值、垂直加速度分值和维修历史分值；

　　　　T_w、Y_w、a_w、X_w——与轨道质量指数、通过总重、垂直加速度和维修历史 4 个指标相对应的权值。

G 为约束函数，可视不同需要而采纳下面 3 种方法之一：

① 单元区段之和的总长度占计划维修线路区段总长度的百分比，即维修总长度约束；

② 所有单元区段的综合分值大于计划区段内平均综合分值数，即超综合分值约束；

③ 单元区段综合分值占所有区段综合分值的百分比，即综合分值百分比约束。

4. 计算流程

模型的计算方法与流程如图 10.11 所示。

与人工编制维修计划相比，计算机辅助编制维修计划具有明显的优势。即：编制维修计划周期短；模型参数与维修计划易调整；符合"状态修"原则，针对性强；减少了人为的主观影响和盲目性，客观性增强；符合市场经济的要求。同时，利用计算机编制轨道养护维修计划，其自动化程度更高、速度更快；利用数学模型来编制维修计划的过程中综合考虑了多方面因素（目前广泛使用的检测数据 TQI、运量等），也保证了维修方案更科学、更合理、更经济。但是，由于计算机和数学模型无法考虑所有的因素，因此也无法完全替代人的决策，故最终的维修计划尚需根据实际情况进行适当调整，以满足现场要求。

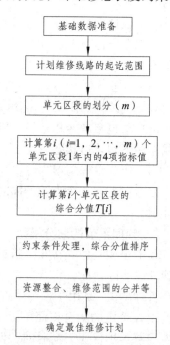

图 10.11　模型计算方法与流程

第四节 基于轨检车检测数据的铁路曲线整正方法

一、基于轨检车检测数据的曲线参数获取

轨检车作为现代检测技术的主要手段，其检测结果的准确程度对于工务部门养护维修计划的制订具有重要的意义。而检测结果的准确程度依赖于轨检车技术的发展以及检测数据的合理运用。了解轨检车的检测原理及其数据结构特点是所有这些的基础。

（一）轨检车检测原理

我国目前使用的轨检车是 GJ-4 型和 GJ-5 型车，由于采用非接触式测量，所以其具有精度高、漂移小、重复性好的特点，而且检测速度大幅提高，已全面覆盖铁路主要干线和提速线路。它们主要是采用惯性基准原理进行测量，如图 10.12。

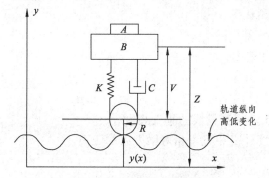

图 10.12　惯性基准原理简化图

以当地水平指北系统为例，在陀螺仪 G_E、G_N、G_Z 和电子计算机控制下，惯性平台始终保持地平坐标系，利用安装在平台上的 3 个互相正交的加速度计分别测出沿东西、南北和垂直方向的加速度分量，并输入计算机。在消除加速度计误差、重力加速度和由于地球自转产生的科里奥利加速度影响后，得出运载体相对地平坐标系的位移加速度分量，再就 t（从起始点到待测点的时间）进行两次积分，并考虑初始速度值 v_{0N}、v_{0E}、v_{0Z}，就可解算出相对前一起始点的坐标变化量，同相应起始点的经度 λ_0、纬度 γ_0 和高程 h_0 累加，就得到待定点的坐标 λ、γ 和 h。

轨检车的测量基准和惯性基准安装在同一刚体内。其测量系统的基础都有其明确的含义，图 10.13 为坐标系的几何定义：

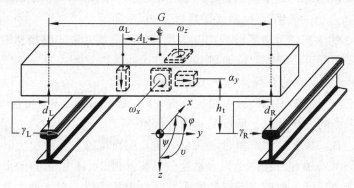

图 10.13　检测坐标系

如图 10.13，图中坐标系采用右手坐标系，其参数具体定义如下：

x 轴为列车行进方向，指向页面向里为正；

y 轴指向水平向右方向为正；

z 轴指向垂直向下方向为正；

角 φ 表示方向偏角，由 x 轴方向转向 y 轴方向为正，即向右偏转为正；

角 v 表示滚动偏角，由 y 轴方向向 z 轴方向旋转正值为正，即左轨抬高为正；

角 ψ 表示倾斜角，由 x 轴向 z 轴方向旋转为正，即坡度角。

测量基准与钢轨及惯性系统的相互位置关系定义如下：

g_L 为左轨轨距点相对测量基准的偏移；

g_R 为右轨轨距点相对测量基准的偏移；

d_L 为左轨踏面顶点相对测量基准的偏移；

d_R 为右轨踏面顶点相对测量基准的偏移；

ω_x 为轨检梁的滚动角速率；

ω_z 为轨检梁的摇头角速率；

a_y 为轨检梁的横向加速度；

a_L 为轨检梁的垂向加速度；

G 为两钢轨踏面中点之间的标准距离，为 1 511 mm；

h_t 为惯性平台相对于轨距测量线的垂直高度；

A_L 为左侧垂直加速度计安装位置相对梁中心的距离。

（二）曲线检测数据获取

1. 轨检车数据获取方法

轨检车在检测后可获得以下数据：轨距、曲率、超高、曲率变化率、水平、左右轨向、左右高低、三角坑、横加、垂加、轨距变化率。

目前，轨检车检测的检测数据存储格式为 geo 或者 ste 波形图文件。这两种格式的文件均可通过 WinDBC 软件来查看。geo 格式的文件可直接利用该软件转换导出各项检测数据，而 ste 格式文件则不能直接导出数据文件。在 WinDBC 软件中，可直接在波形图上点取具体某点的各项检测项目数据，查看起来也非常方便。

当轨检车记录沿线轨道的断面和几何数据时，WinDBC 作为 Laserail!TM 通用几何 Windows 程序能显示由轨检车采集的数据的数字曲线图（DBC）。在 WinDBC 里能显示多达 99 种不同的数据通道。一般情况下,曲线图只显示 16 个通道。

使用 WinDBC 的主窗口可查看曲线图并能执行如下一些功能：测量超限轨道、对曲线图的视图按用户的需要配置、配置数据通道、实时打印曲线图。

图 10.14 显示了主窗口的布局并标出了主要窗口部件。

当打开几何文件，或 WinDBC 正在接收来自 VME 和 ControlConsole 的实时几何数据时，检测数据会以波形图的方式显示，所以又称为波形图。

窗口左上部，有"放大"和"测量"两个按钮。用户可以点击"放大"按钮对所选区域进行放大处理。当单击单点时在图上该点被圈住并显示图 10.15 所示的单个点测量对话框；当单击并从起点拖动指针，在该点与指针的末端会出现一线段，在方框中显示距离，松开鼠标按钮后，就会出现一线段，末端点被圈住，显示点到点测量对话框。对话框中显示通道名、端点的位置（公里标）、距离和差值。

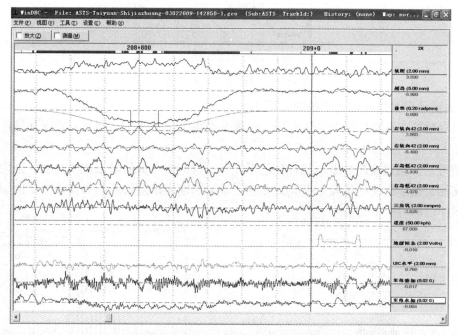

图 10.14　WinDBC 窗口的布局

单个点测量对话框显示通道名、位置、该点到基线的测量偏差值。当打开历史文件时，单个点测量对话框同样会显示历史轨迹值和历史轨迹值与正常轨迹值的差异，如图 10.15。

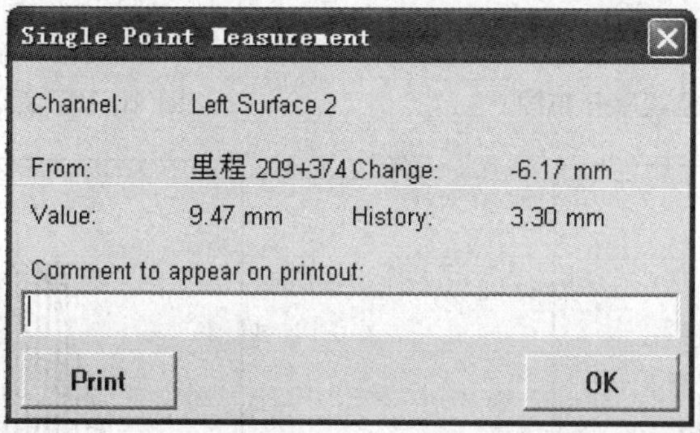

图 10.15　打开历史文件时的单个点测量对话框

单个点测量的图形显示了打开的几何文件和打开的历史文件圈住的两点以及连接两点的垂直线，该线反映了两文件间值的差异，如图 10.16。

当检测到曲线时就会出现 4 个特殊标记。这些标记是从曲线数据延伸到基线的直线。每一曲线都用 A、B、C 和 D 标签标记：A 和 D 标记是曲线的起、终点，为蓝色标注；B 和 C 标记为红色，B 表示缓圆点，C 表示圆缓点。为了在曲线图上快速定位曲线，更改显示数据 X 比例为 5 或 10 个采样。图 10.17 为 10 采样 X 比例视图下的曲线。

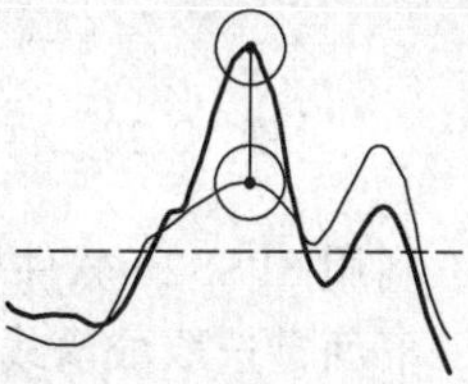

图 10.16　在打开历史文件情况下的单个点测量

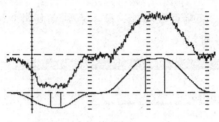

图 10.17　10 采样 X 比例曲线

2．曲线检测数据与曲线半径的关系分析

通过对轨检车检测原理的分析可知，曲线半径可以根据曲率、超高和横向加速度的关系推算。

分析可知，轨道检测数据一般符合正态分布，检测值在真值附近波动呈现。某段曲线的轨检车实测数据中的曲线半径（曲率）、超高、横向加速度以及轨距的具体检测值的频数分布情况如图 10.18～图 10.21。

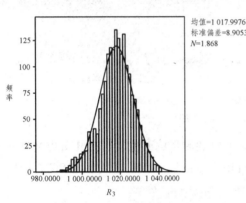

图 10.18　半径频率分布图

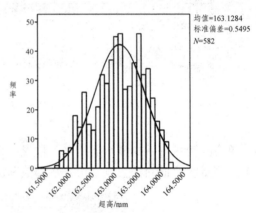

图 10.19　超高频率分布图

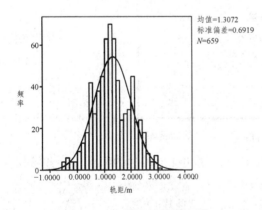

图 10.20　轨距频率分布图

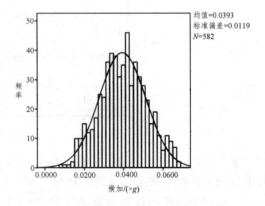

图 10.21　横加频率分布图

利用 SPSS20 软件可分析曲线半径与这些数据之间的相关性。

下面是选取成灌线某一曲线段的部分数据进行相关性分析的结果。

表 10.3、表 10.4 给出了曲线半径与其他参数之间的相关性大小关系。从结果可以发现，曲率和曲线半径是完全相关的。超高、速度和横加与曲线半径的相关性的显著性检验结果的

p 值均小于 0.05，说明这几项数据与曲线半径显著相关。而垂向加速度和轨距，相关性就不是很明显，其显著性检验的结果 p 值均大于 0.05，表示这两项数据与曲线半径的相关性不明显。具体数据的相关性分析结果也同样验证了从曲线计算理论出发的分析结果。

表 10.3　曲率、超高、速度、横加与半径相关性分析

指　标		R	超高/mm	速度/（km/h）	横加/（×g）	曲率/（rad/km）
R	Pearson 相关性	1	-0.448^*	-0.373^*	-0.115^*	-1.000^*
	显著性（双侧）		0.000	0.000	0.006	0.000
	N	582	582	582	582	582
超高/mm	Pearson 相关性	-0.448^*	1	-0.146^*	0.261^*	0.450^*
	显著性（双侧）	0.000		0.000	0.000	0.000
	N	582	582	582	582	582
速度/（km/h）	Pearson 相关性	-0.373^*	-0.146^*	1	-0.427^*	0.369^*
	显著性（双侧）	0.000	0.000		0.000	0.000
	N	582	582	582	582	582
横加/（×g）	Pearson 相关性	-0.115^*	0.261^*	-0.427^*	1	0.118^*
	显著性（双侧）	0.007	0.000	0.000		0.004
	N	582	582	582	582	582
曲率/（rad/km）	Pearson 相关性	-1.000^*	0.450^*	0.369^*	0.118^*	1
	显著性（双侧）	0.000	0.000	0.000	0.004	
	N	582	582	582	582	582

* 在 0.01 水平（双侧）上显著相关。

表 10.4　垂加、轨距与半径相关性分析

指　标		R_1	垂加/（×g）	轨距
R_1	Pearson 相关性	1	-0.030	0.041
	显著性（双侧）		0.444	0.295
	N	659	659	659
垂加/（×g）	Pearson 相关性	-0.030	1	0.033
	显著性（双侧）	0.444		0.399
	N	659	659	659
轨距	Pearson 相关性	0.041	0.033	1
	显著性（双侧）	0.295	0.399	
	N	659	659	659

3. 轨检车数据里程漂移分析

轨检车的检测里程相对于实际里程会有一定的漂移，这会给后续的一些计算、校对带来一些影响。这主要表现为实测数据点发生漂移，与原始资料或者之前的检测资料发生里程不一致的问题。

对于轨检车数据中的里程漂移量，可采用里程灰色关联度方法进行纠正，即利用某次轨距的测量值与该次测量值的不同序列做关联度比较来确定其漂移量。以前一次或者某一次的轨检车数据作为参考，然后将第二次检测数据以不同位置作为起始位置组成多组数列，以这些数列作为比较数列与参考数列做关联度分析，计算出每组比较数列与参考数列的关联度大小。通过比较关联度大小就可以知道哪组数列与参考数列关联程度最强，然后将此数列的里程纠正到与参考数列里程一致。这样就对轨检车的里程做出了纠正，从而使得轨检车的本次检测数据能够和前面的检测数据进行比较分析。

1）灰色关联模型的建立

在轨检车检测的状态量中，取最直观和最具代表性的轨距数据来进行里程对比分析。设某日的样本数据为基本数据 X_0，取该样本中的若干点数据为基本数据；设其他若干日的检测数据为对比数据 X_i，取与其数量相同的样本点数据为对比数据。利用灰色关联度的大小，也就是样本波形图和对比波形图的相似情况，找到对比数据中与样本数据最贴合的位置，从而得到前挪或者后移的里程量。

第一次轨距数据 X_0 和第二次轨距数据 X_i 分别构成如下序列：

$$X_0 = (x_0(1), x_0(2), x_0(k), \cdots, x_0(n)) \tag{10.7}$$

$$X_i = (x_i(1), x_i(2), x_i(k), \cdots, x_i(n)) \tag{10.8}$$

式中：i 为数据列序号，$i = 1, 2, \cdots, 401$；k 为数据序号，$k = 1, 2, \cdots, n$。

初始化后，式（10.7）、（10.8）分别变为

$$Y_0 = (y_0(1), y_0(2), y_0(k), \cdots, y_0(n)) \tag{10.9}$$

$$Y_i = (y_i(1), y_i(2), y_i(k), \cdots, y_i(n)) \tag{10.10}$$

式中：

$$y_0(k) = x_0(k)/x_0(1) \tag{10.11}$$

$$y_i(k) = x_i(k)/x_i(1) \tag{10.12}$$

灰色关联系数为

$$\varepsilon_{0i}(k) = \frac{\Delta_{\min} + \varepsilon\Delta_{\max}}{\Delta_{0i}(k) + \varepsilon\Delta_{\max}} \tag{10.13}$$

式中：

$$\Delta_{0i}(k) = |y_0(k) - y_i(k)| \tag{10.14}$$

$$\Delta_{\min} = \min_i \min_k \Delta_{0i}(k) \tag{10.15}$$

$$\Delta_{\max} = \max_i \max_k \Delta_{0i}(k) \qquad (10.16)$$

在式（10.13）中，分辨系数 $\varepsilon \in (0,1]$，取 $\varepsilon = 0.5$。

灰色关联度为

$$\gamma_{0i} = \frac{1}{n} \sum_{k=1}^{n} \varepsilon_{0i}(k) \qquad (10.17)$$

根据 γ_{0i} 的相对大小就能评价各个参数 X_i 与 X_0 的相似程度，进而找到相似度最高的那组数据来进行里程校正。

2）归一化方法的选取

所谓归一化也就是无量纲化，是一种对原始数据常用的数据处理方法，以达到方便后续计算分析的目的。根据轨检车检测数据的轨距数据特点，可采用"中心化"和"极差化"两种方法对模型进行归一化处理，然后再检验"中心化"处理方法和原公式给出的"初值化"处理方法的效果差别，从而在导出的检测数据中选取各项全不为 0 的一段数据，分别用原始模型和改动后的模型进行计算，对比其得到的关联度。

（1）"中心化"处理模型：

$$x_i(j) = \frac{y_i(j) - \dot{y}_i}{\sigma_i} \qquad (10.18)$$

式中：$i = 0$，1，2，$\cdots$，n；$\dot{y}_i$、σ_i 为因素观测值 y_i 的样本平均值和样本均方差，下同。

（2）"极差化"处理模型：

$$x_i(j) = \frac{y_i(j) - m}{M - m} \qquad (10.19)$$

式中：m、M 为因素观测值 y_i 的最小值和最大值，下同。

（3）"初值化"处理：

$$x_i(j) = \frac{y_i(j)}{y_i(1)} \qquad (10.20)$$

3）分辨系数 ε 的选取

可以看到灰色关联模型公式（10.13）中有一个分辨系数，在上述计算中，笔者直接采用了建议值 0.5，但是这个分辨系数的选取是否合理，还要根据它选取的原则进行探究。

从式（10.13）可以看出分辨系数 ε 直接影响着 $\Delta_{\max}$ 对灰色关联系数 $\varepsilon_{0i}(k)$ 的贡献，如果 $\Delta_{\max} \gg \Delta_{0i}(k)$，$\varepsilon_{0i}(k)$ 的值将接近于 1，那么计算出来的灰色关联度也将非常接近，这将降低里程校正选取数列的说服力，所以这时应减小分辨系数 ε 的取值。同样，如果 $\Delta_{\max} \approx \Delta_{0i}(k)$，$\varepsilon_{0i}(k)$ 的值也会较大，一旦分辨系数 ε 的取值过小，也会得到错误的结果。

通过以上分析，可以得出以下分辨系数 ε 选取的原则：

（1）根据观测值的不同，动态选取分辨系数。

（2）当观察序列比较平稳时，即 $\Delta_{\max} \approx \Delta_{0i}(k)$ 时，应该选取较大的分辨系数，充分体现关联度的整体性。

（3）当观察序列有异常值时，即 $\Delta_{max} \gg \Delta_{0i}(k)$ 时，应该选取较小的分辨系数，从而克服异常值的支配性。

根据以上原则，可以得到分辨系数选取的数学方法：

设 $\Delta(k)$ 为所有差值绝对值的均值，即：

$$\Delta(k) = \frac{1}{nm} \sum_{i=1}^{m} \sum_{k=1}^{n} \Delta_{0i}(k) \tag{10.21}$$

且记

$$\varepsilon(k) = \frac{\Delta(k)}{\Delta_{max}} \tag{10.22}$$

则 ε 的取值为 $\varepsilon(k) \leqslant \varepsilon \leqslant 2\varepsilon(k)$，另应满足：

（1）当观察序列比较平稳时，即 $\Delta_{max} \leqslant 3\Delta(k)$ 时，分辨系数 ε 取较大值，即 $1.5\varepsilon(k) \leqslant \varepsilon \leqslant 2\varepsilon(k)$。

（2）当观察序列有异常值时，即 $\Delta_{max} > 3\Delta(k)$ 时，分辨系数 ε 取较小值，即 $\varepsilon(k) \leqslant \varepsilon \leqslant 1.5\varepsilon(k)$。

二、基于轨检车检测数据的曲线整正方法

（一）曲线整正计算模型

铁路曲线整正常采用偏角法、绳正法两种。偏角法根据铁路曲线实测偏角资料计算既有曲线渐伸线，从而计算将既有曲线拨正到设计曲线位置所需的拨动量，其计算基础数据为计算点的里程和偏角。绳正法依据实测的曲线正矢资料，计算将实际曲线拨正到设计曲线的拨动量，其计算基础数据为计算点的里程和正矢。

依据轨检车数据，只能获取曲线的曲率，从而估计测点的矢距，而不能得到曲线的偏角资料。因此，基于轨检车数据进行曲线整正只能采用绳正法计算模型。

用一根长为 20 m 的不易变形的弦线，两端紧贴外轨内侧轨顶线下 16 mm 处，在弦的中点量出弦线与外轨侧面的距离，即为"实测正矢"。并规定实测正矢与"计划正矢"之差，实测正矢连续差及实测正矢最大最小值之差的限值，如发现实测正矢超过规定值（表 10.5），则曲线需要进行整正。

表 10.5　曲线正矢经常保养容许偏差

曲线半径 R/m	缓和曲线正矢与计算正矢差/mm		圆曲线正矢连续差/mm		圆曲线正矢最大最小值差/mm	
	正线及到发线	其他站线	正线及到发线	其他站线	正线及到发线	其他站线
$R \leqslant 250$	7	8	14	16	21	24
$250 < R \leqslant 350$	6	7	12	14	18	21
$350 < R \leqslant 450$	5	6	10	12	15	18
$450 < R \leqslant 800$	4	5	8	10	12	15
$R > 800$	3	4	6	8	9	12

注：专用线按其他站线办理。

圆曲线上各点（始、终点除外）的正矢应相等。半径为 R、弧长为 L 的圆曲线正矢为

$$f_c = \frac{L^2}{8R}$$

缓和曲线正矢的计算图示如图 10.22 所示。设 y_1，y_2，y_3，…，为各测点的支距，则有

$$f_0 = \frac{y_1}{2}, \quad f_1 = \frac{y_2}{2} - y_1, \quad f_2 = \frac{y_1 + y_3}{2} - y_2, \quad \cdots$$

对于常用缓和曲线，各点正矢可表示为

$$f_0 = \frac{f_s}{6}, \quad f_1 = f_s, \quad f_1 = 2f_s, \quad f_1 = 3f_s, \quad \cdots$$

其中 f_s 为缓和曲线的正矢递增率，当 n 为缓和曲线分段数时，则有 $f_s = \dfrac{f_c}{n}$。

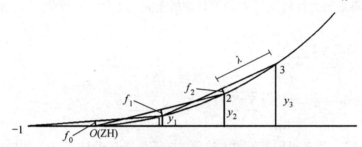

图 10.22　缓和曲线正矢计算图示

当 HY 点正好落在测点上时，其正矢为 $f_c - f_0$，但由于圆曲线长一般都不是 10 m 的整数倍，因此 YH、HZ 点就不可能恰好落在测点上，其正矢要作为特殊情况进行计算。设 HZ 点左右测点分别为 b（缓和曲线上）、a（直线上），距 HZ 点的距离分别为 B、A，且 $\lambda = L/2$，则两测点的正矢为

$$f_a = \frac{1}{6} f_s \left(\frac{B}{\lambda}\right)^3 = a_a f_s, \quad f_b = \frac{1}{6} f_s \left[\left(1 + \frac{B}{\lambda}\right)^3 - 2\left(\frac{B}{\lambda}\right)^3\right] = a_b f_s$$

同样，设 YH 点左右测点分别为 a（圆曲线上）、b（缓和曲线上），距 YH 点分别为 A、B，则有

$$f_a = f_c - a_a f_s, \quad f_b = f_c - a_b f_s$$

第二缓和曲线上其他各测点的计划正矢，可根据各点至 ZH 点的距离按比例求得。

曲线上各测点的渐伸线长度计算如图 10.23 所示，其中 0，1，2，…，n 分别表示曲线各个测点，相应的实测正矢为 $f_0, f_1, f_2, \cdots, f_n$，相应的渐伸线长度为 $E_0, E_1, E_2, \cdots, E_n$，则

$$E_1 = 2f_0, \quad E_2 = 4f_0 + 2f_1 = 2(2f_0 + f_1),$$

$$E_3 = 6f_0 + 4f_1 + 2f_2 = 2(3f_0 + 2f_1 + f_2), \quad \cdots,$$

$$E_n = 2[nf_0 + (n-1)f_1 + (n-2)f_2 + \cdots + 2f_{n-2} + f_{n-1}] = 2\sum_{i=0}^{i=n-1}\sum_{j=0}^{j=i}f$$

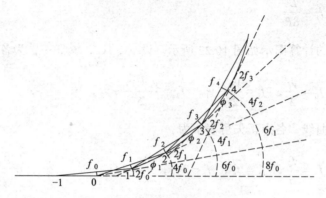

图 10.23　渐伸线长度计算图示

同样，可求得正矢为计划正矢 f' 的设计曲线上 n' 的渐伸线长度为

$$E_n' = 2\sum_{i=0}^{i=n-1}\sum_{j=0}^{j=i}f_i'$$

$$e_n = E_n - E_n' = 2\sum_{i=0}^{i=n-1}\sum_{j=0}^{j=i}(f-f') = 2\sum_{i=0}^{i=n-1}\sum_{j=0}^{j=i}\mathrm{d}f$$

$\mathrm{d}f$ 为"正矢差"，等于现场正矢减去计划正矢。拨量 e_n 的计算，可用表 10.6 进行。

表 10.6　拨量计算表

测点	现场正矢 f	计划正矢 f'	正矢差 $\mathrm{d}f$	正矢差累计 $\sum\mathrm{d}f$	正矢差累计的合计（半拨量） $\sum\sum\mathrm{d}f$	全拨量 $2\sum\sum\mathrm{d}f$
1	2	3	4	5	6	7
0	f_0	f_0'	$\mathrm{d}f_0$	$\mathrm{d}f_0$	0	0
1	f_1	f_1'	$\mathrm{d}f_1$	$\mathrm{d}f_0 + \mathrm{d}f_1$	$\mathrm{d}f_0$	$2\mathrm{d}f_0$
2	f_2	f_2'	$\mathrm{d}f_2$	$\mathrm{d}f_0 + \mathrm{d}f_1 + \mathrm{d}f_2$	$2\mathrm{d}f_0 + \mathrm{d}f_1$	$2(2\mathrm{d}f_0 + \mathrm{d}f_1)$
3	f_3	f_3'	$\mathrm{d}f_3$	$\mathrm{d}f_0 + \mathrm{d}f_1 + \mathrm{d}f_2 + \mathrm{d}f_3$	$3\mathrm{d}f_0 + 2\mathrm{d}f_1 + \mathrm{d}f_2$	$2(3\mathrm{d}f_0 + 2\mathrm{d}f_1 + \mathrm{d}f_2)$
⋮	⋮	⋮	⋮	⋮	⋮	⋮
⋮	⋮	⋮	⋮	⋮	⋮	⋮
⋮	⋮	⋮	⋮	⋮	⋮	⋮
⋮	⋮	⋮	⋮	⋮	⋮	⋮
n	f_n	f_n'	$\mathrm{d}f_n$	$\mathrm{d}f_0 + \mathrm{d}f_1 + \cdots + \mathrm{d}f_n$	$n\mathrm{d}f_0 + (n-1)\mathrm{d}f_1 + \cdots + \mathrm{d}f_{n-1}$	$2[n\mathrm{d}f_0 + (n-1)\mathrm{d}f_1 + \cdots + \mathrm{d}f_{n-1}]$

（二）曲线半径估计方法

1. 曲线半径估计公式

传统的绳正法计算方法就是通过由现场测量得到的实测正矢，结合计划正矢，按照表10.6拨量计算。然后，运用计算结果指导现场拨道工作。

在运用轨检车检测的线路上最直接的拨道量计算方法就是利用曲率，通过公式 $f_{实} = 50\,000/R$（mm）计算得到现场实测正矢，然后进行拨道量计算。但是一般情况下，由上述方法计算得到的结果往往不能直接满足绳正法计算的所有限制条件，需要通过调整计划正矢来使之满足。而调整计划正矢时的具体位置与数值不是唯一的。这就导致了传统方法的整体电算化或者程序化难以实现，多数情况下都需要手动调整计划正矢来完成运算。而且，一次调整的运算结果还是难以满足要求，所以通常情况下都要通过几次调整计划正矢才能使运算结果更加合理。

解决此困难的方案是：首先综合运用轨检车其他相关数据（曲率、超高、横加），分别计算得到同一测点的曲线半径；其次考虑各单项曲线半径的影响权重，计算加权曲线半径；再次，由加权组合半径计算曲线实测正矢；最后，结合计划正矢计算拨距。

1）基于轨检车实测曲线数据直接计算曲线半径

（1）由曲率计算曲线半径：$R_1 = 1/C$。

（2）由超高计算曲线半径：$R_2 = 11.8V^2/h$，V 为线路列车平均速度（km/h）。

（3）由横向加速度计算曲线半径：$a = a_1 + a_2$，a_1 为轨检车检测数据，$a_2 = h/11.8$，即被超高所平衡的加速度。则

$$R_3 = V^2/a$$

V 为轨检车实测速度（km/h）。

列车的横向加速度主要是由未被平衡的超高所引起的。一定的曲线超高仅对应某一列车速度，当列车以不同的速度通过时，未被平衡的加速度计算公式为

$$a = \frac{V^2}{R} - \frac{gh}{s}$$

式中　h——曲线超高（mm）；

　　　g——重力加速度；

　　　s——两钢轨中心距；

　　　V——列车通过速度。

研究表明，考虑到车辆弹簧装置对未被平衡的加速度的附加作用，列车产生的加速度会增加20%，所以

$$\frac{a}{1.2} = \frac{V^2}{R} - \frac{gh}{s}$$

s 取 1 500 mm，g 取 9.8 m/s²，则 $\dfrac{a}{1.2} = \dfrac{V^2}{R} - \dfrac{h}{11.8}$。

所以，计算 R_3 时，要将检测到的加速度先折减，然后再进行计算。

在运用轨检车超高资料计算曲线半径 R_2、R_3 时，代入的速度应为线路列车运行的平均速

473

度，若不知道平均速度，则用 $(0.8-0.9)V_设$ 代替，这样可以减少一些误差。

2）关联度综合半径

设各曲线参数对曲线半径的影响程度为线性关系，则可得综合考虑各项影响因素的综合半径为下列关系模型：

$$R = b_0 + b_1R_1 + b_2R_2 + b_3R_3$$

式中：b_0、b_1、b_2、b_3 为各参数项的权值系数，可采用关联度分析法确定。

2. 考虑曲线扰动影响的半径修正方法

列车的运行会对曲线产生作用力，导致曲线发生扰动，偏离原有位置。偏移越多，扰动后的半径值就会偏离设计半径值越大。扰动的影响程度是后续研究的前提条件和判断依据之一。

一般情况下，对于某一小段曲线，可固定其中点位置不变，或者把扰动后的曲线中点移回到原来的位置，然后观测其变形情况。这样就等价于，曲线的扰动都发生在除中点以外的点上。这样会出现以下几种情况：

第一种：曲线两端均往外偏，则曲线半径增大；

第二种：曲线两端均往里偏，则曲线半径减小；

第三种：曲线一端往外偏，一端往里偏，则曲线半径有可能增大，有可能减小，具体变化情况要根据往外偏和往里偏的相对程度的大小来决定。

在这三种情况中，线路的大部分变化情况都属于第三种，而第一种和第二种情况是两种极限情况，决定着线路扰动后曲线半径可能出现的最大值或最小值。

下面是两种极限情况的示意图（图 10.24、图 10.25）。

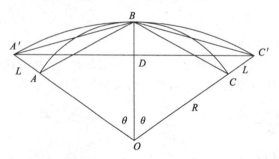

图 10.24　第一种，曲线半径变大

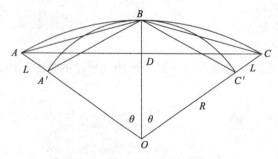

图 10.25　第二种，曲线半径减小

曲线两端点发生的偏移量为 L，原曲线半径值为 R，半弧长所对应的圆心角为 θ。根据这些已知条件推导出曲线扰动之后的半径值。

如果完全按照实际情况很难计算出准确的值，则为了简化计算，我们给出一些假设条件：

（1）曲线中点位置不变。

（2）曲线两端点沿着其法线方向发生偏移。

（3）钢轨伸缩量不考虑。

作出这些条件限制之后，计算就变得容易多了。对于第一种情况：

在 $\triangle AOB$ 中，$AO = BO = R$，$\theta = L/R$；

在 $\triangle A'OB$ 中，$A'O = R + L$，$BO = R$。

根据余弦定理，可以得到：

$$A'B^2 = A'O^2 + BO^2 - 2A'O \times BO \times \cos\theta$$

再由直角 $\triangle A'OD$ 中，$A'D = A'O \times \sin\theta$，$OD = A'O \times \cos\theta$，而 $BD = OB - OD$。

在 $\triangle A'BC'$ 中，由三角形的外接圆的直径等于两边长之积除以第三边上的高，可以得到

$$\frac{A'B \times BC'}{BD} = 2R'$$

所以，$R' = \dfrac{A'B \times BC'}{2BD}$

对于第二种情况，只是 $A'O = R - L$，其他都是一样的。

这样，就求出了曲线扰动之后的半径值。

另外，当曲线半径增大时，若曲线不出现反弯则会有一个最大偏移量，也就是曲线变成直线的情况下两个端点的移动量。图 10.26 就是这种情况。

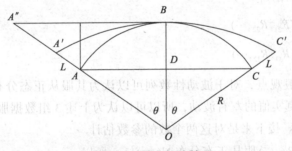

图 10.26　最大偏移情况

$$AA'' = \frac{BD}{\cos\theta} = R \times (1 - \cos\theta)$$

由于轨检车测量曲率是以 30m 曲线所转过的角度来计算的，所以 L 可以取为 15 m。由上述公式计算得到的各个半径值，在不出现曲线反弯的情况下的曲线两端的最大偏移量，如表 10.7。

表 10.7　不同半径最大偏移量

半径/m	600	800	1 000	1 200	1 400	1 600	2 000	2 500	3 000
偏移量/mm	187	141	112	94	80	70	56	45	37
半径/m	3 500	4 000	4 500	5 000	5 500	6 000	7 000	8 000	
偏移量/mm	32	28	25	22	20	19	16	14	

从表 10.7 中可以发现，在不出现反弯的情况下，曲线两端偏移量随着半径的增大而减小。当半径达到 5 000 m 时，其最大偏移量为 20 mm。

3. 曲线半径关联度分析及权值确定

本节内容主要为曲线半径关联度分析，采用参数估计与方差分析、灰色关联度分析、回归分析三种方法分析各参数与曲线半径之间的相关性大小，分为定性分析和定量分析两部分，其中前两种方法为定性分析，第三种方法为定量分析。三种方法之间也可以互相作为彼此之间的验证之用。

1）参数估计与方差分析

由于还不知道由各个量计算得到的半径值的具体情况，所以需要先研究各测量数据与曲线半径之间的关系之后才能确定最终的曲线半径。在这里，我们先做一个假设，曲线段的半径可以由各个数据计算得到的半径经过加权组合之后确定。即最终半径与由各参数计算所得半径之间存在线性关系，则最终半径计算公式为

$$R = b_0 + b_1 R_1 + b_2 R_2 + b_3 R_3$$

在众多的统计方法中，参数估计法比较容易理解，做法也比较简单。通过对一段曲线的曲线半径测量值样本运用参数估计法可以得到更合理的半径值。在一小段曲线范围内可以认为该曲线段的半径是不变的，这样就可以用参数估计法来估计这个半径值。

如果把一定长度下计算所得的所有半径值作为一个样本数列来考虑，根据本节前面的研究内容，由各参数公式可以分别计算 R_1，R_2，R_3，得到三组数据：

$$R_1 (R_{11}, R_{12}, \cdots)$$

$$R_2 (R_{21}, R_{22}, \cdots)$$

$$R_3 (R_{31}, R_{32}, \cdots)$$

根据统计学的一般观点，对于波动性数列可以认为其服从正态分布 $X \sim N(\mu, \delta^2)$。轨检车检测数据也是在其真实值的左右波动，所以可以认为上述 3 组数据服从正态分布，其中的均值 μ 和方差 δ^2 未知。接下来是对这两个数的参数估计。

由于数列 $R_x (R_{x1}, R_{x2}, \cdots)$ 服从正态分布 $N(\mu, \delta^2)$，所以

$$\mu_x = E(R_{xi})$$

$$\delta_x^2 = E(R_x^2) - [E(R_x)]^2$$

分别是各自的一个合理估计值。

取 $R_x = \mu_x$，作为该计算曲线段的半径，由此可以取 $R_1 = \mu_1$，$R_2 = \mu_2$，$R_3 = \mu_3$。

而 δ_1^2、δ_2^2、δ_3^2 可作为评价参数间关联度大小的依据。但是由于各自的 μ 不同，所以不能够直接进行比较，需通过变换统一之后才能进行比较。

把 3 个普通的正态分布数列经过公式 $\mu = \dfrac{x - \mu}{\delta}$ 变换之后就能将其变换成标准正态分布 N（0,1）。这样就可以利用这些数列的方差或者标准差之间的大小关系来进行比较，继而就可以知道各个参数与曲线半径之间的关联度大小了。

2）灰色关联度分析

运用灰色关联度分析法来研究轨检车数据中曲率、超高、水平加速度与曲线半径之间的相关性大小，就是希望能够找到其相互之间的具体关系，从而能够更好地将轨检车数据运用于实际的现场铁路曲线整正工作中，提高曲线整正工作的效率及其准确性。

（1）确定参考序列和比较序列。

灰色关联度可分成"局部性灰色关联度"与"整体性灰色关联度"两类。其主要区别在于局部性关联度有着一个明确的参考序列，而整体性灰色关联度中任何一个序列都可以作为参考序列使用。

在本节中为局部性灰色关联度，参考序列为前次测量后未经扰动的曲线半径检测值。比较序列为由曲率、超高和水平加速度分别计算得到的曲线半径测量序列，具体如下：

$$R_1(R_{11}, R_{12}, \cdots)$$

$$R_2(R_{21}, R_{22}, \cdots)$$

$$R_3(R_{31}, R_{32}, \cdots)$$

由这 3 个数列组成序列矩阵为

$$(\boldsymbol{R}_1' \quad \boldsymbol{R}_2' \quad \boldsymbol{R}_3') = \begin{pmatrix} R_1'(1) & R_2'(1) & R_3'(1) \\ R_1'(2) & R_2'(2) & R_3'(2) \\ \vdots & \vdots & \vdots \\ R_1'(n) & R_2'(n) & R_3'(n) \end{pmatrix}_{n \times 3}$$

其中：$\boldsymbol{R}_i' = [\boldsymbol{R}_i'(1), \boldsymbol{R}_i'(2), \cdots, \boldsymbol{R}_i'(n)]^T$。

（2）作原始数据变换。

如果原始变量序列具有不同的量纲，则为了保证分析结果的可靠性，也为了简化计算，需对变量序列进行无量纲化处理。虽然本次比较数列均为由 3 个参数计算所得的曲线半径数列，其量纲一致；但是为了尽可能消除影响，也为了后续计算的方便，依然要对数列进行无量纲化处理。各序列无量纲化后可以形成如下矩阵：

$$(\boldsymbol{R}_1 \quad \boldsymbol{R}_2 \quad \boldsymbol{R}_3) = \begin{pmatrix} R_1(1) & R_2(1) & R_3(1) \\ R_1(2) & R_2(2) & R_3(2) \\ \vdots & \vdots & \vdots \\ R_1(n) & R_2(n) & R_3(n) \end{pmatrix}_{n \times 3}$$

本节中各序列均为各个曲线段的半径序列，其都在该曲线段的真实曲线半径附近波动，可视为偏离型序列，所以做如下变换：

$$y_i(k) = \frac{|R_i(k) - R_{i均}| - \max_i |R_i(k) - R_{i均}|}{\max_i |R_i(k) - R_{i均}| - \min_i |R_i(k) - R_{i均}|}$$

经变换后的数据可重新组成如下矩阵：

$$(y_1 \quad y_2 \quad y_3) = \begin{pmatrix} y_1(1) & y_2(1) & y_3(1) \\ y_1(2) & y_2(2) & y_3(2) \\ \vdots & \vdots & \vdots \\ y_1(n) & y_2(n) & y_3(n) \end{pmatrix}_{n \times 3}$$

（3）求绝对差序列

根据绝对差计算公式 $\Delta_{1i}(k) = |y_1(k) - y_i(k)|$ 可求得各数列的绝对差序列，并且组成绝对差矩阵：

$$\begin{pmatrix} \Delta_1(1) & \Delta_2(1) & \Delta_3(1) \\ \Delta_1(2) & \Delta_2(2) & \Delta_3(2) \\ \vdots & \vdots & \vdots \\ \Delta_1(n) & \Delta_2(n) & \Delta_3(n) \end{pmatrix}_{n \times 3}$$

（4）计算关联系数。

将绝对差矩阵作如下变换：

$$\zeta_{1i}(k) = \frac{\Delta_{\min} + \rho \Delta_{\max}}{\Delta_{0i}(k) + \rho \Delta_{\max}}$$

可以得到关联系数矩阵：

$$\begin{pmatrix} \zeta_1(1) & \zeta_2(1) & \zeta_3(1) \\ \zeta_1(2) & \zeta_2(2) & \zeta_3(2) \\ \vdots & \vdots & \vdots \\ \zeta_1(n) & \zeta_2(n) & \zeta_3(n) \end{pmatrix}_{n \times 3}$$

其中：$\Delta_{1i}(k) = |y_1(k) - y_i(k)|$ 为绝对差；

$\Delta_{\min} = \min\limits_{i} \min\limits_{k} \Delta_{0i}(k)$ 为两极最小差；

$\Delta_{\max} = \max\limits_{i} \max\limits_{k} \Delta_{0i}(k)$ 为两极最大差；

$\rho \in (0,1)$ 为分辨系数，它的作用就是提高关联系数之间的差异显著性，一般情况下可取 $0.1 \sim 0.5$，要想提高关联系数之间的差异性，将 ρ 取较小就可以了。

由公式可以看出，关联系数 ζ 是小于 1 的正数，它反映第 i 个比较序列 X_i 与参考序列 X_0 在第 k 个期的关联程度。

（5）计算关联度。

设 w_k 为指标 k 的权重，满足

$$0 \leqslant w_k \leqslant 1, \quad \sum_{k=1}^{n} w_k = 1$$

在实际计算中，指标 k 的权重一般按照同等权重处理，即 $w_k = 1/n$。

所以，关联度的计算公式为

$$r(R_0, R_i) = \sum_{k=1}^{n} \frac{1}{n} \zeta(R_0(k), R_i(k))$$

所求得的关联度为 R_0 对 R_i 的灰关联度。$r(R_0, R_i)$ 是序列几何距离的一种度量，表达了两个数据之间的相关性大小。

（6）排关联序。

按照一定的要求对关联度进行排序，这样就可以知道各比较序列与参考序列之间的关联关系了。关联度越大，说明两者之间的变化发展越接近。在线路计算中，可以以前次整正后未行车时的测量值作为参考，或者以静态检测时的检测结果作为参考。

3）回归分析

假定各参数之间存在着线性关系，综合半径的计算公式为：$R = b_0 + b_1 R_1 + b_2 R_2 + b_3 R_3$。但是这个假定中忽略了除这三个因素之外的其他一些因素对检测结果的影响。事实上，曲线半径的取值中，既有本节中讨论的三个因素的影响，也有其他随机因素综合作用所引起的波动（记为 ε），这两部分的叠加决定了 R 的取值，即

$$R = f(x_1, x_2, x_3) + \varepsilon$$

其中 $f(x_1, x_2, x_3)$ 刻画了自变量 x_1，x_2，x_3 对于 R 取值的主导性作用，ε 的存在导致了 R 实际取值的不可准确预言。

虽然 ε 在各次检测中具有不可准确观测性，但 ε 为一均值为零的随机变量是一种合理的假定。所以计算模型可定义为

$$\begin{cases} y = f(x_1, x_2, x_3) + \varepsilon \\ E(\varepsilon) = 0 \end{cases}$$

根据实际情况可得所需计算模型为

$$\begin{cases} y = b_0 + b_1 x_1 + b_2 x_2 + b_3 x_3 + \varepsilon \\ E(\varepsilon) = 0 \end{cases}$$

有了计算模型，就可以运用实测数据进行推断，也就是对模型参数 b_0、b_1、b_2、b_3 进行推断。

取 10 组实测数据代入方程，得

$$y_1 = b_0 + b_1 x_{11} + b_2 x_{12} + b_3 x_{13} + \varepsilon_1$$
$$y_2 = b_0 + b_1 x_{21} + b_2 x_{22} + b_3 x_{23} + \varepsilon_2$$
$$\cdots\cdots$$
$$y_{10} = b_0 + b_1 x_{101} + b_2 x_{102} + b_3 x_{103} + \varepsilon_{10}$$

记

$$\boldsymbol{Y} = \begin{pmatrix} y_1 \\ y_2 \\ \vdots \\ y_{10} \end{pmatrix}, \quad \boldsymbol{X} = \begin{bmatrix} 1 & x_{11} & x_{12} & x_{13} \\ 1 & x_{21} & x_{22} & x_{23} \\ \vdots & \vdots & \vdots & \vdots \\ 1 & x_{101} & x_{102} & x_{103} \end{bmatrix}, \quad \boldsymbol{\beta} = \begin{pmatrix} b_0 \\ b_1 \\ b_2 \\ b_3 \end{pmatrix}, \quad \boldsymbol{e} = \begin{pmatrix} \varepsilon_1 \\ \varepsilon_2 \\ \vdots \\ \varepsilon_{10} \end{pmatrix},$$

则方程组可表示为

$$Y = X\beta + e$$

另外，定义第 i 次试验中，因变量的实际观测值 y_i 与可以通过回归函数加以结束的量 $b_0 + b_1x_{i1} + b_2x_{i2} + b_3x_{i3}$ 之间的偏差为 $y_i - (b_0 + b_1x_{i1} + b_2x_{i2} + b_3x_{i3})$，这个偏差可正可负，称为第 i 次试验观测中的残差。将全部 n 次试验观测中的残差平方后求和得

$$F(b_0, b_1, b_2, b_3) = \sum_{i=1}^{n} (y_i - b_0 - b_1x_{i1} - b_2x_{i2} - b_3x_{i3})^2$$

由多元函数极值点的必要条件可知，要求残差平方和 $F(b_0, b_1, b_2, b_3)$ 的最小值点 b_0、b_1、b_2、b_3，需解以下方程组：

$$\begin{cases} \dfrac{\partial F(b_0, b_1, b_2, b_3)}{\partial b_0} = 0 \\[2mm] \dfrac{\partial F(b_0, b_1, b_2, b_3)}{\partial b_1} = 0 \\[2mm] \dfrac{\partial F(b_0, b_1, b_2, b_3)}{\partial b_2} = 0 \\[2mm] \dfrac{\partial F(b_0, b_1, b_2, b_3)}{\partial b_3} = 0 \end{cases}$$

将上两式简化之后可得

$$F(\beta) = (Y - X\beta)'(Y - X\beta) = Y'Y - 2Y'X\beta + \beta'X'X\beta \qquad (10.23)$$

$$\frac{\partial F(\beta)}{\partial \beta} = 0 \qquad (10.24)$$

将式（10.23）代入式（10.24）计算可得到

$$X'X\beta = X'Y$$

两端左乘 $(X'X)^{-1}$，即得

$$\beta = (X'X)^{-1}X'Y$$

由此式可得到回归函数参数的最终取值，接着就可以得到所求回归函数的最终形式。

按照上述线性回归理论的分析，将此结果应用到线路曲线计算当中，就可以得到相应的 $\beta = (b_0, b_1, b_2, b_3)$，也就可以确定回归方程。其计算公式为

$$R = b_0 + b_1R_1 + b_2R_2 + b_3R_3$$

（三）轨检车正矢值修正

在既有线曲线整正时，正矢是由工务段工人用弦线测出的，由于有人工误差的影响，一般做法是将所测正矢值取整；而在高速铁路中，由于曲线半径较大，精度要求较高，所以采用弦线测量正矢的方法是不可行的，这就要求利用现代检测技术对曲线正矢进行高精度的测

量。如前述曲率的修正值为 0.005，所以，用于计算现场正矢的曲率，应当在轨检车实测曲率的基础上减去 0.005 得到修正曲率，再通过公式就可以计算出修正后的正矢值。

（四）基于轨检车数据的曲线整正计算步骤

基于轨检车数据根据绳正法进行曲线整正的计算流程如图 10.27。

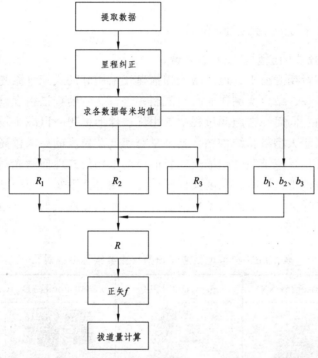

图 10.27　基于轨检测车数据的曲线整正计算流程

计算步骤可归纳为：

第一步：获取轨检车曲线数据；

第二步：里程纠正；

第三步：求出每米的检测数据平均值；

第四步：求由曲率、超高和加速度分别计算的曲线半径值；

第五步：运用公式 $R = b_1 R_1 + b_2 R_2 + b_3 R_3$ 加权平均后的曲线半径值；

第六步：每 10 m 再取半径平均值；

第七步：运用所得曲线半径求出曲线的实测正矢；

第八步：结合曲线计划正矢按照绳正法计算拨道量。

第五节　基于三维激光扫描技术的既有铁路状态评估与检测

激光扫描即激光雷达（LIght/LAser Detect and Ranging, LIDAR/LADAR），是一种通过位

置、距离、角度、反射强度等观测数据直接获取对象表面点三维坐标，形成点云数据，实现地表信息实时提取和准确重建三维场景的对地观测技术。与其他遥感技术相比，激光扫描具有自动化程度高、受天气影响小、数据生产周期短、精度高等技术特点，是目前最先进的能实时获取地形表面三维空间信息和影像的航空遥感系统，是国际上近年来在获取高效率空间数据方面的研究热点。

一、三维激光扫描仪测绘既有线

1. 地面激光扫描仪的选型及控制点布设

结合铁路线路测量精度要求，地面激光扫描建议采用脉冲式三维激光扫描仪。在仪器选型中按照可靠扫描半径，结合实测作业时间限制，进行有效的扫描密度设置使其最大点位间隔在最大允许误差内。同时，在施测过程中选用优质球形标靶，以减小较大垂直扫描角度。

由于既有铁路属于大型带状结构物，其测量对速度及精度的要求较高，综合各类仪器的优缺点，建议采用相位式三维激光扫描仪。目前市场上相位式地面激光扫描仪种类较多，各类仪器在测距及扫描范围，测距、角度及标靶精度，测量速度及采样密度、仪器价格等方面指标都存在较大的差异。表 10.8 列出了目前适合于铁路作业性质的典型地面激光扫描仪的主要指标参数。

表 10.8　典型地面激光扫描仪主要指标参数对比

产品	Surphaser25HSX	徕卡 HDS6200	法如 Focus 3D	Z+F IMAGER 5010C
图　例				
扫描方式	相位式	相位式	相位式	相位式
测距范围	140 m	79 m	120 m	187 m
扫描范围	360°×310°	360°×310°	360°×320°	360°×320°
扫描速度	120 万点/s	100 万点/s	97.6 万点/s	101.6 万点/s
测距精度	0.7 mm/25 m	3 mm/50 m	2 mm/50 m	2 mm/100 m 0.3 mm/10 m
角度精度	20″	25″	32″	14.4″
标靶精度	1 mm	2 mm	2 mm	2 mm

表中只是简单列出了几种扫描设备，可以看到 Surphaser25HSX、Z+F IMAGER 5010C 这两种型号的扫描设备具有较高的测距、角度及标靶精度，且扫描速度及品质都有较大优势。尤其是铁路项目需要多站测量、多次拼接，而拼接精度 = 仪器精度 + 标靶精度，在一定的测量长度内，Surphaser25HSX 的拼接精度可达 1.7 mm，Z+F IMAGER 5010C 可达 2.3 mm，理论上完全满足既有铁路检测需求。

本次试验选用的是美国 BASIS 公司的 Surphaser25HSX 三维激光扫描仪（图 10.28），其扫描方式为相位式，可靠扫描半径 < 70 m，距离精度指标 < 0.7 mm@15 m，仪器最大扫描密度为 90×90，即垂直点密度 90 点/(°)×水平点密度 90 点/(°)，点位间隔递增率为 0.2 mm/m。

下面的实例中，依据检测数据处理精度需要，同时考虑数据采集效率，将仪器扫描密度定为 20×20，点位间隔递增率为 0.8 mm/m。

图 10.28　地面激光扫描仪 Surphaser25HSX 外观

控制点布设：

为了实现绝对坐标的统一，进而进行对比分析，首先在测区首、中、尾处布置了 3 对控制点，用全站仪和水准仪进行了控制测量。

2. 测绘空间范围及数据采集密度

采用地面激光扫描仪测绘线路的范围，长度为需要测绘的线路全长，宽度为线路横断面宽度范围，约为 10 m，高度约为 1 m。

依据《铁路线路修理规则》中的轨道几何尺寸相关指标规定，结合具体工程实际，将外业数据采集的偏差控制在 10 mm 以内，即最大点位间隔 10 mm。

3. 线路测绘流程

1）反射标志设置

为了后续点云配准的需要，在测区前 400 m 处，需要设置反射标志来提高点位拟合精度。当线距足够大时，可采用球反射标志［图 10.29（a）］；当路段线距过小时，球反射标志安放困难且底座磁吸［图 10.29（b）］有可能被行驶列车吸走造成安全隐患，应采用平面反射标志（图 10.30）。

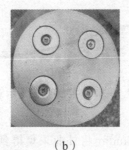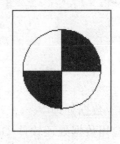

（a）　　　　　　　　　　（b）

图 10.29　球反射标志　　　　　　　图 10.30　平面反射标志

2）线路扫描实施

将仪器置于线路路基旁，扫描方向垂直于线路延伸方向。反射标志的布设和测站次数同时兼顾点云精度和作业效率，以扫描仪的最佳扫描距离作为参考进行设站。结合地面三维激光扫描技术在公路建模中的试验研究成果，最佳扫描距离是 30~40 m，一次可扫描范围为纵向 60~80 m，我们将测站间距控制在 25 m 左右，对于需要详细地形调绘的点，适当进行重复扫描。在两个测站的扫描交接处路基两侧分别放置 4 个球反射标志，移站测量时，保证有 3 个球标不动，便于点云配准。数据采集测站架设如图 10.31。

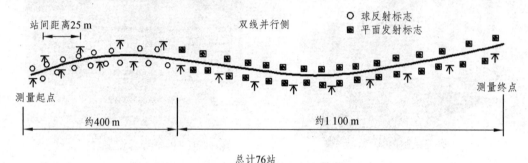

图 10.31　标靶及测站布设示意图

在作业过程中采用 Surphaser 三维激光扫描仪的专有平台 SurphExpressStandard 对扫描仪进行实时控制。每站操作步骤主要包括：

（1）对扫描仪硬件进行自诊断和自动校正。

（2）设置扫描密度。

（3）快速预览扫描。

（4）交互式自由设置扫描区以提高扫描效率。

（5）进行实时数据分析和扫描质量控制。

（6）原始数据采集和实时压缩；扫描完成的 C3S 格式数据可以导出为多种格式,方便用户导入适合自己的软件进行后期处理,如 PTS 格式数据。

3）控制测量

为了实现绝对坐标的统一，进而进行精度分析，我们同时利用全站仪对测区范围内的特征点进行了控制测量。其点位布置如图 10.32。

图 10.32　控制点布置示意

4）数据处理

应用数据处理软件 Geomagic Studio 将外业采集得到的全部站数据，经过点云去噪与补洞，用磁性觇标控制点法进行点云配准，将所有的点云数据转换到一个共同的参考坐标系中，以取得统一的相对坐标，并进一步结合控制网坐标，将点云回归绝对坐标。

在数据处理完成后，接下来的工作就是对实体进行表面建模。点云的表面重建利用 Geomagic 和 Cyclone 软件结合完成。在后处理软件中可以根据点云数据生成准确的三角网模型。由于点云本身的离散性，会导致模型存在一定缺陷，所以需要在多边形阶段对其进行人工修补、调整等操作后，才能得到准确的实物数字模型。图 10.33 显示了某站局部点云数据处理后的效果。

图 10.33　初始试验局部点云处理效果

4. 三维激光扫描仪测绘既有线实例

1）设计路段

选取某既有铁路 DK126 + 050 ~ K127 + 500，线路全长 1 450 m，单线有砟有缝铁路，路段设计速度 120 km/h，其中包含一段曲线，$R = 800$ m，$\alpha = 82°58'09''$，如图 10.34。

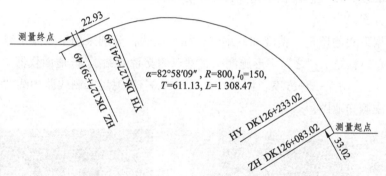

图 10.34　试验段平面示意（单位：m）

2）确定数据采集密度

依据《铁路轨道工程施工质量验收标准》（TB 10413—2018）中的轨道几何尺寸相关指标规定，结合具体工程实际，首先将外业数据采集的偏差控制在 10mm 以内，即最大点位间隔 10 mm。

3）地面激光扫描仪的选型

地面激光扫描选用的是美国 BASIS 公司的 Surphaser25HSX 三维激光扫描仪。在本实例中，依据检测数据处理精度需要，同时考虑数据采集效率，将仪器扫描密度定为 20 × 20，点位间隔递增率为 0.8 mm/m。

4）施测流程

（1）控制点布设。

为了实现绝对坐标的统一，进而进行对比分析，首先在测区首、中、尾处布置了 3 对控制点，用全站仪和水准仪进行了控制测量。控制点位布置如图 10.35。

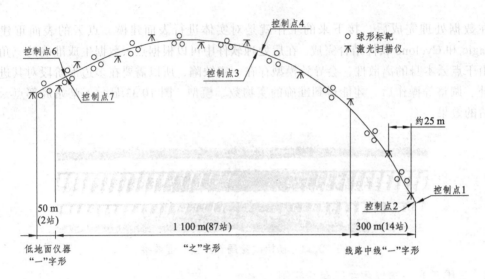

控制点6　控制点4　控制点3　控制点7　控制点1　控制点2　○ 球形标靶　↗ 激光扫描仪

约25 m

50 m
(2站)

1 100 m(87站)

300 m(14站)

低地面仪器
"一"字形

"之"字形

线路中线"一"字形

图 10.35　测站布设示意

控制点布设需要分坡段进行，以避免模型悬空。每个坡段可在收尾处对称布置 4 个控制点，对于 400 m 以上坡段建议在中间加设 2 个控制点。

（2）施测方案。

为了对数据采集的质量、精度和效率进行综合比选，分别采用了线路中线"一"字形施测（沿线路中心线移站）、"之"字形施测（路基双侧交替移站）、低地面仪器"一"字形施测（无脚架线路中心移站）三种方案。图 10.36、图 10.37 为现场实测线路中线"一"字形施测及"之"字形施测作业图。

图 10.36　线路中线"一"字形施测作业图

图 10.37　"之"字形施测作业图

在作业过程中采用 SurphExpressStandard 对扫描仪进行实时控制，通过扫描预览，可进行扫描区域的人工选择，从而提高作业效率。依照现场扫描结果，三种施测方案对应的优缺点如表 10.9。

表 10.9　施测方案优缺点汇总

施测方案	优　点	缺　点
线路中线"一"字形	测量速度快，仪器架设方便	灯下黑，为补数据需缩短测站距离，测站数目多
"之"字形	数据模型完整	仪器换边费时，架设受场地宽度限制，测站数目多
低地面仪器"一"字形	测量速度快，仪器架设方便，测站数目少，避免了灯下黑现象	垂直扫描角过大，精度损失快，测站距离短

图 10.38 ~ 图 10.40 显示了不同施测方案局部点云数据处理后的效果。

图 10.38　采用线路中线"一"字施测点云处理效果

图 10.39　采用"之"字形施测点云处理效果

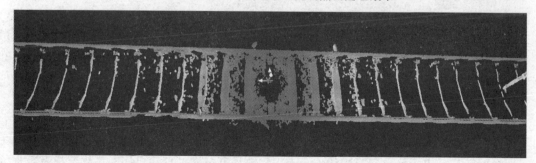

图 10.40　采用低地面仪器"一"字形施测点云处理效果

综合各施测方案优缺点，考虑到数据采集对运营的干扰性和数据的实用性，建议对于铁路线采用"之"字形施测方案。

5. 数据处理

利用三维激光扫描仪自带的数据处理软件，借助球形标靶完成图形拼接；然后在 Geomagic Studio 软件中进行数据抽析、着色、去噪，删除体外孤点，减少噪点，采样封装，网格医生检查错误等步骤，得到较为干净的扫描数据，如图 10.41 所示。具体的数据处理方法此处不再详述。

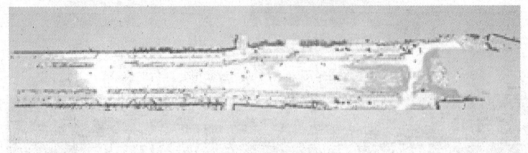

图 10.41　三维扫描及数据初步处理成果

由于生成的点云数据为三维空间结构，需要通过赋予部分控制点位实际坐标的方式与现场关联。在试验过程中，主要是采用起始段固定点位球型标靶坐标赋值，将三维空间与实地对应，反推后续各固定点位坐标，并与实测坐标进行对比的方式来分析其测量精度。图 10.42 为点云数据生成的道路特征信息图。

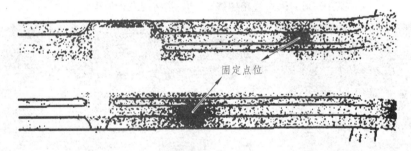

固定点位

图 10.42　利用点云数据生成道路特征信息过程示意

二、线路点云数据处理方法研究

1. 数据处理技术

数据处理主要利用 Geomagic 和 Cyclone 软件结合应用完成。因线路结构的长带状、松散性、材料异性等自身属性，使其预处理过程明显有别于普通逆向工程技术流程。线路点云数据处理关键技术主要包括多视拼合、噪声去除、数据简化和网格化。

1）点云数据拼接

扫描完成后，由于铁路这样的大型带状结构物，需要分站扫描，本次试验共设 103 站，由于各站测量数据均处在自身坐标系内，在进行数据分析前要进行各站点点云数据的拼接工作，即坐标转换。由于该设备自带的 Cyclone 软件具有扫描、自动拼接、三维建模及数据管理等功能，其中自动拼接功能主要采用三点法实现，具体的拼接算法详见第四章介绍。图 10.43 ~ 图 10.46 为点云拼接过程图。

 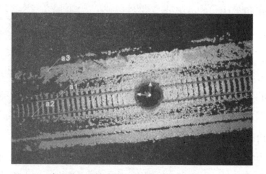

图 10.43　拼接前点云数据 A　　　　　　　　　图 10.44　拼接前点云数据 B

图 10.45　AB 两部分拼接完成后点云数据

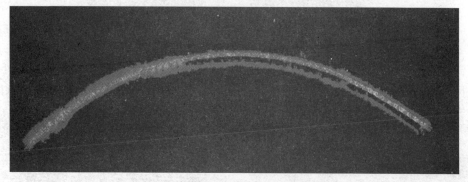

图 10.46　所有扫描站完成后的拼接图

2）多视拼合

由于铁路线路扫描需要在多站完成，每站数据存储是按照独立的坐标系统处理的，多视拼合是扫描数据预处理的一个重要环节，要求将多视点云数据变换到同一个坐标系中，形成一个整体。但是在铁路测量中，站间数据会出现重合（即冗余）现象，还需要进行数据的冗余处理，正确反映铁路线路特征，为后续的数据特征提取、分割和 CAD 模型重建提供帮助。

多视拼合是指将多站扫描数据采用一定算法进行点云配准后，利用全站仪或者 GPS 预先测量的控制点，将其进行坐标转化后引入到实际工程坐标系中。点云配准模型主要有标靶配准和基于几何特征的配准两种方式，由于大部分激光扫描仪自带的球形标靶均可从任何角度进行观测，应用较为简单，所以实例中主要采用球形标靶（部分地段有平面标靶）。在具体操作过程中，同名点（即标靶）注册后，严格控制审核误差，若误差大于要求范围，需重新选点、拼接。

3）噪声去除

噪声去除用于减少在扫描过程中产生的一些噪声点数据。所谓噪声点是指模型表面粗糙的、非均匀的外表点云，扫描过程中由于扫描仪器的轻微抖动等产生。减噪处理可以使数据平滑，降低模型的这些偏差点的偏差值，因此在操作过程中需结合线路不同设备特征，进行自由曲面和平滑级别的各自处理。

噪声点是指模型表面粗糙的、非均匀的外表点云，噪声去除主要是用于减少在扫描过程中产生的该类数据。噪声点可能是扫描过程中受人为、天气等方面的影响将一些不属于目标结构物的物体扫描到点云中的数据，如图10.47所示。

图 10.47　点云数据噪声点

在铁路线路上作业时，尤其是在桥上等作业面较小区域内，进行扫描作业，不可避免地会将人员、辅助设备等不必要的物体扫描到数据中。图10.48为处理前后的除噪示意图。

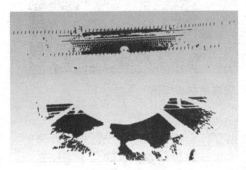

图 10.48　除噪前后的点云效果

4）数据封装

最后根据所要解决的工程实际对数据采集密度的要求，进行数据简化，删除冗余数据，进行封装，构建多边形三角面片模型，根据需要可利用后处理软件的曲线处理技术，实现多边形网格的规则化，作为上游数据为 CAD 正向设计提供支持。图10.49、图10.50为封装前后的点云数据。

490

图 10.49　原始采集点云

图 10.50　封装后的点云

2. 线路点云数据提取

点云数据提取即线路点云模型重构，是激光扫描仪专业应用的关键技术，是指以已有的物理模型为上游数据，产生正向 CAD 设计特征模型的过程，包含离散测点的网格化、特征提取、表面分片和曲面生成等。在具体的应用中结合线路专业技术特点，从线、面、体三个方面进行了既有线路数据提取的初步尝试，以期通过快速建模满足工程需要。

1）轨向数据提取

轨向数据提取主要是指轨距测量点纵向连线的数据提取。提取的目的在于获取连续的钢轨走行面数据，从而获得轨向判别指标的基础数据。其主要操作流程为：数据封装—特征面截取—薄片数据导入 CAD—按需提取轨向数据。关键技术在于特征截面的处理，其旋转角度，需要和线路设备三维走向相匹配，如假设水平为 x 轴，纵向为 y 轴，则绕 x 轴旋转角 θ_x 为坡度与超高顺坡率的综合值，绕 y 轴旋转角 θ_y 在曲线地段为超高与轨道中心距的比值和轨底坡的综合值。曲线地段左右两股钢轨因超高带来的旋转角度等差异，须分别进行截取。下面以一侧钢轨截面操作为例进行说明。

（1）在封装的钢轨模型上，通过旋转 x、旋转 y 和位置度参数的设定，给定钢轨平面初始截面，如图 10.51（a）。

（2）将初始截面下移 16 mm，得特征截面 1，如图 10.51（b），截除特征截面 1 以上部分，如图 10.51（c）。

（3）将特征截面 1 下移 0.1 mm，得特征截面 2，截除特征截面 2 以下部分，如图 10.51（d）。

（4）将薄片数据另存为 dxf 格式。

（a）钢轨平面截面

（b）特征截面1　　　　（c）截除特征截面1以上部分　　　　（d）薄片数据

图 10.51　钢轨轨向数据提取

（5）CAD 轨向数据提取。按照需要以一定间隔绘制线路法线，并以所得钢轨边为参照做修剪，借助 CAD 查询命令，可列表查询各线段长度及端点坐标，由此即可进一步得到线路轨向指标基础数据，此处不再赘述，仅以轨距测量为例，如图 10.52。

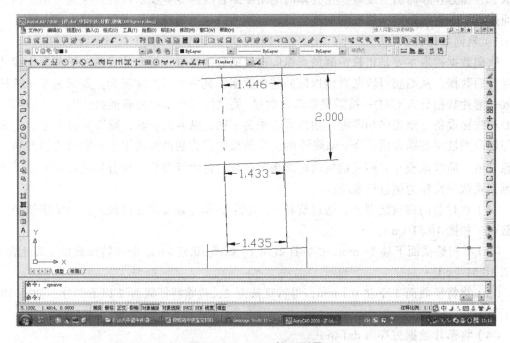

图 10.52　CAD 轨距测量

2）道床断面数据提取

点云数据极为丰富，我们进一步进行了线路相关横断面数据的提取与计算，包括实测道床体积计算和道床厚度计算。

（1）实测道床体积计算。

首先，根据已封装的点云三角面片模型，利用软件自带的"计算体积到平面"功能，调整平面旋转角度和位置度作道床顶面，得下体积 1，如图 10.53（a）；然后，做道床底面，得下体积 2，如图 10.53（b）。

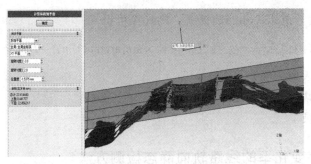

（a）计算体积到平面 1

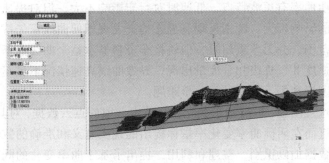

（b）计算体积到平面 2

图 10.53　道床体积计算

　　由此，可得实测道床断面体积 = 下体积 1 – 下体积 2。

（2）测道床厚度计算。

　　首先，将已封装的点云三角面片模型，根据道床地面和道床顶面位置进行截取，可得道床表面模型如图 10.54（a）。曲线段因考虑道床加厚，需按内外道床表面分别截取。以下以内道床表面数据提取为例进行说明。

　　然后，将其另存为 dxf 格式，在 CAD 中作其外包线，即可根据需要量测不同间隔点处道床斜长，如图 10.54（b）。

（a）道床表面模型

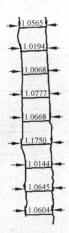

（b）CAD 道床斜长量测

图 10.54　道床斜长计算

因此，在给定设计道床尺寸的前提下，则计算可得

$$实测道床厚 = 实测道床斜长 \times \sin[\arctan(1/m)] - D + H$$

式中　D——轨枕埋入道床深度；

　　　H——曲线内轨枕下道床面砟厚度；

　　　m——道床边坡。

三、基于曲率变化率的线路轨向静态检测方法

养修的实践表明曲率有长波特点，低速时对行车影响不大，但对提速线路，尤其是高速线路，曲率对行车的影响很大。特别是现场静态检查发现即便曲线正矢符合《修规》规定的曲线正矢容许偏差范围，并无严重超限，但轨检车资料显示整个曲线曲率严重不良，轨检车检查曲线内水平加速度Ⅱ、Ⅲ级扣分大量出现，导致曲线高速情况下晃车严重，且超限的现场准确查找一直是困扰现场生产人员的一个难题。

为了有效解决这一问题，本节基于激光扫描技术获取的点云数据，对其进行了深入研究，从曲率分析入手，进而在明确曲率变化率指标提出的现实意义和准确的数学推理表达后，有的放矢地对连续点数据加以识别、整理和利用，提出了基于曲率变化的既有线轨向静态检测方法。

1. 曲率分析

由于目前现场作业方式限制，业内定义曲率为一定弦长曲线轨道（取 30m）对应之圆心角 θ[(°)/30 m]。本节将其回归到原始数学定义，即单位弧长对应之圆心角，同时考虑转角方向，故而引入曲率梳概念。曲率梳显示曲线的曲率方向变化和大小。铁路线路养护通常定义曲率恒为正值，在前直和后直段要求不出现反弯点，在曲线内侧则认为不可能出现反弯点，因此，理论上的曲率图是标准的梯形。以测区设计线路中桩坐标为例，进行了曲率梳分析，曲率以单位弧长对应的转角进行计算，结果如图 10.55 所示。除 YH 点提供的设计数据有误带来的波动外，其余各点均符合理论分布规律。

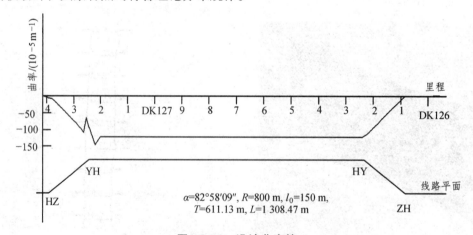

图 10.55　设计曲率梳

按照业内 20m 弦长数据采集确定曲率的方法，我们将采集到的点云数据以 20 m 间隔进行数据筛选后绘制的实测曲率梳如图 10.56。可以看到其曲率分布与标准梯形分布很吻合。

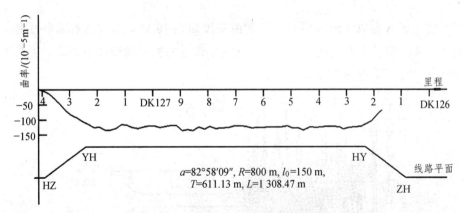

图 10.56   实测 20 m 间距点曲率梳

考虑到目前缓和曲线 10m 数据采集要求，我们进一步对点云数据进行 10 m 间隔采点绘制曲率梳如图 10.57。可以看到其曲率分布整体为梯形，但局部数据动荡引发的最大半径 940 m，最小半径 640 m，最大半径差达 300 m。

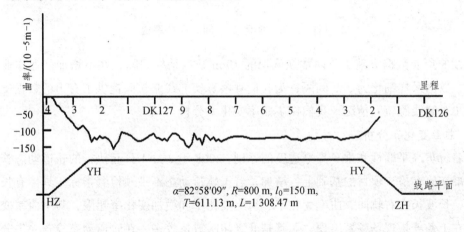

图 10.57   实测 10 m 间距点曲率梳

为了进一步观察实测线路轨向，我们再次将点云数据以 5 m 间隔采点绘制曲率梳如图 10.58。可以看到曲率动荡加剧，最大半径差可达 600 m；同时曲率梳出现了正负交替，意味着曲线内出现了反弯点。这种现象易造成夹直线长度缩短，且轨向不良。

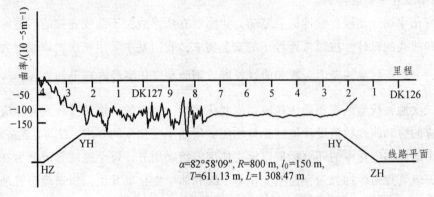

图 10.58   实测 5 m 间距点曲率梳

同理，将点云数据以 1 m 间隔采点绘制曲率梳如图 10.59。因数据点采集过密，轨向不平顺已进入短波分析，主要是钢轨轧制校直过程中形成的横向周期性不平顺。而曲率分析具有中长波特点，故而不再做进一步分析说明。

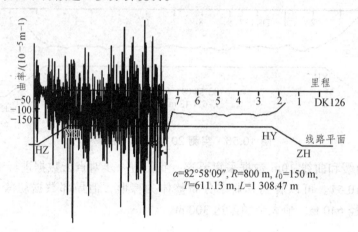

图 10.59 实测 1 m 间距点曲率梳

连续的点云数据突破了业内常规认识的 10 m 数据采样间隔，在不增加外业作业时间的前提下，数据采样细化为 5 m 间隔，为我们观察真实的线路轨向提供了有力的数据支持。为了进一步了解线路轨向情况，我们作了曲率变化率分析。

2. 曲率变化率分析

本着行车高平顺性和乘车高舒适度的原则，2008 年 2 月 1 日起执行的轨道动态管理暂行试验标准在原有检查项目的基础上，增加了若干轨道动态不平顺检测指标，具体有长波长左右高低、长波长左右轨向、曲率变化率、轨距变化率和横加变化率超限，其中曲率变化率超限现象在工务养护现场频繁出现，尤其是Ⅱ级超限数量较多，在轨道动态检查中失分问题突出。轨检车的裁判员身份和现场静态养修操作之间存在工作盲区，本节依据连续点云数据反映出的轨向变化特征，进一步通过曲率变化率来放大这种不平顺，并使之有据可依，进而提出基于曲率变化率的静态检测方法，弥补现场作业盲区。

1）曲率变化率概念辨析

曲率变化率属于曲线连续性研究范畴，我国既有铁路线关于曲线连接的问题解决主要依托平面缓和曲线的设计。按照常速行车的安全要求，我国基本采用三次抛物线型为缓和曲线基本线型，主要指标单一考虑为缓和曲线长度，则曲率变化率经推导可知为 $\Delta K = \dfrac{1}{Rl_0}$，由此可知基于三次抛物线型的缓和曲线地段曲率变化率是一个常数。按照《线规》相应的圆曲线数据和对应的缓和曲线数值设计值经验算均能满足曲率变化率的要求。目前，全路 GJ-5 型轨检车所采用的曲率变化率的评分标准以检查速度等级来划分，每个速度等级分为 2 个级别，无Ⅲ级、Ⅳ级管理值，即分为：曲率变化率Ⅰ级和曲率变化率Ⅱ级。轨道动态管理曲率变化率暂行试验标准见表 10.10。

表 10.10　轨道动态管理暂行试验标准

项　目	$v \leqslant 120$ km/h				120 km/h $<v \leqslant$ 160 km/h				160 km/h $<v \leqslant$ 200 km/h				200 km/h $<v \leqslant$ 250 km/h			
	Ⅰ级	Ⅱ级	Ⅲ级	Ⅳ级	Ⅰ级	Ⅱ级	Ⅲ级	Ⅳ级	Ⅰ级	Ⅱ级	Ⅲ级	Ⅳ级	Ⅰ级	Ⅱ级	Ⅲ级	Ⅳ级
曲率变化率（基长 18 m）/ (10^{-6} m^{-2})	5.0	6.5	—		3.0	4.0	—		2.0	2.5	—		1.2	2.0	—	

同时从列车横向摆动的舒适性角度来进行分析。车体横向加速度计算如下：

$$a_x = \frac{v_1^2}{R_1} - \frac{v_2^2}{R_2} \xrightarrow{\text{令列车通过连续两点的速度相同}} a_x = v^2 \left(\frac{1}{R_1} - \frac{1}{R_2} \right) = v^2 \Delta K \leqslant [a_x]$$

由此，可根据不同速度区间的边界值反推符合曲率变化率的车体横向加速度值，如表 10.11 中项目 2 的数据。结合《铁路线路修理规则》中的轨道动态质量管理值中的车体横向加速度指标，亦可看出曲率变化率是列车动态运行效果相对于轨道静态几何形位的深层次考虑和约束。

表 10.11　轨道动态质量容许偏差管理值

项　目	v_{max} > 160 km/h 正线				160 km/h $\geqslant v_{max}$ > 120 km/h 正线				$v_{max} \leqslant$ 120 km/h 正线			
	Ⅰ级	Ⅱ级	Ⅲ级	Ⅳ级	Ⅰ级	Ⅱ级	Ⅲ级	Ⅳ级	Ⅰ级	Ⅱ级	Ⅲ级	Ⅳ级
1　《修规》车体横向加速度/ ($\times g$)	0.06	0.10	0.15	0.20	0.06	0.10	0.15	0.20	0.06	0.10	0.15	0.20
2　反推车体横向加速度/ ($\times g$)	0.07	0.08	—	—	0.06/0.107	0.08/0.14	—	—	0.1	0.13	—	—

从表 10.11 项目 1 和项目 2 的对比数据分析可知，曲率变化率可以看作从轨道几何线位上对列车运行状态进行了补充约束。但根据相关研究表明，基础设施最高速度 > 移动设备最高速度 > 商业运行速度，这就要求线路标准应高于移动设备标准，从轨道几何形位上来进一步考虑，则需要由曲率变化率反推的列车横向加速度指标值应低于列车横向加速度指标值，而这和现行并行的两指标管理值局部相悖。这种不匹配主要体现在低速行车上。当列车速度小于 120 km/h 时，轨检车的横向加速度检测值即使满足要求，轨道形位的曲率变化率依然超限。当列车速度介于 120 km/h 和 160 km/h 之间时，情况随列车速度不同出现了反复，速度区间跨度给得过大，在 136 km/h 处出现了标准不统一的分段点，有待进一步修正。而这两个速度区间是目前铁路运行速度的主体，标准的内化不统一首先就带来了现场养护的标准盲区。这就需要对标准制定过程中的指标确定原则进行调整，由原来面向过程的轨道形位调整向面向对象的车-线-轨一体化的修养标准来改造。

2）曲率变化率数据分析

表 10.10 中采用 18 m 基长曲率变化率是由于轨检车在作业过程中是以 18 m 长的刚性轴移动通过曲线地段，以此为载体的数据采集模块受这一技术条件限制，所以在现场超限定位

时出现盲区。为了还原轨道线形的真实变化情况，这里提出单位长度下的曲率变化率，即基长为 1 m，由此得到表 10.12。

表 10.12　单位长度曲率变化率

项　目	$v \leqslant 120$ km/h				120 km/h $< v \leqslant$ 160 km/h				160 km/h $< v \leqslant$ 200 km/h				200 km/h $< v \leqslant$ 250 km/h			
	Ⅰ级	Ⅱ级	Ⅲ级	Ⅳ级	Ⅰ级	Ⅱ级	Ⅲ级	Ⅳ级	Ⅰ级	Ⅱ级	Ⅲ级	Ⅳ级	Ⅰ级	Ⅱ级	Ⅲ级	Ⅳ级
曲率变化率（基长 1 m）/（10^{-6} m^{-2}）	90	117	—	—	54	72	—	—	36	45	—	—	21.6	36	—	—

由平面设计数据处理所得试验段曲率变化率如图 10.60 所示。可以看到其与理论曲率变化率分布基本一致（曲线段：常数—零—负常数）。

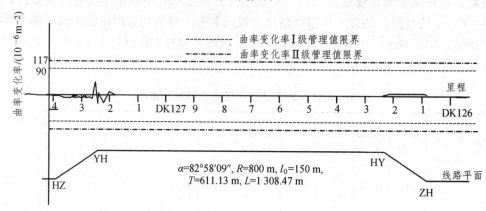

图 10.60　设计曲率变化率

按照 20m 实测点云数据得曲率变化率如图 10.61。可以看到其与设计值分布基本相同，略有动荡，均远小于管理值限界。

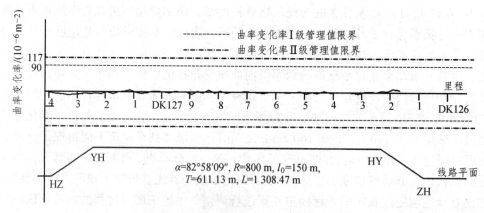

图 10.61　实测 20 m 间距点曲率变化率

按照 10 m 实测点云数据得曲率变化率如图 10.62。可以看到其数据动荡加剧，但仍小于管理值限界。

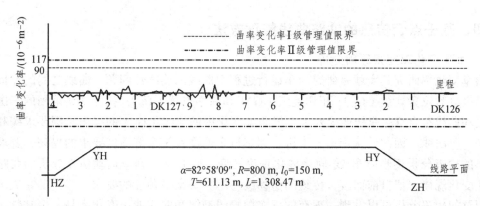

图 10.62　实测 10 m 间距点曲率变化率

按照 5 m 实测点云数据得曲率变化率如图 10.63。动荡明显加剧，且个别点已超出管理值限界。

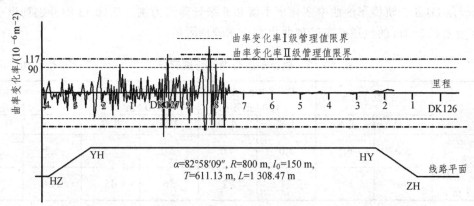

图 10.63　实测 5 m 间距点曲率变化率

按照 1 m 实测点云数据得曲率变化率如图 10.64。前已叙述过其短波特性，这里不再赘述，仅附图一览。

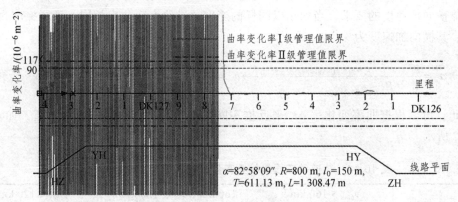

图 10.64　实测 1 m 间距点曲率变化率

通过上述分析可以看到，采用 5 m 间距点进行线路点云数据提取，完成的曲率变化率超限点的线路轨向静态检测具有较高的代表性，据此管理线路曲率变化要求可以保障线形与安全舒适度要求的相互配合。

四、基于点云信息的铁路曲线整正方法

1. 曲率变化率超限原因分析

曲率变化率研究其实就是研究列车运行过程中曲线的连续性问题。曲线之间的连接按照连接等级分为位置连续（G_0）、相切连续（G_1）和曲率连续（G_2），我国铁路采用的三次抛物线型缓和曲线符合 G_2 曲线连续要求，但曲率变化率的连续（G_3）的提出，则要求缓和曲线至少是 7 阶曲线。因此，从理论上来讲，列车行车速度及乘车舒适度要求的提高，要求线路准静态的检查分析逐步向车-线-轨一体化理论转变，研究基于列车运动仿真分析的线路曲率连续性变化规律。但目前而言，传统的抛物线还不具备高平顺性的要求。

经第四章的相关分析可以发现，现有的三次抛物线型缓和曲线曲率变化率是一个常数，即：

$$\Delta K = \frac{\mathrm{d}K}{\mathrm{d}x} = \frac{1}{Rl_0}$$

同样以 GJ-5 型轨检车的曲率变化率Ⅰ级和Ⅱ级管理值为例，表 10.13 中分别列出了基长为 18m 及基长为 1m 的轨道动态管理曲率变化率管理限值。

表 10.13　轨道动态管理暂行试验标准　　　　　　　　单位：$10^{-6}\,\mathrm{m}^{-2}$

项　　目	$v \leqslant 120$ km/h		120 km/$h < v \leqslant$ 160 km/h		160 km/$h < v \leqslant$ 200 km/h		200 km/$h < v \leqslant$ 250 km/h	
	Ⅰ级	Ⅱ级	Ⅰ级	Ⅱ级	Ⅰ级	Ⅱ级	Ⅰ级	Ⅱ级
曲率变化率（基长 18 m）	5.0	6.5	3.0	4.0	2.0	2.5	1.2	2.0
曲率变化率（基长 1 m）	90	117	54	72	36	45	21.6	36

表中曲率变化率单位为 $10^{-6}\,\mathrm{m}^{-2}$，项目 1 采用 18 m 的刚性轴检测的基长 18 m 的曲率变化率存在超限定位盲区；项目 2 为单位长度下的曲率变化率，即反映轨道线形的真实表达。

表 10.14 为《修规》规定的相应的Ⅰ级和Ⅱ级车体横向加速度指标，表中项目 1 的数据是对车体横向加速度的要求，当列车以同样的速度通过曲率变化率相同（现行标准为常数）路段时，其横向加速度为

$$a_x = \frac{v_1^2}{R_1} - \frac{v_2^2}{R_2} \xrightarrow{\text{令列车通过连续两点的速度相同}} a_x = v^2 \left(\frac{1}{R_1} - \frac{1}{R_2} \right) = v^2 \Delta K \leqslant [a_x] \qquad (10.25)$$

因此，可以根据曲率变化率 ΔK 来反推不同速度条件下的横向加速度限值，如表 10.14 中项目 2 所示。

表 10.14　轨道动态质量检查车体横向加速度管理值（$\times g$）

项目	$v_{\max} > 160$ km/h		160 km/$h \geqslant v > 120$ km/h		$v_{\max} \leqslant 120$ km/h	
	Ⅰ级	Ⅱ级	Ⅰ级	Ⅱ级	Ⅰ级	Ⅱ级
车体横向加速度限值（《修规》）	0.06	0.1	0.06	0.1	0.06	0.1
车体横向加速度限值（反推）	0.07	0.08	0.06/0.107	0.08/0.14	0.1	0.13

根据表 10.14 的单位长度曲率变化率，结合表 10.14 中的速度区间边界值，反推出的车体横向加速度值如表 10.14 中项目 2 对应的反推值所示。可以认为曲率变化率是从线形上对列车运行状态的补充约束，按照线形标准高于运行标准的要求，由曲率变化率反推的列车横向加速度指标值应低于列车横向加速度指标值，但表 10.14 反映的数值则与该标准不符。这就需要对检修指标进行修正，检修指标的设计应该从原有的面向过程的轨道几何形位修养思路变化到面向对象的车-线-轨一体化修养方向。

　　当列车速度小于 120 km/h 时，即使轨检车的横向加速度满足检测要求，其曲率变化率也依然有可能超限。尤其是当列车速度在 120～160 km/h 区段时，在 136 km/h 处会出现标准不统一的现象。而我国目前既有铁路主要运行速度在 160 km/h 左右，因此会造成现场养护维修作业的标准盲区。

　　此外，目前现场采用的目视平顺方法很难满足真正的线路提速养护维修要求，因运营与日常养护维修造成的长波长不平顺所引起的轮轨作用机理研究尚不细致，需要更深层次的理论研究。

2. 点云信息支持下的曲率变化率分析

　　激光扫描技术作为测绘领域的一项新兴技术，以其非接触式连续数据点采集特点在逆向工程中有着广泛的应用前景。基于在既有铁路试验所获取的点云数据，通过相关后处理软件，我们进行了线路中心线位的提取，在进行了数据预处理、剔除冗余数据后，获得了平均间距 10 m 以内的外业勘测点三维坐标。由平面数据处理所得某平曲线区段曲率梳如图 10.65 所示。

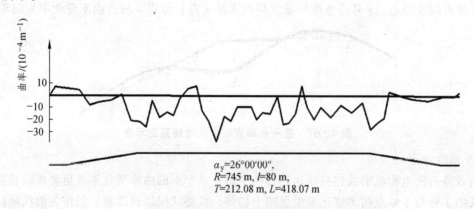

图 10.65　试验段平曲线曲率梳

注：① 该试验段长 450 m，采点 50 个；② 图中平曲线参数为原设计值。

　　曲率梳显示的是曲线的曲率方向变化和大小。当曲率梳线条显示变化比较均匀时，表示曲线的光顺性比较好；反之，则比较差，这时可以通过调整曲线的定义点或极点使曲线尽可能光顺。铁路线路养护通常定义曲率恒为正值，但图 10.65 连续化的点云数据显示线路上不论直线还是曲线均出现了反弯点，且点位间隔都在 20 m 以内。针对这样的情况，进一步针对小半径曲线进行了曲率变化率的计算分析，结果见图 10.66。

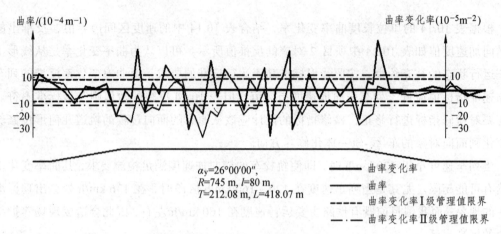

$\alpha_y = 26°00'00''$,
$R = 745$ m, $l = 80$ m,
$T = 212.08$ m, $L = 418.07$ m

—— 曲率变化率
—— 曲率
- - - 曲率变化率Ⅰ级管理值限界
-·- 曲率变化率Ⅱ级管理值限界

图 10.66　试验段平曲线曲率变化率

由图 10.66 分析可得如下规律：

（1）出现曲率反弯点的地方，曲率变化率必然超限，且多为Ⅱ级超限。

（2）圆曲线地段曲率值突跳回零值点，曲率变化率必然超限，Ⅰ、Ⅱ级超限均有可能出现。

（3）出现曲率变化率超限的区段并不在缓和曲线段，而是在圆曲线地段。

3. 基于点云信息的既有线曲率变化率超限整正方法

1）消除反弯点

上述基于点云数据的曲率变化率分析，提供了一个新的既有曲线整正思路。如图 10.67 所示，图中 4 号点为反弯点，曲率变化率Ⅱ级超限，首先将邻近的 3 号点与 5 号点连接，然后由 4 号点向 3 号点、5 号点连线作垂线得到垂足 4′点，即将 4 号点曲率变化率先归零。

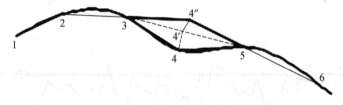

图 10.67　基于曲率变化率的线路整正示意

2）消除零点

由改进后的点构成的线路只能达到目视平顺，单个点的曲率变化率满足要求，且前后一级关联的 3 号与 5 号点曲率变化率也呈减小趋势，线路状况得到改善。但作为曲线地段，线路还应保持圆顺，所以结合点云数据分析规律（2），需借助二级关联点 2 号与 6 号的介入，进一步消除零点。将 2、3 号点连线与 5、6 号点连线延长相交得 4″点，这样的调整可使线路长度保持不变。很明显，由 4″点构成的线路状况顾此失彼，3 号与 5 号点曲率变化率归零，4″点曲率变化率反而增大，有可能超限。因此将 4′4″连线，在这条单向搜索域上寻求满意解，使其满足曲率变化率要求。具体算法描述如下：

（1）已知初始解 4″(x_0，y_0)，计算一级关联点 3 号与 5 号点曲率变化率 ΔK_3，ΔK_5。

（2）判断 $\Delta K_3 \leqslant [\Delta K_Ⅰ]$（$[\Delta K_Ⅰ]$ 为曲率变化率Ⅰ级管理值上限），$\Delta K_5 \leqslant [\Delta K_Ⅰ]$，若满足Ⅰ级约束，则 4″为可行解，若不满足，转到（3）。

（3）给定 $4''4'$ 方向搜索步长 Step = 0.001 得新点 4^*，并计算该新点与一级关联点 3 号与 5 号点的曲率变化率 ΔK_3、ΔK_5，重复步骤（2）。

（4）若上述求解 4^* 点与 $4'$ 重合，已到搜索边界，则返回 $4''$ 点，将边界约束放宽为 $[\Delta K_{II}]$（$[\Delta K_{II}]$ 为曲率变化率 II 级管理值上限）重复上述步骤，直至得到可行解。

思 考 题

1. 简述线路工程信息技术在工务管理系统中的作用。
2. 绘图分析工务管理系统的信息流。
3. 简述智能决策技术在工务管理系统中的作用。
4. 试分析基础信息管理在工务管理系统中的地位和作用。
5. 分析基于轨检车检测数据的铁路曲线整正方法的技术要点。
6. 分析基于三维激光扫描技术的既有铁路状态评估与检测的技术要点。

参考文献

[1] Б К 马雅夫斯基. 最优化方法在铁路纵断面设计中的应用. 汤曙曦, 宋治伦, 译. 北京: 人民铁道出版社, 1979.

[2] R L 福斯克. 工程设计的优化方法. 张建中, 诸梅芳, 译. 北京: 科学出版社, 1981.

[3] 易思蓉. 铁路纵断面自动设计. 西南交通大学学报, 1985 (1).

[4] WANG Di, WU Shuhe, WANG Changqing. Synthetic Optimization of Railway Standards in Location Design. Rail International, 1985 (7).

[5] 杉山德平, 家田仁. 轨道狂い状态を考虑した轨道破坏の要因分析. 铁道线路, 1986 (9): 8-12.

[6] 邓域才, 易思蓉. 铁路新线平纵面同时优化设计方法. 西南交通大学学报, 1988 (2).

[7] 易思蓉. 规则格网覆盖的非规则布点数字地形模型. 西南交通大学学报, 1989 (3).

[8] QING Zhu. An Advanced Triangulation Algorithm in DTM Generation. International Archives of Photogrammetry and Remote Sensing, 1990, 28 (4): 356-360.

[9] 左军. 多目标决策分析. 杭州: 浙江大学出版社, 1991.

[10] 易思蓉. 数字地价模型与铁路土地征用费计算. 西南交通大学学报, 1992 (4).

[11] EASA S M. Modified Prismoidal Method for Nonlinear Ground Profiles. Surveying and Land Information System, 1992, 52 (1): 13-19.

[12] 阚叔愚, 王连子, 曾学贵. 铁路设计理论和技术. 北京: 中国铁道出版社, 1993.

[13] 易思蓉. 铁路定线自动优化 CAD 系统的系统结构. 铁路计算机应用, 1994 (1).

[14] 易思蓉. 用 FORTRAN 语言实现的带状等高线图的快速移动方法. 铁路航测, 1994 (2).

[15] 周忠谟, 易杰军, 周琪. GPS 测量原理与应用. 北京: 测绘出版社, 1995.

[16] 陈峰, 方祁, 阚叔愚. 铁路工程建设的智能辅助决策系统. 北京: 中国铁道出版社, 1995.

[17] 陈绍光. 摄影测量与遥感在铁道工程中的应用. 北京: 测绘出版社, 1995.

[18] 朱志国, 叶怀珍. 铁路站场计算机辅助设计系统: 咽喉区优化设计. 西南交通大学学报, 1995, 30 (1): 194-199.

[19] 邓域才. 铁路规划与机助设计. 北京: 中国铁道出版社, 1996.

[20] YI Sirong. Railway Location Automated Optimum CAD System. 西南交通大学学报 (英文版), 1996 (1).

[21] 吴伟煜. 工程数据库管理系统. 北京: 清华大学出版社, 1996.

[22] 易思蓉. 路基设计 CAD 中排水设施自动设置方法. 西南交通大学学报, 1996 (1).

[23] 刘友光, 等. 工程中数字地面模型的建立与应用及大比例数字测图. 武汉: 武汉测绘科技大学出版社, 1997.

[24] 易思蓉, 等. 铁路勘测设计一体化、智能化研究: 铁路新线智能 CAD 系统研究报告. 成都: 西南交通大学, 1998.

[25] 易思蓉. 既有线改建 CAD 系统中的曲面模型研究. 铁道工程学报, 1998 (4): 110-117.

[26] 周前祥，张达贤. 工程系统设计方案多目标灰色关联度决策模型及其应用的研究. 系统工程与电子技术，1999，21（1）.

[27] 易思蓉. 虚拟现实可视化铁路线路设计环境. 铁道工程学报，1999，5：79-82.

[28] 佐佐博明. 日本新干线轨道及其维修. 中国铁路，1999（12）：42-46.

[29] 朱照宏. 公路计算机辅助工程. 北京：人民交通出版社，2000.

[30] 易思蓉. 虚拟环境铁路选线设计系统的理论与方法. 成都：西南交通大学，2000.

[31] 易思蓉，张家玲. 生成线路初始平面的自动优化方法. 西南交通大学学报，2000，37（1）：1-5.

[32] 易思蓉，刘国祥. 大型带状 DEM 的构建及其快速检索方法研究. 铁路航测，2000（4）.

[33] 易思蓉，邓域才. 铁路线路局部走向选择智能 CAD 方法. 铁道学报，2000，22（5）：20~24.

[34] YI Sirong. Research on Engineering Models for Railway Location CAD System. Hong Kong：Proceedings of International Conference on Construction Information Technology 2000，2000.

[35] 易思蓉，等. 铁路勘测设计一体化、智能化研究：既有线改建与增建二线三维 CAD 系统研究报告. 成都：西南交通大学，2000.

[36] 易思蓉，张家玲. 基于智能 CAD 系统的铁路选线方案多目标综合评价方法. 铁道学报，2000（5）.

[37] 许玉德，李浩然，李海锋. 铁路轨道养护维修计算机辅助决策系统中几个技术问题的研究. 上海铁道大学学报（自然科学版），2000，21（10）：26-31.

[38] 毛宁. 铁路站场工程数量自动化计算的研究. 铁道运输与经济，2000，27（10）：85-88.

[39] 易思蓉，等. 铁路新线设计智能 CAD 系统的研究报告. 成都：西南交通大学，2000.

[40] 易思蓉. 基于虚拟环境系统的铁路选线设计技术. 中国铁路，2001（1）：46-48.

[41] 易思蓉，张家玲，邓域才. 生成线路初始平面的自动优化方法. 西南交通大学学报，2002，2（1）：1-5.

[42] 易思蓉. 虚拟环境选线系统：21 世纪的选线技术//2002 年中国科技大会铁道主题分会论文集. 2002：329-335.

[43] 罗斌. 铁路线路三维景观建模方法. 成都：西南交通大学，2002.

[44] 易思蓉，罗斌. 混合语言编程在铁路线路三维景观动态仿真系统中的应用. 计算机工程与应用，2002（19）：135-137.

[45] 易思蓉. 面向对象类谓词逻辑知识表达模式及其在选线系统中的应用. 中国铁道科学，2003，24（6）：31-35.

[46] 易思蓉. 虚拟环境选线系统中的知识表达模式. 铁道学报，2004，26（1）：88-92.

[47] 易思蓉，庄海珍. 一种大型带状数字地形模型数据结构. 铁道勘察，2004（5）.

[48] 易思蓉. 选线工程数据库管理系统的集成技术. 铁路计算机应用，2004，12（2）：27-30.

[49] 庄海珍. 铁路一般路基及排水用地图 CAD 系统研制. 成都：西南交通大学，2005.

[50] 韩春华，易思蓉，吕希奎. 数据挖掘技术在铁路选线中的应用. 中国铁路，2005，8：48-51.

[51] 李海峰，许玉德. 铁路轨道养护维修辅助决策系统的开发与应用. 中国铁路，2005（4）：

31-33.

[52] 易思蓉,庄海珍,韩春华. 选线系统的知识获取与定线指导专家超文本模型. 铁道勘察, 2005（1）：1-4.

[53] 易思蓉. 基于 GIS 的铁路选线系统智能环境建模方法研究报告. 成都：西南交通大学, 2005.

[54] 罗法水. 铁路站场平面一体化应用的研究及开发. 铁道标准设计, 2005（6）：18-21.

[55] 易思蓉,韩春华,段晓峰. 虚拟环境选线系统中的地理超图模型. 中国铁道科学, 2006, 27（1）：133-137.

[56] 易思蓉. 线路工程信息技术. 成都：西南交通大学出版社, 2007.

[57] 韩春华. 基于 GIS 的铁路选线系统智能环境建模方法研究. 成都：西南交通大学, 2008.

[58] 吕希奎. 基于遥感信息的选线系统地理环境建模方法及应用研究. 成都：西南交通大学, 2008.

[59] 何再瑜,易思蓉. 铁路中间站辅助设计系统. 铁道勘察, 2008（1）：56-58.

[60] 段晓峰,易思蓉. 基于满意度原理的铁路新线纵断面优化设计方法. 铁道学报, 2008, 30（1）.

[61] 易思蓉. 铁路数字化选线设计系统的理论与方法. 成都：西南交通大学出版社, 2012.

[62] 易思蓉,等. 勘察设计一体化、数字化、智能化技术深入研究：多源空间信息集成铁路数字化选线系统研究报告. 成都：西南交通大学, 2013.

[63] 易思蓉. 铁路线路 BIM 与数字化选线技术. 北京：中国铁道出版社, 2014.

[64] 韩峰. 基于点云信息的既有铁路状态检测与评估技术研究. 成都：西南交通大学, 2014.

[65] 易思蓉,等. 基于综合检测数据的高速铁路空间线形状态评价模型与曲线整正维护方法研究报告. 成都：西南交通大学, 2015.

[66] 聂良涛,易思蓉,李阳. 基于网络地理信息服务的选线数字地形信息获取方法. 西南交通大学学报, 2015（10）：803-810.

[67] 易思蓉,聂良涛. 基于虚拟地理环境的铁路数字化选线设计系统. 西南交通大学学报, 2016（2）：373-380.

[68] 曹琨. 铁路线路构造物模型（RLBIM）参数化建模方法研究. 成都：西南交通大学, 2016.

[69] 易思蓉,等. 铁路工程三维设计关键技术研究及应用研究报告. 成都：西南交通大学, 2016.

[70] 易思蓉. 铁路选线设计. 4 版. 成都：西南交通大学出版社, 2017.

[71] 马湾. 基于 BIM 的铁路中间站三维设计方法. 成都：西南交通大学, 2017.

[72] 易思蓉,等. 川藏铁路修建关键技术研究：川藏铁路综合选线数字化平台研究报告. 成都：西南交通大学, 2017.